조세법의 쟁점 V

조세법의 쟁점 V

법무법인(유한) 태평양 조세그룹

景仁文化社

발 간 사

저희 법무법인(유한) 태평양 조세그룹에서 「조세법의 쟁점」 시리즈를 발간하기 시작한 이래 어느덧 6년이 넘는 시간이 흘렀습니다. 그리고 「조세법의 쟁점」 시리즈도 5권을 발간하기에 이르렀습니다. 조세법의 쟁점 시리즈에 담긴 저희의 연구와 고민, 경험과 노력의 결과물들이 모쪼록 조세 실무나 조세이론 연구에 있어서 작으나마 도움이 되기만을 바랄 뿐입니다.

이번에 발간하는 「조세법의 쟁점 Ⅴ」는 관세법 분야에 대한 연구논문의 수를 많이 늘렸습니다. 지속적인 경제 발전을 위해서 다른 국가와의 교역 확대가 필수적인 우리나라의 경우 관세는 중요한 문제일 수밖에 없습니다. 그리고 최근 RCEP과 같이 거대경제권을 망라하는 다자간 자유무역협정의 체결 확대 등으로 관세 문제가 큰 관심을 받고 있기도 합니다. 특히, 관세는 국가간 교역에 대해서 부과되므로 그 규모가 크고, 국가 간 과세형평성의 문제를 일으키기도 하며, 내국세 분야와는 또다른 전문적인 지식을 요한다는 특성을 가지고 있기도 합니다. 이에 저희 법무법인(유한) 태평양 조세그룹의 관세팀에서 그 동안 많은 사건을 수행한 경험과 그 과정에서의 연구 결과를 반영하여 다수의 논문을 작성하였습니다.

한편, 최근에는 절차적 측면에서 납세자 보호가 강조되고 있고, 공익법인 세제 및 상속세/증여세, 국제조세 분야 등과 관련하여 많은 이슈들이 제기되고 있기도 합니다. 저희 법무법인(유한) 태평양 조세그룹은 이 같은 과세문제가 대두될 때마다 조세분야의 전문가들은 물론이고 관련이 있는 다른 분야의 전문가들과도 적극적으로 협업하여 납세자들에게 도움이 되는 해결책을 제시하고자 노력하고 있습니다. 그리고 이번에 발간하는 「조세법의 쟁점 V」에도 이와 같은 다양한 과세이슈들에 대한 저희들의 경험과 노력이 정리되어 있습니다.

전에 경험해 보지 못한 코로나바이러스감염증 사태와 이로 인한 경제 불황, 새 정부의 새로운 재정/조세 정책, 그리고 복지국가의 역할이 강조되어 가고 있는 요즘에 있어서 세원을 확보하기 위한 적법한 과세권의 행사가 강조될 수밖에 없는 상황입니다. 이를 위해서는 과세권의 행사 및 그 범위에 대한 체계적 이해와 이론적 뒷받침이 무엇보다 중요합니다. 나아가 지방자치제도와 이에 따른 지방분권화가 자리를 잡아가고 지방세가 독립적으로 운영되기 시작하면서, 지방세 관련 분쟁에도 깊은 관심을 기울여야 할 때입니다.

이러한 상황에서 저희 법무법인(유한) 태평양 조세그룹에서 발간하는 「조세법의 쟁점 V」가 조세법에 대한 체계적인 이해에 조금이나마 도움이 되었으면 하는 바람입니다. 이번에 발간하는 「조세법의 쟁점 V」 역시 지난 호의 발간 이후 저희 조세그룹의 변호사, 회계사, 세무사 등 각 직역의 전문가들이 외부학회 등에서 발표하거나 기고한 논문 그리고 업무 수행 등의 과정에서 정리한 연구 결과 등을 모아 집대성하였습니다. 모쪼록 이 책이 조세법을 다루는 실무가들의 업무수행에 참고가 되고, 앞으로 조세법 분야의 발전에도 작은 밑거름이 되기를 희망합니다.

마지막으로 이 책이 출간되기까지 바쁜 업무 속에서도 시간을 내어 논문을 집필해 주신 여러 필자들, 검토위원들 및 편집위원들, 물심양면으로 성원을 보내주신 법무법인(유한) 태평양의 가족들에게 감사의 마음을 표합니다. 무엇보다 그 동안 조세법의 쟁점 시리즈에도 아낌없이 성원을 보내주시고 우리 조세그룹을 믿고 사건을 의뢰해 주신 고객 여러분들에게 다시 한번 고개숙여 감사를 드립니다.

2022. 5.

법무법인(유한) 태평양 조세그룹장   강 석 규

차 례

◈ 발간사

관세법, FTA관세법상 가산세 면제의 정당한 사유 및 부가가치세법상 수정수입세금계산서 발급 사유에 대한 검토
| 주성준 변호사 |

보세구역내 외국물품을 반출신고 없이 다른 보세구역으로 운송한 경우 관세부과의 대상이 되는지 여부
- 대법원 2020. 9. 3. 선고 2020두38362 판결;
　서울고법 2020. 4. 10. 선고 2019누32650 판결
| 한위수 변호사 |

수입물품의 과세가격 결정

- 특수관계자간 거래의 거래가격 영향

| 김규석 전문위원 |

정보기술협정(Information Technology Agreement)
양허품목과 품목분류(HS)의 검토

| 임대승 전문위원 |

세법 및 자본시장법상 합병비율 산정에 관한 문제
| 김영훈 회계사 |

부가가치세법상 용역의 공급장소에 대한 고찰
– 국내사업장이 없는 국외사업자가 제공하는 용역 중심으로 –
| 김태균 회계사·이은홍 회계사 |

기업공익재단의 주식 보유 관련 세제 개선방안
| 유철형 변호사 |

가업법인에 대한 가업상속공제를 적용함에 있어
주식 보유요건에 대한 해석

| 박영성 세무사 |

부부간 주식증여 후 소각거래에 대하여
증여자의 의제배당으로 재구성 할 수 있는지 여부

| 한의진 세무사 |

벤처기업에 대한 조세특례 쟁점 정리

| 김경식 회계사 |

관세법, FTA관세법상 가산세 면제의 정당한 사유 및
부가가치세법상 수정수입세금계산서 발급 사유에 대한 검토

주 성 준 변호사

I. 서론

납세의무자가 세법상 의무를 위반할 경우 그에 대한 제재로는 형사처벌이나 과태료를 규정한 경우도 있지만 가장 일반적이고 널리 활용되는 제재수단은 역시 가산세이다. 따라서 가산세의 부과 요건과 면제 요건에 대한 해석은 납세의무자의 이해관계에 미치는 영향이 매우 크다고 할 것이다. 가산세의 부과 요건은 개별 세법 규정들에 상세히 규정되어 있는 반면에 면제 요건은 종전에 대법원 판례에 의하여 인정되어 오던 '정당한 사유'라는 개념이 국세기본법 등 법률에 그대로 입법화되었다. '정당한 사유'는 지극히 포괄적이고 추상적인 개념으로서 대법원 판례도 그 정확한 의미에 관해서는 명시적으로 밝힌 바 없으며, 현재까지 학계의 논의는 대부분 대법원 판례에 의하여 정당한 사유가 인정된 사례와 부정된 사례를 유형화하여 분류하는 정도에 그치고 있는 것으로 보인다.

본고에서는 기존의 연구들과 같이 정당한 사유에 관한 대법원 판례들을 분석하여 유형화하는 대신, 대법원 판례의 내용을 통하여 유추할 수 있는 정당한 사유의 진정한 의미는 무엇인지, 고의·과실과의 관계는 어떻게 되는지, 더 나아가 그에 관한 기존 대법원 판례의 입장은 과연 타당한지 여부를 집중적으로 검토할 것이다.

가산세 면제의 정당한 사유에 관한 그간의 연구들은 주로 국세(내국세)와 국세기본법의 규정을 위주로 이루어져 온 것으로 보인다. 그러나 수입물품에 부과되는 관세에 대하여는 관세법이 적용되고 특히 자유무역협정이 적용되는 수입물품에 부과되는 관세에 대하여는 특별법으로서 「자유무역협정의 이행을 위한 관세법의 특례에 관한 법률」(이하 "FTA관세법"이라 함)이 적용되는데, 두 법률은 모두 가산세 면제의 정당한 사유에 관한 별도의 규정을 두고 있으므로, 대법원 판례에 의하여 정립된 정당한 사유에 관한 일반 법리 외에 관세법과 FTA관세법상 가산세 면제에 관한 규정들의 제·개정 경위와 규정 체계도 함께 살펴볼 필요가 있다.

한편 재화의 수입에 대해서는 부가가치세를 납부하여야 하고, 관할 세관장은 수입자에게 수입세금계산서를 발급하여야 한다. 그런데 부가가치세 납세의무의 내용과 범위는 관세 납세의무의 내용과 범위에 기계적으로 연동되므로 관세 신고납부세액에 부족이 발생하게 되면 필연적으로 부가가치세 신고납부세액의 부족도 발생할 수밖에 없다. 이러한 경우 관세·부가가치세 가산세 외에 부가가치세법상 수정수입세금계산서 발급 제한이라는 또다른 제재가 뒤따르게 된다. 최근 우리나라가 외국과 체결한 자유무역협정의 적용에 따라 관세율이 낮아지거나 무세인 경우가 증가하면서 오히려 납세의무자들 입장에서는 가산세보다도 수정수입세금계산서 발급 제한을 더욱 직접적이고 심각한 제재로 받아들이는 경향도 있다. 따라서 수정수입세금계산서 발급(제한) 사유에 관한 부가가치세법 규정의 제·개정 내용과 문제점 등을 검토하고, 가산세 면제의 정당한 사유와의 관계도 함께 살펴볼 것이다.

마지막으로 위와 같은 검토 내용들을 토대로 가산세 면제의 정당

한 사유와 수정수입세금계산서 발급에 관한 현행 규정과 제도에 대
한 개선방안을 제시하면서 글을 마치도록 하겠다.

Ⅱ. 가산세 일반

1. 가산세의 의의

국세기본법 제2조 제4호는 "가산세(加算稅)란 이 법 및 세법에서
규정하는 의무의 성실한 이행을 확보하기 위하여 세법에 따라 산출
한 세액에 가산하여 징수하는 금액을 말한다"라고 규정하고 있다.
국세기본법상 세법은 국세의 종목과 세율을 정하고 있는 법률과 국
세징수법, 조세특례제한법, 국제조세조정에 관한 법률, 조세범 처벌
법 및 조세범 처벌절차법을 말하고(제2조 제2호), 국세는 소득세, 법
인세, 상속세와 증여세, 종합부동산세, 부가가치세, 개별소비세, 교
통·에너지·환경세, 주세(酒稅), 인지세(印紙稅), 증권거래세, 교육세,
농어촌특별세를 말하며(제2조 제1호) 관세는 국세의 범위에 포함되
지 않는다.

관세법과 FTA관세법은 가산세에 관한 여러 규정을 두고 있음에
도 불구하고 가산세의 정의에 관한 별도의 규정을 두고 있지는 않으
나, 그 의미는 국세기본법상의 그것과 달리 볼 이유는 없을 것이다.
따라서 관세법과 FTA관세법상의 가산세는 각 법률에서 규정하는
의무의 성실한 이행을 확보하기 위하여 각 법률에 따라 산출한 세액
에 가산하여 징수하는 금액으로 이해하면 될 것이다.

가산세는 신고납세제도의 정착과 발전을 위한 제도로서 세액의
확정 등 세법상의 의무의 이행을 납세의무자에게 일임하는 대신에
그 과정에서 발생하는 납세의무자의 의무 위반에 대하여 경제적 불

이익을 부과함으로써 의무 위반의 발생을 방지하고 조세수입을 확보하기 위한 것이다.[1] 관세의 경우 신고납세 방식을 원칙으로 하고 있으므로(관세법 제241조, 제27조, 제38조) 관세법상 의무 이행을 담보하고 적절한 세수 확보를 위해서는 가산세의 중요성이 매우 크다고 할 것이다.

2. 가산세의 법적 성질

가산세의 법적 성질에 관해서는 행정벌이라는 견해, 행정질서벌

---

1) 최정희, "가산세 면제를 위한 정당한 사유에 대한 비교법적 고찰 – 일본과의 비교를 중심으로", 『조세와 법』, 제13권 제2호(서울시립대학교 법학연구소, 2020년), 45면; 길용원, "가산세의 면제요건인 정당한 사유와 그 증명책임에 관한 연구", 『세무와 회계연구』, 제3권 제1호(한국세무사회 부설 한국조세연구소, 2014년), 7면; 김재식, "관세법상의 가산세에 관한 사례연구", 『관세학회지』, 제5권 제1호(한국관세학회, 2004년), 2면
  헌법재판소는 "가산세 제도는 일반적으로 신고납세제도의 정착과 발전을 위하여 설정된 제도로 이해되고 있다. 신고납세제도는 민주적이고 국민주권주의의 기본원리에 입각한 제도라고 일컬어진다. 즉, 납세액은 국민이 스스로 결정하는 것이고 국가라고 하는 공동사회를 유지하기 위한 공통의 비용은 국민이 스스로 부담한다는 이념에 입각한 제도인 것이다. 이러한 신고납세제도하에서는 납세의무자의 자발적인 신고·납부가 없다면 그 제도의 성공을 기대할 수 없기 때문에 성실하게 신고·납부하지 않는 행위에 대하여 제재에 의한 차별을 함으로써 국가의 조세권 내지는 조세채권의 적정한 실현을 담보하는 것이다. 즉, 의무자에게 심리적 압박을 가해 간접적으로 의무이행을 확보하고자 하는 것이고, 또한 그 반사적 효과로서 성실한 신고·납부자를 보호하게 되며 그 결과로 의무불이행자와 성실한 의무이행자와의 공평부담을 도모하는 기능도 하는 것이다. 결국 가산세제도란 신고납세제도의 적정한 운영을 확립할 목적으로 이 제도의 요체를 이루는 신고·납부 등을 비롯한 협력의무의 불이행에 대하여 소정의 금전적 부담을 내용으로 하는 행정적 제재를 가하는 것이라고 할 것이다."라고 상세히 설명하고 있다(헌법재판소 2005. 2. 24. 선고 2004헌바26 결정).

이라는 견해, 행정상 제재라는 견해, 조세행정상의 특별과료 또는
특별과벌이라는 견해 등 여러 견해가 존재하고 있다.[2)]

대법원 판례도 행정상 제재라는 판례[3)], 의무해태에 대한 행정벌
적인 성격을 갖는다는 판례[4)]가 있으며, 최근의 판례는 주로 행정상
제재라는 판시를 하고 있는 것으로 보인다.[5)] 그러나 '행정상 제재'
라는 표현은 명확한 법률상 정의규정이 존재하지 않아 매우 포괄적
인 개념으로 볼 수 있기 때문에,[6)] 행정벌도 행정제재의 범위에 당연

---

2) 최정희, "가산세 면제를 위한 정당한 사유에 대한 비교법적 고찰 – 일본과
   의 비교를 중심으로", 『조세와 법』, 제13권 제2호(서울시립대학교 법학연
   구소, 2020년), 50면; 곽태훈, "가산세 면제요건인 '정당한 사유'에 관한 고
   찰", 『저스티스』, 통권 제159호(한국법학원, 2017년), 373면; 박정우·마정화,
   "세법상 가산세에 대한 '정당한 사유' 판단기준에 관한 연구", 『법학연구』,
   20권 1호(연세대학교 법학연구원, 2010년), 111면; 백제흠, "가산세 면제의
   정당한 사유와 세법의 해석 – 미국과 일본의 판례와 비교·분석을 중심으
   로", 『특별법연구』, 제8권(박영사, 2006년), 573면; 조일영, "가. 무효인 구수
   증서에 의한 유언의 사인증여로의 전환 여부, 나. 상속세의 가산세 면책사
   유로서의 정당한 사유의 존부", 『대법원 판례해설』, 58호(법원도서관, 2006
   년), 507면
3) 대법원 1988. 2. 9. 선고 87누1034 판결, 대법원 2003. 5. 16. 선고 2001두
   1772 판결, 대법원 2006. 7. 27. 선고 2004두9944 판결 등
4) 대법원 1976. 9. 14. 선고 75누255 판결, 대법원 1980. 3. 25. 선고 79누165
   판결, 대법원 1987. 10. 28. 선고 86누460 판결 등
5) 길용원, "가산세의 면제요건인 정당한 사유와 그 증명책임에 관한 연구",
   『세무와 회계연구』, 제3권 제1호(한국세무사회 부설 한국조세연구소, 2014
   년), 9면; 조일영 "가. 무효인 구수증서에 의한 유언의 사인증여로의 전환
   여부, 나. 상속세의 가산세 면책사유로서의 정당한 사유의 존부", 『대법원
   판례해설』, 58호(법원도서관, 2006년), 507면
6) 실제로 2021. 3. 23. 제정된 행정기본법 제2조 제5호에 따르면 제재처분이
   란 법령 등에 따른 의무를 위반하거나 이행하지 아니하였음을 이유로 당
   사자에게 의무를 부과하거나 권익을 제한하는 처분(다만, 행정대집행, 이
   행강제금의 부과, 직접강제, 강제징수, 즉시강제 등 행정상 강제는 제외)
   을 말한다고 하여 매우 포괄적으로 규정하고 있다.

히 포함될 수 있다. 이러한 관점에서 보면 위 대법원 판례들의 판시 내용이 그 자체로 서로 모순된다거나 다른 입장을 취한 것이라고 보기는 어려울 것이다.

행정벌 또한 명확한 법률상 정의규정은 존재하지 않으나[7], 일반적으로는 행정법상 의무위반에 대한 제재로서 일반통치권에 의거해서 부과하는 벌이라고 이해되고 있으며,[8] 그 종류로는 의무위반에 대한 제재로서 형법상의 형벌[9]을 부과하는 행정형벌, 질서위반행위규제법과 비송사건절차법에 따른 과태료를 부과하는 행정질서벌이 있다.[10] 대법원[11]과 헌법재판소[12]도 행정형벌과 행정질서벌 두 종

---

7) 출입국관리법 시행규칙 제6조 제2항은 "출국금지는 단순히 공무수행의 편의를 위하여 하거나 형벌 또는 행정벌을 받은 사람에게 행정제재를 가할 목적으로 해서는 아니된다"라고 규정하고 있으나, "형벌 또는 행정벌"이라고 하여 행정벌을 형벌과 병렬적으로 규정한 것을 보면 여기서의 행정벌은 행정질서벌(과태료)을 의미하는 것으로 보인다.

8) 장태주, 『행정법개론』, 제8판(법문사, 2010), 549면

9) 사형, 징역, 금고, 자격상실, 자격정지, 벌금, 구류, 과료, 몰수(형법 제41조)

10) 장태주, 『행정법개론』, 제8판(법문사, 2010), 550면; 윤민, "범죄성립의 전제가 되는 행정처분과 형사책임, 『사법논집』, 제62집(법원도서관, 2017년), 535, 536면
   행정벌과 행정형벌을 '협의의 행정벌'로, 여기에 수익적 행정행위의 철회·효력제한, 과징금, 위반사실의 공표, 공급거부, 허가사업의 제한 등 소위 새로운 의무이행 확보 수단의 부과를 포함하여 '광의의 행정벌'로 보는 견해도 있다[박정훈, "협의의 행정벌과 광의의 행정벌", 『법학』, 117호(서울대학교 법학연구소, 2001), 280면 이하].

11) "행정질서벌과 행정형벌은 다같이 행정법령에 위반하는데 대한 제재라는 점에서는 같다하더라도 행정형벌은 그 행정법규 위반이 직접적으로 행정목적과 사회공익을 침해하는 경우에 과하여지는 것이므로 행정형벌을 과하는데 있어서 고의 과실을 필요로 할 것이냐의 여부의 점은 별문제로 하더라도 행정질서벌인 과태료는 직접적으로 행정목적이나 사회공익을 침해하는데 까지는 이르지 않고 다만 간접적으로 행정상의 질서에 장해를 줄 위험성이 있는 정도의 단순한 의무태만에 대한 제재로서 과하여지는

류만을 언급하고 있으며, 그 외에 다른 종류의 행정벌에 대한 판시는 찾아볼 수 없다.

그런데 가산세는 형법상의 형벌도 아니고, 질서위반행위규제법과 비송사건절차법상의 과태료도 아니므로[13], 기존에 논의되던 행정벌의 두 가지 유형인 행정형벌이나 행정질서벌(과태료)에는 포섭되기 어렵다. 이러한 점을 고려하면, 가산세를 행정형벌과 행정질서벌이 아닌 제3의 유형의 행정벌로 새롭게 인정하지 않는 이상 가산세가 행정벌적인 성격을 갖는다는 판시는 적절하다고 볼 수 없으며, 그보다는 차라리 포괄적인 개념을 사용하여 행정상 제재라고 하는 판시가 오히려 적절한 것으로 보인다.

3. 가산세 면제의 "정당한 사유"

납세자에게 "정당한 사유"가 있는 경우에는 가산세를 부과할 수

데 불과하므로 다른 특별한 규정이 없는 한 원칙적으로 고의 과실을 필요로 하지 아니한다고 해석하여야 할 것이다."(대법원 1969. 7. 29.자 69마400 결정)

12) "어떤 행정법규 위반행위에 대하여 이를 단지 간접적으로 행정상의 질서에 장해를 줄 위험성이 있음에 불과한 경우(단순한 의무태만 내지 의무위반)로 보아 행정질서벌인 과태료를 과할 것인가, 아니면 직접적으로 행정목적과 공익을 침해한 행위로 보아 행정형벌을 과할 것인가, 그리고 행정형벌을 과할 경우 그 법정형의 형종과 형량을 어떻게 정할 것인가는, 당해 위반행위가 위의 어느 경우에 해당하는가에 대한 법적 판단을 그르친 것이 아닌 한 그 처벌내용은 기본적으로 입법권자가 제반사정을 고려하여 결정할 그 입법재량에 속하는 문제라고 할 수 있다"(헌법재판소 1997. 8. 21. 선고 93헌바51 결정)

13) 가산세가 과태료와 같은 행정제재로서의 성격이 강하다는 견해로는 안경봉, "가산세 면제사유로서의 정당한 사유(I), 『조세』, 123호(조세통람사, 1998년), 154면

없다는 법리는 대법원 판례에 의하여 확고하게 정립되어 있었으며, 이러한 법리를 반영하여 2006. 12. 30. 국세기본법 개정 시에 가산세 면제의 정당한 사유에 관한 규정이 처음으로 신설되었다.

국세기본법 [법률 제8139호, 2006. 12. 30, 일부개정]

제48조 (가산세의 감면 등) ① 정부는 이 법 또는 세법에 따라 가산세를 부과하는 경우 그 부과의 원인이 되는 사유가 제6조제1항의 규정에 따른 기한연장 사유에 해당하거나 납세자가 의무를 불이행한 것에 대하여 <u>정당한 사유</u>가 있는 때에는 해당 가산세를 부과하지 아니한다.

국세기본법 [법률 제16097호, 2018. 12. 31, 일부개정]

제48조(가산세 감면 등) ① 정부는 이 법 또는 세법에 따라 가산세를 부과하는 경우 그 부과의 원인이 되는 사유가 다음 각 호의 어느 하나에 해당하는 경우에는 해당 가산세를 부과하지 아니한다.
1. 제6조제1항에 따른 기한 연장 사유에 해당하는 경우
2. 납세자가 의무를 이행하지 아니한 데에 <u>정당한 사유</u>가 있는 경우
3. 그 밖에 제1호 및 제2호와 유사한 경우로서 대통령령으로 정하는 경우

위와 같이 입법화가 되기 전부터 가산세를 면제할 수 있는 "정당한 사유"에 관해서는 근 30년 간 판례가 집적되어 왔던바, 납세자에게 정당한 사유가 있는 경우에는 가산세를 부과할 수 없다고 언급한 최초의 판결은 대법원 1976. 9. 14. 선고 75누255 판결이다. 위 판결에서 대법원은 "원심판결이 그 이유에서…(중략)…가산세는 그 의무해태에 가하는 행정벌적 성격을 지니고 있는 것이어서 그 <u>신고의무를 해태함에 있어 그 보고의무자에게 정당한 이유가 있다고 인정되는 경우에는 그 보고의무자에게 가산세를 부과할 수 없다</u>고 해석하여야 한다는 취지의 판시는 정당하(다)"고 판시하였다.

이듬해 대법원 1977. 6. 7. 선고 74누212 판결은 "가산세는…(중략)…일종의 행정벌의 성질을 가진 제재라고 할 것인데 이와같은 행정벌의 성질을 가진 제재는 당사자가 그 <u>의무를 알지 못한 것이 무</u>

리도 아니었다고 할 수 있어서 그를 정당시 할 수 있는 사정이 있을
때 또는 그 의무이행을 그 당사자에게 기대하는 것이 무리라고 하여
야 할 사정이 있을 때 등 그 의무해태를 탓하는 것이 정당시 할 수
없는 사유가 있을 때에는 과할 수 없는 것이라고 함이 상당하다"고
판시하였다.

위 두 판결은 가산세 면제의 정당한 사유에 관한 지도적인 판결
로서 이후 선고된 거의 대부분의 대법원 판결들은 그 판시를 그대로
또는 상당부분 인용하고 있다. 그러나 위 두 판결 모두 정당한 사유
가 있으면 "왜" 가산세를 부과할 수 없는지에 대한 논증이나 설명은
생략되어 있고 정당한 사유의 의미나 판단 기준에 대한 명확한 기준
도 제시하지 않고 있어서 많은 아쉬움이 남는다. 위 판결들 이후 현
재까지 가산세에 관한 판례와 학설상의 논의가 주로 가산세 면제의 사
유인 "정당한 사유"의 의미는 무엇이고, 그 범위나 기준을 어떻게 설
정할 것인지에 집중되어 있는 이유도 여기에서 찾을 수 있을 것이다.

특기할 만한 점은, 위 두 판결 모두 가산세의 성격을 행정벌이라
고 보면서도 행정형벌, 행정질서벌과의 관계에 대한 설명은 없었고,
가산세의 부과에 납세자의 고의·과실을 필요로 하는지에 관하여도
별다른 언급이 없었다는 점이다.[14] 오히려 대법원 1977. 6. 7. 선고
74누212 판결은 피고의 가산세 부과처분을 위법하다고 판단하면서
그 근거 중 하나로서 원고회사가 보고서제출의무를 이행하지 아니
한데 대하여 과실이 있다고는 할 수 없는 점을 들고 있다. 가산세의
성격에 관해서는 앞서 살펴보았듯이 행정벌이라기보다는 포괄적인
개념인 행정상의 제재라고 이해하는 것이 적절하다. 고의·과실의 필
요 여부에 대해서는 후술하기로 한다.

---

14) 가산세에 고의·과실은 고려되지 않는다는 판시는 대법원 1984. 12. 26. 선
　　고 84누323 판결에서 처음 등장한다.

Ⅲ. 관세법, FTA관세법상 가산세 면제 사유 검토

1. 관세법상 가산세 면제 사유

가. 제개정 경위

국세기본법에 가산세 면제의 정당한 사유에 관한 규정이 신설된 후 2010. 3. 26. 관세법 시행령 개정 시에 동일한 취지의 규정이 신설되었다. 국세기본법과 달리 처음부터 법률에 규정하지 않은 이유는, 2006. 12. 30. 개정 전의 국세기본법 제48조 제1항[15]과 달리 관세법 제42조 제1항은 가산세를 부과하지 않는 경우를 대통령령에 위임하는 개방적인 규정 형식을 취하였고 그에 따라 이미 시행령 제39조 제2항에서 가산세를 부과하지 않는 경우들을 구체적으로 규정하고 있었기 때문에, 시행령 제39조 2항에 정당한 사유에 관한 규정을 새롭게 추가하는 것으로 충분하다고 판단했기 때문이 아닌가 생각된다.

관세법 [법률 제9410호, 2009. 2. 6, 일부개정]

제42조(가산세) ①세관장은 제38조의3제1항 또는 제3항의 규정에 의하여 부족한 관세액을 징수하는 때에는 다음 각 호의 금액을 합한 금액을 가산세로 징수한다. 다만, 잠정가격신고를 기초로 납세신고를 하고 이에 해당하는 세액을 납부한 경우 등 <u>대통령령이 정하는 경우</u>에는 그러하지 아니하다.

---

15) 국세기본법 제48조(가산세의 감면) ①정부는 세법에 의하여 부과하였거나 부과할 가산세에 있어서 그 부과의 원인이 되는 사유가 제6조제1항의 규정에 의한 기한연장사유에 해당하는 때에는 이를 감면한다.
②제1항의 규정에 의하여 가산세의 감면을 받고자 하는 자는 대통령령이 정하는 바에 의하여 그 사유를 정부에 신청할 수 있다.

관세법 시행령 [대통령령 제22086호, 2010. 3. 26, 일부개정]

제39조(가산세) ②법 제42조제1항 단서의 규정에 의하여 가산세를 부과하지 아
니하는 경우는 다음 각호와 같다.
5. 신고납부한 세액의 부족 등에 대하여 납세의무자에게 <u>정당한 사유</u>가 있는
경우

이후 가산세의 감면사유는 납세의무의 부담과 관련된 중요하고
본질적인 사항으로서 시행령에서 법률로 상향 입법이 필요하다는
지적에 따라[16) 2019. 12. 31. 관세법 개정 시에 가산세의 감면에 관
한 제42조의2를 신설하면서 제1항 제8호에 정당한 사유에 관한 내
용을 규정하였다. 정당한 사유의 구체적인 내용은 시행령에 위임하
였으며, 시행령 제39조 제3항은 보정이자 면제의 정당한 사유에 관
한 시행령 제32조의4 제6항을 준용하고 있다. 시행령 제32조의4 제6
항 제3호에서는 또다시 "정당한 사유"에 관한 일반 규정을 두고 있다.

관세법 [법률 제16838호, 2019. 12. 31, 일부개정]

제42조의2(가산세의 감면) ① 세관장은 다음 각 호의 어느 하나에 해당하는 경
우에는 제42조제1항에 따른 가산세액에서 다음 각 호에서 정하는 금액을 감면
한다.
8. 신고납부한 세액의 부족 등에 대하여 납세의무자에게 대통령령으로 정하는
정당한 사유가 있는 경우: 제42조제1항제1호[17) 및 제2호[18)의 금액을 합한 금액

---

16) 관세법 일부개정법률안(대안)(의안번호 24119) 3. 다.항 참조
17) 부족세액의 100분의 10
18) 다음 각 목의 금액을 합한 금액
  가. 미납부세액 또는 부족세액 × 법정납부기한의 다음 날부터 납부일까지
  의 기간(납부고지일부터 납부고지서에 따른 납부기한까지의 기간은 제외
  한다) × 금융회사 등이 연체대출금에 대하여 적용하는 이자율 등을 고려
  하여 대통령령으로 정하는 이자율
  나. 법정납부기한까지 납부하여야 할 세액 중 납부고지서에 따른 납부기
  한까지 납부하지 아니한 세액 × 100분의 3(관세를 납부고지서에 따른 납

관세법 시행령 [대통령령 제30399호, 2020. 2. 11, 일부개정]

제39조(가산세) ③ 법 제42조의2제1항제8호에서 "대통령령으로 정하는 <u>정당한 사유</u>가 있는 경우"란 제32조의4제6항 각 호의 어느 하나에 해당하는 경우를 말한다.

제32조의4(세액의 보정) ⑥ 법 제38조의2제5항제2호[19]에서 "대통령령으로 정하는 <u>정당한 사유</u>가 있는 경우"란 다음 각 호의 어느 하나에 해당하는 경우를 말한다.
1. 법 제10조[20]에 따른 기한 연장 사유에 해당하는 경우
2. 제1조의3[21]에 따른 법 해석에 관한 질의·회신 등에 따라 신고·납부했으나 이후 동일한 사안에 대해 다른 과세처분을 하는 경우
3. 그 밖에 납세자가 의무를 이행하지 않은 <u>정당한 사유</u>가 있는 경우

　　국세기본법과 달리 정당한 사유에 관한 내용을 법률에서 시행령에 위임하고, 위임을 받은 시행령은 또다시 시행령의 다른 규정을 준용하는 등 규정 체계가 다소 복잡하기는 하나, 최종적으로는 "납세자가 의무를 이행하지 않은 정당한 사유가 있는 경우"(시행령 제32조의4 제6항 제3호)로 귀결되므로 결국 국세기본법 제48조 제2항 제3호의 정당한 사유와 기본적으로는 동일한 의미라고 볼 수 있을 것이다.

　　부기한까지 완납하지 아니한 경우에 한정한다)

19) 관세법 제38조의2(보정) ⑤ 세관장은 제1항과 제2항 후단에 따른 신청에 따라 세액을 보정한 결과 부족한 세액이 있을 때에는 납부기한(제9조에 따른 납부기한을 말한다) 다음 날부터 보정신청을 한 날까지의 기간과 금융회사의 정기예금에 대하여 적용하는 이자율을 고려하여 대통령령으로 정하는 이율에 따라 계산한 금액을 더하여 해당 부족세액을 징수하여야 한다. 다만, 다음 각 호의 어느 하나에 해당하는 경우에는 그러하지 아니하다.
　　2. 신고납부한 세액의 부족 등에 대하여 납세의무자에게 대통령령으로 정하는 정당한 사유가 있는 경우

20) 관세법 제10조(천재지변 등으로 인한 기한의 연장)

21) 관세법 제1조의3(관세법 해석에 관한 질의회신의 절차와 방법)

나. 가산세 및 보정이자 면제에 관한 지침

관세청은 2010. 3. 26.부터「가산세 및 보정이자 면제에 관한 지침」을 제정하여 시행[22]하고 있으며, 2018. 8. 8. 일선세관에 "'가산세 및 보정이자 면제에 관한 지침' 개정 및 집행 가이드라인 통보"공문을 시달하여 시행 중이다.

위 공문에 첨부된 "정당한 사유에 대한 가산세 면제제도 개선방안"자료를 보면 '현행 지침 상의 정당한 사유에 대한 법해석 기준인 대법원 판례 또한 그 문구·용어가 일반·추상적이라 실효성이 낮음', '일선 현장에서는 감사원 및 자체 감사부서의 업무감사를 우려, 불복 및 쟁송단계로 그 책임을 넘기는 경향'을 문제점으로 지적하고, 개선 방향으로 '그 동안 집적된 법원 판례, 조심원 심판청구 결정, 유권해석, 타기관 사례를 유형화함으로써 정당한 사유의 해석에 관한 예측가능성 제고'를 제시하고 있다.

「가산세 및 보정이자 면제에 관한 지침」제8조(정당한 사유)는 제1항에서 "'정당한 사유'란 납세의무자가 그 의무를 알지 못한 것이 무리가 아니었다고 할 수 있어서 그를 정당시 할 수 있는 사정이 있거나 그 의무의 이행을 당사자에게 기대하는 것이 무리라고 하는 사정이 있는 때 등 그 의무해태를 탓할 수 없는 사유를 말한다"라고 하여 정당한 사유에 관한 기존 대법원 판례의 설시 내용을 그대로 인용하여 규정한 후, 제2항에서 정당한 사유를 4개로[23], 제3항에서

---

22) 이후 2018. 8. 8., 2020. 1. 16. 개정

23) 1. 부족세액의 발생이 납세의무자의 단순한 법령의 부지나 착오에 기인한 것이 아니라, 과세관청 내부에서도 법해석상의 견해 대립이 심할 정도로 과세 근거가 법령에 명확하게 규정되지 않은 경우
2. 납세의무자가 인지하고 있는 납세 관련 사실관계를 숨김없이 과세관청에 신고하는 등 정확한 납세를 위하여 성실히 노력하였음에도 불구하고 인지할 수 없었던 사실관계의 부지 또는 오해의 사정이 있거나 법령적용의 착오가 있는 경우

정당한 사유 없는 경우를 4개로[24) 유형화하여 규정하고 있다.

그리고 위 공문의 세 번째 첨부문서인 "「가산세 및 보정이자 면제에 관한 지침」 제8조에 대한 가이드라인"에서는 지침 제8조 제2항, 제3항에서 규정한 각 사유들을 다시 2~6개 씩 세분화하여 구체적인 내용을 설명하고 있으며, 관련된 법원 판례와 조세심판원 결정의 사건 번호를 함께 기재하고 있다.

다. 국세기본법상 가산세 면제 사유와의 비교

관세법상 가산세 면제의 정당한 사유와 국세기본법상 가산세 면제의 정당한 사유에 관한 규정 체계는 다소 차이가 있으나 그 내용은 기본적으로 동일하다고 보아도 무방할 것이다. 그러나 양자가 기본적으로 동일하다고 하여도 이는 어디까지나 추상적인 의미에서 정당한 사유의 판단 기준을 달리 볼 이유가 없다는 의미이지, 구체적인 사례로 들어가서 보면 관세법의 정당한 사유의 범위가 국세기본법상 정당한 사유의 범위보다 좀 더 넓게 인정되어야 하지 않을까 생각된다. 내국세의 경우 납세의무자의 고의·과실이나 의무 위반 과

---

3. 납세의무자가 과거 과세관청의 처분이나 법원의 판결을 신뢰하고 성실히 이행하였으나 과세관청이 그 해석을 변경한 경우
4. 그 밖에 납세의무자의 귀책사유가 없어 가산세등을 부과하는 것이 타당하지 아니하다고 세관장이 인정하는 경우

24) 1. 부족세액의 발생이 납세의무자의 단순한 법령의 부지나 착오에 기인하거나 법령에 대한 자의적인 판단에 따른 경우
2. 납세의무자가 정확한 납세를 위하여 성실한 주의 의무를 다하지 않고, 단순히 사실관계의 부지 또는 오해한 경우
3. 납세의무자의 신뢰를 보호하여야 하는 과세관청의 공적인 견해 표명으로 볼 수 없거나 공적인 견해 표명이 있었더라도 잘못된 원인이 납세의무자에게 있는 경우
4. 그 밖에 납세의무자의 귀책사유가 중하여 가산세등을 부과하는 것이 타당하다고 세관장이 인정하는 경우

정에 실제 관여 여부 또는 관여의 정도를 떠나서, 가산세 부과의 원
인이 되는 의무위반행위를 포함하여 그 전제가 되는 본세 납부의무
와 관련한 과세요건사실은 납세의무자의 지배영역에서 발생하는 일
이 대부분인 반면에, 관세의 경우 납세의무자가 아닌 수출자, 생산
자 등 제3자의 지배영역에서 발생하는 일로서 납세의무자는 수출자,
생산자 등 제3자가 제공하는 자료와 사실관계를 신뢰할 수밖에 없
고 과세관청의 조사 과정에서도 수출자나 생산자의 협조가 필수적
인 경우가 많기 때문이다.

예를 들어 수입물품의 품목분류나 원산지결정은 수출자, 생산자
등이 제공하는 자료에 거의 전적으로 의존할 수밖에 없고, 특히 이
에 관한 자료는 깊이 들어갈 경우 대부분 수출자, 생산자 등의 영업
비밀과 관련되어 있기 때문에 납세의무자 입장에서는 다소 미진하
다고 느껴지는 부분이 있더라도 상대방에게 100% 상세한 자료를 요
청하기가 현실적으로 어려운 측면이 있다. 따라서 거래상대방인 수
출자나 생산자 등 제3자가 제공한 자료가 결과적으로 잘못되어 품
목분류나 원산지결정에 오류가 있었고 이로 인하여 신고납부한 세
액에 부족이 발생하게 되었다고 하더라도, 납세의무자가 이를 공모,
용인하였다거나 혹은 오류를 알 수 있었다는 등의 추가적인 사정이
없는한 단순히 수출자, 생산자 등 제3자가 제공한 잘못된 자료를 신
뢰하였다는 이유만으로 정당한 사유를 기계적으로 부정해서는 안
될 것이다.

조세심판원도 "수탁자의 지위에 있는 청구법인에게 위탁자가 무
상으로 제공한 OOO의 가격을 파악하여 정확한 가격을 신고할 것을
기대하기 어려워 보이는 점, 청구법인이 처분청의 관세조사 기간 중
에 위탁자에게 OOO의 정확한 가격을 알려줄 것을 요청하였으나 위
탁자는 영업기밀정보에 해당한다는 이유로 청구법인에게는 제공하
지 못하고 처분청이 요청할 경우 제공할 수 있다고 한 점, 처분청도

OOO의 가격을 수입신고 건별로 일일이 알 수 없어 심사기간 중에 위탁자에게 요구하여 제출받은 가격자료로 과세한 점"[조심 2015관 0218(2015. 12. 21.)], "쟁점개발비는 청구법인이 지급한 것이 아니어서 그 거래내역을 확인하여 정확히 신고하는 것을 기대하기에는 무리가 있어 보이는 점"[조심 2015관0094(2016. 1. 29.)] 등을 이유로 가산세 부과처분을 취소한 사례가 있다.

2. FTA관세법상 가산세 면제 사유

가. 제개정 경위

FTA관세법은 자유무역협정의 이행을 위하여 필요한 관세의 부과·징수 및 감면, 수출입물품의 통관 등 관세법의 특례에 관한 사항을 규정한 특별법으로서(제1조), 관세법에 우선하여 적용된다(제3조 제2항). FTA관세법은 2015. 12. 29. 전부개정시 제36조에서 가산세에 관한 내용을 규정하였으며, 동조 제2항의 위임에 따라 시행령 제47 조 제3항에서 가산세를 면제하는 사유들을 규정하고 있는데, 제3호에서 "정당한 사유"에 관한 일반규정을 두고 있다.

FTA관세법 [법률 제13625호, 2015. 12. 29, 전부개정]

제36조(가산세) ① 세관장은 협정관세를 적용받은 물품에 대하여 「관세법」 제38 조의3제1항 또는 제4항에 따라 부족한 관세액(이하 "부족세액"이라 한다)을 징수할 때에는 다음 각 호의 금액을 합한 금액을 가산세로 징수한다.(각호 생략)
② 제1항에도 불구하고 수입자가 제14조제2항에 따라 수정신고를 하는 경우로서 제17조제1항에 따른 원산지 조사의 통지를 받기 전에 수정신고를 하는 경우 등 <u>대통령령으로 정하는 경우</u>(제1항제1호 단서에 해당하는 경우는 제외한다)에는 가산세의 전부 또는 일부를 징수하지 아니한다.

FTA관세법 시행령 [대통령령 제27300호, 2016. 6. 30, 전부개정]

제47조(가산세) ③ 법 제36조제2항에서 "대통령령으로 정하는 경우"란 다음 각 호의 어느 하나에 해당하는 경우를 말한다.

1. 수입자가 법 제14조제2항에 따라 원산지증빙서류의 내용에 오류가 있음을 통보받은 경우로서 법 제17조제1항에 따른 원산지 조사의 통지를 받기 전에 수정신고를 하는 경우. 다만, <u>수입자에게 귀책사유가 없는 경우</u>로 한정한다.

2. 법 제19조제1항에 따라 관세청장 또는 세관장이 체약상대국의 관세당국에 원산지 확인을 요청한 사항에 대하여 체약상대국의 관세당국이 기획재정부령으로 정하는 기간 이내에 그 결과를 회신하지 아니한 경우

3. 체약상대국의 수출자 또는 생산자가 법 제16조제1항에 따라 관세청장 또는 세관장이 요구한 자료를 같은 조 제2항에 따른 기간 내에 제출하지 아니하거나 거짓으로 또는 사실과 다르게 제출한 경우 등으로서 부족세액의 징수와 관련하여 수입자에게 <u>정당한 사유</u>가 있는 경우

⑤ 법 제36조에 따른 가산세의 징수와 관련하여 이 조에서 정하지 아니한 사항에 대해서는 「관세법 시행령」 제39조제2항부터 제5항까지²⁵⁾의 규정을 적용한다.

이후 몇 차례 경미한 개정을 거쳐 현재의 규정은 아래와 같다.

FTA관세법 [법률 제17649호, 2020. 12. 22, 타법개정]

제36조(가산세) ① 세관장은 협정관세를 적용받은 물품에 대하여 납세의무자가 「관세법」 제9조에 따른 납부기한(이하 이 조에서 "법정납부기한"이라 한다)까지 납부하지 아니한 관세액(이하 이 조에서 "미납부세액"이라 한다)을 징수하거나 「관세법」 제38조의3제1항 또는 제6항에 따라 부족한 관세액(이하 이 조에서 "부족세액"이라 한다)을 징수할 때에는 다음 각 호의 금액을 합한 금액을 가산세로 징수한다.(각호 생략)

② 제1항에도 불구하고 수입자가 제14조제2항에 따라 수정신고를 하는 경우로서 제17조제1항에 따른 원산지 조사의 통지를 받기 전에 수정신고를 하는 경우 등 대통령령으로 정하는 경우(제1항제1호 단서에 해당하는 경우는 제외한다)에

---

25) **제39조(가산세)** ②법 제42조제1항 각 호 외의 부분 단서에서 "잠정가격 신고를 기초로 납세신고를 하고 이에 해당하는 세액을 납부한 경우 등 대통령령으로 정하는 경우"란 다음 각 호의 어느 하나에 해당하는 경우를 말한다.

5. 신고납부한 세액의 부족 등에 대하여 납세의무자에게 <u>정당한 사유</u>가 있는 경우

> 는 다음 각 호에 해당하는 가산세의 전부 또는 일부를 징수하지 아니한다.
> 1. 제1항제1호에 따른 금액
> 2. 제1항제2호에 따른 금액(납부고지서에 따른 납부기한이 지난 날부터 납부일
> 까지의 기간에 해당하는 금액은 제외한다)

FTA관세법 시행령 [대통령령 제30409호, 2020. 2. 11, 일부개정]

제47조(가산세) ③ 법 제36조제2항 각 호 외의 부분에서 "대통령령으로 정하는
경우"란 다음 각 호의 어느 하나에 해당하는 경우를 말한다.
1. 수입자가 법 제14조제2항에 따라 원산지증빙서류의 내용에 오류가 있음을
통보받은 경우로서 법 제17조제1항에 따른 원산지 조사의 통지를 받기 전에 수
정신고를 하는 경우. 다만, 수입자에게 <u>귀책사유가 없는</u> 경우로 한정한다.
2. 법 제19조제1항에 따라 관세청장 또는 세관장이 체약상대국의 관세당국에
원산지 확인을 요청한 사항에 대하여 체약상대국의 관세당국이 기획재정부령
으로 정하는 기간 이내에 그 결과를 회신하지 아니한 경우
3. 체약상대국의 수출자 또는 생산자가 법 제16조제1항에 따라 관세청장 또는
세관장이 요구한 자료를 같은 조 제2항에 따른 기간 내에 제출하지 아니하거나
거짓으로 또는 사실과 다르게 제출한 경우 등으로서 부족세액의 징수와 관련
하여 수입자에게 <u>정당한 사유</u>가 있는 경우
⑤ 법 제36조에 따른 가산세의 징수와 관련하여 이 조에서 정하지 아니한 사항
에 대해서는 「관세법」 제42조의2 및 같은 법 시행령 제39조제2항부터 제5항²⁶⁾까
<u>지의 규정을 적용한다.</u>

---

26) 관세법 시행령 제39조(가산세) ③ 법 제42조의2제1항제8호에서 "대통령령
   으로 정하는 <u>정당한 사유가 있는 경우</u>"란 제32조의4제6항 각 호의 어느
   하나에 해당하는 경우를 말한다.
   제32조의4(세액의 보정) ⑥ 법 제38조의2제5항제2호에서 "대통령령으로
   정하는 <u>정당한 사유</u>가 있는 경우"란 다음 각 호의 어느 하나에 해당하는
   경우를 말한다.
   1. 법 제10조에 따른 기한 연장 사유에 해당하는 경우
   2. 제1조의3에 따른 법 해석에 관한 질의·회신 등에 따라 신고·납부했으
   나 이후 동일한 사안에 대해 다른 과세처분을 하는 경우
   3. 그 밖에 납세자가 의무를 이행하지 않은 <u>정당한 사유</u>가 있는 경우

FTA관세법 시행령 제47조 제3항 제3호에서 정당한 사유에 관한 일반규정을 두고 있는데, 같은 조 제5항에 따라 적용되는 관세법 시행령 제39조 제3항은 "'대통령령으로 정하는 정당한 사유가 있는 경우'란 제32조의4 제6항 각 호의 어느 하나에 해당하는 경우를 말한다"라고 규정하고 있고, 관세법 시행령 제32조의4 제6항 제3호는 "그 밖에 납세자가 의무를 이행하지 않은 정당한 사유가 있는 경우"를 규정하고 있다. FTA관세법 시행령 제47조 제3항 제3호의 "부족세액의 징수와 관련하여 수입자에게 정당한 사유가 있는 경우"와 관세법 시행령 제32조의4 제6항 제3호의 "납세자가 의무를 이행하지 않은 정당한 사유가 있는 경우"는 실질적으로 동일한 내용이라고 보여지므로, 결국 정당한 사유에 관한 일반규정이 두 개 존재하고 있는 셈이다. 바람직한 입법은 아니라고 생각된다.

나. FTA 협정관세 적용물품에 대한 가산세 및 보정이자 면제에 관한 지침

관세청은 2020. 4. 9.부터 「FTA 협정관세 적용물품에 대한 가산세 및 보정이자 면제에 관한 지침」을 제정하여 운영하고 있다. 동 지침은 "가산세 또는 보정이자의 징수와 면제에 대한 통일된 집행으로 법적 안정성 및 예측 가능성을 높여 성실한 납세자 권익 보호를 목적으로 한다"고 그 취지를 밝히고 있다.

동 지침은 가산세 및 보정이자 면제여부 적용 기준을 크게 '수입자 귀책사유 적용 기준'(FTA관세법 시행령 제47조 제3항 제1호 관련)과 '수입자의 정당한 사유 적용 기준'(FTA관세법 시행령 제47조 제3항 제3호 관련)으로 나누고 있다. 그리고 '수입자 귀책사유 적용 기준'에 관해서는 '별표 1 수입자 귀책사유'에서 품목분류 오류, 형식적 요건 오류 등 6개 사유[27]를 규정하고 있고, '수입자의 정당한 사유 적용 기준'에 관해서는 다시 3가지 유형으로 분류하여 '별표 2

가산세 또는 보정이자 부과 사유'에서 협정관세 적용제한 사유가 수
입자의 고의 또는 과실, 법령에 대한 무지 또는 착오에 의한 경우 등
12개 사유28)를, '별표 3 원칙적 가산세 또는 보정이자 면제 사유'에
서 체약상대국 수출자 또는 생산자가 관세청장 또는 세관장의 서면
조사에 대하여 기간 내에 회신하지 않아 협정관세 적용이 제한된 경
우 등 등 9개 사유29)를, '별표 4 조건부 가산세 또는 보정이자 면제
사유'에서 체약상대국 수출자 등에 대한 조사 결과 세관장에게 신고
한 원산지가 실제 원산지와 다른 것으로 확인되어 협정관세 적용이
제한된 경우 등 6개 사유30)를 규정하고 있다.

---

27) 별표 1에서 정하는 '수입자 귀책사유'에 해당하면 가산세를 부과한다.
28) 별표 2에서 정하는 사유에 해당하는 경우에는 정당한 사유에 해당하지 아
    니하므로 가산세를 부과한다.
29) 별표 3에서 정하는 사유에 해당하면 가산세를 면제할 수 있다. 다만, (ⅰ)
    수입자와 체약상대국 수출자 등이 관세법상의 특수관계인인 경우, (ⅱ) 한
    -미 FTA와 같이 협정에 협정관세 적용과 관련한 수입자의 의무사항이 별
    도로 규정되어 있는 경우에는 별표 4의 조건부 면제대상으로 심사한다.
30) 별표 4에서 정하는 사유에 해당하면 수입자의 의무이행 여부 등을 심사하
    여 가산세 또는 보정이자를 면제할 수 있다. 여기서 말하는 의무란, (ⅰ)
    체약상대국 수출자 등의 유효한 인증수출자 해당 여부 또는 적법한 권한
    이 있는 자에 의한 원산지증명서(신고서) 발행 여부 등 거래당사자와 관
    련된 사항 확인 여부, (ⅱ) 협정관세 적용물품의 품목분류 적정성 등 협정
    별 양허품목 해당여부와 관련된 사항 확인 여부, (ⅲ) 원산지증명서(신고
    서)의 FOB 가격과 원산지(기준) 오류 여부, 수입자가 확인 가능한 계약서
    류, 상업서류 등 무역서류의 특이사항 여부 및 체약상대국 수출자 등을
    대상으로 협정관세 적용물품의 원산지기준 충족 확인 등 원산지 기준과
    관련된 사항 확인 여부, (ⅳ) 협정 및 법령에 따른 적법한 기재 또는 유효
    기간 경과 여부 등 원산지증명서(신고서)의 형식적 요건과 관련된 사항
    확인 여부, (ⅴ) 제3국 경유 등 직접운송 의심 물품에 대한 경유지 세관 또
    는 선사 등을 통한 확인 및 협정 또는 법령이 정하는 증빙서류의 적정 제
    출 여부 확인 등 직접운송과 관련된 사항 확인 여부, (ⅵ)기타 협정 또는
    법령에 기재된 수입자 의무와 관련된 사항 이행 여부를 말한다.

다. 국세기본법, 관세법상 가산세 면제사유와의 비교

FTA관세법상 가산세 면제의 정당한 사유 역시 국세기본법, 관세법상의 그것과 기본적으로는 동일한 의미라고 보아도 될 것이다. 그러나 구체적인 사례로 들어가서 보면 그 인정 범위는 국세기본법은 물론 관세법보다도 넓게 보아야 할 경우가 있을 것이다. FTA관세법의 경우 가산세 부과의 원인이 되는 의무위반행위나 협정관세 적용제한 사유가 납세의무자의 지배영역을 벗어나는 것은 물론(국세기본법과의 차이), 거래상대방인 수출자, 생산자 등 제3자의 지배영역도 벗어나서(관세법과의 차이) 애초에 수출국의 법령으로 인하여 불가피하게 혹은 수출국 관세당국의 사정으로 인하여 발생하는 경우도 있을 수 있기 때문이다.

실제로 「FTA 협정관세 적용물품에 대한 가산세 및 보정이자 면제에 관한 지침」 별표 3에서는 체약상대국 수출자 또는 생산자 측의 사정으로 인한 면제 사유들을 규정하고 있으며, 특히 제3호에서는 관세청장 또는 세관장이 체약상대국 관세당국에 원산지 확인을 요청한 사항에 대하여 회신 내용에 원산지의 정확성을 확인하는데 필요한 정보가 포함되지 아니하여 협정관세 적용이 제한된 경우를 원칙적 가산세 면제사유의 하나로 명시하고 있다.

조세심판원도 "체약상대국 관세당국은 한-EFTA FTA상의 5년 간의 서류보관 규정과 달리 3년이라는 원산지신고서류 보관 규정의 국내입법으로 인해 쟁점물품 수출자와 생산자의 의지와 상관없이 5년 간의 수입신고건 중 3년 간의 수입신고분에 대해서만 원산지검증결과를 회신"한 경우에 청구법인의 귀책사유가 없다고 보아 가산세 부과처분을 취소하였다[조심 2013관60(2013. 11. 4.)].[31]

---

31) 「FTA 가산세 쟁송 사례집」, 서울본부세관(2020년), 149면에서는 위 사례를 "수출국 법령상 서류 보관기간 도과로 원산지 검증 실시 불가능"한 사례

서울행정법원 2014. 9. 25. 선고 2014구합54424 판결[32])도 "수출국 관세당국이 원산지 검증요청에 따라 이를 이행할 것인지 나아가 어떠한 방식으로 어느 범위 및 정도까지 검증을 할 것인지의 문제는 원고의 통제범위 밖의 문제라고 할 것인 점, 원고로서는 3년이 경과한 물품에 대하여 대한민국 관세당국이 원산지 검증을 요청한 경우 체약상대국 관세당국이 국내법상 서류 보관기간이 도과하였다는 이유로 검증을 실시하지 않을 것이라고 쉽게 예상할 수는 없었을 것으로 보이고, 체약상대국 국내법에 어떠한 하자가 있다고 볼 수도 없으므로, 원고에게는 수출자로 하여금 5년 동안 원산지 관련서류를 보관하도록 할 어떠한 의무나 책임이 존재하지 않거나, 적어도 원고에게 그와 같은 의무이행을 기대하기 어려운 점"등을 고려하면 가산세 면제의 정당한 사유가 인정된다고 판시하였다.

Ⅳ. 가산세와 고의·과실의 관계

1. 대법원 판례 및 종래의 논의

가산세와 고의·과실의 관계에 관한 최초의 판례는 대법원 1984. 12. 26. 선고 84누323 판결인 것으로 보인다. 동 판결은 "세법에 있어서 가산세는 과세권의 행사 및 조세채권의 실현을 용이하게 하기 위하여 납세자에게 부과하는 제재이므로 여기에는 납세자의 고의·과실은 고려될 바 없다"라고 판시하였다. 동 판결 이후, "세법상 가산세는 행정상 제재로서 납세자의 고의·과실은 고려되지 않는다"는

로 소개하고 있다.

32) 항소심 진행 중 피고의 직권취소, 원고의 소 취하로 종결

것은 거의 하나의 관용구처럼 가산세 관련 판결들에 그대로 인용되
고 있다. 즉, 가산세 부과에는 납세자의 고의·과실은 고려되지 않는
다는 것은 대법원의 확립된 판례로서 40년 가까이 유지되고 있다.

이처럼 가산세 부과에는 납세자의 고의·과실은 고려되지 않는다
는 논리에 따른다면 이론상으로는 고의·과실이 없는 경우에도 가산
세 부과가 가능할 수 있고,33) 반대로 고의·과실이 있는 경우에도 가
산세 부과가 불가능할 수 있다. 다만 대부분의 견해는 위와 같은 대
법원 판례의 취지가 고의·과실의 유무가 정당한 사유의 존부 판단
에 중요한 요소로 작용하는 것까지 부정하는 취지는 아니라고 이해
하고 있다.34) 실제로 대법원 1977. 6. 7. 선고 74누212 판결도 피고의
가산세 부과처분을 위법하다고 판단하면서 그 근거 중 하나로서 원
고회사가 보고서제출의무를 이행하지 아니한데 대하여 과실이 있다
고는 할 수 없는 점을 들고 있다.

이처럼 고의·과실과 정당한 사유의 관계에는 불명확한 면이 있기
때문에 고의·과실의 의미와 정당한 사유의 의미를 비교·분석할 필
요가 있다고 보이며,35) 그에 앞서 근본적으로는 가산세 부과에 고
의·과실은 고려될 바 없다는 기존 대법원 판례의 입장이 과연 타당

---

33) "원고에게 과실이 없다하여 가산세의 부과는 부당하다는 소론 또한 이유
    없다"(대법원 1984. 12. 26. 선고 84누323 판결), "원고에게 고의, 과실이
    없기 때문에 신고불성실가산세 및 납부불성실가산세의 부과가 부당하다
    는 논지 역시 받아들일 수 없다"(대법원 1989. 10. 27. 선고 88누2830 판결)
34) 백제흠, "가산세 면제의 정당한 사유와 세법의 해석 - 미국과 일본의 판례
    와 비교·분석을 중심으로", 『특별법연구』, 제8권(박영사, 2006년), 576면,
    정재훈, "가산세 부과원인인 의무위반에 정당한 사유의 존부", 『대법원판
    례해설』, 제17호(법원도서관, 1992년), 729면; 곽태훈, "가산세 면제요건인
    '정당한 사유'에 관한 고찰", 『저스티스』, 통권 제159호(한국법학원, 2017년),
    382면.
35) 이에 관해서는 다음 V.항에서 상세히 살펴보기로 한다.

한 것인지도 다시 검토할 필요가 있다.

2. 기존 대법원 판례의 문제점

가. 헌법상 자기책임의 원리

대법원 1984. 12. 26. 선고 84누323 판결 이래로 현재까지 대법원은 가산세에는 납세자의 고의·과실은 고려되지 않는다는 입장을 확고하게 견지하고 있으면서도, 가산세에 납세자의 고의·과실은 고려되지 '않아야 하는' 혹은 고려되지 '않아도 되는' 이유는 무엇인지에 대해서는 명확히 밝힌 적이 없고 납세자의 고의·과실을 고려하지 않는 대법원의 입장이 과연 타당한 것인지에 대한 고민도 없었던 것으로 보인다.

대법원 판례에서 가장 많이 사용되는 표현은 "가산세는 <u>행정상의 제재로서</u> 납세자의 고의·과실은 고려되지 아니한다"는 것이다. 즉, 고의·과실을 요하지 않는 이유로서 대법원이 유일한 단서로 제시하고 있는 것은 가산세가 "행정상의 제재"라는 것이다. 그렇다면 행정상의 제재라는 이유만으로 고의·과실은 당연히 고려하지 않아도 되는 것인가? 혹은 행정상의 제재인 경우에는 논리필연적으로 고의·과실은 고려하면 안되는 것인가? 결론부터 말하자면 가산세의 성격이 행정상의 제재라는 것은 고의·과실을 필요로 하는지 여부와는 아무런 논리적인 관련이 없고 따라서 고의·과실을 필요로 하지 않는다는 결론의 근거도 될 수 없다고 본다.

우선 행정상의 제재인 가산세에 고의·과실을 요건으로 하지 않는 것은 헌법상 자기책임의 원리에 반한다.

자기책임의 원리는 헌법 제10조가 정하고 있는 행복추구권에서 파생되는 자기결정권의 한계논리로서 책임부담의 근거로 기능하는 동시에 자기가 결정하지 않은 것이나 결정할 수 없는 것에 대하여는

책임을 지지 않고 책임부담의 범위도 스스로 결정한 결과 내지 그와
상관관계가 있는 부분에 국한됨을 의미하는 책임의 한정원리로 기
능하며, 이러한 자기책임의 원리는 인간의 자유와 유책성, 그리고
인간의 존엄성을 진지하게 반영한 원리로서 그것이 비단 민사법이
나 형사법에 국한된 원리라기보다는 근대법의 기본이념으로서 법치
주의에 당연히 내재하는 원리로 볼 것이고 헌법 제13조 제3항36)은
그 한 표현에 해당하는 것으로서 자기책임의 원리에 반하는 제재는
그 자체로서 헌법위반을 구성한다(헌법재판소 2004. 6. 24. 선고 2002
헌가27 결정).

또한 헌법재판소는 토양오염의 발생 당시 토양오염의 원인이 된
토양오염관리시설을 소유·점유 또는 운영하고 있는 자를 오염원인
자로 보아 과실 여부를 불문하고 피해배상과 정화책임을 지도록 한
구 토양환경보전법(2004. 12. 31. 법률 제7291호로 개정되고, 2011. 4.
5. 법률 제10551호로 개정되기 전의 것) 제10조의3(토양오염의 피해
에 대한 무과실책임) 제3항 제2호에 대한 위헌소원 사건에서, 토양
오염관리대상시설의 소유자·점유자·운영자가 토양오염 발생에 관하
여 선의·무과실이고 그 책임으로 돌릴 수 없는 경우에는 토양오염
관리대상시설의 소유자·점유자·운영자를 면책하거나 책임한도제를
도입하는 등 소유자·점유자·운영자가 부담하는 책임이 그 귀책의
정도에 비하여 과중한 것이 되지 않도록 하여 재산권 침해를 최소화
할 수 있는 다른 수단이 존재함에도 불구하고 그러한 책임 완화 수
단을 마련하지 않은 것은 과잉금지원칙에 반하여 재산권을 침해한
다는 이유로 헌법불합치결정을 하였다(헌법재판소 2012. 8. 23. 선고
2010헌바167 결정). 동 결정 역시 명시적으로 언급하지는 않았지만

---

36) 대한민국 헌법 제13조 ③모든 국민은 자기의 행위가 아닌 친족의 행위로
    인하여 불이익한 처우를 받지 아니한다

헌법상 자기책임의 원리를 고려한 것으로 볼 수 있을 것이다.

헌법재판소 2002헌가27 결정이 설시하고 있는 바와 같이 자기책임의 원리는 비단 민사법이나 형사법에 국한된 원리가 아니라 법치주의에 당연히 내재하는 원리이므로, 사인(私人)에게 가하여지는 제재의 성격이 민사상 제재이든, 형사상 제재이든, 행정상 제재이든 상관없이 자기책임의 원리에 반하는 제재는 그 자체로 헌법위반을 구성하게 된다. 그리고 그러한 자기책임 원리의 일차적인 구현형태가 바로 법률상 제재의 전제로서 제재대상자의 고의·과실을 요구하는 것이다. 실제로 민사상 제재인 손해배상37), 형사상 제재인 형벌38), 행정상 제재의 대표적인 예인 과태료39) 모두 제재의 전제로서 고의·과실을 요구하고 있다.

한편 헌법재판소 2005. 2. 24. 선고 2004헌바26 결정은 "가산세는 그 본질상 세법상 의무불이행에 대한 <u>행정상의 제재로서의 성격을</u> 지님과 함께 <u>조세의 형식으로 과징되는 부가세적 성격을</u> 지니기 때문에 형법총칙의 규정이 적용될 수 없고, 따라서 행위자의 고의 또는 과실·책임능력 등을 고려하지 아니하고 가산세 과세요건의 충족 여부만을 확인하여 조세의 부과절차에 따라 과징하게 된다. 이 점에

---

37) **민법 제390조(채무불이행과 손해배상)** 채무자가 채무의 내용에 좇은 이행을 하지 아니한 때에는 채권자는 손해배상을 청구할 수 있다. 그러나 채무자의 <u>고의나 과실</u>없이 이행할 수 없게 된 때에는 그러하지 아니하다.
제750조(불법행위의 내용) <u>고의 또는 과실</u>로 인한 위법행위로 타인에게 손해를 가한 자는 그 손해를 배상할 책임이 있다.

38) **형법 제13조(범의)** 죄의 성립요소인 사실을 인식하지 못한 행위는 벌하지 아니한다. 단, 법률에 특별한 규정이 있는 경우에는 예외로 한다.
제14조(과실) 정상의 주의를 태만함으로 인하여 죄의 성립요소인 사실을 인식하지 못한 행위는 법률에 특별한 규정이 있는 경우에 한하여 처벌한다.

39) **질서위반행위규제법 제7조(고의 또는 과실)** <u>고의 또는 과실</u>이 없는 질서위반행위는 과태료를 부과하지 아니한다.

서 조세형벌의 경우 책임주의가 확립되어 있어서 구성요건해당성
뿐 아니라 행위자의 고의·과실, 책임능력 등이 고려되는 것과 차이
가 있다."라고 판시하였다. 위 판시 내용을 보면, 가산세에 고의·과
실을 고려하지 않는 주된 근거를 행정상 제재라는 측면보다는 조세
의 일종이라는 측면에서 도출하고 있는 것처럼 보이기도 한다. 이와
같은 판시는 가산세에 관한 대법원 판례들에서는 찾아볼 수 없는 독
특한 내용이다.

  가산세가 조세의 일종이라는 점은 분명한 사실이고, 조세는 국가
또는 지방자치단체가 국민에 대한 각종의 공공서비스를 제공하기
위한 자금을 조달할 목적으로 특별급부에 대한 반대급부 없이 법률
에 규정된 과세요건에 해당하는 모든 자에 대하여 일반적 기준에 의
하여 부과하는 금전급부40)로서 고의·과실을 요건으로 하지 않는 것
도 사실이므로 위와 같은 판시는 일견 특별한 문제가 없는 것처럼
보이기도 한다. 그러나 자세히 살펴보면 위 판시 내용에는 중대한
논리적 오류가 있다고 생각된다. 가산세의 '조세로서의 성격'이 '행
정상 제재로서의 성격'을 상쇄·소멸시키지 않고 두 가지 성격이 병
존하고 있다면 당연한 결과로서 두 가지 성격에 따른 헌법상의 요청
즉, 조세에 대하여 요구되는 헌법상 요청(조세법률주의 – 과세요건
법정주의, 과세요건명확주의, 소급과세금지의 원칙 등)과 행정상 제
재에 대하여 요구되는 헌법상 요청(자기책임의 원리)을 모두 충족시
켜야 하는 것이지, 어느 하나의 요청을 충족시켰다고 해서 다른 요
청을 충족시킬 필요가 없어지는 것은 아니다. 따라서 위 헌법재판소
결정의 논리 역시 가산세에 고의·과실을 고려하지 않는 합리적인
근거가 되기는 어렵다고 할 것이다.

  이처럼 헌법상 법치주의에 내재하는 자기책임의 원리를 가산세

---

40) 임승순, 「조세법」, 제18판(박영사, 2018년), 4면

의 경우에만 배제할 아무런 근거가 없고, 제재의 전제로서 고의·과
실을 요구하는 민법, 형법, 질서위반행위규제법의 규정 등을 고려하
면 가산세에 고의·과실을 고려하지 않아도 된다는 대법원 판례는
타당하다고 볼 수 없으며 변경될 필요가 있다고 본다.[41] 특히 가산
세와 마찬가지로 행정상 제재인 과태료의 경우에 고의·과실을 요구
하고 있는 것은 시사하는 바가 크다고 할 것이며, 이에 관해서는 항
을 바꾸어 좀 더 깊이 살펴보기로 한다.

나. 과태료와의 관계

대법원 1969. 7. 29.자 69마400 결정[42] 이후로 2007. 12. 21. 질서위
반행위규제법이 법률 제8725호로 제정되기 전까지 대법원은 대표적
인 행정상 제재인 과태료의 경우에도 고의·과실은 필요로 하지 않
는다는 확고한 입장을 유지하고 있었다. 고의·과실을 필요로 하지
않는 이유에 대해서는 단순히 행정질서벌의 하나이기 때문에 위반

---

41) 마찬가지로 고의·과실을 가산세 부과의 요건으로 봐야한다는 견해로 곽
    태훈, "가산세 면제요건인 '정당한 사유'에 관한 고찰", 『저스티스』, 통권
    제159호(한국법학원, 2017년), 381면; 안경봉, "가산세 면제사유로서의 정
    당한 사유(I), 『조세』, 123호(조세통람사, 1998년), 158면
42) "무역거래법 제30조 규정에 의하여 과하여지는 과태료는 통상적인 행정
    질서벌중의 하나로서 행정형벌과는 다르다 할 것이다. 즉, 행정질서벌과
    행정형벌은 다같이 행정법령에 위반하는데 대한 제재라는 점에서는 같다
    하더라도 행정형벌은 그 행정법규 위반이 직접적으로 행정목적과 사회공
    익을 침해하는 경우에 과하여지는 것이므로 행정형벌을 과하는데 있어서
    고의 과실을 필요로 할 것이냐의 여부의 점은 별문제로 하더라도 행정질
    서벌인 과태료는 직접적으로 행정목적이나 사회공익을 침해하는데 까지
    는 이르지 않고 다만 간접적으로 행정상의 질서에 장해를 줄 위험성이 있
    는 정도의 단순한 의무태만에 대한 제재로서 과하여지는데 불과하므로
    다른 특별한 규정이 없는 한 원칙적으로 고의 과실을 필요로 하지 아니한
    다고 해석하여야 할 것이다(대법원 1969. 7. 29.자 69마400 결정)

자의 고의, 과실을 필요로 하는 것이 아니라는 판례도 있지만[43], 행정형벌과는 달리 행정목적과 사회공익을 직접적으로 침해하지 않고 다만 간접적으로 장해를 줄 위험성이 있는 정도의 단순한 의무태만에 대한 제재이기 때문에 고의·과실을 필요로 하지 않는다는 판례[44], 행정질서유지를 위한 의무의 위반이라는 객관적 사실에 대하여 과하는 제재이므로 원칙적으로 위반자의 고의·과실을 요하지 않는다는 판례[45] 등도 있어 그 이유에 관하여 일관되지 않은 모습을 보여주고 있었다.

한편 대법원 2000. 5. 26. 선고 98두5972 판결은 "과태료와 같은 행정질서벌은 행정질서유지를 위한 의무의 위반이라는 객관적 사실에 대하여 과하는 제재이므로 반드시 현실적인 행위자가 아니라도 법령상 책임자로 규정된 자에게 부과되고 원칙적으로 위반자의 고의·과실을 요하지 아니하나, 위반자가 그 의무를 알지 못하는 것이 무리가 아니었다고 할 수 있어 그것을 정당시할 수 있는 사정이 있을 때 또는 그 의무의 이행을 그 당사자에게 기대하는 것이 무리라고 하는 사정이 있을 때 등 그 의무 해태를 탓할 수 없는 정당한 사유가 있는 때에는 이를 부과할 수 없다"라고 판시하고 있는바,[46] 정당한 사유에 관한 판시 내용은 가산세에 관한 판례들의 판시 내용과 완전히 동일하다. 즉, 기존 판례 이론에 따르면 과태료와 가산세는 행정상 제재라는 점, 고의·과실을 필요로 하지 않는다는 점, 정당한

---

43) 대법원 1969. 11. 24.자 69마20 결정 등 다수
44) 대법원 1969. 7. 29.자 69마400 결정
45) 대법원 1979. 2. 13. 선고 78누92 판결, 대법원 1994. 8. 26. 선고 94누6949 판결 등
46) "위반자의 의무 해태를 탓할 수 없는 정당한 사유가 있는 등의 특별한 사정이 없는 한 위반자에게 고의나 과실이 없다고 하더라도 부과될 수 있다"라고 한 대법원 2003. 9. 2. 선고 2002두5177 판결도 같은 취지이다.

사유가 있는 경우에는 부과할 수 없다는 점 등에서 법률상 성격이 상당히 유사하다고 할 것이며, 따라서 그 법률상 취급에 있어서도 최소한의 궤를 같이 하는 것이 타당하다고 볼 수 있을 것이다.

그런데 2007. 12. 21. 질서위반행위규제법 제정 시에 제7조에 명시적으로 "고의 또는 과실이 없는 질서위반행위는 과태료를 부과하지 아니한다"는 규정이 신설되어, 더 이상 과태료의 경우에는 고의·과실을 필요로 하는지 여부에 대한 논란은 존재할 여지가 없게 되었다.

당시 작성된 질서위반행위규제법안 심사보고서 중 전문위원의 검토보고 내용(7면 이하)을 보면, 행위자의 고의·과실과 같은 주관적 요건과는 관계없이 객관적인 법규위반 사실이 발생하였으면 질서위반행위가 성립하고 과태료를 과할 수 있다고 하는 것은 결과책임을 묻는 것으로서 책임주의 원칙에 부합하지 않고…(중략)… 과태료의 경우에도 형벌과 마찬가지로 국민에게 불이익을 가하는 것임을 고려한다면, 질서위반행위의 성립요건으로 고의·과실을 요구하여 책임주의 원칙을 과태료의 경우에도 관철하려고 하는 것은 국민의 인권보호 측면에서 타당성이 있다고 설명하고 있다. 위 짧은 설명 중에도 책임주의 원칙이라는 표현이 두 번 등장하는 것을 보면 질서위반행위규제법 제정 당시에 자기책임의 원리에 관한 헌법재판소 2004. 6. 24. 선고 2002헌가27 결정의 내용도 상당부분 고려가 되었을 것으로 보인다.

현행법상 존재하는 여러 법률상 의무위반에 대한 제재수단 중에서 가산세와 가장 그 성격이 유사하다고 볼 수 있는 과태료의 경우에도 헌법상 자기책임의 원리를 반영하여 기존 판례이론과 달리 고의·과실을 필요로 하는 것으로 입법이 이루어진 상황임을 감안하면 가산세의 경우에 고의·과실을 고려하지 않는다는 기존 판례는 더더욱 정당성을 인정받기 어려울 것이다. 근본적으로는 관련 법률에 고의·과실이 없는 경우에는 가산세를 부과할 수 없도록 명문의 규정

을 신설하는 것이 바람직하나, 그 전이라도 고의·과실을 가산세 부
과의 요건으로 하거나 혹은 정당한 사유의 존부를 판단함에 있어서
고려할 수 있도록 판례를 변경할 필요성이 크다고 할 것이다.[47]

　참고로 질서위반행위규제법 제정 당시 작성된 심사보고서를 보
면, 과태료에 고의·과실을 요구하게 되면 과태료 부과에 대한 이의
제기 건수 등이 증가하여 과태료의 부과와 집행이 지연되어 행정의
효율성을 증진하고자 하는 과태료 제도의 취지에 배치되는 상황이
발생할 수 있으므로 이에 대한 적절한 고려가 있어야 할 것이라는
점을 지적하였다. 그러나 실제로 질서위반행위규제법 시행 이후 위
와 같은 문제점이 현실화되었는지 여부는 명확하지 않고, 설령 그렇
다고 하더라도 행정의 효율성과 헌법상 자기책임의 원리를 비교형
량하자면 당연히 후자를 중시하여야 할 것이라는 점에서 위와 같은
우려는 타당하지 않다. 무엇보다도 가산세의 경우에는 비록 고의·과
실은 요건으로 하지 않는다는 것이 대법원 판례이지만 정당한 사유
에 의한 면제 규정이 이미 입법화되어 있어 고의·과실의 부존재를
주장할 만한 사안의 경우에는 정당한 사유를 주장하며 이미 불복이
이루어지고 있기 때문에, 새롭게 고의·과실을 가산세의 부과 요건으
로 추가한다고 하더라도 종전에 비해 불복 건수가 증가하여 행정의
효율성이 저해될 우려도 전혀 없을 것이다.

---

47) 곽태훈, "가산세 면제요건인 '정당한 사유'에 관한 고찰", 『저스티스』, 통
　권 제159호(한국법학원, 2017년), 382면

V. 가산세 면제의 정당한 사유의 의미

1. 대법원 판례 및 종래의 논의

가산세 면제의 정당한 사유는 매우 불확정적이고 추상적인 개념으로서 그 구체적인 의미가 명확하지 않아 개별 사안에 있어서의 해석과 적용이 쉽지 않으며 또한 고의·과실 유무와의 관계도 명확하지 않다.[48] 따라서 대법원 판례에 의하여 정립된 표현인 "정당한 사유"란 과연 무엇을 의미하는 것인지 그 본질을 한 번 검토해 볼 필요가 있다.

가산세 면제의 정당한 사유와 관련한 가장 전형적인 판시는 "단순한 법률의 부지나 오해의 범위를 넘어 세법해석상 의의(疑意)로 인한 견해의 대립이 있는 등으로 인해 납세의무자가 그 의무를 알지 못하는 것이 무리가 아니었다고 할 수 있어서 그를 정당시할 수 있는 사정이 있을 때 또는 그 의무의 이행을 그 당사자에게 기대하는 것이 무리라고 하는 사정이 있을 때 등 그 의무를 게을리 한 점을 탓할 수 없는 정당한 사유가 있는 경우에는 이를 과할 수 없다"는 것이다.[49] 그리고 위 판시 내용의 바로 앞부분에 '행정상의 제재로

---

48) 정재훈, "가산세 부과원인인 의무위반에 정당한 사유의 존부", 『대법원판례해설』, 제17호(법원도서관, 1992년), 728면

49) 다소 표현상의 차이는 있으나, 위와 같은 내용의 판시는 대법원 1977. 6. 7. 선고 74누212 판결에서 처음 등장하였다("가산세는…일종의 행정벌의 성질을 가진 제재라고 할 것인데 이와 같은 행정벌의 성질을 가진 제재는 당사자가 그 의무를 알지 못한 것이 무리도 아니였다고 할 수 있어서 그를 정당시 할 수 있는 사정이 있을 때 또는 그 의무이행을 그 당사자에게 기대하는 것이 무리라고 하여야 할 사정이 있을 때 등 그 의무해태를 탓하는 것이 정당시 할 수 없는 사유가 있을 때에는 과할 수 없는 것이라고 함이 상당하다").

서 납세자의 고의·과실은 고려되지 않는 것이나'라는 판시가 나오는
경우도 있고 그렇지 않은 경우도 있다.

정당한 사유에 관한 위와 같은 대법원 판례의 설시 내용에 대하
여는, 납세의무자에게 의무이행을 기대하기 어려운 특별한 사정이
있어서 그 의무위반에 대하여 책임을 묻는 것이 정의관념에 반하는
경우를 뜻한다는 견해50), 형법상 법률의 착오의 정당한 이유와 유사
한 개념으로 보는 견해51), 납세의무자에게 기대가능성이 없는 경우
로 보는 견해52)가 있다. 첫 번째 견해와 세 번째 견해는 내용상 큰

---

50) 이규철, "'가. 공포한 날부터 시행한다'고 규정하고 있는 경우 법령의 시
행일, 나. 부진정소급과세와 신뢰보호의 원칙, 다. 전기오류수정손익의 귀
속 사업연도, 다. 가산세에 있어서 정당한 사유, 라. 이자수익인 '비영업대
금의 이익'의 귀속 사업연도", 『대법원판례해설』, 65호(2006하반기)(법원
도서관, 2006년), 182면; 정재훈, "가산세 부과원인인 의무위반에 정당한
사유의 존부", 『대법원판례해설』, 제17호(법원도서관, 1992년), 729면

51) 이태로·한만수, 『조세법강의』, 신정9판(박영사, 2013년), 153면; 길용원,
"가산세의 면제요건인 정당한 사유와 그 증명책임에 관한 연구", 『세무와
회계연구』, 제3권 제1호(한국세무사회 부설 한국조세연구소, 2014년), 17
면; 박정우·마정화, "세법상 가산세에 대한 '정당한 사유' 판단기준에 관
한 연구", 『법학연구』, 20권 1호(연세대학교 법학연구원, 2010년), 114면

52) 『조세법총론 Ⅱ』, 사법연수원(2016년), 157면; 임승순, 『조세법』, 제18판(박
영사, 2018년), 160면; 윤지현, "가산세 면제 사유로서의 '정당한 사유'의
개념 및 해석", 『조세판례백선』, (박영사, 2005년), 86면; 곽태훈, "가산세
면제요건인 '정당한 사유'에 관한 고찰", 『저스티스』, 통권 제159호(한국
법학원, 2017년), 376면; 백제흠, "가산세 면제의 정당한 사유와 세법의 해
석 - 미국과 일본의 판례와 비교·분석을 중심으로", 『특별법연구』, 제8권
(박영사, 2006년), 575면; 길용원, "가산세의 면제요건인 정당한 사유와 그
증명책임에 관한 연구", 『세무와 회계연구』, 제3권 제1호(한국세무사회 부
설 한국조세연구소, 2014년) 14면에서는 대법원은 기대가능성 측면에서
정당한 사유의 유무를 판단하는 것 같다고 하다가, 17면에서는 형법 제16
조 금지착오가 가산세 면제사유인 정당한 사유와 유사한 개념이라고 하
고 있다.

차이가 없으므로 사실상 동일한 견해라고 이해해도 될 것이다.

2. 법률의 착오로 보는 견해에 대한 검토

먼저 가산세 면제의 정당한 사유를 형법상 법률의 착오의 정당한 이유와 유사한 개념으로 보는 견해에 대해서 보자. 이 견해는 형법 제16조의 문언("자기의 행위가 법령에 의하여 죄가 되지 아니하는 것으로 오인한 행위는 그 오인에 정당한 이유가 있는 때에 한하여 벌하지 아니한다")에 "정당한 이유"라는 표현이 있는 점, 세법상 의무위반은 대부분 세법 규정의 내용을 몰랐거나 그 해석을 그르친데 기인한 것으로서 기본적으로 법률의 착오로 볼 수 있다는 점에 착안한 것으로 보인다. 그러나 가산세 면제의 정당한 사유를 형법상 법률의 착오의 정당한 이유와 유사한 개념으로 보는 견해는 아래와 같은 이유로 타당하지 않다고 생각한다.

우선 세법상 의무위반과 형법상 법률의 착오는 기본적인 구조가 다르다. 형법 제16조 법률의 착오에서 "자기가 행한 행위가 법령에 의하여 죄가 되지 아니한 것으로 오인한 행위는 그 오인에 정당한 이유가 있는 때에 한하여 벌하지 아니한다"고 규정[53]하고 있는 것은 일반적으로 범죄가 되는 경우이지만 자기의 특수한 경우에는 법령에 의하여 허용된 행위로서 죄가 되지 아니한다고 그릇 인식하고 그와 같이 그릇 인식함에 정당한 이유가 있는 경우에는 벌하지 아니한다는 취지이다.[54] 단순히 법률 규정의 내용을 몰랐거나 잘못 해석

---

53) 질서위반행위규제법도 동일한 취지의 규정을 두고 있다.
   제8조(위법성의 착오) 자신의 행위가 위법하지 아니한 것으로 오인하고 행한 질서위반행위는 그 오인에 정당한 이유가 있는 때에 한하여 과태료를 부과하지 아니한다
54) 대법원 2006. 3. 24. 선고 2005도3717 판결, 대법원 1992. 5. 22. 선고 91도

한 것만으로는 형법상 법률의 착오로 볼 수 없으며, 자기가 실행하
려는 구체적인 행위가 '일반적·원칙적으로는 범죄'가 되는데, 자기
의 경우에는 '법령에 의하여 특수하고 예외적으로 허용'되어 범죄가
되지 않는다고 착각한 경우를 형법상 법률의 착오라고 하는 것이
다.55) 법률의 착오에서 착오는 자기의 행위가 원칙적으로는 위법임
에도 불구하고 이를 예외적으로 허용되어 적법하다고 착각한 것, 다
시 말하면 위법·적법에 관한 가치판단이나 자기 행위에 대한 규범
적 평가를 그르친 것을 말하며 이런 의미에서 형법 제16조는 엄격히
말하면 '법률의 착오'가 아니라 '위법성의 착오'에 관한 규정이라고
할 수 있다.56) 질서위반행위규제법 제8조는 명시적으로 '위법성의
착오'라고 규정하고 있다.

이처럼 형법상 법률의 착오란 원칙적 금지(위법) – 예외적 허용
(적법)의 관계에서 자신의 행위가 예외적 허용의 경우에 해당한다고
가치판단을 그르쳐 금지된 행위에 나아간 경우를 의미하는 반면에,
세법상 의무위반은 이러한 원칙적 금지 – 예외적 허용의 관계를 전
제로 위법·적법의 가치판단을 그르친 것이 아니라 단순히 납세의무
의 존부나 범위(세액), 세법상 의무이행(각종 신고, 납부, 세금계산서
의 발급 등)의 시기나 방법 등에 관한 세법 규정의 부지 또는 잘못

2525 판결 등

55) "상고이유로 내세우는 사유만으로는 피고인이 자신의 행위가 특히 법령
에 의하여 허용된 행위로서 죄가 되지 않는다고 그릇 인식한 경우라고 할
수 없고, 단순한 법률의 부지에 해당하는 경우라고 할 것"(대법원 2001. 6.
29. 선고 99도5026 판결), "이 사건 행위가 건축법상의 허가대상인 줄을
몰랐다는 사정은 단순한 법률의 부지에 불과하고 특히 법령에 의하여 허
용된 행위로서 죄가 되지 않는다고 적극적으로 그릇 인식한 경우가 아니
어서 이를 법률의 착오에 기인한 행위라고 할 수도 없다"(대법원 1991.
10. 11. 선고 91도1566 판결)

56) 이재상·장영민·강동범, 『형법총론』, 제8판(박영사, 2015년), 327면

된 해석으로 인하여 세법에 따른 의무를 제대로 이행하지 못하는 경우로서 양자는 그 구조가 동일하다고 보기 어렵다. 세법상 의무위반을 하는 납세의무자들은 나름대로의 세법 해석을 통해 자신의 의무의 내용이 어떠어떠한 것이라고(예를 들어 얼마의 세금을 납부해야 한다든지, 어떤 내용으로 누구에게 세금계산서를 발급해야 한다든지) 판단하여 그 내용대로 의무를 이행하거나 혹은 의무가 없다고 판단하여 의무를 이행하지 않는 것이지, 원칙적 금지(위법) – 예외적 허용(적법)의 관계를 전제로 하여 자기가 후자에 해당한다고 착각하는 것이 아니다. 즉, 자기의 행위의 위법성을 착오하거나 가치판단을 그르치는 것이 아니다.

결국 세법상 의무위반과 형법상 법률의 착오의 구조가 전혀 다른 이상, 가산세 면제의 정당한 사유를 형법상 법률의 착오의 정당한 이유와 유사하다고 보는 견해는 타당하지 않다고 생각된다.

3. 기대가능성으로 보는 견해에 대한 검토

다음으로 가산세 면제의 정당한 사유를 납세의무자에게 기대가능성이 없는 경우로 보는 견해에 대해서 살펴보자. 이 견해는 가산세에 관한 다수의 대법원 판례에서 "그 의무의 이행을 당사자에게 기대하는 것이 무리라고 하는 사정이 있을 때"라는 표현을 사용하는 점에 착안한 것으로 보인다.[57]

형법 제16조의 법률의 착오와 마찬가지로 기대가능성도 원래는 형법상 주로 논의되는 개념[58]으로서, 행위자에게 적법행위를 기대

---

57) 실제로 하급심 판결 중에는 명시적으로 "기대가능성"이라는 표현을 사용하는 경우도 있다(서울행정법원 2014. 1. 14. 선고 2012구합35214 판결).

58) 민사판결에서도 간혹 기대가능성이라는 표현이 사용되고 있으나, 특별한 법률적인 의미 없이 경위사실의 설명과정에서 사용되거나 아니면 과실과

할 수 있는 적법행위의 기대가능성[59], 행위 당시의 구체적 사정에
비추어 보아 행위자에게 위법행위 대신에 적법행위로 나아갈 것을
기대할 수 있는 것[60] 등으로 이해되고 있다. 형법학계에서 다수의
견해는 기대가능성이 없는 경우를 초법규적 책임조각사유로 인정하
여야 한다는 입장이며,[61] 대법원도 형사미성년이나 위법성의 착오
와 같이 형법상 명문의 책임조각사유가 존재하지 않는 경우임에도
불구하고 기대불가능성을 이유로 무죄를 선고하여[62] 초법규적 책임

비슷한 개념 혹은 과실의 판단요소와 같은 개념으로 사용되는 정도인 것
같다[예를 들어 "원심에서 판단한 결함으로 인한 책임이란 모두 제조자의
기대가능성을 전제로 한 과실책임의 일환이라 볼 수 있으므로"(대법원
2003. 9. 5. 선고 2002다17333 판결), "단순한 농약판매업자에 불과한 피고
에게 그 주의의무를 요구할 수 있는 기대가능성이 있다고 할 수 없으며"
(대법원 1995. 3. 28. 선고 93다62645 판결)]

59) 이재상·장영민·강동범, 『형법총론』, 제8판(박영사, 2015년), 343면
60) 임웅, 『형법총론』, 제6정판(법문사, 2014년), 340면
61) 이재상·장영민·강동범, 『형법총론』, 제8판(박영사, 2015년), 348면; 임웅, 『형
법총론』, 제6정판(법문사, 2014년), 345면
62) "입학시험에 응시한 수험생으로서, 자기 자신이 부정한 방법으로 탐지한
것이 아니고 우연한 기회에 미리 출제될 시험문제를 알게 되어 그에 대한
답을 암기하였을 경우, 그 암기한 답에 해당된 문제가 출제되었다 하여도
위와 같은 경위로서 암기한 답을 그 입학시험 답안지에 기재하여서는 아
니된다는 것을 그 일반 수험자에게 기대한다는 것은 보통의 경우 도저히
불가능하다 할것인바, 본건에 있어서 위에서 말한 바와 같이 피고인은 자
기 누이로부터 어떠한 경위로 입수되었는지 모르는 채점기준표를 받았고
그에 기재된 답을 암기하였으며 그 암기한 답에 해당된 문제가 출제되었
으므로 미리 암기한 기억에 따라 답안을 작성제출하였다는 것이므로 위
와 같은 경우에 피고인으로 하여금 미리 암기한 답에 해당된 문제가 출제
되었다 하여도 그 답안지에 미리 암기한 답을 기입하여서는 안된다고 기
대하는 것은 수험생들의 일반적 심리상태로 보아 도저히 불가능하다 할
것이다"(대법원 1966. 3. 22. 선고 65도1164 판결)
"사실관계가 위와 같다면 피고인에게 위 학생들중에 미성년자가 섞여 있
을지도 모른다는 것을 예상하여 그들의 증명서를 일일이 확인할 것을 요

조각사유로서 기대불가능성을 인정하고 있다.

　기대불가능성으로 인한 책임조각 또는 감경사유는 다시 두 유형으로 나누어[63], ① 형법에 명문으로 규정된 강요된 행위(제12조)[64], 과잉방위(제21조 제2항, 제3항)[65], 과잉피난(제22조 제3항)[66], 과잉자

　구하는 것은 사회통념상 기대가능성이 없다고 봄이 상당하므로 피고인이 위 학생들에 대하여 모두 성년자일 것으로 믿고 위 학생들의 증명서 모두를 확인하지 아니함으로써 미성년자를 출입시킨 결과가 되었다고 해서 이를 벌할 수는 없다"(대법원 1987. 1. 20. 선고 86도874 판결)
　반면에, 자신의 강도상해 범행을 일관되게 부인하였으나 유죄판결이 확정된 피고인이 별건으로 기소된 공범의 형사사건에서 자신의 범행사실을 부인하는 증언을 하여 위증죄로 기소된 사건에서, 피고인에게 사실대로 진술할 것이라는 기대가능성이 있으므로 위증죄가 성립한다고 판단한 사례로는 대법원 2008. 10. 23. 선고 2005도10101 판결
　원심은 피고인이 증인으로 선서한 이상 진실대로 진술한다고 하면 자신의 범죄를 시인하는 진술을 하는 것이 되고 증언을 거부하는 것은 자기의 범죄를 암시하는 것이 되어 피고인에게 사실대로의 진술을 기대할 수 없다는 이유로 위증죄의 성립을 부정하고 있으나 피고인과 같은 처지의 증인에게는 증언을 거부할 수 있는 권리를 인정하여 위증죄로부터의 탈출구를 마련하고 있는 만큼 적법행위의 기대가능성이 없다고 할 수 없고 선서한 증인이 증언거부권을 포기하고 허위의 진술을 한 이상 위증죄의 처벌을 면할 수 없다는 사례로는 대법원 1987. 7. 7. 선고 86도1724 전원합의체 판결
63) 이하의 내용은 임웅, 『형법총론』, 제6정판(법문사, 2014년), 349면 이하; 이재상·장영민·강동범, 『형법총론』, 제8판(박영사, 2015년), 351면 이하 참조
64) 제12조(강요된 행위) 저항할 수 없는 폭력이나 자기 또는 친족의 생명, 신체에 대한 위해를 방어할 방법이 없는 협박에 의하여 강요된 행위는 벌하지 아니한다.
65) 제21조(정당방위) ①자기 또는 타인의 법익에 대한 현재의 부당한 침해를 방위하기 위한 행위는 상당한 이유가 있는 때에는 벌하지 아니한다.
　②방위행위가 그 정도를 초과한 때에는 정황에 의하여 그 형을 감경 또는 면제할 수 있다.
　③전항의 경우에 그 행위가 야간 기타 불안스러운 상태하에서 공포, 경악, 흥분 또는 당황으로 인한 때에는 벌하지 아니한다.

구행위(제23조 제2항)[67], 친족간의 범인은닉(제151조 제2항)[68], 친족
간의 증거인멸(제155조 제4항)[69] 등, ② 형법에 명문으로 규정되지
않은 면책적 긴급피난[70], 절대적 구속력 있는 상관의 위법한 직무명
령을 수행한 부하의 행위[71], 의무의 충돌 시 낮은 가치의 의무이행[72],

66) **제22조(긴급피난)** ①자기 또는 타인의 법익에 대한 현재의 위난을 피하기
위한 행위는 상당한 이유가 있는 때에는 벌하지 아니한다.
②위난을 피하지 못할 책임이 있는 자에 대하여는 전항의 규정을 적용하
지 아니한다.
③전조 제2항과 제3항의 규정은 본조에 준용한다.

67) **제23조(자구행위)** ①법정절차에 의하여 청구권을 보전하기 불능한 경우에
그 청구권의 실행불능 또는 현저한 실행곤란을 피하기 위한 행위는 상당
한 이유가 있는 때에는 벌하지 아니한다.
②전항의 행위가 그 정도를 초과한 때에는 정황에 의하여 형을 감경 또는
면제할 수 있다.

68) **제151조(범인은닉과 친족간의 특례)** ①벌금 이상의 형에 해당하는 죄를
범한 자를 은닉 또는 도피하게 한 자는 3년 이하의 징역 또는 500만원 이
하의 벌금에 처한다.
②친족 또는 동거의 가족이 본인을 위하여 전항의 죄를 범한 때에는 처벌
하지 아니한다.

69) **제155조(증거인멸 등과 친족간의 특례)** ①타인의 형사사건 또는 징계사건
에 관한 증거를 인멸, 은닉, 위조 또는 변조하거나 위조 또는 변조한 증거
를 사용한 자는 5년 이하의 징역 또는 700만원 이하의 벌금에 처한다.
②타인의 형사사건 또는 징계사건에 관한 증인을 은닉 또는 도피하게 한
자도 제1항의 형과 같다.
③피고인, 피의자 또는 징계혐의자를 모해할 목적으로 전2항의 죄를 범한
자는 10년 이하의 징역에 처한다.
④친족 또는 동거의 가족이 본인을 위하여 본조의 죄를 범한 때에는 처벌
하지 아니한다.

70) 동등한 이익 간에 또는 비교형량이 곤란한 이익 간에 충돌이 발생한 위난
에서 불가피하게 그 중 하나의 이익을 희생시킨 경우

71) 구체적인 사정에 비추어 군인 또는 공무원의 직무상 명령이 절대적인 구
속력을 갖고 있다고 인정되는 경우

72) 예컨대 의사의 선택적 응급구호에 있어서 중상자와 경상자를 동시에 구

생명·신체 이외의 법익에 대한 강요된 행위[73]가 논의되고 있다.

기대가능성은 형법상 구성요건해당성-위법성-책임으로 이어지는 범죄체계론의 가장 마지막 단계에서, 그것도 명문의 책임조각 사유에 해당되지 않는 경우를 대비하여 '초법규적' 책임조각 사유로 주로 논의되는 최후의 수단으로서의 성격을 갖는 개념이다. 그런데 세법상 의무위반의 경우에 과연 형법상 기대불가능성의 예로 인정되는 것과 같은 사례가 존재할까? 저항할 수 없는 폭력이나 자기 또는 친족의 생명, 신체에 대한 위해를 피하기 위하여 세법상 의무를 위반하는 경우가 과연 얼마나 존재할지 의문이다. 친족의 범죄행위 증거를 은닉하기 위하여 자신의 세법상 의무를 위반하는 경우가 과연 존재할지도 의문이며, 설령 존재한다고 하더라도 그런 경우에 가산세를 면제할 필요가 있다고 보기도 어려울 것이다. 세법상 의무가 충돌하여 그 중 하나의 의무를 이행하면 다른 의무는 이행할 수 없는 경우나 상관의 위법한 직무명령으로 납세의무자 본인의 세법상 의무를 위반하는 경우도 쉽게 상정하기 어려울 것이다.[74] 이처럼 형법상 기대불가능성을 명문의 규정으로 인정한 것이라고 논의되는 경우들 조차도 조세법의 영역에서는 현실적으로 발생할 가능성이 거의 없을 것으로 보인다.[75] 하물며 '초법규적' 책임조각사유로서

호해야 할 의무가 충돌한 경우에, 부득이 자신의 가족인 경상자를 구호하고 중상자를 방치한 의사의 부작위는 기대불가능성으로 책임이 조각될 수 있음

73) 형법 제12조(강요된 행위)에 규정되지 않은 법익(자유, 비밀, 명예, 정조, 재산 등의 법익)에 대한 방어할 방법이 없는 협박에 의하여 강요된 행위는 기대불가능성을 이유로 책임이 조각될 수 있다고 한다.

74) 물론 법인의 직원이 상관의 명령으로 법인의 세법상 의무를 위반하는 경우는 있겠으나, 이 경우 가산세 부담의 주체는 해당 법인이지 직원이 아닐 것이고, 정당한 사유는 당연히 인정되어서는 안 될 것이다.

75) 형법 제12조(강요된 행위)로 무죄가 선고된 사례는 납북어부들이 연금상

기대불가능성이 인정되어야 할 경우가 세법의 영역에서 과연 얼마
나 있을지 의문이다. 세법상 가산세 면제의 정당한 사유를 형법상
기대불가능성과 같은 개념으로 이해한다면, 정당한 사유가 인정되
어 가산세가 면제되는 경우는 사실상 거의 존재하지 않을 것이다.

　이러한 사정들을 고려하면, 세법의 영역에서 형법과 구별되는 독
자적인 기대가능성 개념을 새롭게 정립하지 않는 이상 가산세 면제
의 정당한 사유를 납세의무자에게 기대가능성이 없는 경우로 보는
견해도 타당하지 않다고 생각된다.

4. 고의·과실과의 관계

　대법원 판례에서 말하는 정당한 사유의 의미가 형법상 법률의 착
오도 아니고, 기대불가능성도 아니라면 그 의미는 무엇일까. 다시
대법원 판례의 표현으로 돌아가서 실마리를 찾아야 할 것이다. 앞서
보았듯이 가산세 면제의 정당한 사유와 관련하여 가장 전형적인 대
법원의 판시는 "단순한 법률의 부지나 오해의 범위를 넘어 세법해
석상 의의(疑意)로 인한 견해의 대립이 있는 등으로 인해 납세의무
자가 그 의무를 알지 못하는 것이 무리가 아니었다고 할 수 있어서
그를 정당시할 수 있는 사정이 있을 때 또는 그 의무의 이행을 그
당사자에게 기대하는 것이 무리라고 하는 사정이 있을 때 등 그 의
무를 게을리 한 점을 탓할 수 없는 정당한 사유가 있는 경우에는 이
를 과할 수 없다"는 것이다.

　단순한 수식(修飾)이나 예시를 위한 문구들을 제외하고 나면 남

태에서 북한을 찬양·고무한 행위를 국가보안법 위반죄로 처벌할 수 있는
지, 과거 북한 공산치하에서 부득이 반공법을 위반한 행위를 처벌할 수
있는지 여부가 문제된 사례가 많았던 것으로 보인다. 세법의 영역에서 발
생할 가능성은 없을 것이다.

는 뼈대는 "납세의무자가 그 의무를 알지 못하는 것이 무리가 아니었다고 할 수 있어서 그를 정당시할 수 있는 사정이 있을 때"(A)와 "그 의무의 이행을 그 당사자에게 기대하는 것이 무리라고 하는 사정이 있을 때"(B)이고 두 경우를 포괄하여 "그 의무를 게을리 한 점을 탓할 수 없는 정당한 사유가 있는 경우"(C)라고 표현하고 있다(A + B = C = 정당한 사유). 그 표현상 A부분은 세법상 의무를 정확히 인지하는 것이 어려웠던 경우를, B부분은 세법상 의무를 실제로 이행하는 것이 어려웠던 경우를 의미한다. 이는 다시 말하면 A는 '세법상 의무의 인식 가능성' 혹은 '세법상 의무 위반이라는 결과 발생에 대한 예견가능성'이 없었던 경우, B는 '세법상 의무의 이행가능성' 혹은 '세법상 의무 위반이라는 결과 발생의 회피가능성'이 없었던 경우라고 바꿔 말할 수도 있을 것이다.

그런데 이러한 예견가능성, 회피가능성은 과실에 대한 전형적인 설명 내용이다. 민법상 과실은 "사회생활상 요구되는 주의를 기울였다면 자기 행위로 인한 일정한 <u>결과의 발생을 알 수 있었거나</u> 그러한 <u>결과를 회피할 수 있었을 것</u>인데, 그 주의를 다하지 않음으로써 그러한 결과를 발생하게 하는 심리상태"76), "일정한 주의를 다하였다면 위법한 결과의 발생을 <u>예견하여 피할 수 있었음</u>에도 불구하고 주의를 게을리함으로써 불이행의 결과를 <u>인식하지 못해 회피조치를 취할 수 없었던</u> 상태"77)를 의미하고, 대법원 판례 또한 이와 다르지 않다.78) 특히 상위법규의 해석에 대한 통일된 학설·판례가 없고 여

---

76) 지원림, 『민법강의』, 제8판(홍문사, 2010년), 1649면
77) 김용덕 편집대표, 『주석민법 8권』, 제5판(한국사법행정학회, 2020년), 743면
78) "강제배정으로 입학한 학생들 모두가 피고 대광학원과 동일한 종교를 가지고 있지는 않을 것이라는 점은 경험칙상 분명하므로, 위와 같은 형태의 종교교육을 실시할 경우 그로 인하여 인격적 법익을 침해받는 학생이 있을 것이라는 점은 충분히 <u>예견가능</u>하고 그 침해는 <u>회피가능</u>하다고 할 것

러 견해가 있어 공무원이 나름대로 합리적인 해석을 하여 그에 따라
시행령을 제정한 경우, 나중에 법원이 그 상위법규에 대한 해석을
공무원과 달리하여 결과적으로 시행령 규정이 위법한 것으로 되고
그에 따른 행정처분 역시 위법하게 되었다고 하더라도 이러한 경우
에까지 담당 공무원에게 과실을 인정할 수는 없다고 판시한 사례[79]
는 " 세법해석상 의의(疑意)로 인한 견해의 대립이 있는 등으로 인해
납세의무자가 그 의무를 알지 못하는 것이 무리가 아니었다고 할 수
있는 경우"와 그 내용이나 구조에 있어서 별다른 차이가 없다. 형법

이어서 과실 역시 인정된다"(대법원 2010. 4. 22. 선고 2008다38288 전원합
의체 판결)

"객관적으로 보아 시간적·장소적으로 영조물의 기능상 결함으로 인한 손
해발생의 예견가능성과 회피가능성이 없는 경우, 즉 그 영조물의 결함이
영조물의 설치관리자의 관리행위가 미칠 수 없는 상황 아래에 있는 경우
에는 영조물의 설치관리상의 하자가 인정되지 아니한다"(대법원 2014. 4.
24. 선고 2014다201087 판결)

"학교법인이 위와 같은 안전배려의무를 위반하여 학생들의 생명, 신체를
침해한 경우에는 안전배려의무 위반으로 인한 채무불이행 책임을 부담한
다. 다만 이 경우에도 학교법인은 사고발생의 예측가능성과 회피가능성
이 있어야만 안전배려의무의 불이행으로 인한 채무불이행책임을 부담한
다"(서울중앙지방법원 2015. 6. 26. 선고 2013가합93048 판결)

79) "상위법규에 대한 해석이 그 문언 자체만으로는 명백하지 아니하여 여러
견해가 있을 수 있는 데다가 이에 대한 선례나 학설·판례 등도 하나로 통
일된 바 없어 해석상 다툼의 여지가 있는 경우에는 그 공무원이 나름대로
합리적인 근거를 찾아 어느 하나의 견해에 따라 상위법규를 해석한 다음
그에 따라 시행령 등을 제정하게 되었다면, 그와 같은 상위법규의 해석이
나중에 당원이 내린 해석과 같지 아니하여 결과적으로 당해 시행령 등의
규정이 위법한 것으로 되고 그에 따른 행정처분 역시 결과적으로 위법하
게 되어 위법한 법령의 제정 및 법령의 부당집행이라는 결과를 가져오게
되었다고 하더라도, 그와 같은 직무처리 이상의 것을 당해 업무를 담당하
는 성실한 평균적 공무원에게 기대하기 어려운 것이므로, 이러한 경우에
까지 국가배상법상 공무원의 과실이 있다고 할 수는 없을 것이다"(대법원
1997. 5. 28. 선고 95다15735 판결)

상 과실 역시 결과발생 예견가능성과 결과발생 회피가능성을 전제
로 하며[80] 판례 또한 마찬가지이다.[81][82]

이처럼 가산세에는 고의·과실은 고려되지 않는다는 것이 대법원
의 확립된 판례임에도 불구하고, 가산세 면제의 정당한 사유에 관한
대법원의 전형적인 판시 내용은 예견가능성과 회피가능성을 핵심적
인 징표로 하는 민법상, 형법상 과실 개념과 사실상 별 차이가 없다.

---

80) "주의의무의 내용은 결과발생의 가능성(위험)을 예견할 의무와 결과발생
을 회피하기 위하여 필요한 조치를 취할 의무이다. 이처럼 주의의무는 결
과발생 예견의무와 결과발생 회피의무를 두 기둥으로 하고 있는데, 결과
발생 가능성을 예견한 후에야 결과발생 회피조치가 있을 수 있기 때문에
결과발생 예견의무는 논리적으로 결과발생 회피의무에 앞선다"[임웅, 『형
법총론』, 제6정판(법문사, 2014년), 525면]
　　"주의의무의 내용은 결과예견의무와 결과회피의무이다. 구체적인 행위로
부터 발생할 수 있는 결과(법익침해에 대한 위험)을 예견(인식)하고 구성
요건적 결과발생을 회피하기 위하여 방어조치를 위하는 것이다"[박상옥·김
대휘 편집대표, 『주석형법 1권』, 제3판(한국사법행정학회, 2020년), 213면]

81) "의료사고에 있어 의료종사자의 과실을 인정하기 위해서는 의료종사자가
결과발생을 예견할 수 있고 또 회피할 수 있었음에도 불구하고 이를 예견
하거나 회피하지 못한 과실이 인정되어야 하고"(대법원 2011. 9. 8. 선고
2009도13959 판결)
　　"사고당시 피고인에게 도로를 가로질러 팽팽히 높게 걸려 있던 전화선이
갑자기 떨어질 것을 예견하여 이를 회피할 업무상 주의의무까지 있다고
할 수 없고 그밖에 이건 사고가 피고인의 과실로 인한 것임을 인정할 증
거가 없다하여 무죄를 선고한 원심의 조치는 정당"(대법원 1986. 2. 25. 선
고 85도2759 판결)
　　"결과 발생을 예견할 수 있고 또 그것을 회피할 수 있음에도 불구하고 정
상의 주의의무를 태만히 함으로써 결과 발생을 야기하였다면 과실범의
죄책을 면할 수 없고"(대법원 2009. 4. 23. 선고 2008도11921 판결)

82) 다만 형법 제14조(과실)은 "정상의 주의를 태만함으로 인하여 죄의 성립
요소인 사실을 인식하지 못한 행위는 법률에 특별한 규정이 있는 경우에
한하여 처벌한다"라고 하여, 예견(인식)가능성에 대해서만 명시하고 있고,
회피가능성에 관해서는 특별한 언급이 없다.

오히려 대법원 판례 중에는 가산세를 부과할 수 없는 구체적인 이유
중 하나로서 납세의무자에게 과실이 없다는 점을 들고 있는 경우도
종종 있다.83) 결국 대법원 판례의 내용만으로 유추해 보자면 가산세

---

83) "당사자가 그 의무를 알지못한 것이 무리도 아니었다고 할 수 있어서 그
를 정당시 할 수 있는 사정이 있을 때 또는 그 의무이행을 그 당사자에게
기대하는 것이 무리라고 하여야 할 사정이 있을 때 등 그 의무해태를 탓
하는 것이 정당시 할 수 없는 사유가 있을 때에는 과할 수 없는 것이라고
함이 상당하다고 할 것이므로 원심이 적법히 인정한 위 사실관계에 비추
어 원심이 앞에서 적은 바와같이 원고회사가 위 보고서제출의무를 이행
하지 아니한데 대하여 과실이 있다고는 할 수 없을 뿐만 아니라 동 보고
서의 제출을 기대할 수 없는 것이라고 하고, 피고의 위 가산세부과처분은
위법하다고 한 조치는 정당하고"(대법원 1977. 6. 7. 선고 74누212 판결)
"원고는 실지로 고철을 매수하였고 다만 소외 회사가 위장사업자라 하여
도 원고는 그러한 사실을 모르고 동 회사로부터 위와 같은 세금계산서를
교부받은 선의의 거래당사자라 할 것이니 이러한 경우에는 부가가치세법
제17조 제1항, 제2항, 제22조 제3항, 동시행령 제60조 제2항의 각 규정취
지에 의하여 그 매입세액은 모두 공제되어야 하고 나아가 신고납부 불성
실 가산세도 부담시킬 수 없다"(대법원 1984. 3. 13. 선고 83누281 판결).
⇒ 동 판결 원문의 판결이유에는 '과실'이라는 명시적인 표현은 없지만,
대법원 종합법률정보서비스에서 확인되는 '판결요지'항목에는 "원고가
소외 회사로부터 고철을 매수함에 있어서 동 회사가 위장사업자라는 사
실을 몰랐고 또 그러한 데에 과실이 없는 선의의 거래당사자였다고 한다
면 원고가 동 회사로부터 교부받은 세금계산서에 의하여 소정의 기간내
에 세무서에 실지 그대로 부가가치예정 및 확정신고를 한 경우에는 매입
세액은 모두 공제되어야 하고 나아가 신고납부불성실 가산세도 부담시킬
수 없다 할 것이다."라고 되어 있다.
"원심이 원고가 이 사건 동설 등을 매입함에 있어 그 거래선이 위장사업
자라는 사실을 알지 못하였으며 또 그 알지 못한 데에 잘못이 없는 선의
의 거래 당사자였다고 인정한 조처를 수긍할 수 있고 거기에 소론과 같은
심리미진이나 채증법칙을 어긴 위법이 있다고 할 수 없고, 사실관계가 그
와 같다면 그 세금계산서에 의하여 부가가치세예정 및 확정신고를 한 경
우 소정의 기간내에 그 매입세액은 공제되어야하고 나아가 신고납부불성
실가산세도 부과할 수 없다"(대법원 1989. 10. 24. 선고 89누2134 판결)

면제의 정당한 사유는 법률의 착오의 정당한 이유나, 초법규적 책임조각사유로서 기대불가능성보다는 전형적인 책임요소인 고의·과실과 같거나 혹은 고의·과실을 포함하는 좀 더 넓은 개념으로 보는 것이 타당할 것으로 판단된다.

고의·과실의 부존재 ≤ 정당한 사유

이런 관점에서 보면, 가산세는 행정상의 제재로서 고의·과실은 고려되지 않는다고 하면서도 정작 가산세 면제의 정당한 사유의 구체적인 내용을 설명함에 있어서는 과실의 주요 개념 징표인 예견가능성·회피가능성에 관한 표현을 그대로 사용하는 대법원 판례의 태도는 모순되는 것으로 보여 적절하지 않다고 할 것이다. 이러한 모순이 발생하게 된 구체적인 이유에 대해서는 따로 논의하고 있는 자료를 찾아보기 어려우며, 과태료와 가산세에 관한 주요 법리나 판시내용이 최초로 등장한 대법원 판례들의 시기적 선후에 비추어 추측해 볼 수밖에 없다.

결정· 선고일	판시 내용	고의·과실 필요 여부
1969. 7. 29.	[대법원 69마400 결정] · 과태료는 행정질서벌의 하나로서 행정형벌과 다름 · **과태료에는 고의·과실 불필요**	불필요
1976. 9. 14.	[대법원 75누255 판결] · 가산세는 의무해태에 가하는 행정벌적 성격 · **정당한 이유가 인정되는 경우에는 가산세 부과할 수 없음**	언급 無
1977. 6. 7.	[대법원 74누212 판결] · 가산세는 행정벌의 성질을 가진 제재 · 당사자가 **의무를 알지 못한 것이 무리도 아니었다고 할** 수 있어서 그를 정당시할 수 있는 사정이 있을 때 또는 그	언급 無

결정· 선고일	판시 내용	고의·과실 필요 여부
1977. 6. 7.	**의무이행을 그 당사자에게 기대하는 것이 무리라고 하여야 할 사정이 있을 때** 등 그 의무해태를 탓하는 것이 정당시 할 수 없는 사유가 있을 때에는 가산세를 과할 수 없음 ※ 정당한 사유를 인정하면서 그 사유 중 하나로 과실이 없 는 점을 들고 있음	
1984. 12. 26.	[대법원 84누323 판결] · 가산세는 과세권의 행사 및 조세채권의 실현을 용이하게 하기 우하여 납세자에게 과하는 제재 · **납세자의 고의, 과실은 고려될 바 없음**	불필요

위 표에서 보는 바와 같이 정당한 이유가 있는 경우에는 가산세
를 부과할 수 없다는 법리는 대법원 1976. 9. 14. 선고 75누255 판결
에서 이미 등장하였고, 이듬해 대법원 1977. 6. 7. 선고 74누212 판결
에서는 이러한 법리를 재확인하면서 정당한 사유의 구체적인 내용
으로 예견가능성과 회피가능성을 연상시키는 판시를 하면서 실제로
납세의무자에게 과실이 없다는 점을 주된 이유로 하여 가산세 면제
의 정당한 사유를 인정하였다. 이때까지만 하여도 대법원은 가산세
에 고의·과실을 요하는지 여부에 대해서는 명시적인 언급이 없었고,
오히려 당시까지의 판시 내용들만으로는 '고의·과실의 부존재는 정
당한 사유의 하나이다'라는 해석까지도 가능하였을 것으로 보인다.
이후에도 정당한 사유가 있는 때에는 가산세를 부과할 수 없다는 판
시가 계속 이어졌으며84), 과실이 없다는 점을 이유로 정당한 사유를

---

84) "허위신고에 해당하지만 그것은 원고가 탈세를 하고저 한 고의에서가 아
니라 오히려 담당공무원이 같은 법 시행에 따른 제반 사고를 독려함에 있
어 절차를 잘 알지 못하고 원고에 권장 지도함에 따라 그렇게 된 것이고
또 위의 활부판매금의 원가에 대하여는 원고가 같은 법 제6조와 시행령
6조에 의하여 간접세의 공제를 받을 수 있는 입장에 있었다는 것을 인정
하였는 바 기록에 의하면 위의 판단은 상당하므로 문제된 원고의 허위신

인정하기도 하였다.[85]

그러던 중 대법원 1984. 12. 26. 선고 84누323 판결 사건에서 처음으로 가산세에는 납세자의 고의·과실을 요하는지 여부가 본격적으로 논의되었던 것 같다. 가산세 면제의 정당한 사유에 관한 기존의 대법원 판례들만을 놓고 보면 정당한 사유에는 고의·과실의 부존재도 당연히 포함되고 따라서 고의·과실이 없는 경우에는 가산세는 부과할 수 없다는 결론도 충분히 도출할 수 있었을 것으로 보인다. 그러나 이런 결론에는 과태료에 관한 기존의 대법원 판례들이 걸림돌로 작용하였을 것이다. 대법원 1969. 7. 29.자 69마400 결정 이후 과태료는 행정질서벌의 하나로서 고의·과실을 필요로 하지 않는다는 법리는 대법원의 확고한 판례로 정립되어 있었고,[86] 가산세는 행정상 제재, 행정(질서)벌의 성격을 갖는다는 법리 역시 확고한 판례로 정립되어 있었기 때문이다.

결국 과태료와 가산세의 성격을 동일하게 행정상 제재, 행정(질서)벌로 이해하는 대법원으로서는 가산세에 고의·과실을 요한다고 하면 이미 오래동안 집적되어 온 '과태료에는 고의·과실을 요하지 않는다'는 기존 대법원 판례를 변경하거나 혹은 '가산세는 행정상 제재의 성격을 갖는다'는 기존 대법원 판례를 변경할 수밖에 없는

고에는 정당한 사유가 있는 때에 해당하여 같은 법 4조 3항에 의한 가산세를 부과할 수는 없다"(대법원 1979. 12. 11. 선고 79누286 판결)
"법인세법상의 가산세란 동법에 의한 과세의 적정을 기하기 위하여 일정한 사항의 보고를 의무화하고 그 이행을 확보하기 위하여 이들 의무를 태만하였을 때 그에 대하여 과해지는 일종의 행정벌의 성질을 가지는 제재로서 그 의무태만에 정당한 이유가 없는 한 가산세는 부과되어져야 하는 것"(대법원 1980. 12. 9. 선고 80누83 판결)

85) 대법원 1984. 3. 13. 선고 83누281 판결
86) 대법원 1969. 11. 24.자 69마20 결정, 대법원 1970. 10. 31.자 70마703 결정, 대법원 1982. 7. 22.자 82마210 결정 등

딜레마에 봉착하게 되었고, 그 결과 ① 과태료와 마찬가지로 행정상
제재인 가산세에는 고의·과실은 고려되지 않는다고 하면서도, ② 사
실상 과실과 별다를 바 없어 보이는 내용(예견가능성, 회피가능성)
으로 가산세 면제의 정당한 사유를 인정하고, ③ 그러면서도 고의·
과실과 정당한 사유의 관계에 대해서는 명확한 입장을 밝히지 못하
는, 다소 복잡하고 이해하기 힘든 입장을 취할 수밖에 없었던 것이
아닌가 생각된다.

과태료와 가산세의 성격과 주요 법리에 대한 대법원 판례들이 형
성된 경위들에 비추어 보면 위와 같은 결과는 피하기 어려웠을 것이
라고 어느 정도 수긍가는 측면도 있다. 그러나 과태료와 가산세에
관한 위와 같은 대법원 판례의 법리는 모두 현행 헌법이 제정되기
전, 멀게는 반세기도 더 전에 헌법상 자기책임의 원리가 정립되기
이전의 산물들로서 현재의 헌법질서에 맞게 재수정될 필요가 있다
고 본다. 특히 금전적 행정제재의 대표격인 과태료에 대해서도 고
의·과실을 요하는 것으로 정식 입법이 이루어진 지도 어느새 10여
년이 지난 상황이라면 더 이상 가산세에 대해서 앞서 본 바와 같은
복잡한 구조의 법리를 고수할 논리적 당위성이나 정책적 필요성은
없다고 생각한다.

현재의 대법원 판례상 인정되는 가산세 면제의 정당한 사유가 그
내용에 있어서 사실상 고의·과실과 동일하거나 혹은 고의·과실을
포함하는 것으로 볼 수 있고, 달리 가산세에 고의·과실을 고려해서
는 안 될 명백한 이유가 없다면, 가산세에도 고의·과실을 요하는 명
문의 규정을 신설하여야 하고 그 전이라도 고의·과실을 가산세 부
과의 요건으로 하거나 혹은 정당한 사유의 존부를 판단함에 있어서
고려할 수 있도록 판례를 변경하는 것이 옳다고 본다.

5. 귀책사유와의 관계

FTA관세법 시행령 제47조 제3항 제3호는 "부족세액의 징수와 관련하여 수입자에게 정당한 사유가 있는 경우"를 가산세 면제의 사유로 규정하고 있고, 같은 조 제5항에 따라 적용되는 관세법 시행령 제39조 제3항, 제32조의4 제6항 제3호도 "그 밖에 납세자가 의무를 이행하지 않은 정당한 사유가 있는 경우"를 규정하여 '정당한 사유'에 관한 일반규정을 두 개나 두고 있다.

그런데 FTA관세법 시행령 제47조 제3항 제1호는 "수입자가 법 제14조 제2항[87])에 따라 원산지증빙서류의 내용에 오류가 있음을 통보받은 경우로서 법 제17조 제1항[88])에 따른 원산지 조사의 통지를 받기 전에 수정신고를 하는 경우. 다만, 수입자에게 <u>귀책사유가 없는 경우로 한정한다</u>"라고 규정하고 있다. 즉, 일정한 경우에는 '정당한 사유'가 아닌 '귀책사유가 없을 것'을 가산세 면제의 사유로 규정

---

87) **FTA 관세법 제14조(원산지증빙서류의 수정 통보)** ② 수입자는 체약상대국의 물품에 대한 원산지증빙서류를 작성한 자나 해당 물품에 대한 수입신고를 수리한 세관장으로부터 원산지증빙서류의 내용에 오류가 있음을 통보받은 경우로서 그 오류로 인하여 납세신고한 세액 또는 신고납부한 세액에 부족이 있을 때에는 기획재정부령으로 정하는 기간 이내에 세관장에게 세액정정·세액보정 신청 또는 수정신고를 하여야 한다.

88) **FTA 관세법 제17조(원산지에 관한 조사)** ① 관세청장 또는 세관장은 수출입물품의 원산지 또는 협정관세 적용의 적정 여부 등에 대한 확인이 필요하다고 인정하는 경우에는 협정에서 정하는 범위에서 대통령령으로 정하는 바에 따라 다음 각 호의 어느 하나에 해당하는 자를 대상으로 필요한 서면조사 또는 현지조사를 할 수 있다.
1. 수입자
2. 수출자 또는 생산자(체약상대국에 거주하는 수출자 및 생산자를 포함한다)
3. 원산지증빙서류 발급기관
4. 제16조제1항제3호의 자

하고 있으므로, 일반적인 가산세 면제의 사유인 '정당한 사유'와 '귀
책사유의 부존재'의 차이는 무엇이고, 또한 '귀책사유'의 의미는 무
엇인지에 대해서도 살펴볼 필요가 있다.

　FTA관세법이나 동법 시행령에서는 귀책사유의 의미가 무엇인지
에 대한 설명은 없고, 이에 대한 판례 또한 아직 존재하지 않는 것으
로 보인다. 그러나 민법과 형법의 해석상 귀책사유는 고의·과실과
같은 의미로 사용되고 있으며[89], 이는 세법의 영역에서도 마찬가지
이다.[90] 그리고 "고의·과실의 부존재 ≦ 정당한 사유"로 보아야 한
다는 앞서의 결론에 따른다면 결국 "고의·과실의 부존재 = 귀책사

---

89) "<u>귀책사유로는</u> 자기 행위가 타인의 법익침해라는 위법한 결과를 발생시
　　킬 것을 의욕하였거나 그것을 알면서도 감히 이를 하는 <u>고의와</u> 행위를 함
　　에 있어서 일반적으로 요구되는, 결과를 인식하거나 회피하기 위한 주의
　　를 다하지 않았다는 <u>과실이 있다</u>"[지원림, 『민법강의』, 제8판(홍문사, 2010
　　년), 22면]
　　"채무자의 <u>유책사유는</u> 채무자의 <u>고의·과실보</u>다는 넓은 개념이다. 채무자
　　의 법정대리인 또는 이행보조자의 고의·과실이 채무자의 고의·과실로 간주
　　(의제)되기 때문이다"[송덕수, 『신민법강의』, 제11판(박영사, 2018년), 755면].
　　"특별한 사정이 없는 한, 표시된 문언의 객관적 의미대로 법률행위가 이
　　루어진 것으로 보아야 할 것인바, 위 각서에 기재된 '<u>귀책사유</u>'라 함은 일
　　반적으로 손해배상책임 발생의 주관적 요건으로서의 <u>고의 또는 과실을</u>
　　의미한다 할 것"(대법원 1998. 9. 4. 선고 97다9635 판결)
　　"특가법위반죄와 마찬가지로 사람을 사상하거나 물건을 손괴한 사실을
　　인식할 것을 필요로 하는 고의범(특히 "법" 제106조 소정의 죄의 경우에
　　는 그 교통사고가 차의 운전자 등의 <u>고의나 과실 등 귀책사유로</u> 발생할
　　것을 필요로 하지 아니함)이어서"(대법원 1993. 5. 11. 선고 93도49 판결)
90) "일반적으로 '귀책사유'라 함은 고의와 과실을 모두 포함하는 개념이고"
　　(인천지방법원 2019. 10. 18. 선고 2016구합54200 판결, 서울행정법원 2019.
　　5. 10. 선고 2018구합77913 판결)
　　"일반적으로 '귀책사유'라 함은 '책임있는 사유'라는 뜻으로서 고의와 과
　　실을 모두 포함하는 개념에 해당하는 점"(서울행정법원 2018. 6. 28. 선고
　　2017구합72669 판결)

유 부존재 ≦ 정당한 사유 존재"라는 등식이 성립할 수 있을 것이다.

실제로 가산세의 면제요건인 정당한 사유는 귀책사유의 부존재를 뜻하는 것이라는 견해도 있고[91], 조세심판원도 귀책사유가 없다는 이유로 가산세를 부과할 수 없다고 판단한 사례가 있다.[92] 관세청의 「가산세 및 보정이자 면제에 관한 지침」제8조 제2항도 "세관장은 다음의 어느 하나에 해당하는 경우에는 가산세 등을 면제할 수 있는 정당한 사유로 볼 수 있다"고 하면서, 제4호에서 "그 밖에 납세의무자의 귀책사유가 없어 가산세 등을 부과하는 것이 타당하지 아니하다고 세관장이 인정하는 경우"를 규정하고 있다.

결국 FTA관세법 시행령 제47조 제3항 제1호의 귀책사유가 없는 경우는 고의·과실이 없는 경우를 말하며 이는 곧 정당한 사유가 존재하는 경우와 사실상 같은 개념이거나 혹은 정당한 사유가 귀책사유의 부존재를 포함하는 개념이라고 보아도 무방할 것이다. 다만, 양자의 관계가 그와 같다면 차라리 "수입자에게 정당한 사유가 있는 경우"로 표현을 일치시키는 것이 입법론적으로는 더 타당하다고 본다.

---

91) 길용원, "가산세의 면제요건인 정당한 사유와 그 증명책임에 관한 연구", 『세무와 회계연구』, 제3권 제1호(한국세무사회 부설 한국조세연구소, 2014년), 21면

92) "청구법인에게 쟁점물품의 정확한 품목분류를 결정하여 신고하지 아니한 귀책사유를 묻기 어려운 점이 인정되므로 가산세는 부과하지 않는 것이 타당하다고 판단된다"[조심2010관0003(2010. 6. 16.)]
"청구법인에게 '기타의 평판디스플레이 제조용 기계와 기기'가 분류되는 HSK 8486.30-9090호로 신고하지 아니한 귀책사유가 있다고 하기 어려운 점이 있으므로 이 건 가산세는 부과하지 않는 것이 타당하다고 판단된다"[조심2011관0023(2018. 8. 10.)]

VI. 정당한 사유의 증명책임

정당한 사유의 존재에 대한 증명책임은 납세의무자가 부담해야
한다는 견해가 다수[93]이지만, 어떠한 상황이 정당한 사유인지 여부
가 불명확한 상태에서 그에 대한 증명책임까지 납세의무자에게 부
담시킨다면 이중의 부담을 지우는 결과이며 증명책임분배의 이념인
공평의 원칙에 반하는 결과를 초래한다는 이유로 과세관청에게 그
부존재의 증명책임을 부담시키는 것이 타당하다는 견해도 있다.[94]

증명책임에는 객관적 증명책임과 주관적 증명책임이 있다. 소송
상 증명을 요하는 어느 사실의 존부가 확정되지 않을 때에 당해 사
실이 존재하지 않는 것으로 취급되어 법률판단을 받게 되는 당사자
일방의 위험 또는 불이익을 객관적 증명책임이라 하며, 객관적 증명
책임 부담자가 패소를 면하기 위하여 증거를 제출하여 입증활동을
하여야 하는 행위책임을 주관적 증명책임이라고 한다.[95] 입증책임
이라고도 한다. 행정소송법에는 행정소송에서 증명책임에 관한 명
문의 규정은 없고, 행정소송법 제8조 제2항에 따라 준용되는 민사소
송법에도 마찬가지로 증명책임에 관한 명문의 규정은 없다. 그러나
민사소송과 행정소송에 있어서 증명책임은 법률요건분류설에 따른

---

93) 곽태훈, "가산세 면제요건인 '정당한 사유'에 관한 고찰", 『저스티스』, 통
     권 제159호(한국법학원, 2017년), 377면; 이준봉, 『조세법총론』, 제3판(삼일
     인포마인, 2017년), 367면; 백제흠, "가산세 면제의 정당한 사유와 세법의
     해석 – 미국과 일본의 판례와 비교·분석을 중심으로", 『특별법연구』, 제8
     권(박영사, 2006년), 576면
94) 길용원, "가산세의 면제요건인 정당한 사유와 그 증명책임에 관한 연구",
     『세무와 회계연구』, 제3권 제1호(한국세무사회 부설 한국조세연구소, 2014
     년), 44면
95) 이시윤, 『신민사소송법』, 제12판(박영사, 2018년), 『신민사소송법』, 제12판
     (박영사, 2018년), 541면 이하

다는 것이 통설·판례이다.[96][97]

법률요건분류설에 따르면 권리의 존재를 주장하는 사람은 자기에게 유리한 권리근거규정의 요건사실에 대하여 증명책임을 지고, 권리의 존재를 다투는 상대방은 자기에게 유리한 반대규정의 요건사실(권리장애사실[98], 권리소멸사실[99], 권리저지사실[100])에 대한 증명책임을 진다.[101] 가산세에 있어서 정당한 사유는 가산세 부과권한을 소멸시키는 권리소멸사실이라고 볼 수 있으므로 그 존재를 주장하는 납세의무자가 부담하는 것이 타당하다고 본다. 이는 법률요건분류설에 따른 결론이기도 하지만, 현실적으로도 피할 수 없는 결과라고 생각된다. 왜냐하면 가산세 면제의 정당한 사유란 매우 추상적이고 불확정적인 개념으로서 실제로 개별 사안에 있어서 그에 해당하는 구체적인 사실관계는 무궁무진하다고 할 수 있을 정도로 다양할 것이고, 거의 대부분의 사실관계가 과세관청은 알 수 없는 납세의무자의 지배영역에서 발생하였을 것이다. 이러한 상황에서 과세관청이 정당한 사유의 부존재의 증명을 하여야 한다면, 과세관청은 무궁무진하게 존재할 수 있는 정당한 사유들을 하나하나 모두 특정하여 그 부존재를 증명하여야 하고 이를 위해서는 처음부터 관여할

---

96) 이시윤, 『신민사소송법』, 제12판(박영사, 2018년), 544면; 『행정소송법』, 사법연수원(2018년), 248면

97) "민사소송법의 규정이 준용되는 행정소송에 있어서 입증책임은 원칙적으로 민사소송의 일반원칙에 따라 당사자간에 분배되고 항고소송의 특성에 따라 당해 처분의 적법을 주장하는 피고에게 그 적법사유에 대한 입증책임이 있다고 하는 것이 당원의 일관된 견해"(대법원 1984. 7. 24. 선고 84누124 판결)

98) 통정허위표시, 강행법규 위반, 불공정한 법률행위 등

99) 변제, 공탁, 소멸시효 완성, 제척기간 도과 등

100) 기한의 유예, 정지조건의 존재, 동시이행항변권 등

101) 이시윤, 『신민사소송법』, 제12판(박영사, 2018년), 544면

수도 없었던 납세의무자의 지배영역에서 사실관계를 파악하고 증거
를 수집하여야 할 수밖에 없는데 이는 현실적으로 과세관청에게 불
가능을 요구하는 것이다.

　따라서 정당한 사유의 증명책임은 납세의무자가 부담하는 것이
타당하다. 다만, 이 경우 납세의무자는 정당한 사유라고 주장하는
구체적인 사실관계를 입증하는 것 외에, 그러한 사실관계가 가산세
를 면제할 '정당한 사유에 해당'한다는 것까지도 입증하여야 하는데
정당한 사유의 추상성으로 인하여 이 또한 쉬운 일은 아니다. 즉 납
세의무자에게도 여전히 입증상 부담은 남아 있는 것이다. 이러한 문
제점은 일부의 견해처럼 증명책임을 과세관청에게 전환할 것이 아
니라 정당한 사유의 유형화·법규화를 통하여 해결해야 할 것이며,
이에 관해서는 Ⅷ.항에서 다시 논의하기로 한다.

Ⅶ. 부가가치세법상 수정수입세금계산서 발급 및 발급제한 사유

1. 제개정 경위

　재화의 수입에 대해서는 부가가치세를 납부하여야 하고, 세관장
은 수입자에게 수입세금계산서를 발급하여야 한다. 구 부가가치세
법(2013. 7. 26. 법률 제11944호로 개정되기 전의 것)에 따르면 수입
재화에 대한 부가가치세 신고·납부세액이 부족하여 세관장이 부가
가치세를 추가로 징수하거나 수입자가 수정신고를 하는 경우에 납
세자의 고의·과실 여부 등을 불문하고 제한없이 수정수입세금계산
서가 발급되었고, 수입자는 발급받은 수정수입세금계산서를 가지고
매입세액공제를 받을 수 있었기 때문에 최소한 부가가치세(본세)에

관한 한 수입자에게는 저가신고에 따른 불이익은 전혀 없는 상황이었다. 그러나 이러한 상황에 대한 문제점이 제기되어 2013. 7. 26. 부가가치세법 개정시 수정수입세금계산서 발급 사유를 제한적으로 규정하면서 일반규정으로 "수입자의 단순착오로 확인되거나 수입자가 자신의 귀책사유가 없음을 증명"하는 경우가 처음으로 규정되었다.

부가가치세법 [법률 제11944호, 2013. 7. 26, 일부개정]

제35조(수입세금계산서) ② 세관장은 다음 각 호의 어느 하나에 해당하는 경우에는 수입하는 자에게 대통령령으로 정하는 바에 따라 수정한 수입세금계산서(이하 "수정수입세금계산서"라 한다)를 발급하여야 한다.

1. 「관세법」에 따라 세관장이 과세표준 또는 세액을 결정 또는 경정하기 전에 수입하는 자가 대통령령으로 정하는 바에 따라 수정신고 등을 하는 경우

2. 세관장이 과세표준 또는 세액을 결정 또는 경정하거나 수입하는 자가 세관공무원의 관세 조사 등 대통령령으로 정하는 행위가 발생하여 과세표준 또는 세액을 결정 또는 경정할 것을 미리 알고 「관세법」에 따라 수정신고하는 경우로서 다음 각 목의 어느 하나에 해당하는 경우

다. 수입자의 <u>단순착오</u>로 확인되거나 수입자가 자신의 <u>귀책사유가 없음</u>을 증명하는 등 <u>대통령령으로 정하는 경우</u>

부가가치세법 시행령 [대통령령 제25196호, 2014. 2. 21, 일부개정][102]

제72조(수입세금계산서)

④ 법 제35조제2항제2호다목에서 "수입자의 단순착오로 확인되거나 수입자가 자신의 귀책사유가 없음을 증명하는 등 대통령령으로 정하는 경우"란 다음 각 호의 어느 하나에 해당하는 경우를 말한다.

1. 삭제

2. 수입자의 <u>귀책사유 없이</u> 「관세법」 등에 따른 원산지증명서 등 원산지를 확인하기 위하여 필요한 서류가 사실과 다르게 작성·제출되었음이 확인된 경우

3. 수입자의 <u>단순 착오</u>로 확인되거나 수입자가 자신의 <u>귀책사유가 없음</u>을 증명하는 경우

[대통령령 제27838호, 2017. 2. 7, 일부개정] 4, 5호 추가

4. 「관세법」 제37조에 따른 사전심사에 따라 통보된 과세가격 결정방법을 적용하여 수입자가 수정신고하거나 세관장이 경정하는 경우

5. 「관세법」 제38조제2항 단서에 따라 수입신고를 수리하기 전에 세액을 심사하는 물품에 대하여 감면대상 및 감면율을 잘못 적용한 경우

당시 개정된 부가가치세법 제35조 제2항에 대해서는 수정수입세
금계산서의 발급을 제한하여 부가가치세 매입세액 공제를 받을 수
없도록 한 것이 과잉금지원칙에 반하여 재산권을 침해한다는 이유
로 헌법소원이 제기되었으나, 헌법재판소는 위 규정이 수입자의 귀
책사유로 돌릴 수 없는 사유, 예컨대 관세법 등에 따라 품목분류가
변경되는 경우나 합병에 따른 납세의무의 승계 등으로 당초 납세의
무자와 실제 납세자가 달라지게 된 경우, 수입자의 단순착오로 확인
되거나 수입자가 자신의 귀책사유 없음을 증명하는 경우에는 여전
히 수정수입세금계산서 발급이 가능하도록 규정하고 있으므로, 수
입자의 재산권 침해를 최소화하기 위한 합리적인 장치를 두고 있다
는 등의 이유로 과잉금지원칙에 반하지 않는다고 판단하였다(헌법
재판소 2016. 7. 28. 선고 2014헌바372 결정).

이후 2017. 12. 19. 법률 제15223호로 부가가치세법 제35조 제2항
이 개정되면서 일반규정 내용 중 "단순착오"가 "착오"로 바뀌었고,
"경미한 과실"이 추가되었다. 원래 2017. 9. 1. 발의된 정부안에는 발
급 범위를 대폭 확대하여 관세법상 벌칙사유에 해당하거나 수입자
의 고의·중과실이 있는 경우만을 제외하고는 수정수입세금계산서를
발급하는 것으로 되어 있었으나, 실제 통과된 대안에서는 위와 같이
표현이 다소 바뀌었다. 대안의 주요내용 설명을 보면 단순히 "납세
자의 권리 보호를 강화하기 위하여 수정수입세금계산서 발급사유에
경미한 과실을 추가함."이라고만 되어 있고, 단순착오가 착오로 바

---

102) 2013. 6. 28. 대통령령 제24638호로 개정된 부가가치세법 시행령 제72조
에서 이미 수정수입세금계산서 발급 제한에 관한 내용을 규정하고 있었
으나, 당시는 모법인 부가가치세법 제35조 제2항에서 아직 수정수입세
금계산서 발급 제한에 관한 내용을 규정하기 전이었기 때문에 위 시행
령 규정은 모법의 위임근거가 없는 무효인 규정이었다고 보아야 할 것
이다.

뀐 이유, 당초 정부안과 표현이 달라진 이유 등에 대한 특별한 언급
은 없다.

부가가치세법 [법률 제15223호, 2017. 12. 19, 일부개정]

제35조(수입세금계산서) ② 세관장은 다음 각 호의 어느 하나에 해당하는 경우
에는 수입하는 자에게 대통령령으로 정하는 바에 따라 수정한 수입세금계산
서(이하 "수정수입세금계산서"라 한다)를 발급하여야 한다.
2. 세관장이 과세표준 또는 세액을 결정 또는 경정하거나 수입하는 자가 세관
공무원의 관세 조사 등 대통령령으로 정하는 행위가 발생하여 과세표준 또는
세액을 결정 또는 경정할 것을 미리 알고 「관세법」에 따라 수정신고하는 경우
로서 다음 각 목의 어느 하나에 해당하는 경우
다. 수입자의 착오 또는 경미한 과실로 확인되거나 수입자가 자신의 <u>귀책사유</u>
<u>가 없음</u>을 증명하는 등 대통령령으로 정하는 경우

부가가치세법 시행령 [대통령령 제28641호, 2018. 2. 13, 일부개정]

제72조(수입세금계산서) ④ 법 제35조제2항제2호다목에서 "수입자의 착오 또는
경미한 과실로 확인되거나 수입자가 자신의 귀책사유가 없음을 증명하는 등 대
통령령으로 정하는 경우"란 다음 각 호의 어느 하나에 해당하는 경우를 말한다.
1. 「관세법」 제9조제2항에 따라 수입신고가 수리되기 전에 수입자가 세액을 납
부한 경우로서 같은 항에 따른 수입신고가 수리되기 전에 해당 세액에 대하여
수입자가 수정신고하거나 세관장이 경정하는 경우
2. 수입자의 <u>귀책사유 없이</u> 「관세법」 등에 따른 원산지증명서 등 원산지를 확인
하기 위하여 필요한 서류가 사실과 다르게 작성·제출되었음이 확인된 경우
3. 「자유무역협정의 이행을 위한 관세법의 특례에 관한 법률」 제36조제2항에 따
라 가산세의 전부를 징수하지 아니하는 경우
4. 「관세법」 제37조에 따른 사전심사에 따라 통보된 과세가격 결정방법을 적용
하여 수입자가 수정신고하거나 세관장이 경정하는 경우
5. 「관세법」 제38조제2항 단서에 따라 수입신고를 수리하기 전에 세액을 심사하
는 물품에 대하여 감면대상 및 감면율을 잘못 적용한 경우
6. 제1호부터 제5호까지에서 규정한 사항 외에 수입자의 <u>착오</u> 또는 <u>경미한 과</u>
<u>실</u>로 확인되거나 수입자가 자신의 <u>귀책사유가 없음</u>을 증명하는 경우

이후 2022. 2. 15. 부가가치세법 시행령이 대통령령 제32419호로 개정(2022. 2. 15. 시행)되면서 아래와 같이 수정수입세금계산서 발급 사유가 추가되었다. 동 시행령 개정의 배경에 대해서는 후술한다.

부가가치세법 시행령 [대통령령 제28641호, 2018. 2. 13. 일부개정]	부가가치세법 시행령 [대통령령 제32419호, 2022. 2. 15. 일부개정]
제72조(수입세금계산서) ④ (생략) 1. ~ 5. 생략 6. 제1호부터 제5호까지에서 규정한 사항 외에 수입자의 <u>착오</u> 또는 <u>경미한 과실</u>로 확인되거나 수입자가 자신의 <u>귀책사유</u>가 없음을 증명하는 경우	제72조(수입세금계산서) ④ (생략) 1. ~ 5. 생략 6. 수입자가 수입물품의 거래조건 또는 해당 거래와 관련된 회계처리기준 및 방법 등이 변경된 것을 반영하지 못하여 일부 수입신고에 오류가 발생한 경우로서 수입자가 그 밖의 수입신고에 대해서는 과세표준 및 세액을 적정하게 신고한 것이 「관세법」 제110조 제2항 제2호에 따른 관세조사 결과 확인되는 경우 7. 수입자가 거래가격에 「관세법」 제30조 제1항 각 호의 금액(이하 이 호에서 "가산요소"라 한다)을 포함하지 않은 경우로서 해당 가산요소를 거래가격에 포함하려면 상당한 지식과 주의가 요구되어 수입자의 정확한 신고를 기대하기 어려운 경우 8. 수입자가 「관세법」 제30조 제3항 각 호의 사유가 있어 같은 법 제31조부터 제35조까지의 규정에 따른 방법으로 과세가격을 신고해야 하는 경우로서 수입자가 해당 사유를 인식하는 데에 상당한 지식과 주의가 요구되어 수입자의 정확한 신고를 기대하기 어려운 경우 9. 제1호부터 제8호까지에서 규정한 사항 외에 수입자의 <u>착오</u> 또는 <u>경미한 과실</u>로 확인되거나 수입자가 자신의 <u>귀책사유</u>가 없음을 증명하는 경우

2. 수정수입세금계산서 발급에 관한 운영지침

관세청은 2013. 7. 26.부터 「수정수입세금계산서 발급에 관한 운영지침」을 제정하여 몇 차례의 개정을 거친 후, 2018. 3. 29. 전부개정하여 현재까지 시행하고 있다. 동 지침 제11조 제1항 제4호, 제2항, 제3항, 제4항에서는 "기타 수입자의 착오 또는 경미한 과실로 확인되거나 수입자가 자신의 귀책사유가 없음을 증명하는 경우"에 해당하는 경우와 해당하지 않는 경우들을 여러 가지 예시 사례와 함께 상세히 규정하고 있다. 특히 제3항 제3호에서는 "수입자에게 정당한 사유가 있는 경우에 해당한다고 보아 가산세를 면제하는 경우"를 수정수입세금계산서 발급 사유로 명문으로 규정하고 있다. 그 외에 제12조(과세가격 분야), 제13조(품목분류 분야), 제14조(협정관세 분야), 제15조(감면 분야)에서 분야별로 상세한 판단 기준에 관한 규정들을 두고 있다. 다만 제12조부터 제15조까지에서 규정된 사항보다는 제11조에 규정된 사항이 우선하여 적용된다(제11조 5항).

이후 2022. 2. 7. 「수정수입세금계산서 발급에 관한 운영지침」이 개정되면서 수정수입세금계산서 발급 사유와 구체적인 예시사례들이 추가되었다. 동 지침 개정의 배경에 대해서는 후술한다.

3. 부가가치세법 규정의 해석 및 문제점

수정수입세금계산서 발급 제한에 관한 현행 부가가치세법 규정의 내용을 이해하고 문제점을 파악하기 위해서는 수정수입세금계산서 발급 제한에 관한 내용이 처음 도입된 2013년 개정 규정부터 살펴보아야 한다.

가. 2013년 개정 규정

2013년 부가가치세법 개정 당시 국회 기획재정위원회의 부가가치세법 일부개정법률안 검토보고서를 보면 개정안의 필요성에 대해 "세관장이 수입부가세를 추가로 징수한 경우 수정수입세금계산서 발급을 제한하는 규정이 없어, 수입자가 탈세를 목적으로 과세표준을 낮춰서 신고한 것이 적발되어 세관장이 수입부가세를 추징한 경우에도 수정수입세금계산서를 탈세 수입업자에게 발급하고 있음. 따라서 현행 제도 하에서 수입업자는 향후 관세조사 등을 통해 수입 관련세금(관세, 부가가치세, 주세, 개별소비세 등) 탈루사실이 밝혀지더라도 수입부가세는 돌려받을 수 있다는 것을 전제로 과소신고에 관한 의사결정을 하게 됨"이라고 설명하고 있다. 위 내용만을 놓고 보면 부가가치세법 개정 당시 입법자는 탈세를 목적으로 하는 고의적 과소신고만을 주된 제재의 대상으로 염두에 두었던 것이 아닌가 생각된다. 헌법재판소 2016. 7. 28. 선고 2014헌바372 결정도 위 규정의 입법취지를 설명하면서 "이 사건 법률조항이 시행되기 전에는 수입자가 탈세를 목적으로 수입물품의 과세표준을 낮춰서 신고한 것이 적발되어 세관장이 수입부가가치세를 추징한 경우에도 세관장으로부터 수정수입세금계산서를 발급받을 수 있었고, 수입자는 위 수정수입세금계산서를 이용하여 추징당한 수입부가가치세를 모두 매입세액으로 공제받을 수 있으므로 세관장의 부가가치세 추징액이 상쇄되는 문제가 발생하였다."라고 하여 같은 취지로 판시한 바 있다.

당시 수정수입세금계산서 발급 범위를 제한한 입법취지가 그와 같이 탈세를 목적으로 수입물품의 과세표준을 낮춰서 신고하는 행위를 제재하고자 함이었다면 개정 부가가치세법 조항의 문언도 그러한 최지에 최대한 부합하게 규정하였어야 할 것이다. 그러나 실제

개정 규정과 그 위임에 따른 시행령은 이와 달리 "단순 착오로 확인"되거나 "자신의 귀책사유가 없음을 증명"하는 경우에만 수정수입세금계산서를 발급받을 수 있도록 그 범위를 좁게 규정하였고, 그에 따라 많은 분쟁과 해석상 논란이 발생하게 되었다. 즉, 개정 규정 시행 이후 수정수입세금계산서를 발급받지 못한 수입자들은 수정수입세금계산서 발급거부처분에 대하여 불복하면서 위 부가가치세법 일부개정법률안 검토보고서의 내용을 주된 근거로 부가가치세법상 수정수입세금계산서 발급 제한 사유인 '귀책사유'는 탈세를 목적으로 하는 고의적인 행위만을 말한다고 주장하였다. 그러나 법원은 법률 규정의 문언에 따라 귀책사유의 범위를 넓게(수정수입세금계산서 발급 범위를 좁게) 해석하여 그러한 주장들을 모두 배척한 경우가 많았다.103) 입법자의 취지가 법률 규정 문언에 충실하게 반영되지 못하여 발생한 문제라고 생각된다.

그리고 규정의 문언 자체도 불명확한 점이 있다. 우선 수정수입세금계산서 발급 사유인 "단순 착오로 확인되거나 수입자가 자신의

---

103) "원고는 수정수입세금계산서 발급 제한 요건으로 규정한 '귀책사유'를 탈세범죄 혹은 그에 준하는 명료한 의도를 띤 납세회피 행위만을 의미하는 것으로 제한하여 해석하여야 한다고 주장하나, ① 일반적으로 '귀책사유'라 함은 고의와 과실을 모두 포함하는 개념이고, 위 각 규정에서 귀책사유의 의미를 원고 주장과 같이 한정하는 취지로 규정하고 있지 않은 점…(중략)…등을 종합하면 원고의 위 주장은 받아들이기 어렵다"(인천지방법원 2019. 10. 18. 선고 2016구합54200 판결, 서울행정법원 2019. 5. 10. 선고 2018구합77913 판결)
"원고는 수정수입세금계산서 발급 제한 요건으로 규정한 '귀책사유'를 고의 또는 고의에 가까운 중과실만을 의미하는 것으로 한정하여 해석하여야 한다고 주장하나, ① 일반적으로 '귀책사유'라 함은 '책임있는 사유'라는 뜻으로서 고의와 과실을 모두 포함하는 개념에 해당하는 점…(중략)…등을 종합하면 원고의 위와 같은 주장은 받아들이기 어렵다"(서울행정법원 2018. 6. 28. 선고 2017구합72669 판결)

귀책사유가 없음을 증명"하는 경우 중 "단순 착오"라는 표현부터 보
자. 단순 착오는 무엇인가? 단순 착오는 그 대비 개념으로서 단순하
지 않은 착오를 전제로 한 개념일 수밖에 없다. 그런데 착오의 유형
으로 민법의 영역에서는 주로 표시상의 착오, 내용(의미)의 착오, 동
기의 착오 등이,[104] 형법의 영역에서는 사실의 착오, 법률의 착오 등
이 논의될 뿐, 단순 착오나 非단순 착오라는 개념은 생소한 개념이
다. 가산세 면제의 정당한 사유에 관한 대법원 판례에 자주 등장하
는 "단순한 법률의 부지나 오해"라는 표현에서 차용한 것이 아닌가
생각할 수도 있지만, 가산세 판례에서의 "단순한"의 의미는 그 뒤에
주로 나오는 판시("세법해석상 의의로 인한 견해의 대립이 있는 등
으로…정당한 사유가 있는 경우")에 대비되는 개념으로서 '정당한
사유가 없는'정도의 의미로 이해하는 것이 오히려 타당하다. 그렇다
면 "단순 착오"를 "정당한 사유가 없는 착오"로 보아야 하는가? 그
러나 부가가치세법 개정의 취지가 수정수입세금계산서 발급의 범위
를 제한하는 것인데, 정당한 사유가 없는 착오의 경우에 수정수입세
금계산서를 발급해 줄 이유는 없다. 따라서 단순 착오의 의미를 위
와 같이 파악할 수는 없다.

　단순 착오의 의미에 관하여, 하급심 판례 중에는 경과실과 같은
또는 그에 준하는 의미로 이해하는 판례,[105] 계산상 착오나 글자의

---

104) 그 외에도 동일성의 착오, 성질의 착오, 법률의 착오, 계산의 착오, 기명
　　날인·서명의 착오 등이 있다[지원림, 『민법강의』, 제8판(홍문사, 2010년),
　　252면 이하]

105) "이 사건 웨이퍼에 대한 저가신고와 관련하여 원고의 귀책사유가 없다
　　거나 이를 단순착오 정도의 경미한 과실에 기한 것으로 보기 어렵고"(서
　　울행정법원 2019. 5. 10. 선고 2018구합77913 판결), "위 각 규정에서 귀책
　　사유의 의미를 고의·중과실로 한정하고 있지 않고, 경과실에 해당하는
　　수입자의 단순착오만을 별도로 수정수입세금계산서 발급 제한 요건에서
　　배제하고 있는 점"(서울행정법원 2018. 6. 28. 선고 2017구합72669 판결)

오기와 같이 명백한 착오에 한하는 것으로 이해하는 판례[106]가 있고, 학설상으로는 후자의 판례와 같이 계산상의 실수나 글씨의 오기, 수입신고서에 첨부된 부속서류에 기재된 내용을 수입신고서에 잘못 옮겨 적은 경우처럼 일견 잘못되었음이 명백한 경우로 좁게 해석해야 한다는 견해가 있다.[107]

단순 착오를 경과실과 같은 의미로 이해할 수는 없다고 본다. 왜냐하면 바로 뒤에 오는 "수입자가 자신의 귀책사유가 없음을 증명하는 경우"와 모순이 발생하기 때문이다. 민법, 형법, 세법의 영역을 불문하고 귀책사유란 고의·과실과 같은 의미로 이해되고 있고, 과실에는 별도의 규정이 없는한 당연히 중과실과 경과실을 모두 포함하기 때문에 귀책사유가 없다 함은 경과실도 없음을 의미한다. 따라서 단순 착오를 경과실과 같은 의미로 이해하게 되면 "단순 착오로 확인되거나 수입자가 자신의 귀책사유가 없음을 증명"하는 경우는 곧 "경과실로 확인되거나 수입자가 자신의 고의·과실(경과실, 중과실)이 없음을 증명"하는 경우와 같은 말이 된다. 앞부분에서는 경과실이 있는 경우에도 수정수입세금계산서를 발급해 주어야 한다고 하면서, 뒷부분에서는 경과실도 없음을 증명하여야만 수정수입세금계산서를 발급해 준다고 하는 모순이 발생하는 것이다. 실제로 2017년

---

106) "구 부가가치세법 제35조 제2항 제2호 다목에서 규정한 '단순착오'라 함은 수정수입세금계산서 발급을 제한하는 위 규정의 취지를 고려해 보면, 단순한 계산상 착오나 글자의 오기와 같이 명백한 착오에 한하는 것으로 해석함이 상당하고, 관세청 심사정책과-2077호 「수정수입세금계산서 발급에 관한 운영지침」(2013. 7. 26.)에서도 '단순착오로 확인되는 경우'라 함은 세관에 수입신고시 제출한 부속서류(Invoice, B/L등)에 기재된 내용과 달리 수입신고서를 착오로 잘못 작성한 것이 확인된 경우로 규정하고 있다"(인천지방법원 2019. 10. 18. 선고 2016구합54200 판결)

107) 최문기·양인준, "수정수입세금계산서 발급제한에 관한 소고", 『조세와 법』, 제9권 제2호(서울시립대학교 법학연구소, 2016년), 137면

부가가치세법 개정안의 주요내용 설명에 "납세자의 권리 보호를 강
화하기 위하여 수정수입세금계산서 발급사유에 경미한 과실을 추가
함"이라고 하여 새롭게 경과실을 추가하는 것으로 되어 있는 것을
보더라도, 2013년 개정 규정의 단순 착오를 경과실과 같은 의미로
이해할 수 없음은 명백하다. 결국 이러한 해석상의 모순을 피하기
위해서는 단순 착오는 계산상 착오나 글자의 오기와 같이 명백한 착
오로 볼 수밖에 없을 것이다. 그렇다면 입법론적으로는 애초에 '표
시·계산상의 착오' 또는 '명백한 위산(違算)·오기'등으로 표현하는
것이 타당하였을 것이다.

　그리고 그와 같이 해석하더라도 여전히 다른 문제가 남아 있다.
'단순한 계산상 착오나 글자의 오기'는 착오의 유형에 따른 분류이
지, 과실의 유무나 경중에 따른 분류가 아니다. 즉, 착오의 유형(표
시상의 착오, 내용상의 착오, 동기의 착오, 사실의 착오, 법률의 착
오)과 과실의 유무·경중은 별개의 기준108)이므로 '단순한 계산상 착
오나 글자의 오기'도 무과실, 경과실, 중과실에 의한 경우로 나누어
질 수 있는 것이다. 그와 같이 나누어 볼 경우 후단의 "수입자가 자
신의 귀책사유가 없음을 증명" 부분과의 균형상 당연히 과실(경과
실, 중과실)이 없는 경우에만 수정수입세금계산서를 발급해 주어야
할 것이다. 전단과 후단에 있어서 과실의 기준을 달리 볼 아무런 이
유나 근거가 없기 때문이다.

　그러나 이처럼 '단순 착오'의 경우에도 과실(경과실, 중과실)이
없는 경우에만 수정수입세금계산서를 발급해 준다면, '단순 착오'라
는 요건은 독자적인 의미가 있다고 볼 수 없다. 어차피 바로 뒤에 나
오는 포괄규정인 "수입자가 자신의 귀책사유가 없음을 증명"하는

---

108) **민법 제109조(착오로 인한 의사표시)** ①의사표시는 법률행위의 <u>내용의</u>
　　<u>중요부분에</u> 착오가 있는 때에는 취소할 수 있다. 그러나 그 착오가 표의
　　자의 <u>중대한 과실로</u> 인한 때에는 취소하지 못한다.

경우에 당연히 포섭될 수 있기 때문이다. 결론적으로 "단순 착오"라는 문구는 사족(蛇足)과 같은 표현으로서, 입법상의 과오라고 할 것이다.[109)

2013년 개정 규정은 입증책임의 해석과 관련해서도 문제가 있다. "단순 착오로 확인되거나 수입자가 자신의 귀책사유가 없음을 증명"이라고 하여, 후단의 귀책사유에 관해서는 수입자가 그 부존재를 증명해야 한다고 입증책임을 명확하게 규정하고 있는데, 전단의 단순 착오에 관해서는 '확인'이라는 중립적인 표현을 사용하고 있기 때문이다. 단순 착오의 입증책임과 귀책사유의 입증책임을 달리 볼 이유가 없는 점, 법률요건분류설에 따르면 수정수입세금계산서 발급을 구하는 수입자가 그 발급 요건(발급청구권의 존재)을 입증하는 것이 타당한 점을 고려하면 단순 착오 역시 수입자가 입증하는 것이 타당하다. 왜 굳이 후단과 구별하여 '확인'이라는 표현을 사용하였는지 의문이다.

나. 2017년 개정 규정

2017. 12. 19. 법률 제15223호로 부가가치세법 제35조 제2항 제2호 다목이 개정되면서 '단순 착오'가 '착오'로 바뀌고 '경미한 과실'이 추가되어 "수입자의 착오 또는 경미한 과실로 확인되거나 수입자가 자신의 귀책사유가 없음을 증명하는 경우"로 되었다. 2017년 개정 규정은 2013년 개정 규정보다도 해석상 더 큰 문제들이 있다.

우선 '단순 착오'가 '착오'로 바뀌었는데 단순 착오와 착오는 무

---

109) 입법론상 수정수입세금계산서 발급제한의 예외사유로서 경계가 모호한 수입자의 단순 착오를 규정하기보다는 구체적인 경우에 있어서 수입자의 귀책사유 여부에 따라 수정수입세금계산서의 발급 여부를 결정하도록 하는 것이 바람직하다는 견해[최문기·양인준, "수정수입세금계산서 발급제한에 관한 소고", 『조세와 법』, 제9권 제2호(서울시립대학교 법학연구소, 2016년), 137면]도 같은 맥락으로 이해할 수 있을 것이다.

엇이 다른 것인가? 제안이유나 검토보고서 어디에도 이에 대한 설
명은 없다. 앞서 검토한 바와 같이 단순 착오를 계산상 착오나 글자
의 오기와 같이 명백한 착오로 보아야 한다는 결론에 따르면, 개정
규정에 따라 계산상 착오나 글자의 오기와 같은 착오(계산의 착오,
표시상의 착오) 외에 내용상의 착오나 동기의 착오에 해당하는 경우
까지도 수정수입세금계산서 발급 대상이 확대된 것으로 볼 수 있을
것이다. 그러나 그와 같이 해석하더라도, 과연 2017년의 개정이 실
질적으로 유의미한 개정인지는 의문이다. 어차피 개정 전에도 "단순
착오로 확인되거나 수입자가 귀책사유가 없음을 증명하는 경우"라
고 하여 단순 착오와 귀책사유 부존재를 병렬적으로 규정하였기 때
문에, 전단의 단순 착오에 해당하지 않는 경우에도 후단의 귀책사유
가 없는 경우라는 포괄적인 규정에 해당하면 다른 유형의 착오도 얼
마든지 수정수입세금계산서를 발급받을 수 있었기 때문이다. '단순
착오'가 '착오'로 바뀐 것이 독자적인 의의를 가지려면, '착오'의 경
우에는 뒤에 나오는 '경미한 과실' 또는 '귀책사유의 부존재'와 무관
하게, 즉 과실 및 귀책사유의 유무와 경중을 불문하고 수정수입세금
계산서를 발급해 준다는 의미여야만 할 것이다. 그러나 그와 같이
해석할 경우 수정수입세금계산서의 발급범위를 사실상 무제한 확대
하는 결과가 될 것이다. 고의가 있는 경우를 제외하면, 세법상 의무
위반 행위는 어떤 유형의 착오이든지간에 결과적으로는 착오에 기
인한 것으로 볼 수 있기 때문이다. 따라서 그와 같은 해석은 바람직
하지도 않고 입법자의 의도에도 부합한다고 보기 어렵다.

경미한 과실이 추가된 것도 문제이다. 개정안의 주요내용 설명을
보면 "납세자의 권리 보호를 강화하기 위하여 수정수입세금계산서
발급사유에 경미한 과실을 추가함"이라고 되어 있다. 즉, 개정 전에
는 경과실이 존재하는 경우에는 수정수입세금계산서 발급이 제한되
었는데, 개정을 통하여 경과실까지도 발급 대상을 확대해 준다는 의

미인 것이다. 그러나 후단의 "수입자가 자신의 귀책사유가 없음을 증명하는 경우"는 개정 전후에 있어서 아무런 변화가 없이 동일하게 유지되고 있다. 앞서 본 바와 같이 귀책사유란 고의·과실을 의미하고 과실에는 경과실과 중과실이 포함된다. 따라서 전단에 따르면 경과실이 확인되면 수정수입세금계산서 발급 대상이 되는데, 후단에 따르면 경과실도 없음을 증명하여야만 수정수입세금계산서를 발급받을 수 있다는 모순이 발생하는 것이다. 경미한 과실을 추가하였다면, 후단의 귀책사유에 관한 부분은 삭제했어야만 할 것이다.

2017년 부가가치세법 개정 당시, 당초 제출된 정부안(의안번호 2008983)에서는 수정수입세금계산서 발급 제한 사유를 벌칙(과태료 제외)이 적용되거나 고의 또는 중대한 과실이 있는 경우로 규정하여 수정수입세금계산서 발급의 범위를 확대하고 있었다. 즉, 2013년 개정 규정에서 '단순 착오'를 삭제하고 '고의·중과실이 있는 경우'만을 발급 대상에서 제외(경과실의 경우 발급)하면서, 후단의 귀책사유 관련 내용을 삭제한 것이다. 동 개정안에 따르면 앞서 본 것과 같은 여러 해석상의 문제점들(단순 착오와 착오의 차이, 과실의 필요 여부, 후단에 나오는 귀책사유와의 관계)이 발생할 여지가 없었을 것이다. 그러나 실제 입법은 정부안대로 이루어지지 않았고, 기존의 규정에서 단순 착오를 착오로 바꾸고 경미한 과실을 추가하면서 귀책사유에 관한 문구는 그대로 남겨두는 바람에 더 많은 해석상의 문제점만을 남기게 되었던 것이다.

[부가가치세법 일부개정법률안(2017. 9. 1. 정부제출) 신·구 조문대비표]

2013년 개정 규정	2017년 개정안(정부제출)
제35조(수정수입세금계산서) ② (생략) 1. (생략) 2. 세관장이 과세표준 또는 세액을 결정 또는 경정하거나 수입하는 자가 세관공무원의 관세 조사 등 대통령령으로 정하는 행위가 발생하여 과세표준 또는 세액을 결정 또는 경정할 것을 미리 알고 「관세법」에 따라 수정신고하는 경우로서 다음 각 목의 어느 하나에 해당하는 경우 가. 「통일상품명 및 부호체계에 관한 국제협약」에 따른 관세협력이사회나 「관세법」에 따른 관세품목분류위원회에서 품목분류를 변경하는 경우 나. 합병에 따른 납세의무 승계 등으로 당초 납세의무자와 실제 납세자가 다른 경우 다. 수입자의 <u>단순착오</u>로 확인되거나 수입자가 자신의 <u>귀책사유가 없음</u>을 증명하는 등 대통령령으로 정하는 경우	제35조(수정수입세금계산서) ② (좌동-생략) 1. (좌동-생략) 2. 세관장이 과세표준 또는 세액을 결정 또는 경정하거나 수입하는 자가 세관공무원의 관세 조사 등 대통령령으로 정하는 행위가 발생하여 과세표준 또는 세액을 결정 또는 경정할 것을 미리 알고 「관세법」에 따라 수정신고하는 경우. 다만, 「관세법」에 따라 <u>벌칙(과태료는 제외한다)이 적용</u>되거나 수입하는 자에게 <u>고의 또는 중대한 과실</u>이 있는 경우는 제외한다.

다. 2020년, 2021년 개정안

2017년에 수정수입세금계산서 발급 범위를 확대하려는 정부제출안의 내용대로 부가가치세법 개정이 이루어지지 않았으나, 이후에도 정부는 수정수입세금계산서 발급 범위를 확대하려는 시도를 계속하였다.

우선 2020. 8. 31. 정부가 제출한 부가가치세법 일부개정법률안(의안번호 2103360)에서는 제35조 제2항 제2호를 개정하고 제4항을 신설하여 수정수입세금계산서 발급의 범위를 대폭 확대하고자 하였다.

[부가가치세법 일부개정법률안(2020. 8. 31. 정부제출) 신·구 조문대비표]

2017년 개정 규정	개정안
제35조(수입세금계산서) ② (생략) 1. (생략) 2. 세관장이 과세표준 또는 세액을 결정 또는 경정하거나 수입하는 자가 세관공무원의 관세 조사 등 대통령령으로 정하는 행위가 발생하여 과세표준 또는 세액을 결정 또는 경정할 것을 미리 알고 「관세법」에 따라 수정신고하는 경우로서 다음 각 목의 어느 하나에 해당하는 경우 가. 「통일상품명 및 부호체계에 관한 국제협약」에 따른 관세협력이사회나 「관세법」에 따른 관세품목분류위원회에서 품목분류를 변경하는 경우 나. 합병에 따른 납세의무 승계 등으로 당초 납세의무자와 실제 납세자가 다른 경우 다. 수입자의 <u>착오</u> 또는 <u>경미한 과실</u>로 확인되거나 수입자가 자신의 <u>귀책사유가 없음</u>을 증명하는 등 대통령령으로 정하는 경우	제35조(수정수입세금계산서) ② (좌동-생략) 1. (좌동-생략) 2. 세관장이 과세표준 또는 세액을 결정 또는 경정하거나 수입하는 자가 세관공무원의 관세 조사 등 대통령령으로 정하는 행위가 발생하여 과세표준 또는 세액을 결정 또는 경정할 것을 미리 알고 「관세법」에 따라 수정신고하는 경우. 다만, 세관장은 수입하는 자가 다음 각 목의 어느 하나에 해당하는 경우 수정수입세금계산서를 발급하지 아니하거나 대통령령으로 정하는 바에 따라 결정·경정 또는 수정신고의 내용으로 이미 발급한 수정수입세금계산서를 취소하는 내용의 수정수입세금계산서를 발급할 수 있다. 가. 「관세법」 제270조, 제270조의2 또는 제276조를 위반하여 <u>고발되거나</u> 같은 법 제311조에 따라 <u>통고처분을 받은 경우</u> 나. 「관세법」 제42조제2항 또는 「자유무역협정의 이행을 위한 관세법의 특례에 관한 법률」 제36조제1항제1호 단서에 따른 <u>부당한 방법으로 관세의 과세표준 또는 세액을 과소신고한 경우</u> 다. 「관세법」 <u>제277조제1항에 따른 과태료 부과처분</u>을 받은 경우(세관장이 「질서위반행위규제법」 제21조제1항에 따라 관할 법원에 해당 과태료 부과처분에 대한 이의제기를 통보한 경우를 포함한다) ④ 세관장은 제2항제2호가목 또는 다목에 따라 수정수입세금계산서를 발급하지 아니하거나 이미 발급한 수정수입세금계산서를 취소하는 내용의 수정수입세금계산서를 발급한 이후에 수입하는 자의 해당 위반행위에 대하여 무죄가 확정되거나 과태료가 부과되지 아니하는 것으로 확정되는 경우 대통령령으로 정하는 바에 따라 제2항제2호 본문에 따른 결정·경정 또는 수정신고의 내용으로 수정수입세금계산서를 발급하여야 한다.

2020년 개정안에서는 관세법 제270조(관세포탈죄 등), 제270조의
2(가격조작죄), 제276조(허위신고죄 등)를 위반하거나 부당한 방법으
로 관세의 과세표준 또는 세액을 과소신고한 경우, 관세법 제277조
제1항[110]을 위반하여 과태료 부과처분을 받은 경우를 제외하고는
수정수입세금계산서를 발급받을 수 있도록 하였다. 그러나 동 개정
안에 대해서는 조세소위의 심의과정에서 다국적기업의 조세회피가
증가할 수 있다는 등의 우려가 제기되어 기획재정위원회의 최종 대
안에는 반영되지 못하였다.

이후 1년 뒤인 2021. 9. 2. 정부는 또다시 부가가치세법 일부개정
법률안(의안번호 2112396)을 제출하면서 제35조 제2항 제2호를 개정
하고 제3항, 제4항을 신설하여 수정수입세금계산서 발급의 범위를
확대하고자 하였다.

[부가가치세법 일부개정법률안(2021. 9. 2. 정부제출) 신·구 조문대비표]

2017년 개정 규정	개정안
제35조(수입세금계산서) ② (생략) 1. (생략) 2. 세관장이 과세표준 또는 세액을 결정 또는 경정하거나 수입하는 자가 세관공무원의 관세 조사 등 대통령령으로 정하여 과세표준 또는 세액을	제35조(수정수입세금계산서) ② (좌동-생략) 1. (좌동-생략) 2. 세관장이 과세표준 또는 세액을 결정 또는 경정하거나 수입하는 자가 세관공무원의 관세 조사 등 대통령령으로 정하는 행위가 발생하여 과세표준 또는 세액이 결정 또는 경정될 것을 미리 알고 「관세법」에 따라 수정신고하는 경우 ③ 세관장은 제2항제2호에도 불구하고 수입하는 자가 해당 재화의 수입과 관련하여 다음 각 호의

---

110) 제277조(과태료) ① 제37조의4제1항에 따라 자료제출을 요구받은 특수관
　　계에 있는 자가 제10조에서 정하는 정당한 사유 없이 제37조의4제3항에
　　서 정한 기한까지 자료를 제출하지 아니하거나 거짓의 자료를 제출하는
　　경우에는 1억원 이하의 과태료를 부과한다. 이 경우 제276조는 적용되지
　　아니한다.

결정 또는 경정할 것을 미리 알고 「관세법」에 따라 수정신고하는 경우로서 다음 각 목의 어느 하나에 해당하는 경우 가. 「통일상품명 및 부호체계에 관한 국제협약」에 따른 관세협력이사회나 「관세법」에 따른 관세품목분류위원회에서 품목분류를 변경하는 경우 나. 합병에 따른 납세의무 승계 등으로 당초 납세의무자와 실제 납세자가 다른 경우 다. 수입자의 <u>착오</u> 또는 <u>경미한 과실</u>로 확인되거나 수입자가 자신의 <u>귀책사유가 없음</u>을 증명하는 등 대통령령으로 정하는 경우	어느 하나에 해당하는 경우에는 수정수입세금계산서를 발급하지 아니하거나, 이미 발급한 수정수입세금계산서를 다시 수정하는 내용의 수정수입세금계산서를 발급할 수 있다. 1. 「관세법」 제270조(제271조제2항에 따른 미수범의 경우를 포함한다), 제270조의2 또는 제276조를 위반하여 <u>고발되거나</u> 같은 법 제311조에 따라 <u>통고처분을 받은 경우</u> 2. 「관세법」 제42조제2항 또는 「자유무역협정의 이행을 위한 관세법의 특례에 관한 법률」 제36조제1항제1호 단서에 따른 <u>부당한 방법으로 관세의 과세표준 또는 세액을 과소신고한 경우</u> 3. 수입자가 과세표준 또는 세액을 신고하면서 관세조사 등을 통하여 <u>이미 통지받은 오류를 다음 신고 시에도 반복하는 등</u> 대통령령으로 정하는 <u>중대한 잘못</u>이 있는 경우 ④ 세관장은 제3항제1호에 해당하여 수정수입세금계산서를 발급하지 아니하였거나 이미 발급한 수정수입세금계산서를 다시 수정하는 내용의 수정수입세금계산서를 발급한 이후에 수입하는 자가 무죄 취지의 불기소 처분이나 무죄 확정판결을 받은 경우에는 당초 세관장이 결정 또는 경정한 내용이나 수입하는 자가 수정신고한 내용으로 수정수입세금계산서를 발급하여야 한다.

　　2021년 개정안에서는 관세법 제270조(관세포탈죄 등), 제207조의2(가격조작죄), 제276조(허위신고죄 등)를 위반하거나 부당한 방법으로 관세의 과세표준 또는 세액을 과소신고한 경우, 과거 관세조사에서 이미 통지받은 오류를 반복하는 등 중대한 잘못[111]이 있는 경우를 제외하고는 수정수입세금계산서를 발급받을 수 있도록 하였다. 2021년 개정안은 기획재정부와 관세청의 내부조율을 거쳐 제출되었고 사전에 조세소위 여·야 간사의 의견일치까지 이루어져 통과 가

---

111) 중과실의 의미로 이해하여야 할 것이다.

능성이 높을 것으로 점쳐졌으나 조세소위 전원합의 과정에서 일부
의원의 반대의견으로 인하여 결국 기획재정위원회 전체회의에 상정
되지 못하고, 최종 대안에는 반영되지 못하였다.112)

   이처럼 국회의 문턱을 넘지 못하고 법률개정이 계속 무산되자 기
획재정부와 관세청은 하위규정 개정을 통하여서라도 수정수입세금
계산서 발급 범위를 확대하기 위하여 앞서 본 바와 같이 2022. 2. 부
가가치세법 시행령과 「수정수입세금계산서 발급에 관한 운영지침」
을 개정하여 수정수입세금계산서 발급 사유를 일부 추가하였다. 그
러나 이는 법률 규정 문언("수입자의 착오 또는 경미한 과실로 확인
되거나 수입자가 자신의 귀책사유가 없음을 증명")의 범위 내에서
구체적인 사례들을 추가한 것에 불과하여 본질적인 대안으로서는
한계가 있을 수밖에 없다.

   2020년, 2021년의 부가가치세법 개정안은 2017년 부가가치세법
개정 당시에 당초 제출되었던 정부안과 비슷한 수준으로 수정수입
세금계산서 발급 범위를 확대하고자 했던 것이다. 2013년에 수정수
입세금계산서의 발급을 제한하는 규정이 처음 도입되었을 당시의
입법취지를 보면 고의적인 탈세행위 방지에 주 목적이 있었던 것으
로 보이고 그에 이르지 않은 단순 과실의 경우까지도 반드시 규제
대상으로 염두에 두었던 것으로는 보이지 않으므로, 위와 같이 수정
수입세금계산서 발급 범위를 확대하려는 시도는 일응 바람직한 것
으로 보인다.

   정부 입장에서는 2017년, 2020년, 2021년 세 차례에 걸쳐 당초의
입법취지에 맞게 수정수입세금계산서 발급 범위의 확대를 시도하였
으면서도 결국 국회 기획재정위원회의 벽을 넘지 못하고 번번이 시

---

112) "삼수에도 조세소위 넘지 못한 '수정수입세금계산서'"(한국세정신문, 2021.
    12. 6.) 보도 참조(http://www.taxtimes.co.kr/news/article.html?no=252655)

도가 무산된 것인데, 정부가 앞으로도 같은 시도를 계속할지 그 귀추가 주목된다.

라. 종합

부가가치세법상 수정수입세금계산서 발급 사유는 그 광협(廣狹)에 따라 아래와 같이 구분이 가능할 것이고, 이론상 그 중간 영역도 얼마든지 생각할 수 있을 것이다.

廣← ← 부가가치세법상 수정수입세금계산서 발급 사유의 범위 → → 狹					
2013. 7. 26. 개정 전	2020. 8. 31. 개정안	2021. 9. 2. 개정안	2017. 12. 19. 개정	2013. 7. 26. 개정	
전면 발급 허용	관세포탈, 가격조작, 허위신고, 부당한 방법으로 과소신고, 특수관계자간 과세가격결정자 료 미제출로 과태료 부과 *外* 발급	관세포탈, 가격조작, 허위신고, 부당한 방법으로 과소신고, 관세조사에서 지적받은 오류 반복 등 중대한 잘못 *外* 발급	수입자의 착오 또는 경미한 과실로 확인되거나 수입자가 자신의 귀책사유가 없음을 증명하는 경우	수입자의 단순 착오로 확인되거나 수입자가 자신의 귀책사유가 없음을 증명하는 경우	전면 발급 금지[113]

2013년 부가가치세법 개정 전까지는 무제한 발급을 허용하여 가장 범위가 넓었고, 2013년 개정을 통하여 범위가 가장 좁아졌다가

---

113) 헌법재판소 2016. 7. 28. 선고 2014헌바372, 2016헌바29(병합) 결정의 취지에 따르면 수정수입세금계산서의 발급을 전면 금지하는 것은 과잉금지원칙에 반하여 재산권을 과도하게 제한하는 것으로서 헌법에 위반될 가능성이 높다.

그 후로 2017년 개정을 통하여 다소 넓어졌다.[114] 이후 정부는 2020
년, 2021년 개정안에서 발급 범위를 획기적으로 넓히고자 하였으나
결국 국회에서 통과되지는 못하였다. 이러한 개정 추이를 보더라도,
수정수입세금계산서 발급 제한의 당초 취지는 고의적인 탈세행위
제재에 목적이 있었던 것이고, 2013년 개정 규정이 그러한 취지를
제대로 반영하지 못하고 발급범위를 너무 좁게 규정하였던 것임을
알 수 있다.

현행 부가가치세법 규정의 "착오", "경미한 과실", "귀책사유"는
모두 추상적인 개념인데다가 상호간의 관계도 명확하지 않다. 비슷
비슷한 추상적인 개념을 여러 번 반복해서 사용한다고 하여 추상적
인 개념이 구체화되는 것은 아니다. 2017년 개정된 현행 규정은 수
정수입세금계산서 발급(제한) 사유를 구체화하지도 못하고 있을 뿐
만 아니라 해석상 혼란만을 야기하는 매우 부적절한 입법이다. 발급
제외 사유를 구체적이고 한정적으로 규정한 2020년, 2021년 개정안
이 매우 타당하며 장기적으로는 결국 그와 같은 방향으로 개정이 이
루어져야만 할 것이다. 물론 2020년, 2021년 개정안의 "부당한 방법
으로" 관세의 과세표준 또는 세액을 과소신고한다는 부분 역시 그
자체만으로는 다소 추상적인 개념이기는 하나, 이는 부당과소신고
가산세의 요건에 관한 관세법 제42조 제2항, 관세법 시행령 제39조
제4항[115])과 FTA관세법 제36조 제1항 제1호 단서, FTA관세법 시행

---

114) 물론 그 개정 내용에 상당히 문제가 많음은 앞서 본 바와 같다.

115) **관세법 제42조(가산세)** ② 제1항에도 불구하고 납세자가 <u>부당한 방법(납
세자가 관세의 과세표준 또는 세액계산의 기초가 되는 사실의 전부 또
는 일부를 은폐하거나 가장하는 것에 기초하여 관세의 과세표준 또는
세액의 신고의무를 위반하는 것으로서 대통령령으로 정하는 방법을 말
한다)</u>으로 과소신고한 경우에는 세관장은 부족세액의 100분의 40에 상
당하는 금액과 제1항제2호의 금액을 합한 금액을 가산세로 징수한다.
관세법 시행령 제39조(가산세) ④ 법 제42조제2항에서 "<u>대통령령으로 정</u>

령 제47조 제1항[116])에서 이미 상당한 정도의 구체화가 이루어져 있
으므로 큰 문제는 없다고 생각된다.

4. 부가가치세법상 수정수입세금계산서 발급 사유와 가 산세 면제의 정당한 사유의 관계

재화의 수입은 부가가치세 과세대상으로서 외국물품을 수입하는
경우에는 부가가치세를 납부하여야 하고, 재화의 수입에 대한 부가
가치세의 과세표준은 그 재화에 대한 <u>관세의 과세가격과 관세</u>, 개별

하는 방법"이란 다음 각 호의 어느 하나에 해당하는 경우를 말한다.
1. 이중송품장·이중계약서 등 허위증명 또는 허위문서의 작성이나 수취
2. 세액심사에 필요한 자료의 파기
3. 관세부과의 근거가 되는 행위나 거래의 조작·은폐
4. 그 밖에 관세를 포탈하거나 환급 또는 감면을 받기 위한 부정한 행위
116) **FTA관세법 제36조(가산세)** ① 세관장은 협정관세를 적용받은 물품에 대
하여 납세의무자가 「관세법」 제9조에 따른 납부기한(이하 이 조에서 "법
정납부기한"이라 한다)까지 납부하지 아니한 관세액(이하 이 조에서 "미
납부세액"이라 한다)을 징수하거나 「관세법」 제38조의3제1항 또는 제6항
에 따라 부족한 관세액(이하 이 조에서 "부족세액"이라 한다)을 징수할
때에는 다음 각 호의 금액을 합한 금액을 가산세로 징수한다.
1. 부족세액의 100분의 10에 상당하는 금액. 다만, 수입자가 <u>원산지증명
서를 위조 또는 변조하는 등 대통령령으로 정하는 부당한 방법</u>으로 협
정관세의 적용을 신청하여 부족세액이 발생한 경우에는 해당 부족세액
의 100분의 40에 상당하는 금액으로 한다.
FTA관세법 시행령 제47조(가산세) ① 법 제36조제1항제1호에서 "원산지
증명서를 위조 또는 변조하는 등 <u>대통령령으로 정하는 부당한 방법</u>"이
란 다음 각 호의 어느 하나에 해당하는 것을 말한다.
1. 수입자가 원산지증명서를 거짓으로 작성하거나 위조·변조하는 것
2. 수입자가 관세의 과세표준 또는 세액계산의 기초가 되는 사실의 전부
또는 일부를 은폐하기 위하여 원산지증빙서류 등 세액심사에 필요한 자
료를 파기하는 것
3. 그 밖에 협정관세를 적용받기 위하여 부정한 행위를 하는 것

소비세, 주세, 교육세, 농어촌특별세 및 교통·에너지·환경세를 합한
금액으로 한다(부가가치세법 제4조 제2호, 제29조 제2항). 과세가격
은 관세의 과세표준[117])을 말하므로 수입재화에 대한 부가가치세는
관세의 과세표준 및 관세 금액에 기계적으로 연동하게 되어 있다.
그리고 관세의 과세가격과 관세율을 정확히 신고하는 것 외에 수입
부가가치세의 신고·납부만을 위해 필요한 별도의 세법상 의무는 존
재하지 않는다. 따라서 과세가격의 저가신고 혹은 원산지결정이나
품목분류 오류 등으로 인한 세율 적용의 오류가 발생하면 관세 누락
과 함께 필연적으로 부가가치세 누락이 발생할 수밖에 없고, 이 경
우 관세·부가가치세 가산세를 면제할 정당한 사유가 존재하는지 여
부와 함께 수정수입세금계산서를 발급할 사유가 존재하는지 여부에
대한 논의가 항상 뒤따르게 된다. 특히 가산세 면제 사유인 '정당한
사유'와 수정수입세금계산서 발급 사유인 '착오', '경미한 과실', '귀
책사유의 부존재'는 모두 매우 추상적이고 포괄적인 개념이기 때문
에 가산세 면제의 정당한 사유와 수정수입세금계산서 발급 사유의
관계에 대해서도 살펴볼 필요가 있다.

2017년 부가가치세법 개정 전까지 수정수입세금계산서 발급 사
유는 "수입자의 단순 착오로 확인되거나 수입자가 자신의 귀책사유
가 없음을 증명하는 경우"였다. 그러나 실제 수정수입세금계산서 발
급 여부가 다퉈진 사례들을 보면 "단순 착오"라는 이유만으로 수정
수입세금계산서를 발급해 주었거나 혹은 단순 착오인지 여부가 쟁
점이 된 사례는 발견하기 어렵고, 주로 귀책사유의 유무가 쟁점이
되었다. 그리고 귀책사유는 곧 고의·과실을 의미하고 "고의·과실의
부존재 = 귀책사유 부존재 ≤ 정당한 사유 존재"로 볼 수 있다는 앞

---

117) 종가세의 경우. 관세는 HS 3706(영화용 필름) 등 극히 일부를 제외하고
는 대부분 종가세이다.

서의 논의에 따른다면 수정수입세금계산서 발급 사유와 가산세 면제의 정당한 사유는 사실상 다르지 않다고 볼 수 있을 것이다.

실제로 귀책사유가 없다는 이유로 가산세 면제의 정당한 사유를 인정한 사례들을 어렵지 않게 찾아볼 수 있고[118], 가산세 면제의 정당한 사유와 수정수입세금계산서 발급 사유를 동일한 기준으로 판단하거나 혹은 아예 양자를 구분할 이유가 없다고 설시한 사례들도 다수 존재한다.[119] 또한 수정수입세금계산서 발급에 관한 운영지침

---

118) "청구법인에게 쟁점물품의 정확한 품목분류를 결정하여 신고하지 아니한 귀책사유를 묻기 어려운 점이 인정되므로 가산세는 부과하지 않는 것이 타당하다고 판단된다"[조심2010관0003(2010. 6. 16.)]

"청구법인에게 '기타의 평판디스플레이 제조용 기계와 기기'가 분류되는 HSK 8486.30-9090호로 신고하지 아니한 귀책사유가 있다고 하기 어려운 점이 있으므로 이 건 가산세는 부과하지 않는 것이 타당하다고 판단된다"[조심2011관0023(2018. 8. 10.)]

119) "청구법인에게 가산세를 면제하는 경우, 가산세를 면제할 정당한 사유가 있는 경우와 수정수입세금계산서를 발급할 귀책사유가 없는 경우를 구분할 실익이 없어 보이는 점"[조심2016관0195(2017. 3. 30.)]

"이 건 부과처분을 함에 있어 청구법인의 의무해태를 탓할 수 없는 가산세 면제의 정당한 사유가 있다고 할 것이고, 이는 청구법인에게 신고납부한 세액의 부족에 대한 귀책사유가 없다 할 것이므로, 청구법인에게 가산세를 부과하거나 수정수입세금계산서 발급을 거부한 처분은 잘못이 있는 것으로 판단된다"[조심2015관0123(2016. 4. 20.)]

"위 (5)항에서 살펴본 바와 같이 청구법인에게 해당 세액에 대한 납세의무를 해태한 데에 정당한 사유가 있다고 판단되므로 처분청이 이에 대한 수정수입세금계산서 발급을 거부한 처분은 잘못이 있다고 판단된다"[조심2016관0006(2017. 7. 3.), 조심2017관0014(2017. 7. 3.)]

"이 건 심판청구에서 가산세를 면제할 정당한 사유가 있는 경우와 수정수입세금계산서를 발급할 귀책사유가 없는 경우를 구분할 기준이 없을 뿐만 아니라 이를 구별할 실익이 없어 보이고, … (중략) … 따라서 처분청이 청구법인에게 가산세를 부과하고 수정수입세금계산서 발급을 거부한 처분은 잘못이 있다고 판단된다"[조심2015관0145(2016. 11. 28.)]

"원고의 귀책사유 여부에 관하여 보건대, 앞서 가산세 부과와 관련한 정

제11조 제3항 제3호는 "관세법 시행령 제39조 제2항 제5호의 수입자
에게 정당한 사유가 있는 경우에 해당한다고 보아 가산세를 면제하
는 경우"를, 제14조 제1항 제2호는 "「자유무역협정의 이행을 위한
관세법의 특례에 관한 법률」 제36조 제2항[120])에 따라 가산세의 일부
를 징수하지 않는 경우"를 규정하고 있다. 이러한 내용들을 종합하
면, 2017년 부가가치세법 개정 전까지는 관련 규정의 내용상으로나
실무상으로나 가산세 면제의 정당한 사유와 수정수입세금계산서 발
급 사유는 사실상 동일하게 해석되어 왔었던 것으로 보인다.

그런데 2017년 부가가치세법 개정시 '단순 착오'가 '착오'로 바뀌
고, '경미한 과실'이 추가되었다. 납세자의 권리보호를 위하여 경미
한 과실을 추가하였다는 당시 개정 취지에 따른다면 개념상으로는
수정수입세금계산서 발급의 범위가 전보다는 넓어졌다고 보아야 할
것이다. 즉, '경미한 과실'만 인정되는 경우에는 수정수입세금계산서
발급은 가능하나, 경과실도 과실은 과실이고 과실의 존재는 곧 귀책
사유의 존재이므로 가산세 면제의 정당한 사유는 인정되지 않을 수
있게 된 것이다(가산세 면제의 정당한 사유 < 수정수입세금계산서
발급 사유).

당한 사유 여부를 판단한 부분에서 살핀 사정들에 비추어 보면, 원고가
들고 있는 사정 및 원고가 제출한 증거들만으로 이 사건 웨이퍼에 대한
저가신고와 관련하여 원고의 귀책사유가 없다거나 이를 단순 착오 정도
의 경미한 과실에 기한 것으로 보기 어렵고, 달리 이러한 사정을 인정할
만한 증거가 없으므로, 원고의 이 부분 주장 역시 받아들이기 어렵다"
(서울행정법원 2019. 5. 10. 선고 2018구합77913 판결)
그 외에도 가산세 면제의 정당한 사유를 인정하고 수정수입세금계산서
발급 거부처분을 취소한 사례로 서울행정법원 2016. 12. 23. 선고 2016구
합50389 판결, 조심2015관0335(2016. 4. 1.) 등 다수
120) 동 규정의 위임에 따른 FTA 관세법 시행령 제47조 제3항 제3호는 "부족
세액의 징수와 관련하여 수입자에게 정당한 사유가 있는 경우"를 규정
하고 있다.

2017년 개정 부가가치세법 시행(2018. 1. 1.) 이후 가산세 면제의 정당한 사유와 수정수입세금계산서 발급 사유(특히 '경미한 과실'만 인정되는 경우)의 관계에 대해 설시한 대법원이나 하급심 판례는 찾지 못하였다. 조세심판원 결정례를 보면, 우선 ① 경미한 과실이 쟁점이 되지 않고 귀책사유 부존재를 이유로 수정수입세금계산서를 발급해야 한다고 판단한 사례121), ② 가산세 면제의 정당한 사유가 인정되므로 수정수입세금계산서 발급 사유도 인정된다고 판단한 사례가 있다.122) 위 두 경우는 2017년 개정 전·후의 규정 어디에 따르더라도 동일한 결과가 될 것이며 특별한 의미는 없다.

반면에 ③ 수정수입세금계산서는 경미한 과실의 경우에도 발급할 수 있으므로, 과세관청이 수정수입세금계산서를 발급해 주었다는 사정만으로는 가산세를 면제할 정당한 사유가 존재한다고 볼 수 없다고 판단한 사례들123)은 2017년 개정 규정의 문언과 개정 취지에

---

121) "청구법인에게만 귀책사유가 있다고 단정하기 어려운 점 등에 비추어, 처분청이 수정수입세금계산서 발급신청을 거부한 이 건 처분은 잘못이 있는 것으로 판단된다."[조심 2020관0151(2020. 12. 30.)]

122) "부족세액이 발생한 것에 대하여 우리원에서도 <u>가산세를 면제할 정당한 사유가 있다고 인정한 사실이 있는 점</u> 등에 비추어 처분청이 관세 및 부가가치세 등의 부과처분을 하면서 이에 대한 <u>수정수입세금계산서 발급을 거부한 처분은 잘못이 있는 것으로 판단된다"[조심 2019관0062(2019. 10. 15.)]
    "청구법인에게 <u>가산세를 면제할 정당한 사유가 있는 이상</u>, 같은 취지에서 <u>수정수입세금계산서를 발급할 사유 또한 있는 것</u>으로 봄이 타당하다고 판단된다."[조심 2019관0038(2019. 10. 16.)]

123) "<u>수정수입세금계산서 발급이 되었다고 하여 곧바로 가산세를 면제할 정당한 사유가 있다고 단정하기 어려운 점</u> 등에 비추어 처분청이 청구법인의 부가가치세 가산세 면제신청을 거부한 이 건 처분은 잘못이 없는 것으로 판단된다."[조심 2020관0052(2020. 7. 14.)]
    "2017. 12. 19. 법률 제15223호로 부가가치세법 제35조가 개정됨에 따라 수입자의 '<u>경미한 과실</u>'이 있는 경우에도 수정수입세금계산서를 발급할

는 부합하는 사례라고 할 것이다.

2020년 부가가치세법 개정안이나 2021년 부가가치세법 개정안이
국회에서 통과되어 시행되었더라면, 수정수입세금계산서 발급 사유
는 가산세 면제의 정당한 사유보다 훨씬 넓어져서 납세자의 권리 구
제의 범위도 넓어졌을 것이다. 이는 2013년 수정수입세금계산서 발
급 제한이 처음 논의될 당시 '고의적인 탈세를 방지'하고자 하였던
입법취지에도 부합하는 입법이다.

수정수입세금계산서 발급의 범위를 어떻게 설정하느냐는 논리나
당위의 문제라기보다는 정책의 문제이다. 헌법재판소 2016. 7. 28. 선
고 2014헌바372, 2016헌바29(병합) 결정도, 사업자가 재화 또는 용역
을 공급하거나 재화를 수입하면서 부담한 부가가치세액은 사업자의
매출세액에서 공제되는 것이 전단계 세액공제 제도의 기본원리이기
는 하나, 부가가치세법상 모든 매입세액이 무조건적으로 공제되는
것은 아니고 일정 요건을 갖추지 못한 경우(예컨대 수입세금계산서
를 아예 발급받지 아니한 경우는 물론이고 수입세금계산서에 필요
적 기재사항의 전부 또는 일부가 적히지 아니하였거나 사실과 다르
게 적힌 경우, 사업과 직접 관련이 없는 지출에 대한 매입세액인 경
우 등)에는 설사 사업자가 매입에 따른 부가가치세를 부담하였다고
하더라도 공제대상 매입세액이 될 수 없다는 점을 고려하면 일정한
경우에 수정수입세금계산서 발급의 범위를 제한하는 것이 재산권을
과도하게 제한하는 것은 아니라고 하여 과잉금지의 원칙에 반하지
않는 범위 내에서의 입법재량을 인정하였다. 그리고 그러한 입법재
량에 따라 수정수입세금계산서 발급 사유와 가산세 면제의 정당한

수 있으므로 수정수입세금계산서가 발급되었다는 사실만으로 수입자의
의무해태를 탓할 수 없는 정당한 사유가 있다고 그대로 단정하기 어려
운 점 등에 비추어 이 건 가산세 면제신청 거부처분에 달리 잘못이 없다
고 판단된다."[조심 2019관0021(2019. 6. 5.)]

사유와의 관계도 구체적으로 결정될 것이다.

중요한 것은 수정수입세금계산서 '전면 발급 허용'과 '전면 발급 금지'라는 양 극단의 사이에서 적절하고도 합리적인 기준점을 설정하는 것이다. 재화의 수입에 대한 부가가치세는 관세의 과세표준과 세율에만 기계적으로 연동하여 결정되며 그 외에 달리 수입부가가치세만을 위한 고유의 세법상 의무라는 것은 존재하지 않는다. 따라서 관세의 신고·납부세액에 부족이 발생하면 부가가치세 신고·납부세액에도 부족이 발생할 수밖에 없고, 이 경우 관세 가산세, 부가가치세 가산세, 수정수입세금계산서 발급 제한이 항상 동시에 문제된다. 즉, 관세의 신고·납부세액 누락이라는 하나의 법 위반 행위에 대하여 관세 가산세, 부가가치세 가산세, 수정수입세금계산서 발급 제한이라는 세 가지 제재가 동시에 부과되는 것이다. 각각의 제재의 전제가 되는 의무의 내용과 위반 행위의 내용이 동일하다면, 각각의 제재를 면제할 수 있는 요건이나 기준도 동일하게 판단하는 것이 이론상으로나 실무상으로나 더 명쾌할 수도 있다(가산세 면제의 정당한 사유 = 수정수입세금계산서 발급 사유). 그렇지 않을 경우 가산세는 면제되면서도 수정수입세금계산서는 발급받지 못하거나 반대로 수정수입세금계산서는 발급받으면서도 가산세는 면제받지 못하는 경우[124]가 발생하게 되는데, 이는 법리적으로는 타당할지 몰라도 일반 납세자의 입장에서는 쉽게 받아들이기 어려운 결과일 수 있기 때문이다. 특히 후자의 경우에는 수정수입세금계산서로 매입세액 공제를 받을 수 있어 사실상 본세에 대한 부담은 전혀 없게 되는데 가산세만 납부하게 되는, 법감정상 다소 모순되는 것처럼 보이는 결과가 발생한다. 실제로 조세심판원 조심2020관0052(2020. 7. 14.) 사

---

124) 2017년 부가가치세법 개정에 따라 '경미한 과실'이 수정수입세금계산서 발급 사유로 추가되면서 발생하는 결과이다.

건에서 청구법인은 '처분청이 청구법인에게 수정수입세금계산서를
발급하여 부가가치세 본세가 환급되어 실질적으로 본세가 존재하지
않게 되었고, 따라서 부가가치세 본세의 종속 세목인 부가가치세 가
산세의 과세표준이 없어졌다'는 이유로 가산세면제 거부처분의 취
소를 구하였으나, 조세심판원은 '처분청이 수정수입세금계산서를
발급하여 청구법인이 매입세액공제를 받았다고 하더라도 이는 매출
세액에서 매입세액을 공제하는 부가가치세의 구조에 따른 결과에
불과할 뿐 부가가치세의 부과가 취소된 것은 아니다'라는 이유로,
부가가치세 가산세 부과를 위한 과세표준이 존재하지 않는다는 청
구법인의 주장을 배척하였다. 논리적으로야 지극히 타당한 결론이
지만, 여전히 일반 납세자의 입장에서는 수긍하기가 쉽지만은 않을
것으로 보인다.

　그러나 위와 같은 문제점에도 불구하고 수정수입세금계산서 발
급 제한은 가산세의 부과에 더하여 추가로 가하여지는 이중의 제재
로서 납세자에게는 지나치게 가혹한 면이 있는 점, 세금계산서는 기
본적으로 납부한 세금에 대한 영수증으로서 전단계세액공제법 적용
을 위한 도구의 성격을 갖기 때문에 이를 세법상 의무위반에 대한
제재의 수단으로 삼는 것은 세금계산서의 본질과는 맞지 않는 일종
의 전용(轉用)이라고 볼 수 있어 가급적 자제할 필요가 있는 점, 관
세 및 수입부가가치세의 누락은 통상 장기간 동종 물품을 반복적으
로 수입하다가 정기 관세조사에서 적발되는 경우가 많은데 그런 경
우 5년치 부가가치세를 소급하여 징수하면서 수정수입세금계산서를
발급하지 않아 매입세액공제를 받지 못하게 할 경우 중소기업이나
영세사업자는 영업에 치명적인 타격을 입을 수밖에 없는 점 등을 고
려하면 수정수입세금계산서 발급 제한은 신중하게 운용할 필요가
있다고 본다. 그러한 관점에서 수정수입세금계산서 발급의 범위를
가산세 면제의 정당한 사유보다 넓게 인정하는 것은 바람직하고, 장

기적으로는 2020년, 2021년에 정부가 제출한 부가가치세법 개정안의
수준으로까지 발급 범위를 확대할 필요가 있다고 생각한다.

Ⅷ. 가산세 면제의 정당한 사유와
수정수입세금계산서 발급 사유의 유형화 및
법규화의 필요성

가산세 면제의 정당한 사유에 관한 기존의 연구결과들을 보면 대
부분 정당한 사유 여부가 문제되었던 판례들을 유형별로 분석하여
소개하고 있다.

예를 들어, ① 길용원은 정당한 사유가 인정된 사례로 (i) 세법의
해석상 의의로 인한 견해의 대립, (ii) 납세의무자의 귀책사유 없는
제3자에 의한 신고행위, (iii) 과세관청의 위법 또는 부당한 행위를,
정당한 사유가 부정된 사례로 (i) 법령의 부지 또는 오인, (ii) 과세
관청의 언동, (iii) 납세의무자의 고의 또는 과실을 들고 있다.[125]

② 백제흠은 (i) 세법 해석상의 의의와 법률의 부지, (ii) 과세관
청의 언동에 의한 법률의 착오, (iii) 조세전문가의 조언에 따른 법률
의 착오, (iv) 법률의 소급적용으로 구분하여 각각의 경우에 정당한
사유를 인정한 사례와 인정하지 않은 사례들을 분석하고 있다.[126]

③ 조일영은 (i) 법률의 부지, 착오 등의 경우, (ii) 과세관청의

---

125) 길용원, "가산세의 면제요건인 정당한 사유와 그 증명책임에 관한 연구", 「세
　　무와 회계연구」, 제3권 제1호(한국세무사회 부설 한국조세연구소, 2014년), 23
　　면 이하
126) 백제흠, "가산세 면제의 정당한 사유와 세법의 해석 – 미국과 일본의 판
　　례와 비교·분석을 중심으로", 「특별법연구」, 제8권(박영사, 2006년), 583면
　　이하

언동으로 인한 경우, (iii) 그 외의 경우로 구분하여 각각의 경우에 정당
한 사유를 인정한 사례와 인정하지 않은 사례들을 소개하고 있다.[127]

④ 최정희는 정당한 사유를 인정한 경우를 (i) 과세관청의 잘못
된 지도 등, (ii) 법령 해석 및 사정변경 관련 판례, (iii) 기타로, 정당
한 사유를 부정한 경우를 (i) 납세자의 세법에 대한 부지·오해 및
세법 해석에 의의가 있는 경우, (ii) 과세관청의 언동으로 인한 세법
의 착오, (iii) 기타로 각 분류하고 있다.[128]

⑤ 박정우·마정화는 (i) 세무공무원의 수리나 결정이 있는 경우,
(ii) 세무공무원의 잘못된 설명을 신뢰한 경우, (iii) 신고당시 해석관
행 변경이 확립되지 않은 경우, (iv) 세법해석상 견해의 대립이 있는
경우로 구분하여 각각의 경우에 정당한 사유를 인정한 사례와 부정
한 사례들을 검토하고 있다.[129]

⑥ 김중근은 (i) 법령의 부지·착오와 해석 견해의 대립, (ii) 과세
관청의 언동에 의한 법률의 착오, (iii) 의무불이행에 부득이한 사정
의 존재, (iv) 조세전문가의 조언에 따른 법률의 착오, (v) 기타로 구
분하여 정당한 사유를 인정한 사례와 부정한 사례를 정리하였다.[130]

수정수입세금계산서 발급 사유에 관해서는 아직 연구결과가 많
지 않은 탓인지 발급 사유로 인정된 경우와 그렇지 않은 경우를 유

---

127) 조일영, "가. 무효인 구수증서에 의한 유언의 사인증여로의 전환 여부,
나. 상속세의 가산세 면책사유로서의 정당한 사유의 존부", 『대법원 판
례해설』, 58호(법원도서관, 2006년), 510면

128) 최정희, "가산세 면제를 위한 정당한 사유에 대한 비교법적 고찰 - 일본
과의 비교를 중심으로", 『조세와 법』, 제13권 제2호(서울시립대학교 법학
연구소, 2020년), 54면 이하

129) 박정우·마정화, "세법상 가산세에 대한 '정당한 사유' 판단기준에 관한 연
구", 『법학연구』, 20권 1호(연세대학교 법학연구원, 2010년), 115면 이하

130) 김중근, "관세법상 가산세 면제의 정당한 사유에 관한 연구", 『계간 관세
사』, 2008 봄호(한국관세사회), 53면 이하

형별로 분류하고 있는 자료는 발견하지 못하였으나, 그간의 판례들을 분석하면 가산세 면제의 정당한 사유와 마찬가지로 유형별로 분류하는 것은 충분히 가능할 것이다.

그러나 본고에서는 위와 같은 유형별 분류 작업은 따로 시도하지 않았다. 그 이유는 위와 같은 분류가 과연 실천적인 의미가 있는 것인지 다소 의문이 들었기 때문이다. 즉, 위와 같은 분류들은 법령상의 분류도 아니고 대법원 판례나 과세관청에 의하여 공식적으로 인정된 분류도 아니며, 단순히 기존의 판례들을 분석하여 연구자가 임의로 설정한 기준에 따라 유형별로 묶음지은 것에 불과하기 때문에 현재나 미래에 있어서 가산세 면제의 정당한 사유 여부가 문제되는 개별 사안에 있어서 납세자는 물론 과세관청이나 법원 누구에게도 어떠한 규범적 기준도 제시하지 못한다. 예를 들어 납세자의 의무불이행이 과세관청의 언동에 기인하였다는 이유로 가산세 면제의 정당한 사유를 인정한 판례가 아무리 많다고 하더라도, 판례가 법원(法源)이 되지 못하는 우리나라에서는 그 후에 발생할 구체적인 사건에서 납세자는 자신의 의무불이행이 과세관청의 언동에 기인하였다는 사정을 주장하는 것만으로는 가산세를 면제받을 수 없고, 그러한 언동에 기인하여 의무를 불이행한 것이 법률이 정한 '정당한 사유'에 해당된다는 점을 어차피 처음부터 입증하여야 하는 것이다.

결국 위와 같은 개별 사안의 분류 및 유형화가 실천적인 의미를 갖기 위해서는 그러한 유형화의 결과를 실정 법령에 반영하는 법규화의 작업이 반드시 뒤따라야만 한다고 생각한다.[131] 그리고 이러한 유형화·법규화의 필요성은 가산세 면제의 정당한 사유 뿐만 아니라, 착오, 경미한 과실, 귀책사유와 같은 추상적인 개념을 사용하고 있

---

131) 길용원, "가산세의 면제요건인 정당한 사유와 그 증명책임에 관한 연구", 『세무와 회계연구』, 제3권 제1호(한국세무사회 부설 한국조세연구소, 2014년), 32면

는 현행 부가가치세법상의 수정수입세금계산서 발급 사유의 경우에
도 동일하다고 할 것이다.

실제로 2013년 부가가치세법 개정 당시 개정법률안 검토보고서
의 수정의견에서도 개정안의 면책규정(단순착오 등 자신의 귀책사
유가 없음을 증명하는 등 대통령령으로 정하는 경우)은 그 표현이
불분명하여 어떠한 경우가 수정수입세금계산서의 예외적인 발급사
유에 해당하는지 법률만 보아서는 예측하기 어려운 문제가 있음을
지적하며 면책사유를 법률에서 예시적으로 규정하는 방안을 검토할
필요가 있다는 의견을 제시한 바 있다.

관세청도 "정당한 사유에 대한 가산세 면제제도 개선방안"(2018.
8.) 자료 4면에서 정당한 사유에 대한 법해석 기준인 대법원 판례 또
한 그 문구·용어가 일반·추상적이라 실효성이 낮다는 점을 지적하
면서 그 동안 집적된 판례, 조세심판원 결정, 유권해석, 他기관 사례
를 유형화함으로써 정당한 사유의 해석에 관한 예측가능성을 제고
해야 한다는 개선방안을 제시하고, 그 결과물로서 「가산세 및 보정
이자 면제에 관한 지침」을 개정·시행하였다. 이러한 관세청의 입장
은 지극히 타당한 것이기는 하나, 한 가지 아쉬운 부분을 지적하자
면, 유형화를 통한 예측가능성의 제고가 조세행정이나 조세불복과
관련하여 실천적인 의미를 갖게 하려면 반드시 그 내용을 법규화하
고 일반 납세자와 법원에 공개하였어야만 한다는 것이다. 정당한 사
유에 관하여 아무리 잘 정리된 유형화 자료가 있다고 하더라도 이를
법규화하지 않고 지침이나 가이드라인 등으로 과세관청 내부적으로
만 공유하여 납세자나 법원이 그 내용을 알지 못하거나 알더라도 아
무런 법적인 효력이 없다면 현재의 상황과 비교할 때 실제 조세행정
이나 조세불복에 어떠한 도움도 주지 못하기 때문이다.

그리고 그와 같이 유형화·법규화를 하게 되면 가산세 면제의 정
당한 사유나 수정수입세금계산서 발급 사유의 증명책임과 관련하여

서도 합리적인 분배 기준이 설정될 수 있고, 납세의무자의 증명책임에 대한 부담도 덜 수 있을 것이다. 지금까지는 납세의무자가 가산세 면제의 정당한 사유나 수정수입세금계산서 발급 사유라고 주장하는 구체적인 사실관계(예를 들어, 과세관청의 언동이 있었다는 등)가 존재한다는 것 외에 그러한 구체적인 사실관계가 법이 정한 추상적 요건(정당한 사유 등)에 해당된다는 것까지 입증해야 하는 이중의 증명책임을 부담해야만 했지만, 위와 같은 유형화·법규화가 이루어져서 "과세관청의 언동"이 법정의 가산세 면제의 사유로 인정된다면, 납세자는 과세관청의 언동이 있었다는 사실만을 입증하면 되고, 과세관청이나 법원으로서는 그러한 사실이 입증되기만 하면 가산세 면제의 정당한 사유를 인정하면 되기 때문이다.132) 관세청의 "정당한 사유에 대한 가산세 면제제도 개선방안"(2018. 8.) 자료 4면을 보면, 일선 현장에서는 감사원 및 자체 감사부서의 업무감사를 우려하여 정당한 사유를 쉽게 인정하지 않고 불복 및 쟁송단계로 그 책임을 넘기는 경향이 있다는 점을 지적하고 있는바, 유형화·법규화가 이루어진다면 그러한 일선 공무원들의 책임회피적이고 소극적인 업무 처리 관행 또한 개선될 것으로 보인다.133)

그리고 현재까지 판례상 인정되고 있는 가산세 면제의 정당한 사유나 수정수입세금계산서 발급 사유의 유형이 매우 다양할 뿐만 아니라, 앞으로 새로운 유형의 사유도 얼마든지 나올 수 있어 잦은 개정 및 보완이 필요할 것이라는 점을 감안하면 법규화는 법률, 시행령, 시행규칙을 개정하기보다는 법률이 하위법령에 위임하는 방식

---

132) 길용원, "가산세의 면제요건인 정당한 사유와 그 증명책임에 관한 연구", 『세무와 회계연구』, 제3권 제1호(한국세무사회 부설 한국조세연구소, 2014년), 44면

133) 같은 취지로 곽태훈, "가산세 면제요건인 '정당한 사유'에 관한 고찰", 『저스티스』, 통권 제159호(한국법학원, 2017년), 388면

을 통하여 최종적으로는 고시134)의 형식으로 이루어지는 것이 바람
직하다고 본다. 또한 유형화·법규화가 정당한 사유 등의 범위를 축
소·확정하여야 한다는 취지는 아니므로, 구체적인 사안에서 권리구
제의 필요성이 절실함에도 불구하고 고시에 명시된 사유에 해당하
지 않는다는 이유만으로 정당한 사유 등이 부정되는 부작용이 발생
하지 않도록, 해당 고시의 가장 마지막에는 일반규정으로서 "정당한
사유"에 관한 규정을 당연히 남겨 두어야 할 것이다.

IX. 결론

세법상 가산세는 행정상 제재로서 납세자의 고의·과실은 고려되
지 않는다는 것이 대법원의 확립된 판례이다. 그러나 행정상 제재라
는 이유만으로 가산세에 납세자의 고의·과실을 요구하지 않는 것은
헌법상 자기책임의 원리에 정면으로 반하고 동일한 행정상 제재인
과태료의 경우에 고의·과실을 요구하는 것과의 형평에도 맞지 않는
다. 또한 가산세 면제의 정당한 사유에 관한 대법원 판례의 설시 내
용을 보면, 사실상 고의·과실의 내용과 별다른 차이점을 찾아볼 수
없다. 따라서 '고의·과실의 부존재 ≦ 정당한 사유'로 이해하는 것이
타당하므로 고의·과실이 없는 경우에는 가산세를 부과할 수 없도록
법률을 개정하거나 판례를 변경할 필요가 있다.

부가가치세법상 수정수입세금계산서 발급 사유와 관세법상 가산

---

134) 고시가 상위법령의 구체적 위임에 따라 만들어져 실질적으로 상위법령
의 규정 내용을 보충하는 기능을 할 때에는 이른바 '법령보충적 행정규
칙'으로서 상위법령과 결합하여 대외적으로 구속력을 가진다(대법원
1994. 3. 8. 선고 92누1728 판결 대법원 2021. 2. 25. 선고 2019두53389 판
결, 대법원 2021. 2. 25. 선고 2019두53389 판결 등).

세 면제의 정당한 사유는 동일한 기준으로 판단하는 것이 논리상으로는 타당하다고 할 수 있으나, 수정수입세금계산서 발급 제한은 납세의무자에게 과도한 부담을 주고 세금계산서 제도의 전용(轉用)이라는 점 등을 고려하면, 그 발급 사유는 가급적 넓게 해석하는 것이 정책상 바람직하다고 보여진다. 그러한 관점에서 수정수입세금계산서 발급의 범위는 현재보다 더욱 확대하여 고의적인 탈세행위나 중과실이 있는 경우 등을 제외하고는 원칙적으로 발급해 주는 방향으로 부가가치세법을 개정할 필요가 있다. 이러한 개정 방향이 당초 수정수입세금계산서 발급 제한 제도를 도입한 입법취지에도 부합할 것이다.

가산세 면제의 정당한 사유와 수정수입세금계산서 발급 사유는 고도로 추상적인 개념이므로 향후 납세의무자의 예측가능성을 확보하고, 납세의무자는 물론 과세관청과 법원 모두에게 실질적으로 도움이 될 수 있는 규범적 기준을 제시하기 위해서는 기존의 판례 등을 분석하여 유형화하고 고시 등의 형식으로 법규화하는 작업이 반드시 이루어져야 할 것이다.

참고문헌

김용덕 편집대표, 『주석민법 8권』, 제5판(한국사법행정학회, 2020년)

박상옥·김대휘 편집대표, 『주석형법 1권』, 제3판(한국사법행정학회, 2020년)

이시윤, 『신민사소송법』, 제12판(박영사, 2018년)

이재상·장영민·강동범, 『형법총론』, 제8판(박영사, 2015년)

이준봉, 『조세법총론』, 제3판(삼일인포마인, 2017년)

이태로·한만수, 『조세법강의』, 신정9판(박영사, 2013년)

임승순, 『조세법』, 제18판(박영사, 2018년)

임웅, 『형법총론』, 제6정판(법문사, 2014년)

장태주, 『행정법개론』, 제8판(법문사, 2010)

지원림, 『민법강의』, 제8판(홍문사, 2010년)

『조세법총론 Ⅱ』, 사법연수원(2016년)

『행정소송법』, 사법연수원(2018년)

『FTA 가산세 쟁송 사례집』, 서울본부세관(2020년)

곽태훈, "가산세 면제요건인 '정당한 사유'에 관한 고찰", 『저스티스』, 통권
　　　제159호(한국법학원, 2017년)

길용원, "가산세의 면제요건인 정당한 사유와 그 증명책임에 관한 연구", 『세
　　　무와 회계연구』, 제3권 제1호(한국세무사회 부설 한국조세연구소, 2014년)

김재식, "관세법상의 가산세에 관한 사례연구", 『관세학회지』, 제5권 제1호
　　　(한국관세학회, 2004년)

김중근, "관세법상 가산세 면제의 정당한 사유에 관한 연구", 『계간 관세사』,
　　　2008 봄호(한국관세사회)

박정우·마정화, "세법상 가산세에 대한 '정당한 사유' 판단기준에 관한 연
　　　구", 『법학연구』, 20권 1호(연세대학교 법학연구원, 2010년)

박정훈, "협의의 행정벌과 광의의 행정벌", 『법학』, 117호(서울대학교 법학연

구소, 2001)

백제흠, "가산세 면제의 정당한 사유와 세법의 해석 – 미국과 일본의 판례와 비교·분석을 중심으로", 『특별법연구』, 제8권(박영사, 2006년)

안경봉, "가산세 면제사유로서의 정당한 사유(I), 『조세』, 123호(조세통람사, 1998년)

윤지현, "가산세 면제 사유로서의 '정당한 사유'의 개념 및 해석", 『조세판례 백선』, (박영사, 2005년)

이규철, "'가. 공포한 날부터 시행한다'고 규정하고 있는 경우 법령의 시행일, 나. 부진정소급과세와 신뢰보호의 원칙, 다. 전기오류수정손익의 귀속 사업연도, 다. 가산세에 있어서 정당한 사유, 라. 이자수익인 '비영업대금의 이익'의 귀속 사업연도", 『대법원판례해설』, 65호(2006하반기)(법원도서관, 2006년)

정재훈, "가산세 부과원인인 의무위반에 정당한 사유의 존부", 『대법원판례해설』, 17호(법원도서관, 1992년)

조일영, "가. 무효인 구수증서에 의한 유언의 사인증여로의 전환 여부, 나. 상속세의 가산세 면책사유로서의 정당한 사유의 존부", 『대법원 판례해설』, 58호(법원도서관, 2006년)

최문기·양인준, "수정수입세금계산서 발급제한에 관한 소고", 『조세와 법』, 제9권 제2호(서울시립대학교 법학연구소, 2016년)

최정희, "가산세 면제를 위한 정당한 사유에 대한 비교법적 고찰 – 일본과의 비교를 중심으로", 『조세와 법』, 제13권 제2호(서울시립대학교 법학연구소, 2020년)

보세구역내 외국물품을 반출신고 없이 다른 보세구역으로 운송한 경우 관세부과의 대상이 되는지 여부
- 대법원 2020. 9. 3. 선고 2020두38362 판결;
서울고법 2020. 4. 10. 선고 2019누32650 판결

한 위 수 변호사

I. 서론

보세구역에 보관중인 물품을 반출할 때는 반출신고를 하여야 하고, 보세구역에 물품을 반입할 경우에는 반입신고를 하여야 한다(관세법 제157조 제1항), 또한 보세구역 간 물품운송을 하는 경우에도 세관장에게 보세운송신고를 하여야 하고, 필요한 경우 세관장의 승인을 받아야 한다(관세법 제213조 제2항).

그러나 담당자들의 착오에 기인하거나 반출신고절차를 거칠 여유조차 없는 긴급한 사정 등으로 부득이하게 반출신고 없이 보세구역에 보관중인 물품을 이동시키는 경우가 현실적으로 적지 않게 발생한다.

이 경우, 관세법상 신고하도록 한 규정 자체를 위반한 행위에 대하여 과태료나 벌금 등을 부과할 수 있음을 당연할 것이나(관세법 제277조 제5항 제2호, 관세법 제276조 제4항 제3호), 그와는 별개로 신고 없이 운송된 물품이 수입된 것으로 보아 관세를 부과할 수 있는지가 문제될 수 있다.

보세구역간 물품의 이동이라도 한 보세구역에서 보세구역이 아
닌 지역(관세구역)을 거쳐 다른 보세구역으로 이전되는 것이므로 외
국물품이 일단 보세구역을 벗어나 관세구역에 진입하는 순간 수입
에 해당하므로 관세의 부과가 당연한 것처럼 보이기도 한다.

그러나 보세구역간 물품이동이 비록 관세구역을 필연적으로 거
치게 되어 있다고 하더라도, 관세구역에서의 사용이나 유통이 전혀
예상되지 아니하였고 실제로도 사용이나 유통이 발생하지 아니하였
으므로, 이에 대하여 관세를 부과하는 것은 이론을 떠나 법감정이나
직관적으로 허용되어서는 아니 되는 것처럼 보이기도 한다.

이 글에서 소개하고 검토하고자 하는 판례는 바로 이러한 사안에
서 관세를 부과한 것이 위법한지 여부가 문제가 된 사건에 대한 것
이다.

이 사건에서의 쟁점은 반출신고 없는 보세구역간 물품 운송이 관
세법상 물품의 수입에 해당하는지, 수입에 해당하거나 해당하지 않
는다면 그 이유는 무엇인지의 문제이다.

결론부터 간단히 이야기 하자면, 1심에서는 관세의 부과가 적법
하다고 판결하였으나, 항소심에서는 관세의 부과가 위법하다고 하
여 관세부과처분이 취소되었고, 대법원에서는 심리불속행 판결로
항소심의 판결을 그대로 확정하였다.[1)]

---

1) 1심과 항소심의 결론이 다를 경우에는 대법원에서 깊이 있는 연구 검토를
   거쳐 구체적인 이유가 기재된 판결을 해줄 필요성이 있다고 보아 통상 심
   리불속행 판결로 종결하는 경우가 드물다. 그럼에도 이 사건에서 심리불
   속행판결이 내려진 것은 굳이 이유를 붙여 상고를 기각할 필요조차 없이
   항소심의 판단이 정당하다고 판단한 때문이 아닐까 추측된다.

Ⅱ. 사안의 개요와 경과

1. 사안의 개요

원고는 전자부품의 제조 및 판매를 목적으로 설립된 회사로서 용인시 소재 보세공장에서 골드 와이어(Gold wire) 등을 생산한 뒤 이를 해외에 수출 하거나 다른 국내 보세공장 등에 판매하고 있었다.

그런데 피고(관할세관장)가 원고에 대하여 관세조사를 실시한 결과, 원고가 위 보세공장에서 외국물품인 금(Gold)을 사용하여 생산한 골드 와이어를 다른 국내 보세공장에 판매하고, 이를 운송하는 과정에서 관세법상 반출신고 및 보세운송신고를 하지 않고 반출한 건들을 적발하였다.

피고는 적발시점을 기준으로 반출신고가 지연된 건들에 대하여 과태료를 부과하는 한편, 반출신고가 누락된 건(이하, 이 사건 물품이라 한다)들에 대하여는, 외국물품인 이 사건 물품이 보세구역으로부터 국내에 반입된 것이어서 관세법 제2조 제1호의 '수입'에 해당한다고 보아 관세 등을 부과하였다.

이에 원고는 반출신고가 없었다 하더라도 이 사건 물품을 수입한 것으로는 볼 수 없음에도 관세 등을 부과한 것은 위법하다는 이유로 그 취소를 구하는 이 사건 소송에 이르렀다.

2. 사안의 경과[2]

가. 제1심 판결 : 인천지법 2018. 12. 6. 선고 2017구합55415 판결

제1심 판결은, ① 관세법 제2조 제1호는 외국물품을 보세구역으로부터 국내에 반입하는 것을 수입으로 규정하고 있고, ② 보세구역 제도의 취지에 바추어 반출신고나 보세운송신고 없이 보세구역으로부터 그 바깥으로 반입된 경우 수입신고 없이 수입된 경우와 동일하게 평가할 수 있다는 이유로, 이 사건 물품이 관세법 제157조 제1항에 따른 반출신고나 관세법 제213조 제2항에 따른 보세운송신고 없이 이 사건 보세공장으로부터 바깥으로 반입된 것은 '수입'에 해당하고, 따라서 이에 대한 관세부과처분은 적법하다고 판단하며, 원고의 청구를 기각하였다.

나. 항소심 판결 : 서울고법 2020. 4. 10. 선고 2019누32650 판결

이에 대하여 항소심 판결은, 관세법상 '수입'은 '외국물품이 단순히 우리나라로 장소적으로 이전되었는지 여부'가 아니라, '그 물품이 사실상 관세법에 의한 구속에서 해제되어 내국물품이 되거나 자유유통상태에 들어갔는지 여부'로 판단하여야 하는바, 아래에서와 같은 이유로 이 사건 반출은 관세법 상 '수입'에 해당하지 아니하므로, 수입에 해당함을 전제로 한 관세등 부과처분은 위법하다고 판단하며, 제1심 판결을 취소하고 관세등 부과처분을 모두 취소하였다.

① 관세법상 '수입'은 외국물품이 '보세구역이 아닌 우리나라의 일정 장소'로 반입되는 것을 의미한다고 보여지는데, 이 사건 물품

---

2) 이하에서는 판결 중 이 글의 주제와 관계되는 부분만을 요약하였다.

은 다른 보세공장에 반입된 것이 확인된다.

② 반출신고의무는 수입신고의무와 '구별'되며, 관세법에서는 그 위반에 대한 제재를 달리하고 있다,

③ 관세법은 수입신고가 수리되는 경우 외에 관세가 부과되는 경우에 관하여 개별적·구체적으로 규정하고 있으나 반출신고를 하지 않는 경우에 대하여는 그와 같은 관세 부과 조항을 따로 두고 있지 않다.

④ 이 사건 물품을 수령한 보세공장에서는 원재료 반입 사실에 대한 기록·관리 의무가 존재하고, 작업시 내국물품작업허가 내지는 내·외국물품혼용작업승인을 받아야 하는 등 물품 관리와 관련된 각종 의무를 준수하여야 하고, 세관장은 서면심사 및 실지조사의 방법 등으로 원자재 등의 부정유출에 대한 감시·감독권을 직접적으로 행사할 수 있어, 관세관청의 관리·감독권이 여전히 미치고 있다고 보아야 한다.

⑤ 피고는 이 사건 반출에 대하여 '적발시점'을 기준으로 반출신고의 '지연'과 '누락'을 구분하여 후자에 대하여만 관세를 부과하고 있는데, '반출시점'을 기준으로 보면 반출신고의 '지연'과 '누락'은 미신고상태에서의 반출로서 같은 실질을 갖춘 것으로 평가될 수 있는바 양자에 대한 법 적용을 달리할 합리적 근거를 찾을 수 없다.

다. 대법원 판결 : 대법원 2020. 9. 3. 선고 2020두38362 판결

이에 대하여 피고는, ① '수입의 판단 기준'에 관한 관세법 해석상 조세법률주의를 위반한 위법, ② '이 사건 물품이 외국물품으로 이동·관리되었다'는 사실이 입증되지 못함에도 이를 인정한 채증법칙 위반, ③ 무신고반출과 무신고 수입의 관계, 관세포탈죄와 과태료 부과처분의 관계를 오해한 위법, ④ 관세법상 특별규정의 의미 내지

는 일반적 관리감독규정과 구체적 과세규정의 관계, 보세운송신고
의 의미에 관한 법리오해, ⑤ '수입'의 과세요건 충족에 있어서 신고
지연 반출과 신고누락 반출의 규범적 차이점에 관한 법리오해 등을
이유로, 대법원에 상고하였으나, 대법원은 상고심절차에 관한 특례
법 제4조에 따른 심리불속행 판결로 상고를 기각하여 항소심 판결
을 그대로 확정시켰다.

Ⅲ. 관세법상 수입의 개념
- 보세구역 이외 장소로의 이동으로 충분한가

1. 문제의 소재

앞서 본 바와 같이 보세구역 내 물품을 반출신고 없이 다른 보세
구역으로 이동시킨 것에 대하여 관세를 부과할 수 있는지 여부는,
결국 보세구역 내 물품을 반출신고 없이 당해 보세구역 외부로 이동
시킨 것 자체가 당해 물품의 수입에 해당하는지 여부이고, 이는 곧
관세법상 수입의 개념을 어떻게 볼 것인지의 여부로 귀착된다.

이에 대하여는, 우리나라 보세구역에 보관중인 물품을 보세구역
이외의 지역에 장소적으로 이동하는 것만으로 수입에 해당한다는
견해(장소이전설), 장소적 이동만으로 부족하고 당해 물품이 관세법
상 구속에서 해제되어 자유유통의 단계가 되어야 수입이 된다는 견
해(자유유통설)로 나뉘어질 수 있고, 그 중 어느 견해가 타당한지에
대하여는 관세법상 관련 규정과 그 의미를 엄밀하게 검토할 필요가
있다.

2. 관세법 등의 관련 규정

먼저, 관세법 제2조 제1호는, "'수입'이란 외국물품을 우리나라에 반입(보세구역을 경유하는 것은 보세구역으로부터 반입하는 것을 말한다)하거나 우리나라에서 소비 또는 사용하는 것(우리나라의 운송수단 안에서의 소비 또는 사용을 포함하며, 제239조 각 호의 어느 하나에 해당하는 소비 또는 사용은 제외한다)을 말한다."고 규정하고 있다.

또한, 관세법 제2조 제4호 가목은, "외국으로부터 우리나라에 도착한 물품[외국의 선박 등이 공해에서 채집하거나 포획된 수산물등을 포함한다]으로서 관세법 제241조 제1항에 따른 수입신고가 수리되기 전의 것"을 '외국물품'으로 규정하고 있다.

한편, 부가가치세법 제13조 제1호는, "외국으로부터 국내에 도착한 물품[외국 선박에 의하여 공해(公海)에서 채집되거나 잡힌 수산물을 포함한다]으로서 수입신고가 수리(受理)되기 전의 것"을 "국내에 반입하는 것[대통령령으로 정하는 보세구역을 거치는 것은 보세구역에서 반입하는 것을 말한다]"을 '재화의 수입'으로 규정하고 있다.

위 규정들에 따르면, 국내 보세구역에 보관중인 외국물품을 보세구역 이외의 지역으로 '반입'한 경우는 물품의 수입에 해당함은 명백하나, 그러면 '반입'이 구체적으로 어떤 의미를 지니는 것인지에 대하여는 따로 규정하고 있지 아니하므로 법원의 해석에 맡겨질 수밖에 없다.

3. '반입'의 의미에 대한 판례

먼저, '반입'의 국어사전 상 정의는 '운반하여 들여옴'으로서(네이버 표준국어 대사전 참조), 피고가 주장하던 바와 같이 '장소적 이

전'만으로 이를 충족하는 것처럼 보인다.

그러나 우리 법원은 일찍이 '수입'의 의미를 그와 같은 장소적 이전의 의미만으로 보지 아니하였고, 최근의 판결에서도 이를 명시적으로 확인하고 있다.

즉, 부산고등법원 1991. 12. 30. 91노1359 판결3)은, "관세란 물품이 일정한 관세영역(즉, 국가영역으로부터 보세구역을 제외한 영역)을 드나드는 경우에 부과되는 세금이고, 관세법 제2조 제1항에 의하면 수입이라 함은 외국인으로부터 우리나라에 도착된 물품을 우리나라에 인취하는 것(보세구역을 경유하는 것은 보세구역으로부터 인취하는 것)을 말한다고 규정4)되어 있는데, 여기서 말하는 '인취'란 외국물품을 관세법상의 구속으로부터 벗어나게 하여 내국물품으로서 자유유통상태에 두는 것을 의미한다고 할 것이다."라고 판시한 바 있다.

한편, 우리 대법원도 2000. 5. 12. 선고 2000도354 판결5)에서, 관세법 제2조 제1항 제1호는 외국으로부터 우리나라에 도착된 물품을 우리나라에 인취(引取)하는 것을 관세의 부과대상이 되는 수입의 한 가지 형태로 규정하고 있는데, "여기서 우리나라에 인취(引取)한다고 함은 물품이 사실상 관세법에 의한 구속에서 해제되어 내국물품이 되거나 자유유통 상태에 들어가는 것을 의미한다."고 하면서, "선박의 경우에는 그것이 우리나라와 다른 나라를 왕래하는 등의 특수

---

3) 하집1992(3),431.

4) 관세법이 2000. 12. 29. 법률 제6305호로 전부 개정되면서 '인취(引取)'라는 용어 대신 현재의 '반입(搬入)'이란 용어로 대체되었으나, 이는 관세법 개정과정에서 '인취'라는 어려운 용어를 국민들이 알기 쉬운 '반입'이라는 용어로 변경한 것일 뿐 그 의미를 달리 규정하고자 한 것은 아니라고 본다. 이종익·최천식·박병목, 「관세법 해설」, 한국관세무역개발원(2017), 33면: 정재완, 「관세법」, 무역경영사(2011), 56면 등 참조.

5) 공2000.7.1.(109),1460.

성이 있으므로 선박이 우리나라의 영역에 들어온 것만으로는 그 선
박이 수입되었다고 볼 것은 아니"라고 판시한 바 있다.

나아가 대법원은 2019. 9. 9. 선고 2019도6588 판결[6]에서, "관세법
제2조 제1호는 외국물품을 우리나라에 반입(보세구역을 경유하는
것은 보세구역으로부터 반입하는 것을 말한다)하는 것을 수입의 한
가지 형태로 규정하고 있고, 여기서 반입이란 물품이 사실상 관세법
에 의한 구속에서 해제되어 내국물품이 되거나 자유유통 상태에 들
어가는 것을 말한다."고 설시하면서, "외국으로부터 우리나라에 도
착하여 보세구역에서 수입신고 절차를 거치는 수입자동차는 수입신
고 수리 시에 사실상 관세법에 의한 구속에서 해제되어 내국물품이
되므로 수입신고 수리 시에 보세구역으로부터 반입되어 수입이 이
루어진 것이라고 보아야 한다."고 판시하였다.

결국 이러한 판례를 종합하면, 관세법 제2조 제1호에서 수입으로
보는 '반입'이란 단순히 '외국 또는 보세구역에서 국내 보세구역이
아닌 지역으로의 장소적 이동'을 의미하는 것이 아니라, 당해물품이
'관세법에 의한 구속에서 해제되어 내국물품이 되거나 자유유통 상
태에 들어가는 것'을 의미함이 명백하다.

이는 특히 위 대법원 2019. 9. 9. 선고 2019도6588 판결이 보세구
역 보관중인 외국자동차에 대하여 아무런 장소적 이동 없이 수입신
고가 된 것만으로 '반입'이 이루어졌다고 보고 있는 점에서 우리 대
법원이 자유유통설의 입장을 취하고 있음이 명백하다고 할 것이다.

4. 장소이전설의 문제점

이에 대하여는, 수입 여부는 '반입(搬入)'의 문언적 의미 즉 '운반

---

6) 공2019하,2009.

하여 들여옴'이라는 장소적 이전 여부에 의하여 결정되어야 하고, 법문에 없는 '내국물품이 되거나 자유유통 상태에 들어가는 것'이라는 요건을 요구하는 것은 조세법률주의에 위반되고 반입 내지 수입 시기를 불분명하게 하므로 부당하다는 비판이 있을 수 있다.[7]

물론 조세법률주의의 원칙상 과세요건이거나 비과세요건 또는 조세감면요건을 막론하고 조세법규의 해석은 특별한 사정이 없는 한 법문대로 해석할 것이고 합리적 이유 없이 확장해석하거나 유추해석하는 것은 허용되지 아니하며[8], 장소이전설에 따를 경우 반입 또는 수입의 시기를 보다 간명하게 결정할 수 있는 장점은 있다.

그러나 법률용어는 그 문언적 의미뿐만 아니라 입법 취지, 다른 법률과의 관계 등을 종합적으로 고려하여 가장 합리적인 내용으로 해석하여야 하고[9], 따라서 사전적 의미와 다르게 해석한다는 것만

---

7) 피고가 상소이유서에서 그러한 주장을 하였다.

8) 대법원 2003. 1. 24. 선고 2002두9537 판결, 대법원 2004. 3. 12. 선고 2003두7200 판결 등 참조.

9) 대법원 2002. 10. 11. 선고 2001두3297 판결 참조.
한편, 대법원 2009. 4. 23. 선고 2006다81035 판결 또한, "법은 원칙적으로 불특정 다수인에 대하여 동일한 구속력을 갖는 사회의 보편타당한 규범이므로 이를 해석함에 있어서는 법의 표준적 의미를 밝혀 객관적 타당성이 있도록 하여야 하고, 가급적 모든 사람이 수긍할 수 있는 일관성을 유지함으로써 법적 안정성이 손상되지 않도록 하여야 한다. 그리고 실정법이란 보편적이고 전형적인 사안을 염두에 두고 규정되기 마련이므로 사회현실에서 일어나는 다양한 사안에서 그 법을 적용함에 있어서는 구체적 사안에 맞는 가장 타당한 해결이 될 수 있도록, 즉 구체적 타당성을 가지도록 해석할 것도 또한 요구된다. 요컨대, 법해석의 목표는 어디까지나 법적 안정성을 저해하지 않는 범위 내에서 구체적 타당성을 찾는 데에 두어야 할 것이다. 그리고 그 과정에서 가능한 한 법률에 사용된 문언의 통상적인 의미에 충실하게 해석하는 것을 원칙으로 하고, 나아가 법률의 입법 취지와 목적, 그 제·개정 연혁, 법질서 전체와의 조화, 다른 법령과의 관계 등을 고려하는 체계적·논리적 해석방법을 추가적으로 동원함으로써, 앞서 본

으로 조세법률주의에 위반된다고 할 수 없으며, 특히 이 사건에서는 '반입'의 의미 그 자체를 밝히는 것이지 이를 확장하거나 유추하여 그 범위를 변경하는 것이라고 할 수 없다.

나아가, 관세법 제2조 제4호 가목은 '외국으로부터 우리나라에 도착한 물품으로서 수입신고가 수리되기 전의 것'을 '외국물품'으로 규정함으로써 외국물품이 우리나라에 도착한 것만으로는 수입으로 보고 있지 아니한 점, 관세법 제14조가 "수입물품에는 관세를 부과한다."고 규정하여 '물품의 수입'시에 관세를 부과하는 것으로 하고, 관세법 제16조가 관세는 '수입신고를 한 때'의 물품의 성질과 수량에 따라 부과한다고 규정하여 원칙적으로 '수입신고시'를 관세채무 성립시기로 하면서[10], 같은 조 단서에서 수입신고가 없는 경우의 과세물건확정시기를 개별적·구체적으로 규정하고 있는 점, 관세법 제2조 제4호 가목에 의하여 보세구역 내에 보관중인 외국물품은 보세구역 외로의 이동이 없이 수입신고만으로 바로 내국물품이 되는 점, 나아가 장소이전설에 따를 경우 항공기가 우리나라에 불시착하거나 선박이 표류하여 우리나라 해변에 도착하게 된 때 등 비록 외국물품이 우리나라로 장소적 이전은 되었으나 내국물품으로 유통할 목적

법해석의 요청에 부응하는 타당한 해석이 되도록 하여야 할 것이다."고 판시하고 있다,

10) 이에 대하여는 외국물품이 우리나라에 도착한 때 관세채무가 성립하고 수입신고는 다만 관세채무를 구체적으로 확정하기 위한 절차로서의 의미밖에 없으므로 관세채무의 성립시기와 과세물건확정시기는 별개로 보아야 한다는 견해(이 사건에서 피고가 한 주장이다)가 있을 수 있으나, 추상적인 관세채무의 성립도 과세요건인 과세물건이 확정되어야 비로소 가능한 것이므로, 과세물건 확정시기가 바로 관세채무 성립시기로 보아야 할 것이며[김기인·신태욱, 『한국관세법』, 한국관세무역개발원(2015), 95면 참조], 구체적 관세채무의 확정시기는 과세물건 확정시가 아니라 신고납부시(관세법 제38조) 또는 부과고지시(관세법 제39조)이다.

이나 의도가 전혀 없고 객관적으로 내국물품으로 유통될 가능성이 없는 때까지도 이를 수입으로 보아 관세를 부과하여야 한다는 무리한 결론에 이르게 되는 점 등을 고려하면, 반입의 의미를 단순히 장소이전이 아니라 자유유통상태로 보는 대법원의 입장은 지극히 타당하다고 본다.[11)]

따라서 보세구역에 보관중이던 외국물품이 보세구역 밖으로 장소적으로 이전되었다는 점만으로 당해 물품이 수입되었다고 할 수는 없고, 구체적으로 어떠한 경우에 '내국물품이 되거나 자유유통상태에 들어가는 것'에 해당하는지 살펴볼 필요가 있다.

Ⅳ. 보세구역 물품 운송과 관세

1. 보세구역 물품보관의 법률관계

가. 보세구역의 의의와 필요성

보세구역이란, 우리 관세법상 이를 정의하고 있지는 않으나, 일반적으로, "외국물품을 수입신고 수리 전 상태에서 장치·검사·전시·판매하거나 이를 사용하여 물품을 제조·가공하거나 산업시설을 건설할 수 있는 장소로서 관세청장 또는 세관장이 지정하거나 특허한 장소"를 말한다.[12)]

관세법에 의하면 보세구역은 지정보세구역·특허보세구역 및 종

---

11) 같은 의견: 이종익·최천식·박병목, 앞의 책, 36면. 일본에서도 수입시기에 대하여 관세선통과설, 영해설, 양륙설, 수입신고수리설, 자유유통설 등 여러 의견이 있으나 우리 대법원과 같이 자유유통설이 통설이라고 한다. 정재완, 앞의 책, 57면 주50) 참조.

12) 김기인·신태욱, 앞의 책, 650면 참조.

합보세구역으로 구분하고, 지정보세구역은 지정장치장 및 세관검사
장으로 구분하며, 특허보세구역은 보세창고·보세공장·보세전시장·
보세건설장 및 보세판매장으로 구분한다(관세법 제154조).

한편, 보세구역을 두는 이유는, 관세당국의 입장에서는 외국물품
에 대하여 통관절차가 중인 상태에서 이들이 부정유출되지 않도록
일정지역에 집중 보관하여 감시·단속을 원활히 할 수 있는 측면이
있는 동시에, 수입자의 입장에서는 수입물품을 관세를 납부함이 없
이 보세구역에 보관하다가 가장 유리한 시기에 관세를 납부하고 통
관하는 이익을 누릴 수 있고, 외국물품을 보세구역에서 보관하고 있
다가 유리한 시기에 그대로 재수출하거나(중계무역) 제조·가공 등의
과정을 거친 후 재수출하는(가공무역) 등의 방법으로 그 기간 동안
관세납부의 재정적 부담을 완화할 수 있는 장점이 있기 때문이다.[13)]

나. 외국물품을 보세구역에 보관[14)]하는 경우의 법률관계

외국물품을 보세구역에 보관중인 경우의 법률관계에 대하여는,
보세(保稅)라는 문언적 의미에서 보듯 외국물품이 일단 우리나라에
도착하여 관세를 부과할 수 있지만 관세당국의 효율적 통제 및 수입
자의 자금부담 완화, 가공무역 의 촉진 등을 위하여 일시적으로 관
세징세가 유보된 상태라고 보는 견해[15)]가 있다. 이에 따르면 보세구
역을 벗어나는 순간 관세징세유보의 요건이 없어지는 것이므로 당
연히 유보된 관세를 징수할 수 있다는 결론에 이르게 된다.

이러한 관세징수유보설은 보세제도의 당초 설립 연혁에는 부합

---

13) 김기인·신태욱, 앞의 책, 650-651면; 정재완, 앞의 책, 131면 참조
14) 관세법은 '장치(藏置)'라는 용어를 사용하고 있으나(관세법 제155조), '장
　　치(藏置)'란 '임시로 보관해 둔다'는 의미이므로 이해의 편의상 '보관'이
　　라는 용어를 쓰기로 한다.
15) 정재완, 앞의 책, 131면.

하는 측면이 있으나, 우리 현행 관세법상으로는 도저히 성립될 수 없는 이론이다.

왜냐하면, 우리 관세법 제14조는 "수입물품에는 관세를 부과한다."고 규정하여 '물품의 수입'시에 관세납세의무가 성립하는 것으로 하고, 관세법 제2조 제1호는, '수입'이란 외국물품을 우리나라에 반입하는 것을 말한다고 규정하면서 "보세구역을 경유하는 것은 보세구역으로부터 반입하는 것을 말한다."고 명문으로 규정함으로써, 외국물품이 우리나라의 보세구역에 도착하는 것만으로는 수입에 해당하지 않으며 그 물품을 보세구역으로부터 반입하는 경우에 비로소 수입에 해당하여 관세가 부과되는 것이므로, 외국물품이 수입신고 없는 상태에서 보세구역에 보관되고 있는 경우에는 유보될 관세 자체가 존재하지 않기 때문이다.

그런 의미에서 외국물품을 보세구역에 보관중인 경우의 법률관계는, 일반적 인식이나 보세의 문언적 의미는 '관세징수유보 상태'로 보여지지만, 법적인 의미에서는, '외국물품의 수입신고 수리 전 상태'라고 볼 수밖에 없고,[16) 따라서 이러한 물품이 보세구역을 벗어났다고 하여 바로 유보된 관세를 징수할 수 있게 된다고 할 수는 없다.

2. 보세운송과 관세법적 규율

가. 보세운송의 의의와 필요성

보세구역은 지역으로는 국내이지만 관세당국의 효율적 통제 및 수입자의 자금부담 완화 등을 위하여 관세법상 외국으로 취급되는 것이니만큼 보세구역에 보관중인 물품이 무단으로 반출되어 국내유

---

16) 김기인·신태욱, 앞의 책, 649면; 이종익·최천식·박병목, 앞의 책, 452면.

통됨으로써 관세가 포탈되지 않도록 엄밀히 통제할 필요가 있다.

그리하여 보세구역에 물품을 반입하거나 반출하려는 자는 세관
장에게 신고하도록 하고 있다(관세법 제157조 제1항), 또한, 수입하
려는 물품을 지정장치장 또는 보세창고에 반입한 자는 그 반입일로
부터 30일 이내에 수입신고를 하여야 하고(관세법 제241조 제3항,
제1항), 보세구역에 반입되어 수입신고가 수리된 물품의 화주 또는
반입자는 그 수입신고 수리일로부터 15일 이내에 해당물품을 보세
구역으로부터 반출하여야 한다(관세법 제157조의2).

한편, 보세구역에 보관 중인 외국물품이 수입신고되어 내국물품
이 된 후(관세를 납부하고) 보세구역에서 반출되는 경우는 문제는
없다. 그러나 보관상의 어려움 또는 다른 보세공장에서의 가공 등을
위하여 보세구역에서 다른 보세구역으로 운송하여야 하는 경우가
발생한다.

그런데 이와 같은 보세구역간 운송의 경우 필연적으로 보세구역
이 아닌 지역(관세영역)을 통과하게 되는데 이러한 경우까지 일단
관세영역에 진입한다는 이유만으로 관세를 부과함은 번거로울 뿐
아니라 보세구역 간 운송 자체를 방해하는 요소가 되어 보세제도의
효율적 운영을 저해하게 된다.

그리하여 대부분의 국가에서는 이동중인 외국물품에 대하여는
경과지에서 관세를 부과하지 않고 최종 목표지점에서 관세부과 여
부를 가리도록 하는 예외적인 제도를 두고 있고, 우리나라에서도 일
정한 장소 사이에서는 외국물품을 외국물품인 상태 그대로 운송하
도록 허용하고 있는데 이것이 바로 보세운송이다.[17]

---

17) 우리나라는 동일세관 관할구역 내에서의 운송도 이에 포함시키고 있으나,
교토협약, 즉 '통관절차 간소화 및 조화를 위한 국제협정'은 동일세관 관
할구역 내에서의 운송은 보세운송제도에서 제외하고 있다고 한다. 김기
인·신태욱, 앞의 책, 707면 참조.

즉, 우리 관세법 213조 제1항은, 외국물품은, (1) 국제항, (2) 보세구역, (3) 법 제156조에 따라 허가된 장소, (4) 세관관서, (5) 통관역, (6) 통관장, (7) 통관우체국 간에 한하여, 외국물품인 상태 그대로 운송할 수 있다고 규정하고 있다.

이에 따라 관세청에서는 '보세운송에 관한 고시'를 제정하여 보세운송에 관한 구체적인 절차 등을 규정하고 있으며, 특히 보세공장 운영에 관한 고시 제13조 제6항 제2호는, 보세공장 운영인은 다른 보세공장의 원재료로 사용하기 위하여 다른 보세공장으로 반출하는 경우 보세공장에서 제조·가공·수리 또는 재생한 물품·원재료 등을 다른 보세공장으로 반출할 수 있다고 규정하고 있다.

나. 보세운송의 신고 등

보세운송을 하려는 자는 세관장에게 보세운송의 신고를 하여야 하고, 재보세운송, 유해화학물질 등 물품의 감시 등을 위하여 필요하다고 인정하여 대통령령이 정하는 경우에는 세관장의 승인을 받아야 한다(관세법 제213조 제2항, 같은법 시행령 제226조).

또한 보세운송의 신고를 하거나 승인을 받은 자는 해당물품이 운송목적지에 도착하였을 때에는 도착지의 세관장에게 보고하여야 하고(관세법 제215조), 도착지가 보세구역인 경우에는 보세운송물품 도착보고는 보세구역운영인의 반입신고로 갈음한다(보세운송에 관한 고시 제41조 제7항).

이는 보세운송되는 물품이 원래의 취지에 맞게 운송되는지를 확인함으로써 보세운송의 구실로 그 운송 도중 물품의 유출·분실 등에 의하여 국내 유통되어 관세가 포탈되는 일이 없도록 하기 위한 것이다.

다. 보세운송 신고 없는 물품 운송과 관세

그런데 이 사건에서와 같이 보세운송 신고도 없고 반출신고도 없는 상태[18]에서 보세구역에 보관중인 외국물품을 다른 보세구역으로 운송한 경우 이를 어떻게 평가할 것인지 문제된다.

이에 대하여는 보세운송은 신고나 승인을 전제로 하는 제도로서, 보세운송신고가 없으면 보세운송의 요건을 결여한 것이고, 보세운송신고나 반출신고 없이 보세구역을 벗어나는 순간 세관의 통제를 벗어나게 되어 자유유통의 단계에 들어갔다고 볼 수 있으므로 관세부과의 대상이 된다고 보는 견해[19]가 있을 수 있다.

즉, 이 견해는 보세운송신고는 외국물품의 상태를 유지하면서 이동할 수 있는 필수 요건으로 보는 견해라 할 것인데 이는 선뜻 동의하기 어렵다.

왜냐하면, 우리 관세법이 '보세운송신고를 하여 운송한 경우 외국물품 상태가 유지된다.'는 취지의 형식이 아니라, 제213조 제1항에서 "외국물품은 다음 각호의 장소 간에 한정하여 외국물품 그대로 운송할 수 있다."고 규정하여 보세운송의 요건으로 소정의 장소만을 먼저 규정한 다음, 제2항에서 보세운송을 하려는 자는 신고하거나 승인을 받아야 한다는 형식으로 규정하고 있다.

또한, 보세운송신고가 외국물품상태를 유지할 수 있는 요건으로

---

18) 보세공장에서 타 보세공장으로 물품을 이동하기 위해서는 반출신고와 보세운송신고가 모두 필요할 것이므로 통상 두 신고가 동시에 이루어질 것으로 보인다.

19) 이 사건에서 피고는 "원고 공장에서 다른 보세공장으로 물건이 이동하는 방법은 ① 반출신고 및 보세운송신고를 하여 외국물품인 상태로 운송하거나, ② 수입신고를 하여 내국물품인 상태로 운송하는 방법밖에 없습니다."고 주장하여 이러한 입장에 서 있는 것으로 보인다. 그런데 이 사건에서 원고는 반출신고와 수입신고 모두를 하지 아니하여 위 두 가지 중 어느 것에도 해당하지 아니하므로, 위 주장은 그 자체로 잘못임이 명백하다.

본다면, 보세운송신고가 없는 보세운송은 그 자체로 관세법 제269조
제2항 제1호의 무신고수입에 해당하여 그로 인한 제재(5년 이하의
징역 또는 관세액의 10배와 물품원가 중 높은 금액 이하에 상당하는
벌금)를 받아야 할 것임에도, 이와는 별도로 관세법 제276조 제4항
제3호에서, 보세운송의 신고를 하지 아니하고 보세운송을 한 자에 대
하여 1천만 원 이하의 벌금을 부과하도록 규정하고 있기 때문이다.[20]

   이는 결국 우리 관세법이, 객관적으로 보세운송의 실체를 갖추었
으나 단순히 보세운송의 신고(또는 승인)만을 누락한 경우에 대하여
는, 보세운송의 효과를 부인하여 무신고수입으로 보는 것이 아니라
다만 그 절차위반으로 인한 제재만을 가하는 입장을 취하고 있는 것
으로 볼 수밖에 없다.

   나아가 보세운송신고가 누락되었다고 하더라도 통상적인 보세운
송의 방법에 의하여 다른 보세구역으로 반입된 경우에는 여전히 관
세당국의 통제가 미치게 되므로 보세운송신고의 누락만으로 관세당
국의 통제를 벗어나 자유유통 상태에 이른다고 할 수 없을 것이다.

라. 보세운송 기간내 미도착과의 비교

   한편, 우리 관세법은 보세운송신고를 허거나 보세운송승인을 받
아 운송하는 외국물품이 지정된 기간 내에 목적지에 도착하지 아니
한 경우에는 즉시 그 관세를 징수하도록 규정하고 있는데(관세법 제

---

20) 이는 반출신고 없이 외국물품을 보세구역에서 반출한 경우에 있어서도
   마찬가지이다.
   즉, 외국물품을 반출신고 없이 보세구역에서 반출하는 경우 바로 자유유
   통상태가 된다고 볼 경우 곧바로 미신고 수입에 해당하여 그에 따른 형사
   처벌이 가하여질 것인데, 우리 관세법은 반출신고 없이 보세구역에서 물
   품을 반출한 경우에 대하여 별도로 과태료를 부과하는 조문(제277조 제5
   항 제2호)을 두고 있다.

217조), 처음부터 신고하지 아니하거나 승인을 받지 아니한 보세운송의 경우에는 이러한 규정을 적용받을 여지가 없으니 신고 없는 보세운송에 관세를 징수하지 않는다면 오히려 신고를 한 경우가 더 불리한 대우를 받게 되는 셈이 되므로 부당하다고 주장할 여지가 있다.

그러나 위 조항은 당초 신고 내지 승인받은 기간 내에 도착되지 아니한 모든 경우를 포괄하는 것이 아니라 해당물품이 재해나 그밖의 부득이한 사유로 망실되었거나 미리 세관장의 승인을 받아 그 물품을 폐기하였을 때에는 그러하지 하지 아니하고(관세법 제217조 단서), 재해, 차량사고, 도착지 창고사정 등 그 밖에 부득이한 사유로 보세운송기간을 연장할 필요가 있을 때에는 세관장의 승인으로 이를 연장할 수 있는 점(관세법 제216조 제2항 단서, 보세운송에 관한 고시 제39조)에 비추어, 이는 보세운송인의 과실로 보세운송 중 외국물품이 도난 또는 분실되어 국내 유통될 수 있게 한 데 대하여 관세를 징수하도록 하고 있는 것으로 보이므로, 비록 신고가 없었으나 보세운송이 정상적으로 이루어진 경우와 비교할 수 있는 것은 아니라고 할 것이다.

또한 우리 관세법은 보세운송신고를 허거나 보세운송승인을 받아 운송하는 외국물품이 지정된 기간 내에 목적지에 도착하지 아니한 경우에는 명문으로 수입을 의제하여 관세를 부과하도록 하고 있음에 반하여, 신고나 승인이 없는 보세운송의 경우에는 이러한 명문의 규정이 없는 점도 감안하여야 할 것이다.

나아가 교토협약, 즉 '통관절차 간소화 및 조화를 위한 국제협정'은, 보세운송기간 경과 또는 보세운송통로 위반의 경우에 세관이 다른 모든 조건이 충족됨(보세운송물품이 이상 없이 도착하였음)을 확인한 경우에 관세를 징수하지 않도록 권고하고 있는데(동협약 특별부속서E 제1장 제25조)[21], 이 또한 보세운송이 차질 없이 이루어진 경우 신고가 누락되었다는 사유만으로 관세를 부과함은 부당하다는 근거가 될 수 있을 것이다.

3. 반출신고의 지연과 누락에 대한 실무관행

한편, 우리 관세당국은 보세구역에 보관중인 물품을 반출신고 없이 보세구역에서 반출한 경우에 대하여, 적발이전에 뒤늦게 반출신고를 보완한 때를 신고지연으로, 적발시점까지 반출신고가 보완되지 아니한 때를 신고누락으로 보아 신고지연에 대하여는 관세법 제277조 제5항 2호(2021. 12. 21. 개정되기 전의 관세법 제277호 제4항 2호에 해당한다)에 따른 과태료만을 부과하고, 신고누락에 대하여는 수입에 해당한다고 보아 위 과태료 외에 관세 및 부가가치세를 부과하는 방식으로 그 취급을 달리 하는 실무관행을 지속해오고 있었다.

그리하여 이 사건에서도 반출신고 없이 보세구역에서 반출된 총 529건에 대하여 과태료를 부과하는 한편, 그중 적발시점까지 반출신고가 보완되지 아니한 129건에 대하여는 반출신고 누락으로 보아 원고에게 관세 등을 부과하였다.

그런데 이러한 실무관행은 반출신고 없는 반출이 수입에 해당하여 관세부과대상이 된다는 피고측 주장논리에 역행하는 측면이 있다고 하지 않을 수 없다.

왜냐하면, 신고지연도 반출시점을 기준으로 보면 미신고상태에서의 반출로서 신고누락과 달리 볼 아무런 근거가 없기 때문이다.

---

21) 25. Recommended Practice

Failure to follow a prescribed itinerary or to comply with a prescribed time limit should not entail the collection of any duties and taxes potentially chargeable, provided the Customs are satisfied that all other requirements have been met (http://www.wcoomd.org/en/topics/facilitation/instrument-and-tools/conventions/pf _revised_kyoto_conv/kyoto_new/spane.aspx. 2021 2. 25. 방문)

이에 대하여, 관세당국에서는 신고지연은 사후적으로나마 신고가 있으므로 그 물품이 언제 어디서 어디로 반출되었는지 드러나 관세당국이 물품의 이동경로를 파악하여 그 통제권한에 둘 수 있어 무단반출로 볼 수 없는 반면, 신고누락은 신고 자체가 없어 관세당국이 물품의 이동경로를 파악할 수 없어 그 통제권한에 둘 수 있는 상태가 아니므로 이를 같이 취급할 수 없다는 취지로 설명한다.22)

그러나 이러한 설명은 과연 사후신고(즉 신고 지연)의 경우에도 사전신고와 마찬가지로 당해물품에 대한 관세당국의 통제력이 미치는지의 여부는 별론으로 하고, 사후 보완신고기간이 법정된 것이 아닌 이상 관세관청의 적발 이후에도 보완신고를 하여 관세당국이 마찬가지의 통제력을 행사할 수 있을 것인데 실무상 적발시점 이후에는 보완신고를 받아주지 아니하고 있을 뿐이므로, 결국 관세당국의 적발시점이 언제인가라는 우연한 사정에 의하여 관세부과 여부가 결정되는 부당한 결과가 초래되는 점에서 납득하기 어렵다(예컨대 바로전날의 반출에 대하여 보완신고를 준비하던 중에 적발되는 경우도 있을 수 있고, 신고없는 반출이 적발되지 않은 채 1년 뒤에 보완신고를 하는 경우도 상정할 수 있다).

따라서 관세 당국이 신고지연과 신고누락을 구별해 온 것은 아무런 논리적 근거가 없으며 오로지 당국의 편의적 취급에 불과하다고 할 것이고, 그럼에도 이러한 잘못된 실무관행이 지속되어온 것은 아마도 실무상 무신고 반출행위가 허다하게 이루어지고 있는 상황에서 수많은 무단반출 행위를 모두 수입으로 보아 관세를 부과하는 것은 관세당국의 입장에서 보더라도 과하다고 판단되어 부득이 관세가 부과되는 경우를 최소화하기 위한 고육지책이 아니었을까 추측된다.

그렇다면 결국 관세당국도 무신고반출행위를 모두 수입으로 보

---

22) 피고는 상고이유서에서 그러한 취지로 주장하였다.

는 것이 무리하다는 인식을 가지고 있었다고 하지 않을 수 없고, 그
렇다면 신고의 지연과 누락이라는 비합리적인 구별보다는 당해 화
물이 다른 보세구역에 무사히 도착하여 객관적으로 보세운송의 실
체를 갖추었는지를 기준으로 수입여부를 가리는 것이 정상적인 대
응이라고 할 것이다.

V. 맺으며

앞서 본 바와 같이, 우리 대법원은 어떤 물품이 '수입'되었는지
즉 국내로 또는 보세구역으로부터 '반입'된 것으로 볼 수 있는지에
대하여는, 그것이 국내로 또는 보세구역에서 관세구역으로의 단순
한 장소적 이전만으로 되는 것이 아니라 자유유통상태로 될 것임을
요구하고 있다.

따라서, 외국물품이 반출신고나 보세운송신고가 없이 보세구역
에서 반출되었다는 이유만으로 당해 물품이 수입되었다고 할 수는
없으며, 특히 이 사건과 같이 다른 보세구역으로 반입되었음이 확인
된 경우에는 당해 물품이 수입된 것으로 볼 수 없다는 이 사건 항소
심 판결의 판지는 지극히 정당하다.

그러므로 관세당국이 적발시점에서 보완신고가 이루어졌는지를
기준으로 신고의 지연과 누락을 구별하고 후자에 대하여는 무조건
관세를 부과한 실무관행은 더 이상 지속될 수 없게 되었다.

그러나 신고 없는 반출이 모두 과태료의 제재만 받을 뿐 관세 부
과를 면하게 되었다고 할 수는 없다. 설령 불가피한 사정으로 신고
없이 보세운송한 경우에도 당해 물품이 다른 보세구역에 무사히 도
착하는 등 신고를 제외한 다른 보세운송의 요건을 충족한 경우에만
보세운송으로 취급받아 관세부과를 면할 수 있을 뿐이다.

따라서 처음부터 국내에서 유통시키기 위하여 무단반출한 경우는 물론 실제 보세운송의 의도로 운송한 것이라 하더라도 도중에 유출 또는 멸실되거나 다른 사정으로 다른 보세구역에 제대로 운송되었는지 불분명한 상황에서는 신고 없이 반출하였다는 사정 그 자체로 국내유통이 사실상 추정되어 관세가 부과될 가능성이 높으므로, 운송인이나 화주의 입장에서는 당해 물품이 다른 보세구역에 확실히 도착하여 관세당국의 통제 아래 들어갔다는 객관적인 증빙을 제시하지 못하는 이상 보세운송으로 취급받기 어려울 것이다.

결국 종래 신고가 누락된 보세물품 반출의 경우 모두 수입으로 보아 관세가 부과되었지만 이제는 적어도 그 물품이 다른 보세구역에 무사히 반입되었음이 입증되는 경우에는 관세를 면할 수 있음을 확인해준 데서 이 판결의 의미가 있다고 할 것이다.

수입물품의 과세가격 결정
- 특수관계자간 거래의 거래가격 영향 -

김 규 석 전문위원

Ⅰ. 과세가격 결정

무역에 있어서 거래가격은 구매자와 판매자간 의사 합치에 의해 결정된다. 구매자와 판매자간의 거래관계는 특수관계가 아닌 거래도 있지만, 최근 거래형태를 보면 특수관계자간 거래의 비율이 비특수관계자 거래보다 매우 높을 것으로 볼 수 있다[1]. 특수관계자의 거래의 경우 거래 가격이 왜곡될 가능성이 높아 WTO 평가협정, OECD 이전가격(transfer price) 가이드라인에서 정한 특수관계자의 거래에 대하여 과세당국이 그 적정여부를 모니터링 하고 있다.

특수관계자간의 거래가격을 이전가격이라고 한다. 이전가격이란 세부담의 경감을 목적으로 다국적기업이 국제적으로 이용하는 가격을 의미한다. 다국적기업은 세계 각국에서 사업을 영위하고 있는데 세금의 종류나 세율은 소재 국가마다 다르다. 각국 소재의 특수관계 회사간에 거래하는 상품의 가격 등을 이용하여 가장 세금이 낮은 국가에 이익을 집중시켜 다국적기업 전체에서 가장 유리한 세금 부담을 가장 적게 하는 방향으로 기업활동을 하게 될 것이다. 그 외 의료보험

---

1) 60% 정도로 추정(OECD 2013)/관세평가 및 이전가격 책정에 관한 WCO 가이드 라인

수가, 정부보조금 등이 당사자간 거래가격에 변동을 가져올 수 있다.

무역거래가 폭발적으로 확대되고 무역장벽을 완화하기 위하여 다자 또는 양자 FTA 협정 등을 통하여 교역국가의 관세율이 상당히 인하 또는 철폐되었기 때문에 관세포탈을 위한 가격조작은 유혹히 감소한 것은 사실이다. 가격조작으로 관세를 적게 납부하더라도 이로 인하여 법인세 또는 소득세를 더 많이 납부하게 되어 총 납부세액에 변동이 없다면 구태여 가격조작을 할 이유가 없다.

글로벌 무역의 확대와 더불어 특수관계자간 거래는 매우 확대되고 있다. 다국적기업의 형태가 발전하고 있을 뿐만 아니라 해외에서 지사를 설치하여 본·지점간 수출입을 하는 등 특수관계자간 거래는 다양한 형태로 발전하고 있다. 특수관계자간 거래라고 색안경으로 바라 볼 것이 아니라 일정한 요건 아래에서 특수관계자간의 거래가격을 그대로 인정하는 하는 것이 국제무역을 증진 시킬 수 있고, 과세당국의 행정비용을 감소시키는 효과가 있어 WTO평가협정과 OECD 가이드라인에서는 특수관계거래에 대한 수용이 과거보다 진보한 것으로 평가되고 있다.

협정 및 관세법은 구매자와 판매자간에 특수관계가 있으면 그 관계가 거래가격에 영향을 미친 경우는 거래가격 적용을 배제하고 있다. 특수관계가 거래가격에 영향을 미쳤는지 여부는 당사간의 합의에 의해 가격이 조작되어 왜곡된 가격인지 여부를 판단하는 것이다. 거래가격의 영향유무 판단은 협정 및 관세법에서 ①거래상황의 검토 ②비교가격에 의한 방법으로 규정하고 있다.

WTO 평가협정2)에서 정한 특수관계자간 거래에 해당되면 구매

---

2) 제15조 특수관계자의 범위 : 가)상호 업체의 임원 또는 관리자 나)법적으로 동업자로 인정되는 자 다)고용주 또는 피고용인 라)특정인 양자의 의결권있는 주식 또는 증권의 5% 이상을 직접 또는 간접으로 소유하거나 관리하는 경우 마)타방을 직접 또는 간접으로 통제하는 경우 바)동일한

자, 판매자두 당사자에 대한 관세평가 절차가 복잡해진다. 이러한 특수관계자의 거래에 대하여 수입물품의 과세가격 결정할 때 중요한 요소인 거래가격이 특수관계로부터 영향을 미친 것인지 여부가 과세당국과 수입자의 가격 영향에 대한 입증책임에 의견 차이가 발생한다.

수입물품의 과세가격은 우리나라에 수출하기 위하여 판매되는 물품에 대하여 구매자가 실제로 지급하였거나 지급하여야 할 가격에 조정금액을 더하여 조정한 거래가격으로 한다.[3] 거래가격이 구매자와 판매자간 특수관계가 없어야 하며, 특수관계라도 해당 산업부문의 정상적인 가격결정 관행에 부합하는 방법 등으로 결정된 경우에는 과세가격으로 수용되어야 한다. 정상적인 가격결정 관행 등을 살펴보면 거래상황과 비교가격에 의한 입증으로 볼 수 있다.[4]

①특수관계자가 없는 구매자와 판매자간 통상적으로 이루어지는 가격결정방법으로 결정된 경우

②당해 산업부문의 정상적인 가격결정 관행에 부합하는 방법으로 결정된 경우

③해당 물품의 가격이 다음 각 호의 어느 하나의 가격(이하 "비교가격"이라 한다)에 근접하는 가격으로서 기획재정부령으로 정하는 가격에 해당함을 구매자가 입증한 경우

가. 특수관계가 없는 우리나라의 구매자에게 수출되는 동종·동질 물품 또는 유사물품의 거래가격

나. 공제가격[5] 및 산정가격[6] 규정에 의하여 결정되는 동종·동질

제3자의 직접 또는 간접으로 지배를 받는 경우 사) 제3자를 직접 또는 간접으로 공동으로 통제하는 경우 아) 친족에 해당하는 경우
3) 관세법제30조제1항
4) 관세법시행령제23조제2항
5) 관세법제33조에 의해 결정된 과세가격

물품 또는 유사물품의 과세가격

특수관계가 거래가격에 대한 영향을 미치지 않는다는 ①, ②입증은 구매자에 의해 또는 기타의 방법으로 제공된 정보에 비추어 과세당국이 그 관계가 가격에 영향을 미쳤다고 판단할 수 있는 근거를 가지고 있는 경우 과세당국은 그 근거를 구매자에게 통보하며, 수입자에게 답변할 수 있는 합리적인 기회를 제공하여야 한다. 이 경우 구매자가 요청하는 경우 그 근거를 서면으로 제공하여야 한다.

③에 대한 입증을 구매자가 할 경우, 상업적 단계, 수량수준, 가산금액 그리고 판매자가 부담하지 아니하는 비용에 있어서 그 차이가 적절히 고려된다. ③의 비교가격은 비교의 목적으로만 사용되어야 하고 과세가격으로 결정될 수 없다.[7]

WTO평가협정제1조제1항에서 구매자와 판매자가 특수관계라는 사실 그 자체로 거래가격을 수용할 수 없는 근거가 되지 않는다고 규정하면서, 협정제1조주해 제2항에서 구매자와 판매자가 특수관계에 해당하는 경우 거래상황을 조사하여 그 관계가 가격에 영향을 미치지 않았다면 거래가격을 과세가격으로 수용하여야 한다고 규정하고 있다. 이는 모든 특수관계자에 대하여 조사하는 것을 의미하지 않는다. 이러한 조사는 가격의 수용 가능성에 대한 의문을 있을때에만 요구된다. 과세당국이 가격의 수락가능성이 대하여 의문이 없는 경우 구매자에게 더 이상의 정보를 요청 없이 과세가격으로 수용되어야 한다.

그리고 구매자의 거래가격이 과세당국에서 이미 수락한 비교가격에 매우 근접할 경우 거래가격을 과세가격으로 수용될 수 있음을 증명하는 기회를 부여하고, 비교가격이 기준에 충족되는 경우 특수

---

6) 관세법제34조의 의해 결정된 과세가격
7) 관세평가협정제1조제2항

관계에 의한 거래가격 영향여부를 더 이상 조사할 필요가 없다.

구매자가 특수관계에 의한 가격 영향여부 입증을 못할 경우 과세가격 결정은 거래가격으로 결정할 수 없으며, 그 다음 순위의 동종동질물품의 과세가격, 유사물품의 과세가격, 공제가격, 산정가격, 기타합리적인 방법으로 과세가격이 결정된다.[8]

Ⅱ. WTO 평가협정 특수관계 거래가격 영향 사례

구매자와 판매자가 특수관계에서 거래되는 가격을 이전가격(Tranfer Price)라고 한다. OECD가이드라인에서 독립기업들이 상호간 거래에서 사용하는 상업적·금융적 조건들 -예를 들면 재화나 용역의 가격과 이전(transfer) 혹은 제공(provision) 조건- 은 보통 시장원리에 의해 결정된다.[9] 거래당사자간 이전가격은 상품의 특성, 관세율, 법인세율, 외환, 의료보험, 환경, SEG 등 거래당사국의 정책 등에서 정상가격을 벗어나 결정될 가능성이 매우 높다. 특수관계자간 거래라는 이유만으로 색안경을 끼고 바라볼 수는 없으나, 외적 요인에 의해 특수관계자간 거래가격이 왜곡되어 결정될 소지는 다분히 있다.

특수관게자간 개별거래의 거래가격 영향을 미친 사례는 법인세 목적과 관세목적에 서로 달라 질 수 있다. 이전가격에 대한 특수관계의 거래가격 영향에 대해서 각국이 법원 판례로서 정형화 된 사례를 그리 많지 않다.

WTO관세평가협정 Case Study 10.1에서 특수관계 거래의 가격 영향에서 대해서 예시한 것은 살펴보기로 한다

---

8) 관세법제30조제3항
9) OECD 가이드라인 1.2

〈거래사실〉

1. I국가의 ICO사는 X국의 XCO사로부터 음식첨가물에 사용되는 두범
   주의 원료를 구매, 수입하였다.
2. 물품 수입신고시 ICO는 I국가의 세관에 다음과 같이 XCO사와의 특
   수관계임을 신고하였다
   - XCO사는 ICO사의 주식 22% 보유
   - XCO사의 이사들은 ICO사의 이사회를 대표
3. 수입 후, I국의 세관은 신고가격의 수용성에 대한 의문 때문에 협정
   에 따라 XCO사와 ICO사간 물품거래에 대한 상황을 조사할 것을
   결정하였다. 세관은 ICO사에 XCO사의 I국의 다른 구매자에게 물품
   거래와 관련된 정보와 XCO사의 생산비용 및 이윤과 관련된 정보뿐
   만 아니라 가격 차이에 대한 정당한 해명 등에 대한 정보를 요청하
   는 질의서를 송부하였다. ICO사의 요청으로 세관은 XCO사에도 질
   의서를 송부하였다. 질의서 답변내용으로 다음과 같이 사실이 설정
   되었다.
4. ICO사는 XCO사로부터 음식첨가물의 생산을 위해 필요한 많은 수
   량의 원료를 구입하였다. XCO사로부터 ICO사에 판매된 원료는 다
   음 2가지 범주에 해당된다
   - 범주1 : XCO사에 제조된 원료
   - 범주2 : 기타 다른제조자 및 공급자로부터 구매하여 XCO사에 의
     해 보관되는 원료, 동 범주의 원료는 XCO사에 의해 가공 또는 제
     조된 것이 아니다. 그러나 이러한 원료중 일부는 XCO사가 재판매
     를 위해 포장하였다.
5. 범주1의 원료는 범주2 원료의 동종 또는 유사물품이 아니다.
6. 범주1의 원료는 I국내의 특수관계가 없는 구매자에게 판매되었다.
   범주1의 원료와 관련하여 XCO사가 청구한 가격은 다음과 같다
   - ICO에 판매한 가격 :   92 c.u FOB
   - 특수관계가 없는 구매지에게 판매한 가격 :   100 c.u FOB
7. 범주1의 원료와 관련하여 세관은 다음과 같이 확인하였다

- 특수관계가 아닌 구매자가 동일한 목적으로 원료를 사용하기 위하여 동일한 상업수준으로 ICO사와 같은 유사한 수량의 원료를 구매하였다. 특수관계가 아닌 구매자에 의해서 수입하는 등원료의 거래가격은 100 c.u로 평가 하였다
- XCO사가 I국의 ICO사 및 특수관계가 아닌 구매자에게 판매와 관련된 비용은 동일하다
8. 또한 세관은 상기 6항에 나탄나 8%의 가격차이를 해명할 수 있는 계절의 영향이 원료의 가격에 미치지 않음을 설정 하였다. 더구나, 세관에 의해서 해명가능한지를 요청 받은 후 ICO사와 XCO사는 가격차이를 해명하는 정보를 추가적으로 제공하지 않았다.
9. 범주2의 원료는 I국의 ICO사에만 판매되며 I국으로 수입되는 동종 또는 유사물품은 없다
10. 범주2의 원료와 관련하여 세관은 ICO사에 청구된 대표적인 회계기간 동안 회사의 전반적인 이윤을 대표하는 이윤으로 회복될 뿐만 아니라, 재포장 비용과 운송비용이 가산된 취득비용을 포함한 XCO사의 비용을 회복하는데 충분함을 설정하였다.

〈과세가격 결정〉

ICO사 및 XCO사는 특수관계이다. 협정제1조라항 및 제1조2항에 규정된 바와 같이 XCO사와 ICO사간의 거래가격은 특수관계에 의하여 영향을 받지 않은 가격이라고 입증된 경우에만 과세가격 결정은 위한 근거의 기초가 될 것이다

협정제1조제2항의 입증을 위한 책임성, 특수관계가 가격에 영향을 미치지 않는다는 것을 입증하는 책임은 수입자의 의무이다. 또한 협정에서는 세관이 숭비자가 가격이 특수관계에 영향을 받지 않았음을 증명하는 합리적인 정보를 제출할 수 있는 합리적인 기회를 부여할 것으로 요구한다. 이것은 과세당국이 가격차이를 정상화 하기 위하여 소모적인 질문을 수행하도록 요구하는 것은 아니다. 이것과 관련한 어떠한 결정도 사안의 중요도나 수입자에 의해 제공된 정보를 근거해야만 한다.

〈범주 1의 원료〉

동 사례의 입수 가능한 정보는 ICO사와 XCO사간의 거래가격은 특수관계가 없는 구매자에게 판매한 가격보다 낮은 가격이다. 이러한 이유에 대해 설명을 요청하였을 때, XCO사와 ICO사는 가격차이를 설명할 수 없었다.

세관이 입수한 정보에는 ICO사와의 특수관계가 아닌 구매자가 동일한 목적으로 동일한 상거래수준에서 유사한 수량의 원료를 구입한 것을 보여준다. XCO사의 판매비용은 ICO사나 특수관계가 없는 구매자에게 판매시에는 동일하다. 상술한 내용이나 상업 및 물품의 본질을 근거로 보아 가격차이가 중요하지 않다라는 견해를 가지기에 불충분하다.

그러므로 범주1의 원료와 관련하여 거래가격 방법은 적용할 수 없다. 범주1 원료의 과세가격 결정은 대체적 평가방법으로 고려되어야 한다. 따라서 동건은 특수관계가 아닌 구매자에 의해 수입된 동종 또는 유사물품의 거래가격 과세가격 결정의 기초가 된다.

그러나, 특정한 가격차이가 영향력이 동 사례에 나타난 사실들레 유일한 것이어야 함에 유의하여야 한다. 이러한 가격차이가 다른 사례에서 가격차이를 상거래의 중요성 여부를 결정하는 표준 또는 채택하여서는 아니된다. 협정은 가격차이의 중요성은 당해 사례별로 물품과 상업의 본질을 근거로 고려되어야 함을 명백히 하고 있다.

〈범주2의 원료〉

ICO사에만 판매한 범주2의 원료와 관련하여 거래상황을 검토한 결과, 동종·동류의 물품에 대한 XCO사의 전반적인 이윤으로 대표되는 이윤을 가산한 모든 비용을 포함하는 충분한 가격으로 보여진다. 협정제1조제2항의 주해 제3항에 따라 동 원료의 범주와 관련한 거래가격은 관세목적상 수용할 수 있다.

WTO관세평가협정 Case Study 10.1은 범주1의 원료는 특수관계자간 거래가격이 특수관계자가 없는 거래가격보다 낮은 사실에 대해 과세당국이 의문을 갖고 있다, 이에 대해 세관은 가격 차이 설명을 요청하였으나, 구매자는 그 이유를 설명하지 못한 것으로 나타난다. 동일한 상거래 수준에서 가격 차이가 발생하는 경우에 대해 해당거래가 합리적인 증명이 되지 않으면 거래가격이 부인되고 거래가격에 의한 과세가격 결정외 대체적인 방법으로 과세가격 결정된다.

범주2의 원료는 구매자의 판매상황을 통해 판매자의 이윤뿐만 아니라 재포장비용, 운송비용이 포함된 거래가격으로 이는 판매자의 원가를 충분히 반영되어 있다고 판단하였다.

여기서 시사점은 특수관계 거래에서 왜곡된 거래가격에 대한 증명이 없거나 불충분할 경우 거래가격으로 인정되지 않고, 특수관계 거래이더라도 판매상황을 통해 판매자의 이윤, 원가가 반영되어 있는 경우는 거래가격으로 인정된다.

Ⅲ. 특수관계의 거래가격 영향 판례

수입물품 거래가격에 대한 과세가격 적정여부는 거래당사자 사이의 전체 거래에 의하여 결정하는 것이 아니라 당해 수입물품의 거래가격을 기초로 과세가격을 결정하는 것이고, 또한 특수관계자 간의 거래에 있어서도 가격정책상 어떤 품목은 저가나 고가로 공급하고 또 어떤 품목은 정상적으로 공급하는 경우가 있을 수 있으므로, 특수관계가 거래가격에 영향을 미쳤는지 여부를 판단함에 있어도 당해 수입물품의 거래가격을 기초로 하여야 하는 것이 원칙이다.

특수관계가 거래가격에 영향을 미친 것에 대한 판례는 많지 않아서 최근 판례 위주로 영향 미친 것과 영향을 미치지 않은 것을 구분하여 살펴보고 그 시사점을 찾아 보고자 한다.

관세법 제30조 제1항, 제3항 제4호의 취지 내용, 과세요건 사실에 관한 입증책임은 원칙적으로 과세당국에 있고, WTO 관세평가협정 제1조 제2항(a)에서 '구매자와 판매자 간에 특수관계가 있다는 사실 자체만으로 그 실제 거래가격을 과세가격으로 수락할 수 없는 것으로 간주하는 근거가 되지 아니한다'라고 규정하고 있어, 이를 종합하여 보면 관세법 제30조 제3항 제4호를 적용하기 위하여는 구매자와 판매자 간에 특수관계가 있다는 사실 외에도 그 특수관계에 의하여 거래가격이 영향을 받았다는 점까지 과세당국이 증명하여야 할 것이다[10]. 과세당국과 구매자가 특수관계 거래의 거래가격 영향 여부에 대한 입증책임은 사례별로 다양하여 여기서는 논외로 한다.

1. 특수관계가 거래가격에 영향을 미친 경우

가) 2017두54128(2020.12.24. 선고[11])

법원은 관세법 제30조 제3항 제4호를 적용하기 위하여는 구매자와 판매자 간에 특수관계가 있다는 사실 외에도 그 특수관계에 의하여 거래가격이 영향을 받았다는 점까지 과세관청이 증명하여야 한다는 법리를 전제한 다음, 그 판시와 같은 이유로 원고와 제조법인, 미국 본사 내지 홀딩스 사이의 특수관계가 이 사건 각 물품의 수입가격에 영향을 미쳤다고 보아, 피고가 관세법 제30조 제3항 제4호, 제33조 제1항에 따라 이 사건 각 물품의 국내판매가격을 기초로 과세가격을 결정한 것은 적법하다고 판단하였다.

이 판결은 그 특수관계가 화장품 등의 거래가격에 영향을 미친

---

10) 대법원 2009. 5. 28. 선고 2077두9303 판결 참조
11) 2심 부산고등법원 2017. 6. 30. 선고 2016누23820/ 1심 부산지방법원 2016. 10. 27. 선고 2015구합21347

판단 이유에 대하여 아래와 같이 판단하였다.

① 원고와 스위스 제조법인사이의 이 사건 각 물품의 수입가격, 국내판매가격, 수입수량 등 거래 조건은 미국 본사에 의하여 결정되었다. 즉 이 사건 각 물품의 수입가격과 국내판매가격은 미국 본사가 산출하여 ERP 시스템에 등재한 가격으로 원고는 이를 그대로 따랐고, 이 사건 각 물품의 수입 절차 역시 미국 본사의 글로벌 플래너(Global Planner)가 대한민국 내 매출과 재고를 분석해서 공급망 관리(Supply chain) 담당자에게 발주수량을 제시하고, 위 발주수량에 대하여 미국 본사의 내부승인이 이루어지면 글로벌 플래너가 구매승인서(Purchase Order)를 작성하고, 제조사에 발주 및 운송스케줄을 조정한 다음 선적이 이루어지고 선적서류의 단가와 미국 본사의 'ERP시스템'에 등재된 수입단가가 맞는지를 확인하여 수입신고를 하고 통관 완료 후 수량검수를 거치는 방식으로 이루어졌다. 원고의 구매담당자가 필요에 의해 발주수량을 글로벌 플래너에게 요청하는 경우도 있기는 하였으나 이는 판매량 급증으로 재고량 부족이 예상되는 경우 등에 한정되었다. 이러한 방식의 가격 및 수량 결정은 미국 본사가 원고와의 특수관계를 이용하여 원고의 경영정보를 모두 파악할 수 있었기 때문에 가능하였고, 이러한 수입가격, 국내판매가격과 수량 결정방식은 원고와 스위스 제조법인, 미국 본사, 홀딩스의 특수관계를 고려하지 않으면 합리적으로 설명하기 어렵다.

② 원고와 스위스 제조법인은 2007. 12. 31.경 이 사건 각 물품의 수입거래가격 결정 방법에 관한 약정을 체결한 바 있고, 위 약정에 따라 회계법인인 'Price Waterhouse Coopers'에 의한 이전가격 연구를 하였는데 위 회계법인에 의해 2010. 1. 15.경 작성된 원고와 스위스 제조법인 사이의 2008 사업연도 이전가격 보고서상 원고의 2008 사업연도의 영업이익률이 적정 범위(arm's length[12])에 있음을 이유로

당시 거래가격을 조정하지 않았던 것으로 보이기는 한다. 그러나 그 이후부터 이전가격 연구는 이루어진 바 없고 원고와 스위스 제조법인, 미국 본사 사이에 이전가격 협의가 있었다고 볼 만한 자료는 제출된 바 없다. 원고는 이 사건 각 물품의 수입가격이 원고와 미국 본사 사이의 충분한 협의를 바탕으로 결정되었다고 주장하나 원고는 미국 본사에 수입가격 결정에 필요한 각종 정보를 제공하는 역할 정도를 수행하였을 뿐이고, 원고가 독립된 거래당사자로서 미국 본사에 대하여 가격협상을 요구하는 등 수입가격 결정에 관한 실질적 권한을 가졌음을 보여주는 자료는 나타나지 않는다.

③ 원고는 스위스 제조법인으로부터 물품을 수입하면서 2009. 7. 1.경까지는 결제통화로 달러를 사용하였으나, 미국 본사의 요청에 따라 2009. 7. 1.경부터는 이를 원화로 변경하면서 종전 달러 표시 가격에 환율 1,400원을 적용하여 산정된 가격을 적용하다가 2012. 4. 1.경부터는 다시 결제통화를 달러로 변경하였다. 한편 외환시장에서의 환율은 2009. 3.경 약 1,460원까지 올라 최고치를 기록하였다가 그 이후 하락하여 결제통화가 원화로 변경된 기간인 2009. 7.경부터 2012. 4.경까지는 약 1,060원에서 약 1,260원 사이에서 변동하였고 결제통화가 달러로 다시 변경된 2012. 4.경에는 약 1,140원이었다.

④ 원고는 관세평가분류원에 이의제기 신청을 하고 조세심판원에 조세심판을 청구할 때 동종동류비율 산정을 위한 비교대상 업체 선정이 잘못되었고 이 사건 각 물품에 적용한 이윤 및 일반경비율이

---

12) 이전가격 세제에서 사용하는 '정상가격'이란 용어는 「국제조세조정에 관한 법률」에서 'Arm's Length Price'를 우리말로 표현한 것으로, GATT 제7조의 'Actual Value(실제가격)', BDV(브뤼셀 평가정의)의 'Normal Price(정상가격)'과 구분하여야 한다. 동 법 제2조에서 "정상가격이란 거주자, 내국법인 또는 국내사업장이 국외 특수관계인이 아닌 자와의 통상적인 거래에서 적용되거나 적용될 것으로 판단되는 가격을 말한다."라고 규정하고 있다./

불합리하다는 주장만 하였을 뿐 원고와 미국 본사, 스위스 제조법인
의 특수관계가 수입거래가격에 영향을 미치지 아니하였다는 취지의
주장을 한 바는 없다.

⑤ 관세 부과를 목적으로 하는 관세법에 의한 '과세가격'의 목적
및 산출방법은 내국세 부과를 목적으로 하는 국제조세조정법에 의
한 '정상가격'의 목적 및 산출방법과는 다르므로, 이 사건 각 물품의
수입가격이 원고의 주장과 같이 국제조세조정법에서 정한 정상가격
산출방법 중 하나인 거래순이익률방법에 따랐다 할지라도, 그러한
사정만으로 원고와 미국 본사 사이의 특수관계가 이 사건 각 물품의
거래가격에 영향을 미치지 않았다고 보기는 어렵다. 이처럼 과세가
격과 정상가격이 서로 달라질 수 있기 때문에, 사전적으로는 관세법
제37조의2나 국제조세조정법 제6조의3과 같이 관세의 과세가격과
국세의 정상가격 조정을 관세청장 또는 국세청장에게 신청하는 제
도가 있고, 사후적으로는 관세법 제38조의4나 국제조세조정법 제10
조의2와 같이 관세의 과세가격 결정으로 인한 국세 경정청구, 국세
의 정상가격 결정으로 인한 관세 경정청구 제도를 두고 있다.

⑥ 관세법상 과세가격 평가는 개별 품목별로 이루어져야 하는 것
이지만, 개별품목의 거래가격이 특수관계의 영향을 받은 것인지를
판단할 때 거래 전체의 가격 결정 방법도 하나의 간접사실로서 고려
할 수 있다.

이 판결의 시사점은 구매자와 판매자간 거래가격을 결정함에 있
어 쌍방의 의사 합치에 의해 결정되어야 하나, 당사자 가격정책에
의해 일방이 결정하였고, 특히 구매자의 국내 판매가격까지 본사가
결정하는 것은 통상적인 거래방식이 아니다. 또한 구매자의 독립된
거래당사자 지위에 대한 정보를 제공하지도 않았고, 무역거래에 있
어서 환위험은 거래당사자 쌍방이 모두 부담하는 것으로 시장환율
에 의하지 않은 고정환율에 의해 결정되는 것은 일방의 독점적 지위

를 반영하는 것으로 볼 수 있다. 그리고 내국세 부과의 정당성이 입증되어도 각 거래물품 단위별로 영향여부를 판단하는 관세법에 의한 과세가격은 전체 거래물품의 가격결정방법도 간접적인 영향을 미칠 수 있다고 판단하였다.

나) 2017두59048(2020.12.30. 선고)[13]

이 판결은 관세법 제30조 제3항 제4호를 적용하기 위하여는 구매자와 판매자 간에 특수관계가 있다는 사실 외에도 그 특수관계에 의하여 거래가격이 영향을 받았다는 점까지 과세관청이 증명하여야 한다는 법리를 전제한 다음, 그 판시와 같은 이유로 원고와 판매자 사이의 특수관계가 이 사건 물품의 거래가격에 영향을 미쳤다고 봄이 상당하다고 판단하였다.

그 특수관계가 서보시스템 등의 거래가격에 영향을 미친 판단 이유를 살펴보면 다음과 같다.

① 원자재(회토류)의 국제적인 시세 상승에 따라 가격이 인상되었던 모터와는 달리, 이 사건 물품의 시세는 특별히 변동할 만한 사유가 없었음에도 동일한 시장 상황, 동일한 시기에 수입된 이 사건 물품의 가격이 현저히 등락하였다.

② 수출자가 오히려 수입자인 원고의 희망가격보다 더 낮은 가격으로 물품을 공급한 것이 일반적인 거래 당사자 간의 가격결정 방법이라고 보기 어렵다. 이에 대하여 원고는 이 사건 물품은 모터와 함께 서보시스템 단위로 최종수요자에게 판매되기 때문에 원고와 수출자가 가격협상을 함에 있어 모터의 국제적인 시세 상승으로 인해

---

13) 2심 서울고등법원 2017. 8. 23 선고 2016누79177/ 1심 서울행정법원 2016. 11. 11 선고 2015구합54773

서보시스템의 가격 경쟁력이 감소하는 것을 방지하기 위하여 서보시스템의 가격이 일정 수준으로 유지되도록 수출자가 이 사건 물품의 가격을 낮게 제시한 것이라고 주장하나, 원고와 수출자 사이에 이 사건 물품의 국내 판매를 원고가 독점하기로 하는 계약을 체결하였다는 등의 특별한 사정도 없는 이 사건에서 수출자가 수입자인 원고의 국내에서의 가격경쟁력까지 고려하여 수입가격을 조정해 준다는 것은 원고와 수출자 사이의 특수관계를 고려하지 않고는 합리적으로 설명하기 어렵다.

③ 비슷한 시기에 수입된 이 사건 물품의 수입가격이 2배 이상 차이가 나는 등 현저히 차이가 남에도 불구하고 원고가 국내 최종소비자에게 이 사건 물품을 판매한 가격은 큰 차이가 없다. 이는 최종소비자가 누구인지와 관계없이 수출자는 자신이 정한 가격을 원고에게 적용한다는 것을 의미하는 것으로서 국내 최종소비자인 제조업체가 제시한 희망가격을 고려하여 원고와 수출자가 자유롭게 가격을 협상하여 이 사건 물품의 수입가격을 결정하였다는 원고의 주장과 부합하지 않는다.

④ 원고와 수출자 사이에 원고가 독립된 거래당사자로서 수출자에 대하여 가격협상을 요구하는 등 특수관계가 없는 구매자와 판매자간에 통상적으로 이루어지는 가격결정에 관한 협의가 이루어졌다는 자료가 거의 없다. 오히려 이러한 방식의 일방적인 가격결정은 원고와 수출자 사이의 특수관계에 기인한 것으로 보인다.

⑤ 서보시스템을 구성하는 개별 물품별로 최종수요자에게 판매가 이루어지는 것이 아니라 이 사건 물품이 모터와 함께 서보시스템 단위로 판매되는 것이라 하더라도, 그 중 일부(모터)의 국제적인 시세가 상승하게 되면 서보시스템 전체의 가격도 상승하게 되는 것이 시장원리에 부합하는 것으로 보이고, 수출자가 서보시스템 전체의 가격 유지를 위해 이 사건 물품의 수입가격을 낮추어 주는 것이 해

당 산업부문의 정상적인 가격결정 관행에 해당한다고 보기 어렵다.

⑥ 원고의 매출총이익률은 원고의 수입신고 기간 동안 2009년에 손실을 기록한 것을 제외하고는 2010년에서 2013년까지 일정한 수준으로 유지되었는데, 서보시스템 중 모터의 국제적인 시세 상승에도 불구하고 원고가 일정 수준의 매출총이익률을 유지할 수 있었던 것은 원고와 수출자 사이의 특수관계가 이 사건 물품의 수입가격에 영향을 미쳐 원고가 더 낮은 가격으로 이 사건 물품을 수입할 수 있었기 때문으로 보인다.

⑦ 이 사건 물품의 수입신고서나 상업서류 등에는 어떠한 물품이 시스템을 이루고 있고 해당 시스템의 수량이 몇 개가 된다는 기재가 없고, 수입신고서에 모션, 앰프, 모터가 기재되어 있거나 모션만 기재되어 있거나 모터와 앰프만이 기재되어 있어 해당물품들이 각 물품의 묶음별로 "서보시스템"에 해당한다는 것이 명확히 특정되지 않으므로 원고의 주장대로 "시스템 단위"로 거래가 이루어졌다고 보기 어렵다.

이 판결의 시사점은 원가 등 거래가격이 변동할 사유가 없었음에도 불구하고 거래가격이 등락하였으며, 판매자가 구매자의 가격 경쟁력을 고려하여 구매자의 희망가격(제시가격)보다 낮게 거래가격이 결정된 것은 일반적인 거래라고 보기 어렵다. 그리고 거래가격이 2배 이상 차이가 있음에도 불구하고 구매자의 국내판매가격이 변동이 없다는 것은 구매자의 독립적인 의사결정의 범위를 벗어나 당사자간 자유롭게 가격협상이 이루어지지 않았고, 이에 대한 가격 협상 관련 자료가 없는 것은 특수관계 거래외에는 설명할 수 없다. 시스템 단위로 거래되는 경우 구성요소 개별 물품의 가격 변동이 있으면 시스템의 거래가격도 변동되는 것이 시장 원리에 부합되는 것이나, 시스템의 전체의 가격 유지를 위하여 구성요소 일부물품의 거래가격을 낮추는 것은 해당산업부문의 정상적인 가격 결정이 어렵다고 판단하였다.

다) 2017두54869(2021. 1. 14. 선고)[14]

이 판결은 관세법 제30조 제3항 제4호를 적용하기 위하여는 구매자와 판매자 간에 특수관계가 있다는 사실 외에도 그 특수관계에 의하여 거래가격이 영향을 받았다는 점까지 과세관청이 증명하여야 한다는 법리 등을 전제한 다음, 그 판시와 같은 이유로 원고와 판매자들 사이에 특수관계가 있어 그 특수관계가 이 사건 각 물품의 거래가격에 영향을 미친 사실이 인정된다고 판단하였다.

구매자와 판매자간 특수관계가 의약품의 거래가격에 영향을 미친 판단 이유를 다음과 같이 판결하였다.

① 원고가 이 사건 물품의 판매자들과 관세법상 특수관계가 있다는 사실, 원고와 이 사건 물품의 판매자들은 일반의약품, 전문의약품, 동물의약품 3개 사업부문별 및 각 사업부문 내 판매자별로 총 7개의 바스켓을 구성하여 각 바스켓의 이익률이 일정한 목표이익률을 달성하도록 거래가격을 결정한 사실은 당사자 사이에 다툼이 없다. 그런데 관세평가는 거래당사자 사이의 전체 거래에 의하여 결정하는 것이 아니라 당해 수입물품의 거래가격을 기초로 과세가격을 결정하는 것이고, 또한 특수관계자들 간의 거래에 있어서도 가격정책상 어떤 품목은 저가나 고가로 공급하고 또 어떤 품목은 정상적인 가격으로 공급하는 경우가 있을 수 있으므로, 특수관계가 거래가격에 영향을 미쳤는지의 여부를 판단함에 있어서도 당해 수입물품의 거래가격을 기초로 판단하여야 하는데, 따라서 당해 수입물품의 거

---

14) 2심 서울고등법원 2017. 6. 30 선고 2016누75618/ 1심 서울행정법원 2016. 10. 27. 선고 2015구합65599

래와 관련한 '거래상황'을 고려하여야 할 뿐이므로, 거래당사자 사이의 전체 거래를 기준으로 특수관계가 거래가격에 영향을 미쳤는지 여부를 판단하여야 한다는 취지의 원고 주장은 이유 없다. 원고와 판매자들이 가격결정에 적용한 바스켓 어프로치 방식에 따르자면, 어떤 바스켓의 이익률이 일정한 목표이익률 범위 안에 있다면 해당 바스켓 내 개별 제품의 외부 판매가격이나 영업비용 등 이익률에 영향을 미치는 요인이 변동하더라도 개별 제품의 수입가격은 변경할 이유가 없게 된다.

원고의 수석행정관은 피고와 문답시 '세전영업이익률을 조정할 필요가 없다면바스켓 어프로치하에서는 (거래가격의) 어떠한 조정도 없다.'고 진술한 점(을 제1호증), 이 사건 물품 중 상당수의 품목은 2011년 내지 2013년 사이에 약가가 하락하였음에도 불구하고 2013년 이전에는 수입가격에 거의 변동이 없었고 2013년 이후에 일부 수입가격이 변동된 점(갑 제9호증)에 비추어 보면, 실제로도 원고와 판매자들은 바스켓의 목표이익률에 별다른 영향이 없다면 개별 제품의 수입가격을 조정하지 않았던 것으로 보인다.

그 결과 을 제4호증에서 보는 바와 같이 전문의약품(PH) 전체적으로는 2009년
5%, 2010년 1%, 2011년 10%, 2012년 1%의 영업이익률을 달성하였으나, 해당 바스켓내 개별 제품군의 영업이익률을 살펴보면 2009년 -26% ~ 24%, 2010년 -23% ~ 19%, 2011년 -12% ~ 26%, 2012년 -16% ~ 14%와 같이 높은 영업이익률을 보이는 제품군과 영업손실을 보인 제품군이 혼재하였다. 또한 특정 제품군(Cardioaspirin, Nexavar)은 매년 영업적자를 내는 반면 다른 제품군(Ultravist)은 매년 높은 영업이익률을 달성하고 있는 점 역시 바스켓의 목표이익률에 별다른 영향이 없다면 개별 제품의 수입가격이 조정되지 않았음을 뒷받침한다.

이러한 결과는 원고와 판매자들이 특수관계가 아니었다면, 또 개

별 제품에 대하여 가격협상이 이루어지는 일반적인 경우를 상정한다면 이례적인 결과이므로, 일응 원고와 판매자들 사이의 특수관계가 거래가격에 영향을 미쳤다는 의미로 판단된다.

② 원고는 바스켓 어프로치 방식의 거래가격 결정이 특수관계 없는 구매자와 판매자간 통상적으로 이루어지는 가격결정방법에 따른 것이거나, 당해 산업부문의 정상적인 가격결정 관행에 부합하는 경우로 볼 수 있다고 주장한다.

원고가 근거로 제시한 OECD 이전가격 가이드라인(갑 제23호증) 3.9항은 '개별거래가 아주 밀접하게 연계되어 있거나 지속적으로 발생하여 개별거래 기준으로는 적절히 평가할 수 없는 경우에는 최적의 정상가격 산출방법을 이용하여 동시에 평가되어야 한다.'고, 3.10항은 '포트폴리오에 속한 개별 제품에 대한 것보다는 포트폴리오 전체에 대한 적절한 이윤을 얻을 목적으로 특정 거래를 묶는 경우, 합리적인 목표가 정해져 있고, 성질상 이들 개별 거래가 구분되어야 하는 경우가 아니라면 포트폴리오 접근방법을 사용할 수 있다.'는 취지로 규정하고 있다. 또한 원고가 근거로 제시한 관세평가 및 이전가격 가이드라인(갑 제24호증) 3.6.5항은 특수관계자 간 집합거래가 허용될 수 도 있다는 취지로 규정하면서 여러 거래를 집합으로 묶을 수 없는 경우로 특수관계자 거래와 비특수관계자 거래의 집합, 비교가능성이 없는 특수관계자 간 거래, 복수의 관계당사자가 연관된 유사 거래를 들고 있다. 그리고 피고도 원고가 바스켓 어프로치라는 방법을 사용하는 것 자체에 대하여는 별다른 이의가 없다.

그런데, 바스켓 어프로치 방식이 의약품 산업의 정상적인 가격결정 관행이라고 보더라도, 원고와 판매자들이 3개의 사업부문별 및 각 사업부문 내 판매자별로 총 7개 의 바스켓을 구성하고 목표이익률 범위 내에서 가격을 결정하였다는 것만으로는 정상적인 가격결정 관행에 들어맞는다고 보기 어렵다. 그 이유는 다음과 같다. 첫째,

앞서 본 전문의약품(PH)의 경우 개별 제품군 사이에 영업이익률의 편차가 상당히 크고(을제4호증), 원고가 전문의약품 내에서 다시 세부적으로 분류한 전략사업분야(PC, WH, ONC, DI, CAR, STH, HEM. 원고 2016. 6. 23.자 준비서면 39면 참조)별로 보더라도 영업이익률의 편차가 크다(갑 제14호증). 이는 하나의 바스켓 내에서도 판매단가, 수입단가, 영업비용 등 제반 환경이 제각각임을 추정케 한다. 둘째, 원고가 제시한 바스켓 내 개별 제품이 생산, 영업, 판매 등 거래 진행에 있어서 서로 어떠한 연관성이 있는지 구체적인 내용이 밝혀지지 않았다. 전문의약품, 일반의약품, 동물의약품이라는 범주는 너무 광범위하여 그 범주 내 품목의 상호 연관성을 알기 어렵다. 셋째, 원고와 판매자들사이에 바스켓별 목표이익률의 설정이나 개별 제품의 가격결정이 상호 협의되었음을 인정할 자료가 매우 부족하다. 오히려 앞서 본 바와 같이 개별 제품별로 영업이익률의 편차가 큰 점, 판매가격의 변동에 비하여 수입가격 변동이 별로 없는 점 등에 비추어 보면 전사적 관점에서 영업이익률만이 문제될 뿐 개별 제품의 시장상황 변화는 가격결정에 별다른 영향을 주지 못하는 것으로 보인다. 넷째, 원고가 주장하는 바와 같이 적정 영업이익률 협의는 매년 8월부터 10월까지 약 60일간, 개별 제품의 가격협의는 매년 10월부터 12월 초까지 약 35일간 전화회의, 이메일 등을 통하여 이루어진다면, 상당한 양의 협의자료나 보고자료 등이 피고의 조사시 제출되었을 것으로 보임에도 그러한 자료가 제출되지 않았다.

③ 관세 부과를 목적으로 하는 관세법에 의한 '과세가격'의 목적과 산출방법은

내국세 부과를 목적으로 하는 「국제조세조정에 관한 법률」에 의한 '정상가격'의 그것과 다르므로, 이 사건 물품의 수입가격이 「국제조세조정에 관한 법률」에서 정한 정상가격 산출방법에 따랐다 할지라도, 그러한 사정만으로 피고가 이 사건 물품의 수입가격을 부인할

수 없다고는 할 수 없다. 이처럼 과세가격과 정상가격이 서로 달라질 수 있기 때문에, 사전적으로는 관세법 제37조의2나 「국제조세조정에 관한 법률」 제6조의3과 같이 관세의 과세가격과 국세의 정상가격 조정을 관세청장 또는 국세청장에게 신청하는 제도가 있고, 사후적으로는 관세법 제38조의4나 「국제조세조정에 관한 법률」 제10조의2와 같이 관세의 과세가격 결정으로 인한 국세 경정청구, 국세의 정상가격 결정으로 인한 관세 경정청구 제도를 두고 있는 것이다. 따라서 국제조세조정에 관한 법률에 의한 정상가격 산출방법에 따라 거래가격이 산정되는 경우 이러한 가격 산정 방식을 '거래상황'으로 고려하여 관세법에 의한 과세가격으로 수용하는 것이 타당하다는 취지의 원고 주장은 이유 없다

④ 이와 같은 사정을 모두 종합하여 보면, 원고와 판매자들 사이에 특수관계가

이 사건 물품의 거래가격에 영향을 미친 사실이 인정된다. 가사 시행령 제23조 제2항 제1호 및 제2호 소정의 요건사실에 대한 증명책임이 원고에게 있다고 볼 수 없더라도, 앞서 본 바와 같은 여러 사정을 종합하면, 원고와 판매자들 사이에 특수관계가 있어 그 특수관계가 이 사건 물품의 거래가격에 영향을 미쳤다고 충분히 인정할 수 있다. 원고의 주장은 받아들일 수 없다.

이 판결의 시사점은 구매자와 판매자는 수백종의 의약품을 거래하면서 각 그룹별 바스켓을 기준으로 각 바스켓단위별 일정한 목표이익율을 정하여 거래가격을 결정하고 있다. 관세평가는 거래당사자의 전체 거래에 의하여 결정하는 것이 아니라, 당해 수입물품 기준으로 개별품목에 의해 과세가격을 결정하므로 특수관계가 거래가격에 영향을 미쳤는지 여부도 개별 거래가격에 의하여 판단한다. 개별 의약품의 거래가격이 바스켓 목표이익율에 영향이 없다면 거래가격 조정이 없다. 특수관계 아니면 개별 의약품 단위로 가격협상을

하는 것이 통상적인 거래 방식이라고 보면서 바스켓 단위 거래가격 결정은 특수관계가 거래가격에 영향을 미친 것으로 보았다. 바스켓 어프로치 방식이 의약품 산업의 정상적인 가격결정 관행이라고 보더라도 개별 제품군사이의 영업이익율 편차가 상당히 크고, 개별 제품이 생산, 영업, 판매 등 거래 진행에 있어서 서로 어떠한 연관성이 있는지 구체적인 내용이 밝혀지지 않았고, 구매자와 판매자들사이에 바스켓별 목표이익률의 설정이나 개별 제품의 가격결정이 상호 협의된 자료를 제시하지 못한 것을 정상적인 거래라고 판단 할 수 없다. 내국세 부과목적의 「국제조세조정에 관한 법률」에서 정한 정상가격 산출방법을 따랐다 할지라도 이사건 수입물품의 거래가격은 부인될 수 있어, 두당사간의 거래가격은 특수관계에 의하여 영향을 받았다고 판단하였다.

라) 2017두58281(2021. 1. 14. 선고)[15]

이 판결은 관세법 제30조 제3항 제4호를 적용하기 위하여는 구매자와 판매자 간에 특수관계가 있다는 사실 외에도 그 특수관계에 의하여 거래가격이 영향을 받았다는 점까지 과세관청이 증명하여야 한다는 법리를 전제한 다음, 판시와 같은 이유로 원고와 미국 본사 사이의 특수관계가 이 사건 각 물품의 거래가격에 영향을 미친 사실이 인정되고, 피고가 이 사건 각 처분 당시 다른 물품에 대한 환급액을 고려하지 않고 이 사건 각 물품만이 특수관계가 거래가격에 영향을 미쳤다고 보고 부인한 것을 위법하다고 단정할 수 없다고 판단하였다.

미국 본사와 구매자 사이 특수관계가 영향 미친 판단 이유는 다

---

15) 2심 부산고등법원 2017. 7. 21 선고 2016누24441/ 1심 부산지방법원 2016. 12. 8 선고 2016구합21535

음과 같이 판결하였다.

① 2009년부터 2013년까지 이 사건 각 물품 중 MHMIE 규격 제품
은 21%, VIG2E 규격 제품은 16%의 원가상승률을 보였다.
② VIG2E 규격 제품의 도매 및 전체 국내판매가격은 아래와 같이
변동되었다. MHM1E 규격 제품 역시 국내판매가격의 변동이
있었던 것으로 보인다.

(단위 : 만원)

연도	2009년	2010년	2011년	2012년	2013년
도매 (수량)	2,727~3,909 (2대)	2,500~2,727 (3대)	2,000~2,500 (5대)	2,000~2,500 (4대)	2,500 (2대)
전체 (수량)	2,727~3,954 (8대)	2,500~3,636 (9대)	1,500~3,636 (19대)	1,318~2,636 (15대, 중고제외)	1,802~2,727 (5대)

③ 원고는 이 사건 각 물품을 수입하면서 결제 통화로 달러를 사
용하고 있다. 한편 이 사건 처분의 대상기간인 2009. 8.경부터 2013.
4.경까지 외환시장에서 달러 환율은 이 사건 각 물품의 최초 수입신
고 시점인 2009. 8.경 약 1,240원이었고, 그 후 2010. 6.경 약 1,260원
까지 올랐다가 그 이후 하락하여 2011. 8.경 위 기간 중 최저치인 약
1,050원이 되었고, 2013. 4.경에는 약 1,140원으로 변동이 있었다.

④ 2010년의 연평균 물가를 100으로 한 미국 내 생산자물가지수
(PPI, 모든 상품의 가격변동을 대표하는 지표로서 일정 시점의 연평
균 물가를 100으로 잡고 가격 변화 추이를 수치로 나타낸 것)는
2008년 102.6, 2009년 93.6., 2010년 100, 2011년 108.8, 2012년 109.4,
2013년 100.1로 변동되었다.

⑤ 미국 본사의 판관비와 연구개발비의 합계 비율은 2005년
44.8.%, 2009년 51.8.%, 2010년 52.1.%, 2011년 53%, 2012년 52.4.%,
2013년 51.6.%로 변동하였다. 또한 이 사건 각 물품의 수출자는 미국

본사, AH, AI, AJ으로 수출자 별로 가격조건, 선적지, 운송형태가 각각 다르다.

⑥ 원고와 미국 본사 사이에 2009년부터 2013년까지 결정된 수입거래가격은 MHIM1E 규격 제품의 경우 3,000달러, VIG2E 규격 제품의 경우 5,000달러로 매년 동일하게 유지되었다(이 사건 각 물품의 최초 수입 시점인 2005년부터 2013년까지 사이에 VIG2E 규격 제품은 2005년부터 9년간, MHIM1E 규격 제품은 2007년부터 7년간 거래가격이 동일하였다). 이에 대해 원고는 중대한 시장 또는 환경 변화가 있지 않는 이상 이전가격을 유지하는 본사의 고정 TP제도의 특성에 기인한 것이라고 주장하나, 시장상황의 변화가 수입가격에 미치는 영향 및 이 사건 각 물품의 수입가격이 동일하게 유지된 기간을 고려할 때 위와 같은 시장상황의 변화가 이 사건 각 물품의 가격을 변경할 필요가 없을 정도로 경미한 변경에 해당한다고 보기는 어렵다. 오히려 원고의 거래가격 산출 방식을 고려할 때, 거래가격 산출에 있어서 주요 요소인 제조원가가 지속적으로 상승하였음에도 불구하고 이 사건 물품의 수입가격에 전혀 영향을 주지 않았고, 국내 판매가격 변동과 수입가격 사이에 어떠한 관련성도 찾아보기 어려우며, 국내시장상황 및 개별 거래상황 등과는 무관하게 수입가격이 장기간 변동되지 않고 일정한 가격을 유지하였다는 것은 경험칙상 이례적인 경우로 보이고, 원고와 미국 본사의 특수관계를 고려하지 않으면 합리적으로 설명하기 어렵다.

⑦ 이 사건 각 물품의 매출총이익률은 49%~62%인 반면 원고의 매출총이익률은 8%~40%이고, 동종 업계의 매출총이익률은 26%~33%로 이 사건 각 물품의 매출 총이익률이 현저히 높은데 이 또한 원고와 미국 본사의 특수관계로 인하여 이 사건 각 물품의 수입가격이 변동되지 아니한데 기인한 것으로 보인다.

⑧ 원고가 주장하는 바와 같이 원고와 미국 본사 사이에 가격협

의가 이루어지고 이에 따라 가격이 결정되어 왔다면, 상당한 양의
협의자료나 보고자료 등이 피고의 조사시 제출되었을 것으로 보임
에도 그러한 자료가 제출되지 않았다. 또한 원고와 미국 본사 사이
의 이 사건 각 물품에 대한 계약서, 수입가격 약정에 관한 자료는 제
출된 바 없다. 오히려 앞서 본 바와 같이 원가상승률, 국내판매가,
미국 내 생산자물가지수, 판관비와 연구개발비의 합계 비율, 환율,
수출자, 경쟁시장의 변동이 있음에도 상당기간 수입가격 변동이 전
혀 없는 점 등에 비추어 보면 설령 원고와 미국 본사의 협의가 있었
다 하더라도 이 사건 각 물품의 가격결정에는 아무런 영향을 주지
못한 것으로 보인다.

⑨ 관세 부과를 목적으로 하는 관세법에 의한 '과세가격'의 목적
및 산출방법은 내국세 부과를 목적으로 하는 국제조세조정법에 의
한 '정상가격'의 목적 및 산출방법과 다르므로, 이 사건 각 물품의 수
입가격이 원고의 주장과 같이 국제조세조정법에서 정한 정상가격
산출방법 중 하나인 거래순이익률방법에 따랐다고 할지라도, 그러
한 사정만으로 원고와 본사 사이의 특수관계가 이 사건 물품의 거래
가격에 영향을 미치지 않았다고 보기는 어렵다. 오히려 이 사건 각
물품의 영업이익률이 갑 제11호증(이전가격 분석보고서)에 나타난
사분위 범위(2004년 3.6.%~5.9%, 2005년 3.1.%~9.8%, 2006년 3.2.%~
9.8%, 2007년 2.9.%~10.1%, 2008년 3.3.%~8%)를 크게 상회함에도 이
사건 각 물품의 수입가격은 상당 기간 조정된 바 없다(미국 본사는
의료기기 장비의 국내시장 경쟁이 치열하기도 하고 의료용 소모품
매출을 늘리기 위하여 의료기기 장비인 이 사건 각 물품의 수입가격
을 고정하고 판매방식 역시 통제한 것으로 보인다). 한편 원고는
Cost + Mark up(원가가산법) 방식을 따랐다는 주장을 하나 그 구체
적 산출금액이나 근거자료 등을 제시하지 않고 있다.

⑩ 원고는 피고의 기획심사 당시 2010년 수입신고번호 AK(품명:

Cable, 모델규격: 896019021, 896507021) 등으로 의료기기(1130, 1175), 이에 장착되는 Cable(896019021, 896507021 등) 및 인공판막 전달시스템(9340CR, 932018, 9320AS, 96402 등)을 수입하면서 국내시장상황, 영업손실 등의 사유로 수입단가를 비정상적으로 인하하여 수입신고한 사실이 있음을 확인하기도 하였다.

⑪ 관세법상 과세가격 평가는 개별 품목별로 이루어져야 하는 것이지만, 개별 품목의 거래가격이 특수관계의 영향을 받은 것인지를 판단할 때 거래 전체의 가격 결정 방법도 하나의 간접사실로서 고려할 수 있다.

원고의 위 주장은 받아들이지 아니한다.

이 판결의 시사점은 구매자와 판매자간 7년간 의료기기 거래가격을 변동없이 동일하게 유지 하였다. 이 기간 동안 판매자의 원가상승, 국내판매가격 인상, 시장환율도 1,240원 → 1,050원 → 1,140원으로 변동, 수출국 생산자물가지수의 변동, 판매자의 판관비와 연구개발비 비율이 지속적 증가로 거래가격 변동요인이 있었음에도 불구하고 거래가격이 고정된 것은 거래가격을 변경할 필요가 없을 정도로 경미한 변경에 해당한다고 보기는 어렵다. 즉, 제조원가의 상승이 거래가격에 전혀 영향을 주지 않은 것은 특수관계를 고려하지 않으면 설명하기 어렵다. 해당제품의 매출총이익율은 회사전체 및 동종업계보다 높은 것은 거래가격 변동에 의한 것으로 볼 수 있고, 거래가격 고정에 대한 가격 협의가 있다면 가격협의 자료를 제출하여야 하는데 그 자료가 없다. 거래가격이 「국제조세조정에 관한 법률」에서 정한 거래순이익률법에 따랐다고 할지라도 관세법상 과세가격의 평가는 개별품목에 이루어져야 하므로 거래가격이 고정된 것은 특수관계가 거래가격에 영향을 미친 것으로 판단하였다.

마) 2009누34664(2010.6.23. 선고)[16]

원고인 P는 2심 법원에 항소하였다가 항소를 취하한 사례로 특수관계가 거래가격에 영향을 미친 판결을 살펴보기로 한다.

1심 법원의 판결은 의약품 V는 아래와 같은 사정을 종합하면, 원고와 수출자의 특수관계가 의약품 V의 수입거래가격에 영향을 미쳤다고 판단하였다.

① 갑 4, 14 내지 17, 21, 22, 23호증, 을 2호증(가지번호 포함)의 각 기재에 변론 전체의 취지를 종합하면, 원고가 2003. 5.경부터 P의 다른 자회사로부터 의약품 V(실데나필 50㎎, 구연산 실데나필 70,23㎎)를 1정(U2)당 2.795달러로 수입한 사실, 원고가 2002. 12 .6.경 위와 같은 V를 만들기 위하여 필요한 원재료인 실데나필을 ㎏당 56,700달러로 수입한 사실(갑 6호증의 2, 갑 14, 15호증의 각 기재에 의하면, 구연산 실데나필 70,23㎎은 실데나필 50㎎에 해당하는 용량이라는 사실이 인정되고, 을 2호증의 1에 기재된 모델 규격 'POTENCY 0.7050 FOR MEDICINE'이 구연산 실데나필에 포함된 실데나필의 용량을 의미하는 것으로 보이는 점을 고려하면, 을 2호증의 1에 기재된 수량 47.57㎏은 구연산 실데나필이 아닌 실데나필의 용량임을 알 수 있다)이 인정된다. 위 인정 사실에 의하면, 원고가 수입한 반제품 상태인 V 1정의 가격(2.795달러)은 원고가 비아그라 1정을 만들기 위하여 수입한 원재료(실데나필 50㎎)의 가격 {2.835달러(= 0.0567달러/㎎×50㎎)}보다 0.04달러 정도 낮다.

② 실데나필을 원재료로 V 1정을 만들기 위하여는 혼합, 제립, 분쇄, 압출 등의 세부 공정을 거치는 것이 필요하여 추가로 노무비 및 장비비 등의 비용이 요구되어, 원재료의 가격에 변동이 없는 이상 통

16) 1심 서울행정법원 2009.9.25. 선고 2009구합5629

상적인 거래관계에 있어서는 추가로 비용이 요구되는 반제품의 가격이 원재료의 가격보다 더 낮을 수 없음에도, 원고는 모회사인 P의 또 다른 자회사로부터 원재료보다 낮은 가격에 반제품을 수입하였다.

③ 일반적으로 과세요건사실의 존재에 대한 입증책임이 과세관청에 있으나, 구체적인 소송과정에서 경험칙에 비추어 과세요건사실이 추정되는 사실이 밝혀지면 상대방이 문제의 당해 사실이 경험칙 적용의 대상이 아니라는 사정을 입증하지 않는 한, 그 세금부과처분에 대하여 과세요건을 충족시키지 못한 위법이 있는 처분이라고 할 수 없다(대법원 2005. 1. 14. 선고 2004두10470 판결 등 참조). 이 사건에서, 반제품을 원재료보다 더 낮은 가격에 수입하였음에도, 원고는 V의 반제품이 원재료의 가격보다도 더 낮게 된 경위라든지, 원고가 비아그라의 반제품을 원재료의 가격보다 더 낮은 가격에 수입하게 된 경위, 가격협상의 과정 등에 관하여 아무런 설명을 못하고 있다.

④ 앞서 본 바와 같이 , 원고는, 당사가 수입하는 주력상품의 이전가격이 원고의 제안에 따라 P 본사의 승인을 받아 결정된다는 취지의 답변을 하였다.

⑤ 앞서 본 바와 같이, 피고는 실지심사를 하면서부터 원고에 대하여 V에 관하여 그 수입거래가격이 결정된 방법에 관련된 매매계약서 등 관련 서류를 제공하여 설명할 것을 요구하였으나, 원고는 이에 대하여 아무런 근거서류를 제공하지 아니하였다.

이 판결의 시사점은 구매자와 판매자는 반제 의약품을 거래하면서 원재료의 거래가격보다 낮게 거래하였고, 그 거래에 대한 가격협상, 거래관련 자료 없이 본사의 이전가격 정책에 의해서 결정된다는 일방적인 주장에 대하여 통상적인 거래의 원가구성요소를 고려하여 볼 때, 특수관계가 거래가격에 영향을 미쳤다고 판단하였다.

2. 특수관계가 거래가격에 영향을 미치지 않은 경우

과세당국이 특수관계자간 거래의 90% 이상에 대하여 의문을 제기하지 않은 거래가격 대부분은 과세가격으로 인정된다. 그러나, 거래가격의 결정에 대하여 과세당국이 의문을 제기하고 최종적을 거래가격에 영향을 미치지 않은 판결은 매우 적다.

가) 2010두15155(2010.11.11. 선고[17])

법원은 2심 및 1심을 인용하여 특수관계가 거래가격에 영향을 미치지 않았다고 판결하였다.

(a) 설페라존(Sulperazon)

아래와 같은 사정을 종합하면, 피고의 주장만으로는 원고와 수출자의 특수관계가 설페라존의 수입거래가격에 영향을 미쳤다고 볼 수 없다.

① 을 4호증의 1, 2의 각 기재에 변론 전체의 취지를 종합하면, 원고가 설페라존의 원재료인 세포페라존을 수입하면서 수탁가공목적 수입품(3,558달러/kg)을 일반목적 수입품(1,200달러/kg) 비하여 약 3배 이상 높게 수입신고를 한 사실은 인정된다. 그러나 원고는 수탁가공목적 수입품을 다시 수출하면서 관세를 환급받고, 수출자로부터 가공비만을 받을 뿐이므로, 원고는 수출자가 기재한 거래가격에 관하여 아무런 관심이 없을 뿐만 아니라 이에 관하여 가격협상을 할 필요가 없다. 따라서 수탁가공목적 수입품의 가격이 일반수입품의 가격에 비하여 높다는 이유만으로 일반 수입품의 가격이 낮은 것으로

---

17) 2심 서울고등법원 2010.6..23 선고 2009누34664/ 1심 서울행정법원 2099. 9. 25. 선고 2008구합5629

볼 수는 없다.

② 갑 20호증의 기재에 의하면, 서울지방국세청장은 2002. 12.경 원고에 대하여 세무조사하면서 원고가 1997년부터 2001년까지 수입한 세포페라존 등의 특허만료제품 5개 품목을 국내 다른 제약사보다 더 고가로 수입한 것으로 판단한 사실이 인정된다.

(b) 디푸루칸(Diflucan)

갑 제6호증의 3, 갑 제18호증, 을 제3호증의 1, 2, 3의 각 기재에 변론 전체의 취지를 종합하면, 디푸루칸 주사제 1개(50㎖)에는 그 원재료인 플루코나졸이 100㎎ 포함되어 있는 사실, 원고가 디푸루칸 주사제를 수입하면서 CT(CT는 주사제 10개가 포함된 상자)당 59.2달러로 수입신고하였고, 플루코나졸을 수입하면서 ㎏당 30,000달러로 수입신고한 사실이 인정된다. 위 인정 사실에 의하면, 디푸루칸 주사제 1개를 만들기 위하여 필요한 원재료인 플루코나졸 100㎎의 가격은 3달러(=0.030달러/㎎×100㎎)로 디푸루칸 주사제 1개의 가격인 5.92달러(=59.2달러/CT÷10개)보다 낮다. 따라서 디푸루칸 주사액의 수입거래가격인 통상적인 거래가격보다 낮다고 볼 수 없으므로 이 부분 원고의 주장은 이유 있고, 달리 원고와 수출자의 특수관계가 디푸루칸의 수입거래가격에 영향을 미쳤다고 볼 만한 증거가 없다.

(c) 펠덴(Feldene)

국내 재판매가격을 기초로 한 과세 가격의 결정에 관한 규정인 관세법 제33조는 관세법 제30조 내지 제32조에서 정한 방법으로 과세가격을 결정할 수 없는 경우에 비로소 적용할 수 있는 점 등에 비추어 보면, 과세관청이 국내판매가격에서 동종·동류의 수입물품이 국내에서 판매되는 때에 통상적으로 부가되는 이윤 및 일반경비에 해당하는 금액을 공제한 가격이 수입신고가격을 초과한다는 것을 밝혔다는 것만으로는 특수관계가 거래가격에 영향을 미쳤다는 증명을 다하였다고 볼 수 없다. 따라서 이 부분 원고의 주장도 이유 있고, 달리 원고와 수출자의 특수관계가 펠덴의 수입거래가격에 영향을 미쳤다고 볼 만한 증거가 없다.

이 판결의 시사점은 수탁가공목적의 거래가격과 일반 수입품의 거래가격이 차이는 거래방식에 차이에 기인하므로 거래가격과 비교가 무의미하다고, 원재료의 거래가격이 완제품 거래가격보다 낮은 것은 통상적인 거래이다. 이러한 가격 차이는 특수관계가 거래가격에 영향을 미쳤다고 볼 수 없다. 그리고 관세법제33조의 국내판매가격을 기초로 한 과세가격 결정방식으로 산출된 당해물품의 과세가격은 비교가격으로 사용될 수 없으므로 비교가격과 거래가격의 차이는 특수관계에 의하여 영향을 미친 것이 아니다라고 판결하였다.

나) 2007두9303(2009.5.28. 선고)

① 법원은 관세법 제30조 제3항제4호를 적용하기 위하여는 구매자와 판매자 간에 특수관계가 있다는 사실 외에도 그 특수관계에 의하여 거래가격이 영향을 받았다는 점까지 과세관청이 증명하여야 한다. 그리고 국내 재판매가격을 기초로 한 과세가격의 결정에 관한 규정인 관세법 제33조는 관세법 제30조 내지 제32조에서 정한 방법으로 과세가격을 결정할 수 없는 경우에 비로소 적용할 수 있는 점 등에 비추어 보면, 과세관청이 관세법 제33조 제1항, 관세법 시행령 제27조 제4항에 의하여 납세의무자가 제출한 회계보고서를 근거로 계산된 당해 수입물품에 대한 '이윤 및 일반경비의 비율'이 그 물품이 속하는 업종에 통상적으로 발생하는 이윤 및 일반경비로서 관세청장이 정하는 바에 따라 산출한 이윤 및 일반경비의 범위(이하 '기

준비율의 범위'이라 한다)에 속하지 않는다는 점을 밝혔다는 것만으로는 특수관계가 거래가격에 영향을 미쳤다는 증명을 다하였다고 볼 수 없다.

② 원심판결 이유에 의하면, 원심은 그 채용증거들을 종합하여 판시와 같은 사실을 인정한 후, 원고가 제출한 회계보고서를 근거로 작성된 이 사건 수입의약품인 젤❶다(xeloda)에 대한 이윤 및 일반경비의 비율이 기준비율의 범위를 초과한다는 사정만으로는 원고와 '소외 회사 사이의 특수관계가 젤❶다의 거래가격에 영향을 미쳤다고 볼 수 없다는 전제 아래, ① 젤❶다의 재판매가격이 소외 회사가 정한 가격정책상의 최저판매가격보다 낮다고 하더라도 이는 보건복지부가 정한 보험수가에 기인한 것으로 보이는 점, ② 젤❶다와 수입물품 부호를 같이하는 의약품을 수입하는 국내 업체 중 이윤 및 일반경비의 비율이 원고의 그것보다 높거나 비슷한 업체도 있을 뿐 아니라, 원고가 소외 회사로부터 수입한 다른 의약품들의 매출원가율(재판매가격에서 이윤 및 일반경비 등을 공제한 비율)이 젤❶다의 매출원가율보다 높다고 하더라도 그 의약품들은 비만치료제이거나 독감치료제 등으로서 대장암 등의 치료제인 젤❶다와 단순 비교할 수 없는 점, ③ 젤❶다의 당초 매출원가율이 60% 정도였다가 환율변동에 따라 50% 내지 55%로 낮아지기는 하였으나, 현재까지 외화를 기준으로 한 수입가격은 변동이 없는데, 외화를 기준으로 수입가격을 책정한 다음 환율이 변동될 때마다 재판매가격을 조정한다는 것은 사회통념상 기대하기 어려운 점 등을 고려하여 보면, 젤❶다의 매출원가율이 원고가 수입한 다른 의약품에 비하여 낮고 다른 업체들의 평균치에 미치지 못한다거나 그 재판매가격이 수출자의 가격정책에 부합하지 않는다는 사정만으로는 젤❶다의 거래가격이 원고와 소외 회사 사이의 특수관계에 영향을 받아 부당하게 낮은 가격으로 책정된 것이라고 단정할 수 없고, 달리 이를 인정할 증거가 없다

고 판단하였다.

이 판결의 시사점은 관세법제33조 국내판매가격을 기초로 결정하는 과세가격 결정방법에서 적용하는 '이윤 및 일반경비의 비율'을 비교하여 그 범위에 속하지 않는 이유만으로 특수관계가 거래가격에 영향을 미쳤다고 판단할 수 없다. 국내판매가격이 보험수가에 의해 낮게 책정되거나 환율이 변동될 때마다 국내판매가격 조정하는 것은 사회 통념상 기대하기 어렵고, 동종의 업체 매출원가율이 차이가 난다고 하여 치료 목적이 다른 의약품을 단순 비교할 수 없는 점으로 보아 특수관계가 부당하게 낮은 가격으로 책정된 것은 단정할 수 없다고 하였다.

다) 92누17112(1993.7.13. 선고)[18]

법원은 원고가 오스트리아의 피셔유한회사로부터 스키용품을 수입판매함에 있어서 원고는 수입물품의 가격이나 인도조건, 재계약 여부 등에 관하여 위 피셔사와 독립적인 지위에서 자유로운 협상을 통하여 결정하고 수입후 국내판매가격등에 관하여 아무런 간섭을 받지 않는 관계이므로 판시 약정서상의 지위의 양도가 불가능하고 원고가 일본의 가네마쓰사와의 접촉에 위 피셔사의 사전양해나 소개를 구하였다 하여도 그것만으로는 위 피셔사가 원고를 직접 또는 간접으로 관리하고 있다고 볼 수 없다고 판단하였는 바, 기록에 비추어 원심의 위와 같은 사실인정과 판단은 정당한 것으로 수긍이 가고 거기에 지적하는 바와 같은 법리의 오해나 채증법칙을 어긴 위법이 없다.

이 판결은 특수관계 거래의 영향여부에 대한 판결은 아니지만, 거래에 대해 독립적인 지위에서 자유로운 협상을 통하여 거래가격

---

18) 2심 서울고등법원 1992.10.1. 선고 92구666

이 결정되고, 수입후 국내판매가격등에 관하여 아무런 간섭을 받지 않는 관계이면 특수관계에 해당할 수 없다고 하였다. 즉, 거래당사자가 자유로운 협상에 의해 거래가격이 결정되는 경우는 특수관계가 거래가격에 영향을 미칠 수 없음 암묵적으로 판시하고 있다.

IV. 결론

다국적기업 등의 수 많은 거래 특수관계에 의한 거래이나 모든 거래가 특수관계에 의하여 영향을 미쳤다고 판단하는 것은 현실적으로 불가능하다. 다만, 이들의 거래가 특수관계이므로 폐쇄된 정보공유, 시장의 독점적 기능으로 인하여 거래가격이 왜곡될 가능성이 높을 뿐이다.

특수관계자간 거래이더라도 WTO관세평가협정 및 관세법에서는 '특수관계가 해당 물품의 가격에 영향을 미친 경우'[19]에 한하여 거래가격을 과세가격으로 인정하지 아니하고 대체가격으로 과세가격을 결정하지만, 대부분의 거래가격은 과세가격으로 인정된다. 그래서 '해당산업부문의 정상적인 가격결정 관행에 부합하는 방법으로 가격이 결정되는 경우'[20]에는 거래가격을 과세가격으로 인정하도록 규정되어 있다. 특수관계자간 거래에 대하여 영향여부를 판단함에 있어서 거래상황과 비교가격으로 판단하여야 하나, 두 당사자의 복잡다단한 거래요건을 확인하는 것도 어렵다.

앞에서 예시한 영향을 미친 사례와 영향을 미치지 않은 사례를 종합적으로 판단해보면, 판매자 관점에서는 제조원가(또는 구입원

---

19) 관세법제30조제3항제4호
20) 관세법시행령제23조제2항

가)에 적정한 이윤을 통하여 시장원리에 의해 결정되는 제3자의 거래가격과 유사하여야 하고, 구매자관점에서는 판매자의 개입이 없는 자유로운 시장활동이 보장되도록 하는 독자적인 이윤의 창출을 요구하는 것으로 볼 수 있다. 영향을 미친 여부는 거래상황과 비교가격에 의한 방법을 판단할 수 있으나, 판례에서는 거래상황에 대한 사례로 대부분이다.

특수관계가 거래가격에 영향을 미친 최근 판례를 살펴보면 ① 거래가격은 거래자 쌍방의 의사 합치에 의해 결정되어야 하나, 판매자 또는 본사에 의해 일방방적으로 결정된 경우 ② 거래가격은 제조원가에 이윤이 포함된 시장원리에 의해 변동되는 것이 원칙이나, 장기간 고정되거나 원가이하로 거래된 경우 ③ 회사전체 또는 품목 그룹단위로 이윤율을 정하여 개별 품목의 가격을 의도적으로 조정된 경우 ④ 판매자의 원가, 수출국의 생산자 물가지수, R&D 비용의 변동성이 무시된 거래가격 ⑤ 환위험은 거래자 양방이 모두 부담하는 것이 원칙이나 고정환율을 적용하여 일방이 유리하게 거래한 경우 ⑥ 과세당국의 거래가격 영향에 대한 의문에 대한 구매자 및 판매자의 거래가격 결정 자료 등 정보제공이 없거나 부실한 경우 ⑦ 내국세 부과목적의「국제조세조정에 관한 법률」에서 정한 정상가격 산출방법을 따른 구매자 거래 전부의 이윤율을 고려하여 결정한 거래가격은 관세법의 과세가격 산정은 개별 품목에 의한 특수성 등에 대하여 판시하고 있다. 판례는 각각의 행위 하나에 대하여 영향을 미쳤다고 판단한 것이 여러 사유가 중복된 거래상황 전체를 보고 특수관계가 거래가격에 영향을 미쳤다고 하였다.

특수관계가 거래가격에 영향을 미치지 않은 판례는 사례가 제한적이만, ① 수탁가공거래는 정상적인 거래가격을 반영하지 못하는 거래의 경우 ② 관세법제33조[21)]에서 정한 방법으로 결정된 과세가격은 비교가격으로 채택이 불가한 경우 ③관세법제33조에서 사용되는 '이윤 및 일반경비율' 단순비교하여 특정 범위를 벗어난 경우 ④ 거래당사자가 자유로운 협상 지위에서 거래가격을 결정한 경우라고 판시하였다.

이상에서 살펴본 바와 같이, 특수관계자간 거래의 거래가격은 특수관계자가 아닌 제3자의 거래 방법에서 일탈하여 구매자의 이윤 조정, 조세부담, 의료수가, 정부보조금 등의 원인으로 판매자 또는 본사가 구매자의 거래가격을 왜곡하는 경우를 영향을 미친다고 보고 있다. 복잡다단한 개별 거래에 전부에 대하여 거래마다 영향여부를 판단 할 수 없지만, 거래당사자 일방의 개입에 의해 거래가격에 조정되는 경우는 영향을 미친다고 보아야 할 것 같다.

최근 소수의 판례를 통해 특수관계자간 거래가격의 영향여부를 정형화 할 수 없지만, 향후 새로운 판례 등 이론적 접근을 통해 영향여부에 대한 이론을 더 발전시켜야 할 것으로 보인다.

---

21) 판매자의 국내판매가격에서 이윤, 세금 등을 공제한 과세가격

참고문헌

김기인, 관세평가정해 (관세자료연구원 1997)

관세평가 및 이전가격 책정에 관한 WCO 가이드(관세청 2015)

김병수, 관세평가(세인북스, 2013)

관세평가와 이전가격(관세평가분류원, 2011)

미국 관세청 평가대사전

ACVA 가이드북 (관세평가분류원 2020)

정보기술협정(Information Technology Agreement) 양허품목과 품목분류(HS)의 검토

임 대 승 전문위원

Ⅰ. 서론

정보기술협정(Information Technology Agreement, 이하 'ITA'라 함)은 1996년 12월 13일 싱가포르에서 열린 제1차 WTO[1] 각료 회의에서 '정보기술제품 무역에 관한 각료 선언'(Ministerial Declaration on Trade In Information Technology Products)을 통해 체결되었다. 1995년 WTO가 설립된 이후 최초이자 가장 중요한 관세자유화 협정으로 정보기술제품의 수입 관세가 철폐됨에 따라 무역자유화에 많은 영향을 주었고 세계 무역에서 가장 빠르게 성장하는 산업부문 중 하나로 자리매김하게 되었다.

WTO는 '관세 및 무역에 관한 일반 협정'(GATT, General Agreement on Tariffs and Trade) 체제를 대체[2]하여 세계무역질서를 세우고 우루과이라운드(Uruguay Round of Multinational Trade Negotiation) 협정의 이행을 감시하는 국제기구이다. 1986년부터 시작된 우루과이라운드

---

1) World Trade Organization : 회원국의 통상각료로 구성되는 각료회의를 최고의결기구로 하고 있으며, 최소 2년마다 개최하고 WTO 다자무역협정의 모든 분야에 대한 결정권을 갖고 있다.
2) 무형의 협정 체제였던 GATT와는 다르게 WTO는 실제 존재하는 기구이다.

협상은 1947년에 설립되어 세계무역질서를 이끌어온 GATT 체제의
문제점을 해결하고, 다자간 무역기구로 발전시키는 작업을 추진하
게 되었고, 7년에 걸친 논의 끝에 1994년 모로코의 마라케시에서 개
최한 우루과이라운드 각료회의에서 마라케시선언을 채택하였고
1995년 1월 1일 공식 출범하였다.

하지만, 출범 이후 우루과이라운드의 뒤를 이어 도하개발어젠다[3]
(DDA : Doha Development Agenda)라는 새로운 다자간 무역자유화
협상을 추진하기로 합의하였으나 지금까지도 가시적인 성과를 내지
못하는 등 그 한계점이 들어나고 있다.

이러한 한계점의 대안으로 등장한 것이 ITA 협상 방식이다. ITA
는 WTO에 가입하는 과정에서 14개 WTO 회원국 및 국가가 체결한
획기적인 무역협정이었고, 그것은 선진국과 개발도상국들 사이에서
성공적으로 협상한 첫 번째 부문협정(Sectoral Agreement)일 뿐만 아
니라 우루과이라운드 이후 특정 부문의 무역을 완전히 자유화한 첫
번째 분야로서 평가받고 있다.

ITA의 관세철폐는 WTO 양허 절차에 포함되어 있기 때문에 최혜
국대우(MFN, Most Favored Nation treatment) 기준으로 시행되며, 이
는 ITA에 가입하지 않은 국가들도 ITA의 관세철폐로 인한 무역 기
회의 혜택을 받을 수 있음을 의미한다. ITA 발효 이후 82개 회원국
을 포함하고 있으며 정보기술제품에 대한 세계무역의 97%를 담당
하고 있다. 전세계 ITA 관련 수출은 3배가 증가하였고 전체 상품수
출의 15%를 차지하고 있으며, 개발도상국의 글로벌 생산 네트워크
를 통합하는 계기가 되어서 정보기술 분야의 상품시장 개방이 확대
되었고, 세계 교역량의 증가를 가져올 수 있게 된 것이다.[4]

---

3) 우루과이라운드(UR, Uruguay Round)의 뒤를 이어 새로운 세계 무역 질서
   를 만들기 위해 추진되었으며, 농업과 비농산물, 서비스, 지적재산권 등의
   다양한 분야를 포함한 무역 자유화를 목표로 한다.

ITA는 복수국간에 수차례 협상을 하여 어렵게 탄생한 결과물이
므로 ITA 선언문의 취지를 잘 반영하기 위해서는 통일된 기준이 적
용되어야 한다. 하지만, 국내외적인 사례를 살펴보면 그 적용기준이
상이하여 당초의 협상결과에 대한 의미를 제대로 반영하지 못하는
경우가 다수 발생하고 있다. 이에 ITA 당초의 의미를 검토하고 그
기준을 일관되게 적용할 수 있는 방안을 검토해 보고자 한다.

II. ITA 협상 경과와 주요 내용

1. ITA[5](1단계) 협상 연혁

가. ITA의 법적 성격

ITA(각료 선언)는 용어에 협정(Agreement)이라는 단어가 포함되
어 있지만 엄밀하게 보자면 일반적으로 정의되고 있는 협정의 범주
에 포함되지는 않는다. 합의문(선언문)[6] 자체로서 협정의 효력이 발
생하는 것이 아니라, 참가국들이 무역자유화의 이행을 위하여 선언
문에 따라 참가국의 양허표상 해당품목에 양허관세 및 이행 일정을
제출하면서 비로소 그 효력이 발생하게 되는 방식을 적용하고 있다.
즉, 참가국은 합의문 이행을 위해 별도의 특혜관세율을 설정하는 것
이 아니며, 참가국의 양허표에 합의된 관세율을 정하고 최혜국대우
방식으로 양허 결과에 따른 혜택은 모든 회원국에게 동일하게 적용

---

4) WTO, "20 Years of the Information Technology Agreement"
5) 1996년 12월 합의된 ITA(1단계)에 대한 연혁이며, 2016년 합의된 ITA
   Expansion(2단계)에 대한 연혁은 후술한다.
6) 이후 용어는 합의문, 선언문, 각료선언문을 혼용하겠다.

하는 것이다.

ITA는 복수국간에 정보기술제품에 대하여 분야별 협상(Sectoral Negotiation) 방식으로 무역자유화를 합의하는 절차를 거쳐 도출되었다. WTO 출범 이후 분야별 협상 방식은 추가적인 무역자유화를 위한 유용한 방안으로 활용되고 있으며, 그 방식에 대해서는 WTO협정 상 명시적으로 정한 기준은 없지만 해당 분야에 관심을 가진 회원국들이 자발적으로 참가하여 특정 분야의 품목을 대상으로 정하여 무역자유화의 방식을 합의하고 품목군을 확정하는 것이 핵심 요소인 것이다.

WTO협정과 복수국간 분야별 협상 결과의 합의문에 대한 법적 성격은 아직까지 명확하게 정리된 바는 없다. ITA와 같이 분야별 협상 결과로 합의가 도출된 경우에는 양허표에 일괄적으로 반영되기 때문에 별도의 법적 문서가 존재하지는 않는다. 따라서, ITA는 다자라운드와는 별개로 추진되어 복수국간 합의문이 선언된 경우이므로 ITA 합의문이 분쟁해결절차 등 법적인 효력이 있는지 여부가 명확하지가 않다. 특히, 특정 품목이 ITA 양허품목에 해당되는지 여부에 대해 WTO 분쟁해결절차에 따라 ITA 합의문에 근거하여 판단할 수 있는지도 명확한 기준은 없다.

즉, ITA와 같이 분야별 협상 결과로 도출된 합의문 자체는 WTO협정으로 보기 어렵지만, 합의문에 따라 참가국이 WTO에 제출한 양허표가 법적인 효력을 가지는 것이다. 특정 국가의 ITA 양허품목에 대한 관세부과 조치가 ITA 합의문을 제대로 반영하지 않았다고 판단되는 경우에는 ITA 합의문이 아니라 제출된 양허표와 GATT 규정에 근거하여 조치 위반을 주장할 수 있을 것이다.

나. ITA의 협상 도출과정

ITA는 민간 부문에서부터 시작되었으며, 특정부문에 대한 무역 자유화를 합의한 최초의 시도였다. 우루과이라운드에서 다수의 전자제품에 대한 관세를 철폐하지 못하자 미국 컴퓨터 제조업체들은 1994년 ITI(Information Technology Industry Council) 주관 하에 재결집하여 다른 나라의 정부들을 설득하기 위한 목표로 정보기술제품에 대한 관세철폐를 위해 '정보기술 협정'이라고 명명하고 협상을 요구하면서 ITA가 시작되었다고 볼 수 있다. 우루과이라운드 당시부터 전자분야 무세화 논의가 있었고, 협상과정에서 공산품 분야의 관세협상 일환으로 쿼드(Quad, 4개국)7)의 주도로 분야별 자유화 접근이 시도되었으나 미국이 제안한 전자분야 무세화는 EU 등의 불참으로 성과를 얻지 못하였다.

이후 실무협정 회의 등을 시작으로 협상의 핵심 쟁점인 자유화 대상품목 리스트를 결정하는 기초 협의과정을 거쳤으며, 각국 산업계 의견을 수렴하여 예비적인 품목리스트를 협의하고 관심품목 리스트와 민감품목 리스트를 제출하여 협상을 진행하였다. 이러한 기초 작업을 거쳐 다른 회원국으로 확대하고 수차례 협상 과정을 거쳐 합의에 도달한 것이었다.

이러한 협상과정은 WTO가 다자협상 라운드 없이도 시장개방 성과를 거둘 수 있음을 보여준 사례였다. ITA 협상은 1995년 WTO 출범 직후 민간업계의 요구에 힘입어 선진국 주도로 논의가 시작되었으며, 1996년 12월 싱가포르 각료회의에서 29개국이 선언문을 채택하고 1997년 3월 40개국이 참여한 가운데 정식 발효되었다.

싱가포르 각료회의의 선언문 채택 이후 1997년 1월 WTO의 주재로 민감품목의 관세철폐 기간, 양허표 편입을 위한 세부절차 등 기

---

7) 미국, 유럽연합, 캐나다, 일본

술적인 협의를 가졌다. 일부 국가에서 자국의 관심품목 추가를 요청하기도 하였으나, 싱가포르에서 어렵게 달성한 균형이 흔들릴 것을 우려하여 수용되지 않았으며, 절충대안으로 품목범위에 대한 재검토 작업을 별도 일정에 따라 개시하기로 합의한 것이다.

ITA는 참가국간 관세철폐 합의는 모든 회원국에 최혜국대우 방식으로 적용되기 때문에 비참가국의 무임승차 가능성이 있었으며, 이러한 우려를 해소하기 위해 합의문의 발효요건으로 참가국 교역규모가 정보기술제품에 대한 전세계 수출의 90% 이상일 것을 규정하는 한편, 아시아 국가를 포함하여 참가국 확대를 시도하였다.

ITA 선언문의 부속서 제2항에 따라 참가국들은 1997년 3월 1일까지 이행계획 초안을 제출하였고, 이에 대한 검증절차가 진행되었으며, 이에 따른 최종 검증절차를 거쳐 최소발효요건(critical mass)[8] 90%를 충족함으로써 1997년 3월 26일 ITA 발효를 선언하게 된 것이다.

다. 각료선언문의 주요 내용

ITA 각료선언문은 정보기술제품에 대하여 세계 무역의 80% 이상을 차지하는 국가(관세영역)들을 대표하고, 이들 제품에 대한 세계 무역의 확장에 목표를 두고 있다. 이에 따라 참가국은 GATT 제2조 제1항(b)의 관세 및 기타 모든 종류의 부과금을 원칙적으로 1997년부터 2000년에 걸쳐 균등하게 철폐하기로 선언한 것이다.

선언문은 본문 4개 조항, 부속서 10개 조항, 첨부물 2개(A, B)로 구성되어 있다. 특히, 부속서에 정보기술제품의 세계적인 무역확대가 이루어질 수 있도록 양허 협상 결과에 따른 관세철폐의 세부 기준(Modality and Product Coverage)을 10개 조항에 걸쳐 구체적으로

---

8) ITA 각료선언문 부속서 제4항

명시하고 있다. 우선 참가국은 '관세양허 일정 변경 및 정정에 관한 절차의 1980년 3월 26일 결정(BISD 27S/25)'에 따라 각 국가에서 적용하고 있는 관세율표에 HS[9] 6단위 기준으로 반영한 참가국의 일정표를 제출하여 관세철폐 조치를 하며, 다자적 검토와 승인절차를 완료하기로 하였다.

참가국은 관세철폐를 위하여 HS와 연계되어 있는 첨부A의 품목은 각국의 HS부호와 연계될 수 있도록 하여야 하며, 첨부B의 품목은 각국의 관세율표의 HS 6단위(소호) 수준에서 상세한 HS 품목분류(Nomenclature)를 명시하도록 되어 있다. 또한, 품목분류의 차이와 관련하여 참가국들은 수시로 협의하여 첨부B에 기재된 품목을 포함하여 품목분류에 대한 참가국간 차이를 검토하고, 세계관세기구(WCO)의 해석과 판정 결과를 참고하여 품목분류 합의를 도출해 나가기로 하였다.

라. 양허품목 내역

양허품목은 첨부A와 첨부B로 구분하였고, 첨부A는 HS(1996년 기준, 이하 'HS(1996)'이라 함)의 품목분류가 가능한 제품들이며, 첨부B는 참가국간 HS의 품목분류에 이견이 있는 제품들로 관련 제품에 대한 설명만 기재된 리스트로 구성되어 있다. 제품군으로 분류하면 다음과 같다.

---

9) 정식명칭은 통일상품명 및 부호체계(Harmonized Commodity Description and Coding System)이며, 약칭으로 HS라고 한다. 통칙 6개, 21개의 부(Section), 96개의 류(Chapter), 4단위 호(Heading), 6단위 소호(Subheading)로 구성되어 있다.

제품군	제품수	대상 제품(예시)
통신기기	14	교환기, 휴대폰, 전송장치, 모뎀, 광케이블 등
컴퓨터 H/W	10	컴퓨터, 프린터, FDD, HDD, CD-ROM 등
컴퓨터 S/W	11	컴퓨터 소프트웨어, 저장매체 등
반도체	16	원재료, 메모리반도체, 비메모리반도체 등
반도체 생산장비	77	이온주입기, 식각장비, 오븐, 현미경, 스텝퍼 등
측정장비	10	유량계, 압력계, 크로마토그래프, 분광계 등
일반전자부품	52	축전기, 저항기, 인쇄회로, 플러그 및 소켓 등
기타(HS비분류)	13	평판디스플레이, 멀티미디어 키트, 셋톱박스 등
합계	203	

첨부A의 제품은 84류, 85류, 90류에 분류되는 품목이 대부분 포함되어 있다. HS(1996) 기준(6단위)으로는 154개 품목이며, 제품 기준으로는 190개 품목이 기재되어 있다. Section 1에는 주요 정보기술 제품이 분류되며, 112개 제품(HS(1996) 기준 110개)이 포함되어 있고, HS 6단위 기준으로 88개가 분류되며 22개 품목은 한정적 적용(ex-out)으로 특정품목만 양허가 되는 방식이다. Section 2에는 반도체 제조 시험장비 및 관련 부품으로 78개 제품(HS(1996) 기준 45개)이 포함되어 있고, HS 6단위 기준으로 7개 품목이 분류되며, 38개는 한정적 적용(ex-out)으로 특정품목만 양허가 되는 방식이다.

첨부B는 HS(1996)에 품목분류가 되지 않는 제품[10]이 포함되어 있다. 13개 제품으로서 대부분 특정 HS로 분류하기 어려운 경우이며, 다기능 컴퓨터, 평판디스플레이, 광학디스크 저장장치, 네트워크 장비, 셋톱박스(통신기능), 인쇄회로기판 등이 포함되어 있다. 또한, 첨부A의 Section 2에 'for Attachment B'로 기재된 42개 품목도 첨

---

10) ITA 협상과정에서 품목분류에 이견이 있었던 제품들을 별도로 포함시킨 것이다.

부B 품목에 포함되어 있는데 이들 품목으로는 화학증기증착장치, 반도체 웨이퍼 박리장치, 웨이퍼 코팅용 스피너, 웨이퍼 급속가열장치 등과 같은 반도체 제조장비와 관련된 품목들이 포함되어 있다.

첨부A 및 첨부B에 대한 양허품목을 요약하면 다음 표와 같으며, HS의 품목분류 가능 여부에 따라 구분되어 있음을 알 수 있다.

구분		품목수	HS(1996)기준			주요품목
첨부A	Section 1	112개	110개	88개	HS(1996) 6단위	컴퓨터 등 IT제품
				22개	한정 적용(ex-out)	
	Section 2	78개	45개	7개	HS(1996) 6단위	반도체 제조장비 및 부품 등
				38개	한정 적용(ex-out)	
	소계	190개	155개[11]			

구분		품목수	주요품목
첨부B	Products 'in' Attachment B	13개	컴퓨터, 평판디스플레이, 통신장비 등
	Products 'for' Attachment B	42개	첨부A Section 2 중에서 특정되지 않은 품목
	소계	55개	

2. ITA Expansion(2단계) 협상 연혁

가. ITA(1단계)의 품목확대 검토와 협상과정

참가국들은 ITA(1단계)를 시행하기로 결정함과 동시에 선언문 부속서 제3항에 따라 "기술개발, 관세양허 적용에 대한 경험" 등을 공유하고, 첨부물의 제품 적용범위에 대한 협의와 검토를 진행하기로

---

11) WCO에서 발간한 15 Years of the Information Technology Agreement 상에는 154개로 되어 있으나 오타인 것으로 판단된다.

되어 있었다. 이러한 작업은 1997년 ITA 발효와 동시에 대상품목 확대를 위한 협상에 착수하면서 시작되었으나, 1998년 참가국들이 기존 목록에 추가할 제품에 대한 합의점을 찾지 못하면서 중단되었다.

ITA 품목확대 논의는 어떤 제품까지 정보기술제품에 포함시킬 것인지에 대한 개념적 견해 차이가 있어서 의견 대립이 심한 민감품목을 제외하고 축소한 품목리스트를 가지고 협상을 재개하는 과정을 거쳤지만, 가전제품, 인쇄회로기판 등의 포함 여부에 대하여 참가국간 이견으로 협상이 결렬되었다. 그러나, 이러한 과정은 ITA 합의의 기초가 되었다.

한편, ITA 시행 당시 적용하였던 HS(1996) 적용 기준이 2002년, 2007년, 2012년에 개정되어 품목분류를 변경하는 과정에서 일부 참가국이 ITA 합의를 제대로 반영하지 않는 문제가 대두되었고, 기존 ITA 양허품목에 새로운 기능이 융합되거나 기술혁신으로 인한 신제품이 출현하고 있어 ITA 품목리스트 확대 필요성이 업계를 중심으로 지속적으로 제기되었다.

2012년에는 우리나라를 포함한 8개국이 ITA 품목확대를 위한 제안서를 제출하면서 확대협상이 시작되었고 각국의 민감품목 합의를 위한 기술적 검토를 진행하였다. 2013년 품목선정을 위해 각국의 민감품목을 일부 삭제하는 방식을 적용하여 기술협의를 지속해 가면서 품목을 줄여가는 과정을 거쳤지만 민감품목 반영 작업에 입장 차이가 있어 협상은 또다시 결렬되었다.

이후 2015년 7월 ITA 실무협상이 재개되어 WTO의 중재패키지를 기초로 201개 품목 확정과 선언문이 작성되었다. ITA(2단계)는 ITA(1단계)와 마찬가지로 협상은 다자적이고 부문별로 진행되었다. 초기 단계부터 두 그룹으로 구성된 제품목록을 가지고 검토를 시작하였다. 첨부A에는 HS부호 6단위 기준으로 357개 이상의 품목으로 검토를 진행하였으며, 그 중 179개 한정적 적용(ex-out) 품목이 포함되어 있었다. 또한, 첨부B 목록의 초안에는 첨단 의료기기, 측정기기, 항법장비, ICT 제조장비 등과 같은 새로운 ICT 제품이 포함되었다.

결국 가장 어려운 과제는 참가국의 이익 균형에 도달할 수 있는지 여부였고, 민감도를 반영하여 제출된 초안목록에서 어떤 품목을 제거해 가면서 양허의 범위를 조정하는지 여부였으며, 17번의 협상과 결렬을 반복하면서 최종 합의문을 작성할 수 있게 된 것이다.

나. ITA Expansion(2단계)의 선언문과 양허품목 내역

ITA의 확대협상은 상기와 같이 수차례의 협상과정을 거쳐 53개 참가국(EU 28개국 포함)들이 케냐 나이로비에서 최종 타결을 하였다. 각국의 이해 관계를 좁혀 201개 품목리스트와 선언문이 작성되었으며, ITA 확대협상 선언문은 크게 선언문 본문(4개항) 및 부속서(12개항)와 확대협상 대상품목이 열거된 첨부A와 첨부B 리스트로 구성되어 있다.

참가국은 HS(2007년 기준, 이하 'HS(2007)'이라 함) 부호로 기재된 첨부A의 191개 품목과 HS(2007) 품목분류가 되지 않는 첨부B에 명시된 10개 품목들에 대해 관세를 철폐해야 한다고 명시하고 관세철폐 기간은 참가국간에 달리 합의되지 않으면 2016년 7월부터 시작하여 2019년 7월까지 3년에 걸쳐 실시하기로 되어 있다. 참가국은 2015년 10월 30일까지 참가국의 양허표상 기재할 관세철폐 방식에 대한 세부내용과 첨부B에 명시된 품목들과 관련된 구체적인 HS(2007) 품목번호 리스트를 포함한 양허표 초안을 제출하도록 되어 있다.

첨부A의 제품은 HS(2007) 6단위 기준으로는 191개 품목이며, 이 중 50개 품목은 한정적 적용(ex-out)으로 특정품목만 양허가 되는 방식이다. 첨부B는 제품의 설명으로 정의된 10개 항목이 포함되어 있다. 첨부A와 첨부B에 포함된 제품군을 분류하면 다음과 같다.

제품군	제품수	대상 제품(예시)
반도체	6	MCO(attachment B), 전자직접회로 프로세서·컨트롤러(854231), 메모리 반도체(854232), 증폭기(854233)
영상기기	14	TV카메라·디지털카메라·비디오카메라레코더(852580), 셋탑박스(852871), 디스플레이용 CCFL(853939ex), 아동용 휴대용 교육기기(attachment B), TV·카메라·라디오·모니터 부품(852990ex)
광학기기	13	필터(900220), 기타렌즈(900290), 기타현미경 및 부속품(901180, 901190), 광학현미경 외 현미경(901210)
IT제품 소재	8	반도체·디스플레이용 접착제(350691ex), 반도체 제조용 필름(370130, 370199), 잉크카트리지(attachment B)
IT제품 제조장비	24	냉각용 팬(841459ex), 열 교환기(841950ex), 반도체·디스플레이용 필터(842139ex), 반도체 제조장비 및 부품(848630, 848640, 848690) 진공펌프(attachment B)
계측기기	38	거리측정기(901510), 금속재료 시험기기(902410), 재료시험기기(902480), 전력량계(902830), 전자계측기기(903010 등), 자동제어기(903220)
기계	16	판·실린더 등 인쇄용 기기(844250), 복합형 인쇄기(8443310), 인쇄기 부품(844391), 등사기(847210), 화폐교환기(847689ex)
음향기기	19	마이크·스탠드(851810), 확성기(851821, 851822), 헤드폰·이어폰(851830), 휴대용 라디오(852712), 카 스테레오(852721ex)
전기기기	19	정지형 컨버터(850440), 기타스위치(853650), 스위치·퓨즈 등 전기기기(853690ex), 신호발생기(854320)
의료기기	17	심전계(901811), 초음파영상진단기(901812), 자외선·적외선 응용기기(901820), 안과용 기타기기(901850), X선사용기기 부품(902290ex)
통신기기	9	통신기기 부품(851770), 전송장치(852550), GPS(852691)
기타	18	저장장치(852321, 852352 등), 항공기시뮬레이터(880521), 영사용 스크린(901060)
합계	201	

ITA(1단계)는 컴퓨터, 통신기기 등 203개 IT 제품이 양허된 반면 ITA(2단계)에서는 전기기기, 의료기기, 계측기기, 음향기기 등이 추가되었고 소재와 부품 등 연관제품까지 범위가 확대되었다. 특히, 반도체 분야는 기존 ITA(1단계)를 통해 상당 부분 양허되었으나 확대협상을 통해 일부 관세가 남아 있는 품목들과 MCO(multi- omponent IC, 반도체복합구조칩)와 같은 새로운 제품들이 추가로 포함되었다.

Ⅲ. ITA 양허품목에 대한 품목분류 기준

1. HS협약의 개정 및 기준

ITA 양허품목은 HS부호를 적용하도록 되어 있다. 간략하게 HS협약에 대한 개정연혁 등을 알아보고 ITA 양허품목에 대한 품목분류의 기준을 검토해 보고자 한다.

통일상품명 및 부호체계에 관한 국제협약(International Convention on the Harmonized Commodity Description and Coding System, 이하 'HS협약'이라 함)은 각국이 공통으로 사용하는 품목분류 제도이며, 6단위 소호(Subheading)까지만 분류되어 있고, 국제무역의 대상이 되는 수출입물품은 반드시 이 중 하나에 분류된다. 회원국은 관세 및 통계 목적을 고려하여 자체적으로 8단위 또는 10단위까지 세분할 수 있다.

HS협약은 1988년 이후 현재까지 총 6차례 개정[12])되어 왔다. 이는 HS협약 부속서인 품목분류표(Nomenclature)의 개정을 의미하며, HS

---

12) 1992년, 1996년, 2002년, 2007년, 2012년, 2017년 총 6차례 개정되었으며, 2022년 개정사항이 2020년 현재 확정된 상태이므로 2022년 개정사항까지 포함하면 총 7차례 개정이 있는 것이다.

품목분류표가 개정되는 이유는 무역거래량의 변화에 따른 품목코드의 신설 또는 삭제, 신상품 또는 신기술과 관련한 무역환경 변화를 반영하기 위한 개정 등을 들 수 있다.

구분	개정일	주요 개정내용	주요 개정품목
1차	92.1.1	HS 제정 작업과정에서 도출된 미비점 반영 및 호의 용어를 보완 개정	-소호의 통합 및 신설 -호의 용어
2차	96.1.1	신상품의 개발과 국제기구에서 요청한 마약원료물질 및 오존층 파괴물질 등을 특정 호(또는 소호)에 신설	-영상전화기, 팩시밀리, 휴대용 컴퓨터 등 -마약원료물질 및 오존층 파괴물질 등
3차	02.1.1	폐기물 및 CITES협약 대상품목을 특정 호(또는 소호)에 신설하였으며 HS의 통일적 적용을 위한 용어정의 등을 마련	-보증된 참조물질 및 산업폐기물 등 -멸종위기에 처한 동식물 -소매포장 정의 등
4차	07.1.1	국제기구에서 제시한 통제물품 및 IT산업의 급속한 발전으로 특정상품에 대한 호(또는 소호)를 신설하였으며, 다양한 신상품의 개발로 인하여 종전의 용어정의 및 분류 기준을 보완	-수은화합물, 농약원료, 청석면 등 유해물질 -반도체 제조용 기기 -유무선 통신기기 등
5차	12.1.1	FAO(국제식량농업기구)의 요청에 따른 농수산물의 분류체계를 재편하는 한편, 신상품 및 국제 무역상 중요한 품목을 반영	-품목분류상 제3류 어류의 구분을 위한 학명 적용 -제1부~4부의 분류체계 개정 -유기화합물의 분류체계 개정
6	17.1.1	WSC(세계반도체이사회)의 요청에 따라 집적회로의 범위를 확대하고, 어류의 학명을 다양하게 특게하는 한편, 신상품 및 국제무역상 중요품목의 반영	-잔류성 유기오염물질 관련 소호 신설 -복합부품(MCO) IC 개념 신설 및 제8542호 범위 확대 -전기자동차와 관련한 제87류 각 호의 소호체계

정보기술 관련된 주요 개정사항은 2007년에 정보기술 산업의 급속한 발전으로 반도체 제조용 기기와 유무선 통신기기 등 특정상품에 대한 호(Heading) 또는 소호(Subheading)를 신설한 것이다. 또한, 2017년에는 세계반도체이사회의 요청에 따라 복합부품(MCO) IC 개념을 신설하고 제8542호의 범위 확대하였으며, 전기자동차와 같은 새로운 상품 등을 관련 소호에 반영하였다.

2. ITA 양허품목에 대한 HS 적용의 한계

가. ITA 이행과정에서의 중요의제 : 품목분류의 차이 해소

ITA 양허품목의 적용은 기본적으로 참가국이 공통으로 사용하는 HS 6단위를 기초로 하고 있다.

앞서 설명한 바와 같이, ITA(1단계) 첨부A의 제품은 HS(1996) 기준으로 190개 항목 중 95개[13]는 HS 6단위 기준으로 정의되어 있으며, 소호(Subheading)의 품목(60개)에 대하여 한정적 적용(ex-out) 방식을 사용하기 위하여 관련 HS부호 옆에 'ex'을 추가하였다. 반면에 첨부B의 제품은 열거주의(Positive System)를 채택하고 있다. HS부호가 없이 제품의 설명만 제시된 첨부B의 14개 품목과 첨부A의 'for Attachment B' 42개 품목이 포함되어 있는 방식이다.

ITA(2단계) 첨부A의 제품은 HS(2007) 기준(6단위)으로는 191개 품목이며, 이중 50개 품목은 한정적 적용(ex-out)으로 특정품목만 양허가 되는 방식이고, 첨부B는 제품의 설명으로 정의된 10개 항목이 포함되어 있다.

HS부호가 지정된 첨부A의 품목에 대해서는 검증이 상대적으로 용이하였던 반면, HS부호가 없이 제품의 설명만 제시된 첨부B의 품

---

13) ITA(1단계) Section 1과 Section 2의 품목 기준이다.

목에 대해서는 참가국들이 각기 다른 품목분류를 제시하는 혼란이
있었다. 또한, 첨부A의 품목 중 한정적 적용(ex-out) 품목에 대해서도
참가국 자체적으로 사용하고 있는 8단위 또는 10단위의 적용기준이
달라 품목분류의 차이가 발생하게 된 것이다.

특히, 첨부B에 대한 품목분류 차이를 해결하기 위하여 ITA 위원
회가 해당 제품에 대한 HS 품목분류에 합의하고 필요한 경우 WCO
에서 적절한 조치를 취하기 위한 협의 과정을 거쳤다. 그러나 품목
분류의 차이를 줄이는데 일부 진전을 보였지만 참가국의 이해관계
들이 달라서 그 차이를 줄이는데 한계점이 노출되었으며, 그 대상품
목은 반도체 제조장비의 부분품(44%), 반도체 제조장비(36%), 컴퓨
터(15%)에 관한 것이었다.

한편, ITA(1단계)는 HS(1996)을 기준으로 품목분류 적용을 시작
하였다. 그러나 이후 WCO는 2002년(HS2002), 2007년(HS2007), 2012
년(HS2012) 등 일련의 개정안을 도입하였으며, HS(1996)의 목록은
HS(2002)와 HS(2007) 등으로 바뀌었다. HS(2002) 개정이 일부 HS
(1996) 소호에만 영향을 미쳤지만, HS(2007) 개정 사항은 163개의 HS
(2002) 소호(6단위) 중 96개 품목에 영향이 있었다. HS(2007) 개정으
로 컴퓨터와 같은 특정 범주의 품목에 대해서는 새로운 호와 소호가
신설되었음에도 불구하고, 최초 품목목록에 포함된 소호 중 120개의
소호가 축소되었다. 이는 제8486호를 신설하여서 반도체 제조용 장
비와 부분품들을 새롭게 그룹핑하였기 때문이다. 특히, 개정사항이
반영된 소호의 절반 이상이 반도체 제조장비(29개 소호) 및 부품 및
액세서리(28개 소호)와 관련이 있었다. 이렇게 HS 개정으로 ITA 양
허품목에 대한 각 참가국의 적용기준에 혼란을 야기하는 하나의 요
인으로 작용하게 된 것이다.

또한, 앞서 설명한 바와 같이 HS협약의 회원국들은 관세 및 통계
목적을 고려하여 HS를 8단위 또는 10단위까지 세분화하여 자율적으

로 적용할 수 있도록 되어 있어서, ITA의 양허품목을 적용하는 과정
에서 각 참가국별로 실무상 품목분류의 기준을 달리 해석하는 경우
가 있어서 그 한계점을 들어내고 있다. 결국 이러한 품목분류의 차
이는 무역 및 최혜국대우(MFN) 적용에 대한 국가 간 비교 및 분석
을 상당히 복잡하게 하는 결과를 초래하게 된 것이다.

나. ITA 양허품목 중 품목분류 쟁점 사례

(1) 통신기능이 있는 셋톱박스(Set Top Box)

'통신기능이 있는 셋톱박스(STB)'는 ITA(1단계)의 첨부A와 첨부B
에 모두 포함되어 있는 품목[14]이다. 하지만, EC(EU)는 STB가 단순
히 하드디스크와 연결 기능을 가지고 있고, 인터넷에 접속하기 위한
모뎀을 내장하고 있으며 쌍방향 정보 교환이 가능한 마이크로프로
세서 기반의 장치를 갖춘 경우에는 양허품목에서 제외된다고 판단
하였다.

EC의 판단기준[15]은 무선 기반 연결(WLAN 또는 무선 LAN) 또는
디지털 통신 네트워크(ISDN)를 통해 작동하는 장치로서 인터넷에
접속을 하고 이를 연결하기 위한 특정 커넥터를 사용하는 경우, 이

---

14) ITA(1단계) Attachment B : Set top boxes which have a communication
function: a microprocessor-based device incorporating a modem for gaining
access to the Internet, and having a function of interactive information exchange
15) EC의 셋톱박스에 대한 적용기준(WTO 문서, WT/DS375R) : The EC also
states that STBs of the duty-free tariff line must incorporate a video tuner, and
that "P-streaming boxes"– STBs which use decoders and other technology
instead of a tuner to enable a television set to display television signals sent by
the service provider – are classified in a dutiable tariff line, notwithstanding the
fact that these devices have all the attributes of a set top box with a
communication function.

와 관련된 모뎀은 특정방식을 적용하는 것이며 이를 연결하기 위한 커넥터를 사용하는 경우에는 양허 품목에서 제외된다는 것이었다.

하지만, ITA 위원회는 WCO의 HSC(Harmonized System Committee) 의견을 들어 최종적으로 양허품목에 포함되는 것으로 결정을 하였다. 기술적 관점 및 ITA 첨부품목의 용어에 대한 일반적 해석에 기초하여, 쟁점이 된 STB는 통신기술(ISDN, WLAN 또는 이더넷)이 적용되는 장치이고, 무선방식(무선 LAN)의 네트워크에 연결되는 모뎀을 사용하는 방식임에도 '통신기능을 갖춘 셋톱박스 설정'이 아니라는 것은 모순된 결론이라고 판단한 것이었다. 즉, STB가 인터넷에 접속할 수 있도록 하는 모뎀은 어떤 유형이든 가능하고 커넥터 유형에 의존한다는 것은 의미가 없다는 것이었다. 더불어서 이러한 조치는 HS 품목분류와 관계없이 STB를 양허품목에 포함하기로 한 EC의 이행 약속(Headnote)과 불일치하다는 것임을 강조하였다.

(2) LCD 모니터

상기 사례와 동일하게 평판디스플레이 장치(FPD)는 ITA(1단계)의 첨부A와 첨부B에 모두 포함되어 있는 양허품목16)이다. EC에서는 DVI(Digital Visual Interface) 커넥터가 부착된 LCD 모니터를 양허품목의 적용 대상이 아니라고 해석하였다. EC의 판단기준은 DVI 커넥터가 있는 장치는 컴퓨터용이 아니기 때문에 양허품목에서 제외된다는 것이었다.

하지만, ITA 위원회는 DVI는 컴퓨터가 디스플레이 장치로 디지털 신호를 전송하는 기능을 가진 표준 커넥터로 개발된 것이며, 따

---

16) ITA(1단계) Attachment B : Flat panel displays (including LCD, Electro Luminescence, Plasma and other technologies) for products falling within this agreement, and parts thereof.

라서 DVI 커넥터가 사용된 LCD 모니터는 입출력 장치로서 DVI 장착 여부, 컴퓨터와 함께 단독으로 사용할 수 있는지 여부에 관계없이 제8471호에 분류된다고 판단했다.

특히, '목적을 나타내는 기능 단어'[17]인 'for'라는 용어의 의미는 모니터가 컴퓨터에 연결될 것을 요구하는 것은 아니라고 보았으며, 자동자료처리기기에 'solely' 또는 'principally'하게 사용되는 장치라는 의미는 폭넓게 해석하여 제8471호에 분류될 수 있다고 판단한 것이다.

다. HS 개정 과정에서 ITA 양허품목 반영의 한계[18]

ITA 양허품목 중의 하나인 반도체 검사용 기기는 제9030.82호에 분류되어 양허관세가 적용되며, 반도체나 IC의 제조 공정 중에서 반도체 칩 등이 정상적으로 작동하는지 여부를 테스트하기 위한 장비이다.

그러나 HS 통칙상 반도체 검사용 기기가 이 소호에 분류될 수가 없었다. 'HS 해석에 관한 통칙' 제6호는 4단위 호가 결정된 이후 6단위 소호를 결정할 때 '법적인 목적상 어느 호 중 소호의 품목분류는 같은 수준의 소호들만을 서로 비교할 수 있다는 점을 조건으로 해당 소호의 용어와 관련 소호의 주에 따라 결정하며, 위의 모든 통칙을 준용한다'라고 규정되어 있다. 즉, 6단위 소호의 범위는 그것이 속해 있는 호 단위 소호의 범위를 벗어나서는 안 되며, 5단위 소호는 그것이 속해 있는 4단위 호의 범위를 벗어나서는 안 되도록 되어 있다.

반도체 검사용 기기는 주로 생산된 반도체가 설계된 대로 정상적

---

17) a function word to indicate purpose
18) 김성채, "2022년 HS 개정내용 해설", (기획재정부, 2021)

으로 작동되는지를 판단하기 위한 것으로 반도체 디바이스에 특정 신호를 인가하여 그 신호에 따라 출력되는 신호의 정상 여부를 검사하는 방식으로 이루어지며 그 입출력 신호는 대부분 전압과 같은 전기적인 양을 기초로 하고 있다. 이러한 특성에 따라 품목분류를 하면 제9030.3 소호 그룹은 전압, 전류, 저항 등의 측정용이고 이 소호 그룹에 포함되지 않는 물품이라야 제9030.8 소호 그룹에 포함될 수 있다. 반도체 검사용 기기는 이론적으로는 제9030.3 소호 그룹에 포함되어야 한다는 것이고, 따라서 현실적으로는 제9030.82 소호에 분류될 수 있는 물품이 없다는 것이다.[19]

이처럼 무역의 대상이 되는 품목들의 분류 목적으로 제정된 HS의 체계는 전세계에 존재하는 모든 제품들을 개별적이고 기술적인 내용까지를 1:1로 연계하여 반영하기에는 한계가 있다는 것을 보여주는 대표적인 사례라 할 것이다.

라. HSK(관세통계통합품목분류표) 개정의 문제[20]

우리나라는 HS협약의 소호를 관세 및 통계 목적 상 10단위로 세분화한 것이 관세·통계통합품목분류표(HSK)이며, 기획재정부 고시로 운영하고 있다. HS 개정의 중요한 목적 중 하나는 불필요한 세분류 체계를 간소화하여 사용자에게 보다 쉽게 품목분류 정보를 제공하는 것이다. 하지만 ITA 등 새로운 국제협약에 따른 관세율을 수용하기 위하여 HSK가 개정되는 과정에서 변경 전의 HS부호에 대한 충분한 검토가 이루어지지 않아서 HSK 체계는 계속해서 더 복잡해져 가고 있다.

HSK를 개정하는데 있어서 좀 더 간결하면서 쉽고 명확한 분류체

---

19) 품목분류의 문제점을 2022년 HS 개정사항에 반영하였다.
20) 김성채, "2022년 HS 개정내용 해설", (기획재정부, 2021)

계와 세율 체계를 만들어야 가야하지만 충분한 검토가 없이 진행되는 사례도 많이 발견된다. 예를 들어 2017년 HS 개정시 MCO IC라는 새로운 개념을 도입하면서 제8542호의 범위가 확대되었지만 제8542호 내의 HS 6단위 분류체계에는 변함이 없다. 그러나 HSK에서는 2017년 HSK 개정시 MCO IC의 용도나 이전 HS에서의 분류기준에 따라 세분류하면서 수십 개의 10단위 코드를 추가하였다. 이는 국제적인 6단위 기준에서는 전혀 쟁점이 없는 물품에 대해서 HSK 10단위 부호를 부여하면서 불필요하고 어려운 분류를 통하여 HS부호를 확정해야 한다는 의미이다. HS 품목분류표 개정의 중요한 목적 중 하나는 수출입업자 등에게 명확하고 간편한 분류체계를 제공하는 것이지만 HSK는 오히려 개정될 때마다 더 복잡하고 어려운 분류체계를 만들어가고 있는 것이다. 이로 인하여 수출입업자는 물론이고 관세당국의 입장에서도 불필요한 행정 낭비를 초래하는 결과를 초래하고 있다.

Ⅳ. 결어

ITA 발효 이후 반도체, 컴퓨터 등 광범위한 정보기술제품에 대한 관세가 점진적으로 철폐되었고, 정보기술제품의 무세화는 세계교역을 확대시키고 세계경제 성장을 견인한 것으로 평가된다. 또한, ITA는 정보기술제품의 무역이 확대됨에 따라 혁신 기술을 선진국과 개발도상국 전체에 확산시킨 효과를 발생시킴으로서 널리 환영받는 포스트 우루과이라운드로 WTO 시스템의 최고 성과로 평가받는다. 특히, WTO 보고서에 따르면 우리나라는 ITA 발효의 최대 수혜국 중의 하나이며, ITA 무세화 품목기준으로 우리나라의 수출시장 점유비중이 대폭 성장한 것으로 분석되고 있다.

하지만, ITA는 양허품목을 적용하는데 첨부A(HS부호를 특정한 품목)와 첨부B(제품 설명만 나열한 품목)로 구분하는 방식을 사용하고 있어서 ITA 체결 당시부터 빠른 기술 발전을 포괄하는데 한계가 있다는 지적이 계속 제기되어 왔다. 특히, 디지털 컨버전스(Convergence)는 하나의 기기로 모든 서비스가 가능하도록 정보통신 기술을 접목하는 것으로서 디지털 기술이 발전함에 따라 유선과 무선, 방송과 통신, 통신과 컴퓨터 등 기존의 기술과 산업, 서비스 등의 구분이 더욱 모호해져 가고 있는 상황이다. 이들 간에 새로운 형태의 융합 상품과 서비스들이 등장하면서 기술 융합을 통해 발전하는 첨단기술 제품의 무역을 수용하는데 한계가 발생할 가능성이 더욱 늘어가고 있는 것이다.

따라서, 기술발전 과정이 심화될수록 오히려 첨단기술 제품의 교역확대라는 ITA의 기본 취지에 반하는 일이 발생한다. EC의 분쟁사례가 대표적인 것이다. 양허품목으로 등재되어 있는 '통신기능이 있는 셋톱박스'에 ITA 체결 당시로서는 개념만 존재했던 새로운 통신기술이 부가되었고 이렇게 상용화된 통신제품에 대하여 EC는 ITA 양허품목이 아니라고 주장한 사례인 것이다.

향후 디지털 컨버전스 제품이 더욱 다양하게 출시됨에 따라 ITA 양허품목과 비양허품목 간 융합(Convergence) 제품이 더욱 많아질 것으로 예상되며, 이에 대한 양허품목의 인정 여부를 어떻게 판단할 것인가의 문제는 계속 확대될 것이다. HS 제15부에서 다기능기계 및 복합기기에 해석에 따라 적용할 수도 있겠지만 해석하는 과정에서 각 참가국별 의견을 달리하는 경우도 발생할 것이고, 통관 과정에서의 실무적용 사례가 서로 달라서 정확한 기준을 적용하는데 한계가 있을 것이다.

ITA(1단계) 선언문 제1조[21]는 회원국의 관세제도가 "정보기술제품에 대한 시장 접근성을 강화"하는 방식으로 "진화(발전)"되어야 한다고 규정하고 있다. 이것은 부칙에 대한 해석을 정확하게 적용해야 한다는 것과 맥락을 같이한다. 또한 정보기술제품에 대하여 세계무역의 자유를 최대한 달성하고 세계적으로 정보기술 산업의 지속적인 발전을 장려하고자 하는 참가국들의 명시적인 열망을 포함하고 있는 것이다.

특히, ITA(2단계)는 첨부B 품목을 포함하면서 두문(Headnote)에 중요한 원칙을 언급하고 있는데 그 원칙은 다음과 같다.

With respect to any product described in Attachment B to the "Declaration on the Expansion of Trade in Information Technology Products" (WT/L/956), to the extent not specifically provided for in this Schedule, the customs duties on such product, as well any other duties and charges of any kind (within the meaning of Article II:1(b) of the General Agreement on Tariffs and Trade 1994), shall be bound and eliminated, as set forth in that Declaration, wherever the product is classified.

즉, ITA 첨부B의 양허품목과 같이 정확한 HS부호가 정해지지 않은 품목에 대해서는 해당 품목이 어느 곳에 (품목)분류되든지 관세 등의 부과를 하면 안 된다는 원칙이다.

하지만, 품목분류에 대한 각국의 이해관계가 달라서 각 참가국에 유리하도록 해석하는 경우가 앞으로도 많이 발생할 것이다. EU 사례 등이 대표적이며, 우리나라의 경우에도 세관의 통관과정에서 실무자의 적용기준이 서로 다르고, 일부 품목분류에 대한 유권해석에

---

21) 1. Each party's trade regime should evolve in a manner that enhances market access opportunities for information technology products.

있어도 그 적용 기준을 관세율에 따라 달리하는 적용하는 사례도 발견된다.

ITA는 무역자유화의 협정에 있어서 그 역사적으로 많은 중요한 의미를 내포하고 있다. 수많은 국가가 참여하여 각국의 이해관계가 다른 상황에서 여러 차례의 협상과 결렬을 반복하면서 어렵게 도출된 결과물이다. 따라서, ITA 양허품목에 대한 적용기준을 판단할 때에는 ITA 선언문 및 부속서 등에 담겨져 있는 정보기술제품에 대한 무역자유화의 원칙에 맞도록 적극적인 해석이 이루어져야할 것이다.

참고문헌

WTO, 15 Years of the Information Technology Agreement

WTO, 20 Years of the Information Technology Agreement

김호철, "WTO 정보기술협(ITA) 현황과 쟁점"(2015)

김성채, "2022년 HS 개정내용 해설", (기획재정부, 2021)

우리나라가 체결한 자유무역협정(FTA)상 원산지 요건 및 유효한 원산지증명서의 범위

이 종 현 전문위원

Ⅰ. 서론

우리나라는 1967년 관세 및 무역에 관한 일반협정인 가트(GATT : General Agreement on Tariffs and Trade)체제에 가입하였고, 1995년 무역자유화를 통한 전 세계적인 경제 발전을 목적으로 하는 세계무역기구(WTO : World Trade Organiztion)의 회원국으로 참여하였으며, 무역의존도가 GDP의 73%에 이를 정도로 지속적인 경제발전을 위해서는 교역의 확대가 필수적인 국가이다.

최근 세계통상환경을 볼 때, 모든 회원국에게 최혜국 대우(Most-avoured-Nation Treatment)를 보장해주는 다자주의를 기본원칙으로 하는 WTO체제에서 양자주의 및 지역주의를 기본으로 하는 자유무역협정(FTA : Free Trade agreement)이 가속화되고 있는 실정이다. 이에 우리나라는 칠레와 2003. 2월 FTA를 체결한 이후 2021. 3월 기준 총 17개의 FTA[1]를 체결하여 왔다.

---

1) 2021.3월 기준 17개의 FTA와 그 상대국은 57개국에 이르고 있으며, 이외에도 한중일, 에콰도르, MERCOSUR(브라질, 아르헨티나, 파라과이, 우루과이), 필리핀, 러시아, 말레이시아와도 협상중에 있다. (출처 : 산업통상자원부 홈페이지 https://www.fta.go.kr/main/situation/kfta/ov/)

그러나 짧은 시간안에 급격하게 늘어난 FTA협정으로, 이를 이해하고, 실무에 적용하기에는 복잡하고 어렵기 때문에 원산지 감독기관인 세관과 수입자간의 분쟁이 끊이지 않고 있는 실정이다. 이하에서는 원산지제도의 특징, FTA 원산지의 인정 요건과 절차, 실무상 유효한 FTA 원산지증명서의 범위에 대하여 살펴보도록 하겠다.

Ⅱ. 원산지 제도

1. 원산지

원산지(原産地 : Country of Origin)란 물품의 국적을 판명하는데 있어 물품이 생산된 지역을 의미한다. 통상 동·식물의 경우 성장한 지역을, 제조품의 경우 생산, 제조, 가공 과정이 이루어진 지역을 말한다. 여기서 지역이란 일반적으로 정치적 실체를 지닌 한 국가의 영역을 의미하지만 정치적 실체를 인정하기 어려운 특정지역이나 국경선 밖에 있는 식민지, 속령, 보호령이 포함되는 경우도 있다[2].

현재 전세계 기업들은 대부분 자국내에서 생산하지 않고 저임금, 물류비용 등 생산원가 절감을 이유로 원재료에서 완제품까지 전세계적으로 글로벌 소싱(Global Sourcing)의 분업화를 확대하고 있다. 이에따라 '어느 기준까지 생산해야 원산지를 인정할 수 있는가?' 라는 물품의 국적을 의미하는 원산지의 결정이 매우 복잡하고 중요한 문제로 대두되고 있는 실정이다.

더욱이 세계 각국은 자국의 정책적 목적에 따라 국가간에 거래되는 물품의 원산지를 판정, 해석하는 원산지규정(ROO : Rules of

---

[2] 우리나라가 체결한 각 FTA별로 약간씩 차이가 있다.

Origin)을 두고 있으며, 각국별로 상이한 원산지규정으로 인해 수출
국 입장에서는 무역장벽으로 활용됨에 따라 1995년 세계무역기구
(WTO : World Trade Organization)가 출범할 당시부터 3년을 시한으
로 원산지규정에 관한 WTO 협정(WTO Agreemnet on Rules of Origin)
을 제정하고 통일원산지규칙(HRO : Harmonized Rules of Origin) 제
정을 위해 협상중에 있으나, 각국마다 서로 입장이 달라 아직까지도
합의가 이루어지지 않은 실정이다.

게다가 WTO의 통일원산지규칙(HRO) 합의가 교착상태에 있던
2000년대부터 전 세계적으로 자유무역협정(FTA)이 유행하면서 원산
지 제도는 점점 더 복잡해지고 있다.

2. 우리나라의 원산지제도

한 국가의 정책적 목적에 따라 원산지 제도를 구분하여 본다면
양자 또는 다자간 국가들의 협정을 체결하여 체약국이 원산지인 물
품에 대하여 혜택을 부여하는 '특혜원산지제도(Preferential Rules of
Origin)'인 자유무역협정(FTA)과 국내 소비자 보호를 위한 원산지표
시, 수입제한, 반덤핑제도의 운용 등을 위한 '비특혜원산지제도(Non-
referential Rules of Origin)'인 원산지규정(ROO : Rules of Origin)로 나
뉠 수 있다.

우리나라의 원산지 제도는 체약상대국에 대한 세율에 대한 특혜
를 부여하는 특혜원산지제도에 대하여는 관세법과 자유무역협정의
이행을 위한 관세법의 특례에 관한 법률(이하 'FTA관세특례법')로
규정하고 있고, 덤핑방지, 원산지 표시 등에 대한 비특혜원산지제도
에 대하여는 관세법 및 대외무역법에서 규정하고 있다.

세부적인 사항은 아래와 같다.

[표 1] 우리나라의 원산지 관련 법령 체계[3)]

구분		국제법(협약)	국내법
특혜 원산지	자유무역 협정	우리나라가 체결한 17*개의 FTA협정	FTA관세특례법, 시행령, 시행규칙
	일반특혜	아시아 태평양 무역협정(APTA) WTO 개도국간 협정(TNDC) UN 개도국간 협정(GSTP)	관세법 최빈개발도상국에 대한 특혜관세 공여 규정 세계무역기구협정 등에 의한 양허관세 규정 아시아·태평양 무역협정 원산지 확인 기준 등에 관한 규칙
비특혜 원산지		WTO 원산지규정에 관한 협정	대외무역법 관세법

* 한-칠레 FTA, 한-싱가포르 FTA, 한-EFTA FTA, 한-아세안 FTA, 한-인도 FTA, 한-EU FTA, 한-페루 FTA, 한-미국 FTA, 한-터키 FTA, 한-호주 FTA, 한-캐나다 FTA, 한-중국 FTA, 한-뉴질랜드 FTA, 한-베트남 FTA, 한-콜롬비아 FTA, 한-중미 FTA, 한-영국 FTA

Ⅲ. 자유무역협정상 인정되는 원산지의 요건 및 절차

1. 원산지 요건

자유무역협정(FTA)은 협정을 체결한 국가 간에 물품, 서비스 교역에 대한 관세 및 무역장벽을 철폐함으로써 배타적인 무역특혜를 서로 부여하는 협정이다. 이러한 자유무역협정상 특혜를 받기 위해서는 첫째 해당물품의 거래당사자가 체약국 인(국민 또는 기업)이어

---

3) 이영달, 『FTA원산지결정기준 해설』(세인북스, 2017), 31면

야 하고, 둘째 해당물품은 양 당사국간 직접운송이 되어야 하며, 셋째 해당물품은 협정에서 규정한 생산, 가공, 제조의 기준인 원산지 결정기준을 충족하여야 협정상 원산지 물품으로 인정하고 있다. 마지막으로 이러한 요건이 충족되었는지를 입증할 수 있는 서류는 원산지증명서이며, 수입자는 특혜를 받기 위해 이를 세관에 제출하여야 한다. 이하에서는 이러한 원산지 인정요건에 대하여 알아보기로 한다.

(1) 거래당사자

국제간의 거래에서는 구매자, 판매자가 무역거래의 당사자이나, 통상 자유무역협정상의 거래당사자라 함은 '수출자', '수입자', '생산자'로 나누어 다음과 같이 정의4)하고 있다.

[표 2] FTA협정상 수출자, 수입자, 생산자의 정의

구분	정의
수출자	물품이 수출되는 당사국의 영역 안에 소재하면서 그 물품을 수출하는 자연인 또는 법인
수입자	물품이 수입되는 당사국의 영역 안에 소재하면서 그 물품을 수입하는 자연인 또는 법인
생산자	당사국의 영역 안에서 물품을 재배, 채굴, 수확, 사육, 번식, 추출, 채집, 수집, 포획, 어로, 덫사냥, 수렵, 제조, 생산, 가공, 조립하는 자연인 또는 기업

또한 수출자는 자유무역협정상 원산지증명서 발급(자율발급) 또는 발급신청(기관발급)의 주체로서 관련 자료의 보관의무를 부담하고, 세관당국이 그 원산지증명서의 진정성에 대한 검증을 수행할 때 자료제출 의무를 지는 자이다.

---

4) 한-아세안 FTA 협정상 내용을 발췌(부록1 원산지규정을 위한 증명 운영절차)

다만 우리나라가 체결한 일부 자유무역협정에서는 중계무역 (intermediary trade) 형태의 거래도 허용하여 수출자가 제3국에 소재하는 경우에도 인정하고 있다[5].

(2) 직접운송

우리나라가 체결한 대부분의 자유무역협정에서는 당사국간 직접운송을 원칙으로 하고 있고, 지리·운송상 이유 등으로 인한 단순환적만을 예외적으로 인정한다. 직접운송 원칙이란 물품이 수출당사국을 출발하여 중간에 다른나라를 경유하지 않고 수입당사국으로 운송되는 경우에 특혜를 제공한다는 기본원칙이다.

(3) 원산지결정기준

물품에 대한 원산지를 판정하는 실질적인 판단근거로 일반적인 원산지 기준과 각 물품별 원산지 인정 기준(PSR :Product Specific Rule)에 대한 규정이 존재한다.

일반적인 기준으로는 ① 해당 물품이 모두 체약국 역내에서 완전하게 획득되어 생산되어야 한다는 완전생산기준, ② 해당 물품이 체약국 역내에서 충분한 정도의 가공을 거쳐야 한다는 충분가공원칙[6]

---

5) 한-칠레, 한-아세안, 한-인도, 한-페루, 한-중국, 한-베트남 FTA에서는 제3자 송장의 경우에는 원산지증명서에 제3자 정보를 기재하여야 하고, 그외 다른 협정은 별도의 제한은 두지 않고 있다. 특히 제3자 송장에 대한 별도의 제한이 없는 협정에서 제3자 발급 원산지증명서 인정여부는 실무상 논란이 되고 있으므로 협정세율 적용전 주의가 필요하다.

6) 충분가공원칙을 명확히 하기 위하여, 각 협정별로 운송이나 저장 목적으로 물품을 양호한 상태로 보존하기 위한 작업 또는 공정, 포장,재포장 및 포장상태를 변경하는 작업, 완제품의 부분품을 단순히 조립하거나 분해하는 작업, 원산지가 상이한 물품의 단순한 혼합작업은 역내 가공으로 인정하지 아니하는 '불인정공정'조항을 두고 있다.

등이 있으며,

둘 이상의 국가에 걸쳐 생산·가공 또는 제조되는 불완전생산품의
경우 각 물품별 기준으로는 크게 ① 역내 생산과정에서 투입된 비원
산지지료의 세번(HS 코드)[7]과 다른 세번의 물품이 생산되면 그 물
품을 원산지 물품으로 인정하는 '세번변경기준(Change in Tariff
Classification Criterion)'과 ② 역내에서 일정한 수준의 부가가치가 창
출된 경우에 원산지 물품으로 인정하는 '부가가치기준(Value Contents
Criterion)'이 있다.

2. 원산지 증명(협정관세의 신청)

수입자는 협정관세를 적용받으려는 수입물품에 대하여 협정 및
FTA관세특례법에서 정하는 바에 따라 원산지를 증명하여야 한다[8].
이는 수입자가 상기에 언급한 원산지요건이 충족되었음을 확인하
고, 이를 세관에 증명하는 절차라고 이해하면 된다.

원칙적인 경우 수입자는 수입신고 수리 전까지 세관장에게 협정
관세 적용신청을 하여야 한다. 이 경우 수입자는 원산지증빙서류[9]
를 갖추고 있어야 하며, 세관장이 요구하는 경우 제출하여야 한다.
협정관세 적용신청서에는 해당물품의 수입자, 수출자, 생산자의 기
본사항, 품목, 모델, 품목번호, 원산지증명서, 원산지증빙서류 구비

---

7) HS코드란 세계관세기구(WCO)에서 국제무역의 촉진을 목적으로 HS 협약
   에 따라 제정된 통일물품명 및 부호체계(Harmonized Commodity Description
   and Cording System)를 말한다. 전세계는 6단위 코드를 공통적으로 사용하
   며, 우리나라의 경우 HSK라 하여 10단위 분류체계를 사용하고 있다.
8) FTA관세특례법 제10조 제1항
9) 우리나라와 체약상대국 간의 수출입물품의 원산지를 증명하는 원산지증
   명서와 그 밖에 원산지 확인을 위하여 필요한 서류, 정보 등을 말한다
   (FTA관세특례법 제2조 제1항 제5호)

여부 등을 기재하여야 한다[10].

또한 수입신고 수리 전까지 협정관세 적용신청을 하지 못한 수입자는 해당 물품의 수입신고 수리일부터 1년 이내에 협정관세의 사후적용을 신청할 수 있다. 이 경우 수입자는 원산지증빙서류를 제출하여야 한다[11].

3. 원산지 심사와 조사

(1) 원산지 심사

수입자의 협정관세 적용신청을 받은 세관장은 신속한 통관을 위해 수입신고 수리후에 심사하도록 하고 있다. 다만 이 경우에는 해당 물품이 원산지 대상물품인지, 수출자가 체약국에 소재하는지, 직접운송을 충족하는지, 원산지증명서의 기재사항에 오류가 없는지, 원산지증명서가 유효기간내에 있는지 등 형식적 요건만을 심사한다.

(2) 원산지 조사

관세청장이나 세관장은 수출입물품의 원산지 또는 협정관세 적용의 적정 여부 등에 확인이 필요하다고 인정하는 경우에는 수입자, 수출자 또는 생산자, 원산지증빙서류 발급기관 등에 대하여 서면조사 또는 현지조사를 할 수 있다[12].

FTA 특혜관세 적용의 적적성과 실효성을 담보하기 위해 실무상 원산지 조사를 '원산지 검증(Origin Verification)'이라 통칭하고 있으며, 협의로는 협정 또는 국내법에서 정한 원산지요건을 충족하는 원

---

10) FTA관세특례법 제8조 제1항 내지 제2항 및 같은법 시행령 제4조 제1항
11) FTA관세특례법 제9조 제1항 내지 제2항
12) FTA관세특례법 제17조 제1항

산지 물품인지 여부를 조사하는 것이며, 광의로는 원산지 요건 뿐만 아니라, 거래당사자, 세율, 운송요건 등 모든 특혜요건을 조사한다.

원산지 조사방법은 검증주체에 따라 수입국 세관이 해외수출자를 상대로 직접 조사하는 직접검증 방식과 수출국 세관이 수입국의 요청을 받아 자국 수출자를 대상으로 검증하는 간접검증 방식으로 아래와 같이 나뉠 수 있다[13].

[표 3] 우리나라가 체결한 FTA 원산지 조사방법

협정	간접검증	직접검증	회신	
			기한	주체
한-칠레	-	서면질의, 정보 요청, 방문조사	(서면요청시) 30일	수출자, 생산자
한-싱가포르	-	정보요청, 방문조사	(서면요청시) 30일	수입자,수출자, 생산자
한-EFTA	수출국 관세당국에 요청	-	15개월	관세당국
한-아세안	수출국 발급기관에 요청	(예외적으로) 방문조사	(간접)2개월	(한)세관 (아)발급기관
한-인도	수출국 발급기관에 요청	(예외적으로) 서면질의, 정보요청 및 방문조사	(간접)3개월	(한)세관 (인)발급기관
한-중국	수출국 관세당국에 요청	(예외적으로) 방문조사	(간접)6개월	(간접)관세당국
한-EU	수출당사자 관세당국에 요청	-	10개월	관세당국
한-터키	수출당사자 관세당국에 요청	-	10개월	관세당국
한-페루	수출국 관세당국에 요청	서면질의, 정보 요청, 방문조사	(간접)150일 (직접)90일	(간접)수출국세관 (직접)수출자 등

---

13) 관세청 FTA 포털사이트(https://www.customs.go.kr/ftaportalkor/cm/cntnts/cntnts
View.do?mi=3477&cntntsId=1121#?mi=3476 2021. 10. 8. 확인)

협정	간접검증	직접검증	회신	
			기한	주체
한-콜롬비아	수출국 관세당국에 요청	정보요청, 방문조사	(간접)150일 (서면요청시) 30일	(간접)수출국세관 (직접)수출자 등
한-베트남	수출국 발급당국에 요청	(예외적으로) 방문조사	6개월	(한)세관 (베)발급기관
한-미국	수출국 관세당국에 요청(섬유 또는 의류에 한함)	서면질의, 정보요청, 방문조사	-	(간접)관세당국 (직접)수출자 등
한-호주	증명서 발급기관에 요청, 수출국 관세당국에 요청	정보요청, 방문조사	30일	(간접)관세당국 (직접)수출자 등
한-캐나다	-	서면질의, 방문조사	-	수출자, 생산자
한-뉴질랜드	-	정보요청, 방문조사	(서면요청시) 90일	수입자,수출자, 생산자
한-중미	수출국 관세당국에 요청	서면질의, 정보요청, 방문조사	(서면요청시) 30일	조사대상자
한-영국	수출당사자 관세당국에 요청	-	10개월	관세당국

실무상 원산지 검증 절차는 ① 수입자에게 법률상 원산지 조사전 자율점검을 통지하여 수입자 스스로 원산지를 점검하여 오류를 치유하게 하는 기회를 주는 '자율점검제도'를 운영[14]하고 있으며, ② 자율점검으로 원산지 입증이 충분하지 않다고 판단하는 경우 세관은 수입자에게 '서면조사'를 실시하고, ③ 수입자 조사를 통해서도 원산지 판정이 어려운 경우에는 수출자 또는 수출국 관세당국, 발급기관 등을 통해 서면질의, 방문조사, 간접조사 등을 실시하고 있다.

---

14) 원산지조사 운영에 관한 훈령 제51조

IV. 실무상 유효한 FTA 원산지증명서의 범위

1. 원산지증명서(Cercification of Origin)

원산지증명서는 각 협정 및 국내법에 의하여 발행권한이 부여된 기관 또는 수출자가 해당 물품에 대하여 특정국가가 원산지임을 증명하는 서류이며, 이는 협정관세 적용 신청의 근거가 된다.

우리나라가 체결한 협정별 원산지증명서의 발급방식은 국가 또는 지정기관이 발급하는 기관발급 방식과 수출자가 발급하는 자율발급, 그리고 이 두가지 방식을 절충한 절충식[15]으로 크게 구분할 수 있으며, 세부적으로는 아래와 같이 구분할 수 있다[16].

[표 4] 우리나라가 체결한 FTA 원산지증명서 발급방식

협정	발급 방식	발급기관	서식	유효 기간
한-칠레	자율	수출자	통일서식	2년
한-싱가포르	기관	(싱) 세관 (한) 세관, 상의	별도서식	1년
한-EFTA	절충	수출자, 생산자 스위스 치즈(기관발급)	송품장	1년
한-아세안	기관	(아) 정부기관 등 (한) 세관, 상의	통일서식	1년

---

15) 수출국 관세당국으로부터 사전에 인증을 받은 수출자에 한하여 원산지자율증명을 허용하는 방식으로 제한적 자율증명제도로 볼 수 있으며, 자율발급의 장점을 살리면서 단점을 보완하는 방식이다. EU 및 유럽자유무역연합(EFTA) 국가(스위스, 노르웨이, 아이슬란드, 리히텐슈타인)와의 FTA가 이 방식을 택하고 있다.(한위수, 이종현, "한·EU FTA에서의 원산지증명에 관한 몇가지 문제", 『조세법의 쟁점3』(경인문화사, 2018), 288면)

16) 관세청 FTA 포털사이트(https://www.customs.go.kr/ftaportalkor/cm/cntnts/cntntsView.do?mi=10342&cntntsId=5100] 2021. 10. 9. 확인)

협정	발급방식	발급기관	서식	유효기간
한-인도	기관	(인) 수출검사위원회 (한) 세관, 상의	통일서식	1년
한-중국	기관	(중) 국가질량감독검사검역총국, 국제무역촉진위원회 (한) 세관, 상의	통일서식	1년
한-EU	절충	6천유로 초과 인증수출자	송품장	1년
한-터키	자율	수출자	송품장	1년
한-페루	자율	수출자, 생산자	통일서식	1년
한-콜롬비아	자율	수출자, 생산자	통일서식	1년
한-베트남	기관	(베) 산업무역부 (한) 세관, 상의	통일서식	1년
한-미국	자율	수출자, 생산자, 수입자	자율(권고서식)	4년
한-호주	자율	수출자, 생산자, (호) 상공회의소, 산업협회	통일서식	2년
한-캐나다	자율	수출자, 생산자	통일서식	2년
한-뉴질랜드	자율	수출자, 생산자	송품장, 권고서식	2년
한-중미	자율	수출자, 생산자	통일서식	1년
한-영국	자율	6천유로 초과 인증수출	송품장	1년

2. 원산지증명서의 종류

자유무역협정상 원산지증명서(일반특혜 원산지증명서)에는 발급 방식에 따라 수출자 또는 생산자가 협정에서 정한 통일서식 또는 권고서식 등을 사용하여 자체적으로 발급하는 자율발급 원산지증명서, 수출국 관세당국이 원산지증명능력이 있다고 인증한 인증수출자(Approved Exporter)에게 발급권한을 부여하여 송품장 등의 상업서류에 특정문구를 기재하여 발급하는 방식 및 협정에서 정한 수출국 관세당국 또는 발급기관 등이 수출자의 신청에 의해 발급하는 기관

발급 원산지증명서 등이 있다.

반면 관세 양허 외의 목적으로 상공회의소 및 대한상공회의소에서 발급하는 비특혜 원산지증명서도 있다.

이외에도 발행국 법령에 의할 때 해당물품의 실질에 변화를 주는 공정이 수행되지 않고, 단순한 가공만을 거친 경우 발급하는 '가공원산지증명서(Processing Certificate of Origin)', 운송상의 이유 등으로 생산국이 아닌 나라를 통과하는 경우에 그 국가에서 단순히 경유하였다는 사실을 증명하는 '재수출·환적 원산지증명서(Re-export/Transshipment Certificate of Origin)', 수출시에 발급되지 않는 경우에 사후발급하는 '소급원산지증명서(Issued Retrocatively Certificate of Origin)', 한-아세안 FTA에서 규정하고 있는 것으로 협정대상물품이 당사국들의 영역을 통과하는 동안 중간경유 당사국의 발급기관이 생산자 또는 수출자의 신청을 받아 최초 수출국의 원산지증명서 원본을 근거로 발급하는 'Back-to Back(연결 원산지증명서)' 등 특수원산지증명서가 있다[17].

3. 원산지증명서의 요건

원산지증명서가 유효하기 위해서는 협정에서 다르게 규정하는 경우를 제외하고 FTA관세특례법[18])에서는 다음과 같이 몇가지 조건을 규정하고 있다.

① 해당 물품의 수출자, 품명, 수량, 원산지 등 기획재정부령이 정하는 사항이 기재되어 있을 것, ② 영문으로 작성될 것, ③ 원산지증

---

17) 이영달, 『FTA 법령 및 해설』(세인북스, 2016), 293면, 294면
18) FTA관세특례법 시행령 제6조

명서에 서명할 자가 지정되어 있어야하고 그 서명할 자가 서명하여 발급할 것, ④ 각 협정에 따른 원산지증명서의 유효기간은 협정에서 다르게 규정하는 경우를 제외하고 발급일로부터 1년으로 한다.

4. 원산지증명서의 유효성에 대한 쟁점

(1) 원산지증명서에 대한 하자 유형

원산지증명서의 하자란 원산지증명서의 법정 기재사항에 오류나 누락이 있는 것을 말한다. 일반적으로는 협정관세의 실체적 적용요건의 충족 여부와 무관하게 원산지증명서가 제대로 작성되지 않은 모든 경우가 원산지증명서의 하자라고 할 수 있다[19].

원산지증명서의 하자 사유는 다양하나, 대표적인 사안들에 대하여 다음의 유형별로 검토하기로 한다.

(2) 원산지증명서의 발급권자 하자

원산지증명서의 발급권자는 각 협정별로 정해져 있으며, 대부분 체약당사국에 소재하고 있는 수출자 또는 기관이 발급하여야 한다. 가장 대표적인 사례로는 권한없는 제3자가 원산지신고서를 작성하는 경우[20]이다.

한-EU FTA협정의 경우에는 한-EU FTA협정상 6,000유로 초과의 물품은 체약당사국의 세관에서 인증을 받은 인증수출자만이 원산지증명서를 발급할 수 있으며, 원산지 신고문안은 아래와 같은 양식으로 기재하여야 한다.

---

19) 백제흠, "자유무역협정상 원산지증명서의 하자와 협정관세의 적용" 『조세학술논문집 제37집 제1호』(2021), 111면
20) 서울세관, 『FTA원산지증명서 오류 사례집』(2018. 9.), 16면

※ 원산지신고문안 예시 : 영어 본

The exporter of the products covered by this document (customs authorisation No '인증수출자번호' ①) declares that, except where otherwise clearly indicated, these products are of '제품의 원산지' ② preferential origin.

'장소 및 일자'　　　　　③
수출자 또는 신고서 작성자의 성명 및 서명　　　④

인증수출자 번호는 통상 '국가명/세관번호/일련번호'로 구성되며, 관세청 홈페이지[21])에서 해당국가의 인증번호 유형을 확인할 수 있으나, 해당 번호의 진위여부는 수입자가 직접 확인해보아야 한다. 또한 유럽의 수출자가 인증수출자를 혼동하여 EORI(Economic Operator Registeration Identification)[22])번호를 기재하는 경우도 있으니 유의하여야 한다.

상기와 같은 원산지신고문안을 정확히 기재하지 아니한 경우에는 유효한 원산지증명서라 볼 수 없다고 조세심판원에서 결정한 사례[23])도 있으나, 다국적 기업의 경우에는 글로벌 소싱 등을 이유로 한 국가 또는 하나의 법인에서 모든 업무를 처리하지 않고 분업화하는 경우가 많다.

---

21) "한-EU FTA회원국 인증수출자 번호 체계 변경안내(2018.6.7.)", 앞의 관세청 FTA포털사이트 참조

22) 유럽에서 2009년부터 시행된 제도로 국가간 경제활동을 확인하기 위해 부여하는 번호로 우리나라의 통관고유부호, 무역업 허가번호와 유사, EROI 번호는 아래 사이트에서 확인이 가능(https://ec.europa.eu/taxation_customs/dds2/eos/eori_validation.jsp?Lang=en 2021. 10. 13. 확인)

23) 조심 2015관0201, 2015. 11. 17. 수출자가 발급한 원산지증명서가 인증수출자가 발급하지 않았다는 간접검증결과에 따라 협정관세를 배제하였고, 조세심판원도 유효하지 않은 원산지증명서라 판단하였다.

원산지신고서를 비당사국의 수출자가 발행한 것으로 보아 한-EU FTA 협정관세 적용을 배제한 사안에서, 조세심판원은 '수출국의 원산지 국제간접검증결과 "인증수출자 신청단계부터 A가 B를 대신하여 신청하였고 관세당국이 본인·대리인 운영모델을 검토한 후 이를 인지한 상태로 인증수출자 지위를 부여하였다"고 회신된 점, A와 B는 수출국 국내법이 인정하는 본인·대리인 관계의 거래관행이 있는 것으로 보이고 위임관계가 관리계약이라는 근거로 확인되는 점 등'을 이유로 처분을 취소하는 결정24)을 하였다.

이 사례는 실제 수출·생산은 영국에서 이루어졌고, 인증수출자 권한도 영국세관에서 A가 받았으나, 업무상 대리업무(협상, 계약체결, 서류작성 등 업무)를 수행했던 관계사인 B의 상업서류 신고문언에 A의 인증수출자 번호를 기재하여 원산지증명서의 유효성에 대하여 세관에서 문제를 삼았었다.

그러나 한-EU FTA 원산지 규정에서는 대리를 금지하는 규정이 없고, 영국세관의 회신내용도 A와 B가 위임관계에 있었다는 것을 전제하에 A에게 인증수출자 자격을 부여하였던 정황 등을 입증하여 원산지증명서가 유효한 것으로 판정된 사례이다.

또한 이와 유사한 사례로 수출 및 생산은 영국에서 이루어졌고, 인증수출자 권한도 영국세관에서 C가 받았으나, 회사 특성상 그룹 관계사인 네델란드 소재 D에서 모두 일괄하여 송품장을 발급하였고, C의 인증수출자번호를 사용하여 원산지신고문언을 작성하면서, 서명인의 기재와 서명은 생략하였다는 이유로 세관은 원산지증명서의 유효성에 대하여 문제를 삼았다.

이에 대하여 법원은 '한-EU FTA 협정에서 수출자의 정의를 규정하고 있지 아니하고, 관세법 제2조 제2호가 '수출'을 '내국물품을 외

---

24) 조심 2017관329, 2018. 11. 20, 조심 2014관0324, 2015. 3. 11.

국으로 반출하는 것을 말한다'고 정하고 있는 만큼, 반드시 수출계
약의 당사자만이 원산지 신고를 할 수 있는 주체에 해당하는 것은
아니다. 즉 수출자란 '수출을 하는 사람'으로서 내국물품을 외국으
로 반출하는 자는 이에 해당한다고 봄이 상당하다. 또한 이 사건 의
정서가 원산지신고는 '상업서류'에 할 수 있다고만 정하고 있을 뿐
'자신이 발행한 상업서류'로 한정하고 있지 아니한 점, 인증수출자
번호는 특정 물품이나 특정 서류에 부여되는 것이 아니라 특정 수출
자에게 부여되는 점 등을 종합하여 보면, 원산지신고의 주체인 수출
자는 해당 원산지신고서에 기재된 인증수출자번호의 보유자가 누구
인지에 따라 결정되는 것이지 해당 원산지신고서가 기재된 서류의
명의인이 누구인지에 따라 결정되어서는 안된다'고 하여 해당 원산
지신고는 유효[25]하다고 보았다.

　반면에 미국 수출자가 아닌 캐나다 본사 소속 직원이 작성한 원
산지증명서를 유효하지 않다고 보아 한-미 FTA 협정세율을 배제한
사안에서, 조세심판원은 '한-미 FTA협정상 원산지증명서를 작성할
수 있는 수출자 또는 생산자는 자국 영역의 수출자 또는 생산자라고
규정하고 있는 점, 캐나다본사의 업무처리지침에 따라 원산지증명
서 발급업무를 캐나다 본사가 담당하고 있다고 하더라도, 이를 한-
미 FTA에 따라 정당하게 위임된 것으로 보기 어렵고 한-미 FTA나
FTA특례법 등에 원산지증명서 발급권한의 위임을 허용하는 규정이
존재하지 아니하는 점[26]' 등을 이유로 유효한 원산지증명서가 아니

---

25) 서울행정법원 2020.4.28. 2019구합52188 판결(원고승), 서울고등법원 2021. 4.
　　1. 선고 2020누41025 판결(항소기각)으로 확정되었다. EU 관세법의 경우
　　에는 'EU관세영역 내에서 설립된 자로서, EU관세영역 외부 목적지로 인
　　도되는 물품의 처분권한을 가진자' 등으로 규정하고 있다. 수입자와 계약
　　관계가 있는 자로 한정하지 않고 있는 점을 본다면 일반적인 무역거래에
　　서 수출자의 개념과 상이하다.(한위수, 이종현, 앞의 책, 294면)

라고 판단하였다[27].

(3) 원산지증명서의 형식적 하자

원산지증명서의 형식적인 하자란 원산지증명서의 원본 여부, 원산지증명서의 양식 및 기재사항의 오류 등으로 발생하는 경우이다.

한-인도 CEPA 원산지증명서의 부본으로 사후적용 신청을 거부한 처분에서 조세심판원은 '「한-인도 CEPA」협정관세의 사후적용을 받기 위해서는 원산지증명서 원본을 제출하여야 하는 점,「구 FTA 특례법 사무처리에 관한 고시」제3-3-2조 및 제3-3-3조에 따라 원산지증명서 원본을 제출하는 경우에만 세액경정(관세환급)을 할 수 있다고 규정하고 있는 점'등을 볼 때 원산지증명서 부본만으로는 협정관세를 적용할 수 없다고 판단하였다[28].

그러나 현행 FTA관세특례법 시행령에서는 '① 협정에서 원본으로 제출하도록 정하고 있는 경우, ② 세관장이 원산지증명서의 위조 또는 변조를 의심할 만한 사유가 있다고 판단하는 경우, ③ 해당물품이 법 제37조 제1항에 따라 협정관세 적용제한자로 지정된 자로부터 수입하는 물품인 경우'에 해당하지 않으면 원산지증명서 사본 제출도 가능하다[29].

---

26) 한-미 FTA 원산지규정에 발급권한의 위임을 허용하는 규정이 없다고 해서 유효한 원산지증명서가 아니라는 조세심판원의 결정이유는 앞서 본 조세심판원 결정(조심 2017관329, 2018. 11. 20.)과 상반된다. 아마도 한-미 FTA는 한-EU FTA와는 달리 권한있는 체약국의 간접검증회신이 없는 점, 청구인이 발급권한의 위임관련한 입증이 어려웠던 점 등이 원인이었을 것으로 추측된다.

27) 조심 2017관0311, 2018. 11. 19.

28) 조심 2014관0020, 2014. 4. 3.

29) FTA관세법 시행령 제4조 제6항 및 제5조 제5항(2021.7.27.시행. 대통령령 제31906호, 2021. 7. 27., 일부개정)

원본의 범위에 대하여 관세청은 '스캔 등의 방법으로 전자이미지
화 한 것은 원본으로 인정할 수 없다'[30]고 유권해석을 한 사례가 있
으므로 주의하여야 한다.

두 번째로 한-아세안 FTA 협정에서 정한 서식과 일치하지 않아
원산지증명서가 유효하지 않다고 보아 협정관세의 적용을 배제한
처분에서 조세심판원은 '한-아세안 FTA 협정관세율을 적용받기 위
해서는 '아세안회원국과의 협정'에 따른 원산지증명서의 서식으로
작성된 원산지증명서가 제출되어야 하나, 청구인은 이와 다른 서식
의 쟁점물품의 원산지증명서를 제출한 점' 등을 들어 유효하지 않은
원산지증명서라 판단하였다[31].

이외에도 한-EU FTA 협정상 인증수출자가 발급한 증명서가 아
닌 지방상공회의소장이 발급한 원산지증명서를 첨부하여 협정관세
신청 거부처분에서 조세심판원은 한-EU FTA 협정상 유효하지 않은
원산지증명서라 판단한 사례도 있다[32].

마지막으로 다수의 수출자가 기재된 생산자 발행 한-호주 FTA
원산지증명서를 근거로 협정관세를 적용하여 달라는 경정청구를 거
부한 처분에서 조세심판원은 '쟁점물품의 생산자는 정확하게 원산
지증명서를 발급한 것으로 볼 수 있는 점, 청구법인이 쟁점물품을
모두 하나의 수입신고서로 신고하였고, 각 수출자별 수출 물량이 기
재된 인보이스를 모두 첨부하여 각 수출자별 원산지 물량 산정에는
어려움이 없어 보이는 점, 한·호주 FTA에 수출자 별로 원산지증명
서가 발급되어야 한다는 명백한 규정이 없는 점' 등을 이유로 유효
한 원산지증명서라고 인정하였다[33].

---

30) 앞의 관세청 FTA포털사이트, '주요민원답변사례' 참조
31) 조심 2016관0113, 2016. 7. 25.
32) 조심 2013관0246, 2013. 12. 19.
33) 조심 2016관0111, 2016. 9. 8.

V. 결론

원산지조사관련 이슈 중에 이렇게 원산지증명서의 형식적 오류가 많은 이유가 무엇인가? 추론해보면 과세관청 입장에서는 외형적으로 명확하게 FTA 원산지규정상 원산지 오류라는 판단이 가능하고, 시간이 오래걸리는 법적절차(수출자 또는 수출국의 간접검증)없이 처분이 가능한 경우가 많기 때문이다.

따라서 과세관청도 FTA협정의 취지 등을 고려하여 형식적인 오류보다는 실질적 오류(원산지 결정기준 등)에 중점을 두고 납세자에게 법률상 보장된 절차를 지키도록 하되, 형식적인 원산지 오류에 대하여 하자의 치유도 가능하다면 이를 우선시하여야 할 것이다[34].

우리나라가 처음 FTA를 체결한지 이제 18여년의 세월이 흘러 무려 17개의 복잡한 FTA 원산지협정을 맺어왔다. FTA의 취지는 협정을 체결한 당사국간 무역장벽을 철폐하자는 것임에도 각 협정별 복잡한 FTA 원산지규정의 해석, 일부 형식적인 원산지증명서의 하자 등으로 인해 과세관청이 일방적으로 수입자의 협정세율 적용을 배제하는 것은 수입자나 수출자에게는 또다른 무역장벽으로 느껴질 수 있다.

또한 이러한 과세관청의 행정처분 대한 불복, 소송으로 가게되면 수입자로서는 많은 비용과 시간등 FTA로 얻는 경제적 이익보다는

---

34) 관세청은 수입국과 수출국 사이에 HS코드에 대한 해석이 달라 원산지증명서의 표기에 따른 분쟁이 잦아지자 「품목분류번호 해석 상이 등에 따른 업무처리 지침」(관세청 FTA집행기획과-1471, 2017. 6. 9.)을 시행하였고, 현재는 개정 지침(관세청 자유무역협정집행기획담당관-1553, (2018. 7. 5.))으로 바뀌었다. 이외에도 한미 FTA발효 후 양국간 협의를 통해 제정한 「한·미 자유무역협정 통관원칙에 따른 원산지검증 업무지침」(관세청 원산지지원담당관실, 2018. 11. 14.) 역시 과세관청이 원산지증명서상의 형식적 하자를 치유하기 위한 시도로 보인다.

불이익이 더 커지게 된다. 게다가 관세사건은 조세심판원의 결정례
라든지 법원의 판례가 축척된 사례가 적고, 법리적인 측면보다는 무
역관계에서 오는 사실관계의 소명으로 해결되는 부분이 많아 동일
한 쟁점에서도 입증 여부에 따라 조세심판원의 결정 및 법원의 판결
이 달라질 수 있다.

그러므로 조금이라도 정확한 사실관계에 기초한 입증이 필요함
에도 불구하고 다른 관세사건과는 달리 수입자가 수출자의 원산지
정보를 알기란 국제무역거래상 매우 어려운 경우가 많다. 또한 다국
적 기업의 본지사간 거래일지라도 국내에 있는 현지법인은 국내영
업에 한정된 역할을 수행하는 경우가 대부분이기 때문에 수입·수출
자가 특수관계라 하더라도 이역시 마찬가지이다.

무엇보다 이를 방지하기 위해서 수입자 및 수출자는 FTA 원산지
에 대한 기본적인 지식과 최소한의 주의를 기울여야 추후 발생할 수
있는 원산지오류 및 분쟁을 방지할 수 있으므로 각별한 주의가 필요
하다 하겠다.

후발적 경정청구사유인 '판결'의 범위에 관한 연구*
― 대법원 2020. 1. 9. 선고 2018두61888 판결을 중심으로 ―

유 철 형 변호사

Ⅰ. 서론

주식의 실제 소유자인 A가 차명 상장주식을 양도하고 양도소득세를 신고납부하지 아니한 사실이 밝혀져 양도소득세 포탈 혐의로 기소되고, 해당 포탈세액에 대한 추징처분이 있었는데, 형사소송 결과 A의 포탈세액 산정에 있어서 세율 적용이 잘못되어 포탈세액이 과도하게 산정되었다는 이유로 일부 무죄의 확정판결이 있는 경우 A는 이러한 형사판결을 이유로 불변기한 내에 불복하지 않아 확정된 추징처분에 대해 후발적 경정청구를 할 수 있을까? 조세포탈범으로 기소되고, 동시에 10년의 장기 부과제척기간을 적용한 추징처분이 이루어지는 경우 일반인들은 조세포탈의 공소사실에 대해 무죄판결이 확정되면 추징처분도 당연히 취소되는 것으로 알고 추징처분에 대해서는 별도로 불복하지 않는 경우가 종종 있다. 이러한 경우 조세포탈 공소사실에 대해 전부 또는 일부 무죄 확정판결이 있게 되면 후발적 경정청구 외에는 확정된 추징처분에 대해 구제받을 방법이 없다.

---

* 이 글은 한국세법학회의 조세법연구 26-3집(2020. 11.)에 게재되었던 논문을 다시 수록한 것이다.

그런데 최근 선고된 대법원 2020. 1. 9. 선고 2018두61888 판결(이하 '대상 판결'이라 한다)은 사실상 모든 형사판결을 후발적 경정청구사유인 관세법 제38조의3 제3항[1], [2] 소정의 '판결'로 볼 수 없다고 하였다.[3] 형사판결에서 조세포탈 공소사실에 대해 납세의무자가 원고가 아니라 제3자라는 이유로 무죄판결이 확정되었음에도 불구하고 단지 형사판결이라는 이유만으로 후발적 경정청구사유인 '판결'로 볼 수 없다는 대상 판결이 타당한지 의문이다.

형사판결이 후발적 경정청구사유에 해당되는지 여부에 관하여는 아래 Ⅲ. 2. (3)항에서 보는 바와 같이 그동안 많은 논의가 있었다. 종전에 이루어진 논의들은 형사판결이 후발적 경정청구사유인지 여부

---

1) ③ 납세의무자는 최초의 신고 또는 경정에서 과세표준 및 세액의 계산 근거가 된 거래 또는 행위 등이 그에 관한 소송에 대한 판결(판결과 같은 효력을 가지는 화해나 그 밖의 행위를 포함한다)에 의하여 다른 것으로 확정되는 등 대통령령으로 정하는 사유가 발생하여 납부한 세액이 과다한 것을 알게 되었을 때에는 제2항에 따른 기간에도 불구하고 그 사유가 발생한 것을 안 날부터 2개월 이내에 대통령령으로 정하는 바에 따라 납부한 세액의 경정을 세관장에게 청구할 수 있다.

2) 현행 국세기본법 제45조의2 제2항 제1호와 동일한 내용이다.
② 과세표준신고서를 법정신고기한까지 제출한 자 또는 국세의 과세표준 및 세액의 결정을 받은 자는 다음 각 호의 어느 하나에 해당하는 사유가 발생하였을 때에는 제1항에서 규정하는 기간에도 불구하고 그 사유가 발생한 것을 안 날부터 3개월 이내에 결정 또는 경정을 청구할 수 있다.
1. 최초의 신고·결정 또는 경정에서 과세표준 및 세액의 계산 근거가 된 거래 또는 행위 등이 그에 관한 소송에 대한 판결(판결과 같은 효력을 가지는 화해나 그 밖의 행위를 포함한다)에 의하여 다른 것으로 확정되었을 때

3) 대상 판결은 "특별한 사정이 없는 한"이라는 표현을 사용하여 마치 특별한 사정이 있으면 형사판결도 후발적 경정청구사유로 볼 가능성이 있는 것처럼 보이지만, 대상 판결은 어떤 경우가 특별한 사정이 있는 경우인지에 대해 아무런 언급이 없고, 오히려 대상 판결이 들고 있는 세 가지 이유를 보면, 모든 형사판결은 사실상 후발적 경정청구사유가 될 수 없다는 결론이다.

에 대한 명시적인 대법원 판결이 나오기 전의 것이었다. 이 논문에
서는 종전의 논의들을 기초로 하되, 형사판결이 후발적 경정청구사
유인지 여부에 관한 명시적인 판단을 한 대상 판결의 내용을 검토하
고, 그 판단 근거에 대한 분석을 통하여 형사판결도 판결이유에서
밝혀진 내용에 따라서는 후발적 경정청구사유로 볼 수 있다는 점을
논증해 보고자 한다.

　이하에서는 경정청구제도의 개요, 후발적 경정청구사유인 '판결'
에 해당되는지 여부의 논란이 있는 형사판결, 조세소송판결, 법령에
대한 해석의 변경, 헌법재판소의 위헌결정에 대해 검토한 후 대상
판결의 문제점을 검토하고 결론을 도출해 보고자 한다.

II. 대상 판결의 개요

1. 사실관계

　(1) 원고는 배우자와 런던에 유학생으로 체류 중이던 2009. 4.경
배우자의 명의로 인터넷 온라인 쇼핑몰을 개설한 후 국내 소비자들
이 그 쇼핑몰에 접속하여 그곳에 게시된 영국산 의류, 신발, 가방 등
물품을 주문하면 원고가 영국 현지에서 이를 구입하여 국내 소비자
들에게 배송하는 방식으로 위 쇼핑몰을 운영하였다.

　(2) 원고는 2009. 8. 14.부터 2012. 3. 17.까지 총 12,140회에 걸쳐 위
와 같이 배송한 물품(이하 '이 사건 물품'이라고 한다)에 대해 국내
소비자들을 납세의무자로 하여 관세법 제94조 제4항에 따른 소액
물품 감면대상에 해당한다고 수입신고를 하였다.

(3) 피고는 원고가 위 과세기간 동안 영국에서 이 사건 물품을 수입하면서 부정한 방법으로 관세법을 위반한 사실이 확인되었다는 이유로 2012. 11. 19. 원고에게 관세 132,084,040원, 부가가치세 125,400,630원, 과소신고가산세(관세) 57,404,110원, 과소신고가산세(내국세) 60,809,040원을 각 부과·고지하였다(이하 이를 통틀어 '당초 부과처분'이라고 한다).

(4) 한편, 대구지방검찰청 검사는 2012. 4. 12. 원고가 관세 부과대상인 이 사건 물품을 수입하여 국내 거주자에게 판매하였으면서도 세관에는 국내 거주자가 자가사용물품으로 수입하는 것처럼 신고하여 해당 물품에 부과될 관세를 부정한 방법으로 감면받았다는 공소 사실로 원고를 관세법 위반죄로 기소하였다.

(5) 이에 대하여 제1심(대구지방법원 2012고정3005)은 2015. 2. 11. 원고에게 벌금 24,282,000원을 선고하였으나, 항소심(대구지방법원 2015노714)은 2017. 1. 19. 이 사건 물품을 수입한 실제 소유자는 피고인이 아닌 국내 소비자들이라고 봄이 상당하다는 이유로 원고에게 무죄 판결을 선고하였고, 대법원이 2017. 5. 31. 검사의 상고를 기각(2017도2867)함으로써 무죄 판결이 확정되었다(이하 '관련 형사판결'이라고 한다).

(6) 원고는 2017. 7. 18. 피고에게 관련 형사판결을 근거로 당초 부과처분에 대하여 과세표준 및 세액의 계산 근거가 된 거래 또는 행위 등이 그에 관한 소송에 대한 판결에 의하여 다른 것으로 확정되어 납부한 세액이 과다한 것을 알게 되었을 때에 해당한다는 이유로 경정청구를 하였다. 그러나 피고는 2017. 7. 19. 원고에게, 위 주장 사유는 관세법 제38조의3 제2항 또는 제3항에 의한 경정청구 대상에

해당하지 않는다는 이유로 경정청구를 거부하였다(이하 '이 사건 처분'이라고 한다).

2. 사건의 경과

(1) 제1심의 판단(대구지방법원 2018. 5. 2. 선고 2017구합21908 판결)

단순히 민사판결과 형사판결의 목적이나 기능, 소송의 기본 원칙이 구별된다는 이유만으로 곧바로 형사판결을 후발적 경정청구사유인 '판결'에서 전적으로 배제할 것은 아니다. 따라서 이 사건에서 관련 형사판결이 확정되었다는 사실이 관세법 제38조의3 제3항에서 정한 후발적 경정청구사유에 해당하는지 여부는 ① 최초의 신고 등이 이루어진 후 과세표준 및 세액의 계산 근거가 된 거래 또는 행위 등에 관한 분쟁이 발생하였고, ② 그에 관한 소송에서 판결에 의하여 그 거래 또는 행위 등의 존재 여부나 그 법률효과 등이 다른 내용의 것으로 확정됨으로써, ③ 최초의 신고 등이 정당하게 유지될 수 없게 된 경우에 해당하는지를 따져보아야 할 것이다.

그런데 이 사건에서의 관련 형사판결은 형사재판에서 범죄사실의 인정에 요구되는 엄격한 증거법칙과 합리적인 의심이 없는 정도의 증명을 고려하여 원고에게 무죄를 선고한 것에 불과하다고 보이고, 당초 부과처분의 과세표준 및 세액의 계산 근거가 된 거래 또는 행위가 관련 형사판결에 의하여 다른 것으로 확정된 경우에 해당한다고 인정하기에 부족하다.

(2) 제2심의 판단(대구고등법원 2018. 10. 19. 선고 2018누3111 판결)

이 사건 물품을 수입한 것과 관련하여 원고에게 무죄의 형사판결이 확정되었다는 사실은 관세법 제38조의3 제3항과 같은 법 시행령 제34조 제2항 제1호가 정한 후발적 경정청구사유에 해당한다고 보는 것이 옳다.

1) 구 관세법(2013. 1. 1. 법률 제11062호로 개정되기 전의 것) 제19조 제1항은 "다음 각 호의 어느 하나에 해당하는 자는 관세의 납세의무자가 된다"라고 규정하면서, 제1호 본문에서 "수입신고를 한 물품에 대하여는 그 물품을 수입한 화주"를 들고 있는데, 위 규정에서 관세의 납세의무자인 '그 물품을 수입한 화주'라 함은 그 물품을 수입한 실제 소유자를 의미한다(대법원 2015. 11. 27. 선고 2014두2270 판결 등 참조).

2) 피고는 원고가 이 사건 물품을 수입한 화주, 즉 이 사건 물품을 수입한 실제 소유자로서 납세의무자에 해당한다고 보고 당초 부과처분을 하였다. 따라서 당초 부과처분의 과세표준과 세액의 계산근거가 된 거래 또는 행위는 원고가 이 사건 물품을 해외 판매자에게서 수입하여 국내 소비자에게 판매하는 거래 또는 행위이다.

3) 관련 형사사건 공소사실의 요지는, 원고가 이 사건 물품을 해외 판매자에게서 수입한 실제 소유자로서 그 수입물품을 국내 소비자에게 판매하였음을 전제로, 국내 소비자가 자가사용 목적으로 해외 판매자에게서 직접 구매하는 것처럼 위장하는 방법으로 관세를 감면받음으로써 관세법을 위반하였다는 것이고, 이에 대해 원고는 국내 소비자가 이 사건 물품을 구매하는 것을 대행한 것에 불과하므로 이 사건 물품을 수입한 실제 소유자는 국내 소비자라고 주장하면서 자신은 관세의 납세의무자가 아니라고 다투었다. 그리하여 관련

형사사건에서도 이 사건 물품 수입거래의 주체가 원고인지 아니면 국내 소비자인지가 주된 쟁점이 되어 다투어졌다.

4) 관련 형사판결은 그 이유에서 앞서 본 바와 같은 사정을 근거로 이 사건 물품을 수입한 실제 소유자는 원고가 아닌 국내 소비자라는 사실을 인정하고 그에 따라 원고에게 무죄판결을 선고하였다. 관련 형사판결은 원고가 이 사건 물품을 수입한 실제 소유자라는 점에 관하여 합리적 의심을 배제할 수 있을 정도의 확신을 가져올 수 있는 증명이 부족하다는 판단을 넘어 적극적으로 이 사건 물품을 수입한 실제 소유자는 국내 소비자라는 사실을 인정하였고, 이는 당초 부과처분의 과세표준과 세액의 계산 근거가 된 거래 또는 행위, 즉 원고가 이 사건 물품을 해외 판매자에게서 수입하여 국내 소비자에게 판매하는 거래 또는 행위가 있었다는 사실과는 다른 내용으로 사실을 확정한 것이다.

3. 대상 판결의 요지

(1) 관세법 제38조의3 제3항은 "납세의무자는 최초의 신고 또는 경정에서 과세표준 및 세액의 계산 근거가 된 거래 또는 행위 등이 그에 관한 소송에 대한 판결(판결과 같은 효력을 가지는 화해나 그 밖의 행위를 포함한다)에 의하여 다른 것으로 확정되는 등 대통령령으로 정하는 사유가 발생하여 납부한 세액이 과다한 것을 알게 되었을 때에는 제2항에 따른 기간에도 불구하고 그 사유가 발생한 것을 안 날부터 2개월 이내에 대통령령으로 정하는 바에 따라 납부한 세액의 경정을 세관장에게 청구할 수 있다"라고 규정하고 있고, 그 위임에 따른 관세법 시행령 제34조 제2항 제1호는 그 사유 중 하나로 "최초의 신고 또는 경정에서 과세표준 및 세액의 계산 근거가 된 거래 또는 행위 등이 그에 관한 소송에 대한 판결(판결과 같은 효력을

가지는 화해나 그 밖의 행위를 포함한다)에 의하여 다른 것으로 확정된 경우”를 규정하고 있다.

이처럼 후발적 경정청구제도를 둔 취지는 납세의무 성립 후 일정한 후발적 사유의 발생으로 말미암아 과세표준 및 세액의 산정기초에 변동이 생긴 경우 납세자로 하여금 그 사실을 증명하여 감액을 청구할 수 있도록 함으로써 납세자의 권리구제를 확대하려는 데 있는바, 여기서 말하는 후발적 경정청구사유 중 관세법 시행령 제34조 제2항 제1호의 ‘거래 또는 행위 등이 그에 관한 소송에 대한 판결에 의하여 다른 것으로 확정된 경우’는 최초의 신고 등이 이루어진 후 과세표준 및 세액의 계산 근거가 된 거래 또는 행위 등에 관한 분쟁이 발생하여 그에 관한 소송에서 판결에 의하여 그 거래 또는 행위 등의 존부나 그 법률효과 등이 다른 내용의 것으로 확정됨으로써 최초의 신고 등이 정당하게 유지될 수 없게 된 경우를 의미한다(대법원 2017. 9. 7. 선고 2017두41740 판결 등 취지 참조).

(2) 한편, 형사사건의 재판절차에서 납세의무의 존부나 범위에 관한 판단을 기초로 판결이 확정되었다 하더라도, 이는 특별한 사정이 없는 한 관세법 제38조의3 제3항 및 관세법 시행령 제34조 제2항 제1호에서 말하는 ‘최초의 신고 또는 경정에서 과세표준 및 세액의 계산 근거가 된 거래 또는 행위 등이 그에 관한 소송에 대한 판결에 의하여 다른 내용의 것으로 확정된 경우’에 해당한다고 볼 수 없다. 구체적인 이유는 다음과 같다.

1) 관세법 제38조의3 제3항 및 관세법 시행령 제34조 제2항 제1호는 후발적 경정청구의 사유를 규정하면서 소송의 유형을 특정하지 않은 채 ‘판결’이라고만 규정하고 있다. 그러나 형사소송은 국가 형벌권의 존부 및 적정한 처벌범위를 확정하는 것을 목적으로 하는

것으로서 과세표준 및 세액의 계산 근거가 된 거래 또는 행위 등에 관해 발생한 분쟁의 해결을 목적으로 하는 소송이라고 보기 어렵고, 형사사건의 확정판결만으로는 사법상 거래 또는 행위가 무효로 되거나 취소되지도 아니한다. 따라서 형사사건의 판결은 그에 의하여 '최초의 신고 또는 경정에서 과세표준 및 세액의 계산 근거가 된 거래 또는 행위 등의 존부나 그 법률효과 등이 다른 내용의 것으로 확정'되었다고 볼 수 없다(이하 '첫째 이유'라고 한다4)).

2) 과세절차는 실질과세의 원칙 등에 따라 적정하고 공정한 과세를 위하여 과세표준 및 세액을 확정하는 것인 데 반하여, 형사소송절차는 불고불리의 원칙에 따라 기소된 공소사실을 심판대상으로 하여 국가 형벌권의 존부 및 범위를 확정하는 것을 목적으로 하므로, 설사 조세포탈죄의 성립 여부 및 범칙소득금액을 확정하기 위한 형사소송절차라고 하더라도 과세절차와는 그 목적이 다르고 그 확정을 위한 절차도 별도로 규정되어 서로 상이하다. 형사소송절차에서는 대립 당사자 사이에서 과세표준 및 세액의 계산 근거가 된 거래 또는 행위의 취소 또는 무효 여부에 관하여 항변, 재항변 등 공격·방어방법의 제출을 통하여 이를 확정하는 절차가 마련되어 있지도 않다(이하 '둘째 이유'라고 한다5)).

3) 더욱이 형사소송절차에는 엄격한 증거법칙하에서 증거능력이 제한되고 무죄추정의 원칙이 적용된다. 법관으로 하여금 합리적 의심이 없을 정도로 공소사실이 진실한 것이라는 확신을 가지게 할 수 있는 정도의 증명력을 가진 증거에 의하여만 유죄의 인정을 할 수 있다. 따라서 형사소송에서의 무죄 판결은 그러한 증명이 없다는 의미일 뿐이지 공소사실의 부존재가 증명되었다는 의미가 아니다(대

---

4) 괄호 부분은 필자가 추가.
5) 괄호 부분은 필자가 추가.

법원 1998. 9. 8. 선고 98다25368 판결 ; 대법원 2006. 9. 14. 선고 2006
다27055 판결 등 참조)(이하 '셋째 이유'라고 한다6)).

III. 평석

1. 후발적 경정청구제도의 연혁과 취지 등

(1) 연혁

1994. 12. 22. 법률 제4810호로 개정되기 전의 구 국세기본법 제45
조는 신고납부방식 조세에 대한 수정신고제도를 규정하고 있었는
데, 수정신고에는 증액수정신고와 감액수정신고가 있었다. 그러나
그 기간이 법정신고기한 경과 후 1개월이나 6개월의 단기간이어서
납세자가 그 기간 내에 오류나 누락을 발견하기 어려워 납세자의 권
리보호에 불충분하다는 비판이 제기되었다. 이에 위 개정시 국세기
본법 제45조의2에 경정청구제도를 명문으로 신설하였고, 제1항에는
일반적(통상적) 경정청구를, 제2항에는 후발적 경정청구를 규정하여
오늘에 이르고 있다. 이런 점에서 국세기본법 제45조의2는 후발적
경정청구제도를 새로이 도입한 것에 중요한 의미가 있다고 설명하
기도 한다.7)

대법원은 국세기본법 또는 개별 세법에 경정청구권을 인정하는
명문의 규정이 없는 이상 조리에 의한 경정청구권은 인정할 수 없
고, 이와 같이 세법에 근거하지 아니한 납세의무자의 경정청구에 대

---

6) 괄호 부분은 필자가 추가.
7) 박종수, "국세기본법 제45조의2 제 2 항 제 1 호의 후발적 경정청구 사유로
   서의 '판결'의 의미", 『안암법학』통권 제34호, 무지개사, 2011, 150면.

하여 과세관청이 이를 거부하는 회신을 하였다고 하더라도 이를 항고소송의 대상이 되는 거부처분으로 볼 수 없다는 입장이나,[8] 헌법재판소는 후발적 사유의 발생에 기초한 납세자의 경정청구권은 법률상 명문의 규정이 있는지의 여부에 따라 좌우되는 것이 아니라, 조세법률주의 및 재산권을 보장하고 있는 헌법의 정신에 비추어 볼 때 조리상 당연히 인정되는 것이고, 국세기본법이 수정신고제도만을 두고 있다가 국세기본법 제45조의2를 신설하여 후발적 사유에 의한 경정제도를 신설한 것은 위와 같은 조리상의 법리를 확인한 것이라고 하였다.[9] 대법원의 입장에 따르면 국세기본법 제45조의2 제2항 각호의 사유는 제한적·열거적 규정으로 해석될 수 있고, 헌법재판소의 입장에 따르면 위 각호의 사유를 예시적 규정으로 해석할 수 있다.

국세기본법 제45조의2의 신설 당시에는 일반적 경정청구기간을 법정신고기한 경과 후 1년 이내로 규정하였다가 납세자의 권리 구제 확대를 위해 2000. 12. 29. 법률 제6303호로 개정시 그 기간을 2년으로 연장하였고, 2005. 7. 13. 법률 제7582호로 개정시 3년으로 연장하였으며, 2014. 12. 23. 법률 제12848호로 개정시 현재와 같이 5년으로 연장하였다.

한편, 후발적 경정청구기간에 대해서는 신설시 후발적 경정청구사유가 발생한 날부터 2월 이내로 정하였다가 2000. 12. 29. 법률 제6303호로 개정시 후발적 경정청구사유가 발생한 것을 안 날로부터 2개월로 개정하였고, 다시 2015. 12. 15. 법률 제13552호로 개정시 납세자의 권리보호를 강화한다는 측면에서 현재와 같이 그 기간을 3

---

8) 대법원 1999. 7. 23. 선고 98두9608 판결 ; 대법원 2006. 5. 11. 선고 2004두7993 판결 ; 대법원 2006. 5. 12. 선고 2003두7651 판결 등.

9) 헌법재판소 2000. 2. 24.자 97헌마13 결정.

개월로 연장하였다.

(2) 입법취지

과세관청은 국세기본법 제26조의2에서 정한 일반부과제척기간인 5년부터 장기부과제척기간인 10년[10] 이내에서는 횟수에 제한 없이 납세의무자의 신고 오류나 탈루에 대해 경정을 할 수 있다. 이에 비하여 납세자는 착오로 과오납한 세액을 환급받으려면 과세표준과 세액의 신고가 당연무효로 되어 부당이득이 성립하는 경우 이외에는 구제받을 방법이 없었다. 이와 같은 납세자와 과세관청의 권리행사의 불균형을 해소하고자 마련된 것이 경정청구제도이다.

한편, 국세기본법 제45조의2 제2항은 후발적 경정청구제도를 두고 있는데, 후발적 경정청구제도를 둔 취지는 납세의무가 성립한 이후 발생한 후발적 사유로 인하여 과세표준과 세액의 산정기초에 변동이 생긴 경우 납세자로 하여금 그 사실을 증명하여 감액을 청구할 수 있도록 함으로써 납세자의 권리구제를 확대하려는 데 있다.[11] 즉, 일반적 경정청구기간이 경과한 후 당초 신고나 처분시에 예상하지 못했던 감액사유가 발생한 경우 납세자에게 그 시정을 요구할 수 있는 권리를 보장하기 위해 도입된 것이다. 위와 같은 입법취지와 무상·강제징수라는 조세의 본질상 과세관청의 법적 지위에 비하여 납세자의 지위가 열악하다는 점에서 경정청구사유는 가능한 확대하는 방향으로 운용함이 바람직하다.[12]

---

10) 상속세와 증여세의 경우에는 부과제척기간이 10년 또는 15년이다(일부 사유가 있는 경우에는 상속 또는 증여가 있음을 안 날로부터 1년이라고 하여 부과제척기간이 무제한으로 된다). 국세기본법 제26조의2 제4항·제5 항.

11) 대법원 2011. 7. 28. 선고 2009두22379 판결 ; 대법원 2017. 9. 7. 선고 2017두 41740 판결 등.

12) 심경, "경정청구사유에 관한 고찰 — 구체적인 경정청구사유를 중심으로

(3) 후발적 경정청구에 관한 최근 대법원 판례의 경향

대법원은 국세기본법 또는 개별 세법에 경정청구권을 인정하는 명문의 규정이 없는 이상 조리에 의한 경정청구권을 인정할 수는 없는 것이고, 세법에 근거하지 아니한 납세의무자의 경정청구에 대하여 과세관청이 이를 거부하는 회신을 하였다고 하더라도 이를 가리켜 항고소송의 대상이 되는 거부처분으로 볼 수 없다고 함으로써 국세기본법 제45조의2 제2항 각호 및 같은 법 시행령 제25조의2 각호의 후발적 경정청구사유를 열거적 사유로 전제해 왔다.[13] 그런데 아래에서 보는 바와 같이 최근 판례는 후발적 경정청구사유를 관련 법령의 문언보다 넓게 해석하여 납세자의 권리구제를 확대함으로써 사실상 위 각호의 사유를 예시적 규정으로 운용하고 있다.

대법원은 피상속인이 제3자를 위하여 연대보증채무를 부담하고 있었지만 상속개시 당시에는 아직 변제기가 도래하지 아니하고 주채무자가 변제불능의 무자력 상태에 있지도 아니하여 과세관청이 그 채무액을 상속재산의 가액에서 공제하지 아니한 채 상속세 부과처분을 하였으나, 그 후 주채무자가 변제기 도래 전에 변제불능의 무자력 상태가 됨에 따라 상속인들이 사전구상권을 행사할 수도 없는 상황에서 채권자가 상속인들을 상대로 피상속인의 연대보증채무의 이행을 구하는 민사소송을 제기하여 승소판결을 받아 그 판결이 확정되었을 뿐만 아니라 상속인들이 주채무자나 다른 연대보증인에게 실제로 구상권을 행사하더라도 변제받을 가능성이 없다고 인정되는 경우, 이러한 판결에 따른 피상속인의 연대보증채무의 확정은 국세기본법 제45조의2 제2항 제1호의 후발적 경정청구사유에 해당

―", 『사법논집』 제40집, 법원도서관, 2005, 78면.

13) 대법원 2006. 5. 12. 선고 2003두7651 판결 ; 대법원 2010. 2. 25. 선고 2007두18284 판결 등.

한다고 하였고,14) 소득의 원인이 되는 권리가 확정적으로 발생하여 과세요건이 충족됨으로써 일단 납세의무가 성립하였다 하더라도 일정한 후발적 사유의 발생으로 말미암아 소득이 실현되지 아니하는 것으로 확정되었다면, 당초 성립하였던 납세의무는 그 전제를 상실하여 원칙적으로 그에 따른 법인세를 부과할 수 없다고 보아야 하므로 사업상의 정당한 사유로 당초의 매매대금이나 용역대금을 감액한 경우도 후발적 사유에 포함된다고 하였으며,15) 배당결의에 따른 배당금을 종합소득으로 신고·납부한 이후 채무자회사의 부도에 따른 회생계획인가결정에서 배당금 채권이 면제됨으로써 회수불능이 된 사안에서, 납세의무의 성립 후 소득의 원인이 된 채권이 채무자의 도산 등으로 인하여 회수불능이 되어 장래 그 소득이 실현될 가능성이 전혀 없게 된 것이 객관적으로 명백하게 되었다면, 이는 국세기본법 시행령 제25조의2 제2호에 준하는 사유로서 특별한 사정이 없는 한 국세기본법 시행령 제25조의2 제4호가 규정한 후발적 경정청구사유에 해당한다고 하였다.16)

또한 대법원은 건설회사가 아파트를 신축·분양하던 도중 사업연도를 달리하여 분양계약이 해지되어 분양대금을 반환한 사안에서, 기간과세 세목인 법인세에서도 구 국세기본법 시행령(2010. 2. 18. 대통령령 제22038호로 개정되기 전의 것) 제25조의2 제2호에서 정한 '해제권의 행사나 부득이한 사유로 인한 계약의 해제'는 원칙적으로 후발적 경정청구사유가 된다고 하였고,17) 위법소득의 지배·관리라는 과세요건이 충족됨으로써 일단 납세의무가 성립하였다고 하더라도 그 후 몰수나 추징과 같은 위법소득에 내재되어 있던 경제적 이

---

14) 대법원 2010. 12. 9. 선고 2008두10133 판결.
15) 대법원 2013. 12. 26. 선고 2011두1245 판결.
16) 대법원 2014. 1. 29. 선고 2013두18810 판결.
17) 대법원 2014. 3. 13. 선고 2012두10611 판결.

익의 상실가능성이 현실화되는 후발적 사유가 발생하여 소득이 실현되지 아니하는 것으로 확정됨으로써 당초 성립하였던 납세의무가 전제를 잃게 되었다면, 특별한 사정이 없는 한 납세자는 국세기본법 제45조의2 제2항 등이 규정한 후발적 경정청구를 하여 납세의무의 부담에서 벗어날 수 있다고 하였으며,[18] 급여와 퇴직금 채권이 확정적으로 발생하였다고 하더라도 그 후 이를 면제하는 내용의 회생계획이 인가됨으로 인하여 회수불능이 되어 장래 그 소득이 실현될 가능성이 전혀 없음이 객관적으로 명백하고, 이로써 원고의 급여와 퇴직금에 관한 소득세 원천징수의무도 그 전제를 잃게 되었으므로, 이는 구 국세기본법 제45조의2 제4항·제2항 제5호, 구 국세기본법 시행령 제25조의2 제4호가 규정한 후발적 경정청구사유에 해당한다고 하였다.[19]

2. 후발적 경정청구사유인 '판결'의 범위

후발적 경정청구사유인 국세기본법 제45조의2 제2항 제1호의 '판결'의 범위에 대해서는 많은 논란이 있다. 법문에는 판결의 종류를 특정하지 아니한 채 '판결'이라고만 규정되어 있어 민사판결이나 형사판결, 조세소송판결 등 아무런 제한이 없는 것으로 해석되는데, 실무나 학계에서는 그 범위를 제한적으로 해석하는 견해가 다수로 보인다. 아래에서 판결의 종류에 따른 논의를 검토한다.

---

18) 대법원 2015. 7. 16. 선고 2014두5514 전원합의체 판결.
19) 대법원 2018. 5. 15. 선고 2018두30471 판결.

(1) 관련 규정 및 합목적적 해석의 필요성

> **국세기본법 제45조의2 【경정 등의 청구】**
>
> ② 과세표준신고서를 법정신고기한까지 제출한 자 또는 국세의 과세표준 및 세액의 결정을 받은 자는 다음 각 호의 어느 하나에 해당하는 사유가 발생하였을 때에는 제1항에서 규정하는 기간에도 불구하고 그 사유가 발생한 것을 안 날부터 3개월 이내에 결정 또는 경정을 청구할 수 있다.
> 1. 최초의 신고·결정 또는 경정에서 과세표준 및 세액의 계산 근거가 된 거래 또는 행위 등이 그에 관한 소송에 대한 판결(판결과 같은 효력을 가지는 화해나 그 밖의 행위를 포함한다)에 의하여 다른 것으로 확정되었을 때

대법원은 국세기본법[20]과 관세법,[21] 지방세기본법[22]에서 정한 후발적 경정청구사유 중 하나인 '거래 또는 행위 등이 그에 관한 소송에 대한 판결에 의하여 다른 것으로 확정된 경우'란 '최초의 신고 등이 이루어진 후 과세표준 및 세액의 계산 근거가 된 거래 또는 행위 등에 관한 분쟁이 발생하여 그에 관한 소송에서 판결에 의하여 그 거래 또는 행위 등의 존부나 그 법률효과 등이 다른 내용의 것으로 확정됨으로써 최초의 신고 등이 정당하게 유지될 수 없게 된 경우'를 의미한다고 일관되게 판시해 오고 있다.[23] 즉, 대법원은 판결 자체의 효력으로 과세표준 및 세액의 계산 근거가 된 거래 또는 내용의 존부나 법률효과가 다른 것으로 확정된 경우만을 의미한다고 해석함으로써 후발적 경정청구사유인 판결의 범위를 민사판결로 좁게 보고 있다.[24]

---

20) 국세기본법 제45조의2.
21) 관세법 제38조의3 제3항, 같은 법 시행령 제34조 제2항 제1호.
22) 지방세기본법 제50조 제2항 제1호.
23) 대법원 2006. 1. 26. 선고 2005두7006 판결 ; 대법원 2008. 7. 24. 선고 2006두10023 판결 ; 대법원 2011. 7. 28. 선고 2009두22379 판결 ; 대법원 2017. 9. 7. 선고 2017두41740 판결 등.

그러나 국세기본법 제45조의2 제2항 제1호를 대법원과 같이 좁게 해석할 이유가 없다. 위 제1호의 문언상 과세표준 및 세액의 계산 근거가 된 거래 또는 내용 등에 관한 소송이 있고, 그 소송에서 거래 또는 행위 등의 존부나 법률효과가 다른 내용의 것으로 확정되었다는 점이 증명된다면 이는 위 제1호에 해당된다고 할 수 있다. 즉, 관련 소송의 판결 자체에 의하여 과세표준 및 세액의 계산 근거가 된 거래 또는 행위의 존부나 법률효과가 다른 내용으로 확정되는 경우뿐만 아니라, 판결 자체의 효력이 아니라 판결 내용으로 거래 또는 행위의 존부나 법률효과가 다른 내용으로 변경되었다는 점이 증명되는 경우도 위 제1호에 포함되는 것으로 해석할 수 있다.

또한 대법원이 허용하는 합목적적 해석에 의하더라도 '판결'의 범위를 제한할 이유가 없다. 대법원은 조세법률주의의 원칙상 조세 법규의 해석은 특별한 사정이 없는 한 법문대로 해석하여야 하고 합리적 이유 없이 확장해석하거나 유추해석하는 것은 허용되지 않지만, 법규 상호 간의 해석을 통하여 그 의미를 명백히 할 필요가 있는 경우에는 조세법률주의가 지향하는 법적 안정성 및 예측가능성을 해치지 않는 범위 내에서 입법 취지 및 목적 등을 고려한 합목적적 해석을 하는 것은 불가피하다는 입장이다.[25] 후발적 경정청구제도는 과세관청의 부과제척기간에 대응하여 납세자의 권리구제를 확대하기 위하여 마련된 제도이고, 위 제1호의 문언상 '판결'의 종류에 제한이 없으며, 대법원은 최근 위 입법취지를 적극 반영하여 위 1.의 (3)항에서 본 바와 같이 후발적 경정청구의 범위를 문언보다 폭넓게 인정해 오고 있다. 후발적 경정청구제도의 입법취지, 위 제1호의 문

---

24) 아래 (2)항부터 (4)항 참조.
25) 대법원 2008. 2. 15. 선고 2007두4438 판결 ; 대법원 2017. 10. 12. 선고 2016다212722 판결 ; 대법원 2020. 7. 29. 선고 2019두56333 판결 등.

언, 후발적 경정청구사유를 확대해 오고 있는 최근 판례 경향 등을 고려하면, 위 제1호의 '판결'의 범위를 명확한 법적 근거도 없이 민사판결로 제한할 이유는 없다. 따라서 판결의 종류에 관계없이 해당 판결의 주문과 이유에 비추어 볼 때 과세표준 및 세액의 계산 근거가 된 거래 또는 행위 등의 존부나 법률효과가 다른 내용으로 변경되었다는 점이 증명되는 경우는 위 제1호의 후발적 경정청구사유로 봄이 타당하고, 이러한 해석이 조세법률주의가 지향하는 법적 안정성과 예측가능성을 해친다고 볼 수 없다.

(2) 민사판결

사인 간의 다툼을 판단하는 민사판결이 후발적 경정청구사유인 '판결'에 해당된다는 점에 대해서는 실무와 학계에서 별 다툼이 없다.26) 다만, 민사판결의 확정만으로 후발적 경정청구사유에 해당된다고 할 수는 없고, 과세요건과 관련된 사실에 대해 당사자 사이에 투명하게 다투어지고, 이를 입증할 만한 객관적인 자료가 제출되었으며, 그러한 점이 민사판결의 주문이나 이유에서 명확하게 판단된 경우에 한하여 후발적 경정청구사유가 된다는 것이 대법원의 입장이다.27) 또한 자백이나 공시송달에 의한 판결도 후발적 경정청구사

---

26) 대법원 2006. 1. 26. 선고 2005두7006 판결 ; 대법원 2017. 9. 7. 선고 2017두41740 판결 등.

27) 대법원 2011. 7. 28. 선고 2009두22379 판결. 이 판결의 제1심은 "국세기본법 제45조의2 제2항 제1호 '과세표준 및 세액의 계산 근거가 된 거래 또는 행위 등이 그에 관한 소송에서 판결 등에 의하여 다른 것으로 확정된 때'라 함은 과세표준 및 세액의 계산 근거가 된 거래 또는 행위 등이 재판과정에서 투명하게 다투어졌고 그것이 판결의 주문과 이유에 의하여 객관적으로 확인되는 경우이거나, 그 이외에 의제자백에 의한 판결이나 임의조정, 강제조정, 재판상 화해 등과 같이 판결이나 결정문 자체로는 거래 또는 행위에 대한 판단을 알 수 없더라도 거래 또는 행위 등이 재판

유에서 제외할 것은 아니지만, 당사자들의 통모나 증거조작 등의 사실이 밝혀지면 후발적 경정청구사유에서 제외할 수 있다는 견해도 있다.[28] 이는 민사재판에 있어서 이와 관련된 다른 민·형사사건 등의 확정판결에서 인정된 사실은 특별한 사정이 없는 한 유력한 증거자료가 되는 것이나, 당해 민사재판에서 제출된 다른 증거내용에 비추어 관련 민·형사사건의 확정판결에서의 사실판단을 그대로 채용하기 어렵다고 인정될 경우에는 이를 배척할 수 있다는 판례[29]에 비추어 타당하다.

(3) 형사판결

형사판결이 후발적 경정청구사유인 '판결'에 해당되는지에 대해서는 찬반의 견해가 대립하고 있다.

1) 긍정하는 견해

국세기본법 제45조의2 제2항은 단순히 '판결'이라고만 규정하고

과정에서 투명하게 다투어졌고 그 결론에 이르게 된 경위가 조서 등에 의하여 쉽게 확정할 수 있고, 조세회피의 목적이 없다고 인정되는 경우만을 한정한다고 해석함이 상당하다"고 판시하였다(서울행정법원 2009. 4. 2. 선고 2008구합39059 판결).

28) 윤경아, "국세기본법 제45조의2 제2항 제1호에 의한 후발적 경정청구", 『청연논총』 제12집, 고양 : 사법연수원, 2015, 242~243면 ; 조윤희, "피상속인의 연대보증채무를 상속한 상속인에 대하여 그 연대보증채무의 이행을 명한 판결이 확정된 것이 후발적 경정청구사유에 해당하는지 여부", 『대법원판례해설』 제85호, 법원도서관, 2011, 908면에서는 민사판결이라도 당사자가 오로지 납세의무를 면할 목적으로 담합하여 판결을 얻는 등 객관적·합리적 근거를 결여한 경우에는 후발적 경정청구사유로 볼 수 없다고 하고 있다. ; 임승순, 『조세법』, 박영사, 2020, 221면.

29) 대법원 1993. 3. 12. 선고 92다51372 판결 ; 대법원 1997. 3. 14. 선고 95다49370 판결 ; 대법원 2010. 8. 19. 선고 2010다26745, 26752 판결 등.

있고, 형사판결의 경우에도 범죄의 성립 여부를 판단하면서 과세상 중요한 거래사실이 확인되는 경우가 있으며, 이를 통해 최초의 신고·결정 또는 경정에서 과세표준과 세액의 계산 근거가 된 거래 또는 행위 등이 다른 거래 또는 행위로 투명하게 확인된다면 후발적 경정청구사유로 인정할 수 있다는 견해,[30] 후발적 경정청구의 취지에 비추어 당초의 사실을 변경하는 판결이 확정되었다면 판결의 종류를 불문하고 경정청구를 할 수 있다고 봄이 타당하다는 견해,[31] 민사판결이든 형사판결이든 외형이 아니라 판결 내용에 따라 과세표준과 세액에 영향을 미치는 판결이라면 경정청구를 인정하는 것이 납세자의 권리구제라는 후발적 경정청구제도의 취지에 부합한다는 견해[32]가 있다.

2) 부정하는 견해

형사판결은 조세포탈죄에 관한 판결이라고 하더라도 범죄사실의 존부 범위를 확정함에 그치는 것이고, 형사소송은 과세표준 및 세액의 기초가 되는 거래행위나 과세물건에 관한 분쟁해결을 소송대상으로 하는 것이 아니며, 형사판결의 확정으로는 사법상 거래행위가 바로 무효로 되거나 취소되지 않으므로 후발적 경정청구사유로 볼 수 없다는 견해,[33] 형사소송은 범죄사실의 존부를 소송대상으로 하는 것이고, 과세표준과 세액의 기초가 되는 거래 또는 행위에 관한

---

30) 박종수, 앞의 논문, 163~166면.
31) 소순무·윤지현, 『조세소송』, ㈜조세통람, 2020, 314면.
32) 김철, "형사판결은 후발적 경정청구사유가 될 수 있는가", 법률신문, 2020. 7. 13.
33) 심경, 앞의 논문, 137~138면 ; 이동식, "국세기본법상 후발적 경정청구제도", 『현대공법이론의 제문제 : 천봉 석종현 박사 화갑기념논문집』, 삼영사, 2003, 1302~1303면 ; 조윤희, 앞의 논문, 909~910면.

다툼을 대상으로 하는 것이 아니므로 형사판결은 후발적 경정청구 사유에 해당되지 아니한다는 견해,[34] 형사소송은 엄격한 증명을 요구하고 객관적으로 심판 및 사실인정의 대상과 방법이 다르므로 형사판결은 후발적 경정청구사유에서 제외하는 것이 타당하다는 견해,[35] 형사판결은 과세의 기초가 된 법률관계가 납세의무자에 대한 관계에서 변경되는 효력이 없기 때문에 후발적 경정청구사유에 해당되지 않는다는 견해[36]가 있다.

3) 종전 법원의 입장

대상 판결이 선고되기 전까지 대법원은 형사판결이 국세기본법 제45조의2 제2항 제1호의 후발적 경정청구사유인 '판결'에 해당되는지 여부에 관하여 명시적인 판단을 하지 않았다. 심리불속행으로 끝난 아래 2개의 판결을 통해 보면, 대법원은 후발적 경정청구사유인 '판결'에는 민사판결만 포함되고, 형사판결은 포함되지 않는다는 입장으로 보인다.

먼저 서울행정법원 2006. 10. 11. 선고 2006구합11934 판결은, "후발적 경정사유인 '과세표준 및 세액의 계산 근거가 된 거래 또는 행위 등이 그에 관한 소송에서 판결 등에 의하여 다른 것으로 확정된 때'에 있어서 '판결 등'이라 함은 과세표준 및 세액의 계산 근거가 된 거래 또는 행위 등이 재판과정에서 투명하게 다투어졌고, 그것이 판결의 주문과 이유에 의하여 객관적으로 확인되는 민사사건의 판

---

34) 고은경, "조세법상 경정청구제도에 관한 연구", 중앙대 박사학위논문, 2008, 126면.

35) 김두형, "후발적 경정청구사유로서 소송에 대한 판결의 의미와 범위", 『조세와 법』 제8권 제2호, 서울시립대학교 법학연구소 : 조세재정연구소, 2015, 32~33면.

36) 임승순, 앞의 책, 216면.

결이나, 그 이외의 판결이나 결정문 자체로는 거래 또는 행위에 대한 판단을 알 수 없더라도 거래 또는 행위 등이 재판과정에서 투명하게 다투어졌고 그 결론에 이르게 된 경위가 조서 등에 의하여 쉽게 확정할 수 있는 자백간주에 의한 판결이나 임의조정, 강제조정, 재판상 화해 등의 경우만을 한정한다고 해석하여야 할 것이다. 그런데 이 사건 형사판결은, 1998. 3.경부터 1999. 12.경까지 사이에 소외 회사의 경영지원부문장이었던 피고인 배○○가 소외 회사와 원고회사와의 하도급계약을 체결한 다음 공사대금증액계약을 수차례 더 체결하는 과정에서 계약서에 실제 공사대금보다 과다계상된 공사금액을 기재하고 그 대금을 지급하여 원고회사로 하여금 과다계상된 금액 상당의 재산상 이익을 취득하게 하고 소외 회사에게 동액 상당의 손해를 가한 것으로 기소된 업무상 배임사건에서, 위 피고인이 실제 공사대금보다 과다계상된 공사금액 상당의 재산상 이익을 취득하게 하거나 소외 회사에게 재산상 손해를 가하였다고 볼 수 없다는 이유로 무죄가 선고된 판결로서 피고인 배○○의 범죄사실의 존부 및 범위를 확정하기 위하여 주로 원고 회사의 재산상 이익의 취득 여부 및 소외 회사의 재산상 손해의 발생 여부를 심리하여 판단한 것에 지나지 않고, 과세표준 및 세액의 계산 근거가 된 이 사건 거래 또는 행위가 재판과정에서 대립된 당사자 사이에 투명하게 다투어졌고 판결의 주문이나 이유에서 명확히 판단된 소송에 대한 판결이라고 볼 수는 없다. 그러므로 이 사건 형사판결에 의하여 과세표준 및 세액의 계산 근거가 된 이 사건 공사도급계약이 다른 것으로 확정되었다고 단정할 수 없고, 달리 이 점을 인정할 만한 아무런 증거가 없으므로 위 형사판결이 후발적 경정사유에 해당한다고는 볼 수 없다”고 판시하였다(서울고등법원 2007. 5. 15. 선고 2006누26198 판결 ; 대법원 2007. 10. 12. 선고 2007두13906 판결로 확정).

또한 서울행정법원 2008. 2. 1. 선고 2007구합22764 판결은 “형사

사건의 판결은 비록 조세포탈죄에 관한 판결이라 하더라도 그 성립의 판단 및 적정한 처벌을 전제로 하여 소위 범칙소득금액을 확정하는 것이므로, 양자는 그 목적을 달리하고, 그 확정을 위한 절차도 별도로 정해져 있을 뿐만 아니라 형사사건의 확정판결만으로는 사법상의 거래 행위가 바로 무효로 되거나 취소되지는 않기 때문에 형사사건의 판결은 위 규정상의 판결에 포함되지 않는다고 봄이 상당하다"고 판시하였다(서울고등법원 2008. 10. 22. 선고 2008누7139 판결 ; 대법원 2009. 1. 30. 선고 2008두21171 판결로 확정).

4) 결어

국세기본법 제45조의2 제2항 제1호, 관세법 제38조의3 제3항과 같은 법 시행령 제34조 제2항 제1호, 지방세기본법 제50조 제2항 제1호는 모두 동일하게 후발적 경정청구사유의 하나로 '최초의 신고·결정 또는 경정에서 과세표준 및 세액의 계산 근거가 된 거래 또는 행위 등이 그에 관한 소송의 판결(판결과 동일한 효력을 가지는 화해나 그 밖의 행위를 포함한다)에 의하여 다른 것으로 확정되었을 때'를 규정하고 있다. 대법원은 그 의미를 일관되게 '최초 신고·결정 또는 경정이 이루어진 후 과세표준 및 세액의 계산 근거가 된 거래 또는 행위 등에 관한 분쟁이 발생하여 그에 관한 소송에서 판결에 의하여 거래 또는 행위 등의 존부나 법률효과 등이 다른 것으로 확정됨으로써 최초 신고 등이 정당하게 유지될 수 없게 된 경우'를 의미한다고 해석해 오고 있다.[37] 또한 대법원은 후발적 경정청구제도를 둔 취지를 납세의무 성립 후 일정한 후발적 사유의 발생으로 말

---

37) 대법원 2006. 1. 26. 선고 2005두7006 판결 ; 대법원 2008. 7. 24. 선고 2006두10023 판결 ; 대법원 2011. 7. 28. 선고 2009두22379 판결 ; 대법원 2017. 9. 7. 선고 2017두41740 판결 등.

미암아 과세표준 및 세액의 산정기초에 변동이 생긴 경우 납세자로 하여금 그 사실을 증명하여 감액을 청구할 수 있도록 함으로써 납세 자의 권리구제를 확대하려는 데 있다고 판시[38]하면서 법문보다 넓 게 후발적 경정청구사유를 인정해 오고 있다.[39]

위와 같은 후발적 경정청구 관련 규정의 문언과 법리, 입법취지, 후발적 경정청구사유를 확대하고 있는 최근 판례 경향 등을 종합하 면, 후발적 경정청구사유인 '판결'에 해당되는지 여부는 민사판결, 형사판결, 조세소송판결 등 판결의 종류로 판단할 것이 아니라, 판 결의 주문과 이유를 종합하여 볼 때 당초 과세표준 및 세액의 계산 근거가 된 거래 또는 행위 등의 존부나 법률효과 등이 다른 것으로 확정되었음이 증명되었는지 여부로 판단하는 것이 타당하다. 이에 따라 판결에 의하여 거래 또는 행위 등의 존부나 법률효과 등이 다 른 것으로 확정되었음이 증명된다면 판결의 종류에 관계없이 후발 적 경정청구사유로 봄이 타당하다. 대상 판결의 제1심과 제2심도 이 러한 입장에서 형사판결도 후발적 경정청구사유가 된다는 점을 전 제로 하고 있다.

또한 헌법재판소는 후발적 사유의 발생에 기초한 납세자의 경정 청구권은 법률상 명문의 규정이 있는지의 여부에 따라 좌우되는 것 이 아니라, 조세법률주의 및 재산권을 보장하고 있는 헌법의 정신에 비추어 볼 때 조리상 당연히 인정되는 것이고, 국세기본법이 수정신 고제도만을 두고 있다가 국세기본법 제45조의2를 신설하여 후발적 사유에 의한 경정제도를 신설한 것은 위와 같은 조리상의 법리를 확 인한 것이라고 하였다.[40] 이러한 헌법재판소의 입장에 따르면 국세

---

38) 대법원 2011. 7. 28. 선고 2009두22379 판결 ; 대법원 2017. 9. 7. 선고 2017두 41740 판결 등.

39) 위 1.의 (3)항 참조.

40) 헌법재판소 2000. 2. 24.자 97헌마13 결정.

기본법 제45조의2 제2항 각호의 사유는 예시적 규정으로 해석되고, 판결의 종류에 관계없이 당초 신고한 과세표준과 세액의 기초가 된 거래나 행위, 또는 법률효과가 다른 것으로 변경되었다는 점이 증명된다면 후발적 경정청구사유가 된다.

형사소송은 민사소송이나 행정소송(조세소송 포함)에 비하여 더 엄격한 증명에 의하여 판결을 하는데, 이러한 엄격한 증명의 결과 부정행위로 인한 조세포탈이 인정되지 않는다고 한 무죄판결을 행정소송에서 후발적 경정청구사유로 인정하지 않는다는 것은 모순이고 부당하다.

한편, 대법원은 민사판결의 경우에도 당사자 사이에 과세요건과 관련된 사실에 대해 투명한 다툼이 없었고 판결 주문이나 이유에서 명확하게 판단되지 않았다면 그 민사판결을 후발적 경정청구사유로 볼 수 없다는 입장이다.[41] 이러한 입장에 따르면 형사판결의 경우에도 과세요건과 관련된 사실에 대해 투명하게 다투어졌고, 그것이 판결 주문이나 이유에서 명확하게 판단되었음이 증명된다면 그 형사판결을 후발적 경정청구사유로 볼 수 있다는 결론이 된다.

(4) 조세소송판결

조세소송판결이 후발적 경정청구사유가 될 수 있는지에 대해서도 찬반의 견해 대립이 있다.

1) 긍정하는 견해

국세기본법 제45조의2 제2항은 문언상 단지 '판결'이라고 규정하고 있고, 행정처분을 취소하거나 무효확인을 하는 판결에서 당해 처분의 실체적 위법사유에 대하여 당사자 간에 투명하게 다투어지고

---

41) 각주 24)과 각주 26) 참조.

판결이유에 거래사실이나 행위가 명확하게 드러난다면 이러한 행정
판결은 후발적 경정청구사유로 인정할 수 있다는 견해,[42] 후발적 경
정청구의 취지에 비추어 당초의 사실을 변경하는 판결이 확정되었
다면 판결의 종류를 불문하고 경정청구를 할 수 있다고 봄이 타당하
다는 견해,[43] 행정소송에서 해당 처분의 위법성 여부가 투명하게 다
투어지고 판결이유에 사실관계가 드러난다면 후발적 경정청구사유
에 포함되어야 할 것이라는 견해[44]가 있다.

2) 부정하는 견해

조세소송의 경우 법원은 사후적으로 당해 처분의 적부를 판단하
여 처분의 일부나 전부를 취소하는 것일 뿐이고, 당해 처분을 변경
할 것을 명하는 이행판결은 허용되지 아니하므로 조세소송판결은
후발적 경정청구사유인 '판결'에 해당되지 않는다는 견해,[45] 조세소
송판결은 과세와 관련하여 소극적 위법확인기능을 가지는 것이므로
후발적 경정청구사유로 보기 어렵다는 견해[46]가 있다.

3) 대법원의 입장

조세소송판결이 후발적 경정청구사유가 되는지 여부에 관해 명

---

42) 박종수, 앞의 논문, 163~166면.

43) 소순무·윤지현, 앞의 책, 314면.

44) 김두형, 앞의 논문, 33면. 그러면서 김두형 교수는 손금귀속시기를 과세관
청과 달리 판단한 확정판결이 후발적 경정청구사유에 해당되지 아니한다
는 대법원 2008. 7. 24. 선고 2006두10023 판결은 소송대상이 되지 아니한
다른 과세연도에 대해서는 과세요건 사실을 다른 것으로 변경한 경우에
해당되지 아니하므로 결론적으로 타당하다고 하고 있다.

45) 고은경, 앞의 논문, 제126면 ; 심경, 앞의 논문, 140~141면.

46) 이동식, 앞의 논문, 1303면.

시적으로 판단한 대법원 판례는 찾아보기 어렵다.

대법원 2008. 7. 24. 선고 2006두10023 판결은 지급수수료의 손금 귀속시기만을 한 달씩 늦춘 과세관청의 손금귀속방법이 위법하다고 판단하여 1992 내지 1995 사업연도의 법인세 부과처분을 취소한 확정판결이 1996 사업연도 귀속 지급수수료에 대하여 구 국세기본법 제45조의2 제2항 제1호·제5호 소정의 후발적 경정청구사유에 해당 되는지 여부가 문제된 사안에서, "법 제45조의2 제2항 제1호 소정의 '거래 또는 행위 등이 그에 관한 소송에 대한 판결에 의하여 다른 것으로 확정된 때'라 함은 '거래 또는 행위 등에 대하여 분쟁이 생겨 그에 관한 판결에 의하여 다른 것으로 확정된 때'를 의미하므로 (대법원 2006. 1. 26. 선고 2005두7006 판결 참조), 원고의 법인세 신고 당시의 사실관계를 바탕으로 그 손금귀속시기만을 달리 본 피고의 손금귀속방법이 위법하다고 판단하여 부과처분을 취소한 이 사건 확정판결은 법 제45조의2 제2항 제1호 소정의 판결에 포함되지 않는다고 봄이 상당하다"고 판시하여 조세소송판결이 후발적 경정청구사유에 해당되지 않는다는 입장을 취한 것으로 보인다.

위 2006두10023 판결에 대해서는 ① 과세관청이 정한 손금귀속시기가 위법하다는 확정판결이 있음에도 이를 후발적 경정청구사유로 인정하지 않는 경우 납세의무자는 그 다음 사업연도의 잘못된 과세표준과 세액신고나 처분을 시정할 수 있는 방법이 없게 되어 과세관청의 부과제척기간에 대응하여 납세의무자에게 과다신고납부한 세액을 시정하는 권리를 인정한 경정청구제도의 입법취지에 반하고, ② 납세의무자의 회계처리가 정당하였음이 확인되었음에도 후발적 경정청구를 부정하는 것은 일반적으로 공정·타당하다고 인정되는 기업회계를 존중하여야 한다는 국세기본법 제20조의 취지를 손상시킨다는 비판이 있다.[47] 이에 대해 ① 문리해석상 국세기본법 제45조의2 제2항 제1호의 판결에 손금귀속시기만을 늦춘 과세관청의 처분

이 위법하다는 이유로 어느 과세기간에 대한 과세처분을 취소한 확
정판결이 포함된다고 보기 어려운 점, ② 손금귀속시기에 관한 조세
소송판결을 후발적 경정청구사유로 보는 경우 국세기본법 제26조의
2 제2항 소정의 부과권 행사범위와 관련하여 모순이 생기고, 국세기
본법 제22조의2 제1항과 관련하여, 원고가 취소를 구하는 특정 사업
연도 과세처분의 경우 위 제1항에 의하여 취소범위가 제한됨에 반
하여 취소를 구하지 아니한 사업연도 과세처분의 경우 위 제1항의
제한을 받지 아니하는 모순이 생기는 점,48) 손금귀속시기만을 달리
본 판결은 다른 과세연도와 관련해서 과세요건사실을 다른 것으로
변경한 경우에 해당하지 아니하고, 납세의무자의 경정청구권을 보
장하기 위해서는 다른 방안을 모색할 필요가 있다는 점에서 위 2006
두10023 판결이 타당하다는 견해가 있다.49)

위 2006두10023 판결의 사안에서 관련 조세소송의 확정판결은 매
년 동일한 성격으로 지급되는 지급수수료의 귀속시기가 잘못되었다
는 것이고, 이에 따라 문제가 된 사업연도 이후의 다른 사업연도의
지급수수료에 대해서도 동일하게 귀속시기를 바로잡을 필요가 있
다. 결국 위 사안은 확정판결에 의하여 거래의 법률효과가 다른 것
으로 확정된 경우에 해당되므로 위 확정판결은 국세기본법 제45조
의2 제2항 제1호 소정의 후발적 경정청구사유인 '판결'에 해당한다.
즉, 위 확정판결은 납세자와 과세관청 사이에 과세표준 및 세액의

---

47) 이정란, "손금귀속방법의 위법판결이 후발적 경정청구사유에 포함되는지
여부 ― 대상판결 : 대법원 2008. 7. 24. 선고 2006두10023 판결 ―", 『영산법
률논총』 제5권 제2호, 영산대학교 법률연구소, 2009. 3., 193~196면.

48) 손병준, "손금귀속시기의 위법을 이유로 부과처분을 취소한 확정판결이
국세기본법 제45조의2 제2항 소정의 후발적 경정청구사유에 해당하는지
여부", 『대법원판례해설』 제78호, 법원도서관, 2009, 152~160면.

49) 김두형, 앞의 논문, 26~28면.

계산 근거가 된 거래 또는 행위 등에 관한 분쟁이 발생하였고, 그 판결에 의하여 법률효과가 다른 것으로 확정되었으므로(위 사안에서 지급수수료의 손금귀속시기 변경) 위 조세소송판결은 후발적 경정청구사유로 봄이 타당하다.

4) 결어

조세소송은 과세표준 및 세액의 계산 근거가 된 납세자의 거래 또는 행위 등과 관련하여 납세자와 과세관청이 소송당사자로서 분쟁을 해결하는 절차이고, 따라서 조세소송판결에 의하여 거래 또는 행위 등의 존부나 법률효과 등이 다른 것으로 확정되었다면 '과세표준 및 세액의 계산 근거가 된 거래 또는 행위 등이 그에 관한 소송에 대한 판결에 의하여 다른 것으로 확정된 것'이므로 그 조세소송판결은 후발적 경정청구사유인 '판결'로 봄이 타당하고, 이렇게 해석하는 것이 후발적 경정청구제도의 취지에도 부합한다.

한편, 대상 판결은 형사판결을 후발적 경정청구사유인 '판결'로 볼 수 없다는 이유의 하나로 형사소송절차에서는 대립 당사자 사이에서 과세표준 및 세액의 계산 근거가 된 거래 또는 행위의 취소 또는 무효 여부에 관하여 항변, 재항변 등 공격·방어방법의 제출을 통하여 이를 확정하는 절차가 마련되어 있지도 않다는 점을 들고 있다. 그렇다면, 대상 판결이 제시한 이유에 따르더라도 대립 당사자인 납세자와 과세관청 사이에서 과세표준 및 세액의 계산 근거가 된 거래 또는 행위 등에 대하여 항변, 재항변 등 공격·방어방법의 제출을 통하여 그 거래 또는 행위의 무효 또는 취소 여부를 확정하는 절차가 마련되어 있는 조세소송절차에서 확정된 조세소송판결을 후발적 경정청구사유인 '판결'에서 제외할 이유가 없다.

(5) 법령에 대한 해석의 변경

대법원은 후발적 경정청구는 당초의 신고나 과세처분 당시에는 존재하지 아니하였던 후발적 사유를 이유로 하는 것이므로 법령에 대한 해석이 최초의 신고·결정 또는 경정 당시와 달라졌다는 사유는 국세기본법 시행령 제25조의2 제4호가 정한 후발적 사유에 포함되지 않는다는 입장이다.50)

대법원 판결과 동일한 이유로 판례변경이나 기본통칙의 개정이 후발적 경정청구사유에 해당되지 않는다는 견해,51) 판례나 기본통칙의 변경은 후발적으로 과세요건사실에 변동이 생긴 경우에 해당하지 않는 점 등을 근거로 법령의 해석에 관한 판례의 변경이나 기본통칙의 개정은 후발적 경정청구사유에 해당되지 않는다는 견해,52) 세법의 해석에 관한 판례의 변경은 판결에 의하여 거래나 행위 등의 존부나 법률효과가 다른 내용의 것으로 확정된 경우에 해당되지 아니한다는 이유로 후발적 경정청구사유에 해당되지 않는다는 견해,53) 국세기본법 제45조의2 제2항 제1호의 문리해석상 판례에 의한 법령의 해석의 변경을 후발적 경정청구사유로 인정하기 어렵다는 견해,54) 법령의 해석이 변경되는 경우에 대해 일본 국세통칙법 시행령 제6조 제1항 제5호는 명문으로 후발적 경정청구를 인정하고 있고, 국내에서도 이러한 경우에는 명문으로 후발적 경정청구사유

---

50) 대법원 2014. 11. 27. 선고 2012두28254 판결 ; 대법원 2017. 8. 23. 선고 2017두38812 판결.

51) 김완석, "경정청구제도에 관한 연구(Ⅱ)", 『월간 조세』 제112호, 조세통람사, 1997, 30면 ; 임승순, 앞의 책, 221면.

52) 심경, 앞의 논문, 161면.

53) 이태로·한만수, 『조세법강의』, 박영사, 2020, 88면.

54) 이정민, "법령에 대한 해석이 최초의 신고·결정 또는 경정 당시와 달라졌다는 사유가 국세기본법 제45조의2 제2항의 후발적 경정청구사유에 해당하는지 여부", 『대법원판례해설』 제102호, 법원도서관, 2015, 200~211면.

를 인정해야 한다는 견해가 있다.55)

그러나 '거래나 행위 등의 존부나 법률효과가 다른 내용의 것으로 확정된 경우'란 사실관계가 다른 내용으로 확정된 경우뿐만 아니라, 법률효과가 다른 것으로 변경된 경우도 의미하는 것이고, 납세자의 과세표준과 세액의 신고 또는 과세처분 이후에 판결에 의하여 관련 법령의 해석이 변경되어 더 이상 과세대상이 되지 아니하거나 과세표준과 세액이 감액되는 결과가 된다면, 이는 당초 과세표준과 세액의 기초에 변동이 발생한 것이므로 납세자의 권리구제를 확대한다는 후발적 경정청구제도의 취지와 최근 그 범위를 확대하고 있는 대법원 판례의 경향, 합목적적 해석의 법리에 비추어 보더라도 이를 부정할 이유가 없다.

한편, 대법원은 법률관계나 사실관계에 대하여 관련 법령의 규정을 적용할 수 없다는 법리가 명백히 밝혀지지 아니하여 해석에 다툼의 여지가 있는 때에는 과세관청이 이를 잘못 해석하여 과세처분을 하였더라도 과세요건사실을 오인한 것에 불과하여 그 하자가 명백하다고 할 수 없다는 이유로 부당이득반환청구를 부인하고 있다.56) 종합부동산세액 산정시 적용되는 재산세 공제세액 계산식과 관련하여 대법원은 구 종합부동산세법 시행규칙(2009. 9. 23. 기획재정부령 제102호로 개정되기 전의 것) 제5조 제2항 별지 제3호 서식 부표(2) 작성방법에 기재된 계산식이 아니라 구 종합부동산세법 시행령(2011. 3. 31. 대통령령 제22813호로 개정되기 전의 것) 제4조의2, 제5조의3 제1항 및 제2항에 규정된 산식에 따라야 한다고 판시하였고,57) 이에 원고는 피고의 부과처분 중 위 대법원판결의 법리에 의

55) 김두형, 앞의 논문 33면 ; 소순무·윤지현, 앞의 책, 320면.
56) 대법원 2008. 3. 27. 선고 2006다1633 판결 ; 대법원 2013. 12. 26. 선고2011다 103809 판결 ; 대법원 2018. 7. 19. 선고 2017다242409 전원합의체 판결 등.
57) 대법원 2015. 6. 23. 선고 2012두2986 판결.

한 공제세액 계산식을 적용한 정당세액을 초과하는 부분은 해당 처분이 위법하고 그 하자가 중대·명백하여 당연무효이므로 그 초과액을 부당이득으로 반환하여야 한다고 주장하였으나, 대법원 2018. 7. 19. 선고 2017다242409 전원합의체 판결은 위와 같은 판례의 법리에 따라 부당이득을 부인하였다. 결국 원고는 부과처분 이후 대법원에 의하여 법령에 대한 해석이 변경된 사안에서 구제를 받지 못하게 되었다. 과세관청의 잘못된 법령 해석으로 인한 불이익을 납세의무자에게 전가시키는 것은 부당하고,58) 과세관청이 정당한 세액을 초과하여 징수한 사실이 확인되었음에도 불구하고 처분의 형식적 확정력을 이유로 구제받지 못하는 위와 같은 사안에 대해 납세자의 권리구제를 도모한다는 점에서도 법령에 대한 해석이 변경된 경우에는 후발적 경정청구를 허용함이 타당하다.

(6) 헌법재판소의 위헌결정

과세처분 이후에 과세근거 법률에 대해 헌법재판소의 위헌결정이 선고된 경우 그 위헌결정을 후발적 경정청구사유로 볼 수 있는지 여부에 관해 입법론으로는 가능하나 현행법의 해석론으로는 무리라는 견해가 있다.59)

---

58) 대법원 2018. 7. 19. 선고 2017다242409 전원합의체 판결의 반대의견.

59) 심경, 앞의 논문, 162면. ; 장석조, "후발적 경정청구의 문제 등에 관하여", 코트넷(http://gw2.scourt.go.kr/home.nsf) 전문분야 커뮤니티 조세법분야연구회 사이버세미나 발표자 의견에서는 "입법적 조치를 통해서 부과처분의 근거 법률에 대한 위헌결정이 있는 경우 후발적 경정청구를 허용하게 되면, 집행력만을 배제함에 그치는 것이 아니라 이미 발생한 조세채무 확정의 효력이 상실될 것인바, 이 경우 부과처분의 경우는 물론 납세의무자가 임의로 신고납부한 경우에도 이에 의하여 조세채무확정의 효력이 상실되어 납세의무자는 국가 등을 상대로 부당이득반환청구를 할 수 있게 될 것이다. 그러나 이와 같이 위헌결정이 선고되면 모든 법률관계를 뒤집어 부

그러나 당초 과세표준과 세액의 기초가 된 근거법령이 위헌으로 효력을 상실하였다면, 이는 당초의 신고나 결정 이후에 '거래 또는 행위 등의 존부나 법률효과가 다른 내용의 것으로 확정된 경우'에 해당하는 것이다. 따라서 과세근거 규정에 대한 헌법재판소의 위헌결정은 위 (5)항에서 본 바와 같은 여러 가지 이유들 뿐만 아니라, 특히 국회의 위헌적인 입법으로 인한 재산상 불이익을 아무런 귀책사유가 없는 납세자에게 떠넘기는 행위는 어떤 이유로도 정당화될 수 없다는 점에서 국세기본법 제45조의2 제2항 제1호의 후발적 경정청구사유로 봄이 타당하다.

(7) 소결

위에서 본 바와 같이 판결의 주문과 이유를 통해 당초 신고·결정이나 경정한 과세표준과 세액의 기초가 된 거래나 행위의 존부, 또는 법률효과가 다른 것으로 변경되었다는 점이 증명된다면 판결의 종류에 관계없이 국세기본법 제45조의2 제2항 제1호의 '판결'에 해당된다고 봄이 타당하다. 또한 당초 신고·결정이나 경정 이후에 발생한 법원이나 과세관청의 법령에 대한 해석변경이나 헌법재판소의 위헌결정은 납세자에게는 아무런 책임이 없고 국가기관에게 모든 책임이 있는 것이라는 점에서 이 또한 위 제1호의 후발적 경정청구사유로 봄이 타당하다.

한편, 후발적 경정청구가 기간의 제한 없이 무제한 인정된다는

당이득반환까지도 가능하게 하는 결론이 과연 폭 넓은 지지를 얻을 수 있을 것인지는 의문이다. 이 같은 논리를 관철시키려면 기판력이 발생한 확정판결에 의하여 형성된 법률관계도 모두 뒤집어야 할 것인데, 이러한 결론이 과연 타당한 것인지 이와 같은 결과를 용인하는 것이 사법권의 침해로 이어질 우려는 없는 것인지 신중히 생각해 볼 필요가 있다"고 하고 있다. 심경, 앞의 논문, 주 279)에서 재인용. ; 이정민, 앞의 논문, 211면.

점에서 그 허용범위를 제한해야 한다는 비판이 제기될 수 있으나, 국세기본법 제26조의2에 규정된 과세관청의 부과제척기간에 비하면 같은 법 제45조의2에 규정된 납세자의 경정청구권 행사기간은 아직도 짧은 편이다. 따라서 불가피하게 과세행정의 안정성을 위하여 후발적 경정청구권의 행사기간을 제한하고자 한다면 후발적 경정청구사유에 따라 부과제척기간에 대응하는 정도의 기간으로 그 대상 과세기간을 제한하는 방안을 고려해 볼 수 있다.60)

3. 대상 판결의 문제점

대상 판결은 세 가지 이유를 제시하면서 형사판결이 후발적 경정청구사유인 '판결'에 해당되지 않는다고 판시하였으나, 대상 판결은 아래에서 보는 바와 같이 문제가 있으므로 빠른 시일 내에 변경될 필요가 있다.

(1) 대상 판결이 근거로 제시한 세 가지 이유의 부당성

1) 첫째 이유에 대하여 보면, 소송목적은 국세기본법 제45조의2 제2항 제1호의 문언상 후발적 경정청구사유인 '판결'에 해당하는지 여부의 판단기준이 될 수 없다. 조세 관련 형사소송은 그 목적이 국가 형벌권의 존부 및 적정한 처벌범위를 확정하는 데에 있다고 하더라도 조세채무와 관련하여 납세자와 국가(과세관청을 포함) 사이에 과세표준 및 세액의 계산 근거가 된 거래 또는 행위 등에 관해 발생

---

60) 예를 들면, 후발적 경정청구권을 행사할 수 있는 대상 과세기간을 국세기본법 제45조의2 제2항 제1호와 같이 특정 납세자에게만 영향을 미치는 사유인 경우에는 현행 규정과 같이 제한을 두지 않고, 법령의 해석이나 위헌결정 등 다수의 납세자에게 영향을 미쳐 세수나 과세행정의 안정성에 영향을 미치는 경우에는 10년으로 제한하는 방안을 생각해 볼 수 있다.

한 분쟁을 해결하는 절차이다. 또한 사법상 거래의 무효 또는 취소
는 판결로 효력이 발생하는 것이 아니라(형성판결이 아님) 사법상의
행위를 함으로써, 예를 들면 계약 해제·해지의 통지, 취소의 통지 등
민법 제103조, 제104조, 제107조 내지 제110조, 제543조 내지 제546
조 등에 규정된 요건을 충족함으로써 당연히 발생하는 것이고, 판결
은 이를 확인하는 절차이다. 사법상 거래나 행위가 무효이거나 취소
되었는지 여부는 형사판결을 통해서도 확인할 수 있다. 이러한 점에
서 첫째 이유는 부당하다.

　2) 둘째 이유에 대하여 보면, 대립 당사자인 납세의무자와 과세관
청이 과세표준 및 세액의 계산 근거에 대하여 치열하게 다투는 조세
소송판결도 후발적 경정청구사유가 되지 않는다고 하는 대법원[61]이
과세절차와 형사소송절차의 목적을 비교하는 것이 형사판결의 후발
적 경정청구사유 인정 여부와 무슨 관계가 있는지 의문이다.

　한편, 관세법 제38조의3 제3항 및 같은 법 시행령 제34조 제2항
제1호는 후발적 경정청구사유가 되는 '판결'을 특별한 목적과 절차
에 따른 판결로 그 범위를 제한하고 있지 아니하고, '과세표준 및 세
액의 계산 근거가 된 거래 또는 행위 등이 그에 관한 소송의 판결에
의하여 다른 것으로 확정되었는지 여부'를 후발적 경정청구사유인
'판결'의 요건으로 규정하고 있다. 그리고 소송의 목적과 절차가 다
르다고 하더라도 형사소송절차에서 과세표준 및 세액의 계산 근거
가 된 거래 또는 행위의 존부나 법률효과 등이 당초 과세 당시와 다
르게 변경되었다면 이러한 변경을 사후적으로라도 과세에 반영하는
것이 후발적 경정청구사유에 해당하는 '판결'에 관한 판례의 법리[62]

---

61) 대법원 2008. 7. 24. 선고 2006두10023 판결.
62) 대법원 2017. 9. 7. 선고 2017두41740 판결 등과 위 2.의 (2)항 참조.

에 부합하며, 목적과 절차가 다르다는 이유로 판결 내용에 관계없이 모든 형사판결을 후발적 경정청구사유에서 제외하는 것은 부당하다. 또한 조세 관련 형사소송절차도 피고인(납세자)과 국가라는 대립 당사자 사이에 과세표준 및 세액의 계산 근거가 된 거래 또는 행위 등에 관하여 치열하게 다투어 분쟁을 확정하는 절차라는 점[63])에서 민사소송과 큰 차이가 없다. 형사소송절차에서는 납세자에 대한 인신구속의 위험까지 있어서 민사소송이나 행정소송에 비하여 당사자 간에 과세요건과 관련한 사실관계나 법률효과에 대해 훨씬 더 치열한 공방이 벌어지고, 더 엄격한 증명에 의한 판단이 이루어진다. 이러한 결과로 나온 형사판결을 후발적 경정청구사유에서 제외할 이유가 없다.

대상 판결이 제시한 둘째 이유대로라면 대립 당사자 사이에 과세표준 및 세액의 계산 근거가 된 거래 또는 행위 등에 관하여 납세자와 과세관청 사이에 항변, 재항변 등 공격·방어방법의 제출을 통하여 그 분쟁을 확정하는 조세소송판결은 당연히 후발적 경정청구사유로 보아야 하나, 위 2. (4)의 3)항에서 본 바와 같이 대법원은 조세소송판결에 대해서도 부정적인 입장이어서 대상 판결의 이유와 모순된다. 이런 점에서 둘째 이유도 부당하다.

3) 셋째 이유에 대하여 보면, 후발적 경정청구사유인 '판결'은 과세표준 및 세액의 계산 근거가 된 거래 또는 행위에 관한 분쟁을 소송절차를 통하여 확정하는 판결을 의미한다는 점, 즉 국세기본법 제45조의2 제2항 제1호의 법문상 후발적 경정청구사유인 '판결'에 해당되는지 여부는 유죄 판결이냐 무죄 판결이냐가 아니라, 그 판결의

---

63) 현행 형사소송법은 당사자주의 입장. 대법원 2013. 8. 14. 선고 2012도 13665 판결 등.

확정으로 과세표준 및 세액의 계산 근거가 된 거래 또는 행위 등의 존부나 법률효과 등이 다른 내용의 것으로 확정된 것이냐에 따라 결정하는 것이라는 점에서 위 이유도 타당하지 않다. 또한 무죄 판결의 경우에도 행위의 존부가 아니라 법령의 해석으로 무죄가 되는 경우도 있고,[64] 이러한 경우 법률효과가 달라지게 되므로 이에 따라 당초 신고나 결정을 경정할 필요가 있다.[65] 이런 점에서 셋째 이유도 부당하다.

(2) 후발적 경정청구사유인 '판결' 관련 법리 측면에서의 문제

대상 판결은 "형사사건의 재판절차에서 납세의무의 존부나 범위에 관한 판단을 기초로 판결이 확정되었다 하더라도, 이는 특별한 사정이 없는 한 관세법 제38조의3 제3항 및 관세법 시행령 제34조 제2항 제1호에서 말하는 '최초의 신고 또는 경정에서 과세표준 및 세액의 계산 근거가 된 거래 또는 행위 등이 그에 관한 소송에 대한 판결에 의하여 다른 내용의 것으로 확정된 경우'에 해당한다고 볼 수 없다"고 판시하여 원칙적으로 모든 형사판결은 후발적 경정청구사유가 되지 않는다는 입장을 취하였다.

그러나 대상 판결이 "형사사건의 재판절차에서 납세의무의 존부나 범위에 관한 판단을 기초로 판결이 확정되었다"고 하면서도 그러한 형사판결이 후발적 경정청구사유가 되지 않는다고 판시한 대

---

64) 예를 들면, 대상 판결의 관련 형사판결에서는 이 사건 물품의 수입 관련 관세 등의 납세의무자가 원고가 아니라 국내 소비자들이라고 명시적으로 판단하였다.

65) 예를 들면, 부정행위로 조세를 포탈하였다는 이유로 과세관청이 10년의 장기부과제척기간을 적용하여 부과처분을 하고, 이와 함께 조세포탈죄로 고발하여 기소되었으나, 형사판결에서 납세자에게 부정행위가 인정되지 않는다는 이유로 무죄판결이 확정된 경우, 장기부과제척기간을 적용하여 한 당초 처분은 위법하므로 경정하여야 한다.

상 판결은 위 2.의 (2)항에서 본 후발적 경정청구사유인 '판결' 관련 법리에 어긋난다.

대상 판결의 사안에서 원고는 납세의무자라는 전제에서 관세법 위반죄로 기소되었으나, 관련 형사판결에서 수입물품의 소유자가 원고가 아니라 물품을 주문한 국내 소비자들이라는 이유로 무죄 확정판결을 받았다. 즉, 관련 규정의 해석상 이 사건 물품의 수입에 따른 관세 등의 납세의무자가 원고가 아니라 국내 소비자들이라는 명시적인 이유로 무죄 확정판결을 받은 것이다. 그렇다면, 원고가 납세의무자임을 전제로 한 당초 부과처분은 위법한 처분이므로 후발적 사유를 이유로 경정함이 타당하다.

이와 같이 판결이유를 볼 때 과세표준 및 세액의 계산 근거가 된 거래 또는 행위 등의 존부나 법률효과 등이 다른 내용의 것으로 확정된 형사판결이면 이러한 판결은 후발적 경정청구사유인 '판결'로 봄이 관련 법리에 부합한다.

또한 대상 판결이 언급한 "특별한 사정"이 어떤 의미인지 알 수 없지만, 이러한 방식보다는 후발적 경정청구사유인 '판결' 관련 법리에 따라 주문과 이유에서 볼 때 과세표준 및 세액의 계산 근거가 된 거래 또는 행위 등의 존부나 법률효과 등이 다른 내용의 것으로 확정되었다는 점이 증명되는 형사판결은 후발적 경정청구사유인 '판결'에 해당한다는 방식으로 후발적 경정청구사유로 인정될 수 있는 기준을 구체적이고 적극적으로 제시해 주는 것이 대법원의 태도로서 바람직하다.

(3) 최근 대법원 판례의 경향에 배치되는 문제

대상 판결은 위 1.의 (3)항에서 본 바와 같이 납세자의 권리구제를 확대하고자 후발적 경정청구사유를 넓게 인정해 오고 있는 최근 대법원 판례의 경향에 어긋난다는 점에서도 부당하다.

Ⅳ. 결론

후발적 경정청구제도는 납세의무가 성립한 이후에 발생한 사유로 인하여 당초 신고 또는 결정한 과세표준과 세액의 산정기초에 변동이 생긴 경우 납세자가 과세표준과 세액의 감액을 청구할 수 있도록 함으로써 납세자의 권리구제를 확대하려는 데에 입법취지가 있다. 최근 대법원은 이러한 입법취지에 부응하여 후발적 경정청구에 관한 세법 규정의 문언에도 불구하고 후발적 경정청구사유를 넓게 인정해 오고 있으나, 후발적 경정청구사유의 하나인 국세기본법 제45조의2 제2항 제1호에 대해서는 그 적용대상을 매우 좁게 해석하고 있다.

대법원은 국세기본법 제45조의2 제2항 제1호의 '거래 또는 행위 등이 그에 관한 소송에 대한 판결에 의하여 다른 것으로 확정된 경우'를 '최초의 신고 등이 이루어진 후 과세표준 및 세액의 계산 근거가 된 거래 또는 행위 등에 관한 분쟁이 발생하여 그에 관한 소송에서 판결에 의하여 그 거래 또는 행위 등의 존부나 그 법률효과 등이 다른 내용의 것으로 확정됨으로써 최초의 신고 등이 정당하게 유지될 수 없게 된 경우'라는 의미로 해석해 오고 있다. 즉, 대법원은 판결의 효력으로 과세표준 및 세액의 계산 근거가 된 거래 또는 내용의 존부나 법률효과가 다른 것으로 변경된 경우만을 의미한다고 해석함으로써 위 제1호에서의 '판결'을 민사판결로 제한하고 있다.

그러나 국세기본법 제45조의2 제2항 제1호를 대법원과 같이 좁게 해석할 이유가 없다. 위 제1호의 문언상 과세표준 및 세액의 계산 근거가 된 거래 또는 행위 등에 관한 소송이 있고, 그 소송에서 거래 또는 행위 등의 존부나 법률효과가 다른 내용의 것으로 확정되었다는 점이 증명되는 경우는 위 제1호에 해당된다고 할 수 있다. 후발적 경정청구제도의 입법취지, 위 제1호의 문언 및 합목적적 해석, 후발적 경정청구사유를 확대해 오고 있는 최근 판례 경향 등을 종합하여 보면, 위 제1호의 '판결'의 범위를 민사판결로 제한할 이유는 없고, 해당 판결의 주문과 이유에 비추어 볼 때 과세표준 및 세액의 계산 근거가 된 거래 또는 행위 등의 존부나 법률효과가 다른 내용으로 변경되었다는 점이 증명되는 판결이라면 민사판결, 형사판결, 조세소송판결 등 판결의 종류에 관계없이 후발적 경정청구사유로 봄이 타당하다. 또한 과세표준과 세액의 신고나 결정 이후 발생한 법원이나 과세관청의 법령에 대한 해석변경, 헌법재판소의 위헌결정은 납세자에게 아무런 책임이 없고, 모두 국가기관(과세관청, 법원, 국회)의 잘못으로 인한 것이라는 점에서 이 또한 위 제1호의 후발적 경정청구사유로 봄이 타당하다.

이러한 점에서 대상 판결이 근거로 제시한 세 가지 이유는 모두 부당하고, 후발적 경정청구사유인 '판결'의 법리와 후발적 경정청구사유를 문언보다 확대하고 있는 최근 판례에도 어긋난다. 대상 판결은 형사판결이 후발적 경정청구사유에 해당되지 않는다고 명시적으로 판단한 최초의 판결이라는 의미를 가질 뿐, 위와 같은 문제가 있으므로 조속히 변경될 필요가 있다.

참고문헌

고은경, "조세법상 경정청구제도에 관한 연구", 중앙대 박사학위논문, 2008.

김두형, "후발적 경정청구사유로서 소송에 대한 판결의 의미와 범위", 『조세와 법』제8권 제2호, 서울시립대학교 법학연구소 : 조세재정연구소, 2015.

김완석, "경정청구제도에 관한 연구(Ⅱ)", 『월간 조세』제112호, 조세통람사, 1997.

김 철, "형사판결은 후발적 경정청구사유가 될 수 있는가", 법률신문, 2020. 7. 13.

박종수, "국세기본법 제45조의2 제2항 제1호의 후발적 경정청구 사유로서의 '판결'의 의미", 『안암법학』통권 제34호, 무지개사, 2011.

소순무·윤지현, 『조세소송』, ㈜조세통람, 2020.

손병준, "손금귀속시기의 위법을 이유로 부과처분을 취소한 확정판결이 국세기본법 제45조의2 제2항 소정의 후발적 경정청구사유에 해당하는지 여부", 『대법원판례해설』제78호, 법원도서관, 2009.

심 경, "경정청구사유에 관한 고찰 ― 구체적인 경정청구사유를 중심으로 ―", 『사법논집』제40집, 법원도서관, 2005.

윤경아, "국세기본법 제45조의2 제2항 제1호에 의한 후발적 경정청구", 『청연논총』제12집, 고양 : 사법연수원, 2015.

이동식, "국세기본법상 후발적 경정청구제도", 『현대공법이론의 제문제 : 천봉 석종현 박사 화갑기념논문집』, 삼영사, 2003.

이정민, "법령에 대한 해석이 최초의 신고·결정 또는 경정 당시와 달라졌다는 사유가 국세기본법 제45조의2 제2항의 후발적 경정청구사유에 해당하는지 여부", 『대법원판례해설』제102호, 법원도서관, 2015.

이정란, "손금귀속방법의 위법판결이 후발적 경정청구사유에 포함되는지 여부 ― 대상판결 : 대법원 2008. 7. 24. 선고 2006두10023 판결 ―", 『영산법률논총』제5권 제2호, 영산대학교 법률연구소, 2009. 3.

이태로·한만수, 『조세법강의』, 박영사, 2020.

임승순, 『조세법』, 박영사, 2020.

장석조, "후발적 경정청구의 문제 등에 관하여", 코트넷(http://gw2.scourt.go.kr/ ome.nsf) 전문분야 커뮤니티 조세법분야연구회 사이버세미나.

조윤희, "피상속인의 연대보증채무를 상속한 상속인에 대하여 그 연대보증 채무의 이행을 명한 판결이 확정된 것이 후발적 경정청구사유에 해당 하는지 여부", 『대법원판례해설』 제85호, 법원도서관, 2011.

국세기본법상 직무집행 거부 등에 대한 과태료

김 혁 주 세무사 · 장 성 두 변호사

Ⅰ. 서론

어떤 행정법규 위반행위에 대하여 이를 단지 간접적으로 행정상의 질서에 장해를 줄 위험성이 있음에 불과한 경우(단순한 의무태만 내지 의무위반)로 보아 행정질서벌인 과태료를 과할 것인가, 아니면 직접적으로 행정목적과 공익을 침해한 행위로 보아 행정형벌을 과할 것인가, 그리고 행정형벌을 과할 경우 그 법정형의 형종과 형량을 어떻게 정할 것인가는, 당해 위반행위가 위의 어느 경우에 해당하는가에 대한 법적 판단을 그르친 것이 아닌 한 그 처벌내용은 기본적으로 입법권자가 제반사정을 고려하여 결정할 그 입법재량에 속하는 문제이다.[1]

행정의 실효성 확보수단은 직접적 강제로서 "행정강제"와 간접적 강제로서 "행정벌"이 대표적이고, "행정강제"로는 행정상 강제집행(대집행, 집행강제, 이행강제금-집행벌, 행정상 강제징수)과 행정상 즉시강제가 있으며, 행정벌로는 행정형벌[2]과 행정질서벌이 있다.

---

1) 헌법재판소 1997. 8. 21. 선고 93헌바51 결정
2) 일반적으로 행정법상의 의무위반에 대하여 형법상 刑名이 있는 9개 형벌(사형·징역·금고·자격상실·자격정지·벌금·구류·과료·몰수)을 들 수 있는데, 형사사범으로서 그 행위가 기본적으로 법규의 규정 여하를 기다리지 않고도 그 자체가 반도덕성·반사회성을 가진다.

과태료는 대표적인 행정질서벌로서,3) 당해 행위가 그 자체로서 당연히 반사회성을 갖는 것이 아니고(형사벌과의 차이) 그 자체가 직접적으로 행정목적을 침해하는 것도 아니다(행정형벌과의 차이).4)

과태료는 행정의무위반에 대하여 금전적 제재를 가함으로써 행정법규의 실효성을 확보함을 목적으로 함과 동시에, 이를 통해 의무자에게 심리적 압박을 가하여 의무자의 행정법상의 의무의 이행을 확보하는, 과거의 의무위반에 대한 제재의 성격과 함께 장래 행정상의 의무이행의 확보라는 이중적 성격을 가진다. 다만 지금까지 징벌적 의미를 가지는 제재 보다는 상대적으로 행정상 의무이행 확보수단이라는 측면으로서 강조되어 왔으며, 과태료의 부과징수에 있어서 엄격한 법치주의 적용보다는 행정의 효율적 집행이라는 관점에서 강조되어 왔다.5)

행정질서벌로서의 과태료는"국가 또는 지방자치단체가 일정한 행정상의 질서위반행위에 대하여 부과하는 금전적 제재"로서 행정법규에 대한 위반이 직접적으로 행정목적이나 사회공익을 침해하는 것이 아니라, 신고·보고·자료제출 등 간접적으로 행정목적 달성에 장애를 줄 수 있는 정도의 상대적으로 경미하고 단순한 의무태만에 해당한다.6)

2007. 12. 21. 질서위반행위규제법(이하 "질서법"이라 한다)이 제정되었는데, 질서법은 행정질서벌로서의 과태료만 적용대상임을 명

---

3) 한국법제연구원 연구보고 2017-12, 과태료제도의 합리적인 정비를 위한 입법모델 연구(김현희·강문수·나채준), 42면

4) 류지태, 행정질서벌의 체계, 법조 vol.555, 2002. 12, 55면

5) 과태료 제도의 합리적인 정비를 위한 입법모델 연구, 74면(조태제 연구논문 인용)

6) 한국법제연구원 연구보고 2017-12, 과태료제도의 합리적인 정비를 위한 입법모델 연구(김현희·강문수·나채준), 22면 (주석5, 박윤흔·정형근, 최신 행정법강의(상), 박영사, 2009, 558면)

문화한 것으로 질서위반행위의 성립과 과태료 처분에 관한 법률관계를 명확히 하여 국민의 권익을 보호하도록 하고, 개별 법령에서 통일되지 못하고 있던 과태료의 부과·징수 절차를 일원화하며, 행정청이 재판에 참여할 수 있도록 하고, 지방자치단체가 부과한 과태료는 지방자치단체의 수입이 되도록 하는 등 과태료 재판과 집행절차를 개선·보완함으로써 과태료가 의무이행확보수단으로서의 기능을 효과적으로 수행할 수 있도록 하기 위한 것이다.[7] 이에 따라 과태료의 부과·징수, 재판 및 집행 등의 절차에 관한 다른 법률의 규정 중 질서법의 규정에 저촉되는 것은 질서법으로 정하는 바에 따라야 한다.[8][9]

한편, 국세기본법 제88조 제1항은 "관할 세무서장은 세법의 질문·조사권 규정에 따른 세무공무원의 질문에 대하여 거짓으로 진술하거나 그 직무집행을 거부 또는 기피한 자에게 2천만원 이하의 과태료를 부과·징수한다"고 규정하여 세무공무원의 직무집행 거부 등에 대한 과태료 부과 규정을 두고 있다.[10][11] 이는 각 세법상 신고·

---

7) 법제처 국가법령정보센터(https://www.law.go.kr) 2007. 12. 21. 법률 제8725
   호로 제정된 질서위반행위규제법 제정 이유 참조, 법무부 해설집 제13면
8) 질서법 제5조
9) 질서법 제5조
10) 종전에는 세법의 질문·조사권에 대한 과태료 부과의 근거를 조세범처벌
   법에서 규정하고 있었으나, 세법에 공통적인 사항을 규정하기 위해 2018.
   12. 31. 국세기본법 개정시 이관되었다.
   구 조세범 처벌법 제17조(명령사항위반 등에 대한 과태료 부과)
   관할 세무서장은 다음 각 호의 어느 하나에 해당하는 자에게는 2,000만원
   이하의 과태료를 부과한다.
   5. 「소득세법」, 「법인세법」 등 세법의 질문·조사권 규정에 따른 세무공무원
   의 질문에 대하여 거짓으로 진술을 하거나 그 직무집행을 거부 또는 기피
   한 자
11) 종전 국세청 훈령인 「세법상 과태료 양정규정」에서 규정하고 있던 구체적
   인 과태료의 부과기준이 2022. 2. 15., 대통령령 제32424호로 일부개정된
   국세기본법 시행령의 별표1에 신설되었다.

보고·자료제출 등 불이행 자체에 대한 것이 아니라 이를 담보하기 위한 보조적인 강제수단으로서 궁극적으로는 납세자의 납세의무이행을 담보하기 위한 것이다.

이와 같은 직무집행에 대한 거부 등에 따른 과태료는 "세법의 질문·조사권 규정에 따른 세무공무원의 질문"과 관련된 것인데, 국세기본법상 "세법"은 국세의 종목과 세율을 정하고 있는 법률(본고에서는 국세기본법상 "세법"과 구분하기 위해 "각 세법"이라 한다)과 국세징수법, 조세특례제한법, 국제조세조정에 관한 법률, 조세범 처벌법 및 조세범 처벌절차법을 말하고,[12] "세무공무원"은 국세청장, 지방국세청장, 세무서장 또는 그 소속 공무원과 세법에 따라 국세에 관한 사무를 세관장(稅關長)이 관장하는 경우의 그 세관장 또는 그 소속 공무원을 말한다.[13]

따라서 세법 상 질문조사는 아래 4가지 유형으로 구분될 수 있다.[14]

유형	근거	행사주체	목적
일반질문조사[15]	각 세법의 질문조사권	세무공무원	각 세법의 직무수행
일반세무조사[16]	각 세법의 질문조사권	세무공무원	과세표준 및 세액의 결정 또는 경정
조세범칙조사	조세범 처벌 절차법 제8조	세무공무원[17]	조세범칙행위 등의 확정
강제징수조사	국세징수법 제36조[18]	세무공무원	압류할 재산의 소재 또는 수량 확인

---

12) 국세기본법 제2조 제2호
13) 국세기본법 제2조 제17호
14) 국세기본법 제76조(질문검사권)의 조세심판관 등이 실시하는 현장확인조사는 심판청구와 관련하여 실제 현황이 청구인의 주장 또는 과세처분에 부합하는지 여부를 확인하는 절차이므로 질문조사 집행거부 과태료 대상이 아니다. ☞조세심판원(www.tt.go.kr), 「알기쉬운 조세심판원 사용법」 53면(2020. 5. 21.)

다만, 본고에서는 상기 유형 중 각 세법상 질문조사권[19]과 관련
이 있는 일반질문조사 및 일반세무조사에서의 과태료에 대해 다루되
(이하에서는 광의의 '직무집행 거부 등에 대한 과태료'와 구분하기
위하여 협의의 의미로서 '질문조사 집행거부 과태료'라고 칭한다),

---

15) 세무조사와 구분하기 위하여 "일반질문조사"라고 칭한다.

16) 조세범칙조사와 구분하기 위하여 "일반세무조사"라고 칭한다.

17) 조세범 처벌절차법 제2조
    4. "세무공무원"이란 세무에 종사하는 공무원으로서 다음 각 목의 구분에
따라 지명된 공무원을 말한다.
    가. 지방국세청 소속 공무원의 경우: 소속 지방국세청장의 제청으로 해당
지방국세청의 소재지를 관할하는 지방검찰청의 검사장이 지명하는 공무원
    나. 세무서 소속 공무원의 경우: 소속 지방국세청장의 제청으로 해당 세무
서의 소재지를 관할하는 지방검찰청의 검사장이 지명하는 공무원

18) 국세징수법 제36조(질문·검사)
    ① 세무공무원은 강제징수를 하면서 압류할 재산의 소재 또는 수량을 알
아내기 위하여 필요한 경우 다음 각 호의 어느 하나에 해당하는 자에게
구두(口頭) 또는 문서로 질문하거나 장부, 서류 및 그 밖의 물건을 검사할
수 있다.
    1. 체납자
    2. 체납자와 거래관계가 있는 자
    3. 체납자의 재산을 점유하는 자
    4. 체납자와 채권·채무 관계가 있는 자
    5. 체납자가 주주 또는 사원인 법인
    6. 체납자인 법인의 주주 또는 사원
    7. 체납자와 「국세기본법」 제2조제20호가목에 따른 친족관계나 같은 호
나목에 따른 경제적 연관관계가 있는 자 중에서 체납자의 재산을 감춘 혐
의가 있다고 인정되는 자
    ② 제1항에 따라 구두로 질문한 내용이 중요한 사항인 경우 그 내용을 기
록하고 기록한 서류에 답변한 자와 함께 서명날인하여야 한다. 다만, 답
변한 자가 서명날인을 거부한 경우 그 사실을 본문의 서류에 적는 것으
로 답변한 자의 서명날인을 갈음할 수 있다.

19) 본고에서는 소득세법, 법인세법, 부가가치세법, 상속세 및 증여세법의 질
문조사 규정만 다룬다.

이에 앞서 질서위반행위의 성립요건과 과태료의 부과·징수 및 재판 등에 관하여 규정하고 있는 질서위반행위규제법에 대해 살펴본다.

II. 질서위반행위규제법 개관 [20] [21]

질서법은 제정 이전에 개별 법령에서 통일되지 못하고 있던 과태 료의 부과·징수 절차를 일원화하고, 과태료 재판과 집행절차를 개 선·보완함으로써 과태료가 의무이행 확보수단으로서의 기능을 효과 적으로 수행할 수 있도록 하기 위해 제정되었고, 질서위반행위의 성 립요건 및 과태료 부과·징수 등 절차에 관한 일반법으로서의 효력 을 가진다. 질서법은 학설·판례 등 해석에 의존해오던 기존의 과태 료 관련 이론을 대대적으로 정리·보완하여 형사법에 가까운 구성요 건체계를 확립하였고, 과태료 부과·징수 관련 절차를 일원화하여 국 민의 신뢰보호 및 예측가능성을 대폭 강화하였다.

---

20) 법무부의 2018년 질서위반행위규제법 해설집(본고에서는 "법무부 해설 집"이라 한다)의 내용 중 세법상 질문조사권과 관련되는 부분을 그대로 원용하였다.

21) (법무부 해설집 3면) 입안 과정에서 「행정벌법」이나 「행정질서위반규제 법」의 명칭도 검토하였으나, 향후 경미범죄의 비범죄화 차원에서 벌금형 에서 과태료로 전환될 행위에는 행정의무 위반과 관계없는 행위도 있으 므로 '행정벌법'이나 '행정질서위반규제법' 등은 적절한 제명이 아니라고 판단하였다. 「과태료의 부과 및 징수에 관한 법률」이라는 명칭은 과태료 의 부과·징수 절차에 관한 일반사항을 규정하는 점은 부각될 수 있으나, 질서위반행위의 성립요건이나 과태료 처분과 관련된 실체법적 부분은 드 러나지 않는 단점이 있었다. 따라서, 독일의 질서위반법과 유사하게 「질 서위반행위규제법」으로 법률의 명칭을 정하여 법안의 제정목적인 질서 위반행위 및 과태료 처분과 관련된 실체법적, 절차법적 일반사항에 관한 내용이 나타나도록 하였다.

1. 질서위반행위의 성립

　"질서위반행위"란 "법률(지방자치단체의 조례를 포함한다)상의 의무를 위반하여 과태료를 부과하는 행위"라고 규정되는데,[22] 이처럼 과태료 부과 대상인 질서위반행위를 동어 반복의 형태로 정의하고 있을 뿐, 질서위반행위가 구체적으로 무엇을 말하는지에 대해서는 별도로 규정하고 있지 않고 있으므로 과태료 부과 대상 실체에 관해서는 개별법에 의하여야 하고, 결국 개별법상 과태료 부과 대상으로 규정된 모든 행위가 질서위반행위이다. 다만, 사법(私法)상·소송법상 의무를 위반하여 과태료를 부과하는 행위 및 법률에 따른 징계사유에 해당하여 과태료를 부과하는 행위는 적용 대상에서 제외하고 있다.[23][24]

---

22) 질서위반행위 개념에 과태료 부과 주체와 과태료 부과 대상이 모두 반영되어야 하나, 과태료 부과 주체인 당사자에는 개인 뿐만 아니라 지방자치단체 등 법인격을 보유한 행정청이 포함되므로 이들 주체가 모두 포함되도록 간결하고 명확하게 표현할 필요가 있는 점을 고려하여 당사자와 행정청이 정의되지 않은 상태에서 이들 용어를 사용하지 않으면서 개념의 모호와 법문의 장황을 최대한 피하기 위함이라고 한다(법무부 해설집 19면).

23) 질서법 시행령 제2조(질서위반행위에서 제외되는 행위)
　① 「질서위반행위규제법」(이하 "법"이라 한다) 제2조제1호가목에서 "대통령령으로 정하는 사법(私法)상·소송법상 의무를 위반하여 과태료를 부과하는 행위"란 「민법」, 「상법」 등 사인(私人) 간의 법률관계를 규율하는 법 또는 「민사소송법」, 「가사소송법」, 「민사집행법」, 「형사소송법」, 「민사조정법」 등 분쟁 해결에 관한 절차를 규율하는 법률상의 의무를 위반하여 과태료를 부과하는 행위를 말한다.
　② 법 제2조제1호나목에서 "대통령령으로 정하는 법률에 따른 징계사유에 해당하여 과태료를 부과하는 행위"란 「공증인법」, 「법무사법」, 「변리사법」, 「변호사법」 등 기관·단체 등이 질서 유지를 목적으로 구성원의 의무 위반에 대하여 제재를 할 수 있도록 규정하는 법률에 따른 징계사유에 해당하여 과태료를 부과하는 행위를 말한다.

이하에서는 질서위반행위의 성립과 과태료 처분에 관한 시간적
범위와 장소적 범위, 질서위반행위의 성립 요건으로서의 질서위반
행위 법정주의, 고의 또는 과실 요건, 위법성의 착오 요건에 대해 알
아본다.

가. 법 적용의 시간적 범위[25]

질서위반행위의 성립과 과태료 처분은 행위 시의 법률에 따른다.
질서위반행위 후 법률이 변경되어 그 행위가 질서위반행위에 해당
하지 아니하게 되거나 과태료가 변경되기 전의 법률보다 가볍게 된
때에는 법률에 특별한 규정이 없는 한 변경된 법률을 적용한다. 행
정청의 과태료 처분이나 법원의 과태료 재판이 확정된 후 법률이 변
경되어 그 행위가 질서위반행위에 해당하지 아니하게 된 때에는 변
경된 법률에 특별한 규정이 없는 한 과태료의 징수 또는 집행을 면
제한다.[26]

나. 법 적용의 장소적 범위[27]

대한민국 영역 안에서 질서위반행위를 한 자에게 적용한다(속지
주의). 따라서 질서위반행위의 당사자가 관광객 등 일시적으로 국내
에 머무는 외국인인 경우에도 개별법에 이와 달리하는 특별한 규정
이 없는 한 행정청은 과태료를 부과하여야 한다. 대한민국 영역 밖

---

24) 세무사법 제17조(징계) 제2항 제3호에 따른 과태료 부과징수는 질서법 적
   용 대상이 아님(법무부 해설집 277면)
25) 질서법 제3조
26) 개별 법률이 부칙 등 경과규정을 별도로 두지 않은 경우를 의미하므로 질
   서위반행위 이후 법률 변경이 있는 경우에는 먼저 부칙의 존재 여부를 살
   펴야 한다(대법원 2020. 11. 3.자 2020마5594 결정 등 참조).
27) 질서법 제4조

에서 질서위반행위를 한 대한민국의 국민에게 적용한다(속인주의). 대한민국 영역 밖에 있는 대한민국의 선박 또는 항공기 안에서 질서 위반행위를 한 외국인에게 적용한다(기국주의).

다. 질서위반행위 법정주의

법률에 따르지 아니하고는 어떤 행위도 질서위반행위로 과태료를 부과하지 아니한다(질서법 제6조). 이는 질서위반행위 및 과태료 법정주의를 명문으로 규정한 것으로 죄형법정주의에 관한 「헌법」 제12조 제1항에 근거한다. 이에 따르면 "누구든지 법률에 의하지 아니하고는 체포·구속·압수·수색 또는 심문을 받지 아니하며, 법률과 적법한 절차에 의하지 아니하고는 처벌·보안처분 또는 강제노역을 받지 아니한다." 과태료 역시 행정질서벌로서 법위반행위에 대하여 국민에게 가하는 불이익한 처분에 해당하므로, 과태료 부과에는 죄형법정주의에 상당하는 엄격한 기준이 필요하다. 질서법은 이를 "질서위반행위 법정주의"로 수용하면서 과태료 역시 법률에 명시적으로 규정된 행위에 한하여 부과가 가능함을 명시하였다.

"법률"에 따르지 아니하고는 "어떠한 행위도" 과태료를 부과해서는 아니 된다는 의미는 크게 세 가지 정도로 해석된다.

첫째, 법률에 과태료 부과 대상인 질서위반행위로 규정되지 아니한 행위에 대해서는 어떠한 경우에도 과태료를 부과할 수 없다. 즉, 어떠한 행위가 명백히 행정 목적 달성을 방해하는 행위로 판단될지라도 개별법이 그 행위에 대하여 과태료를 부과하도록 명시적으로 규정하지 않았다면 행정청은 자의적으로 과태료를 부과할 수 없다.

둘째, 법률에 어떠한 행위와 비슷한 행위에 대해 과태료를 부과하도록 정하였더라도 이들 행위를 같은 것으로 보아 동일한 조항을 적용할 수는 없다. 따라서 과태료 규정을 자의적으로 해석하여 법률이 명시적으로 규정하지 않은 사항에까지 법 규정을 적용하는 유추해석 역시 금지된다.

셋째, 「헌법」 제12조 제1항은 적법절차원리에 관한 것으로서 형벌뿐만 아니라 모든 국가작용에 적용된다. 따라서 국민에게 불리한 "처벌"의 일종인 과태료 부과·징수 역시 법률과 적법한 절차에 따라야 한다. 질서법은 과태료 부과·징수 절차에 관한 일반법으로서 질서법이 적용되는 모든 과태료는 질서법이 정한 절차에 따라 부과·징수되어야 하므로, 질서위반행위 법정주의는 과태료에 관한 적법절차원리 역시 수용하고 있는 것으로 보아야 할 것이다.

라. 고의 또는 과실 요건

고의 또는 과실이 없는 질서위반행위는 과태료를 부과하지 아니한다(질서법 제7조).[28] 법규위반이라는 객관적 요건 외에 고의·과실이라는 주관적 요건이 함께 요구됨을 명시하였다. 질서위반행위 성립에 책임주의 원칙을 반영한 것으로 주관적 요건의 만족, 즉 고의 또는 과실 둘 중 어느 하나의 요건을 만족해야 과태료 부과 대상인 질서위반행위가 성립함을 의미한다. 따라서 둘 중 어느 하나도 충족하지 못하는 경우에는 과태료를 부과할 수 없다.

질서법 제정 전 종래 판례는 과태료 부과에는 원칙적으로 고의·과실이 요구되지 않지만, 예외적으로 정당한 사유가 있을 때에는 과

---

28) "고의"란 질서위반행위의 구성요건인 사실의 인식 및 법위반 의사를, "과실"은 일반적으로 요구되는 주의의무를 위반하여 과태료 부과 대상인 질서위반행위가 발생한 경우를 의미한(법무부 해설집 30면)

태료를 부과할 수 없다는 입장이었다.[29] 이는 일반국민이 행정의무 위반의 발생을 방지하기 위해 끊임없이 주의를 기울이도록 함으로써 행정상 의무이행 가능성을 높이려는 정책적 고려를 반영한 것으로 해석된다. 다만, 최선의 주의를 기울였으나 법규위반의 결과가 발생한 경우에도 과태료를 부과하게 된다면 국민의 법규위반 방지 노력을 무의미한 것으로 인식할 가능성이 있고, 오히려 행정상 의무이행을 확보하지 못할 가능성도 있다. 따라서 질서위반행위의 성립을 위하여 법규위반이라는 객관적 사실 외에 행위자의 고의·과실이라는 주관적(심리적·내심적) 요건의 존재를 필요로 하고, 과실이 없는 경우에는 과태료를 과하지 않는 것이 타당하다. 질서법은 이를 고려하여 책임주의를 명문화함으로써 입법적으로 해결하였다.

마. 위법성의 착오 요건

자신의 행위가 위법하지 아니한 것으로 오인하고 행한 질서위반 행위는 그 오인에 정당한 이유가 있는 때에 한하여 과태료를 부과하지 아니한다(질서법 제8조). 이는 일반적으로 질서위반행위가 되는 경우이지만 자기의 특수한 경우에는 법령에 의하여 허용된 행위로서 질서위반행위가 되지 않는다고 잘못 인식하고, 그와 같이 잘못 인식함에 정당한 이유가 있는 경우에는 과태료를 부과하지 않는다는 취지로 이해해야 할 것이다.

여기서 '정당한 이유'의 판단기준에 대하여 질서법은 따로 정하고 있지는 않다. 다만, 질서법이 책임주의 등 「형법」상 개념을 차용

---

29) 대법원 2006.4.28.자 2003마715 결정
"위반자가 그 의무를 알지 못하는 것이 무리가 아니었다고 할 수 있어 그 것을 정당시할 수 있는 사정이 있을 때 또는 그 의무의 이행을 그 당사자에게 기대하는 것이 무리라고 하는 사정이 있을 때 등 그 의무 해태를 탓할 수 없는 정당한 사유가 있는 때에는 이를 부과할 수 없다."

한 점을 고려할 때 「형법」제16조(법률의 착오)의 "정당한 이유"에 대한 판단 기준은 질서법상 위법성 착오 판단의 중요한 근거가 될 것으로 보인다.

「형법」제16조 정당한 이유에 대하여 대법원은 "정당한 이유가 있는지 여부는 행위자에게 자기 행위의 위법의 가능성에 대해 심사 숙고하거나 조회할 수 있는 계기가 있어 자신의 지적능력을 다하여 이를 회피하기 위한 진지한 노력을 다하였더라면 스스로의 행위에 대하여 위법성을 인식할 수 있는 가능성이 있었음에도 이를 다하지 못한 결과 자기 행위의 위법성을 인식하지 못한 것인지 여부에 따라 판단하여야 할 것이고, 이러한 위법성의 인식에 필요한 노력의 정도는 구체적인 행위정황과 행위자 개인의 인식능력 그리고 행위자가 속한 사회집단에 따라 달리 평가되어야 한다"고 밝히고 있다.

2. 과태료 부과의 원칙

가. 법인의 처리

법인의 대표자, 법인 또는 개인의 대리인·사용인 및 그 밖의 종업원이 업무에 관하여 법인 또는 그 개인에게 부과된 법률상의 의무를 위반한 때에는 법인 또는 그 개인에게 과태료를 부과한다(질서법 제11조). 질서법은 양벌규정 대신 법인이 당사자인 경우에는 법인에게만 별도로 과태료 부과가 가능하도록 법인의 처리에 대한 규정을 별도로 두었다. 따라서 개별법상 질서위반행위의 주체가 법인인 경우에는 개별법상 양벌규정 등 법인에 대한 과태료 부과 규정이 존재하지 않더라도 바로 법인에 대한 과태료 부과가 가능하다. 그러나 개별 법률상 양벌규정이 도입된 경우까지 행위자를 처벌하지 못하도록 하는 것은 아니므로, 개별 법률상 명문으로 법인과 종업원 모두를 처벌하도록 규정한 경우에는 양벌규정이 우선하는 것으로 보아야 한다.

이는 양벌규정과 흡사하나 적용은 오로지 법인만을 대상으로 하므로 자연인과 법인 양쪽을 처벌하는 양벌규정과는 구별된다. 양벌규정에는 자연인과 법인을 동시에 처벌한다는 뜻으로 "행위자를 벌하는 외에"그 법인 또는 개인에게도 형벌을 과한다는 문구가 추가되나 질서법 제11조에는 이들 규정이 존재하지 않는다. 이는 법인에게 의무가 부여된 경우에는 실제 행위자에게도 법률 준수의 의무가 있음이 명문으로 규정되지 않은 이상 행위자를 처벌하지 않겠다는 것으로서 일반적인 양벌규정과는 입법목적과 기능이 구별된다 할 것이다.

나. 다수인의 질서위반행위 가담

2인 이상이 질서위반행위에 가담한 때에는 각자가 질서위반행위를 한 것으로 본다. 신분에 의하여 성립하는 질서위반행위에 신분이 없는 자가 가담한 때에는 신분이 없는 자에 대하여도 질서위반행위가 성립한다. 신분에 의하여 과태료를 감경 또는 가중하거나 과태료를 부과하지 아니하는 때에는 그 신분의 효과는 신분이 없는 자에게는 미치지 아니한다(질서법 제12조).

우리 「형법」은 범죄에 다수인이 가담한 경우 가담형태에 따라 공동정범(제30조), 교사범(제31조) 또는 방조범(제32조)으로 구분한다. 질서법은 이와 달리 단일정범 개념을 도입하여 「형법」과 같은 공동정범·교사범·종범의 개념을 인정하지 아니하고 질서위반행위에 가담한 자 모두를 정범으로 본다(질서법 제12조 제1항). 따라서 동일한 질서위반행위에 가담한 자가 여러 명이고 각자 가담의 정도가 다르더라도 그 경중을 가리지 아니하고 과태료는 동일하게 부과된다.

다. 수개의 질서위반행위의 처리

하나의 행위가 2 이상의 질서위반행위에 해당하는 경우에는 각 질서위반행위에 대하여 정한 과태료 중 가장 중한 과태료를 부과한다. 그 외에 2 이상의 질서위반행위가 경합하는 경우에는 각 질서위반행위에 대하여 정한 과태료를 각각 부과한다. 다만, 다른 법령(지방자치단체의 조례를 포함)에 특별한 규정이 있는 경우에는 그 법령으로 정하는 바에 따른다(질서법 제13조).

1개 또는 수개의 행위가 수개의 질서위반행위에 해당하는 경우 「형법」의 경우처럼 상상적 경합 또는 실체적 경합 개념을 인정할지 여부가 문제된다. 질서법 제정 이전에는 과태료 부과 대상 행위에 대한 「형법」상의 경합범 개념은 인정되지 아니하였고, 각각의 위반행위에 대하여 각각의 과태료가 과해진다는 견해가 일반적이었다. 질서법은 「형법」과 같이 수개의 질서위반행위의 처리에 관한 규정을 별도로 두어 상상적 경합의 경우에는 「형법」과 같이 중한 과태료를 부과하도록 하고, 실체적 경합의 경우에는 「형법」과 달리 일률적으로 모든 행위에 대하여 과태료를 부과하도록 규정하였다.

Ⅲ. 질문조사 집행거부 과태료의 성격

과태료 부과대상인 질서위반행위로서의 행정법규에 대한 위반은 직접적으로 행정목적이나 사회공익을 침해하는 것이 아니라, 신고·보고·자료제출 등 간접적으로 행정목적 달성에 장애를 줄 수 있는 정도의 상대적으로 경미하고 단순한 의무태만에 해당한다. 행정청이 과태료를 부과하기 위해서는 행정법규 위반에 대한 증거 등을 확보할 수 있도록 행정청에게 그 권한을 부여하는 규정 뿐만 아니라,

행정법규 위반자 등이 행정청의 검사를 거부·방해 또는 기피하는 경우에는 이를 강제할 수 있는 규정을 두고 있는데, 국세기본법상 질문조사 집행거부 과태료도 이와 유사하다.

질문조사 집행거부 과태료는 세법의 질문·조사권 규정에 따른 세무공무원의 질문에 대하여 거짓으로 진술하거나 그 직무집행을 거부 또는 기피한 자에게 부과하는 것으로, 행정청인 과세관청이 납세의무자 등에게 세법에 규정된 질문·조사권을 강제로 행사할 수 있다. 이는 그 자체가 행정상의 목적이 아니라 궁극적으로 각 세법상 납세의무를 확정하기 위한 것으로서 과세관청이 갖는 보조적인 강제수단의 성격을 갖는다.

이처럼 각 세법의 질문조사권 행사는 질서법상 질서위반행위 조사30)와 유사하고, 질문조사 집행거부 과태료는 질서법상 질서위반

---

30) 질서법 제22조(질서위반행위의 조사)
　① 행정청은 질서위반행위가 발생하였다는 합리적 의심이 있어 그에 대한 조사가 필요하다고 인정할 때에는 대통령령으로 정하는 바에 따라 다음 각 호의 조치를 할 수 있다.
　1. 당사자 또는 참고인의 출석 요구 및 진술의 청취
　2. 당사자에 대한 보고 명령 또는 자료 제출의 명령
　② 행정청은 질서위반행위가 발생하였다는 합리적 의심이 있어 그에 대한 조사가 필요하다고 인정할 때에는 그 소속 직원으로 하여금 당사자의 사무소 또는 영업소에 출입하여 장부·서류 또는 그 밖의 물건을 검사하게 할 수 있다.
　③ 제2항에 따른 검사를 하고자 하는 행정청 소속 직원은 당사자에게 검사 개시 7일 전까지 검사 대상 및 검사 이유, 그 밖에 대통령령으로 정하는 사항을 통지하여야 한다. 다만, 긴급을 요하거나 사전통지의 경우 증거인멸 등으로 검사목적을 달성할 수 없다고 인정되는 때에는 그러하지 아니하다.
　④ 제2항에 따라 검사를 하는 직원은 그 권한을 표시하는 증표를 지니고 이를 관계인에게 내보여야 한다.
　⑤ 제1항 및 제2항에 따른 조치 또는 검사는 그 목적 달성에 필요한 최소한에 그쳐야 한다.

행위 조사 방해에 대한 과태료[31)와 유사하다.

구분	질서법	국세기본법
행정조사 유형	질서위반행위 조사	각 세법상 질문·조사 (일반세무조사 포함)
과태료 부과 대상 질서위반행위	검사 거부·방해 또는 기피	거짓 진술, 직무집행 거부 또는 기피
과태료	500만원 이하	2,000만원 이하[32)

IV. 질문조사 집행거부 과태료의 문제점 및 고려 사항

1. 질서위반행위의 모호성

법률에 따르지 아니하고는 어떤 행위도 질서위반행위로 과태료를 부과할 수 없다.[33) 질서법상 행정청은 질서위반행위를 조사하기 위하여 당사자의 사무소 또는 영업소에 출입하여 장부·서류 또는 그 밖의 물건을 검사하게 할 수 있고, 위 검사를 거부·방해 또는 기피한 자에 대하여 과태료를 부과하도록 규정하고 있는데, 질서법 제

---

31) 질서법 제57조
32) 구체적인 과태료 금액은 국세청 훈령인 「세법상 과태료 양정규정」에서 규정하고 있었으나, 현재는 국세기본법 시행령 제69조 제1항 별표1에서 수입금액 등 기준에 따라 아래와 같이 정하고 있다.

수입금액 등	과태료 금액	수입금액 등	과태료 금액
1,000억원 초과	2,000만원	500억원 초과 1,000억원 이하	1,500만원
100억원 초과 500억원 이하	1,000만원	100억원 이하	500만원

33) 질서법 제6조

정 당시 당초 국회에 제출된 정부원안에는 행정조사의 실효성을 확보하는 차원에서 (ⅰ) 정당한 이유 없이 출석을 하지 아니한 당사자, (ⅱ) 허위의 보고 또는 자료를 제출한 자에 대하여도 과태료 처분을 하도록 규정하고 있었으나, 국회 법제사법위원회 제1소위원회의 심의과정에서 과잉제재의 우려가 있다는 지적이 있어 삭제되었다.

따라서 법률에 과태료 부과대상인 질서위반행위를 구체적으로 규정하고 있지 않은 경우, 또는 위와 같은 과잉제재 성격의 행위에 대해서 과태료를 부과하는 것은 타당하지 않다.

국세기본법 제88조 제1항은 "관할 세무서장은 세법의 질문·조사권 규정에 따른 세무공무원의 질문에 대하여 거짓으로 진술하거나 그 직무집행을 거부 또는 기피한 자에게 2천만원 이하의 과태료를 부과·징수한다"고 규정하고 있을 뿐, 세무공무원의 질문의 방법, 질문의 범위, 거짓 진술의 의미, 직무의 범위 및 거부 또는 기피의 의미에 대해서는 구체적으로 규정하고 있지 않다. 결국 과태료 부과대상이 되는 질서위반행위인지 여부에 대한 판단은 각 세법상 질문조사 규정의 취지 및 목적 달성을 위한 재량의 정도에 따라 판단될 수밖에 없다.

가. 각 세법상 질문조사 범위의 불분명

납세자[34]는 세무공무원의 적법한 질문·조사, 제출명령에 대하여 성실하게 협력하여야 한다.[35] 질문조사 집행거부 과태료는 "세법의 질문·조사권 규정에 따른 세무공무원의 질문"에 대한 것임에도 각

---

34) 국세기본법 제2조(정의)
   10. "납세자"란 납세의무자(연대납세의무자와 납세자를 갈음하여 납부할 의무가 생긴 경우의 제2차 납세의무자 및 보증인을 포함한다)와 세법에 따라 국세를 징수하여 납부할 의무를 지는 자를 말한다.
35) 국세기본법 제81조의17

세법의 질문조사 규정은 그 범위와 대상을 명확하게 규정하고 있지
않다.

즉, 각 세법의 질문조사 규정은 "소득세에 관한 사무에 종사하는
공무원은 그 직무 수행을 위하여 필요한 경우(소득세법)", "법인세에
관한 사무에 종사하는 공무원은 그 직무수행에 필요한 경우(법인세
법)", "부가가치세에 관한 사무에 종사하는 공무원은 부가가치세에
관한 업무를 위하여 필요하면(부가가치세법)", "세무에 종사하는 공
무원은 상속세나 증여세에 관한 조사 및 그 직무 수행에 필요한 경
우(상속세 및 증여세법)" 등으로 규정하고 있을 뿐, 질문의 대상과
장부·서류 또는 그 밖의 물건이 구체적으로 무엇을 의미하는 것인
지는 규정하고 있지 않다. 따라서 각 세법에서 정하거나 필요한 업
무인지 여부에 따라 판단할 수밖에 없다.

각 세법상 해당 세목에 대한 구체적인 사무는 국세청 훈령인 사
무처리규정[36]에서 확인할 수 있는데, 일반적으로 세적관리 업무, 신
고 및 세원관리 업무, 과세자료 관리 업무, 세무조사대상자 선정 및
세무조사 업무, 각종 사후관리 및 민원 업무 등을 포함하고 있다.
즉, 각 세법상 질문조사는 해당 세목에 대한 직무수행에 필요한 경
우에 행사하는 것이어서 국세의 과세표준과 세액을 결정 또는 경정
하기 위하여 행사하는 세무조사보다 그 범위가 넓다. 그렇다고 하더
라도 일반세무조사 과정에서 납세의무자 등에게 질문하거나 관련
장부·서류 또는 그 밖의 물건을 조사하거나 그 제출을 명하는 행위
는 각 세법상의 질문조사권에 근거한 것이라는 점에 있어서는 차이
가 없다.

---

36) 각 세목별 사무처리규정(소득세, 법인세, 부가가치세, 상속세 및 증여세,
    양도소득세, 개별소비세, 인지세, 주세, 증권거래세, 종합부동산세 등), 국
    세징수 사무처리규정, 국제조세 사무처리규정, 원천징수 사무처리규정,
    조사사무처리규정 등

과세실무상 세무공무원이 일반세무조사가 아닌 다른 직무를 수행하는 과정에서 행사하는 일반질문조사는 일반적으로 일회성 서면 방식으로 이루어지고, 이러한 일반질문조사가 각 세법상 필요한 직무수행과 관련된 것인지 여부는 각 세법이나 사무처리규정에서 어느 정도 확인할 수 있으므로, 질문조사 범위의 불분명으로 인한 질서위반행위 성립 여부에 대한 다툼이 발생할 가능성은 상대적으로 낮다.

이에 비해 일반세무조사의 경우에는 질문조사 범위가 불분명한 경우가 발생할 가능성이 상대적으로 높다. 일반세무조사는 일정한 세목 및 조사대상 과세기간을 정하여 실시하는 것으로, 그 목적이 해당 과세기간에 있어서 탈루된 세액을 확인하고 국세의 과세표준과 세액을 결정 또는 경정하기 위한 것이다. 따라서 일반세무조사에 있어서의 질문조사 범위의 문제는 조사대상 세목, 과세기간 및 조사사유와 관련한 범위가 어디까지인지가 문제된다.

세무조사를 실시하기 위해서는 납세자에게 세무조사통지서를 교부하여야 하고, 세무조사통지서에는 조사대상 세목, 과세기간 및 조사 사유를 명시적으로 기재하도록 규정하고 있다.[37] 이 중 조사대상 세목 및 과세기간은 객관적으로 그 대상이 명확할 뿐만 아니라, 같은 세목 및 같은 과세기간에 대하여 재조사를 할 수 없으므로[38] 이를 위반하여 질문조사가 이루어지는 경우 납세자는 권리보호절차를 통해 질문조사의 남용 가능성을 사전에 예방할 수 있다. 반면에 조사 사유에 대한 질문조사 범위는 일반적으로 명확하지 않다.

실무상 세무조사통지서에 기재되는 조사 사유는 조사대상자 선정 사유를 기재하는데, 그 사유는 정기선정과 비정기선정으로 구분

---

37) 국세기본법 제81조의7 제1항
38) 국세기본법 제81조의4 제2항

된다. 정기선정 사유39)로는 (ⅰ) 국세청장이 납세자의 신고 내용에 대하여 과세자료, 세무정보 및 「주식회사의 외부감사에 관한 법률」에 따른 감사의견, 외부감사 실시내용 등 회계성실도 자료 등을 고려하여 정기적으로 성실도를 분석한 결과 불성실 혐의가 있다고 인정하는 경우, (ⅱ) 최근 4과세기간 이상 같은 세목의 세무조사를 받지 아니한 납세자에 대하여 업종, 규모, 경제력 집중 등을 고려하여 대통령령으로 정하는 바에 따라 신고 내용이 적정한지를 검증할 필요가 있는 경우, (ⅲ) 무작위추출방식으로 표본조사를 하려는 경우 등이 있고, 비정기선정 사유40)로는 (ⅰ) 납세자가 세법에서 정하는 신고, 성실신고확인서의 제출, 세금계산서 또는 계산서의 작성·교부·제출, 지급명세서의 작성·제출 등의 납세협력의무를 이행하지 아니한 경우, (ⅱ) 무자료거래, 위장·가공거래 등 거래 내용이 사실과 다른 혐의가 있는 경우, (ⅲ) 납세자에 대한 구체적인 탈세 제보가 있는 경우, (ⅳ) 신고 내용에 탈루나 오류의 혐의를 인정할 만한 명백한 자료가 있는 경우, (ⅴ) 납세자가 세무공무원에게 직무와 관련하여 금품을 제공하거나 금품제공을 알선한 경우 등이 있다.

그러나, 위와 같은 조사대상자 선정 사유만으로는 납세자가 어느 범위까지 세무공무원의 질문조사권 행사에 수인해야 하는지에 대한 구체적인 기준을 확인하기 어렵다. 실제로 납세자는 조사기간 동안 세무공무원이 다양한 장부 등 제출을 계속적으로 요구받는 상황에서 요구받은 장부 등이 조사 사유와 관련이 있는 것이지, 조사대상 세목 및 과세기간에 대한 세액의 탈루 사실을 확인하기 위한 것인지 여부를 판단하는데 있어 현실적인 어려움이 발생하기도 한다(예, 전임직원의 이메일 자료, 회사 ERP 데이터 등).

---

39) 국세기본법 제81조의6 제2항
40) 국세기본법 제81조의6 제3항

나. "장부 등" 범위의 불분명

각 세법상 질문조사권을 행사할 수 세무공무원의 직무 중 하나인 일반세무조사는 "국세의 과세표준과 세액을 결정 또는 경정하기 위하여 질문을 하거나 해당 장부·서류 또는 그 밖의 물건(이하 "장부 등"이라 한다)을 검사·조사하거나 그 제출을 명하는 활동"을 말한다.[41][42]

이와 관련하여 대법원은 "세무조사는 국가의 과세권을 실현하기 위한 행정조사의 일종으로서 국세의 과세표준과 세액을 결정 또는 경정하기 위하여 질문을 하고 장부·서류 그 밖의 물건을 검사·조사하거나 그 제출을 명하는 일체의 행위를 말하며, 부과처분을 위한 과세관청의 질문조사권이 행하여지는 세무조사의 경우 납세자 또는 그 납세자와 거래가 있다고 인정되는 자 등(이하 '납세자 등'이라 한다)은 세무공무원의 과세자료 수집을 위한 질문에 대답하고 검사를 수인하여야 할 법적 의무를 부담한다. 그렇지만 납세자 등이 대답하거나 수인할 의무가 없고 납세자의 영업의 자유 등을 침해하거나 세무조사권이 남용될 염려가 없는 조사행위는 원칙적으로 국세기본법 제7장의2 내의 각 규정이 적용되는 '세무조사'에 해당한다고 볼 것은 아니다. 결국 세무공무원의 조사행위가 이러한 '세무조사'에 해

---

41) 조사사무처리규정은 "세무조사란 각 세법에 규정하는 질문조사권 또는 질문검사권에 근거하여 조사공무원이 납세자의 국세에 관한 정확한 과세표준과 세액을 결정 또는 경정하기 위하여 조사계획에 의해 세무조사 사전통지 또는 세무조사 통지를 실시한 후 납세자 또는 납세자와 거래가 있다고 인정되는 자 등을 상대로 질문하고, 장부서류물건 등을 검사조사하거나 그 제출을 명하는 행위를 말한다.(이하 이 규정에서는 조세범칙조사와 구분되는 개념으로 "일반세무조사"라 한다.)"고 규정하고 있다.

42) 국세청 훈령 중 각종 세무조사 절차 등을 규정하고 있는 것으로는 조사사무처리규정(법인 및 개인사업자에 대한 세무조사), 상속세 및 증여세 사무처리규정(상속세 조사, 증여세 조사, 자금출처조사, 주식식변동조사), 양도소득세 사무처리규정(양도소득세 세무조사), 개별소비세 사무처리규정(유통과정추적조사), 주세사무처리규정(주류유통과정추적조사) 등이 있다.

당하는지의 여부는 조사의 목적과 실시경위, 질문조사의 대상과 방법 및 내용, 조사를 통하여 획득한 자료, 조사행위의 규모와 기간 등을 종합적으로 고려하여 구체적 사안에서 개별적으로 판단할 수밖에 없다"고 판시한바 있다.[43][44]

납세자는 각 세법에서 규정하는 바에 따라 모든 거래에 관한 장부 및 증거서류를 성실하게 작성하여 갖춰 두어야 하는데,[45] 이와 관련하여 소득세법은 일정규모 이상의 사업자와 관련하여 "사업자는 소득금액을 계산할 수 있도록 증명서류 등을 갖춰 놓고 그 사업에 관한 모든 거래 사실이 객관적으로 파악될 수 있도록 복식부기에 따라 장부에 기록·관리하여야 한다"고 규정하고 있으며,[46] 이 때의 장부는 "사업의 재산상태와 그 손익거래내용의 변동을 빠짐없이 이중으로 기록하여 계산하는 부기형식의 장부"를 말한다고 규정하고 있다.[47] 아울러 법인세법은 "납세의무가 있는 법인은 장부를 갖추어 두고 복식부기 방식으로 장부를 기장하여야 하며, 장부와 관계있는

---

43) 대법원 2017. 10. 26. 선고 2017두42255 판결(대법원 2017. 3. 16. 선고 2014
두8360 판결 인용)

44) 구 국세기본법(2018. 12. 31. 법률 제16097호로 개정되기 전의 것) 제81조
의2는 납세자권리헌장의 제정 및 교부에 관한 규정으로서, 제2항은 납세
자권리헌장의 내용이 수록된 문서를 납세자에게 내주도록 규정하면서, 제
1호는 "국세의 과세표준과 세액을 결정 또는 경정하기 위하여 질문을 하
거나 해당 장부·서류 또는 그 밖의 물건을 검사·조사하거나 그 제출을 명
하는 경우(「조세범 처벌절차법」에 따른 조세범칙조사를 포함한다. 이하
이 장에서 "세무조사"라 한다)"라고 규정하여 조세범칙조사가 세무조사에
포함하는 것으로 인식하게 하였다. 현 국세기본법은 세무조사에 조세범칙
조사를 포함하고 있지 않으므로 조세범칙조사의 성격이 세무조사와 같은
행정조사의 일종이라거나 납세의무자 등이 수인의무를 부담한다는 대법
원의 판시 내용이 그대로 적용되기 어렵다고 본다.

45) 국세기본법 제85조의3 제1항

46) 소득세법 제160조 제1항

47) 소득세법 시행령 제208조 제1항

중요한 증명서류를 비치·보존하여야 한다"고 규정하고 있고,48) 부가
가치세법은 "사업자는 자기의 납부세액 또는 환급세액과 관계되는
모든 거래사실을 대통령령으로 정하는 바49)에 따라 장부에 기록하
여 사업장에 갖추어 두어야 한다"고 규정하는 한편, 다만 법인세법
및 소득세법에 따라 장부기록의무를 이행한 경우에는 장부기록의무
를 이행한 것으로 본다.50)

그리고 납세자는 장부와 증거서류의 전부 또는 일부를 전산조직
을 이용하여 작성할 수 있는데, 이 경우 그 처리과정 등을 대통령령
으로 정하는 기준51)에 따라 자기테이프, 디스켓 또는 그 밖의 정보

---

48) 법인세법 제112조
49) 부가가치세법 제117조(장부의 작성·보관)
   ① 법 제71조제1항 및 제2항에 따라 장부에 기록하여야 할 거래사실은 다
   음 각 호의 것으로 한다.
   1. 공급한 자와 공급받은 자
   2. 공급한 품목과 공급받은 품목
   3. 공급가액과 공급받은 가액
   4. 매출세액과 매입세액
   5. 공급한 시기와 공급받은 시기
   6. 그 밖의 참고 사항
50) 부가가치세법 제71조
51) 국세기본법 시행령 제65조의7(장부 등의 비치와 보존)
   ① 법 제85조의3제3항에서 "대통령령으로 정하는 기준"이란 다음 각 호
   의 요건을 말한다.
   1. 자료를 저장하거나 저장된 자료를 수정·추가 또는 삭제하는 절차·방법
   등 정보보존 장치의 생산과 이용에 관련된 전자계산조직의 개발과 운영
   에 관한 기록을 보관할 것
   2. 정보보존 장치에 저장된 자료의 내용을 쉽게 확인할 수 있도록 하거나
   이를 문서화할 수 있는 장치와 절차가 마련되어 있어야 하며, 필요시 다
   른 정보보존 장치에 복제가 가능하도록 되어 있을 것
   3. 정보보존 장치가 거래 내용 및 변동사항을 포괄하고 있어야 하며, 과
   세표준과 세액을 결정할 수 있도록 검색과 이용이 가능한 형태로 보존되

보존 장치에 보존하여야 하고, 「전자문서 및 전자거래 기본법」 제5
조제2항에 따른 전자화문서로 변환하여 같은 법 제31조의2에 따른
공인전자문서센터에 보관한 경우에는 장부 및 증거서류를 갖춘 것
으로 본다(단, 계약서 등 위조·변조하기 쉬운 장부 및 증거서류로서
대통령령으로 정하는 것52)은 그러하지 아니하다).53)

　　한편, 공익법인등은 소득세 과세기간 또는 법인세 사업연도별로
출연받은 재산 및 공익사업 운용 내용 등에 대한 장부를 작성하여야
하며 장부와 관계있는 중요한 증명서류를 갖춰 두어야 하는데, 이
때의 장부는 출연받은 재산의 보유 및 운용상태와 수익사업의 수입
및 지출내용의 변동을 빠짐없이 이중으로 기록하여 계산하는 부기
형식의 장부이어야 하고, 중요한 증빙서류에는 수혜자에 대한 지급
명세가 포함되어야 한다. 장부와 중요한 증명서류는 해당 공익법인
등의 소득세 과세기간 또는 법인세 사업연도의 종료일부터 10년간
보존하여야 하는데, 공익법인등의 수익사업에 대하여는 소득세법
및 법인세법에 따라 작성·비치된 장부와 중요한 증명서류로 갈음할 수

　　어 있을 것
　　② 제1항에 따른 전자기록의 보전방법(保全方法), 그 밖에 필요한 사항은
　　국세청장이 정한다.
52) 국세기본법 시행령 제65조의7(장부 등의 비치와 보존)
　　③ 법 제85조의3제4항 단서에서 "대통령령으로 정하는 것"이란 다음 각
　　호의 어느 하나에 해당하는 문서를 말한다.
　　1. 「상법 시행령」 등 다른 법령에 따라 원본을 보존하여야 하는 문서
　　2. 등기·등록 또는 명의개서가 필요한 자산의 취득 및 양도와 관련하여
　　기명날인 또는 서명한 계약서
　　3. 소송과 관련하여 제출·접수한 서류 및 판결문 사본. 다만, 재발급이 가
　　능한 서류는 제외한다.
　　4. 인가·허가와 관련하여 제출·접수한 서류 및 인·허가증. 다만, 재발급이
　　가능한 서류는 제외한다.
53) 국세기본법 제85조의3 제3항 및 제4항

있고, 이 경우 그 장부와 중요한 증명서류에는 마이크로필름, 자기테이프, 디스켓 또는 그 밖의 정보보존장치에 저장된 것을 포함한다.[54]

이에 따라 회계실무상 일정 규모 이상의 사업을 영위하는 개인사업자 및 모든 법인은 복식부기 방식의 장부와 증거서류를 비치·보존한다. 그리고 이러한 장부 및 증거서류는 그 거래사실이 속하는 과세기간에 대한 해당 국세의 법정신고기한이 지난 날부터 5년간 보존하여야 하는데, 부과제척기간이 끝난 날이 속하는 과세기간 이후의 과세기간에 「소득세법」 제45조제3항, 「법인세법」 제13조제1항 제1호, 제76조의13 제1항 제1호 또는 제91조 제1항 제1호에 따라 이월결손금을 공제하는 경우 그 결손금이 발생한 과세기간의 소득세 또는 법인세의 부과제척기간은 이월결손금을 공제한 과세기간의 법정신고기한으로부터 1년간 보존하여야 한다.[55]

따라서 각 세법상 질문조사의 대상이 되는 "장부 등"은 복식부기 방식의 장부 및 증거서류를 의미한다고 볼 수 있다.

일반적으로 개인사업자의 사업소득 및 법인의 각 사업연도소득은 납세자가 개별적인 회계거래를 최종적으로 반영한 재무제표[56][57]

---

54) 상속세 및 증여세법 제51조 및 같은 법 시행령 제44조
55) 국세기본법 제85조의3 제2항
56) 주식회사 등의 외부감사에 관한 법률 제2조(정의)
　　2. "재무제표"란 다음 각 목의 모든 서류를 말한다.
　　가. 재무상태표(「상법」 제447조 및 제579조의 대차대조표를 말한다)
　　나. 손익계산서 또는 포괄손익계산서(「상법」 제447조 및 제579조의 손익계산서를 말한다)
　　다. 그 밖에 대통령령으로 정하는 서류
　　주식회사 등의 외부감사에 관한 법률 시행령 제2조(재무제표)
　　「주식회사 등의 외부감사에 관한 법률」(이하 "법"이라 한다) 제2조제2호 다목에서 "대통령령으로 정하는 서류"란 다음 각 호의 서류를 말한다.
　　1. 자본변동표, 2. 현금흐름표, 3. 주석(註釋)
57) 한국회계기준원 홈페이지(www.kasb.or.kr)

를 바탕으로 산정되므로, 개인사업자 및 법인에 대한 일반세무조사
는 재무제표를 우선적으로 검증하게 되고, 재무제표에 반영된 회계
거래와 세법상 과세소득에 반영해야 할 세무거래의 차이(예, 손익귀
속시기 차이) 및 재무제표에 반영된 회계거래와 세법의 규정과 차이
(예, 접대비 한도 초과)에 대한 질문조사가 주로 이루어진다. 따라서
재무제표 뿐만 아니라 이와 관계되는 장부 등(분개장, 계정별원장,
거래처원장 등 보조원장)은 질문조사의 대상이라는 점에 대해서는
이견이 없을 듯 하다.

다만, 세무공무원이 개인사업자 또는 법인이 기장한 "장부 등"을
바탕으로 일반세무조사를 실시할 때 어떤 장부 등을 제출하도록 요
구할 것인지는 개별 세무공무원의 재량에 맡겨지게 되는데, 경우에
따라 "장부 등"에 포함되기 어려운 증거서류 등을 요구하는 경우가
발생할 수 있고, 실제로 세무공무원과 납세자 간에 과도한 장부 등
제출 요구와 과세표준 및 세액의 결정 또는 경정과 관련이 없는 장
부 등의 제출 요구와 관련하여 논쟁이 발생하기도 한다.

따라서 납세자로서는 일반세무조사에 대한 수인의무를 부담함에
있어서, 세무공무원이 과세의 형평과 해당 세법의 목적에 비추어 일
반적으로 적당하다고 인정되는 한계를 엄수할 것이라는 신뢰에 기
대는 한편,[58] 세무공무원이 국세의 과세표준을 조사·결정할 때에는
해당 납세의무자가 계속하여 적용하고 있는 기업회계의 기준 또는

[일반기업회계기준(제2장 재무제표의 작성과 표시 I)] 재무상태표, 손익
계산서, 현금흐름표, 자본변동표, 주석
[한국채택국제회계기준(K-IFRS)(기업회계기준서 제1001호)] 기말 재무상
태표, 기간 포괄손익계산서, 기간 자본변동표, 기간 현금흐름표, 주석(유
의적인 회계정책 및 그 밖의 설명으로 구성), 전기에 관한 비교정보, 전기
기초 재무상태표(회계정책 소급 적용, 재무제표 항목 소급 재작성 또는
재분류하는 경우)

58) 국세기본법 제19조

관행으로서 일반적으로 공정·타당하다고 인정되는 것은 존중할 것[59])이라는 추상적인 자율성에 기댈 수밖에 없다.

다. "거짓 진술" 및 "직무집행 거부 또는 기피" 의미의 추상성

질서법상 고의 또는 과실이 없는 질서위반행위는 과태료를 부과하지 못하므로 고의 또는 과실 둘 중 어느 하나의 요건을 만족해야 과태료 부과 대상인 질서위반행위가 성립하고, 자신의 행위가 위법하지 아니한 것으로 오인하고 그 오인에 정당한 이유가 있는 때에는 과태료를 부과할 수 없다. 따라서 "거짓 진술" 또는 "직무집행 거부 또는 기피"에 고의 또는 과실이 없거나, 이러한 행위가 위법하지 않은 것으로 오인한 것에 정당한 이유가 있다면 과태료를 부과할 수 없다.

그런데, 각 세법상 질문조사는 다양한 형태로 이루어지고 있고, 국세기본법은 이에 대한 구체적인 판단기준을 정하고 있지 않으므로, 결국 "거짓 진술" 및 "직무집행 거부 또는 기피"에 고의 또는 과실이 있는지 여부 및 자신의 행위가 위법한 것으로 오인한 데에 정당한 이유가 있는지 여부는 각 세법의 질문조사 규정에 따른 세무공무원의 직무수행과 관련된 질문인지 여부에 따라 합목적적으로 판단할 수밖에 없다.

라. 구두(口頭)에 의한 질문조사

국세기본법 제88조 제1항은 세무공무원의 질문과 관련하여 그 구체적인 방법에 대해서는 규정하고 있지 않다. 각 세법의 질문조사 규정 또한 "질문을 하거나 해당 장부·서류 또는 그 밖의 물건을 조사하거나 그 제출을 명할 수 있다(소득세법, 법인세법)"거나, "질문하

---

59) 국세기본법 제20조

거나 그 장부·서류나 그 밖의 물건을 조사할 수 있다(부가가치세법)"거나, "질문하거나 관련 장부·서류 또는 그 밖의 물건을 조사하거나 그 제출을 명할 수 있다(상속세 및 증여세법)"는 등의 방식으로 규정하고 있을 뿐, 구체적인 질문조사의 방법에 대해 규정하고 있지 않다.

과세실무상 일반질문조사는 구두 또는 서면에 의하여 진행되는데, 조사사무처리규정은 일반세무조사나 조세범칙조사의 경우에도 납세자에게 과세요건 및 사실관계 규명 등에 필요한 서류·증빙·물건 등의 제출열람 및 해명을 요구할 경우에는 서면에 의하도록 규정하고 있다.[60]

질서법은 과태료와 같은 침익적 행정처분의 근거 규정에 대하여는 법문에 따라 엄격한 해석이 필요하기 때문에[61] 단순히 구두상의 요구를 거절한 경우라면 과태료를 부과할 수 없다고 보는 것이 타당하고, 세무공무원의 구두에 의한 질문·조사인 경우에는 마찬가지로 과태료를 부과할 수 없다고 보아야 한다.

---

60) 조사사무처리규정 제41조
   ② 조사공무원은 세무조사 과정에서 조사받는 납세자에게 과세요건 및 사실관계 규명 등에 필요한 서류·증빙·물건 등의 제출열람 및 해명을 요구할 경우에는 장부서류 등 자료 제출 요구(별지 제18호 서식)에 의해 요구하고, 요구사항 목록을 작성하여 보관하여야 한다. 다만, 법령 등에 의해 비치·기장 의무가 있는 회계장부 및 관련 증빙은 구두로 요구하되 요구사항 목록을 작성·보관하여야 한다.

61) 대법원 2008. 2. 28. 선고 2007두13791 판결
   침익적 행정처분의 근거가 되는 행정법규는 엄격하게 해석·적용하여야 하고 행정처분의 상대방에게 불리한 방향으로 지나치게 확장해석하거나 유추해석하여서는 안 되며, 그 입법 취지와 목적 등을 고려한 목적론적 해석이 전적으로 배제되는 것은 아니라 하더라도 그 해석이 문언의 통상적인 의미를 벗어나서는 안 될 것인바, … (이하 생략).

2. 각 세법의 다른 실효성 확보 수단에 대한 고려 필요성

과태료는 행정의 실효성 확보수단으로서 간접적 강제 수단인 행정질서벌이고, 질문조사 집행거부 등 과태료는 각 세법상 규정된 세무행정의 실효성 확보수단으로서의 기능을 가지며, 특히 일반세무조사에 있어서는 국세의 과세표준 및 세액을 확정하기 위한 간접적인 강제 수단으로서의 기능을 가진다.

그러나 국세의 과세표준과 세액을 결정 또는 경정을 위한 일반세무조사의 경우에는 질문조사 집행거부 과태료 외에도 다른 방법에 의하더라도 과세표준과 세액의 확정이라는 세무행정의 실효성을 확보할 수 있다는 점에서 다른 과태료와는 차이가 있다.

각 세법은 일반세무조사의 목적인 과세표준과 세액의 확정이라는 세무행정의 실효성을 확보하기 위해 추계하는 방법으로 과세표준과 세액을 확정할 수 있도록 규정하고 있고, 아울러 그에 따른 가산세를 부과할 수 있도록 규정하고 있다. 이와 같이 세무행정의 실효성을 확보할 수 있는 다른 침익적 수단이 존재함에도 질문조사 집행거부 과태료를 무차별적으로 허용하게 되면 과세실무상 일반세무조사를 통해 탈루된 세액을 추징하는 것보다 과태료만을 부과하려는 목적으로 질문조사권이 남용될 소지가 있다. 따라서 일반세무조사의 궁극적인 목적 달성할 수 있는 다른 수단이 있는지 여부를 먼저 살펴본 후 각 세법상 허용되는 질문조사권의 범위를 벗어난 것인지 여부를 판단할 필요가 있고(예컨대, 소득세법상 질문조사권을 행사할 수 있는 '직무 수행을 위하여 필요한 경우'에 해당하지 않는 것으로 볼 수 있다), 만약 그 범위를 벗어난 것이라면 과태료를 부과하지 않는 것이 바람직하다.

이처럼 질문조사 집행거부 등 과태료는 과세표준 및 세액의 확정을 장부등에 의하여 확정하는 경우에 한하여 제한적으로 적용할 필요가 있을 뿐만 아니라, 각 세법의 특성을 고려할 필요가 있다. 이하에서 각 세법의 과세표준 및 세액의 확정을 위한 실효성 확보 방안에 대해 구체적으로 살펴본다.

가. 소득세의 경우

1) 종합소득의 경우

사업소득을 포함한 종합소득의 경우, 해당 과세기간의 과세표준과 세액을 결정 또는 경정하는 경우에는 원칙적으로 장부나 그 밖의 증명서류를 근거로 하여야 하는데, 다만 일정한 사유[62]로 장부나 그 밖의 증명서류에 의하여 소득금액을 계산할 수 없는 경우에는 대통령령으로 정하는 바[63])에 따라 소득금액을 추계조사결정할 수 있다.[64]

---

62) 소득세법 시행령 제143조(추계결정 및 경정)
   ①법 제80조제3항 단서에서 "대통령령으로 정하는 사유"란 다음 각 호의 어느 하나에 해당하는 경우를 말한다.
   1. 과세표준을 계산할 때 필요한 장부와 증빙서류가 없거나 한국표준산업분류에 따른 동종업종 사업자의 신고내용 등에 비추어 수입금액 및 주요경비 등 중요한 부분이 미비 또는 허위인 경우
   2. 기장의 내용이 시설규모·종업원수·원자재·상품 또는 제품의 시가·각종요금 등에 비추어 허위임이 명백한 경우
   3. 기장의 내용이 원자재사용량·전력사용량 기타 조업상황에 비추어 허위임이 명백한 경우
63) 소득세법 시행령 제143조(추계결정 및 경정)
   ②법 제80조제3항 단서에 따라 과세표준을 추계결정 또는 경정하는 경우에는 제3항에 따라 산출한 소득금액에서 법 제50조, 제51조, 제52조에 따른 인적공제와 특별소득공제를 하여 과세표준을 계산한다. <개정 2014. 2. 21.>
   ③법 제80조제3항 단서에 따라 소득금액의 추계결정 또는 경정을 하는 경우에는 다음 각 호의 방법에 따른다. 다만, 제1호의2는 단순경비율 적용 대상자만 적용한다.
   1. 수입금액에서 다음 각 목의 금액의 합계액(수입금액을 초과하는 경우

또한 소득세법은 사업자의 수입금액, 일정한 기타소득[65])을 장부

에는 그 초과하는 금액은 제외한다)을 공제한 금액을 그 소득금액(이하 이 조에서 "기준소득금액"이라 한다)으로 결정 또는 경정하는 방법. 다만, 기준소득금액이 제1호의2에 따른 소득금액에 기획재정부령으로 정하는 배율을 곱하여 계산한 금액 이상인 경우 2021년 12월 31일이 속하는 과세기간의 소득금액을 결정 또는 경정할 때까지는 그 배율을 곱하여 계산한 금액을 소득금액으로 결정할 수 있다.

가. 매입비용(사업용 유형자산 및 무형자산의 매입비용을 제외한다. 이하 이 조에서 같다)과 사업용 유형자산 및 무형자산에 대한 임차료로서 증빙서류에 의하여 지출하였거나 지출할 금액

나. 종업원의 급여와 임금 및 퇴직급여로서 증빙서류에 의하여 지급하였거나 지급할 금액

다. 수입금액에 기준경비율을 곱하여 계산한 금액. 다만, 복식부기의무자의 경우에는 수입금액에 기준경비율의 2분의 1을 곱하여 계산한 금액

1의2. 수입금액(「고용정책 기본법」 제29조에 따라 고용노동부장관이 기업의 고용유지에 필요한 비용의 일부를 지원하기 위해 지급하는 금액으로 기획재정부령으로 정하는 것은 제외한다. 이하 이 호에서 같다)에서 수입금액에 단순경비율을 곱한 금액을 공제한 금액을 그 소득금액으로 결정 또는 경정하는 방법

1의3. 법 제73조제1항제4호에 따른 사업소득(이하 "연말정산사업소득"이라 한다)에 대한 수입금액에 제201조의11제4항에 따른 연말정산사업소득의 소득률을 곱하여 계산한 금액을 그 소득금액으로 결정 또는 경정하는 방법

2. 기준경비율 또는 단순경비율이 결정되지 아니하였거나 천재·지변 기타 불가항력으로 장부 기타 증빙서류가 멸실된 때에는 기장이 가장 정확하다고 인정되는 동일업종의 다른 사업자의 소득금액을 참작하여 그 소득금액을 결정 또는 경정하는 방법. 다만, 동일업종의 다른 사업자가 없는 경우로서 과세표준확정신고후에 장부등이 멸실된 때에는 법 제70조의 규정에 의한 신고서 및 그 첨부서류에 의하고 과세표준확정신고전에 장부등이 멸실된 때에는 직전과세기간의 소득률에 의하여 소득금액을 결정 또는 경정한다.

3. 기타 국세청장이 합리적이라고 인정하는 방법

64) 소득세법 제80조 제3항

65) 광업권·어업권·양식업권·산업재산권·산업정보, 산업상 비밀, 상표권·영업

기타 증빙서류에 의하여 계산할 수 없어 추계방법으로 결정 또는 경정하는 경우 그 수입금액 계산 방법에 대해 별도로 규정하고 있다(수입금액을 추계결정 또는 경정할 때 거주자가 비치한 장부와 그 밖의 증빙서류에 의하여 소득금액을 계산할 수 있는 때에는 해당 과세기간의 과세표준과 세액은 실지조사에 의하여 결정 또는 경정해야 한다).[66)

한편, 일정 규모 이상의 사업자가 장부를 비치·기록하지 아니하였거나 비치·기록한 장부에 따른 소득금액이 기장하여야 할 금액에 미달한 경우에는 그에 따른 가산세(20%)를 부담하여야 한다.[67)

아울러, 소득금액을 추계방법으로 계산하지 않더라도 일정 규모 이상의 사업자가 사업과 관련하여 다른 사업자(법인을 포함한다)로부터 재화 또는 용역을 공급받고 법정 증명서류[68)를 받지 아니하거나 사실과 다른 증명서류를 받은 경우에는 그 받지 아니하거나 사실과 다르게 받은 금액으로 필요경비에 산입하는 것이 인정되는 금액(건별로 받아야 할 금액과의 차액을 말한다)의 100분의 2의 가산세를 부담하여야 한다(종합소득산출세액이 없는 경우에도 적용됨).[69)

이외에도 소득세법은 영수증 수취명세서 제출·작성 불성실 가산세,[70) 기부금영수증 발급·작성·보관 불성실 가산세,[71) 신용카드 및 현금영수증 발급 불성실 가산세[72) 등을 규정하고 있다.

권(대통령령으로 정하는 점포 임차권을 포함한다), 토사석(土砂石)의 채취허가에 따른 권리, 지하수의 개발·이용권, 그 밖에 이와 유사한 자산이나 권리를 양도하거나 대여하고 그 대가로 받는 금품

66) 소득세법 제144조
67) 소득세법 제81조의5
68) 소득세법 제160조의2 제2항
69) 소득세법 제81조의6
70) 소득세법 제81조
71) 소득세법 제81조의7

2) 양도소득의 경우

양도소득금액은 원칙적으로 양도가액 및 취득가액은 실지거래가액에 따라 산정되어야 하는데, 양도 또는 취득당시의 실지거래가액의 확인을 위하여 필요한 장부·매매계약서·영수증 기타 증빙서류가 없거나 그 중요한 부분이 미비된 경우 또는 장부·매매계약서·영수증 기타 증빙서류의 내용이 매매사례가액, 「감정평가 및 감정평가사에 관한 법률」 제2조제4호에 따른 감정평가업자(이하 이 조에서 "감정평가업자"라 한다)가 평가한 감정가액 등에 비추어 거짓임이 명백한 경우에는 양도가액 또는 취득가액을 매매사례가액, 감정가액, 환산취득가액 또는 기준시가 등에 따라 추계조사하여 결정 또는 경정할 수 있다.[73]

나. 법인세의 경우[74]

법인세의 과세표준과 세액을 결정 또는 경정하는 경우에는 장부나 그 밖의 증명서류를 근거로 하여야 하고, 일정한 사유로 장부나 그 밖의 증명서류에 의하여 소득금액을 계산할 수 없는 경우에는 대통령령으로 정하는 바에 따라 추계(推計)할 수 있을 뿐만 아니라,[75]

---

72) 소득세법 제81조의9
73) 소득세법 제114조 제7항
74) 법인세가 과세소득은 (ⅰ) 각 사업연도의 소득 (ⅱ) 청산소득 (ⅲ) 토지 등 양도소득으로 구분되는데(법인세법 제4조 제1항), 본고에서는 "각 사업연도의 소득"에 한정함
75) 법인세법 제104조(추계결정 및 경정)
   ① 법 제66조제3항 단서에서 "대통령령으로 정하는 사유"란 다음 각 호의 어느 하나에 해당하는 경우를 말한다.
   1. 소득금액을 계산할 때 필요한 장부 또는 증명서류가 없거나 중요한 부분이 미비 또는 허위인 경우
   2. 기장의 내용이 시설규모, 종업원수, 원자재·상품·제품 또는 각종 요금

의 시가 등에 비추어 허위임이 명백한 경우

3. 기장의 내용이 원자재사용량·전력사용량 기타 조업상황에 비추어 허위임이 명백한 경우

②법 제66조제3항 단서에 따른 추계결정 또는 경정을 하는 경우에는 다음 각 호의 어느 하나의 방법에 따른다.

1. 사업수입금액에서 다음 각목의 금액을 공제한 금액을 과세표준으로 하여 그 세액을 결정 또는 경정하는 방법. 이 경우 공제할 금액이 사업수입금액을 초과하는 경우에는 그 초과금액은 없는 것으로 본다.

가. 매입비용(사업용 유형자산 및 무형자산의 매입비용을 제외한다. 이하 이 조에서 같다)과 사업용 유형자산 및 무형자산에 대한 임차료로서 증명서류에 의하여 지출하였거나 지출할 금액

나. 대표자 및 임원 또는 직원의 급여와 임금 및 퇴직급여로서 증명서류에 의하여 지급하였거나 지급할 금액

다. 사업수입금액에 「소득세법 시행령」 제145조의 규정에 의한 기준경비율(이하 "기준경비율"이라 한다)을 곱하여 계산한 금액

2. 기준경비율이 결정되지 아니하였거나 천재지변 등으로 장부나 그 밖의 증명서류가 멸실된 때에는 기장이 가장 정확하다고 인정되는 동일업종의 다른 법인의 소득금액을 고려하여 그 과세표준을 결정 또는 경정하는 방법. 다만, 동일업종의 다른 법인이 없는 경우로서 과세표준신고 후에 장부나 그 밖의 증명서류가 멸실된 때에는 법 제60조에 따른 신고서 및 그 첨부서류에 의하고 과세표준신고 전에 장부나 그 밖의 증명서류가 멸실된 때에는 직전 사업연도의 소득률에 의하여 과세표준을 결정 또는 경정한다.

3. 「조세특례제한법」 제7조제1항제2호가목에 따른 소기업이 폐업한 때(조세탈루혐의가 있다고 인정되는 경우로서 기획재정부령으로 정하는 사유가 있는 경우는 제외한다)에는 다음 각 목에 따라 계산한 금액 중 적은 금액을 과세표준으로 하여 결정 또는 경정하는 방법

가. 수입금액에서 수입금액에 「소득세법 시행령」 제145조에 따른 단순경비율을 곱한 금액을 뺀 금액

나. 수입금액에 직전 사업연도의 소득률을 곱하여 계산한 금액

다. 제1호의 방법에 따라 계산한 금액

③법 제66조제3항 단서에 따른 추계결정 또는 경정을 하는 경우에는 제2항에 따라 계산한 금액에 다음 각 호의 금액을 더한 금액을 과세표준으로 하여 그 세액을 결정 또는 경정한다.

장부의 비치·기장 의무를 이행하지 아니한 경우에는 장부의 기록·보관 불성실 가산세(산출세액의 20%나 수입금액의 0.07% 중 큰 금액)를 부담하여야 한다.76)

더욱이 내국법인의 각 사업연도의 소득은 익금의 총액에서 손금의 총액을 뺀 금액을 말하는데, 여기에서의 손금은 자본 또는 출자의 환급, 잉여금의 처분 및 이 법에서 규정하는 것은 제외하고 해당 법인의 순자산을 감소시키는 거래로 인하여 발생하는 손실 또는 비용(이하 "손비"(損費)라 한다)의 금액으로서, 그 법인의 사업과 관련하여 발생하거나 지출된 손실 또는 비용으로서 일반적으로 인정되는 통상적인 것이거나 수익과 직접 관련된 것을 말하므로, 납세의무자는 일반세무조사 과정에서 손금을 입증하지 못하면 법인세 및 가산세 등의 불이익을 받게 되므로 이에 대해 적극적으로 입증할 필요가 있게 된다.

또한, 법인세법은 사업과 관련하여 대통령령으로 정하는 사업자

---

1. 제11조(제1호는 제외한다)의 수익(비영리법인의 경우에는 법 제4조제3항에 따른 수익사업에서 생기는 수익으로 한정하며, 이하 이 호에서 "사업외수익"이라 한다)의 금액에서 다음 각 목의 금액을 차감한 금액
가. 사업외수익에 직접 대응되고 증명서류나 객관적인 자료에 의하여 확인되는 원가상당액
나. 사업외수익에 해당 사업연도 중에 지출한 손비 중 환입된 금액이 포함된 경우에는 그 금액
다. 부동산을 임대하는 법인의 수입이자가 사업외수익에 포함된 경우에는 부동산임대에 의한 전세금 또는 임대보증금에 대한 수입이자 상당액
2. 특수관계인과의 거래에서 제88조 및 제89조에 따라 익금에 산입하는 금액
3. 법 제34조 또는 「조세특례제한법」에 따라 익금에 산입하여야 할 준비금 또는 충당금이 있는 법인의 경우 그 익금에 산입하여야 할 준비금 또는 충당금

76) 법인세법 제75조의3

로부터 재화 또는 용역을 공급받고 법정 증명서류[77]를 받지 아니하거나 사실과 다른 증명서류를 받은 경우에는 그 받지 아니하거나 사실과 다르게 받은 금액으로 손금에 산입하는 것이 인정되는 금액(건별로 받아야 할 금액과의 차액을 말한다)의 100분의 2를 가산세로 부담하여야 한다.[78]

이외에도 법인세법은 주주등의 명세서 등 제출 불성실 가산세,[79] 기부금영수증 발급·작성·보관 불성실 가산세,[80] 신용카드 및 현금영수증 발급 불성실 가산세,[81] 지급명세서 등 제출 불성실 가산세[82] 등을 규정하고 있다.

한편, 법인세 과세표준의 신고·결정 또는 경정이 있는 때 익금에 산입하거나 손금에 산입하지 아니한 금액은 그 귀속자 등에게 상여·배당·기타사외유출·사내유보 등으로 소득처분함으로써 추가적인 세금 부담을 부과하게 되는데, 추계방식으로 결정 또는 경정하는 경우에는 결정된 과세표준과 법인의 재무상태표상의 당기순이익과의 차액(법인세상당액을 공제하지 않은 금액)을 대표자에 대한 이익처분에 의한 상여로 소득처분하게 되고 대표자는 그에 따른 소득세를 추가로 부담하여야 한다.[83]

다. 부가가치세의 경우

부가가치세 과세표준과 납부세액 또는 환급세액을 조사하여 결

---

77) 법인세법 제116조 제2항
78) 법인세법 제75조의5
79) 법인세법 제75조의2
80) 법인세법 제75조의4
81) 법인세법 제76조의6
82) 법인세법 제75조의7
83) 법인세법 시행령 제106조 제2항

정 또는 경정하여야 하는 경우에는 원칙적으로 세금계산서, 수입세금계산서, 장부 또는 그 밖의 증명 자료를 근거로 하여야 하는데, (ⅰ) 과세표준을 계산할 때 필요한 세금계산서, 수입세금계산서, 장부 또는 그 밖의 증명 자료가 없거나 그 중요한 부분이 갖추어지지 아니한 경우, (ⅱ) 세금계산서, 수입세금계산서, 장부 또는 그 밖의 증명 자료의 내용이 시설규모, 종업원 수와 원자재·상품·제품 또는 각종 요금의 시가에 비추어 거짓임이 명백한 경우, (ⅲ) 세금계산서, 수입세금계산서, 장부 또는 그 밖의 증명 자료의 내용이 원자재 사용량, 동력(動力) 사용량이나 그 밖의 조업 상황에 비추어 거짓임이 명백한 경우에는 추계할 수 있다.[84]

특히, 부가가치세 납부세액은 매출세액에서 매입세액을 뺀 금액으로 계산되는데, 매입세액으로 공제되지 못하는 경우에는 납부세액이 증가하게 됨으로써 납세의무자에게 직접적인 금전적 제재가 실질적으로 가해진다. 따라서 납세의무자로서는 매입세액과 관련해서는 매입세액으로 공제되는 요건을 증명할 필요가 있다.

또한, 부가가치세법은 세금계산서 작성 및 교부, 세금계산서 합계표 제출 등과 관련한 각종 가산세 제도를 두고 있다.[85]

라. 상속세 및 증여세의 경우

상속세는 피상속인인 개인의 사망으로 인해 피상속인에 귀속되는 모든 재산을 기준으로 상속인에게 부과되는 것이고, 증여세는 상증세법상 증여로 인하여 수증자에게 귀속되는 모든 재산 또는 이익에 대해 부과하는 것이다.

상속세 및 증여세는 상속 또는 증여라는 일회성 거래를 과세사건

---

84) 부가가치세법 제57조
85) 부가가치세법 제60조

으로 포착한 것이어서 이와 관련한 장부등의 작성 및 보관을 기대하기 어렵다. 이에 따라 상증세법은 공익법인등에 대해서만 장부등과 관련한 가산세 규정을 두고 있다.[86]

오히려 상증세법은 국세청장으로 하여금 일정한 자[87]에 대해 상속세 또는 증여세의 부과·징수 업무를 효율적으로 수행하기 위하여 세법에 따른 납세자 등이 제출하는 과세자료나 과세 또는 징수의 목적으로 수집한 부동산·금융재산 등의 재산자료를 그 목적에 사용할 수 있도록 납세자별로 매년 전산조직에 의하여 관리하도록 규정하고 있다.[88] 이는 상속세 및 증여세의 납세의무를 정부부과방식으로 취하고 있기 때문일 것이다.

따라서 상속세 및 증여세에 대한 세무조사의 경우에는 질문조사 집행거부 과태료를 원칙적으로 부과할 수 없다고 보는 것이 합리적이라고 본다.

---

86) 상증세법 제78조
87) 상증세법 시행령 제87조(인별 재산과세자료의 수집·관리대상)
   ①법 제85조제1항에서 "대통령령으로 정하는 자"란 다음 각 호의 어느 하나에 해당하는 자를 말한다.
   1. 부동산과다보유자로서 재산세를 일정금액이상 납부한 자 및 그 배우자
   2. 부동산임대에 대한 소득세를 일정금액이상 납부한 자 및 그 배우자
   3. 종합소득세(부동산임대에 대한 소득세를 제외한다)를 일정금액이상 납부한 자 및 그 배우자
   4. 납입자본금 또는 자산규모가 일정금액이상인 법인의 최대주주 등 및 그 배우자
   5. 기타 상속세 또는 증여세의 부과·징수업무를 수행하기 위하여 필요하다고 인정되는 자로서 기획재정부령이 정하는 자
   ②제1항에서 규정하는 인별재산과세자료를 수집·관리하는 대상자의 선정·부동산과다보유기준 및 금액기준의 설정에 대하여는 기획재정부령이 정하는 바에 의한다.
88) 상증세법 제85조 제1항

3. 조세범칙조사에서의 진술거부권과의 관계

조세범 처벌법은 세법의 실효성을 높이고 국민의 건전한 납세의
식을 확립하기 위해 세법을 위반한 자에 대한 형벌에 관한 사항을
규정하고 있는데, 현재 15가지 유형의 조세범칙행위를 규정하고 있
고,[89] 조세범 처벌절차법은 이러한 조세범칙행위의 혐의가 있는 사건
(조세범칙사건)에 대한 조사 및 그 처분에 관한 사항을 정하고 있다.

조세범칙조사란 "세무공무원이 조세범칙행위(조세범처벌법 제3
조부터 제16조까지의 죄에 해당하는 위반행위) 등을 확정하기 위하
여 행하는 조사활동"을 말하는데, 이 때의 세무공무원은 세무에 종
사하는 공무원으로서 (i) 지방국세청 소속 공무원의 경우: 소속 지
방국세청장의 제청으로 해당 지방국세청의 소재지를 관할하는 지방
검찰청의 검사장이 지명하는 공무원, (ii) 세무서 소속 공무원의 경
우: 소속 지방국세청장의 제청으로 해당 세무서의 소재지를 관할하
는 지방검찰청의 검사장이 지명하는 공무원을 말한다.[90]

세무공무원은 조세범칙조사를 하기 위하여 필요한 경우에는 조
세범칙행위 혐의자 또는 참고인을 심문하거나 압수 또는 수색할 수
있는데,[91] 심문하거나 압수 또는 수색을 하였을 때에는 조서에 그

---

89) 조세범 처벌법 제3조(조세 포탈 등), 제4조(면세유의 부정 유통), 제4조의
   2(면세유류 구입카드등의 부정 발급), 제5조(가짜석유제품의 제조 또는
   판매), 제6조(무면허 주류의 제조 및 판매), 제7조(체납처분 면탈), 제8조
   (장부의 소각·파기 등), 제9조(성실신고 방해 행위), 제10조(세금계산서의
   발급의무 위반 등), 제11조(명의대여행위 등), 제12조(납세증명표지의 불
   법사용 등), 제13조(원천징수의무자의 처벌), 제14조(거짓으로 기재한 근
   로소득 원천징수영수증의 발급 등), 제15조(해외금융계좌정보의 비밀유
   지 의무 등의 위반), 제16조(해외금융계좌 신고의무 불이행)
90) 조세범 처벌절차법 제2조 제4호
91) 조세범 처벌절차법 제8조

경위(經緯)를 기록하여 심문을 받은 사람 또는 제8조 후단[92]에 따른 참여자에게 확인하게 한 후 그와 함께 서명날인을 하여야 하고, 이 경우 서명날인을 하지 아니하거나 할 수 없을 때에는 그 사유를 조서에 기록하여야 한다.[93]

한편, 국세청 훈령인 조사사무처리규정은 심문조서 작성과 관련하여 구체적인 절차와 방법을 규정하고 있는데, 특히 조세범칙혐의자 등을 심문하기 전에 진술거부권과 변호사 등의 조력을 받을 권리 등을 고지하도록 하고 있다.[94] 이는 형사소송법상 진술거부권 등의

---

92) 제7조(압수·수색의 참여인)
   법 제8조 후단에서 "대통령령으로 정하는 사람"이란 다음 각 호의 어느 하나에 해당하는 사람을 말한다.
   1. 조세범칙행위 혐의자
   2. 조세범칙행위와 관련된 물건의 소유자 또는 소지자
   3. 변호사, 세무사 또는 「세무사법」 제20조의2제1항에 따라 등록한 공인회계사로서 조세범칙행위 혐의자의 대리인
   4. 제1호 및 제2호에 해당하는 사람의 동거인, 사용인 또는 그 밖의 종업원으로서 사리를 분별할 수 있는 성년인 사람(제1호부터 제3호까지의 규정에 해당하는 사람이 참여할 수 없거나 참여를 거부하는 경우에만 해당한다)
   5. 관할 시·군·구의 공무원 또는 경찰공무원(제1호부터 제4호까지의 규정에 해당하는 사람이 참여할 수 없거나 참여를 거부하는 경우에만 해당한다)
93) 조세범 처벌절차법 제11조
94) 조사사무처리규정 제87조2(진술거부권 등의 고지)
   ① 조사공무원은 조세범칙행위 혐의자 등을 심문하기 전에 다음 각 호의 사항을 알려주어야 한다.
   1. 일체의 진술을 하지 아니하거나 개개의 질문에 대하여 진술을 하지 아니할 수 있다는 것
   2. 진술을 하지 아니하더라도 불이익을 받지 아니한다는 것
   3. 진술을 거부할 권리를 포기하고 행한 진술은 법정에서 유죄의 증거로 사용될 수 있다는 것
   4. 심문을 받을 때 변호사, 공인회계사, 세무사 등(이하 '변호사 등'이라 한다)의 조력을 받을 수 있다는 것

고지 의무[95])와 유사한 것으로, 형사소송법상 피의자는 검사 또는 사법경찰관의 신문에 대해 수인의무를 부담하지 않는다.[96]) 다만, 형사소송법상 신문의 주체는 검사 또는 사법경찰관인데 반해 조세범칙조사를 수행하는 세무공무원은 사법경찰관의 지위를 가지고 있지는 않다.[97])

이처럼, 조세범칙조사는 세법상 질문조사권이 아닌 조세범 처벌절차법에 따라 수행하는 것이고, 조세범칙혐의자 등은 세무공무원

---

② 조사공무원은 제1항에 따라 알려준 때에는 조세범칙행위 혐의자 등이 진술을 거부할 권리와 변호사 등의 조력을 받을 권리를 행사할 것인지의 여부를 질문하고, 이에 대한 조세범칙행위 혐의자 등의 답변을 심문조서에 기재하여야 한다. 이 경우 조세범칙행위 혐의자 등의 답변은 조세범칙행위 혐의자 등으로 하여금 자필로 기재하게 하고 그 부분에 기명날인 또는 서명하게 하여야 한다.

95) 형사소송법 제244조의3 (진술거부권 등의 고지)
① 검사 또는 사법경찰관은 피의자를 신문하기 전에 다음 각 호의 사항을 알려주어야 한다.
1. 일체의 진술을 하지 아니하거나 개개의 질문에 대하여 진술을 하지 아니할 수 있다는 것
2. 진술을 하지 아니하더라도 불이익을 받지 아니한다는 것
3. 진술을 거부할 권리를 포기하고 행한 진술은 법정에서 유죄의 증거로 사용될 수 있다는 것
4. 신문을 받을 때에는 변호인을 참여하게 하는 등 변호인의 조력을 받을 수 있다는 것
② 검사 또는 사법경찰관은 제1항에 따라 알려 준 때에는 피의자가 진술을 거부할 권리와 변호인의 조력을 받을 권리를 행사할 것인지의 여부를 질문하고, 이에 대한 피의자의 답변을 조서에 기재하여야 한다. 이 경우 피의자의 답변은 피의자로 하여금 자필로 기재하게 하거나 검사 또는 사법경찰관이 피의자의 답변을 기재한 부분에 기명날인 또는 서명하게 하여야 한다.

96) 헌법 제12조 제2항, 형사소송법 제200조 제2항, 제289조 등 참조.

97) 「사법경찰관리의 직무를 수행할 자와 그 직무범위에 관한 법률」에는 세무공무원이 사법경찰관리로 규정되어 있지 않다.

의 심문에 대해 진술을 거부할 권리가 있다. 따라서 조세범칙혐의자 등은 세무공무원의 심문 등에 대해 수인의무를 부담한다고 볼 수 없으므로 이를 거부한다고 하여 국세기본법상 질문조사 집행거부 등 과태료 부과를 할 수 없다고 보는 것이 타당하다.

앞서 본 바와 같이 일반세무조사의 목적은 국세의 과세표준과 세액을 결정 또는 경정하기 위한 것이고, 조세범칙조사는 조세범칙혐의자의 조세범칙행위 등을 확정하기 위한 것으로 서로 그 목적을 달리할 뿐만 아니라 별도의 절차에 따라 수행된다.

조세범칙조사에 대한 구체적인 절차는 조사사무처리규정에서 규정하고 있는데, 조세범칙조사 대상자에 대한 조세범칙조사통지,[98] 조세범칙처분 결정을 위한 심의, 통고처분·고발·무혐의 등 조세범칙처분의 절차로 진행된다.[99]

여기서 문제가 되는 것은 일반세무조사와 조세범칙조사가 동시에 진행되는 경우인데,[100] 납세자에 대한 일반세무조사는 각 세법상 질문조사권에 따라 행해지는 것이지만, 조세범칙행위 혐의자에 대한 조세범칙조사는 조세범처벌절차법에 근거한 것이기 때문에 조사대상자가 수인의무를 부담하여야 하는 것인지, 진술거부권을 행사

---

98) 조세범칙조사 통지서에는 조사대상자, 조세범처벌법 위반혐의 조항, 조사대상 과세기간, 조사기간, 조세범칙조사 개시일, 조사사유 등을 기재한다(조사사무처리규정 별지 제49호 서식).

99) 통고처분의 경우에는 벌금상당액의 납부서를 첨부하여 조세범칙행위자에게 통고하고, 무혐의인 경우에는 조세범칙행위 혐의자에게 별도로 그 사실을 통지하나, 고발의 경우에는 조세범칙혐의자에게 통지하는 절차가 없다.

100) 조사사무처리규정이 2019. 5. 1. 국세청훈령 제2305호로 개정되면서 종전에는 일반세무조사에서 조세범칙조사가 필요한 경우 조사유형전환이라는 용어를 사용하던 것을 조세범칙조사 개시라는 용어로 변경하였다 (2018. 12. 31. 법률 제16097호로 개정된 국세기본법에서 세무조사에 조세범칙조사를 제외하였기 때문인 것으로 보인다).

할 수 있는 것인지가 모호하다.

현행 규정상 세무조사와 조세범칙조사가 동시에 실시되는 경우, 세무조사는 세무공무원이 실시하는 것이고, 조세범칙조사는 지명서를 소지한 세무공무원이 실시하도록 규정하고 있으므로, 조사의 주체에 따라 수인의무 및 진술거부권 행사 가능 여부를 판단하여야 할 것이다.

구분	일반질문조사	일반세무조사	조세범칙조사
목 적	세법상 직무 수행	과세표준 및 세액의 결정·경정	조세범칙혐의 확정
법적근거	각 세법	각 세법	조세범처벌절차법
행사주체	각 세목의 사무에 종사하는 공무원	세무공무원	관할 지방검찰청의 검사장이 지명하는 공무원
수인의무 (진술거부권)	있음 (없음)	있음 (없음)	없음 (있음)
과태료 처분 가능 여부	가능	가능	불가능

4. 납세자의 성실성 추정 원칙 고려

세무공무원은 비정기 세무조사대상자 선정 사유[101]에 해당하는

---

101) 국세기본법 제81조의6(세무조사 관할 및 대상자 선정)
　③ 세무공무원은 제2항에 따른 정기선정에 의한 조사 외에 다음 각 호의 어느 하나에 해당하는 경우에는 세무조사를 할 수 있다.
　1. 납세자가 세법에서 정하는 신고, 성실신고확인서의 제출, 세금계산서 또는 계산서의 작성·교부·제출, 지급명세서의 작성·제출 등의 납세협력의무를 이행하지 아니한 경우
　2. 무자료거래, 위장·가공거래 등 거래 내용이 사실과 다른 혐의가 있는

경우를 제외하고는 납세자가 성실하며 납세자가 제출한 신고서 등
이 진실한 것으로 추정하여야 한다.102) 세무공무원은 적정하고 공평
한 과세를 실현하기 위하여 필요한 최소한의 범위에서 세무조사를
하여야 하고, 세무조사를 하기 위하여 필요한 최소한의 범위에서 장
부등의 제출을 요구하여야 하며, 조사대상 세목 및 과세기간의 과세
표준과 세액의 계산과 관련 없는 장부등의 제출을 요구해서는 아니
된다(세무조사권 남용 금지).103)

　조사사무처리규정 또한 납세자의 성실성 추정 원칙을 바탕으로
세무조사 방법에 대해 규정하고 있는데, 조사대상자의 납세성실도
수준, 사업규모, 업종, 과세자료 분석내용, 탈루혐의사항 및 탈세정
보내용 등을 고려하여 (i) 전부조사를 하는 때에는 그 납세자가 비
치, 기장하고 있는 장부 및 그와 관련된 증빙서류(전산조직에 의해
장부와 증빙서류를 작성하였을 때에는 전자기록을 포함한다) 조사
와 그 장부의 진실성 여부를 검증하기 위한 실물조사, 생산수율 검
토, 각종 현황조사, 거래처 조사 또는 거래처 현장확인 및 금융거래
현장확인 등을 실시하는 것이고, (ii) 부분조사를 하는 때에는 세금
탈루혐의가 있는 특정 사업장, 특정 항목부분 또는 거래의 일부에
대해 전부조사의 조사방법을 준용하며, (iii) 간편조사를 하는 때에는
서면심리 및 준비조사 결과 나타난 문제점을 중심으로 우편질문에
의한 해명자료의 검증 또는 단기간의 현장조사를 하는 것으로 규정

　　경우
　　3. 납세자에 대한 구체적인 탈세 제보가 있는 경우
　　4. 신고 내용에 탈루나 오류의 혐의를 인정할 만한 명백한 자료가 있는
　　　경우
　　5. 납세자가 세무공무원에게 직무와 관련하여 금품을 제공하거나 금품제
　　　공을 알선한 경우
102) 국세기본법 제81조의3
103) 국세기본법 제81조의4

하고 있다.[104]

따라서 세무공무원은 세무조사를 함에 있어서 "적정하고 공평한 과세를 실현" 및 "최소한의 범위"를 기준삼아 세무조사를 실시하여야 한다. 그러나 이러한 조사범위에 대한 추상적인 기준은 세무공무원 자의적인 판단이 발생할 수 밖에 없는 한계가 내재되어 있고, 이로 인해 질문조사 및 장부등의 범위와 관련한 납세자와의 이해 상충에 따른 의견 대립은 불가피하다.

여기에서 "적정하고 공평한 과세" 및 "최소한의 범위"는 추상적인 개념으로 이는 세무공무원의 재량에 맡길 수밖에 없는 영역이므로, 세무공무원이 재량으로 직무를 수행할 때에는 과세의 형평과 해당 세법의 목적에 비추어 일반적으로 적당하다고 인정되는 한계를 엄수하여야 한다.[105]

소득세법은 "소득세에 관한 사무에 종사하는 공무원은 직무를 위하여 필요한 범위 외에 다른 목적 등을 위하여 그 권한을 남용해서는 아니 된다.(제170조 제2항)", 법인세법은 "이 경우 직무상 필요한 범위 외에 다른 목적 등을 위하여 그 권한을 남용해서는 아니 된다.(제122조)", "부가가치세에 관한 사무에 종사하는 공무원은 직무상 필요한 범위 외에 다른 목적 등을 위하여 그 권한을 남용해서는 아니 된다.(제74조 제4항)", 상속세 및 증여세법은 "이 경우 세무에 종사하는 공무원은 질문·조사하거나 장부·서류 등의 제출을 요구할 때 직무 수행에 필요한 범위 외의 다른 목적 등을 위하여 그 권한을 남용해서는 아니 된다.(제84조)"라고 규정하고 있지만, 모두 선언적이고 추상적인 규정들이라는 점에서는 차이가 없다.

세무조사를 할 때 납세자에게 조사대상 세목 및 과세기간 뿐만

---

104) 조사사무처리규정 제17조
105) 국세기본법 제19조

아니라 조사 사유 등을 통지하게 되고, 조사대상 세목 및 과세기간
인지 여부는 명확하여 만약 이를 벗어난 세무조사가 실시되는 경우
에는 곧바로 세무조사 중지 등 납세자 권리 보호 절차를 취할 수 있
는 반면, 질문의 대상이나 제출할 장부등의 범위에 대해서는 그 범
위가 명확하지 않고 세무조사가 진행되는 과정에서 수시로 이루어
지는 것이어서 납세자 입장에서 조사사유를 벗어난 조사권 남용이
있다고 판단되더라도 이에 대한 판단기준이 명확하지 않아 납세자
권리 보호 절차를 취하기 어렵다.

결국, 세무공무원은 과세표준과 세액의 결정 또는 경정을 위하여
실시하는 일반세무조사에서 납세자의 성실성 추정 규정과 질문조사
및 장부등 제출 및 입증 요구 범위가 조화될 수 있도록 노력할 필요
가 있고, 이를 넘어서는 과도한 것인지 여부는 합리적으로 판단할
수밖에 없다.

5. 입증책임과의 조화

대법원은 과세처분의 위법을 이유로 그 취소를 구하는 행정소송
에 있어 처분의 적법성 및 과세요건사실의 존재에 관하여는 원칙적
으로 과세관청이 그 입증책임을 부담하나, 경험칙상 이례에 속하는
특별한 사정의 존재에 관하여는 납세의무자에게 입증책임 내지는
입증의 필요가 돌아가는 것이라고 판시한 바 있다.[106]

납세의무자가 세법에 따라 장부를 갖추어 기록하고 있는 경우에
는 해당 국세 과세표준의 조사와 결정은 그 장부와 이와 관계되는
증거자료에 의하여야 하고, 국세를 조사·결정할 때 장부의 기록 내

---

106) 대법원 1992. 3. 27. 선고 91누12912 판결, 1994. 10. 28. 선고 94누5816 판
    결, 1995. 7. 14. 선고 94누3407 판결, 1996. 4. 26. 선고 96누1627 판결 등

용이 사실과 다르거나 장부의 기록에 누락된 것이 있을 때에는 그 부분에 대해서만 정부가 조사한 사실에 따라 결정할 수 있으며, 장부의 기록 내용과 다른 사실 또는 장부 기록에 누락된 것을 조사하여 결정하였을 때에는 정부가 조사한 사실과 결정의 근거를 결정서에 적어야 한다.[107]

그리고 세무공무원이 국세의 과세표준을 조사·결정할 때에는 해당 납세의무자가 계속하여 적용하고 있는 기업회계의 기준 또는 관행으로서 일반적으로 공정·타당하다고 인정되는 것은 존중하여야 한다.[108]

일반세무조사 과정에서 입증책임이 누구에게 있는지에 따라 질문조사의 방식이나 범위가 달라질 수 있다. 즉, 부과처분의 적법성 및 과세요건사실의 존재 여부와 같이 과세관청에 입증책임이 있는 경우에는 질문조사의 범위가 확대될 가능성이 높으나, 손금 및 필요경비의 진실성 및 업무관련성의 입증이나 부외경비에 대한 입증 등과 같이 입증책임이 납세의무자에게 돌아가는 사항의 경우에는 질문조사의 범위가 확대될 가능성이 낮고 경우에 따라서는 불필요하다고 볼 수도 있다.

따라서 일반세무조사에 있어서의 질문조사 집행거부 과태료의 부과대상은 입증책임이 과세관청에 있는 사항에 대해서만 제한적으로 적용될 필요가 있다.

6. 과세정보 비밀유지 보장에 대한 고려

세무공무원은 일정한 경우가 아니면 납세자가 세법에서 정한 납

---

107) 국세기본법 제16조
108) 국세기본법 제20조

세의무를 이행하기 위하여 제출한 자료나 국세의 부과·징수를 위하여 업무상 취득한 자료 등(이하 "과세정보"라 한다)을 타인에게 제공 또는 누설하거나 목적 외의 용도로 사용해서는 아니 되고,109)110)

---

109) 국세기본법 제81조의13 (비밀 유지)
　　① 세무공무원은 납세자가 세법에서 정한 납세의무를 이행하기 위하여 제출한 자료나 국세의 부과·징수를 위하여 업무상 취득한 자료 등(이하 "과세정보"라 한다)을 타인에게 제공 또는 누설하거나 목적 외의 용도로 사용해서는 아니 된다. 다만, 다음 각 호의 어느 하나에 해당하는 경우에는 그 사용 목적에 맞는 범위에서 납세자의 과세정보를 제공할 수 있다.
　　1. 국가행정기관, 지방자치단체 등이 법률에서 정하는 조세, 과징금의 부과·징수 등을 위하여 사용할 목적으로 과세정보를 요구하는 경우
　　2. 국가기관이 조세쟁송이나 조세범 소추(訴追)를 위하여 과세정보를 요구하는 경우
　　3. 법원의 제출명령 또는 법관이 발부한 영장에 의하여 과세정보를 요구하는 경우
　　4. 세무공무원 간에 국세의 부과·징수 또는 질문·검사에 필요한 과세정보를 요구하는 경우
　　5. 통계청장이 국가통계작성 목적으로 과세정보를 요구하는 경우
　　6. 「사회보장기본법」 제3조제2호에 따른 사회보험의 운영을 목적으로 설립된 기관이 관계 법률에 따른 소관 업무를 수행하기 위하여 과세정보를 요구하는 경우
　　7. 국가행정기관, 지방자치단체 또는 「공공기관의 운영에 관한 법률」에 따른 공공기관이 급부·지원 등을 위한 자격의 조사·심사 등에 필요한 과세정보를 당사자의 동의를 받아 요구하는 경우
　　8. 「국정감사 및 조사에 관한 법률」 제3조에 따른 조사위원회가 국정조사의 목적을 달성하기 위하여 조사위원회의 의결로 비공개회의에 과세정보의 제공을 요청하는 경우
　　9. 다른 법률의 규정에 따라 과세정보를 요구하는 경우

110) 과세실무상 국세기본법 제81조의13의 비밀유지 규정에 불구하고, 형사소송법 제234조 제2항(공무원은 그 직무를 행함에 있어 범죄가 있다고 사료하는 때에는 고발하여야 한다.)의 규정을 근거로 과세정보를 관계 기관의 서면 요청 없이 자발적으로 통보하는 경우가 있다(예, 부동산실명법 위반 혐의, 금융실명법 위반 혐의, 공정거래법 위반 혐의, 자본시장

만약 이를 위반하는 경우에는 국세청장은 과세정보를 타인에게 제공 또는 누설하거나 그 목적 외의 용도로 사용한 자에게 2천만원 이하의 과태료를 부과·징수하며, 다만 「형법」 등 다른 법률에 따라 형사처벌을 받은 경우에는 과태료를 부과하지 아니하고, 과태료를 부과한 후 형사처벌을 받은 경우에는 과태료 부과를 취소한다.[111]

　일반세무조사에서의 질문조사는 과세표준 및 세액의 결정 또는 경정을 위한 것임에도 불구하고, 이와 관련이 없는 장부 등을 요구하는 것은 질문조사권 남용 금지 규정을 위반하는 것뿐만 아니라, 경우에 따라 과세정보 비밀유지 규정을 위반할 것으로 예상되는 경우가 발생할 수 있다.

　실제로 과세실무상 분식회계 혐의, 자본시장법 위반 혐의, 외국환거래법 위반 혐의, 금융실명법 위반 혐의, 공정거래법 위반 혐의 등을 확인하기 위해 과세표준 및 세액의 확정과는 무관한 자료들을 요청하는 경우가 있을 뿐만 아니라, 심지어 관계기관이 서면으로 요청하지 않는 경우임에도 불구하고 자발적으로 통보하는 경우도 발생하고 있는 것으로 보인다.

　그럼에도 납세자는 일반세무조사 과정에서 세무공무원이 취득한 과세정보에 대해 비밀유지 규정을 준수하는지 여부를 확인할 수 있는 제도적 방법이 없다.

　따라서 질문조사 집행거부 과태료를 부과하기에 앞서 일반세무조사에서 질문조사권을 행사할 때는 과세정보에 대한 비밀유지에 대해 실질적으로 보장할 수 있는 제도(예, 질문조사권 행사시 비밀유지에 대한 선언적 문구 삽입, 국세청 납세자보호위원회에 대한 권리보

법 위반 혐의 등). 이는 국세기본법상 비밀유지 금지 규정을 위반한 것이라고 본다. 본고의 논의 대상은 아니다.

111) 국세기본법 제90조.

호 심의 요청 사항 확대 등)를 선행적으로 마련할 필요가 있다.[112]

7. 다른 법률 위반 가능성 고려

개인정보보호법은 살아있는 개인에 관한 정보 중 (i) 성명, 주민
등록번호 및 영상 등을 통하여 개인을 알아볼 수 있는 정보, (ii) 해
당 정보만으로는 특정 개인을 알아볼 수 없더라도 다른 정보와 쉽게
결합하여 알아볼 수 있는 정보, (iii) 가명처리함으로써 원래의 상태
로 복원하기 위한 추가 정보의 사용·결합 없이는 특정 개인을 알아
볼 수 없는 정보 등을 그 적용대상으로 하고 있다(제2조 제1호).

개인정보처리자[113]는 개인정보를 목적 외의 용도로 이용하거나
제3자에게 제공할 수 없고,[114] 개인정보가 분실·도난·유출·위조·변
조 또는 훼손되지 아니하도록 내부 관리계획 수립, 접속기록 보관
등 대통령령으로 정하는 바에 따라 안전성 확보에 필요한 기술적·
관리적 및 물리적 조치를 하여야 하며,[115] 개인정보가 유출되었음을
알게 되었을 때에는 지체 없이 해당 정보주체에게 그 사실을 알려야

---

112) 국세청 훈령인 납세자보호사무처리규정은 일반 국세행정 분야에 대해서
도 권리보호요청을 할 수 있으나, 국세청 납세자보호위원회에 심의 요청
할 수 있는 사항은 국세기본법 제81조의18 제2항 제1호부터 제4호까지
의 사항(중소규모납세자 외의 납세자에 대한 세무조사기간의 연장, 세무
조사 범위의 확대, 중소규모납세자의 세무조사 일시중지 및 중지 요청,
위법 부당한 세무조사 등)으로만 제한되어 있어 세무공무원의 비밀유지
위반 가능성에 대한 예방 효과에는 한계가 있다.

113) 개인정보보호법 제2조
    5. "개인정보처리자"란 업무를 목적으로 개인정보파일을 운용하기 위하
    여 스스로 또는 다른 사람을 통하여 개인정보를 처리하는 공공기관, 법
    인, 단체 및 개인 등을 말한다.

114) 개인정보보호법 제18조 제1항

115) 개인정보보호법 제29조

하고,116) 개인정보처리자가 처리하는 주민등록번호가 분실·도난·유출·위조·변조 또는 훼손된 경우에는 5억원 이하의 과징금이 부과될 수 있다.117) 아울러 정보주체는 개인정보처리자가 개인정보보호법을 위반한 행위로 손해를 입으면 개인정보처리자에게 손해배상을 청구할 수 있다.118)

따라서 일반세무조사 과정에서 제출을 요구받는 장부 등에 개인정보보호법의 적용을 받는 개인정보가 포함되어 있다면, 정보주체의 동의 없이 개인정보를 포함한 장부 등을 제출하는 것은 개인정보보호법 위반이 될 수 있다.

이와 관련하여 개인정보보호법 제18조 제2항 제2호는 '다른 법률에 특별한 규정이 있는 경우'에 개인정보를 제공할 수 있는 것으로 규정하고 있으므로, 세무공무원의 질문·조사권 행사가 이에 해당하는지 문제될 수 있으나, 세무조사 과정에서 그 조사의 범위를 넘어서 장부 등을 요구하는 경우에는 질문·조사권의 남용으로서 여전히 개인정보보호법 위반의 소지가 있다.

개인정보보호법에 대한 사안은 아니지만, 대법원은 "전기통신사업검사 또는 수사관서의 장이 수사를 위하여 구 전기통신사업법(2010. 3. 22. 법률 제10166호로 전부 개정되기 전의 것) 제54조 제3항, 제4항에 의하여 전기통신사업자에게 통신자료의 제공을 요청하고, 이에 전기통신사업자가 위 규정에서 정한 형식적·절차적 요건을 심사하여 검사 또는 수사관서의 장에게 이용자의 통신자료를 제공하였다면, 검사 또는 수사관서의 장이 통신자료의 제공 요청 권한을 남용하여 정보주체 또는 제3자의 이익을 부당하게 침해하는 것임이

---

116) 개인정보보호법 제34조
117) 개인정보보호법 제34조의2 제1항
118) 개인정보보호법 제39조

객관적으로 명백한 경우와 같은 특별한 사정이 없는 한, 이로 인하여 이용자의 개인정보자기결정권이나 익명표현의 자유 등이 위법하게 침해된 것이라고 볼 수 없다."고 판시하였는데(대법원 2016. 3. 10. 선고 2012다105482 판결), 법률의 규정에 따른 자료 제공 요청이라고 하더라도 그 권한을 남용한 것이라면 위법하다는 취지로 이해할 수 있다.

한편, 각국은 개인정보보호를 위한 조치들을 취하고 있는데, 특히 EU(유럽연합)의 개인정보보호법령(GDPR, General Data Protection Regulation)[119]은 기업의 책임성을 강화하기 위한 조치로 (ⅰ) DPO (Data Protection Officer) 지정, (ⅱ) 위험 완화 및 GDPR 준수 입증을 위한 개인정보 영향평가, (ⅲ) DPbD(Data Protection by Design and by Default), (ⅳ) 개인정보 처리 활동의 기록, (ⅴ) 기술적 관리적 보호조치를 취하도록 의무화하였고, 특히 EU 밖으로의 개인정보 역외 이전을 엄격하게 제한하고 있으며, 이를 위반하는 정도에 따라 전세계 연간 매출액의 2%(4%)에 상당하는 과징금이 부과될 수도 있다.

이와 같이 개인정보보호법 등에서 장부등의 제공을 제한하고 있는 경우에는 질문조사 집행거부 과태료 부과에 신중을 기할 필요가 있다.

8. 세무조사권 남용 금지 예방

국세기본법 제81조의4는 세무조사권 남용 금지 규정을 두고 있고, 세무공무원이 세무조사권을 남용하는 경우 권리보호를 요청할 수 있는 제도가 마련되어 있으므로,[120] 질문조사 집행거부 과태료가

---

119) 2016. 5. 27. 채택되어 2018. 5. 25.부터 시행되었고, 모든 EU 회원국에게 직접적으로 적용됨 (KISA GDPR 대응지원센터 자료 참조, https://gdpr.kisa. or.kr/gdpr/static/compare.do)

문제될 가능성은 낮다.

다만, 일반세무조사과정에서 현행 실무상 세무공무원 자의적으로

---

120) 납세자보호사무처리규정 제64조(요청 대상)

①세무조사와 관련한 권리보호요청은 납세자의 권리가 부당하게 침해되고 있거나 침해가 예상되는 경우로서 다음 각 호의 어느 하나에 해당하는 세무조사 또는 세무조사 중인 국세공무원의 행위 등을 대상으로 한다.

1.세법·같은 법 시행령·같은 법 시행규칙에 명백히 위반되는 조사(「국세기본법」 제81조의18제2항제4호에 따른 위법한 세무조사를 포함하며, 이하 '세법 등에 위반된 조사'라 한다)

2.조세탈루의 혐의를 인정할 만한 명백한 자료가 없는 등 법령이 정하는 구체적 사유 없이 같은 세목 및 같은 과세기간에 대한 재조사(「국세기본법」 제81조의18제2항제4호에 따른 부당한 세무조사를 포함하며, 이하 '중복조사'라 한다)

3.「국세기본법」 제81조의18제2항제3호에 따라 중소규모 납세자가 세무조사 기간연장 및 범위확대에 대해 세무조사 일시중지 및 중지를 요청하는 경우

4.다음 각 목에 해당하는 세무조사 중인 국세공무원의 위법·부당한 행위

가.조사 대상 세목 및 과세기간의 과세표준·세액 계산과 관련 없는 장부 등의 제출을 요구하는 행위

나.적법한 절차를 거치지 아니하고 조사대상 과세기간·세목 등 조사범위를 벗어나 조사하거나 조사기간을 임의로 연장 또는 중지하는 행위

다.납세자 또는 권한 있는 자로부터 동의를 받지 않거나 적법한 절차를 거치지 아니하고 임의로 장부·서류·증빙 등을 열람·복사하거나 일시보관하는 행위

라.납세자 또는 세무대리인에게 금품·향응 또는 업무집행과 직접 관련 없는 사적편의 제공을 요구하는 행위

마.납세자가 제출한 자료나 업무상 취득한 자료를 관련 법령에 의하지 않고 타인에게 제공 또는 누설하거나, 사적인 용도로 사용하는 행위

바.조사중지 기간 중 납세자에 대하여 과세표준 및 세액의 결정 또는 경정을 위한 질문을 하거나 장부 등의 검사·조사 또는 제출을 요구하는 행위

5.기타 제1호부터 제4호까지의 규정에 준하는 사유로서 납세자의 권리가 부당하게 침해되고 있거나 침해가 현저히 예상되는 경우

이루어지고 있는 질문조사와 관련하여 간략하게 살펴보기로 한다.

가. 개인사업자 및 법인에 대한 일반세무조사

개인사업자 및 법인에 대한 일반세무조사는 납세자의 사업과 관련하여 세법에 따라 신고·납부의무가 있는 세목을 통합하여 실시하는 것을 원칙으로 하는데,[121] 일반적으로 개인사업자에 대한 세무조사는 개인의 사업소득에 대한 종합소득세를, 법인에 대한 세무조사는 각 사업연도의 소득에 대한 법인세를 확정하기 위해 실시하면서, 통상 신고·납부의무가 있는 세목인 부가가치세에 대한 세무조사도 동시에 이루어진다.

세무공무원은 세무조사를 하기 위하여 필요한 최소한의 범위에서 장부등의 제출을 요구하여야 하며, 조사대상 세목 및 과세기간의 과세표준과 세액의 계산과 관련 없는 장부등의 제출을 요구해서는 아니 됨에도 불구하고,[122] 실무상 일반세무조사의 목적과 직접적인 관계가 없는 장부등(예, ERP에 기록 보관된 데이터 중 재무회계와 무관한 데이터, 납세의무자와 직접 관련이 없는 외국법인의 고정사업장 판정과 관련된 자료 등)이 요구되고 있는 실정이다.

나. 상속세 세무조사

상속세는 과세표준과 세액을 정부가 결정하는 때에 확정되고,[123] 이러한 세목의 경우에는 정기선정 또는 비정기선정 규정과 관계없이 과세표준과 세액을 결정하기 위하여 세무조사를 할 수 있다.[124]

---

121) 국세기본법 제81조의11
122) 국세기본법 제81조의4 제3항
123) 국세기본법 제22조 제3항
124) 국세기본법 제81조의6 제4항

상속세 세무조사의 문제점을 알아보기 위해서는 상속세 계산구조를 이해할 필요가 있다. 개략적인 상속세 계산구조는 아래와 같다.

> **(1단계) 상속재산가액 산정**
>> ☞ 상속재산가액 = 본래의 상속재산 + 간주상속재산(보험금, 신탁재산, 퇴지금 등) + 추정상속재산
>
> **(2단계) 상속세 과세가액 산정**
>> ☞ 상속세 과세가액 = 상속재산가액 – 비과세 및 과세가액 불산입액 – 공과금·장례비·채무 + 사전증여재산
>
> **(3단계) 상속세 과세표준 및 세액 계산**
>> ☞ 상속세 과세표준 = 상속세 과세가액 – 상속공제 – 감정평가수수료
>>
>> ☞ 상속세 = 상속세 과세표준 × 세율

상속세 과세대상은 원칙적으로 피상속인의 상속개시일 현재 상속재산을 대상으로 하지만,[125] 상속재산에는 간주상속재산 및 추정상속재산(피상속인이 재산을 처분하거나 채무를 부담한 경우로서 재산종류별 상속개시일 전 1년 이내 2억원 이상 및 2년 이내 5억원 이상인 경우로서 용도가 객관적으로 명백하지 아니한 경우, 피상속인이 부담한 채무 중 상속인이 변제할 의무가 없는 것으로 추정되는 경우)이 포함되고,[126] 상속인 또는 수유자는 이러한 상속재산뿐만

---

125) 상속세 및 증여세법 제3조
126) 상속세 및 증여세법 제15조(상속개시일 전 처분재산 등의 상속 추정 등) ① 피상속인이 재산을 처분하였거나 채무를 부담한 경우로서 다음 각 호의 어느 하나에 해당하는 경우에는 이를 상속받은 것으로 추정하여 제13조에 따른 상속세 과세가액에 산입한다.
　　1. 피상속인이 재산을 처분하여 받은 금액이나 피상속인의 재산에서 인출한 금액이 상속개시일 전 1년 이내에 재산 종류별로 계산하여 2억원

아니라 10년(5년)내 사전증여재산[127] 중 상속인이나 수유자가 받은 증여재산을 포함하여 각자가 받았거나 받을 재산을 기준에 따라 상속세 납세의무를 부담한다.[128]

이처럼 상속세는 본래의 상속재산, 간주상속재산, 추정상속재산, 사전증여재산을 포함하여 산정하지만, 국세기본법은 상속세 세무조사는 과세표준과 세액을 결정하기 위하여 할 수 있다고만 규정하고 있을 뿐, 간주상속재산, 추정상속재산 및 사전증여재산에 대한 조사대상에 포함되는지 등에 대한 구체적인 범위에 대해서는 규정하고 있지 않다. 상속세 및 증여세 사무처리규정 또한 탈루혐의가 명백하여 실지조사가 필요하다고 인정되는 경우에 세무조사 대상자로 선정할 수 있고, 조사계획을 수립하여 조사결정한다고만 규정할 뿐 조사의 범위에 대해서는 구체적으로 규정하고 있지 않다.

상속세 세무조사는 상속세 과세대상을 확정하기 위한 것이고, 상속세 과세대상은 상속개시일 현재 상속재산에 대한 것이므로, 상속

이상인 경우와 상속개시일 전 2년 이내에 재산 종류별로 계산하여 5억원 이상인 경우로서 대통령령으로 정하는 바에 따라 용도가 객관적으로 명백하지 아니한 경우

2. 피상속인이 부담한 채무를 합친 금액이 상속개시일 전 1년 이내에 2억원 이상인 경우와 상속개시일 전 2년 이내에 5억원 이상인 경우로서 대통령령으로 정하는 바에 따라 용도가 객관적으로 명백하지 아니한 경우

② 피상속인이 국가, 지방자치단체 및 대통령령으로 정하는 금융회사등이 아닌 자에 대하여 부담한 채무로서 대통령령으로 정하는 바에 따라 상속인이 변제할 의무가 없는 것으로 추정되는 경우에는 이를 제13조에 따른 상속세 과세가액에 산입한다. <개정 2013. 1. 1.>

③ 제1항제1호에 규정된 재산을 처분하여 받거나 재산에서 인출한 금액 등의 계산과 재산 종류별 구분에 관한 사항은 대통령령으로 정한다.

127) 상속개시일 전 10년 이내에 피상속인이 상속인에게 증여한 재산가액 및 상속개시일 전 5년 이내에 피상속인이 상속인이 아닌 자에게 증여한 재산가액을 말함(상속세 및 증여세법 제13조 제1항)

128) 상속세 및 증여세법 제3조의2

세 세무조사의 대상은 상속재산에 한한다고 보는 것이 타당하다. 즉, 상속재산에 포함되는 간주상속재산 및 추정상속재산은 조사대상에 포함하되, 사전증여재산은 조사대상에 포함되지 않는다고 보는 것이 타당하다. 왜냐하면 사전증여재산은 상속세 과세가액 산정시 단지 합산의 대상일 뿐, 사전증여재산인지 여부는 별도의 세무조사 등을 통해 확정되어야 하기 때문이다.

그럼에도 불구하고 과세실무상 상속세 세무조사를 실시하는 경우 사전증여재산 유무를 확인하기 위한 별도의 국세기본법 제81조의7 제1항의 증여세 세무조사 통지 없이 상속개시일 이전 10년(5년)내 피상속인 및 상속인의 재산 취득 및 거래 내용에 대한 세무조사가 이루어지고 있는 실정인바, 이는 상속세 세무조사의 범위를 넘어서는 것이라고 본다.

다. 증여세 세무조사

증여세도 상속세와 마찬가지로 과세표준과 세액을 정부가 결정하는 때에 확정되고, 과세표준과 세액을 결정하기 위하여 세무조사를 할 수 있으며, 탈루혐의가 명백하여 실지조사가 필요하다고 인정되는 경우에 세무조사 대상자로 선정하고 조사계획을 수립하여 조사결정한다고만 규정할 뿐 조사의 범위에 대해서는 구체적으로 규정하고 있지 않다.

증여세 세무조사 대상은 상속세 및 증여세법에서 개별적으로 규정하고 있는 증여세 과세대상으로 한정하면 되는데, 실무상으로도 세무조사 통지서에 조사대상의 범위를 명확히 기재하고 있으므로 조사대상 범위를 위반하는지 여부에 대해서는 분명하게 알 수 있다.

한편, "자금출처조사"란 거주자 또는 비거주자의 재산 취득(해외 유출 포함), 채무의 상환 등에 소요된 자금과 이와 유사한 자금의 원

천이 직업·연령·소득 및 재산상태 등으로 보아 본인의 자금능력에
의한 것이라고 인정하기 어려운 경우, 그 자금의 출처를 밝혀 증여
세 등의 탈루여부를 확인하기 위하여 행하는 세무조사를 말하고,"주
식변동조사"란 출자, 증자, 감자, 매매, 상속, 증여, 신탁, 주식배당,
합병, 전환사채·신주인수권부사채·교환사채·기타 유사한 사채의 출
자전환(전환·인수·교환 등) 등에 따라 주주 또는 출자자가 회사에
대하여 갖는 법적지위권 또는 소유지분율 및 소유주식수·출자지분
이 변동되는 등 주식변동 과정에서 관련 주주 및 해당 법인의 제세
탈루 여부를 확인하는 세무조사를 말한다.

이때 문제가 되는 것은 주식변동조사에서의 조사대상자 및 조사
의 범위에 관한 것이다. 즉, 주식변동조사는 주식발행법인의 관련
주주의 제세 탈루 여부를 확인하는 것을 목적으로 하므로 관련 주주
의 과세표준과 세액의 결정 및 경정이 필요하다. 과세실무상 주식변
동이 있는 주식발행법인에 대한 통합조사에서 주식변동조사를 실시
하는 경우가 있는데, 설령 이러한 통합조사가 세무조사 업무의 효율
성과 다수의 세무조사로 인한 납세자의 불편을 최소화하기 위한 것
이라고 하더라도, 개인주주 및 법인주주에 따라 적용되는 각 세법상
질문조사권에 차이가 있는 이상, 각 주주별로 조사대상자를 선정하
고 세무조사와 관련한 제반 절차를 준수하여 납세자의 권리가 보호
될 수 있도록 과세실무를 개선할 필요가 있다.

V. 결론

이상과 같이 국세기본법에서 규정하고 있는 질문조사 집행거부
과태료에 대해 살펴보았다.

국세기본법 제88조 제1항은 "관할 세무서장은 세법의 질문·조사

권 규정에 따른 세무공무원의 질문에 대하여 거짓으로 진술하거나 그 직무집행을 거부 또는 기피한 자에게 2천만원 이하의 과태료를 부과·징수한다"고 규정하고 있는데, "거짓 진술" 및 "직무집행 거부 또는 기피"에 대한 판단기준은 명확하지 않다.

각 세법상 질문·조사권 규정 또한 세무공무원의 "직무수행에 필요한 경우"라고 되어 있을 뿐, 그 직무가 무엇인지 및 그 직무의 범위에 대해서는 구체적으로 규정되어 있지 않아, 각 세법 및 국세청 훈령인 사무처리규정에 따라 예측할 수 있을 뿐이다.

각 세법상 질문·조사권은 궁극적으로 과세표준 및 세액의 결정 또는 경정을 위하여 세무공무원이 행사하는 것이고, 납세자는 이에 대해 수인의무를 부담하여야 하는데, 추계 방법으로 과세표준 및 세액을 결정 또는 경정하거나 가산세를 부과할 수 있는 이상, 단지 납세자가 수인의무를 성실히 이행하지 않는다는 이유만으로 질문조사 집행거부 과태료를 부과하는 것은 과태료 부과의 취지에 부합하지 않는다고 본다.

한편, 국세기본법은 세무공무원의 과도한 재량권 남용을 금지하기 위한 규정을 두고 있음에도 불구하고, 이러한 추상적인 규정으로 인해 세무공무원의 질문조사권(또는 세무조사권) 남용에 대한 납세자의 권리보호장치는 미흡하다.

결론적으로, 질문조사 집행거부 과태료는 위와 같은 문제점들을 고려하여 부과하되, 이에 앞서 납세자의 권리를 보호하기 위해 세무공무원의 질문조사권 행사와 관련한 불분명하고 모호한 내용을 구체적으로 규정할 필요가 있다.

세법 및 자본시장법상 합병비율 산정에 관한 문제

김 영 훈 회계사

Ⅰ. 들어가며

회사 조직 개편의 대표적인 방법인 합병은 2개 이상의 회사가 1 개를 제외한 일부가 해산하여 청산절차 없이 소멸하고, 소멸회사(피합병법인)의 모든 권리·의무를 존속하는 회사(합병법인)가 포괄적으로 이전받으며, 소멸회사의 주주가 그 대가로 존속회사의 주식 또는 금전 등의 재산을 교부받는 회사법상의 법률요건으로 정의된다[1].

존속회사의 신주 교부를 통한 합병에 있어서 소멸회사 그리고 존속회사의 주주들에게 있어 가장 이해관계가 큰 사항은 '합병비율'인데 합병비율은 합병법인과 피합병법인의 합병가액을 기준으로 결정된다.

합병비율이 불공정하게 결정되는 경우(특정 법인의 합병가액이 과대 또는 과소하게 평가되는 경우) 합병법인과 피합병법인의 주주 사이에 이익이 분여되는 결과가 발생하는데, 세법은 특수관계가 성립하는 주주 사이에 합병을 통한 이익 분여 행위를 규제하기 위한 과세 규정을 마련해두고 있다.

자본시장법과 금융투자업에 관한 법률(이하 "자본시장법")도 상

---

1) 정찬형, 「상법강의(상)」, 제21판(박영사, 2018), 507면, 한국상사법학회, 「주식회사법대계(Ⅲ)」.

장법인은 다수의 이해관계자가 존재하고 있어, 부실기업을 합병함으로써 재무구조가 악화되거나 대주주 등의 부당한 이익획득수단으로 악용되는 일이 없도록[2] 상장법인이 합병을 하는 경우 합병비율 및 그 절차에 대해 규제하고 있다.

이하에서는 합병비율과 관련하여 세법과 자본시장법에서의 어떤 방식으로 규제하고 있는지를 살펴본 뒤, 현행 법령상 비상장법인간 합병에 있어서 보완할 점을 소개한다.

II. 세법 및 자본시장법에서의 합병비율

1. 세법상 합병비율

세법에서 합병가액 산정방식을 구체적으로 규정하지는 않는다. 그러나 불공정한 합병비율로 합병을 실시함으로써 합병 당사 법인의 주주들 사이에서 발생할 수 있는 이익 분여 행위를 방지하고, 이러한 거래에서 발생한 이익에 대한 과세권을 확보하기 위한 규정을 두고 있다.

먼저 법인세법은 특수관계인인 법인간의 합병에 있어서 주식 등을 시가보다 높거나 낮게 평가하여 불공정한 비율로 합병하는 자본거래를 통하여 법인주주가 특수관계가 성립하는 다른 주주에게 이익을 분여한 경우 이익을 분여한 법인 단계에서 부당행위계산 부인 규정이 적용될 수 있다(법인세법 시행령 제88조 제1항 제8호 가목). 이 경우 이익을 분여한 법인 단계에서 이익분여액 상당액(주식가치

---

2) 회계연구 제13권 제2호 2008년 8월 대한회계학회 상장기업과 비상장장기업 간 합병비율산정에 관한 연구 P154면)

감소분)은 손금에 산입되지 않아 법인세 부담이 증가된다. 그리고 특수관계인으로부터 이익을 분여받은 법인 주주의 경우 분여받은 이익을 익금에 산입3)된다(법인세법 시행령 제11조 제8호).

다음으로 상속세 및 증여세법(이하 "상증세법") 제38조는 합병에 따른 이익 증여 규정을 두어, 특수관계에 있는 법인4)간의 합병에 있어서 소멸하거나 흡수되는 법인 또는 신설되거나 존속하는 법인의 대주주등5)이 합병으로 인하여 이익을 얻은 경우 그 합병등기일을 증여일로 하여 그 이익에 상당하는 금액6)을 그 대주주등의 증여재산가액으로 하고 있다.

요약하면 세법상 시가와 다르게 합병가액을 산정하여 불공정한 합병비율로 합병을 실시한 경우, 합병 당사 법인의 법인 주주 단계에서 부당행위계산 부인 규정이 적용되고(이익을 분여받은 법인 단계에서 익금), 합병 당사 법인의 개인 대주주 단계에서는 증여받은 이익에 대해서 증여세가 부과되는 것으로 정리된다.

---

3) 법인세법은 해당 법인의 순자산을 증가시키는 거래로 인하여 발생하는 이익 또는 수입을 익금의 범위로 규정하고 있으므로 순자산 증가설에 따르면, 이익분여액을 익금으로 정한 것은 규제라고 보기 어려운 측면은 있다.

4) 합병등기일이 속하는 사업연도의 직전 사업연도 개시일(그 개시일이 서로 다른 법인이 합병한 경우에는 먼저 개시한 날을 말한다)부터 합병등기일까지의 기간 중 특수관계가 성립하는 법인간의 합병을 말한다.

5) 해당 주주 등의 지분 및 그의 특수관계인의 지분을 포함하여 해당 법인의 발행주식총수 등의 100분의 1 이상을 소유하고 있거나 소유하고 있는 주식 등의 액면가액이 3억원 이상인 주주등(상증세법 시행령 제28조 제2항)

6) 증여받은 이익은 합병 후 법인의 1주당 평가액에서 합병비율 반영한 주가 과대평가법인의 합병 전 1주당 평가액을 차감한 금액에 대주주가 합병으로 교부받은 주식수를 곱하여 계산되고, 이 때 1주당 평가액은 상증세법상 시가를 말한다(상증세법 시행령 제28조 제6항).

[합병당사법인 주주 단계의 과세문제]

구분	법인주주		개인주주	
	이익을 분여한 경우	이익을 분여받은 경우	이익을 분여한 경우	이익을 분여받은 경우
관련 규정	특수관계인에게 이익을 분여한 경우 부당행위계산 부인 규정 적용	특수관계인으로부터 이익을 분여받은 경우 분여받은 이익은 익금	별도 규정 없음.	특수관계 법인간 합병에서 이익을 분여받은 대주주에 대해 증여세 과세

2. 자본시장법상 합병비율

자본시장법은 상장법인이 합병의 일방 당사자가 되는 합병의 경우 합병가액에 대해서 법에서 정한 요건과 절차를 따르도록 하고 있다(자본시장법 제165조의 4). 구체적으로 주권상장법인간 합병의 경우 합병가액은 합병을 위한 이사회 결의일과 합병계약을 체결한 날 중 앞서는 날의 전일을 기산일로 하여 (ⅰ) 최근 1개월간 평균종가 (ⅱ) 최근 1주일간 평균종가 (ⅲ) 최근일의 종가를 산술평균한 가액을 기준으로 30%(계열회사 간 합병의 경우에는 10%)의 범위에서 할인 또는 할증한 가액을 합병가액으로 정하고 있다(자본시장법 시행령 제176조의 5 제1항 제1호).

그리고 상장법인과 비상장법인간 합병을 하는 경우 상장법인의 합병가액은 위 산식을 따르고, 비상장법인은 자산가치와 수익가치를 각각 1과 1.5로 하여 가중산술평균한 가격으로 합병가액을 산정하되 자산가치와 수익가치의 산정방식에 대해서 별도로 자세히 다루고 있다(자본시장법 시행령 제176조의 5 제1항 제2호 및 증권의 발행 및 공시등에 관한 규정제5-13조 제1항, 증발공 시행세칙 제4조 내지 제6조).

비상장법인간 합병을 실시하는 경우 자본시장법상 합병가액 산
정 방식을 별도로 정하고 있지는 않다.

3. 세법과 자본시장법상 합병비율 산정 방식의 차이

합병비율이 합병 당사 법인의 1주당 평가액, 즉 세법상 시가를
기준으로 결정되지 않는 경우 과세 문제가 발생하게 된다.

세법상 시가와 자본시장법상 합병가액 산정 방식에 따라 결정된
가액은 다를 수 있는데, 예컨대 상장법인 주식의 경우 평가기준일의
거래소의 최종시세가액(법인세법과 달리 상증세법상 시가는 평가기
준일 이전·이후 각 2개월 동안 공표된 거래소최종 시세가액의 평균
액)이 세법상 시가가 되어 자본시장법상 합병가액과 차이가 있다.
그렇다면 상장법인이 다른 법인과 합병하고자 하는 경우 자본시장
법에서 정하고 있는 합병요건·절차 등 규정에 따라 합병비율을 산
정하여도, 이러한 합병비율은 세법상 시가를 기준으로 결정된 합병
비율과 달라 불공정한 합병이라는 결론에 이르게 된다.

그러나 세법상 시가 산정방식과 자본시장법상 합병가액 산정방
식의 충돌에서 오는 불합리함을 개선하기 위하여 세법은 부당행위
계산 부인 및 상증세법에 따른 합병에 따른 이익 증여 규정을 적용
함에 있어서 상장법인이 합병하는 경우는 예외로 두고 있다.

법인세법은 자본시장법 제165조의 4(상장법인이 합병 당사 법인
이 되는 경우)에 따라 합병하는 경우에는 부당행위계산 부인 규정이
적용되지 않는 것으로 하고 있고, 상증세법도 마찬가지로 주권상장
법인이 다른 법인과 자본시장법 규정에 따라 합병이 이루어지는 경
우는 특수관계에 있는 법인간의 합병으로 보지 않고 있어, 합병에
따른 이익 증여 규정이 적용될 여지가 없다[7].

따라서 현행 세법 체계상 주권상장법인이 합병 당사 법인이 되는

경우에는 자본시장법에서 정하고 있는 방법에 따라 합병가액을 산
정하여 합병비율을 결정하되, 해당 가액이 세법상 시가와 다르다고
하여도 주주 단계에서 부당행위계산 부인 규정이나 상증세법상 이
익 증여 규정이 적용되지 않는다. 결국 합병당사법인이 자본시장법
에 따라 합병비율을 결정한다면 세법상 특별히 문제는 없다. .

그러나 비상장법인간 합병을 실시함에 있어서는 자본시장법상
합병가액 결정에 관한 사항이 없으므로 세법이 우선하여 적용된다
고 보아야 한다. 이하에서는 비상장법인간 합병비율 산정에 대해 자
세히 다루어본다.

Ⅲ. 비상장 법인간 합병에서의 합병비율

1. 비상장법인 주식의 시가

특수관계가 성립하는 비상장법인간 합병8)에 있어 합병가액이 세
법상 시가로 결정되지 않는 경우 과세 문제가 발생할 수 있다. 비상
장법인 주식의 경우 특수관계자가 없는 자들 사이에 거래된 객관적

---

7) 2000. 12. 31. 이전에는 주권상장법인이 자본시장법에 따라 합병을 실시하
   는 경우에도 상증세법상합병에 따른 이익 증여에 대한 예외 규정이 마련
   되어 있지 않아 세법상 시가와 달리 합병비율이 결정된 경우 원칙적으로
   증여세 과세 요건이 성립하였다. 이후 2000. 1. 1. 및 2001. 12. 31. 상증세
   법 시행령 개정을 통해 주권상장법인이 합병 당사법인이 되어 자본시장법
   에 따라 합병이 이루어지는 경우에는 증여세가 과세되지 않도록 하고 있
   고 법인세법도 2006. 2. 9. 법인세법 시행령 개정을 통해 상증세법과 마찬
   가지로 자본시장법에 따라 적합하게 합병한 경우에는 부당행위계산부인
   적용 대상에서 제외하는 것으로 개정되었다.
8) 특수관계가 성립하지 않는다면 이익 증여 여부가 문제되지 않으므로 이하
   에서는 특수관계 법인간 합병을 전제로 살펴본다

인 매매사례가액 등이 원칙적인 시가인데, 이러한 매매사례가액을 확인하기 어려운 경우가 많으므로, 상증세법에서 별도로 규정한 방식에 따라 평가한 가액(이하 "상증세법상 보충적 평가액")을 시가로 간주하는 것이 일반적이다.

상증세법상 보충적 평가액은 원칙적으로 1주당 순손익가치와 1주당 순자산가치를 각각 3대2의 비율로 가중평균하여 결정되는데, 순손익가치는 1주당 최근 3년간의 순손익액의 가중평균액9)으로 계산되고, 1주당 순자산가치는 평가기준일 현재의 자산을 상증세법에서 규정에 따라 평가한 가액에서 부채를 차감한 가액으로 하고 있다.

비상장법인간의 합병은 평가기준일 현재 합병 당사 법인의 세법상 시가, 즉 상증세법상 보충적평가액을 기준으로 결정된 합병비율을 합병을 실시하면 특별한 과세 문제가 발생하지 않는다.

2. 시가 산정을 위한 평가기준일

비상장법인간 합병에서 평가기준일에 따라 세법상 시가(특히 1주당 순자산가치)가 달라져 평가기준일을 언제로 할 것인지는 중요한 문제이다. 상증세법 시행령 제28조 제5항 제2호10)는 "합병직전 주식의 가액의 평가기준일은 「상법」 제522조의 2에 따른 대차대조표 공시일 또는 「자본시장과 금융투자업에 관한 법률」 제119조 및 같은

---

9) {(평가기준일 이전 1년이 되는 사업연도의 1주당 순손익액 × 3) + (평가기준일 이전 2년이 되는 사업연도의 1주당 순손익액 × 2) + (평가기준일 이전 3년이 되는 사업연도의 1주당 순손익액 × 1)} ÷ 6

10) 법인세법상 부당행위계산 부인 규정을 적용함에 있어서 특수관계인에게 이익을 분여한 경우 그 익금에 산입할 금액은 상증세법에 합병에 따른 이익 증여 규정을 준용하여 산정되어 있으므로, 상증세법에 따른 평가기준일로 합병가액을 산정한다면 부당행위계산 부인 규정도 적용되지 않는다는 결론이다.

법 시행령 제129조에 따라 합병의 증권신고서를 제출한 날 중 빠른 날(주권상장법인등에 해당하지 아니하는 법인인 경우에는 「상법」 제522조의 2에 따른 대차대조표 공시일)로 한다" 라고 정하고 있다.

위 규정에 의하면 상장법인은 대차대조표 공시일 또는 합병의 증권신고서를 제출한 날 중 빠른날이 되는 것이고(그러나 상장법인은 자본시장법 규정에 따라 합병가액이 산정되는 것이므로 평가기준일 역시 자본시장법 규정에 따라 결정될 것이다), 비상장법인은 「상법」 제522조의 2[11])에 따른 대차대조표 공시일, 즉 주주총회 2주 전이 평가기준일이 된다.

즉 비상장법인은 합병당사법인의 주주총회 2주전을 평가기준일로 하여 결정된 세법상 시가를 기준으로 합병비율을 산정하고, 합병비율이 기재된 합병계약서를 주주총회에서 승인 받아 합병을 진행하면 세법상 특별한 문제는 발생하지 않는다.

물론 실무적으로 주주총회 2주전을 평가기준일로 하는 경우 주주총회일 이전까지 재무제표 결산을 완료하여, 상증세법상 시가를 산정하여야 한다는 결론에 이르게 되어 시간적으로 부족한 점은 있다.

그러나 평가기준일 현재로 결산을 하여 순자산평가가 현실적으로 불가능하다면 평가기준일과 가장 근접한 재무제표를 근거로 평가한 가액을 기준으로 하는 것을 합리적으로 본 조세심판원 사례(심사법인99-0112, 1999. 12. 17.) 등을 본다면 최근 결산일 재무제표를 기준으로 평가를 수행하고, 해당 결산일과 평가기준일 사이에 순자산가치의 변동을 가져올만한 주요한 사항이 있다면(예컨대 비상장

---

11) 제522조의 2【합병계약서 등의 공시】(2015. 12. 1. 조번·제목개정)
  ① 이사는 제522조 제1항의 주주총회 회일의 2주 전부터 합병을 한 날 이후 6개월이 경과하는 날까지 다음 각 호의 서류를 본점에 비치하여야 한다. (2015. 12. 1. 개정)
  3. 각 회사의 최종의 대차대조표와 손익계산서 (1998. 12. 28. 개정)

법인 보유한 상장법인 주식의 거래소 가격의 변동 등) 이를 반영하는 방식으로 진행하여도 특별한 문제는 없을 것으로 보인다.

3. 증권신고서 제출 대상인 경우의 문제점

자본시장법에서 비상장법인간 합병에서 합병가액을 규제하고 있지는 않아, 세법 규정과 충돌되는 면은 없는 것으로 보여진다. 그러나 자본시장법상 비상장법인간 합병에 있어서 증권신고서를 제출하는 경우에는 상증세법 규정에 따라 대차대조표 공시일을 평가기준일로 하여 합병비율을 산정할 수 없는 문제가 발생한다.

먼저 자본시장법상 상장, 비상장 여부에 관계없이 50인 이상의 투자자에게 새로 발행되는 주식 등 증권의 취득의 청약을 권유하는 것은 모집에 해당하고, 그 발행인이 그 모집에 관한 증권신고서를 금융위원회에 제출하여 수리되지 않으면 모집 행위를 할 수 없다(자본시장법 제9조 제7항, 제119조 제1항 및 동법 시행령 제11조).

즉 비상장법인간 합병인 경우에도 피합병법인의 주주가 50명 이상인 경우에는 50명 이상의 주주를 대상으로 합병법인 신주 취득을 권유하게 되므로 자본시장법상 모집에 해당하여 증권신고서가 제출되어야 하고, 증권신고서에는 합병에 관한 주요한 사항인 합병가액에 대한 내용이 포함되어야 하므로 증권신고서 제출일에 합병가액이 산정될 필요가 있다.

그리고 증권신고서의 효력은 수리일로부터 7 영업일이 되는 날에 발생하는데(자본시장법 제120조), 모집 행위를 하는 법인은 증권신고서의 효력 발생 전까지 주주총회 소집통지를 할 수 없으므로, 수리일로부터 7 영업일이 되는 날 비로서 주주총회 소집통지를 할 수 있다.

상법상 주주총회 소집 통지일은 주주총회 2주전에 이루어져야 하고, 대차대조표 공시일 또한 주주총회 2주 전에 이루어지는데(상법 제363조), 위 일련의 절차를 살펴보면 증권신고서 제출일자는 필연적으로 대차대조표 공시일에 앞설 수 밖에 없다

증권신고서 제출 (자본시장법상 절차) → 7 영업일 경과 →
증권신고서 효력발생 → 주총 소집통지 및 **대차대조표 공시** (상법상 절차)
→ 2주 경과 → 주주총회 개최

따라서 대차대조표 공시일 기준으로 비상장법인의 상증세법상 보충적 평가액을 결정하여 합병비율을 결정하여 증권신고서를 제출하는 것은 현실적으로 불가능[12]하다. 그렇다면 자본시장법 규정에 따라 증권신고서 제출일에 합병가액을 산정하여 합병을 실시하였음에도 불구하고, 세법상 시가 산정을 위한 평가기준일(대차대조표 공

---

12) 증권신고서 제출 이후 대차대조표 공시일 기준으로 결정된 합병가액으로 합병비율을 재결정하는 방안도 고려해볼 수 있다. 그러나 증권신고서를 제출한 자가 합병가액 등과 같이 증권발행 관련 사항의 변경 등 중요한 사항을 정정하고자 하는 경우 반드시 증권신고서의 정정신고서를 제출하여야 하는데, 정정신고서가 제출된 경우 당초 증권신고서의 효력은 없어지고 정정신고일 이후 7 영업일이 다시 경과해야 증권신고서의 효력이 발생하고, 그 때 비로서 새로운 주주총회 소집일 및 대차대조표 공시일이 도래한다(자본시장법 제122조 제1항, 제3항, 동법 시행령 제130조, 자본시장법 시행규칙 제12조 제1항 제2호 단서, 제5항 및 증권의 발행 및 공시 등에 관한 규정 제2-13조 제1항). 결국 상증세법 시행령 규정에 따라 대차대조표 공시일을 평가기준일로 하여 합병비율을 결정하고자 하더라도, 증권신고서의 정정과 증권신고서 효력 발생일이 끊임없이 반복만 될 뿐, 증권신고서 수리 이후 대차대조표 공시일 기준으로 합병당사법인의 주식가액을 다시 산정하여 합병비율을 변경하는 것은 불가능하다는 결론에 이르게 된다.

시일) 기준으로 결정된 합병가액과는 다를 수 밖에 없어 합병 당사 법인의 주주(대주주) 입장에서 과세가 이루어질 수 있는 불합리한 결과가 초래되어 이를 어떻게 해소할 것인지에 대한 문제가 남게 된다.

4. 평가기준일 관련 입법 연혁

자본시장법이 제정되기 이전 (구)증권거래법 체계하에서는 합병 신고('특수신고서')제도를 두고 있으면서, 합병신고는 주권상장법인 또는 협회등록법인이 합병하는 것을 전제로 하고 있었다[(구) 증권 거래법 제190조의 2]

평가기준일 관련 상증세법 시행령 규정은 2000. 12. 29. 상증세법 시행령이 대통령령 제17039호로 개정13)되면서 마련되었는데, 시행 령 개정 당시 "평가기준일은 대차대조표 공시일 또는 증권거래법 제190조의 2의 규정에 의한 합병신고를 한 날 중 빠른 날"로 정하면 서 비상장법인에 대해서는 예외적으로 '대차대조표 공시일'을 기준 으로 합병가액을 산정하도록 한 것으로 보인다.

이후 증권거래법이 폐지되고 자본시장법이 제정되면서(2007. 8. 3. 제정, 시행 2009. 2. 4.), 종전의 합병신고(특수신고) 제도는 폐지되 었고, 주권상장법인 등이 합병을 하고자 하는 경우 주요사항보고서 (유통공시)를 제출하고, 합병이 모집 등에 해당하는 경우에는 증권 신고서(발행공시)를 별도로 제출하도록 하였고, 이에 따라 2010. 2. 18. 상증세법 시행령도 "대차대조표 공시일 또는 증권거래법 제190 조의 2의 규정에 의한 합병신고를 한 날 중 빠른 날"에서 "대차대조 표 공시일 또는 자본시장법 제119조 및 같은 법 시행령 제129조에

---

13) 2000. 12. 29. 상증세법 시행령 개정 전에는 합병 직전 주식가액의 평가기 준일에 대한 명시적인 규정이 존재하지 않았고, 그 해석상 합병등기일을 평가기준일로 본 것으로 파악된다(국심2001서0647, 2001. 5. 12.)

따라 합병의 증권신고서를 제출한 날"로 개정되었다.

위와 같이 입법연혁에 비추어 보면, (구)증권거래법상 주권상장법인에게 합병신고 의무를 부여하고 있었고, 비상장법인의 경우 합병신고일(특수신고일)이 있을 수 없어서 대차대조표 공시일을 평가기준일로 한 것에 불과하고, 비상장법인의 경우 합병신고일(현행 규정의 증권신고서 제출일)을 평가기준일에서 배제하기 위한 규정은 아니라고 생각된다.

즉 비상장법인은 (구)증권거래법상 합병신고의무가 부여되어 있지 않아 상증세법 시행령 개정 당시 대차대조표 공시일을 평가기준일로 정한 것에 불과하고, 비상장법인의 경우에도 과거 증권거래법상 합병신고의무가 부여되고 있었다면 상장법인과 마찬가지로 대차대조표 공시일과 합병신고를 한 날 중 빠른 날로 입법이 되었을 것으로 생각된다.

자본시장법으로 제정되면서 비상장법인간 합병에 있어서도 (구)증권거래법과는 달리 증권신고서 제출 의무가 발생할 수 있게 되었으나, 상증세법 시행령이 이를 고려하지는 못한 것으로 보여지고 비상장법인도 대차대조표 공시일 또는 합병신고를 한 날 중 빠른날을 평가기준일로 하는 시행령 개정이 필요해 보인다.

IV. 결론

특수관계가 성립하는 법인간 합병에 있어서 합병비율 결정은 과세 목적상 중요한 문제이고, 자본시장법에서도 합병 관련 규제가 있으므로 세법과 자본시장법의 규정이 함께 고려되어야 한다.

상장법인이 합병 당사 법인이 되는 경우 자본시장법상 합병가액, 합병절차 등에 대해 구체적으로 규정하고 있어 자본시장법을 따를 수 밖에 없고, 세법은 예외 규정을 두어, 자본시장법에 따른 합병가액이 세법상 시가와 다른 경우에도 특별한 과세문제가 발생하지 않도록 한다.

비상장법인간 합병에서는 자본시장법상 합병가액 규제를 두고 있지는 않아, 대차대조표 공시일을 평가기준일로 하여 결정된 세법상 시가를 기준으로 합병가액을 산정하면 된다. 그러나 비상장법인간 합병에서도 합병가액이 포함된 증권신고서를 제출해야 하는 경우가 발생하는데 증권신고서 제출일에 대차대조표 공시일을 평가기준일로 하여 합병가액을 결정하는 것이 현실적으로 불가능하다는 문제가 있다.

이는 자본시장법 제정 당시 비상장법인에게도 증권신고서 제출의무가 발생할 수 있다는 점이 세법에 반영되지 못한 것으로 보여지며, 현실적으로 불가능함에도 불구하고, 평가기준을일 대차대조표 공시일로 하는 것은 납세자에게 무리한 수인 의무를 지우는 것이므로 상증세법 시행령 개정을 통한 문제 해소가 필요해보인다.

부가가치세법상 용역의 공급장소에 대한 고찰

- 국내사업장이 없는 국외사업자가 제공하는 용역 중심으로 -

김 태 균 회계사·이 은 홍 회계사

I. 들어가며

부가가치세는 사업자가 공급하는 재화와 용역을 과세대상으로 하는 소비세이자 세부담이 소비자에게 전가되어 공급자가 소비자로부터 징수하여 납부하는 간접세이다.

법인세, 소득세 등과 같은 소득세제와 달리 소비세인 부가가치세는 속지주의 원칙에 따르기 때문에 부가가치세 납세의무는 원칙적으로 우리나라의 과세권이 미치는 국내에서 사업자에 의하여 공급되는 거래에 한해 성립한다. 따라서 부가가치세 과세권의 행사 또는 납세의무의 성립여부를 결정함에 있어 재화와 용역의 공급장소가 중요하다.

일반적으로 형체가 있는 재화의 공급장소에 대해서는 당해 재화의 이동이 필요한 경우는 재화의 이동이 시작되는 장소를, 재화의 이동이 필요하지 아니한 경우에는 재화가 공급되는 시기에 재화가 있는 장소를 기준으로 공급장소를 결정하므로 용역에 비해 판단이 용이하다.

그러나 무형의 용역은 과학 및 통신기술의 발달로 인해 대규모 복합적인 형태의 용역 및 국경을 뛰어 넘는 원거리 용역 제공이 활발해짐에 따라 그 공급장소를 어떻게 파악해야 하는지 문제되는 사안이 증가하고 있다.

본고에서는 국내사업장을 두지 않은 국외사업자가 국경을 넘어 국내에 공급하는 용역의 공급장소를 판단함에 있어 부가가치세법이 용역의 공급장소를 어떻게 규정하고 있는지, 국외에서의 입법례는 어떠한지, 대법원은 어떻게 해석하고 있는지를 순차적으로 살펴보고 합리적인 판단 기준을 고찰해보기로 한다.

II. 부가가치세법상 용역의 공급장소

1. 부가가치세법 제20조

> 부가가치세법 제20조(용역의 공급장소)
> ① 용역이 공급되는 장소는 다음 각 호의 어느 하나에 해당하는 곳으로 한다.
> 1. 역무가 제공되거나 시설물, 권리 등 재화가 사용되는 장소
> 2. 국내 및 국외에 걸쳐 용역이 제공되는 국제운송의 경우 사업자가 비거주자 또는 외국법인이면 여객이 탑승하거나 화물이 적재되는 장소
> 3. 제53조의2 제1항에 따른 전자적 용역의 경우 용역을 공급받는 자의 사업장 소재지, 주소지 또는 거소지

부가가치세법 제20조에 의하면 용역의 공급에 있어서는 역무가 제공되거나 시설물, 권리 등 재화가 사용되는 장소를 공급장소로 보고, 국내 및 국외에 걸쳐 용역이 제공되는 국제운송의 경우는 해당 국제운송을 제공하는 사업자가 비거주자 또는 외국법인이면 여객이 탑승하거나 화물이 적재되는 장소를 공급장소로 봄으로써 여객이 탑승하는 장소나 화물이 적재되는 장소가 국내인 경우에 한하여 과세권이 미치는 것으로 보고 있다. 한편, 부가가치세법 제53조의2 제1

항에 따른 전자적 용역의 경우 용역을 <u>공급받는 자</u>의 사업장 소재지, 주소지 또는 거소지를 공급장소로 보고 있다.

위 규정에 따르면 용역 중에서도 시설물·권리의 경우에는 사용되는 장소를 공급장소로 하고 있어 과세권 확정기준이 명백하여 분쟁의 소지가 없으나, 용역 중 역무의 경우에는 "역무가 제공되는 장소"를 공급장소로 하고 있어 역무의 제공이 시작되는 장소와 사용장소가 일치하지 않는 경우(예를 들어, 국외에서 제공한 역무를 국내에서 사용하는 경우, 국내에서 제공한 역무를 국외에서 사용하는 경우) 역무가 제공되는 장소의 해석을 어떻게 해야 하는지 명백하지 않은바, 아래와 같은 견해들을 상정해 볼 수 있다.

1) 공급자 중심설

<u>공급자가 역무를 제공하는 장소</u>를 역무의 공급장소로 보아야 한다는 견해이다. 그 근거로는 ① 부가가치세법이 공급장소에 관하여 역무가 제공되는 장소라고 규정하고 있고 역무가 사용되는 장소라고 규정하고 있지 않으므로 공급장소를 공급자가 역무를 제공하는 장소라고 해석하는 것이 법문언에 충실한 해석인 점, ② 용역에 대해 소비지 과세원칙을 채택한 것이라면 외화를 획득하는 용역의 공급은 우리나라에서 용역이 사용되므로 이에 대해 영세율을 적용하는 부가가치세법 제24조 제1항 제3호는 적용될 여지가 없게 되어 보이는 점, ③ 생산지 과세원칙을 고수하던 EU의 경우 소비지 과세원칙을 적용하기 위하여 별도의 입법 과정을 거쳤던 점을 감안하면 우리나라 부가가치세법이 소비지 과세원칙을 전적으로 채택하였다는 명문의 규정이 없는 이상 조문의 해석은 법문언에 충실하여야 하는 점 등이 있다.

2) 공급받는 자 중심설

공급받는 자가 역무를 제공받는 장소를 역무의 공급장소로 보아야 한다는 견해이다. 그 근거로는 ① 세계 대부분의 나라는 소비지 과세원칙을 채택하고 있고 우리나라가 명문의 규정으로 소비지 과세원칙을 채택하였다고 규정하지는 않았으나 대부분의 문헌에서는 우리나라가 소비지 과세원칙을 채택하였다고 해석하고 있는 점, ② 재화와 용역에 관하여 일관되게 소비지 과세원칙을 적용할 수 있는 점, ③ 우리나라가 역무와 관련하여 생산지 과세원칙을 채택한 것이라면 소비지 과세원칙을 채택하고 있는 다른 나라에 국외로 역무를 제공하는 국내기업에게 이중으로 부가가치세가 부과될 수 있으므로 이에 대하여 이중 과세를 피할 수 있는 별도의 조항이 있을 필요가 있으나 그렇지 않다는 점 등이 있다.

3) 절충설

역무가 현실적으로 수행된 장소뿐만 아니라 그러한 역무가 사용되는 장소까지 공급장소로 볼 수 있다는 견해이다. 그 근거로는 ① 부가가치세법의 공급장소에 관한 대원칙이 소비지 과세원칙인 점, ② 부가가치세법 제20조 제1항 제1호가 역무의 제공장소와 재화 또는 권리의 사용장소를 용역의 공급장소라고 하여 병렬적으로 규정하고 있는 점 등이 있다.

2. 대리납부

부가가치세법 제52조에 의하면 국외사업자가 국내에서 용역(또는 권리)을 공급하는 경우에는 용역을 공급받는 자가 부가가치세를 대신 징수(거래징수의 의무가 이전됨)하여 납부하도록 하고 있으므로 용역을 공급받는 자가 납세의무자가 된다. 다만, 공급받는 자 중에서 공급받은 용역 및 권리가 과세사업에 제공되면 대리납부 대상에서 제외되므로 과세사업자는 대리납부 대상이 아니다. 따라서 법인 중 과세사업자, 개인 중 일반과세자, 간이과세자를 제외(매입세액이 공제되지 아니하는 경우 포함)한 권리와 용역을 공급받아 대가를 지급한 자는 부가가치세법에 의한 사업자가 아님에도 불구하고 그 세액을 신고·납부하여야 한다. 종전에는 과세사업자에게도 대리납부의무를 부여하였지만, 납세절차가 번잡하고 신고 시 매입세액으로 공제받을 수 있어 세수의 실익이 없으므로 1994. 1. 1. 이후 공급하는 분부터 과세사업자의 대리납부 의무를 면제하였다. 따라서 사업자가 아닌 자와 면세사업자는 부가가치세법상 납세의무자 여부에 상관없이 최종소비자인 담세자로서 대리납부의무를 진다.

이 제도는 국내사업장이 없는 국외사업자가 국내에 권리나 용역을 공급할 때만 적용되며, 이들이 만약 국내사업장을 가지고 있더라도 국내사업장과 관련 없이 제공하는 일정 용역일 때만 적용된다. 왜냐하면, 국내사업장이 있는 국외사업자는 국내사업자와 동일한 방식으로 신고·납부해야 하므로 대리납부 대상이 아니기 때문이다.

대리납부제도는 국내사업장이 없는 국외사업자가 국내에 공급하는 권리나 용역을 공급할 때 부가가치세를 과세하도록 규정하고 있지만 이때 국내에 용역을 공급한 것인지를 결정하기 위한 용역의 공급장소에 대한 판단기준까지 규정하고 있지는 않다. 다만, 해당 용역이 국내에서 사용되는 것을 전제하고 있다고 생각되므로 공급받는 자 중심설 입장에 있다고 판단된다.

3. 전자적 용역

종전 우리나라는 국내사업장이 없는 국외사업자가 국외 소재한 서버를 이용하여 국내에 전자적 용역을 공급하는 경우 부가가치세를 과세하지 않았다. 그러나 국내 사업자가 국내 소비자에게 전자적 용역을 공급하는 경우에는 부가가치세 과세가 이루어졌다. 이러한 공급 서버의 소재에 따라 과세적용 여부가 달라 국내 공급자와 국외 공급자 간에 과세의 형평성 문제가 발생되었다.

이 문제를 해결하기 위해 국외사업자의 전자적 용역 공급에 대하여 국외사업자로 하여금 사업자등록을 하도록 하여 부가가치세를 과세하고자 부가가치세법 제53조의2 전자적 용역을 공급하는 국외사업자의 사업자등록 및 납부 등에 관한 특례 규정이 신설되었다.

부가가치세법 제53조의2가 적용되는 전자적 용역은 국외사업자가 정보통신망을 통하여 이동통신단말장치 또는 컴퓨터 등으로 공급하는 용역으로서 ① 게임·음성·동영상 파일, 전자 문서 또는 소프트웨어와 같은 저작물 등으로서 광(光) 또는 전자적 방식으로 처리하여 부호·문자·음성·음향 및 영상 등의 형태로 제작 또는 가공된 것, ② 광고를 게재하는 용역, ③「클라우드컴퓨팅 발전 및 이용자 보호에 관한 법률」제2조 제3호에 따른 클라우드컴퓨팅서비스 등이다. 다만, 이러한 전자적 용역이 B2B 거래인 경우는 제외한다.

부가가치세법은 2020. 12. 22. 법률 제17653호로 개정되면서 용역의 공급장소를 규정하고 있는 부가가치세법 제20조에 제3호를 신설하여 용역의 공급장소를 판단함에 있어 부가가치세법 제53조의2에 따른 전자적 용역의 경우 용역을 공급받는 자의 사업장 소재지, 주소지 또는 거소지로 하도록 공급장소를 명확히 하였다. 그러나 이는 전자적 용역에 대해서만 공급받는 자 중심설에 따르도록 한 것으로서 전자적 용역 외에 국외사업자가 국내에 제공하는 용역의 공급장소에 대한 판단기준은 여전히 부가가치세법에서 구체적으로 규정하고 있지 않다.

4. 소결

우리나라 부가가치세법상 용역의 공급장소는 공급자 중심설과 공급받는 자 중심설 중 어느 입장을 취하고 있는지 분명하지 않다. 최근 부가가치세법 개정을 통해 법 소정의 전자적 용역에 대해서는 공급받는 자를 기준으로 용역의 공급장소를 판단하도록 규정하였으나, 그 외 국외사업자가 제공하는 다른 용역들에 대해서는 여전히 공급장소에 관한 명확한 판단기준을 제시하고 있지 않다.

Ⅲ. 국외 입법례

국외 입법례를 살펴보면 과거에 공급자가 역무를 제공하는 장소를 공급장소로 정했던 국가들도 최근 공급받는 자가 역무를 제공받는 장소를 공급장소로 정하는 내용으로 변경하는 추세에 있다.

1. OECD 및 EU

1) 용역 공급장소에 대한 OECD의 판단기준[1]

OECD의 부가가치세 가이드라인은 국제적으로 거래되는 용역과 무형자산은 소비지 관할의 규칙에 따라 과세되어야 한다는 원칙을 규정하며, 구체적으로 B2B 거래와 B2C 거래의 공급장소 정립에 대한 기준을 제시하고 있다.

B2B 거래에서 고객이 한 장소에 소재하는 사업체(single location

---

1) "국제적 용역거래의 공급장소에 관한 대법원 판례의 경향", 남성우, 2018. 8. 7.

entity, SLE)라면 그 사업체가 소재하는 국가가 과세권을 가진다. 다국적기업(multiple location entity, MLE)인 고객이 공급받은 용역·무형자산을 복수의 국가에서 사용하는 경우에는 이를 사용하고 있는 사업장이 소재하는 국가가 과세권을 가지게 되는데, 이때 용역·무형자산의 사용(use of a service or intangible)이 행해지는 사업장이 소재하는 국가를 특정하는 방법으로는 직접사용 접근방식(direct use approach)[2], 직접제공 접근방식(direct delivery approach)[3], 내부조정방식(recharge method)[4]이 있다.

B2C 거래도 B2B 거래와 마찬가지로 소비지 과세원칙이 적용된다. 용역·무형자산이 공급된 장소에서 소비되는(on the spot supplies) B2C 거래에 대한 과세권은 그 공급이 물리적으로 행해진 장소가 있는 국가(the jurisdiction in which the supply is physically performed)에 있다. 이러한 예로는 이발·호텔·레스토랑·영화관·공원·스포츠관람 등을 들 수 있다. 용역·무형자산이 공급된 장소 이외에서 소비되는 B2C 거래에 대한 과세권은 고객의 통상 주거지(usual residence)가 존재하는 국가에 있다. 이러한 예로는 컨설팅, 법률서비스, 금융서비스, 동산의 장기임대, 디지털콘텐츠의 온라인전송·온라인게임 등이 있다.

결론적으로 OECD 부가가치세 가이드라인은 국제적으로 거래되는 용역과 무형자산에 대해 소비지 관할의 규칙에 따라 과세되어야

---

2) 이 방식은 용역·무형자산이 사용되는 사업장을 기준으로 하며, 용역·무형자산을 사용하는 사업자가 명확한 경우 적용할 수 있다.

3) 이 방식은 용역·무형자산이 제공(delivery)된 사업장을 기준으로 하며, 용역·무형자산이 제공된 장소가 있는 사업장이 해당 용역·무형자산을 이용하고 있는 경우에 적용할 수 있다(예: Catering).

4) 이 방식은 다국적 기업이 외부로부터 구입한 용역·무형자산의 비용을 다국적 기업(MLE) 내부에서 배분조정하는 것이 가능한 경우 적용할 수 있다.

한다는 입장이다.

2) 용역 공급장소에 대한 EU의 판단기준[5]

EU는 2015년 1월 생산지 과세원칙을 완전히 철폐하고 소비지 과세원칙으로 통일하였다. 전자상거래가 발달하기 전에는 대부분의 용역이 국부적으로 공급되었고 국경을 넘나드는 원거리 공급이 적었기 때문에 EU에서는 B2B 및 B2C용역 거래에 대하여 공급지국 과세원칙을 일반 규칙으로 적용하고 있었다. 그러나 EU 회원국이 아닌 외국사업자가 EU 회원국내 소비자에게 전자적으로 공급하는 용역(B2C)에 부가가치세가 과세되지 않는 반면, EU 회원국내 사업자가 공급한 동일한 용역에 대해서는 과세됨에 따라 조세의 형평성 또는 중립성 문제가 대두 되었다. 따라서 이 문제를 해결하기 위하여 EU는 전자적으로 또는 기타의 방식으로 공급되는 모든 용역에 대하여 그 공급 장소에 상관없이 EU내에서 소비되는 경우에는 EU내에서 과세된다는 원칙을 정하고 EU외의 국가에서 EU내로 공급하는 모든 용역에 대하여 소비지인 EU에서 부가가치세를 과세하는 방향으로 조정하였다.

과거 EU 회원국 간 용역의 공급 중 B2B 거래의 공급장소는 용역을 공급받는 과세사업자가 위치한 곳이며, B2C 거래의 공급장소는 2014년까지는 공급자가 위치한 장소였다. 그러나 2015년 1월 1일부터 모든 원거리통신, 방송, 전자적 용역의 공급은 소비지국 과세원칙에 의해 공급받는 자가 위치한 장소에서 과세된다. 2014년까지는 EU회원국 간의 B2C거래에 있어 공급자가 속한 회원국에서 과세를 하다 보니 상대적으로 부가가치세 세율이 낮은 회원국에 고정사업

---

5) "Cross-border에서 디지털 재화 및 용역의 공급장소와 과세권 -부가가치세법 제53조의2 간편 사업자등록 특례제도를 중심으로-", 김신언, 2015. 10. 23.

장을 설립한 사업자가 공급하는 용역이 다른 회원국에 고정사업장을 설립한 사업자보다 경쟁력을 가지는 문제가 있었기 때문이다. 따라서 2015년부터 시행되는 법률에 의하여 EU 회원국 내의 거래에 대하여도 소비지국 과세원칙이 실현되었다.

결론적으로 EU의 경우에도 국경을 넘나드는 용역의 공급에 대해 원칙적으로 소비지국 과세원칙을 적용하고 있다.

2. 일본6)

1) 일본 소비세법상 역무의 제공장소 일반 원칙 및 법령체계

일본 소비세법은 역무 제공의 경우 원칙적으로 해당 역무의 제공이 이루어진 장소를 공급장소로 보고 있다. 구체적인 장소가 특정된 경우에는 그 장소를 제공장소로 하고, 구체적인 장소를 특정할 수 없는 경우라 하더라도 역무제공과 관련되는 계약에서 나타나는 역무의 제공 장소가 있을 때는 그 장소로 한다. 즉, 기본적으로 공급지 과세원칙을 규정하고 있다. 다만, 국제운수 국제통신 기타 역무의 제공으로 해당 역무의 제공이 이루어진 곳이 명확하지 않은 경우에 대해서는 시행령에 역무의 종류 별로 공급장소를 규정하고 있으며, 전기통신이용 역무 제공의 경우 그 전기통신이용 역무의 제공을 받는 자의 주소나 거소 또는 본점이나 주된 사무소 소재지가 공급장소이다.

---

6) "부가가치세법상 용역의 공급 장소에 대한 비교법적 연구 - 영국과 일본을 중심으로 -", 최정희, 양인준, 서울시립대학교 법학연구소, 조세와 법 <제12권 제2호>, 2019년 12월

2) 2015년 일본 소비세법 개정 경위

일본은 2015년 소비세법 개정을 통해 역무의 제공 장소를 공급장소로 하는 일반 원칙을 정한 후 시행령에서 특칙을 세부적으로 규정하였다. 개정 전 일본 소비세법상 인터넷 등을 통한 디지털 컨텐츠의 제공(전자 서적이나 음악의 전달 등)에 대해서는 역무의 제공이 이루어진 장소를 공급장소로 보았기 때문에 일본 국내 사업자가 하는 거래에 대해서는 소비세가 과세되는 한편, 국외 사업자가 국경을 넘어서 하는 거래에 대해서는 소비세가 과세되지 않아 과세 상 불공평이 야기되었다.

특히 대기업 국외사업자가 일본에서 전자서적 판매를 시작한 가운데 일본 국내 출판업계에서는 국내 사업자와 국외 사업자와의 소비세 적용의 차이를 두고 불만이 높아졌고, 이에 따라 2015년 세제개정에는 역무의 제공과 관련한 불공평을 해소하기 위해서 전자서적, 음악, 광고의 전달 등의 전기통신회선(인터넷 등)을 통해 행해지는 역무의 제공을 "전기통신이용 역무의 제공"으로 규정하고, 그 역무의 제공이 소비세의 과세 대상이 되는 국내 거래에 해당하는지 여부에 대한 판정 기준은 원칙적으로 역무의 제공을 행하는 자의 사무소 등의 소재지에서 "역무의 제공을 받는 자의 주소지 등"으로 개정되었다.

3) 전기통신이용 역무의 제공장소

전기통신이용 역무를 제공할 경우 공급장소는 해당 전기통신이용 역무의 제공을 받을 자의 주소 또는 거소(현재까지 계속 1년 이상 거주하는 장소) 또는 본점 또는 주된 사무소 소재지이다. "전기통신이용 역무의 제공"이란 전기 통신 회선을 매개로 하는 저작물의 제공 기타 전기 통신 회선을 매개로 이루어지는 역무의 제공이며,

다른 자산의 양도 등의 결과 통지 기타 다른 자산의 양도 등에 부수하는 역무의 제공 이외의 것으로 그 예는 다음과 같다.

- 인터넷 등을 통해 행해지는 전자책, 전자신문, 음악, 영상, 소프트웨어(게임 등의 다양한 어플리케이션 포함)의 전송
- 고객으로 하여금 클라우드 상의 소프트웨어나 데이터베이스를 이용하게 하는 서비스
- 고객에게 클라우드 상에서 고객의 전자 데이터 보존 장소를 제공하는 서비스
- 인터넷 등을 통한 광고 전송 게재
- 인터넷 쇼핑 사이트, 옥션 사이트를 이용하는 서비스(상품 등의 게재 요금 등)
- 인터넷상에서 게임 소프트웨어 등을 판매하는 장소를 이용하는 서비스
- 인터넷을 매개로 하는 숙박 예약, 식당 예약 사이트(숙박 시설, 식당 등을 경영하는 사업자로부터 게재료 등을 징수하는 것)
- 인터넷을 통해 하는 영어회화교실

전기통신이용 역무의 제공이 국내에서 행해졌는지 여부에 대한 판정은 전기통신이용 서비스를 제공 받을 자의 주소나 거소 또는 본점이나 주요 사무소의 소재지가 국내에 있는지에 따라 판정한다. 그러므로 사업자의 경우 국내에 주소를 가진 자가 해외에 체류하는 사이에 행하는 것이나, 내국 법인의 국외 사무소에 대해 행하는 전기통신이용 역무의 제공이라도 국내 거래에 해당한다. 또한 전기통신이용 역무를 제공 받을 자의 주소 등이 국내에 있는지에 대해서는 전기통신이용 역무의 제공을 행하는 사업자가 객관적이고 합리적인 기준으로 판정하고 있는 경우에는 이를 인정한다. 전기통신이용 역

무의 제공에 해당하지 않는 경우에는 종래대로 원칙적으로 역무의 제공을 하는 자의 역무 제공과 관련되는 사무소 등의 소재지에서 내외판정을 하게 된다.

전기통신이용 역무의 제공에 대해서 그 역무의 제공을 한 사람이 국외 사업자인 경우, "사업자를 위한 전기통신이용 역무의 제공"과 "소비자용 전기통신이용 역무의 제공" 중에서 어디에 해당하는 가에 따라 과세 방식과 신고 납세의무자가 다르다. 사업자에게 전기통신이용 역무를 제공한 경우 과세 방식은 우리나라 대리납부와 유사한 방식이며, 역무의 제공을 받은 국내 사업자가 신고 납세 의무를 진다. 사업자 외에 소비자에게 전기통신이용 역무를 제공한 경우에는 그 역무의 제공을 한 국외 사업자에게 신고납세의무를 부과한다.

4) 소결

일본의 소비세법은 역무의 제공 장소를 실제 역무의 제공이 수행된 장소로 하여, 기본적으로 공급지 과세원칙을 규정하고 있다. 실제 역무의 제공이 수행된 장소를 구체적으로 확정할 수 있을 경우 그 장소를 공급장소로 하며, 구체적으로 확정을 할 수 없더라도 역무 제공에 대한 계약에서 나타나는 용역의 제공장소를 공급장소로 한다. 그러나 역무의 제공장소가 분명하지 않고, 역무가 국내 및 국외로 걸쳐서 행해져서 그 대가가 합리적으로 구분 되지 않을 경우에는 역무제공자의 역무제공에 관련되는 사무소 소재지를 그 공급장소로 하고 있는 것이다.

2015년 일본 소비세법 개정 시 가장 주된 내용은 전자적 용역의 공급장소에 대해 공급지에서 소비지로 개정하여 일본 국내 사업자에게 발생하는 과세상의 불공평을 개선했다는 것에 의의가 있다.

3. 독일[7]

1) 용역의 공급장소에 대한 기본규정

독일은 EU 부가가치세 지침을 국내법으로 전환하면서 부가가치세법 본문에 일반원칙과 예외를 모두 규정하였을 뿐만 아니라 재화와 용역의 구별에 대해 EU 지침을 가장 충실하게 반영하고 있다.

독일 부가가치세법은 용역을 공급받는 자가 누구인지와 공급받는 목적이 무엇인지에 따라 어떠한 규정이 적용되는 지가 결정된다. 용역의 공급장소에 대한 기본규정은 B2C 용역과 B2B 용역을 구분하여 규정하고 있다.

가. B2C 기본규정

독일 부가가치세법에 따르면 용역의 공급장소는 사업자가 운영하는 사업장에서 공급되는 것으로 본다고 규정함으로써 생산지 과세원칙을 규정하고 있다. 그러나 동예외규정을 두면서 실무상의 많은 사례가 이러한 예외규정이 적용되기 때문에 실제로 생산지 과세원칙이 적용되는 범위는 좁다고 할 수 있다.

나. B2B 기본규정

사업자 간 거래의 경우 다른 특별한 규정을 적용받는 경우가 아니라면 사업자가 자신의 사업을 위해서 공급받는 장소에서 용역이 거래된 것으로 규정하고 있는데 이는 소비지 과세원칙에 따른 규정이다.

---

7) "부가가치세법상 용역의 공급장소에 관한 비교법적 연구 - 독일의 부가가치세법을 중심으로 -", 서보국, 서울法學 제28권 제1호, 2020년 5월 31일

2) 제3국과 관련된 용역의 공급장소

제3국과 관련된 용역을 공급하는 경우에 국내를 공급장소로 보고 있다. 통신이나 방송 등 전자적 용역의 경우로서 B2C의 경우 소비지 과세원칙을 규정하고 있으며, 그 경우에도 공급하는 사업자와 공급받는 자가 EU역내에 소재한 경우에는 생산지 과세원칙을 적용하도록 하고 있으나, 이러한 공급이 국내에서 이용되거나 소비된 경우에 국내를 공급장소로 본다는 예외규정을 두고 있다.

가. 공급장소를 제3국으로 하는 경우

B2B 거래에서 운송용역, 수리용역, 평가용역, 여행용역 또는 행사용역 등 다양한 용역들이 제3국에서 이용되거나 소비된 경우 제3국을 공급장소로 규정하고 있다.

B2C 거래에서 변호사, 변리사, 세무사, 세무대리인, 공인회계사, 전문가 등의 직역서비스나 자문용역을 제3국에 주소를 두고 있는 개인에게 공급하는 경우에는 공급받는 자의 주소나 소재지, 즉 제3국을 공급장소로 규정하고 있다.

나. 공급장소를 국내로 하는 경우

제3국 소재 사업자가 공급하는 단·장기 운송수단 임대용역, 국내에 소재한 공법인에 대한 용역 그리고 통신과 방송 등의 용역이 국내에서 이용되거나 소비된 경우 국내를 공급장소로 보고 있다.

3) 전자적 용역의 공급장소

B2C 거래에서 핸드폰 요금제 계약 체결 등의 통신용역, 유선이나 안테나 또는 위성으로 송신하는 라디오나 방송용역 및 소프트웨어, 사진, e북, 음악 등의 다운로드와 클라우드 서비스, 온라인 경매

등 전자적 방법으로 제공되는 용역의 경우 소비지 과세원칙이 적용되어 공급받는 자의 주소나 일상적 체류지 또는 소재지를 공급장소로 하고 있다.

4) 소결

독일의 부가가치세법은 사업자의 거래를 B2B와 B2C로 구분하여 공급 장소를 상세하게 규정하고 있다. 법령 체계에 대해서 독일의 경우 부가가치세법 용역 공급의 일반원칙과 예외규정을 부가가치세법에서 모두 규정 하고 있다. B2C 거래의 일반원칙을 생산지 과세원칙에 따라 공급하는 사업자의 주소지를 공급장소로 규정하고 있으며, B2B 거래의 일반원칙을 소비지 과세원칙에 따라 공급받는 사업자의 주소로 규정하고 있다. 그러나 B2C 거래에 대해 많은 예외규정을 두어 대부분 소비지 과세원칙이 적용되고 있다는 점과 외국에서 용역이 이행되거나, 또는 공급받는 자의 주소가 외국이라고 하더라도 국내에서 이용되거나 소비되는 경우 등의 예외규정을 통해 공급장소를 국내로 규정하고 있다.

Ⅳ. 대법원의 해석

우리나라 부가가치세법은 용역의 공급장소를 판단하는 기준을 제시하고 있지 않으므로 이에 대한 대법원의 입장이 중요하다. 대법원은 개별 사건들에서 용역의 공급장소를 판단함에 있어 공급자 중심설, 공급받는 자 중심설 등 어느 견해를 취하는지 명백하게 밝히고 있지 않고, 용역의 중요하고 본질적인 부분이 어디에서 이루어졌는지에 따라 공급장소를 파악하는 방법을 반복적으로 사용하여 사안들을 해결하고 있다. 국외사업자가 제공한 용역과 관련된 두 가지 판결을 소개한다8).

1. SWIFT 판결9)

1) 사안

원고들인 국내 은행들은 1990년대 초반부터 벨기에에 본부를 두고 있는 S.W.I.F.T(Society for Worldwide Interbank Financial Telecommunication, 국제은행 간 금융통신조직, 이하 'SWIFT'라고 한다)에 가입하여 SWIFT가 운영하는 전용통신망을 이용한 해외은행과의 자금결제, 금융거래, 신용장 개설 등의 거래 메시지 전송 용역을 공급받고 그 대가로서 SWIFT에 사용료를 지급하여 왔다. 과세관청은 SWIFT가 국내사업장이 없는 비거주자 또는 외국법인으로서 국내 은행들이 SWIFT에 지급한 사용료에 대한 부가가치세를 징수하여 대리납부할 의무가 있음을 전제로 국내 은행들에게 각 부가가치세를 부과하였고, 원고들은 부가가치세 부과처분 취소소송을 제기하였다.

2) 판시 내용

SWIFT가 국내 은행들에게 공급하는 용역의 주된 내용은 국내에 SWIFT 통신망을 연결하여 SWIFT가 표준화한 메시지양식에 따라 국내 은행들이 입력한 금융기관간 송금의뢰 통지, 자금이체 지시, 외화자금 매매나 대출·예금계약 성립 등의 확인통지, 신용장 개설통지 등의 외환거래에 대한 메시지를 위 통신망을 이용하여 전송하고

---

8) "국제적 용역거래의 공급장소에 관한 대법원 판례의 경향", 남성우, 2018. 8. 7.

9) 대법원 2006.6.6. 선고 2004두7528, 7535(병합) 판결

이를 일정기간 저장하는 것이며, 이러한 거래메시지의 전송은 SWIFT 통신망을 이용하는데 필요한 소프트웨어가 설치된 국내 은행들의 국내 점포의 단말기에서 SWIFT 통신망에 접속(Log in)하여 표준화된 메시지양식에 따라 거래메시지를 입력함으로써 이루어짐을 알 수 있는바, SWIFT 통신망을 이용하는 국내 은행들로서는 용역 중 가장 중요하고 본질적인 부분은 SWIFT가 표준화한 메시지양식에 따라 입력한 외환거래에 대한 메시지가 전송되는 것인데, 이러한 SWIFT 통신망 접속 및 메시지의 전송이 이루어지는 곳은 국내 은행들의 국내 점포이므로, 용역의 제공 장소는 국내라 할 것이고, SWIFT 통신망을 이용한 메시지 전송 및 저장의 기계적 또는 기술적 작업이 해외에서 이루어졌다고 하더라도 달리 볼 것은 아니라고 판시하였다.

3) 의의

이 사건의 대법원 판례해설에서는 ① SWIFT 통신망을 이용하는 원고들의 입장에서 볼 때 SWIFT가 원고들에게 공급하는 용역의 실질적이고도 주된 내용은 외환거래에 대한 메시지를 입력하여 전송하는 것이고, 이러한 거래메시지의 입력과 전송이 이루어지는 곳을 단말기가 설치된 원고들의 국내 점포라고 볼 수 있으나, ② SWIFT의 입장에서 볼 때 SWIFT가 제공하는 용역의 주된 부분은 원고들을 포함한 회원은행들이 입력하고 발송한 메시지를 교환할 수 있는 통신망을 제공·관리하며 회원은행들이 입력하여 SWIFT 시스템에 발송한 메시지를 저장하고, 수신은행의 주소로 전송하는 용역을 제공하는 것이며 이러한 용역이 수행되는 장소는 국내가 아닌 각 통제장치가 위치한 해외라고 볼 수 있다고 설명한 후 부가가치세법의 제10조 제2항 제1호의 "역무가 제공되는 장소"는 용역이 현실적으로 수행된 장소뿐만 아니라 그러한 용역이 사용되는 장소까지 포함하는 개념으로 볼 수 있고, 또한 용역공급을 받는 소비자의 입장에서 용역의 중요하고도 본질적인 부분이 국내에서 이루어졌다면 용역의 일부가 외국에서 제공되었다고 하더라도 그 공급장소는 국내로 봄이 부가가치세에 있어 소비지 과세원칙에 부합하는 점을 근거로 삼아 위와 같이 판시하였다고 설명하고 있다.

2. 매지링크 판결10)

1) 사안

원고 회사는 싱가포르법에 따라 설립된 법인인 매지링크 피티이 엘티디(Magilink Pte. Ltd., 이하 "MLPL")에게 크레딧 스위스(Credit-Suisse, 이 하 "CS") 은행 홍콩지점으로부터 우리나라 상장회사가 발행한 해외전환사채(이하 "CS채권"이라고 한다) 인수를 중개·알선하고 이를 회수하는 내용의 용역(이하 "이 사건 CS채권 관련 용역")을 제공하였고 그 대가를 지급받았는데, 이에 대한 부가가치세를 거래징수하지 않았다. 이에 과세관청은 원고 가 국내에 실질적 관리장소를 둔 MLPL에게 이 사건 CS채권 관련 용역을 제 공하고 대가를 수령하였음에도 이에 대한 부가가치세 신고를 누락하였다고 보아 원고 회사에 부가가치세를 부과하였고, 원고는 부가가치세 부과처분 취소소송을 제기하였다.

2) 판시 내용

원심은, 이 사건 CS채권 관련 용역의 대가가 인지도가 낮은 MLPL이 대규모 투자은행으로부터 CS채권을 저가로 인수할 수 있

---

10) 대법원 2016. 1. 4. 선고 2014두8766 판결

도록 알선·중개하는 업무를 중시하여 결정된 점, 원고 회사의 대표이사가 CS은행 홍콩지점을 수 회 방문하여 거래조건에 관한 협상을 진행하였고 CS채권은 국내거주자에게 매도할 수 없는 조건이 붙어 있는 채권이 다수 포함되어 있었으며 CS채권 인수대금의 결제도 해외결제기관을 통해 이루어진 점, CS채권은 모두 코스닥 상장회사에서 발행한 것으로 회수 가능성이 크고 CS채권을 추심하여 원리금을 회수하는 업무는 각 발행회사들에 만기를 고지하고 구체적인 상환방법을 협의하는 등 정해진 만기와 이자율 등의 조건에 따라 기계적·반복적으로 이루어진 단순한 업무에 불과한 점 등에 비추어, 원고 회사가 제공한 이 사건 CS채권 관련 용역의 중요하고 본질적인 부분이 국외에서 이루어진 것으로 판단하였는바 대법원은 원심의 위와 같은 인정 및 판단이 정당하다고 보았다.

3) 의의

대법원은 용역의 공급장소에 관하여 특별한 견해를 표명하지 않고 SWIFT 판결의 요지를 그대로 차용하여 이 사건 CS채권 관련 용역 중 CS채권 인수 알선·중개 업무를 용역의 중요하고 본질적인 부분으로 본 다음 그에 따라 CS채권 인수 알선·중개 업무가 이루어진 국외를 용역의 공급장소로 판단하여 이 사건을 해결하였다.

3. 검토

1) 대법원의 입장

대법원은 지금까지 국외사업자가 제공하는 용역의 공급장소를 판단함에 있어 공급자 중심설, 공급받는 자 중심설, 절충설 중 어느 견해를 취하는지 밝히고 있지 않고, 용역의 중요하고 본질적인 부분이 어디에서 이루어졌는지에 따라 공급장소를 파악하는 방법을 여러 사건에서 반복적으로 사용하고 있으며, 국외사업자가 제공하는 SWIFT 판결에서는 공급받는 자의 입장을 기준으로 용역의 중요하고 본질적인 부분을 파악한다고 판시하였다.

2) 의의

대법원 판결들은 중요하고 본질적인 부분이 이루어진 장소를 공급장소로 본다는 입장을 일관되게 판시함으로써 원론적인 해결책을 제시했다는 데에 의의가 있다. 문제는 이러한 원론적인 해결책으로는 실무상 다양하게 이루어지는 용역의 공급에서 중요하고 본질적인 부분이 무엇인지에 대한 구체적인 기준은 찾기가 어렵다는 점이다.

결국 용역의 중요하고도 본질적인 부분이 무엇인지는 사안에 따라 개별적으로 판단할 수밖에 없다. 또한, 대법원 판결의 중요본질설은 단지 용역의 내용을 확정하는 과정일 뿐이고, 중요하고 본질적이라고 확정된 용역의 공급장소를 정하는 것은 별개로 판단해야 할 문제이다. 따라서 대법원이 아직까지 명백하게 판시를 하고 있지 않은 공급자 중심설, 공급받는 자 중심설, 절충설 중 어떤 견해를 취하고 있는지를 밝힐 필요성이 있다고 보인다.

V. 결론

우리나라 부가가치세법은 용역의 공급장소를 판단함에 있어 원칙적으로 공급자 중심설과 공급받는 자 중심설, 절충설 중 어느 것을 취하고 있는지 규정하고 있지 않다. 다만, 전자적 용역의 경우 용역을 공급받는 자 중심설을 명확히 하고 있다. 대법원은 국외사업자가 제공한 용역과 관련된 사례들에서 용역의 중요하고도 본질적인 부분이 이루어진 장소를 용역의 공급장소로 보아야 한다는 입장이나 이는 단지 용역의 내용을 확정하는 과정일 뿐이고, 중요하고 본질적인 용역의 공급장소를 어떻게 판단해야 할지에 대한 입장은 아직까지 밝히고 있지 않다.

절충설에 의할 경우 용역의 제공장소와 사용장소를 모두 공급장소로 인정할 수 있게 되어 공급장소의 범위를 너무 넓히게 되는바, 국내에서 사용될 역무를 국외에서 제공하는 경우 우리나라와 외국의 과세권을 모두 인정하게 되어 분쟁의 소지가 남게 되므로 공급자 중심설과 공급받는 자 중심설 중 하나를 채택하는 것이 바람직하다고 본다.

위에서 살펴본 바와 같이 공급자 중심설은 법문언에 충실하다는 점을, 공급받는 자 중심설은 소비지 과세원칙을 관철한다는 점을 가장 큰 근거로 삼고 있는데, 필자는 공급받는 자 중심설을 취하는 것이 타당하다고 본다.

우선 입법적으로 우리나라 부가가치세법은 국제거래인 영세율 규정이 소비지 과세원칙에 입각하여 제정되었는바 역무의 제공장소와 소비장소가 달라지게 될 경우를 예상하지 못하고 공급장소를 "역무가 제공되는 장소"로 규정하였다고 하더라도 이 소비지 과세원칙의 기본 원칙은 존중되어야 한다고 보인다.

또한 역무의 공급장소가 생산지 과세원칙에 입각하여 규정된 것이라면 EU 나 일본의 과거 입법례와 같이 "역무를 제공하는 장소"라고 명확하게 규정되어 있어야 할 것임에도 우리나라의 부가가치세법에서는 "역무"를 주어로 하고 "제공되는"이라는 사역 동사를 사용하여 중립적으로 해석될 여지를 두었으므로 "역무가 제공되는 장소"를 공급받는 자 중심설에 따라 "역무가 제공되어 사용되는 장소"

로 해석한다고 하더라도 법문언에 반하는 해석이라고 보기는 어렵다.

부가가치세법에서 용역의 공급시기를 "역무의 제공이 완료되는 때"로 규정하고 있다. 대법원은 이와 관련하여 역무의 제공사실 자체를 확인할 수 있는 현실적인 시점은 "즉 역무가 현실적으로 제공됨으로써 역무를 제공받는 자가 역무제공의 산출물을 사용할 수 있는 상태에 놓이게 된 시점"이라고 보고 있는데11), 국외사업자가 제공하는 용역의 공급시기도 공급받는 자 입장에서 산출물을 사용하는 시점이 되므로 공급이 완료되는 시점에서의 시기와 장소를 공급받는 자 입장에서 판단하는 것이 일관되어 보인다.

과거에 공급자가 역무를 제공하는 장소를 공급장소로 정했던 국가들도 최근 공급받는 자가 역무를 제공받는 장소를 공급장소로 정하는 내용으로 변경하는 추세를 고려할 때 공급받는 자 중심설을 취하는 것이 국제적 과세권 분쟁의 소지를 줄일 수 있다는 측면에서도 타당하다고 본다.

국외사업자가 제공하는 용역 중 하나인 전자적 용역에 대한 공급장소를 공급받는 자 입장에서 이미 명확히 규정하고 있으므로 차제에 국외사업자가 제공하는 용역에 대해서 하나로 통일하여 공급받는 자 입장에서 공급 장소를 규정한다고 하여 부가가치세법 전반적인 체계에 반한다고 보이지 않고 국제적 추세에 반하지도 않으며 법규정을 명확히 한다는 점에서 실익이 있다고 생각된다.

---

11) 대법원 2008. 8. 21. 선고 2008두5117 판결; 대법원 2015. 6. 11. 선고 2013두22291판결

기업공익재단의 주식 보유 관련 세제 개선방안

유 철 형 변호사

I. 서론

공익법인[1]은 국가나 지방자치단체가 재정 부족으로 미처 지원하지 못하는 우리 사회의 사각지대에서 다양한 기능과 역할을 수행하고 있고, 이에 국가와 지방자치단체에서는 공익법인의 활동을 활성화한다는 정책적인 이유로 공익법인에게 여러 가지 조세특례를 주고 있다. 기업이나 개인이 공익법인에게 부여한 조세특례 중 상속세 및 증여세법(이하 '상증세법'이라 한다) 제16조와 제48조에서는 공익법인에 출연하는 재산에 대해 상속세와 증여세를 과세하지 않도록 하고 있다. 이러한 조세특례와 관련하여 실무상 가장 논란이 많은 부분은 공익법인에 출연하거나 공익법인이 취득하는 주식이다. 상증세법은 공익법인에 대한 주식 출연시 상속세나 증여세의 부담 없이 공익법인이 보유할 수 있는 주식이나 출자지분의 한도를 정하고 이를 초과하는 부분에 대해서는 상속세나 증여세 과세대상으로 규정하고 있다.

---

* 이 글은 법무법인(유한) 태평양에서 출간하는 공익법총서 7 기업공익재단 법제연구(2021. 6.)에 게재되었던 논문을 다시 수록한 것이다.
1) '공익법인'의 의미와 범위에 대해서는 다양한 견해가 있으나, 여기에서는 상속세 및 증여세법 제16조에 규정된 공익법인을 의미하는 것으로 전제한다.

1990. 12. 31. 법률 제4283호로 개정된 구 상속세법 제8조의2에 신설된 공익법인의 주식 보유 한도가 1991. 1. 1.부터 시행된 이래 지금까지 30여 년이 지나도록 공익법인의 주식 보유 한도를 어느 정도로 할 것인지에 대해 수많은 논란이 계속되어 왔다. 공익법인의 주식 보유 한도를 늘려야 한다는 입장과 이를 줄여야 한다는 입장이 팽팽하게 대립되어 왔는데, 전자는 공익법인의 활성화를 그 주요 근거로 들고 있고, 후자는 공익법인이 상속세나 증여세를 회피하면서 동시에 재벌기업의 내국법인에 대한 지배수단으로 편법적으로 이용되고 있다는 점을 주요 근거로 들고 있다. 공익법인의 주식 보유 한도 문제는 주로 대기업을 중심으로 논의되고 있으나, 공익법인을 통한 상속세나 증여세의 회피는 대기업 뿐만 아니라 중소기업의 경우에도 동일하게 발생할 수 있다. 한편, 수원교차로 사건²⁾에서 보듯이 편법 상속이나 증여, 기업지배와 무관하게 공익목적으로 출연하는 주식에 대해서는 공익법인의 주식 보유 한도를 대폭 완화해야 한다는 주장도 제기되고 있다.

이 논문에서는 주로 공익재단법인의 주식 보유 한도와 관련한 조세정책을 어떠한 방향으로 가져가는 것이 타당한지를 모색해 보고, 현행 상증세법상 공익법인의 주식 보유 관련 규정의 문제점을 검토하여 기업공익재단의 활성화를 위한 세제상 개선방안을 제시해 보고자 한다. 이하에서는 II.에서 공익법인의 주식 보유 현황, III.에서 공익법인의 주식 보유 세제의 연혁과 내용, IV.에서 공익법인의 주식 보유와 관련한 주요 국가의 입법례, V.에서 공익법인의 주식 보유와 관련하여 제기된 문제점 및 개선방안, VI.에서 현행 상증세법상 주식 보유 한도 관련 규정의 해석상 문제점의 순서로 검토한 후 결론을 맺고자 한다.

---

2) 대법원 2017. 4. 20. 선고 2011두21447 전원합의체 판결.

Ⅱ. 공익법인의 주식 보유 현황

1. 기업집단 소속 공익재단법인의 주식 보유 현황

국내 공익법인이 보유하고 있는 주식은 대기업 주식과 중소기업 주식, 상장 주식과 비상장 주식 등 다양하다. 이하에서는 주로 논란이 되고 있는 대기업 주식을 중심으로 공익법인의 주식 보유 현황을 살펴본다.

공정거래위원회가 2019. 9. 5.자로 발표한 2019. 5. 15. 기준 「독점규제 및 공정거래에 관한 법률」(이하 '공정거래법'이라 한다)에 따른 '공시대상 기업집단 소속 공익법인의 계열사 주식 보유 현황'은 아래 <표 1>과 같다.3)

위 자료에 의하면, 36개 공시대상 기업집단 소속 69개 공익법인이 124개 계열사에 대해 지분을 보유하고 있으며, 평균지분율은 1.39%이다. 최근 5년(2015년~2019년)간 계열출자 비영리법인수(65개 → 69개), 피출자 계열회사수(113개 → 124개), 평균지분율(0.83% → 1.39%)이 모두 증가했다. 69개 비영리법인 중 상증세법상 공익법인은 65개이며, 공익법인이 지분을 보유한 피출자 계열사수는 2018년 대비 2개 증가했다(122개 → 124개). 공익법인이 지분을 보유한 피출자 계열사수는 롯데(11개), 삼성·포스코·금호아시아나(8개), 현대중공업(7개)순으로 많다.4) 공익법인이 지분을 보유한 계열사(124개) 중 63.7%가 상장사이고, 공익법인이 기업집단의 대표회사 지분을 보유

---

3) http://www.ftc.go.kr/www/selectReportUserView.do?key=10&rpttype=1&report
_data_no=8287. 김무열, "공익법인의 설립·운영·해산 단계에 따른 과세제도 연구", 한국조세재정연구원, 2019. 12., 22-27면에서 재인용.
4) 금호아시아나 소속 6개 사 및 케이티 소속 1개 사는 공익법인 지분율이 100%이다.

한 경우가 많은 것으로 나타났다(36개 집단 중 29개 집단, 80.6%). 공
정거래위원회는 2018년에 비해 공익법인이 출자한 계열사가 증가하
면서 우회출자를 활용한 총수일가의 지배력 확대 우려가 커지고 있
다고 분석했다.

〈표 I〉 공시대상 기업집단 소속 공익법인의 계열사 주식 보유 현황

(2019. 5. 15. 기준, 단위: 주, %)

집단명	공익법인명	피출자회사명	발행주식총수	소유주식수	지분율	상장여부
삼성	삼성문화재단	삼성물산(주)	191,317,483	1,144,086	0.60	상
	삼성문화재단	삼성생명보험(주)	200,000,000	9,360,000	4.68	상
	삼성문화재단	삼성에스디아이(주)	70,382,426	400,723	0.57	상
	삼성문화재단	삼성전자(주)	6,792,668,550	1,880,750	0.03	상
	삼성문화재단	삼성증권(주)	89,300,000	195,992	0.22	상
	삼성문화재단	삼성화재해상보험(주)	50,566,837	1,451,241	2.87	상
	삼성복지재단	삼성물산(주)	191,317,483	80,946	0.04	상
	삼성복지재단	삼성에스디아이(주)	70,382,426	170,100	0.24	상
	삼성복지재단	삼성전자(주)	6,792,668,550	4,484,150	0.07	상
	삼성복지재단	삼성화재해상보험(주)	50,566,837	170,517	0.34	상
	삼성생명공익재단	(주)미라콤아이앤씨	5,991,509	8,804	0.15	비
	삼성생명공익재단	삼성물산(주)	191,317,483	2,000,000	1.05	상
	삼성생명공익재단	삼성생명보험(주)	200,000,000	4,360,000	2.18	상
	삼성생명공익재단	에스코어(주)	26,107,907	36,939	0.14	비
현대자동차	현대차 정몽구 재단	(주)이노션	20,000,000	1,800,000	9.00	상
	현대차 정몽구 재단	현대글로비스(주)	37,500,000	1,671,018	4.46	상
에스케이	재단법인 최종현학술원	에스케이(주)	70,926,432	185,000	0.26	상
	한국고등교육재단	에스케이네트웍스(주)	248,187,647	821,488	0.33	상
	한국고등교육재단	에스케이건설(주)	35,302,293	86,120	0.24	비
	한국고등교육재단	에스케이디스커버리(주)	20,396,310	115,982	0.57	상
	한국고등교육재단	에스케이씨(주)	37,534,555	72,436	0.19	상
	한국고등교육재단	에스케이케미칼(주)	13,038,522	124,539	0.96	상
엘지	엘지연암문화재단	(주)엘지	175,871,808	572,525	0.33	상

집단명	공익법인명	피출자회사명	발행주식 총수	소유 주식수	지분율	상장여부
	엘지연암문화재단	(주)엘지화학	78,281,143	20,746	0.03	상
	엘지연암학원	(주)엘지	175,871,808	3,675,742	2.09	상
	엘지연암학원	(주)엘지상사	38,760,000	17,046	0.04	상
롯데	롯데문화재단	롯데상사(주)	206,542	790	0.38	비
	롯데문화재단	롯데쇼핑(주)	28,288,755	1,813	0.01	상
	롯데문화재단	롯데지주(주)	105,896,860	102,597	0.10	상
	롯데문화재단	롯데칠성음료(주)	8,768,770	9,200	0.10	상
	롯데문화재단	롯데케미칼(2주)	34,275,419	11,495	0.03	상
	롯데장학재단	(주)대홍기획	4,185	209	4.99	비
	롯데장학재단	롯데역사(주)	3,600,000	192,000	5.33	비
	롯데장학재단	롯데제과(주)	6,416,717	365,937	5.70	상
	롯데장학재단	롯데지주(주)	105,896,860	3,445,105	3.25	상
	롯데장학재단	롯데칠성음료(주)	8,768,770	541,330	6.17	상
	롯데장학재단	롯데캐피탈(주)	33,297,512	158,400	0.48	비
	롯데장학재단	롯데푸드(주)	1,131,870	46,417	4.10	상
	롯데문화재단	(주)코리아세븐	37,027,634	215,587	0.58	비
	롯데삼동복지재단	롯데쇼핑(주)	28,288,755	42,765	0.15	상
	롯데삼동복지재단	롯데지주(주)	105,896,860	54,807	0.05	상
포스코	포스코청암재단	(주)포스코	87,186,835	30,000	0.03	상
	포스코청암재단	(주)포스코엠텍	41,642,703	750,880	1.80	상
	포항산업과학연구원	(주)엔투비	3,200,000	60,000	1.88	비
	(학)포스코교육재단	(주)포스코	87,186,835	403,000	0.46	상
	(학)포항공과대학교	(주)포스코	87,186,835	1,981,047	2.27	상
	(학)포항공과대학교	(주)포스코건설	41,806,694	866,370	2.07	비
	(학)포항공과대학교	(주)포스코아이씨티	152,034,729	1,319,074	0.87	상
	(학)포항공과대학교	(주)포스코인터내셔널	123,375,149	370,757	0.30	상
	(학)포항공과대학교	(주)포스코케미칼	60,988,220	2,523,500	4.14	상
	(학)포항공과대학교	포스코기술투자㈜	20,736,842	1,036,842	5.00	비
한화	학교법인 북일학원	한화호텔앤드리조트(주)	11,585,137	48,184	0.42	비
	학교법인 북일학원	(주)한화	97,910,029	1,371,105	1.40	상
	학교법인 북일학원	한화케미칼(주)	162,603,027	250,521	0.15	상
지에스	(재)남촌재단	지에스건설(주)	79,889,681	878,160	1.10	상
	사회복지법인	(주)지에스	94,700,204	1,505,000	1.59	상

집단명	공익법인명	피출자회사명	발행주식 총수	소유 주식수	지분율	상장여부
현대 중공업	동행복지재단					
	(재)아산나눔재단	현대중공업(주)	70,773,116	431,844	0.61	상
	(재)아산나눔재단	현대건설기계(주)	19,700,793	121,872	0.62	상
현대 중공업	(재)아산나눔재단	현대오일뱅크(주)	245,082,422	606,700	0.25	비
	(재)아산나눔재단	현대일렉트릭앤에너지 시스템(주)	20,357,135	125,984	0.62	상
	(재)아산나눔재단	현대중공업지주(주)	16,286,617	77,983	0.48	상
	(재)아산사회복지재단	(주)아산카카오메디컬 데이터	320,000	16,000	5.00	비
	(재)아산사회복지재단	(주)현대미포조선	39,942,149	172,000	0.43	상
	(재)아산사회복지재단	현대중공업(주)	70,773,116	1,684,436	2.38	상
	(재)아산사회복지재단	현대건설기계(주)	19,700,793	475,372	2.41	상
	(재)아산사회복지재단	현대일렉트릭앤에너지 시스템(주)	20,357,135	491,420	2.41	상
	(재)아산사회복지재단	현대중공업지주(주)	16,286,617	304,179	1.87	상
케이티	(재)케이티그룹 희망 나눔재단	(주)케이에이치에스	20,000	20,000	100.00	비
	(재)케이티그룹 희망 나눔재단	(주)케이티	261,111,808	16,668	0.01	상
한진	일우재단	(주)대한항공	95,955,428	191,325	0.20	상
	일우재단	(주)한진칼	59,707,224	92,453	0.15	상
	정석물류학술재단	(주)대한항공	95,955,428	400,150	0.42	상
	정석물류학술재단	(주)한진칼	59,707,224	637,118	1.07	상
	정석물류학술재단	정석기업(주)	1,231,158	123,115	10.00	비
	정석인하학원	(주)대한항공	95,955,428	2,600,866	2.71	상
	정석인하학원	(주)한진	11,974,656	475,124	3.97	상
	정석인하학원	(주)한진칼	59,707,224	1,271,403	2.13	상
	정석인하학원	한국공항(주)	3,166,355	254	0.01	상
씨제이	(사)씨제이나눔재단	씨제이(주)	35,663,733	188,604	0.53	상
	(사)씨제이나눔재단	씨제이제일제당(주)	16,381,619	30,351	0.19	상
	(재)씨제이문화재단	씨제이(주)	35,663,733	144,533	0.41	상
	(재)씨제이문화재단	씨제이제일제당(주)	16,381,619	7,844	0.05	상
두산	(재)두산연강재단	(주)두산	23,634,861	1,711,518	7.24	상

집단명	공익법인명	피출자회사명	발행주식 총수	소유 주식수	지분율	상장 여부
	(재)두산연강재단	(주)오리콤	11,498,750	67,000	0.58	상
	(재)두산연강재단	두산건설(주)	324,657,148	98,916	0.03	상
	(재)두산연강재단	두산중공업(주)	117,146,875	1,200	0.00	상
	동대문미래재단	(주)두산	23,634,861	94,000	0.40	상
부영	학교법인 우정학원	(주)부영	14,000,000	110,000	0.79	비
	학교법인 우정학원	대화도시가스(주)	180,000	9,000	5.00	비
부영	학교법인 우정학원	동광주택산업(주)	4,600,000	90,000	1.96	비
엘에스	재단법인 송강재단	(주)엘에스	32,200,000	95,530	0.30	상
	재단법인 송강재단	(주)이원	6,860,000	54,600	0.80	상
대림	대림문화재단	(주)대림코퍼레이션	10,527,893	652,789	6.20	비
	대림문화재단	대림씨엔에스(주)	12,731,947	179,640	1.41	상
	대림수암장학문화재단	(주)대림코퍼레이션	10,527,893	61,000	0.58	비
	대림수암장학문화재단	대림씨엔에스(주)	12,731,947	115,200	0.90	상
	학교법인 대림학원	(주)대림코퍼레이션	10,527,893	285,599	2.71	비
	학교법인 대림학원	(주)삼호	15,179,766	118,056	0.78	상
	학교법인 대림학원	고려개발(주)	35,994,439	54,680	0.15	상
	학교법인 대림학원	대림산업(주)	38,600,000	644,616	1.67	상
효성	동양학원	(주)효성	21,071,025	293,519	1.39	상
영풍	(재)경원문화재단	(주)영풍	1,842,040	13,965	0.76	상
	(재)경원문화재단	고려아연(주)	18,870,000	7,450	0.04	상
	(재)경원문화재단	유미개발(주)	44,300	11,400	25.73	비
	(재)영풍문화재단	(주)영풍문고	200,000	20,000	10.00	비
	(재)영풍문화재단	서린상사(주)	310,165	15,508	5.00	비
	(재)영풍문화재단	코리아니켈(주)	540,000	27,000	5.00	비
금호 아시 아나	금호아시아나문화재단	금호고속(주)	2,191,500	200,000	9.13	비
	금호아시아나문화재단	금호산업(주)	36,327,615	8,352	0.02	상
	금호아시아나문화재단	케이알(주)	60,000	60,000	100.00	비
	금호아시아나문화재단	케이에이(주)	60,000	60,000	100.00	비
	금호아시아나문화 재단	케이에프(주)	20,000	20,000	100.00	비
	금호아시아나문화 재단	케이오(주)	60,000	60,000	100.00	비
	죽호학원	금호고속(주)	2,191,500	150,000	6.84	비

집단명	공익법인명	피출자회사명	발행주식 총수	소유 주식수	지분율	상장여부
	죽호학원	케이아이(주)	4,000	4,000	100.00	비
	죽호학원	케이지(주)	10,000	10,000	100.00	비
케이티앤지	케이티앤지 복지재단	(주)케이티앤지	137,292,497	3,057,913	2.23	상
	케이티앤지 장학재단	(주)케이티앤지	137,292,497	871,407	0.63	상
코오롱	오운문화재단	코오롱글로벌(주)	25,536,565	130,205	0.51	상
	재단법인 꽃과어린 왕자	스위트밀(주)	7,000,000	1,398,000	19.97	비
오씨아이	재단법인 송암문화 재단	오씨아이(주)	23,849,371	293,086	1.23	상
	학교법인 송도학원	오씨아이(주)	23,849,371	85,008	0.36	상
에이치디씨	포니정장학재단	에이치디씨(주)	59,741,721	83,428	0.14	상
	포니정장학재단	에이치디씨현대산업개발(주)	43,938,220	116,571	0.27	상
SM	(재)삼라희망재단	(주)삼라	485,000	81,075	16.72	비
	(재)삼라희망재단	동아건설산업㈜	4,395,000	382,950	8.71	비
세아	(재)세아이운형문화 재단	(주)세아제강	2,836,300	64,877	2.29	상
	(재)세아이운형문화 재단	(주)세아제강지주	4,141,657	72,365	1.75	상
	(재)세아이운형문화 재단	(주)세아홀딩스	4,000,000	125,556	3.14	상
	(재)세아해암학술장학 재단	(주)세아홀딩스	4,000,000	74,444	1.86	상
	(재)세아해암학술장학 재단	(주)세아제강	2,836,300	76,937	2.71	상
	(재)세아해암학술장학 재단	(주)세아제강지주	4,141,657	85,819	2.07	상
	(재)세아이운형문화 재단	(주)세아베스틸	35,862,119	225,000	0.63	상
태광	일주세화학원	(주)티시스	9,456,429	321,567	3.40	비
	일주세화학원	(주)티알엔	3,000,001	52,768	1.76	비
	일주세화학원	대한화섬(주)	1,328,000	66,399	5.00	상
	일주세화학원	태광산업(주)	1,113,400	55,669	5.00	상
	일주학술문화재단	(주)티브로드	74,085,915	109,510	0.15	비
	일주학술문화재단	(주)티알엔	3,000,001	1,944	0.06	비

집단명	공익법인명	피출자회사명	발행주식 총수	소유 주식수	지분 율	상장 여부
	일주학술문화재단	흥국생명보험(주)	13,583,369	638,342	4.70	비
이랜드	이랜드복지재단	(주)이랜드리테일	38,440,708	135	0.00	비
	이랜드복지재단	(주)이랜드월드	4,718,933	269,134	5.70	비
	재단법인 이랜드재단	(주)이랜드리테일	38,440,708	14	0.00	비
	재단법인 이랜드재단	(주)이랜드월드	4,718,933	24,835	0.53	비
DB	DB김준기문화재단	(주)디비아이엔씨	201,173,933	8,644,280	4.30	상
	DB김준기문화재단	(주)디비저축은행	4,172,406	832,382	19.95	비
	DB김준기문화재단	(주)디비하이텍	44,511,167	70,624	0.16	상
	DB김준기문화재단	디비금융투자(주)	42,446,389	794,902	1.87	상
	DB김준기문화재단	디비손해보험(주)	70,800,000	3,539,070	5.00	상
호반 건설	재단법인 태성문화 재단	(주)광주방송	8,000,000	800,000	10.00	비
	재단법인 태성문화 재단	(주)호반건설	2,765,696	32,060	1.16	비
	재단법인 호반장학회	(주)호반건설	2,765,696	51,560	1.86	비
태영	(재)서암윤세영재단	(주)태영건설	78,957,480	5,766,150	7.30	상
동원	(재)동원육영재단	(주)동원엔터프라이즈	11,691,490	583,183	4.99	비
한라	(학)배달학원	(주)한라	49,049,362	869,509	1.77	상
아모레 퍼시픽	(재)서경배과학재단	(주)아모레퍼시픽그룹	88,901,950	38,141	0.04	상
	(재)아모레퍼시픽복지 재단	(주)아모레퍼시픽그룹	88,901,950	1,436,000	1.62	상
	(재)아모레퍼시픽재단	(주)아모레퍼시픽	69,016,320	767,200	1.11	상
	(재)아모레퍼시픽재단	(주)아모레퍼시픽그룹	88,901,950	468,240	0.53	상
삼천리	송은문화재단	(주)삼탄	1,948,276	133,590	6.86	비
	천만장학회	(주)삼탄	1,948,276	61,034	3.13	비
동국 제강	(재)송원문화재단	동국제강(주)	95,432,737	580,716	0.61	상
하이트 진로	(재)하이트문화재단	하이트진로(주)	71,268,446	24,106	0.03	상
	(재)하이트문화재단	하이트진로홀딩스(주)	23,677,575	1,170,380	4.94	상

자료: 공정거래위원회(2019.9.5.), 「2019년 공시 대상 기업집단 주식 소유 현황 발표」,
http://www.ftc.go.kr/www/selectReportUserView.do?key=10&rpttype=1&report_data_no=8287(검색일자: 2019.
10. 20)

2020. 8. 31.[5] 및 2020. 9. 3.[6]자 공정거래위원회 보도자료에 의하면, 공시대상 기업집단의 공익법인 출자현황은 64개 공시대상 기업집단 중 41개 집단소속 75개 비영리법인이 138개 계열회사에 대해 지분을 보유하고 있으며 평균지분율은 1.25%이다. 2015년 이후 계열출자 비영리법인수는 2015년 65개, 2016년 68개, 2017년 71개, 2018년 71개, 2019년 69개, 2020년 75개로 증가추세를 보이고 있다. 75개 비영리법인 중 상증세법상 공익법인은 68개이며, 공익법인이 출자한 계열회사는 2019년(124개) 대비 4개 늘어난 128개이다. 공익법인이 출자한 128개 국내계열회사 중 공익법인 지분율이 5% 이상인 회사는 20개 집단의 32개(25.0%)이다. 공익법인 지분율이 100%인 회사는 금호아시아나 소속 6개사 및 케이티 소속 1개사가 있다. 공정거래위원회는 기업집단이 공익법인을 통해 우회적으로 지배력을 확대할 가능성이 있는 사례도 늘어나고 있어 제도 개선이 시급한 것으로 판단하고 있다.

또한 공정거래위원회의 2020. 12. 9.자 보도자료[7]에 의하면, 아래 <표 2>에서 보는 바와 같이 공익법인의 경우 총수일가는 계열사 주식을 보유하고 있는 공익법인(64개)에 집중적으로 이사로 등재(62.5%)되어 있고, 총수 본인이 이사로 등재되어 있는 공익법인도 32.8%에 달하며, 총수 2·3세가 이사로 등재되어 있는 공익법인은 6.3%인 것으로 나타났다.

---

5) http://www.ftc.go.kr/www/selectReportUserView.do?key=10&rpttype=1&report_data_no=8705

6) https://ftc.go.kr/www/FtcNewsView.do?key=5&news_lg_div_gb=1&newstype=1&news_no=4383

7) http://www.ftc.go.kr/www/selectReportUserView.do?key=10&rpttype=1&report_data_no=8862

〈표 2〉 공익법인 총수일가 이사등재 현황

(단위: 개, %)

구분	공익법인 수	총수일가 이사 등재(비중)	총수 본인 이사 등재(비중)	총수 2·3세 이사등재(비중)
계열사 주식 보유	64	40(62.5)	21(32.8)	4(6.3)
계열사 주식 미보유	117	37(31.6)	14(12.0)	6(5.1)
전체*	181	77(42.5)	35(19.3)	10(5.5)

* 48개 기업집단(총수 있는 기업집단 중 공익법인 소유 기업집단) 소속 상증세
법상 공익법인

2. 평가

공시대상 기업집단 소속 공익법인의 계열사 주식 보유 현황, 보
유 주식의 수익률과 공익법인의 총수일가 이사등재 현황 등 외형으
로만 보면, 상속세나 증여세를 회피하면서 공익법인을 우회적인 기
업지배 수단으로 활용한다는 비판이 가능하고, 이에 공익법인 주식
보유 한도를 현재보다 더 낮추어야 한다는 주장이 설득력을 얻을 수
있다. 그러나 겉으로 보이는 내용만을 가지고 공익법인의 주식 보유
한도를 현재보다 더 제한해야 한다는 주장은 성급한 주장이라고 할
수 있다. 공익법인의 주식 보유 한도를 어느 정도로 할 것인지는 겉
으로 보이는 사항이 아니라, 공익법인의 실제 공익활동(공익성 평
가) 및 기업지배 활용도(의결권 행사 내용)를 분석, 검토하여 판단하
는 것이 합리적이고 타당하다.

III. 공익법인 주식 보유 세제 연혁과 규제 내용

1. 개정 연혁

가. 공익법인의 주식 보유 한도 도입 배경

1990. 12. 31.까지는 상증세법에 공익법인의 주식 보유 한도에 관한 규제가 없었다. 그런데 대기업의 대주주가 공익법인이 출연받는 주식에 대해서는 상속세나 증여세의 부담이 없다는 점을 이용하여 공익법인을 편법 승계 수단으로 이용하고, 또한 내국법인에 대한 우회적인 지배수단으로 활용하는 사례가 증가하게 되었다. 이에 이러한 편법행위를 방지하기 위해서는 공익법인이 조세의 부담 없이 보유할 수 있는 주식이나 출자지분에 일정한 한도를 두어야 한다는 요구가 커졌고, 그 대응방안으로 상증세법에 공익법인의 주식 보유한도에 관한 규정을 신설하기에 이르렀다.8)

나. 1990. 12. 31. 법률 제4283호로 개정된 구 상속세법

구 상속세법은 제8조의2 제1항 제1호, 제34조의7에서 공익법인이 출연받은 주식 중 내국법인 발행주식총액 또는 출자총액의 20%를 초과하는 부분(출연받은 재산으로 취득하는 주식과 출자지분을 포함)에 대해 상속세나 증여세를 과세하는 규정을 신설하였고, 이 규정은 개정법 시행 후 최초로 20%를 초과하는 부분에 대해서만 적용하도록 함으로써 1990. 12. 31.까지 취득한 분에 대해서는 20% 초과분에 대해서도 위 규정을 적용하지 아니하는 것으로 하였다(부칙 제3조).

---

8) 국회사무처, "제151회 국회 재무위원회 회의록 제4호", 1990. 11. 21., 79-80면 ; "제165회 국회 재무위원회 회의록 제4호", 1993. 11. 11., 4면 ; 법제처, "상속세 및 증여세법에 대한 제·개정 이유", 2010. 12. 27.

다. 1993. 12. 31. 법률 제4662호로 개정된 구 상속세법

구 상속세법 제8조의2 제1항 제1호와 제34조의7은 공익법인의 내국법인 주식 보유 한도를 20%에서 5%로 축소하였다. 위 개정 규정은 위 개정법 시행(시행일: 1994. 1. 1.) 후 최초로 공익법인에 주식 또는 출자지분을 출연하거나 공익법인이 주식 또는 출자지분을 취득하는 것부터 적용하도록 하여 위 개정법 시행 전에 취득한 주식과 출자지분에 대해서는 여전히 20%를 적용하도록 하였다. 다만, 내국법인의 발행주식총액 또는 출자총액의 100분의 5를 초과하는지의 여부를 판정함에 있어서는 위 개정법 시행 전에 공익법인에 출연한 주식 또는 출자지분과 공익법인이 위 개정법 시행 전부터 소유하고 있는 주식 또는 출자지분을 포함한다(부칙 제3조).

라. 1996. 12. 30. 법률 제5193호로 개정된 구 상증세법

구 상증세법 제49조 제1항은 공익법인등이 1996. 12. 31. 현재 발행주식총수등의 100분의 5를 초과하는 동일한 내국법인의 주식등을 보유하고 있는 경우에는 ① 당해 공익법인등이 보유하고 있는 주식등의 지분률이 발행주식총수등의 100분의 5를 초과하고 100분의 20 이하인 경우에는 위 개정법 시행일부터 3년 이내, ② 당해 공익법인등이 보유하고 있는 주식등의 지분률이 발행주식총수등의 100분의 20을 초과하는 경우에는 위 개정법 시행일부터 5년 이내에 당해 발행주식총수등의 100분의 5(이하 "주식등의 보유기준"이라 한다)를 초과하여 보유하지 아니하도록 하는 규정을 신설하였다. 즉, 1996. 12. 31.을 기준으로 초과분에 대한 처분의무를 부여한 것이다.

공익법인등이 위 기한 경과 후 주식등의 보유기준을 초과하여 보유하는 경우에는 위 기한의 종료일 현재 그 보유기준을 초과하는 주식등의 액면가액의 100분의 20에 상당하는 금액을 가산세로 부과하도록 하였다(같은 법 제78조 제4항). 다만, 당해 공익법인등의 운용소득 중 ① 같은 법 시행령 제38조 제4항 제1호의 규정에 의한 금액에서 동항 제2호의 규정에 의한 금액을 차감한 금액의 100분의 80에 상당하는 금액과 ② 총리령이 정하는 출연재산(직접 공익목적사업에 사용한 분을 제외한다)가액의 100분의 5에 상당하는 금액 중 큰 금액 이상을 직접 공익목적사업에 사용한 성실공익법인등과 국가·지방자치단체가 출연하여 설립한 공익법인등 및 이에 준하는 것으로서 대통령령이 정하는 공익법인등은 그 초과지분의 처분의무를 부담하지 아니한다(같은 법 제49조 제1항 단서).

마. 1999. 12. 28. 법률 제6048호로 개정된 구 상증세법

구 상증세법 제48조 제9항은 공익법인등(제49조 제1항 단서의 규정에 해당하는 공익법인등을 제외한다)이 ① 같은 법 시행령 제19조 제2항 제3호에 해당하는 자, ② 같은 항 제5호에 해당하는 자, ③ 위 ① 및 ②에 해당하는 자가 이사의 과반수이거나 재산을 출연하여 설립한 비영리법인에 해당하는 자가 위 ①에 해당하는 기업의 주식등을 출연한 경우의 당해 기업의 주식등을 보유하는 경우로서 당해 내국법인의 주식등의 가액이 총재산가액의 100분의 30을 초과하는 때에는 가산세를 부과하는 규정을 신설하였다.

바. 2000. 12. 29. 법률 제6301호로 개정된 구 상증세법

구 상증세법 제48조 제1항 본문은 그 괄호 부분에서 같은 법 제16조 제2항 각호외의 부분 단서의 규정에 해당하는 경우에는 공익법인의 주식 보유 한도 규정을 적용하지 아니한다는 규정을 신설하였고, 이 규정은 위 개정법 시행 후 최초로 상속세 또는 증여세를 결정하는 분부터 적용하도록 하였다(부칙 제4조 제1항). 같은 법 제16

조 제2항 각호외의 부분 단서에 해당하는 경우에는 공익법인의 주식 보유 한도의 제한을 받지 아니하므로 5%를 초과하여 해당 공익법인에 출연하거나 해당 공익법인이 취득한 주식에 대해서도 상속세나 증여세를 부담하지 아니한다.

같은 법 제16조 제2항 각호외의 부분 단서는 '① 제49조 제1항 각호외의 부분 단서에 해당하는 것으로서 ② 공정거래법에 의한 대규모기업집단과 특수관계에 있지 아니하는 공익법인등에 ③ 당해 공익법인등의 출연자와 특수관계에 있지 아니하는 내국법인의 주식등을 출연하는 경우로서 ④ 대통령령으로 정하는 경우에는 그러하지 아니하다'라고 규정하고 있다.

① "제49조 제1항 각호외의 부분 단서에 해당하는 것"은 "직접 공익목적사업에의 사용실적 기타 당해 공익법인등의 공익기여도등을 감안하여 대통령령이 정하는 기준에 해당하는 공익법인등과 국가·지방자치단체가 출연하여 설립한 공익법인등 및 이에 준하는 것으로서 대통령령이 정하는 공익법인등"을 말한다(구 상증세법 제49조 제1항 단서)

② '공정거래법에 의한 대규모기업집단과 특수관계에 있지 아니하는 공익법인등'이라 함은 공정거래법에 의한 대규모기업집단에 속하는 법인과 같은 법 시행령 제3조 제1호의 규정에 의한 동일인관련자의 관계에 있지 아니하는 공익법인등을 말하고(같은 법 시행령 제13조 제3항), ③ "당해 공익법인등의 출연자와 특수관계에 있지 아니하는 내국법인"이라 함은 다음 각호의 1에 해당하지 아니하는 내국법인을 말한다(같은 법 시행령 제13조 제4항).

1. 출연자 또는 그와 특수관계에 있는 자(출연자와 제6항 각호의 1의 관계에 있는 자를 말하되, 당해 공익법인등을 제외한다)가 주주등이거나 임원(법인세법 시행령 제43조 제6항의 규정에 의한 임원을 말한다. 이하 같다)의 현원(5인에 미달하는 경우에는 5인으로 본

다. 이하 이 항에서 같다) 중 5분의 1을 초과하는 내국법인으로서 출연자 및 그와 특수관계에 있는 자(출연자와 제6항 각호의 1의 관계에 있는 자를 말한다. 이하 이 항에서 같다)가 보유하고 있는 주식등의 합계가 가장 많은 내국법인

2. 출연자 또는 그와 특수관계에 있는 자(당해 공익법인등을 제외한다)가 주주등이거나 임원의 현원 중 5분의 1을 초과하는 내국법인에 대하여 출연자, 그와 특수관계에 있는 자 및 공익법인등출자법인(당해 공익법인등이 발행주식총수등의 100분의 5를 초과하여 주식등을 보유하고 있는 내국법인을 말한다. 이하 이 호에서 같다)이 보유하고 있는 주식등의 합계가 가장 많은 경우에는 당해 공익법인등출자법인(출연자 및 그와 특수관계에 있는 자가 보유하고 있는 주식등의 합계가 가장 많은 경우에 한한다)

또한 ④ "대통령령으로 정하는 경우"라 함은 주무부장관이 공익법인등의 목적사업을 효율적으로 수행하기 위하여 필요하다고 인정하는 경우를 말한다(같은 법 시행령 제13조 제5항).

사. 2007. 12. 31. 법률 제8828호로 개정된 구 상증세법

구 상증세법은 ① 해당 공익법인등의 운용소득(같은 법 시행령 제38조 제5항에 따른 운용소득을 말한다)의 100분의 90 이상을 직접 공익목적사업에 사용한 공익법인등, ② 출연자(재산출연일 현재 해당 공익법인등의 총출연재산가액의 100분의 1에 상당하는 금액과 2천만원 중 적은 금액을 출연한 자는 제외한다) 또는 그와 특수관계에 있는 자(같은 법 시행령 제19조 제2항 각 호의 어느 하나의 관계에 있는 자를 말한다. 이 경우 "주주등 1인"은 "출연자"로 본다)가 공익법인등의 이사 현원(이사 현원이 5명에 미달하는 경우에는 5명으로 본다)의 5분의 1을 초과하지 아니하는 공익법인등, ③ 같은 법

제50조 제3항에 따른 외부감사, ④ 같은 법 제50조의2에 따른 전용계좌의 개설 및 사용, ⑤ 같은 법 제50조의3에 따른 결산서류등의 공시를 이행하는 공익법인등의 요건을 모두 갖춘 공익법인등(이하 "성실공익법인등"이라 한다)의 주식 보유 한도를 10%로 확대했다(구 상증세법 제16조 제2항, 제48조 제1항, 같은 법 시행령 제13조 제3항). 위 개정 규정은 2008. 1. 1. 이후 최초로 공익법인등에 주식등을 출연하거나 공익법인등이 주식등을 취득하는 분부터 적용한다(부칙 제3조).

아. 2010. 12. 27. 법률 제10411호로 개정된 구 상증세법

구 상증세법은 상호출자제한기업집단과 특수관계에 있지 아니한 성실공익법인등(공익법인등이 설립된 날부터 3개월 이내에 주식등을 출연받고, 설립된 사업연도가 끝난 날부터 2년 이내에 성실공익법인등이 되는 경우를 포함한다)이 발행주식총수등의 100분의 10을 초과하여 출연받은 경우로서 초과보유일부터 3년 이내에 초과하여 출연받은 부분을 매각(주식등의 출연자 또는 그와 특수관계에 있는 자에게 매각하는 경우는 제외한다)하는 경우에는 상속세나 증여세를 과세하지 아니하는 규정을 신설하였다(구 상증세법 제16조 제2항 단서, 제48조 제1항 단서). 위 개정 규정은 2011. 1. 1. 이후 출연받은 분부터 적용한다(부칙 제3조). 즉, 성실공익법인은 주식 보유 한도를 초과하여 출연받은 경우에도 초과보유일부터 3년 이내에 초과분을 매각하면 상속세나 증여세를 부담하지 아니하게 되었다.

자. 2016. 12. 20. 법률 제14388호로 개정된 구 상증세법

구 상증세법은 공익법인의 주식 보유 한도 계산시 합산하는 주식에 '해당 내국법인과 특수관계에 있는 출연자로부터 재산을 출연받은 다른 공익법인등이 보유하고 있는 동일한 내국법인의 주식등'도 추가하도록 하였고(구 상증세법 제16조 제2항 제3호, 제48조 제1항 제3호), 보유한도 초과분을 상속세나 증여세 과세가액에서 제외하는 사유에 '① 상증세법 제49조 제1항 각 호 외의 부분 단서에 해당하는 공익법인등으로서 상호출자제한기업집단과 특수관계에 있지 아니한 공익법인등에 그 공익법인등의 출연자와 특수관계에 있지 아니한 내국법인의 주식등을 출연하는 경우로서 주무관청이 공익법인등의 목적사업을 효율적으로 수행하기 위하여 필요하다고 인정하는 경우, ②「공익법인의 설립·운영에 관한 법률」및 그 밖의 법령에 따라 내국법인의 주식등을 출연하는 경우'를 추가하였다(구 상증세법 제16조 제3항, 제48조 제1항 단서). 위 각 개정 규정은 2017. 1. 1. 이후 이후 출연받거나 취득하는 분부터 적용한다(부칙 제3조, 제9조 제1항).

차. 2017. 12. 19. 법률 제15224호로 개정된 구 상증세법

구 상증세법은 ① 출연받은 주식등의 의결권을 행사하지 아니할 것과 ② 자선·장학 또는 사회복지를 목적으로 할 것이라는 요건을 모두 갖춘 성실공익법인등에 출연하는 경우에는 주식 보유 한도를 100분의 20으로 높였다(구 상증세법 제16조 제2항 제2호, 제48조 제1항 단서). 위 개정 규정은 2018. 1. 1. 이후 주식등의 의결권을 행사하는 경우부터 적용한다(부칙 제4조). 자선·장학 또는 사회복지를 고유목적사업으로 하는 성실공익법인이 출연받은 주식등의 의결권을 행사하지 아니하는 경우에는 주식 보유 한도를 20%로 확대하였다.

카. 위에서 본 공익법인의 주식 보유한도에 관한 상증세법의 개정 연혁을 요약하면 아래 도표와 같다.

시 기	보유 한도
1990. 12. 31. 이전	공익법인에 대한 주식 보유 규제 없었음
1991.1.1. -1993.12.31.	내국법인 발행주식총액 또는 출자총액의 20% → 1990. 12. 31.까지 취득한 20% 초과분은 적용 제외
1994. 1. 1. 이후	내국법인 발행주식총액 또는 출자총액의 5%로 보유한도 축소 → 1993. 12. 31. 이전에 5%를 초과하여 출연받거나 취득한 분에 대해서는 적용 제외
2000. 1. 1. 이후	공익법인의 사후관리규정으로 내국법인의 주식등의 가액이 총재산가액의 30%를 초과하는 때에는 가산세를 부과하는 규정을 신설
2001. 1. 1. 이후	보유한도 예외 규정 신설: '상증세법 제49조 제1항 각호외의 부분 단서에 해당하는 것으로서 공정거래법에 의한 대규모기업집단과 특수관계에 있지 아니하는 공익법인등에 당해 공익법인등의 출연자와 특수관계에 있지 아니하는 내국법인의 주식등을 출연하는 경우로서 대통령령으로 정하는 경우'에는 보유한도 초과분 전체를 과세가액에서 제외(보유한도 제한 없음) → 2001. 1. 1. 이후 최초로 상속세 또는 증여세를 결정하는 분부터 적용
2008. 1. 1. 이후	성실공익법인은 10%로 보유 한도 상향(2008. 1. 1. 이후 주식 출연 분부터 적용)
2011. 1. 1. 이후	성실공익법인 등이 10%를 초과하여 출연받더라도 3년 이내에 처분하면 그 초과분을 과세가액에서 제외
2017. 1. 1. 이후	보유한도 계산시 합산 주식 추가 : '해당 내국법인과 특수관계에 있는 출연자로부터 재산을 출연받은 다른 공익법인등이 보유하고 있는 동일한 내국법인의 주식등'도 보유한도 계산시 합산 보유한도 초과분 과세가액 제외사유 추가 ① 상증세법 제49조 제1항 각 호 외의 부분 단서에 해당하는 공익법인등으로서 상호출자제한기업집단과 특수관계에 있지 아니한 공익법인등에 그 공익법인등의 출연자와 특수관계에 있지 아니한 내국법인의 주식등을 출연하는 경우로서 주무관청이 공익법인등의 목적사업을 효율적으로 수행하기 위하여 필요하다고

시 기	보유 한도
	인정하는 경우, ②「공익법인의 설립·운영에 관한 법률」및 그 밖의 법령에 따라 내국법인의 주식등을 출연하는 경우' 를 5% 또는 10% 초과분 과세가액 제외사유로 추가 → 2017. 1. 1. 이후 이후 출연받거나 취득하는 분부터 적용
2018. 1. 1. 이후	아래 요건하에 성실공익법인의 주식보유한도 20%로 확대 : 상호출자제한기업집단과 특수관계에 있지 아니한 성실공익법인등 중 '① 출연받은 주식등의 의결권을 행사하지 아니하고, ② 자선·장학 또는 사회복지를 목적으로 할 것'의 요건을 모두 갖춘 성실공익법인등에 출연하는 경우: 100분의 20 → 2018. 1. 1. 이후 주식등의 의결권을 행사하는 경우부터 적용

2. 현행 상증세법상 주식 보유 규제 현황

가. 5% 한도 적용대상 공익법인

2020. 12. 22. 법률 제17654호로 개정되어 2021. 1. 1.부터 적용되는 현행 상증세법상 공익법인등의 주식 보유 한도는 아래와 같다.

공익법인등의 주식 보유 한도는 ① 공익법인등에 출연하는 내국법인의 의결권 있는 주식 또는 출자지분(이하 "주식등"이라 한다)과 ② 출연자가 출연할 당시 해당 공익법인등이 보유하고 있는 동일한 내국법인의 주식등, ③ 출연자 및 그의 특수관계인이 해당 공익법인등 외의 다른 공익법인등에 출연한 동일한 내국법인의 주식등, ④ 상속인(출연자) 및 그의 특수관계인이 재산을 출연한 다른 공익법인등이 보유하고 있는 동일한 내국법인의 주식등을 합한 것이 그 내국법인의 의결권 있는 발행주식총수 또는 출자총액(자기주식과 자기출자지분은 제외한다. 이하 "발행주식총수등"이라 한다)에서 차지하는 비율로 판단한다.9)

---

9) 상증세법 제16조 제2항, 제48조 제1항.

5% 한도 적용대상인 공익법인등은 ① 공정거래법 제14조에 따른 상호출자제한기업집단과 특수관계에 있는 공익법인등과 ② 상증세법 제48조 제11항 각 호의 어느 하나의 요건을 충족하지 못하는 공익법인등이다.[10] "공정거래법 제14조에 따른 상호출자제한기업집단과 특수관계에 있는 공익법인등"이란 같은 조 제1항에 따라 지정된 상호출자제한기업집단에 속하는 법인과 같은 법 시행령 제3조 제1호 각 목 외의 부분에 따른 동일인관련자의 관계에 있는 공익법인등을 말한다.[11] 그리고 상증세법 제48조 제11항 각 호는 ① 상증세법 제48조 제2항 제3호에 따른 운용소득에 100분의 80[12]을 곱하여 계산한 금액 이상을 직접 공익목적사업에 사용할 것(제1호), ② 같은 항 제7호에 따른 출연재산가액에 100분의 1[13]을 곱하여 계산한 금액 이상을 직접 공익목적사업에 사용할 것(제2호), ③ 그 밖에 공익법인등의 이사의 구성 등 대통령령으로 정하는 요건[14]을 충족할 것

---

10) 상증세법 제16조 제2항 제2호.

11) 상증세법 시행령 제13조 제5항.

12) 상증세법 시행령 제41조의2 제1항.

13) 상증세법 시행령 제41조의2 제2항.

14) 상증세법 시행령 제41조의2 제3항.
   ③ 법 제48조 제11항 제3호에서 "공익법인등의 이사의 구성 등 대통령령으로 정하는 요건"이란 다음 각 호의 요건을 말한다.
   1. 출연자(재산출연일 현재 해당 공익법인등의 총 출연재산가액의 100분의 1에 상당하는 금액과 2천만원 중 적은 금액 이하를 출연한 자는 제외한다) 또는 그의 특수관계인이 공익법인등의 이사 현원(이사 현원이 5명 미만인 경우에는 5명으로 본다)의 5분의 1을 초과하지 않을 것. 다만, 제38조 제12항 각 호에 따른 사유로 출연자 또는 그의 특수관계인이 이사 현원의 5분의 1을 초과하여 이사가 된 경우로서 해당 사유가 발생한 날부터 2개월 이내에 이사를 보충하거나 교체 임명하여 출연자 또는 그의 특수관계인인 이사가 이사 현원의 5분의 1을 초과하지 않게 된 경우에는 계속하여 본문의 요건을 충족한 것으로 본다.
   2. 법 제48조 제3항에 해당하지 않을 것

(제3호)을 말한다.

여기에서 "공익법인등"이란 ① 종교의 보급 기타 교화에 현저히 기여하는 사업, ② 초·중등교육법 및 고등교육법에 의한 학교, 유아교육법에 따른 유치원을 설립·경영하는 사업, ③ 사회복지사업법의 규정에 의한 사회복지법인이 운영하는 사업, ④ 의료법에 따른 의료법인이 운영하는 사업, ⑤ 법인세법 제24조 제2항 제1호에 해당하는 기부금을 받는 자가 해당 기부금으로 운영하는 사업, ⑥ 법인세법 시행령 제39조 제1항 제1호 각 목에 따른 공익법인등 및 소득세법 시행령 제80조 제1항 제5호에 따른 공익단체가 운영하는 고유목적사업(다만, 회원의 친목 또는 이익을 증진시키거나 영리를 목적으로 대가를 수수하는 등 공익성이 있다고 보기 어려운 고유목적사업은 제외한다), ⑦ 법인세법 시행령 제39조 제1항 제2호 다목에 해당하는 기부금을 받는 자가 해당 기부금으로 운영하는 사업(다만, 회원의 친목 또는 이익을 증진시키거나 영리를 목적으로 대가를 수수하는 등 공익성이 있다고 보기 어려운 고유목적사업은 제외한다)을 하는 자를 말한다.[15)]

나. 10% 한도 적용대상 공익법인

5% 한도 적용 요건에 해당하지 아니하는 공익법인, 즉, 상증세법 시행령 제12조에 열거된 공익법인으로서 상호출자제한기업집단과 특수관계가 없고, 상증세법 제48조 제11항 각호의 요건을 모두 충족하는 공익법인이 그 대상이다.[16)]

---

3. 법 제48조 제10항 전단에 따른 광고·홍보를 하지 않을 것
15) 상증세법 시행령 제12조.
16) 상증세법 제16조 제2항 제2호 본문.

다. 20% 한도 적용대상 공익법인

10% 적용요건을 충족하는 공익법인으로서 ① 출연받은 주식등의 의결권을 행사하지 아니할 것과 ② 자선·장학 또는 사회복지를 목적으로 할 것의 요건을 모두 갖춘 공익법인등의 주식 보유 한도는 20%이다.[17] 출연받은 주식등의 의결권을 행사하지 아니하는지 여부는 공익법인등의 정관에 출연받은 주식의 의결권을 행사하지 아니할 것을 규정하였는지를 기준으로 판단하고,[18] 자선·장학 또는 사회복지를 목적으로 하는지 여부는 해당 공익법인등이 ① 사회복지사업법 제2조 제3호에 따른 사회복지법인이나 ② 직전 3개 소득세 과세기간 또는 법인세 사업연도에 직접 공익목적사업에 지출한 금액의 평균액의 100분의 80 이상을 자선·장학 또는 사회복지 활동에 지출한 공익법인등 중 어느 하나에 해당하는지를 기준으로 판단한다.[19]

라. 보유 한도의 제한이 없는 공익법인

(1) 출연에 의한 주식 취득시

아래 각 항의 어느 하나에 해당하는 경우에는 공익법인등이 5%, 10%, 20%를 초과하여 주식을 보유하는 경우에도 그 초과분에 대한 상속세나 증여세를 부담하지 아니한다.[20]

(가) 상증세법 제49조 제1항 각 호 외의 부분 단서에 해당하는 공익법인등으로서 상호출자제한기업집단과 특수관계에 있지 아니한

---

17) 상증세법 제16조 제2항 제2호 가목.
18) 상증세법 시행령 제13조 제3항.
19) 상증세법 시행령 제13조 제4항.
20) 상증세법 제16조 제3항, 제48조 제1항 단서 괄호.

공익법인등에 그 공익법인등의 출연자와 특수관계에 있지 아니한 내국법인의 주식등을 출연하는 경우로서 주무관청이 공익법인등의 목적사업을 효율적으로 수행하기 위하여 필요하다고 인정하는 경우[21] "상증세법 제49조 제1항 각 호 외의 부분 단서에 해당하는 공익법인등"은 "제48조 제11항 각 호의 요건을 충족하는 공익법인등과 국가·지방자치단체가 출연하여 설립한 공익법인등 및 이에 준하는 것으로서 대통령령으로 정하는 공익법인등"을 의미한다.[22] "상호출자제한기업집단과 특수관계에 있지 아니한 공익법인등"이란 상호출자제한기업집단에 속하는 법인과 공정거래법 시행령 제3조 제1호에 따른 동일인관련자의 관계에 있지 않은 공익법인등을 말한다.[23]

그리고 "그 공익법인등의 출연자와 특수관계에 있지 아니한 내국법인"은 ① '출연자(출연자가 사망한 경우에는 그 상속인을 말한다. 이하 이 조, 제37조 제2항 및 제38조 제10항에서 같다) 또는 그의 특수관계인(해당 공익법인등은 제외한다)이 주주등이거나 임원의 현원(5명에 미달하는 경우에는 5명으로 본다) 중 5분의 1을 초과하는 내국법인으로서 출연자 및 그의 특수관계인이 보유하고 있는 주식등의 합계가 가장 많은 내국법인(제1호)'이나 ② '출연자 또는 그의 특수관계인(해당 공익법인등은 제외한다)이 주주등이거나 임원의 현원 중 5분의 1을 초과하는 내국법인에 대하여 출연자, 그의 특수관계인 및 공익법인등출자법인{해당 공익법인등이 발행주식총수등의 100분의 5(법 제48조 제11항 각 호의 요건을 모두 충족하는 공익법인등인 경우에는 100분의 10)를 초과하여 주식등을 보유하고 있는 내국법인을 말한다}이 보유하고 있는 주식등의 합계가 가장 많은

---

21) 상증세법 제16조 제3항 제1호.
22) 상증세법 제49조 제1항 각호 외의 부분 단서.
23) 상증세법 시행령 제13조 제6항.

경우에는 해당 공익법인등출자법인(출연자 및 그의 특수관계인이 보유하고 있는 주식등의 합계가 가장 많은 경우로 한정한다)(제2호)'의 어느 하나에 해당하지 아니하는 내국법인을 말한다.[24]

　　(나) 상호출자제한기업집단과 특수관계에 있지 아니한 공익법인등으로서 상증세법 제48조 제11항 각 호의 요건을 충족하는 공익법인등(공익법인등이 설립된 날부터 3개월 이내에 주식등을 출연받고, 설립된 사업연도가 끝난 날부터 2년 이내에 해당 요건을 충족하는 경우를 포함한다)에 발행주식총수등의 상증세법 제16조 제2항 제2호 각 목에 따른 비율을 초과하여 출연하는 경우로서 해당 공익법인등이 초과보유일부터 3년 이내에 초과하여 출연받은 부분을 매각(주식등의 출연자 또는 그의 특수관계인에게 매각하는 경우는 제외한다)하는 경우[25]

　　"상호출자제한기업집단과 특수관계에 있지 아니한 공익법인등"이란 상호출자제한기업집단에 속하는 법인과 공정거래법 시행령 제3조 제1호에 따른 동일인관련자의 관계에 있지 않은 공익법인등을 말한다.[26]

　　(다) 「공익법인의 설립·운영에 관한 법률」 및 그 밖의 법령에 따라 내국법인의 주식등을 출연하는 경우[27]

---

24) 상증세법 시행령 제13조 제7항.
25) 상증세법 제16조 제3항 제2호.
26) 상증세법 시행령 제13조 제6항.
27) 상증세법 제16조 제3항 제3호.

(2) 출연받은 재산으로 주식 취득시

위 (1)의 (가), (다)에 해당하는 경우(이 경우 "출연"은 "취득"으로 본다)와 「산업교육진흥 및 산학연협력촉진에 관한 법률」에 따른 산학협력단이 주식등을 취득하는 경우로서 대통령령으로 정하는 요건을 갖춘 경우에는 초과분에 대한 상속세나 증여세를 부담하지 아니한다.[28]

여기에서 "대통령령으로 정하는 요건을 갖춘 경우"란 ①「산업교육진흥 및 산학연협력촉진에 관한 법률」에 따른 산학협력단이 보유한 기술을 출자하여 같은 법에 따른 기술지주회사 또는 「벤처기업육성에 관한 특별조치법」에 따른 신기술창업전문회사를 설립할 것, ② 산학협력단이 출자하여 취득한 주식등이 기술지주회사인 경우에는 발행주식총수의 100분의 50 이상(「산업교육진흥 및 산학연협력촉진에 관한 법률」 제36조의2 제1항에 따라 각 산학협력단이 공동으로 기술지주회사를 설립하는 경우에는 각 산학협력단이 출자하여 취득한 주식등의 합계가 발행주식총수의 100분의 50 이상을 말한다), 신기술창업전문회사인 경우에는 발행주식총수의 100분의 30 이상일 것, ③ 기술지주회사 또는 신기술창업전문회사는 자회사 외의 주식등을 보유하지 아니할 것이라는 세 가지 요건을 모두 갖춘 경우를 말한다.[29]

마. 사후관리규정

(1) 직접 공익목적사업 미달 사용시 가산세 부과

공익법인등(자산 규모, 사업의 특성 등을 고려하여 대통령령으로

---

28) 상증세법 제48조 제2항 제2호 단서.
29) 상증세법 시행령 제37조 제6항,

정하는 공익법인등은 제외한다)이 대통령령으로 정하는 출연재산가
액에 100분의1(상증세법 제16조 제2항 제2호 가목에 해당하는 공익
법인등이 발행주식총수등의 100분의 10을 초과하여 보유하고 있는
경우에는 100분의 3)을 곱하여 계산한 금액에 상당하는 금액(이하
상증세법 제78조 제9항 제3호에서 "기준금액"이라 한다)에 미달하여
직접 공익목적사업(소득세법에 따라 소득세 과세대상이 되거나 법
인세법에 따라 법인세 과세대상이 되는 사업은 제외한다)에 사용한
경우에는 가산세를 부과한다.[30] 이와 같이 공익법인의 주식 보유분
이 10%를 초과하는 경우에는 기준금액이 더 높아진다.

(2) 보유 주식이 총재산가액 대비 일정비율 초과시 가산세 과세

공익법인등(국가나 지방자치단체가 설립한 공익법인등 및 이에
준하는 것으로서 대통령령으로 정하는 공익법인등과 상증세법 제48
조 제11항 각 호의 요건을 충족하는 공익법인등은 제외한다)이 대통
령령으로 정하는 특수관계에 있는 내국법인[31]의 주식등을 보유하는

---

30) 상증세법 제48조 제2항 제7호, 제78조 제9항.
31) 상증세법 시행령 제38조 (공익법인등이 출연받은 재산의 사후관리) ⑬ 법
　　제48조 제9항 본문 및 제10항 본문에서 "특수관계에 있는 내국법인"이란
　　다음 각 호의 어느 하나에 해당하는 자가 제1호에 해당하는 기업의 주식
　　등을 출연하거나 보유한 경우의 해당 기업(해당 기업과 함께 제1호에 해
　　당하는 자에 속하는 다른 기업을 포함한다)을 말한다.
　　1. 기획재정부령으로 정하는 기업집단의 소속 기업(해당 기업의 임원 및
　　퇴직임원을 포함한다)과 다음 각 목의 어느 하나에 해당하는 관계에 있는
　　자 또는 해당 기업의 임원에 대한 임면권의 행사 및 사업방침의 결정 등
　　을 통하여 그 경영에 관하여 사실상의 영향력을 행사하고 있다고 인정되
　　는 자
　　가. 기업집단 소속의 다른 기업
　　나. 기업집단을 사실상 지배하는 자
　　다. 나목의 자와 제2조의2 제1항 제1호의 관계에 있는 자

경우로서 그 내국법인의 주식등의 가액이 해당 공익법인등의 총 재
산가액의 100분의 30(상증세법 제50조 제3항에 따른 회계감사, 상증
세법 제50조의2에 따른 전용계좌 개설·사용 및 상증세법 제50조의3
에 따른 결산서류등의 공시를 이행하는 공익법인등에 해당하는 경
우에는 100분의 50)을 초과하는 경우에는 상증세법 제78조 제7항에
따른 가산세를 부과한다.32) 이 규정은 공익법인의 주식 보유에 대해
지분율이 아닌 주식 가액을 기준으로 공익법인의 주식 보유를 제한
하고 있다.

(3) 5% 초과 출연 또는 취득 후 상속세나 증여세 과세

공익법인등이 내국법인의 발행주식총수등의 100분의 5를 초과하
여 주식등을 출연(출연받은 재산 및 출연받은 재산의 매각대금으로
주식등을 취득하는 경우를 포함한다)받은 후 '① 상증세법 제48조
제2항 제3호에 따른 운용소득에 대통령령으로 정하는 비율을 곱하
여 계산한 금액 이상을 직접 공익목적사업에 사용할 것, ② 상증세
법 제48조 제2항 제7호에 따른 출연재산가액에 대통령령으로 정하
는 비율을 곱하여 계산한 금액 이상을 직접 공익목적사업에 사용할
것, ③ 그 밖에 공익법인등의 이사의 구성 등 대통령령으로 정하는
요건을 충족할 것' 중 어느 하나에 해당하는 요건을 충족하지 아니
하게 된 경우에는 상속세나 증여세를 부과한다.33) 5%를 초과하여
주식을 보유한 공익법인에 대해서는 매 사업연도에 일정금액 이상

---

2. 제1호 각 목 외의 부분에 따른 소속 기업 또는 같은 호 가목에 따른 기
   업의 임원 또는 퇴직임원이 이사장인 비영리법인
3. 제1호 및 제2호에 해당하는 자가 이사의 과반수이거나 재산을 출연하
   여 설립한 비영리법인
32) 상증세법 제48조 제9항.
33) 상증세법 제48조 제11항.

을 직접 공익목적사업에 사용하도록 강제함으로써 출연재산을 목적
사업에 사용하지 아니하는 공익법인을 규제하고 있다.

(4) 공익법인 요건을 상실한 경우의 추징

상증세법 제16조 제3항 각 호의 어느 하나 또는 같은 법 제48조
제2항 제2호 단서에 해당하는 공익법인등이 같은 법 제49조 제1항
각 호 외의 부분 단서에 따른 공익법인등에 해당하지 아니하게 되거
나 해당 출연자와 특수관계에 있는 내국법인의 주식등을 해당 법인
의 발행주식총수등의 100분의 5를 초과하여 보유하게 된 경우에는
같은 법 제16조 제2항 또는 제48조 제1항에 따라 상속세 과세가액
또는 증여세 과세가액에 산입하거나 같은 조 제2항에 따라 증여세
를 부과한다.[34] 이 규정은 공익법인등에 해당되어 5% 이상 10% 또
는 20%의 주식을 보유하고 있던 공익법인등이 사후적으로 공익법
인등의 요건을 흠결한 경우 5% 초과분에 대해 상속세나 증여세를
과세하도록 하고 있다.

(5) 공익법인등의 신고의무

상증세법 제48조 제11항 각 호의 요건을 모두 충족하여 같은 법
제16조 제2항, 제48조 제1항, 같은 조 제2항 제2호, 같은 조 제9항 및
제49조 제1항에 따른 주식등의 출연·취득 및 보유에 대한 증여세 및
가산세 등의 부과대상에서 제외되는 공인법인등으로서 기획재정부
령으로 정하는 공익법인등(내국법인의 발행주식총수등의 100분의 5
를 초과하여 주식등을 출연받은 공익법인등)은 해당 과세기간 또는
사업연도 종료일부터 4개월 이내에 기획재정부령으로 정하는 신고서
및 관련 서류를 납세지 관할 지방국세청장에게 제출하여야 한다.[35]

---

34) 상증세법 제48조 제12항.

바. 현행 상증세법상 공익법인의 주식 보유 한도를 요약하면 아래 표와 같다.

보유한도	요건
5%	① 공정거래법 제14조에 따른 상호출자제한기업집단과 특수관계에 있는 공익법인등과 ② 상증세법 제48조 제11항 각 호의 요건을 충족하지 못하는 공익법인등(상증세법 제16조 제2항 제2호 나목과 다목, 제48조 제1항 단서, 제2항 제2호 본문)
10%	상증세법 시행령 제12조에 열거된 공익법인등으로서 5%의 적용 요건에 해당되지 아니하는 공익법인등(상증세법 제16조 제2항 제2호 본문, 제48조 제1항 단서, 제2항 제2호 본문)
20%	10% 적용 요건을 충족한 공익법인등으로서 ① 출연받은 주식등의 의결권을 행사하지 아니하고, ② 자선·장학 또는 사회복지를 목적으로 할 것의 요건을 모두 갖춘 공익법인등(상증세법 제16조 제2항 제2호 가목, 제48조 제1항 단서, 제2항 제2호 본문)
한도 없음	주식 출연시 ① 상증세법 제49조 제1항 각 호 외의 부분 단서에 해당하는 공익법인등으로서 상호출자제한기업집단과 특수관계에 있지 아니한 공익법인등에 그 공익법인등의 출연자와 특수관계에 있지 아니한 내국법인의 주식등을 출연하는 경우로서 주무관청이 공익법인등의 목적사업을 효율적으로 수행하기 위하여 필요하다고 인정하는 경우, ② 상호출자제한기업집단과 특수관계에 있지 아니한 공익법인등으로서 상증세법 제48조 제11항 각 호의 요건을 충족하는 공익법인등(공익법인등이 설립된 날부터 3개월 이내에 주식등을 출연받고, 설립된 사업연도가 끝난 날부터 2년 이내에 해당 요건을 충족하는 경우를 포함한다)에 발행주식총수등의 상증세법 제16조 제2항 제2호 각 목에 따른 비율을 초과하여 출연하는 경우로서 해당 공익법인등이 초과보유일부터 3년 이내에 초과하여 출연받은 부분을 매각(주식등의 출연자 또는 그의 특수관계인에게 매각하는 경우는 제외한다)하는 경우, ③ 「공익법인의 설립·운영에 관한 법률」 및 그 밖의 법령에 따라 내국법인의 주식등을 출연하는 경우(상증세법 제16조 제3항, 제48조 제1항 단서 괄호) 2. 출연받은 재산으로 주식 취득시 위 1.의 ①, ③에 해당하는 경우와 「산업교육진흥 및 산학연협력촉진

---

35) 상증세법 제48조 제13항, 같은 법 시행령 제41조의2 제6항.

	에 관한 법률」에 따른 산학협력단이 주식등을 취득하는 경우로서 대통령령으로 정하는 요건을 갖춘 경우(상증세법 제48조 제2항 제2호 단서)

3. 공익법인 주식 보유 한도에 관한 연혁 평가

위에서 본 바와 같이 상증세법은 공익법인의 주식 보유 한도에 관하여 공익법인과 성실공익법인으로 구분하여 한도와 규제를 달리 규정해 오다가 2020. 12. 22. 법률 제17654호로 개정되어 2021. 1. 1.부터 적용되는 현행 상증세법에서는 이러한 구분을 폐지하고 '공익법인'으로 통일하여 규제하고 있다.

상증세법은 애초에는 공익법인의 주식 보유 한도에 대해 아무런 제한을 두지 않았으나, 공익법인을 통한 편법 상속이나 증여, 우회적인 내국법인 지배 등이 문제되자, 1991. 1. 1.부터 공익법인의 주식 보유를 내국법인 발행주식총액 또는 출자총액의 20%로 제한하였고, 그 이후 그 한도를 5%로 축소하였다가 다시 성실공익법인에 한하여 10%, 20%까지 확대하는 규정을 마련하였다. 또한 공정거래법상 기업집단과 특수관계가 없는 공익법인 등 공익법인을 편법 상속이나 증여의 수단으로 보기 어려운 경우에는 보유 한도를 제한하지 아니하였다.

1990년 이후 현재까지 공익법인의 주식 보유 한도와 관련한 상증세법의 개정 연혁을 보면, 기획재정부는 공익법인의 주식 보유 한도에 대해서는 보유 한도를 높여가는 입장이라고 볼 수 있다.

IV. 외국의 입법례와 시사점

1. 미국[36]

미국 국세청은 공익성 검증절차로서 비영리단체가 비영리 목적만을 위하여 조직되고 운영되고 있는지를 판단하기 위한 조직테스트와 운영테스트를 수행하고, 이를 통과한 단체를 면세단체로 보아 연방소득세를 면제하고 있는데, 민간재단(private foundation)은 면세단체에 해당한다. 미국 내국세입법은 민간재단이 의결권 있는 주식의 20% 이상을 보유하고 있는 경우 그 초과분에 대하여 연방세(federal excise tax)를 부과한다.[37] 민간재단의 보유 주식수는 재단과 특수관계인에 해당하는 부적격자(재단 설립자, 실질적 기증자 및 그들의 가족, 재단 운영자 포함)가 보유하고 있는 주식을 합산한다. 부적격자 외의 제3자가 회사를 지배하고 있는 경우에는 민간재단의 주식 보유 한도가 35%이다.[38]

---

36) 곽윤재, "대규모기업집단 소속 공익법인 주식 보유 실태와 주식 보유 제한 입법의 필요성", 「KHU 글로벌 기업법무 리뷰」 제11권 제2호, 2018. 11., 28-29면, 권성준·송은주·김효림, "개인기부 관련 과세제도 연구", 한국조세재정연구원 세법연구센터, 2020. 10., 112-113면. ; 김무열, 앞의 논문, 54-59면 ; 김종근·전병욱, "공익법인에 대한 주식 출연 관련 증여세 과세문제", 「세무학연구」 제29권 제3호, 2012, 115-116면; 김진수, "공익법인의 주식 취득·보유 제한에 대한 타당성 검토", 「재정포럼」 제14권 제8호, 한국조세연구원, 2009, 53면 ; 김학수·송은주·이형민·조승수, "주요국의 비영리법인 과세체계 비교연구", 한국조세재정연구원 세법연구센터, 2017. 12., 59-74면 ; 윤현경·박훈, "공익법인 주식출연시 증여세 과세가액 불산입 인정 요건에 대한 소고", 「조세와 법」제10권 제2호, 2017.12., 61-62면 ; 이상신, "공익법인에 대한 주식 출연의 제한 및 그 개선방안에 관한 연구", 「조세법연구」 제21-2집, 한국세법학회, 2015, 205-206면.

37) 내국세입법 제4943(a)조 제1항(5% 과세), 제4943(c)조 제2항(20% 한도).

주식 보유 한도를 초과하는 경우에는 민간재단이 주식을 초과 보유하는 사유가 발생한 과세연도에 20% 또는 35%를 초과하는 주식가치의 10%를 과세하고,[39] 일정 기간 내에 처분되지 않으면 초과보유주식 가치의 200%를 추가 과세한다.[40] 생전 증여나 유증에 의해서 취득한 주식의 처분에 대하여는 5년의 유예기간[41]이 허용되고[42], 이 기간 동안에는 연방세가 과세되지 않는다.[43]

2. 독일[44]

독일은 공익법인의 주식취득 및 보유에 대한 제한을 별도로 하고 있지 않다.

3. 영국[45]

영국은 독일과 마찬가지로 공익단체의 주식 보유에 대한 제한이 없다. 공익단체에게 주식을 현물로 증여하는 경우에 자본이득세가 비과세된다.[46]

---

38) 내국세입법 제4943(c)조 제2항(B).

39) 내국세입법 제4943(a)조 제1항.

40) 내국세입법 제4943(b)조.

41) 일정한 경우에는 5년이 추가적으로 연장될 수 있다. 내국세입법 제4943(c)조 제7항.

42) 내국세입법 제4943(c)조 제6항.

43) 임동원, 「공익법인에 대한 주식기부 제한 완화해야」, 『KERI 칼럼』, 2019, 2면.

44) 김무열, 앞의 논문, 59-64면 ; 김학수·송은주·이형민·조승수, 앞의 논문, 118-131면 ; 이상신, 앞의 논문, 215, 217면.

45) 권성준·송은주·김효림, 앞의 논문, 113면 ; 김무열, 앞의 논문, 64-68면.

4. 캐나다[47]

민간재단의 주식보유에 대해 2% 초과 보유시 국세청에 신고할 의무를 부여하고 20%(특수관계자의 지분 포함)를 초과하여 보유하는 경우 초과분을 일정한 기한 내에 처분할 의무를 규정하고 있다.[48] 민간재단이 2%를 초과하여 보유하는 경우에는 민간재단과 특수관계자의 보유 주식 내역, 민간재단의 중요한 거래정보를 국세청에 신고할 의무가 있다. 20% 초과분을 기한 내에 처분하지 아니하는 경우 초과보유분 가액의 5%를 가산세로 부과하고, 5년 이내에 다시 20%를 초과 보유하는 경우에는 가산세율이 2배로 된다.

5. 일본[49]

일본은 공익법인에 대한 일반법으로 「공익사단법인·공익재단법인의 인정 등에 관한 법률」(이하 "공익법인인정법"이라 함)이 있고, 이 법률에 따른 공익성 심사를 통과한 공익법인에 한하여 세제상 혜택을 부여한다. 이 법률에 따라 공익법인이 되려면, ① 학술, 기예, 자선, 종교 등 23종류의 공익목적사업을 수행하면서 불특정 다수의 이익 증진에 기여하여야 하고, ② 공익목적사업의 비율이 50% 이상

---

46) 김학수·송은주·이형민·조승수, 앞의 논문, 115면.

47) 김진수, 앞의 논문, 54면.

48) Carters Professional Corporation, Charity law bulletin No, 113, 2007. 3. 29.

49) 곽관훈, "대기업집단 소속 공익법인의 계열사 주식보유규제의 개선방안", 「기업법연구」 29(4), 2015. 12., 128-130면 ; 곽윤재, 앞의 논문, 29면 ; 권성준·송은주·김효림, 앞의 논문, 112-113면 ; 김무열, 앞의 논문, 41-54면 ; 김종근·전병욱, 앞의 논문, 116-117면 ; 김진수, 앞의 논문, 54면 ; 김학수·송은주·이형민·조승수, 앞의 논문, 75-108면 ; 윤현경·박훈, 앞의 논문, 62-63면, 이상신, 앞의 논문, 206-208면.

이어야 하며, ③ 그 사업에 필요한 경리적, 기술적 기초를 갖추고 있어야 하고, ④ 이사, 사원, 피용자 등 모든 관계자들에게 특별한 이익을 주지 않을 것 등의 요건을 충족하여야 한다.[50]

공익법인인정법 제5조 제15호는 '다른 단체의 의사결정에 관여할 수 있는 주식 기타 내각부령으로 정하는 재산을 보유하고 있지 않을 것'이라고 하여 공익법인의 주식 보유를 제한하고 있다. 그러나 공익법인이 주식 보유에 의하여 다른 기업을 실질적으로 지배할 우려가 없는 경우로서 주식 취득이 ① 재산의 관리운용인 경우(공개시장을 통하는 등 포트폴리오 운용인 경우가 명확한 경우에 한한다)와 ② 재단법인의 기본재산으로서 기부된 경우에는 의결권 있는 주식의 50%까지 주식을 보유할 수 있다. 이 경우에는 매 사업연도의 사업보고서에 당해 영리기업의 개요를 기재하여야 한다.[51] 의결권이 없는 주식의 경우에는 보유한도에 제한이 없다.

6. 시사점

주요 외국의 입법례에서 보는 바와 같이 주요 국가는 공익법인의 주식 보유에 대해 아무런 제한을 두고 있지 아니하거나 보유 한도를 두고 있는 국가의 경우에도 대부분 공익법인의 주식 보유에 대해 우리나라보다는 더 높은 한도를 두고 있다. 이는 공익법인에 의한 기업지배를 인정한다는 것을 의미한다. 또한 우리나라는 동일기업 주식취득과 계열기업 주식취득을 구분하여 보유를 제한하고 있는데 반하여, 미국, 캐나다, 일본 등은 동일기업 주식보유 한도만 두고 있다.[52]

---

50) 일본 공익인정법 제5조.
51) 「공익법인의 설립허가 및 지도감독기준의 적용지침(公益法人の設立許可及び指導監督基準の運用指針)」 <기준 6>.
52) 김학수·송은주·이형민·조승수, 앞의 논문, 148면.

주요 국가들이 공익법인의 주식 보유 한도에 대해 이와 같이 제한을 완화하고 있는 이유는 이들 국가에서는 우리나라에서 공익법인의 주식 보유 한도 제한의 가장 큰 이유로 들고 있는 편법 상속이나 증여, 우회적인 기업 지배력 확보 등이 그렇게 문제되지 않는 것으로 판단한 것으로 보인다. 그렇다면, 공익법인의 주식 보유 한도 제한의 주된 이유로 들고 있는 편법 상속이나 증여, 우회적인 기업 지배력 확보의 문제가 없거나 적은 경우라면 우리나라에서도 공익법인의 주식 보유 한도를 현재보다 대폭 높일 여지가 있다.

V. 주식 보유 한도의 개선방안

1. 관련 논의

가. 보유 한도를 늘리자는 견해

김을순·노직수(2002)는 배당소득을 통한 공익법인의 재원조달 측면에서 공익법인의 주식 보유 한도를 상향하되, 기업지배수단으로 활용되는 것을 방지하기 위해 보유 주식의 의결권 행사를 금지하거나 출연자의 특수관계인이 공익법인의 임원으로 선임되는 것을 제한하는 것이 바람직하다고 하였다.[53] 박정우·육윤복·윤주영(2004)은 공익법인이 보유한 주식의 1%만 의결권을 인정하자고 하였고,[54] 윤현석(2008)은 공익법인의 한도 초과 보유 주식에 대해서는 일시적으로 의결권을 제한하고 이후 처분할 경우 의결권을 회복시키는 방안

---

[53] 김을순·노직수, "비영리법인의 과세제도 개선방안에 관한 연구", 「경영교육저널」 제11권, 2002, 122면.

[54] 박정우·육윤복·윤주영, "비영리법인의 과세제도에 관한 연구", 「세무학연구」 제2권 제1호, 2004, 63면.

을 제안하였으며,[55] 김진수(2009)는 공익법인의 투명성 제고와 사회
적 감시로 인하여 공익법인이 지주회사로 활용되더라도 일반지주회
사보다 더 투명하게 운영될 수 있고, 공공성이 강한 공익법인 형태
가 사회적으로 문제점이 더 적을 수 있다는 점에서 공익법인의 공시
와 외부감사 강화 등 공익법인에 대한 투명성 제고방안을 강화하되,
기부문화 활성화 측면에서 공익법인의 동일기업 주식보유 한도를
확대할 필요가 있다고 하였다.[56]

김종근·전병욱(2012)은 공익법인의 주식 보유 제한은 대기업집단
의 악용 가능성을 방지하기 위한 취지에서 나온 것이므로 대기업 주
식과 중소기업 주식을 구분하여 악용 가능성이 적은 중소기업 주식
에 대해서는 주식 보유 제한을 완화할 필요가 있다고 하였고,[57] 신
상철·이성봉(2014)은 공익법인의 공익성과 투명성이 확보된 공익법
인에 대하여는 주식 보유 제한을 완화해야 한다는 입장에서 공익법
인이 보유한 출연자 또는 그의 특수관계자의 내국법인 주식에 대한
의결권을 제한하거나 의결권 행사가 필요한 경우 국세청이나 주무
관청의 허가를 얻어 의결권을 행사하는 방안, 「자본시장과 금융투자
업에 관한 법률」제150조[58]를 개정하여 공익법인의 보유주식 전체에
대해서도 의결권을 제한하는 방안, 출연자와 그의 특수관계자가 공
익법인의 이사가 될 수 없도록 제한하여 공익법인의 출연과 경영을

---

55) 윤현석, "비영리법인과 상속세 및 증여세법", 「조세법연구」 제14-2집, 2008,
   309면.
56) 김진수, 앞의 논문, 57-63면.
57) 김종근·전병욱, 앞의 논문, 131-135면.
58) 「자본시장과 금융투자업에 관한 법률」 제147조는 주권상장법인의 주식을
   대량보유한 경우(본인과 특수관계자의 보유주식 합계가 5% 이상인 경우)
   금융위원회와 거래소에 보고하도록 하고 있고, 보고의무 위반시 같은 법
   제150조 제1항에 따라 5% 초과분의 의결권 행사가 제한되며, 제444조 제
   18호와 제445조 제20호에 따라 형사처벌 대상이 된다.

분리하는 방안을 제안하였다.[59)

곽관훈(2015)은 공익법인의 주식 보유 한도를 확대하되, 이에 대한 규제를 상증세법으로 하지 말고 공익법인법에 설립단계부터 구체적인 공익성 기준을 규정하고, 출연재산에 의한 주식취득을 제한하며, 의결권 행사 제한보다는 정보공시 등 공익법인의 투명성을 제고할 수 있는 방안을 마련하는 것이 바람직하다는 입장이고,[60) 이상신(2015)은 공익법인의 주식 보유 제한은 대기업의 편법 승계와 경제적 집중 방지 차원에서 마련된 것이므로 이와 관련이 적은 중소기업 주식에 대해서는 보유한도를 폐지하거나 완화하고 사후관리를 강화하는 것이 필요하고, 초과출연 주식에 대한 의결권을 제한하는 방식으로 규제하는 것도 고려해 볼 수 있으며, 초과 출연된 주식에 대한 배당을 강제하고 정당한 이유 없이 2회 이상 배당을 하지 않는 주식에 대해서는 상속세나 증여세를 추징하는 방안을 마련할 필요가 있다고 하였다.[61)

이동식(2016)은 공익법인을 통한 기업지배를 방지하기 위하여 공정거래법상 상호출자제한기업집단 소속 기업 외의 기업에 대한 주식 출연 한도를 높여주고, 공익법인 보유 주식의 의결권 제한을 정관에 규정하도록 함으로써 정관 위반시 공익법인의 해산과 잔여재산의 국고귀속 등으로 공익법인을 규제할 수 있다고 하였고,[62) 강나라(2017)는 수원교차로 사건을 예를 들면서 공익법인의 주식보유 한도를 상향 조정하자는 입장에서 ① 대기업과 중소기업의 경영권, 공

---

59) 신상철·이성봉, "장수기업 육성을 위한 정책적 지원방안", 중소기업연구원, 2014, 118-123면.

60) 곽관훈, 앞의 논문, 132-138면.

61) 이상신, 앞의 논문, 216-221면.

62) 이동식, "공익재단에 대한 주식 출연 한도 높여야", 한국경제, 2016. 5. 6., https://www.hankyung.com/news/article/2016050597931

익목적사업 달성에 필요한 재원 확보, 조세회피 유인 등의 관점에서 대기업과 중소기업의 주식을 분리하여 비상장 중소기업 주식을 출연하는 경우 보유한도를 20% 내지 30%로 높이는 방안, ② 공익목적사업을 위한 충분한 재원 확보와 가업상속시 총액기준을 적용하는 세제와의 형평을 기하기 위해 중소기업의 경우 지분한도가 아니라 출연주식의 총액기준으로 한도를 설정하는 방안, ③ 공익법인이 정관으로 의결권을 자발적으로 제한하는 경우 보유한도를 높이는 방안을 제시하였다.[63]

윤현경·박훈(2017)은 주식 출연 이후 공익법인을 기업지배수단으로 악용하지 않는 범위 내에서는 공익법인의 주식 보유 한도를 완화할 필요가 있고, 동시에 의결권 행사를 제한하기보다는 공익법인에 대한 사후관리제도의 강화를 통해 사회적 감시체제 및 투명성을 제고하는 방안이 더 효과적이라는 입장이고,[64] 곽윤재(2018)는 공익법인 보유 주식의 의결권 제한으로는 대규모기업집단 동일인의 공익법인을 통한 지배력 강화를 효과적으로 방지할 수 없고, 공익법인이 영리법인을 지배할 목적으로 운영될 경우 지분을 매각하도록 하고 이를 위반하는 경우 공익법인 설립허가를 취소하도록 「공익법인의 설립·운영에 관한 법률」을 개정하는 방안, 공익법인의 기업집단 계열회사 주식 보유를 금지하는 방안, 공익법인이 직간접적으로 지분을 보유한 회사에 대해서는 해당 회사와 공익법인 간의 내부거래 현황, 공익법인의 주식 취득 및 처분 등 공시를 강화하는 방안을 제시하였다.[65]

---

63) 강나라, "중소기업주식의 공익법인 출연에 관한 연구", 「기업경영리뷰」 8(1), 2017. 2., 350-356면.

64) 윤현경·박훈, 앞의 논문, 64-65면.

65) 곽윤재, 앞의 논문, 23-29면.

김무열(2019)은 공익법인에 대해서는 공익활동 활성화 측면과 세제혜택을 악용하여 기업승계 내지 지배력을 확보하는 편법을 규제한다는 측면이 함께 고려되어야 하므로, 공익법인의 설립과 운영 과정에서 지속적으로 공익성 심사를 하여 기준에 미치지 못하는 경우에는 공익법인의 지위와 조세혜택을 박탈하고, 대기업이 주식을 출연한 공익법인에 대한 규제를 상증세법이 아니라 공정거래법에서 과징금을 부과하는 형태로 변경하는 방안, 공정거래법상 상호출자제한기업집단 소속에 대해서만 제한을 하고 그 외의 기업이 출연하는 것에 대해서는 주식출연한도를 높여주는 방안, 출연자의 기업지배 방지를 위해 공익법인의 정관에서 주식의 의결권을 제한하는 방안을 제시하였고,66) 김일석(2019)은 수원교차로 사건과 같이 공익법인을 통한 기업지배 목적이 아닌 경우에는 외국 입법례와 같이 주식보유 한도를 완화할 필요가 있고, 배당이익률이 정기예금이자율 이상이 되는 등 보유 주식이 경영권 방어 목적으로 보유하는 무수익자산이 아니라 실질적으로 수익을 창출하는 수단으로 운용되는 경우에는 보유 한도를 완화하자는 입장이다.67)

나. 주식 보유 한도를 줄이자는 견해

이승희(2010)는 공익법인이 보유하고 있는 계열사 주식이 적정 수익을 창출하지 못하고 있고 공익사업 재원으로서의 가치가 떨어짐에도 불구하고 공익법인이 계열사 지분을 매각하지 않고 그대로 보유하고 있는 이유는 지배주주의 지배권 유지를 위한 것이므로 공익법인의 계열사 주식 보유 한도를 축소할 필요가 있고, 일정 지분

---

66) 김무열, 앞의 논문, 73-75, 77-79.
67) 김일석, "세법상 공익법인 규제제도의 쟁점과 현황", 「월간 조세」 통권 제372호, 2019. 5., 78-91면.

이상으로 보유한 주식에 대해서는 의결권을 제한할 필요가 있다고 하였다.[68] 이수정(2016)은 2015년 기준 대기업집단 소속 공익법인 63개는 계열사 주식을 주로 보유하고 있고, 보유 주식의 배당소득이 차지하는 비중이 고유목적사업 수익의 절반에도 미치지 않는 등 공익사업 재원으로서 적정한 수익을 창출하지 못하고 있음에도 이를 매각하여 재원으로 사용하지 않고 그대로 보유하고 있다는 점에서 계열사 주식을 공익사업 목적보다 그룹에 대한 지배권 유지 목적으로 보유하고 있다는 의미가 강하다고 추정할 수 있으며, 이와 같이 공익법인이 대기업집단 지배주주의 경영권 승계나 지배권 강화 수단으로 악용되지 않도록 공익법인의 계열사 주식 보유 규제를 강화하고, 보유중인 계열사 주식의 의결권을 제한할 필요가 있으며, 공익법인의 공시를 강화해야 한다고 주장하였다.[69] 이총희(2018)는 대기업집단 소속 공익법인들이 수익률이 낮은 계열사 주식을 다수 보유하고 있는 것은 공익법인을 공익목적보다는 지배주주의 기업 지배력 확대수단으로 악용하려는 의도로 보이므로 보유 주식의 수익률을 규제하여 지배력 확대를 위한 낮은 수익률의 주식 보유를 억제하거나 의무지출제도를 도입하여 해당 주식의 매각을 유도하는 방안, 공익법인의 계열사 주식 보유를 금지하는 방안을 고려해 볼 수 있다고 하였다.[70]

---

68) 이승희, "재벌 소속 공익법인의 계열사 주식 보유현황 및 지배구조(2010)". 경제개혁리포트 2010-8호, 경제개혁연구소, 2010. 6., 11-39면.

69) 이수정, "대기업집단 소속 공익법인의 주식 보유현황 분석(2015년)", 경제개혁리포트 2016-11호, 경제개혁연구소, 2016. 10., 10-36면.

70) 이총희, "대기업집단 소속 공익법인의 현황과 개선과제", 경제개혁리포트 2018-09호, 경제개혁연구소, 2018. 8., 6-34면.

2. 개선방안

위 Ⅲ.항에서 보는 바와 같이 상증세법은 공익법인의 주식보유에 대해 아무런 제한을 두고 있지 않다가 1991년부터 보유한도를 제한하기 시작하여 오늘에 이르고 있다.

상증세법에서 공익법인의 주식보유를 규제하는 취지는 공익법인에 출연한 재산에 대하여 상속세나 증여세를 부과하지 않는 점을 이용하여 공익법인에 대한 주식 출연의 방법으로 공익법인을 내국법인에 대한 지배수단으로 이용하면서도 상속세 또는 증여세를 회피하는 것을 막기 위한 것이다.[71] 이러한 입법취지를 고려하여 2017. 12. 19. 법률 제15224호로 개정된 구 상증세법 제16조 제2항은 출연받은 주식의 의결권을 행사하지 아니할 것 등을 조건으로 하여 일부 공익법인의 주식보유 한도를 20%로 확대하였다.

그동안 기부활성화를 위하여 공익법인의 주식보유 한도를 높여야 한다는 주장이 학계와 실무계에서 꾸준히 제기되어 왔고, 그와 같은 주장의 근거로 의결권의 제한, 공익법인의 공익성과 투명성 확보, 출연자 및 그의 특수관계인의 공익법인 이사 취임 금지, 공익법인 보유 주식의 배당률 제고 등을 들었다. 이러한 주장은 공익법인을 내국법인에 대한 지배수단으로 이용하면서 상속세나 증여세를 회피하는 행위를 방지한다는 공익법인 주식 보유 한도 제한의 입법취지에 부합하는 주장이다. 공익법인 주식 보유 한도 제한의 입법취지를 중시한다면 출연자로부터 독립하여 운영되는 공익법인, 예를 들어 공익법인의 임원이 출연자와 아무런 특수관계가 없고, 출연자가 공익법인의 운영에 관여하지 아니하는 경우에는 출연자가 공익법인을 내국법인에 대한 지배수단으로 이용할 가능성이 적으므로,

---

71) 대법원 2017. 4. 20. 선고 2011두21447 전원합의체 판결.

그러한 공익법인의 경우에는 외국의 입법례에서 본 바와 같이 의결권의 제한 없이 주식 보유 한도를 폐지하거나 한도를 대폭 확대하는 것이 바람직하다. 편법 승계나 우회적인 기업지배의 가능성은 대기업이나 중소기업 모두 동일하므로 보유한도에 있어서 대기업 주식과 중소기업 주식을 구분할 이유는 없다.

한편, 공익법인이 보유한 주식에 대해 일정 기간 동안 배당수익이 없거나 낮은 경우 그 주식은 공익법인의 재원조달 기능은 수행하지 못하면서 우회적인 기업지배수단으로 이용될 가능성이 높다. 따라서 일정 기간 배당이 없는 주식이거나 공익법인 보유 주식 발행법인에 배당가능이익이 있음에도 불구하고 2-3개 사업연도의 주당 배당수익률이 일정 비율 이하인 경우 그러한 주식은 공익법인의 재원조달기능이 미미한 주식이므로 이를 일정 기간 내에 처분하도록 하여 그 처분대금을 공익목적사업에 사용하도록 유도할 필요가 있다. 이러한 사후관리를 통해 공익법인 보유 주식이 공익법인의 재원으로 활용되도록 함과 동시에 공익법인을 통한 우회적인 기업지배를 방지하는 효과도 얻을 수 있다. 이런 점에서 수익성이 낮은 공익법인 보유 주식에 대해서는 일정 기간 내 처분의무를 지우는 방안도 고려할 수 있다.

상증세법은 공익법인의 주식 보유에 대해 지분율에 의한 제한 이외에 공익법인의 총 재산가액 대비 계열기업의 주식가액이 30% 또는 50% 이내이어야 한다는 제한을 두고 있는데,[72] 이와 같은 공익법인의 계열기업 주식보유 제한 역시 출연자가 공익법인을 내국법인의 지배수단으로 이용하는 것을 막고자 하는 취지로 보인다. 따라서 공익법인의 임원 구성이나 운영, 의결권 행사 내용에 비추어 악용 가능성이 적은 경우에는 보유 한도와 마찬가지로 위와 같은 제한

---

72) 상증세법 제48조 제9항, 제78조 제7항.

을 완화할 필요가 있다.

VI. 주식 보유 한도 관련 규정의 해석상 문제점

아래에서는 현행 상증세법상 공익법인의 주식 보유와 관련한 규정 중 실무상 논란이 있는 쟁점을 검토한다.

1. 공익법인의 보유 주식 한도 초과분에 대한 비과세 요건

위 Ⅲ.2.의 라.항에서 본 바와 같이 일정한 요건을 갖춘 공익법인은 상증세법상 보유 한도 초과분에 대해 상속세나 증여세를 부담하지 아니한다.[73] 이 요건과 관련하여 수원교차로 사건[74]에서 아래 두 가지 쟁점이 논란이 되었다.

가. 상증세법 시행령 제13조 제7항 제1호의 최대주주 요건 판단 기준 시점

상증세법 제16조 제3항 제1호는 '상증세법 제49조 제1항 각 호 외의 부분 단서에 해당하는 공익법인등으로서 상호출자제한기업집단과 특수관계에 있지 아니한 공익법인등에 그 공익법인등의 출연자와 특수관계에 있지 아니한 내국법인의 주식등을 출연하는 경우로서 주무관청이 공익법인등의 목적사업을 효율적으로 수행하기 위하여 필요하다고 인정하는 경우'에는 공익법인 주식 보유 한도를 초과하는 경우에도 상속세나 증여세를 과세하지 아니하는 것으로 규

---

73) 상증세법 제16조 제3항, 제48조 제1항 단서 괄호, 제2항 제2호 단서.
74) 대법원 2017. 4. 20. 선고 2011두21447 전원합의체 판결.

정하고 있다. 여기에서 "그 공익법인등의 출연자와 특수관계에 있지 아니한 내국법인"은 출연자 또는 그의 특수관계인(해당 공익법인등은 제외한다)이 주주등이거나 임원의 현원(5명에 미달하는 경우에는 5명으로 본다) 중 5분의 1을 초과하는 내국법인(주주 요건)으로서 출연자 및 그의 특수관계인이 보유하고 있는 주식등의 합계가 가장 많은 내국법인(최대주주 요건)에 해당하지 아니하여야 한다.[75]

수원교차로 사건에서 구 증여세법 시행령(2003. 12. 30. 대통령령 제18177호로 개정되기 전의 것, 이하 '구 상증세법 시행령'이라고 한다) 제13조 제4항 제1호[76] 소정의 최대주주 요건, 즉, '출연자 및 그의 특수관계인이 보유하고 있는 주식등의 합계가 가장 많은 내국법인'인지 여부를 주식 출연 전 시점에서 판단할 것인지, 아니면 출연된 후 시점에서 판단할 것인지가 첫째 쟁점이 되었다. 수원교차로 사건에서 출연자는 출연 전에는 내국법인의 최대주주였으나, 출연이후에는 출연자가 최대주주가 아니라 출연을 받은 공익법인이 최대주주가 되었다.

위 쟁점에 관하여 대법원은 주식이 출연되기 전에 최대주주였다고 하더라도 그 출연에 따라 최대주주로서의 지위를 상실하게 되었다면 출연자는 더 이상 내국법인에 대한 지배력을 바탕으로 공익법인에 영향을 미칠 수 없고 공익법인을 내국법인에 대한 지배수단으로 이용할 수 없으므로 최대주주 해당 여부는 주식이 출연된 후의 시점을 기준으로 판단해야 한다고 판시하였다.[77] 상증세법 제16조 제3항 제1호는 "출연하는"이라고 하여 현재형으로 규정되어 있어서 문언상 출연 이전 시점으로 해석할 여지도 있으나, 공익법인을 통한

---

75) 상증세법 시행령 제13조 제7항 제1호.
76) 상증세법 시행령 제13조 제7항 제1호.
77) 대법원 2017. 4. 20. 선고 2011두21447 전원합의체 판결.

기업지배를 방지하고자 하는 공익법인 주식 보유 제한의 입법취지에 비추어 보면, 출연 이후에 최대주주로서 공익법인을 악용하는 것을 방지한다는 점에서 다수의견과 같이 해석할 수도 있다.

나. 상증세법 시행령 제2조의2 제1항 제4호 소정의 '재산을 출연하여 비영리법인을 설립한 자'의 의미

수원교차로 사건에서 최대주주 판단시 출연자와 그의 특수관계인의 하나로 구 상증세법 시행령 제13조 제6항 제3호에 따라 준용되는 같은 시행령 제19조 제2항 제4호 소정의 '주주등과 제1호 내지 제3호의 자가 이사의 과반수를 차지하거나 재산을 출연하여 설립한 비영리법인'이 문제가 되었다. 즉, 출연자와 특수관계가 있는 자인 '재산을 출연하여 비영리법인을 설립한 자'의 의미가 둘째 쟁점이 되었다.[78) 대법원은 위 조항에서의 '재산을 출연하여 비영리법인을 설립한 자'란 '출연자가 재산을 출연함으로써 설립에 이른 비영리법인'이 아니라, '비영리법인의 설립을 위하여 재산을 출연하고 정관 작성, 이사선임, 설립등기 등의 과정에서 그 비영리법인의 설립에 실질적으로 지배적인 영향력을 행사한 자'를 의미하는 것이라고 판시[79)하여 반대의견보다 특수관계인의 범위를 좁게 해석하였다.[80)

---

78) 수원교차로 사건에 적용된 구 상증세법 시행령(2003. 12. 30. 대통령령 제18177호로 개정되기 전의 것) 제13조 제4항 제1호에서는 최대주주 해당 여부를 판단함에 있어서 주식을 출연받은 해당 공익법인이 출연자와 특수관계인에 해당되는지도 판단해 보아야 하므로 둘째 쟁점이 문제되었다. 그런데, 2018. 2. 13. 대통령령 제28638호로 개정된 구 상증세법 시행령 제13조 제10항 제1호에서는 주식을 출연받은 해당 공익법인을 특수관계인에서 제외하였다.

79) 대법원 2017. 4. 20. 선고 2011두21447 전원합의체 판결.

80) 출연자가 비영리법인의 설립과정에 구체적으로 관여하지 않았다고 하더라도 출연자는 지인들을 비영리법인의 이사로 선임되도록 함으로써 비영

2020. 10. 8. 대통령령 제31101호로 개정된 현행 상증세법 시행령 제2조의2 제1항 제4호는 수원교차로 사건에서 문제되었던 구 상증세법 시행령 제19조 제2항 제4호와 동일하게 "본인, 제1호부터 제3호까지의 자 또는 본인과 제1호부터 제3호까지의 자가 공동으로 재산을 출연하여 설립하거나 이사의 과반수를 차지하는 비영리법인"을 특수관계인의 하나로 규정하고 있다. 그렇다면, 현행 상증세법 시행령 제2조의2 제1항 제4호를 해석함에 있어서 '재산을 출연하여 비영리법인을 설립한 자'의 의미는 수원교차로 사건에서와 동일하게 해석될 것이다.

2. 초과분에 대한 과세시 합산 여부

2인 이상의 주식 출연자가 있는 공익법인이 사후관리규정을 위반하여 공익법인의 지위를 상실하는 등으로 인하여 보유 한도를 초과하는 주식에 대해 증여세를 부과할 경우[81] 초과분을 합산하여 증여세를 산정할 것인지, 아니면 초과분을 출연자별로 나누어 계산할 것인지가 문제된다.

상증세법상 수증자는 증여자별로 증여세 납세의무를 지는 것이 원칙이고,[82] 예외적으로 증여자별로 증여이익을 계산하는 것이 복잡하고 증여세 회피 수단으로 악용될 우려가 있는 경우 상증세법 제39조 제2항과 같이 명시적으로 합산하는 규정을 두고 있다.[83] 대법

리법인을 지배할 수 있고, 실제로 다수의 비영리법인이 이렇게 운영되고 있다. 따라서 둘째 쟁점에 대해서는 다수의견보다는 출연자가 재산을 출연함으로써 설립에 이른 비영리법인이면 특수관계를 인정하는 반대의견이 현실에 부합한다.

81) 상증세법 제48조 제11항, 제12항.
82) 상증세법 제4조의2 제1항.

원도 공익법인이 2인으로부터 출연받은 주식을 공익목적사업 외에
사용하였다는 이유로 증여세를 부과하였는데, 이를 1인으로부터 증
여받은 것으로 보아 증여세를 과세한 사안에서, 수인으로부터 재산
을 증여받은 경우에는 증여자별로 과세단위가 성립하므로 각 증여
자별로 세율을 적용하여 각각의 증여세액을 산출하여야 한다고 판
시하였다.[84]

　　이와 같은 점을 종합하여 보면, 2인 이상의 주식 출연자가 있는
경우 공익법인의 보유 한도 초과분에 대해 증여세를 과세하는 경우
에는 출연자별로 나누어 증여세를 산정하는 것이 타당하다.

3. 초과보유 사유와 계산시점 관련

　　가. 상증세법 제48조 제1항 각 호 외의 부분 단서 및 같은 조 제2
항 제2호 본문은 공익법인의 주식 보유 초과분에 대해 증여세를 과
세하도록 규정하고 있고, 같은 법 시행령 제37조 제1항은 초과보유
한도 계산시점을 규정하고 있다. 이와 관련하여 증여세 과세대상인
초과보유사유와 계산시점이 논란이 되고 있다.

　　나. 상증세법 시행령 제37조 제1항은 증여세 과세대상이 되는 초
과보유사유로 매매, 출연, 증자와 감자를 규정하고 이러한 초과보유
사유가 발생한 경우 초과분에 대해 즉시 증여세를 과세하도록 하고
있다.[85] 그런데 위 사유 중 매매나 출연은 공익법인의 의사에 따라
초과분의 취득 여부가 결정되므로 공익법인에게 바로 책임을 물을

---

83) 대법원 2017. 5. 17. 선고 2014두14976 판결.
84) 대법원 2006. 4. 27. 선고 2005두17058 판결.
85) 상증세법 제48조 제1항 각 호 외의 부분 단서 및 같은 조 제2항 제2호 본문.

수 있다고 할 수 있으나, 증자나 감자는 공익법인이 보유 주식 발행법인의 주주총회에서 의사결정을 좌우할 수 있는 지분을 갖고 있지 않는 한 다수 의사에 따라 결정될 수 밖에 없다. 증자나 감자에 따라 주주의 지분율이 변동될 수 있고, 그러한 경우 공익법인의 보유주식에 초과분이 발생할 수도 있다.

그런데 공익법인의 의사로 결정할 수 없는 증자나 감자의 경우에도 매매나 출연과 마찬가지로 초과사유가 발생한 때에 즉시 증여세를 과세하도록 하는 것은 자기책임 원칙에 반한다. 따라서 증자나 감자의 경우 공익법인이 의사결정을 좌우할 수 없는 상태에서 보유한도초과분이 발생한 경우에는 그 사유 발생시 즉시 증여세를 과세할 것이 아니라, 공익법인에게 1년 정도의 유예기간을 주고, 그 이후에도 공익법인이 초과분을 계속 보유하고 있는 경우에 한하여 증여세를 과세하도록 하는 방안이 바람직하다.

다. 한편, 보유한도 초과사유와 관련하여, 상증세법 시행령 제37조 제1항 각호에 규정된 보유한도 초과사유, 즉, 매매 또는 출연(제1호), 유상증자(제2호), 감자(제3호) 외의 사유로 공익법인의 주식보유비율이 한도를 초과하는 경우에도 초과분에 대해 증여세를 과세할수 있는지가 문제가 된다. 예를 들어 주식발행법인의 합병으로 인한 신주교부나 지주회사 설립으로 인한 지주회사 주식교부로 인하여 공익법인의 주식보유비율이 보유한도를 초과하는 경우 초과분에 대한 과세근거가 있는지 하는 것이다.

과세당국은 합병과 관련하여, 甲공익법인이 비상장법인 B와 C의 주식을 각각 5%씩 출연받아 보유하고 있다가 C법인 주식을 보유한 B법인이 C법인을 흡수합병(합병비율 1:1)하면서 B법인이 보유중인 C법인 주식에 대하여는 합병신주를 발행하지 않음에 따라 甲공익법인이 합병 후 존속하는 B법인 주식을 5% 초과하여 보유하게 된 사안에 대하여, '공익법인이 보유하고 있는 주식을 발행한 내국법인이 다른 법인을 흡수합병하여 그 합병존속법인의 의결권 있는 발행주식총수의 5%를 초과한 경우 5% 초과분에 대하여는 상증세법 제48조에 따라 증여세가 과세되는 것이고, 이 경우 5% 초과 여부는 합병등기일이 속하는 과세기간 또는 사업연도 중 상법 제354조의 주주명부의 폐쇄일 또는 권리행사기준일을 기준으로 판정하는 것'(재산-300, 2012.08.26.)이라고 해석하였으나, 상증세법에 아무런 근거 없이 유상증자에 관한 상증세법 시행령 제37조 제1항 제2호를 합병에 유추적용하는 위 유권해석은 조세법률주의에 반하는 위법한 해석이다.

현행 상증세법령의 해석상 합병이나 지주회사 설립에 따라 교부받은 주식으로 인하여 보유한도초과분이 발생하는 경우에는 과세근거가 없으므로 증여세를 과세할 수 없다고 봄이 타당하다.

라. 초과보유한도 계산시점과 관련하여, 상증세법 시행령 제37조 제1항 제2호와 제3호는 초과보유한도 계산시점을 각각 '주주명부 폐쇄일' 또는 '권리행사 기준일'로 규정하고 있다. 여기에서 '주주명부 폐쇄일'을 상법 제354조에 따른 증자나 감자절차에서 반드시 거쳐야 하는 주주명부 폐쇄일로 볼 것인지, 아니면 사업연도 결산을 위해 매년 12. 31. 하게 되는 주주명부 폐쇄일로 볼 것인지가 명확하지 아니하다. 이에 대해서도 관련규정을 개정하여 주주명부 폐쇄일이 어느 시점인지 명확하게 규정할 필요가 있다.

4. 보유한도 초과분에 대해 과세된 증여세의 납부재원 관련

가. 공익법인이 보유한도를 초과하는 주식을 보유한 경우 이는 증여세나 가산세 과세대상이 된다.[86] 공익법인이 이와 같이 부과된 증여세를 초과보유 주식을 매각한 대금이나 보유중인 현금으로 납

부하는 경우 이를 직접 공익목적사업에 사용하지 아니한 것으로 보아 다시 증여세나 가산세를 과세할 수 있는지 여부가 문제된다.

나. 관련 유권해석

이와 관련하여 과세당국은 공익법인이 운용소득이나 출연받은 재산의 매각대금을 공익법인등에 부과된 증여세 등의 납부에 사용한 경우, 그 증여세로 납부한 금액을 직접 공익목적사업 외에 사용한 것으로 보아 증여세를 과세하지는 않는 것이나,[87] 상증세법 제48조 제2항 제5호 및 같은 법 시행령 제38조 제4항, 제5항, 제7항을 적용함에 있어서는 직접 공익목적사업에 사용한 금액에 포함하지 않는 것으로 해석하고 있다.[88]

즉, 과세당국은 공익법인이 사후관리규정 위반으로 과세된 증여세를 납부하기 위하여 출연받은 재산을 사용하는 경우 상증세법 제48조 제2항 제1호 본문의 해석에 있어서는 직접 공익목적사업에 사용한 것으로 보아 증여세를 과세하지 않지만, 같은 항 제5호[89]의 매각대금의 기준금액 미달사용시 가산세 과세 여부의 판단에 있어서는 공익목적사업에 사용한 것으로 보지 않겠다는 것이다. 그 결과 초과보유 주식의 매각대금을 보유한도초과분에 대해 과세된 증여세 납부 재원으로 사용하는 경우 공익법인은 상증세법 제78조 제9항[90]

---

86) 상증세법 제48조 제1항, 제2항 제2호, 제78조 제9항.
87) 재삼46014-907, 1996.4.9. ; 서면인터넷방문상담4팀-408, 2005.03.22.
88) 기획재정부 재산세제과-32, 2017. 01. 12. ; 서면-2018-상속증여-2430(2019. 02. 25.).
89) 5. 제3호에 따른 운용소득을 대통령령으로 정하는 기준금액에 미달하게 사용하거나 제4호에 따른 매각대금을 매각한 날부터 3년 동안 대통령령으로 정하는 기준금액에 미달하게 사용한 경우
90) ⑨ 세무서장등은 공익법인등이 다음 각 호의 어느 하나에 해당하는 경우에는 각 호의 구분에 따른 금액에 100분의 10에 상당하는 금액을 대통령

에 따른 가산세를 부담하게 된다. 이러한 해석은 명백하게 모순된 해석으로 부당하다.

다. 공익법인이 목적사업을 수행하는 과정에서 발생하는 각종 조세나 공과금 등 경비에 사용하는 금원은 유지관리비로서 공익목적사업에 사용한 것으로 봄이 타당하다. 공익법인에 어떠한 사유로 과세가 되었든 과세된 조세는 공익법인의 재산으로 납부할 수밖에 없다. 예를 들면, 공익법인이 보유한 부동산을 유예기간 내에 공익목적사업에 사용하지 못한 경우 증여세 외에 비과세된 취득세 등이 과세되는데, 그렇게 과세된 증여세나 취득세 등을 납부할 재원은 공익법인이 보유하는 재산 밖에 없다.

만약 증여세 납부에 사용한 금원을 공익목적사업 외의 용도로 사용하였다고 하여 그에 대해 다시 증여세를 과세한다는 논리에 따르면, 끝없이 반복되는 증여세 과세라는 부당한 결과를 가져오고, 사안에 따라서는 공익법인의 재산을 과세관청이 강제로 모두 몰수하는 경우도 발생할 수 있다. 공익법인이 과세된 증여세를 스스로 납부하지 아니하는 경우 과세관청은 체납처분을 하여 공익법인의 재산으로 강제징수하게 되는데, 이런 경우 과세관청의 강제징수에 의하여 공익법인의 재산으로 증여세를 납부한 것을 공익목적사업 외

령으로 정하는 바에 따라 그 공익법인등이 납부할 세액에 가산하여 부과한다. 이 경우 제1호와 제3호에 동시에 해당하는 경우에는 더 큰 금액으로 한다.
1. 제48조 제2항 제5호에 따라 운용소득을 대통령령으로 정하는 기준금액에 미달하여 사용한 경우: 운용소득 중 사용하지 아니한 금액
2. 제48조 제2항 제5호에 따라 매각대금을 대통령령으로 정하는 기준금액에 미달하여 사용한 경우: 매각대금 중 사용하지 아니한 금액
3. 제48조 제2항 제7호에 해당하는 경우: 기준금액에서 직접 공익목적사업에 사용한 금액을 차감한 금액

의 용도에 사용한 것이라고 하여 그에 대해 다시 증여세를 과세한다는 것은 부당하다. 공익법인이 스스로 납부하든 과세관청이 강제징수를 하든 그에 사용된 금원은 직접 공익목적사업에 사용한 것으로 봄이 타당하다. 이러한 해석은 상증세법 제48조 제2항 제1호 본문과 같은 항 제5호의 해석에 있어서 동일하게 적용되어야 하므로, 전자에 의한 증여세나 후자에 의한 가산세를 과세할 수 없다고 해석함이 타당하다. 이에 반하는 위 나.항의 유권해석은 변경되어야 한다.

라. 보유한도 초과분에 대한 증여세 과세시 공익법인에 납부재원이 없어서 기본재산인 주식이나 부동산 등을 처분하여 그 대금으로 증여세를 납부해야 하는 경우가 발생한다. 공익법인의 기본재산 처분에 대해서는 주무관청의 허가를 받아야 하는데,[91] 주무관청에서 허가를 해 주지 않거나 매우 까다로운 조건을 붙이는 경우가 많다. 이는 주무관청의 공익법인 관련 업무 담당자들이 자주 변경되고, 이로 인하여 업무의 전문성이 낮은 것도 하나의 원인이라고 볼 수 있다. 공익법인이 납부재원의 부족으로 부과된 증여세 등을 납부기한 내에 납부하지 못하는 경우 가산세가 추가되는 등 불필요한 조세부담이 증가하게 된다는 점에서 이를 방지하기 위해 공익법인에 기본재산 외의 다른 납부재원이 없다는 점이 소명되면, 관련 법률에 납부재원 마련을 위한 기본재산의 처분에 대한 주무관청의 허가를 의제하는 규정을 두는 방안도 고려할 필요가 있다.

---

91) 공익법인의 설립·운영에 관한 법률 제11조 제3항. 민법상 기본재산은 정관 기재사항이고, 정관의 변경은 주무관청의 허가가 있어야 하므로(민법 제43조, 제40조, 제45조 제3항, 제42조 제2항), 기본재산으로 정관에 기재된 공익법인 보유 주식의 처분에 대해서는 주무관청의 허가를 받아야 한다.

VII. 결론

우리나라에서 설립되어 활동 중인 공익재단법인의 출연자로는 대기업과 중소기업, 개인 등이 있는데, 공정거래법상 공시대상 기업집단(대기업)이 출연한 공익재단은 대부분 계열사 지분을 보유하고 있고, 그 대부분의 공익재단에 총수일가가 이사장과 이사로 등재되어 있다. 이런 사실을 근거로 대기업이 공익법인을 상속세나 증여세를 회피하면서 동시에 우회적인 기업지배수단으로 악용하고 있으므로 공익법인에 대한 주식 출연을 더욱 제한해야 한다고 주장하는 견해가 있다.

상증세법은 1991. 1. 1. 이후 공익법인의 주식 보유 한도를 20% → 5% → 10% 또는 20%로 조금씩 확대해 왔다. 공익법인의 주식 보유 한도에 관한 외국의 입법례를 보면, 미국과 일본, 캐나다를 제외하고는 대부분의 국가에서 공익법인의 주식 보유에 대해 한도를 두지 않고 있고, 미국, 일본, 캐나다의 경우에도 공익법인의 주식 보유 한도가 우리나라보다 높은 편이다. 이런 점에서 우리나라의 경우에도 공익법인을 재산의 편법 승계나 우회적인 기업지배수단으로 악용하는 경우가 아니라면 공익법인의 주식 보유 한도를 폐지하거나 대폭 높일 필요가 있다.

공익법인의 주식 보유 한도에 대해 찬반 양론이 있는데, 보유 한도를 늘리자는 견해는 주로 공익법인의 의결권을 제한하거나, 공익법인의 공익성과 투명성을 높이고, 출연자나 그의 특수관계인이 공익법인의 설립과 운영에 일체 관여하지 않을 것을 전제로 하고 있다. 또한 대기업과 중소기업을 구분하여 중소기업 주식에 대해서는 보유 한도를 높여야 한다는 견해가 있다. 한편, 보유 한도를 축소해야 한다는 견해는 대기업이 출연하여 설립한 공익법인의 수년간의 배당수익률이나 계열사 지분 보유 현황 등을 보면 공익법인이 주로 지배주주의 지배권 유지를 위한 수단으로 악용되고 있으므로 지금보다도 한도를 더 줄여야 한다는 것이다.

공익법인의 주식보유를 규제하는 취지는 공익법인을 내국법인에 대한 지배수단으로 이용하면서 상속세나 증여세를 회피하는 것을 막기 위한 것이라는 점에서, 공익성과 투명성을 확보할 수 있는 장치를 마련한다면 다수 입법례와 같이 의결권의 제한 없이 보유 한도를 확대하거나 폐지할 필요가 있다. 또한 일정 기간의 배당수익률이 낮은 주식은 공익법인의 재원 조달기능을 수행하지 못하고 지배수단으로 이용될 가능성이 높으므로 처분하도록 하는 방안도 고려할 수 있다. 공익법인의 계열기업 주식 보유에 대해서도 출연자가 내국법인의 지배수단으로 이용하는 것으로 보기 어렵다면 보유 한도를 완화할 필요가 있다.

초과보유분에 대한 증여세 과세와 관련하여 공익법인이 의사결정을 좌우할 수 없는 상황에서 발생하는 증자, 감자 등의 경우에는 초과분에 대해 즉시 증여세를 과세할 것이 아니라, 일정 기간을 주어 초과분을 처분할 수 있도록 하고 이를 위반한 경우에 한하여 과세하도록 하는 것이 바람직하다.

한편, 공익법인이 부과된 증여세를 납부할 재원이 부족하여 납부기한을 넘기는 경우 가산세로 인하여 조세부담이 증가한다는 점을 고려하여 기본재산 외에 다른 납부재원이 없다는 사실을 소명한 경우에는 기본재산의 처분에 대한 주무관청의 허가를 의제하는 규정을 관련 법률에 마련할 필요가 있다.

참고문헌

강나라, "중소기업주식의 공익법인 출연에 관한 연구", 「기업경영리뷰」 8(1), 2017. 2.

곽관훈, "대기업집단 소속 공익법인의 계열사 주식보유규제의 개선방안", 「기업법연구」 29(4), 2015. 12.,

곽윤재, "대규모기업집단 소속 공익법인 주식 보유 실태와 주식 보유 제한 입법의 필요성", KHU 글로벌 기업법무 리뷰 제11권 제2호

국회사무처, "제151회 국회 재무위원회 회의록 제4호", 1990. 11. 21.

국회사무처, "제165회 국회 재무위원회 회의록 제4호", 1993. 11. 11.

권성준·송은주·김효림, "개인기부 관련 과세제도 연구", 한국조세재정연구원 세법연구센터, 2020. 10.

김무열, "공익법인의 설립·운영·해산 단계에 따른 과세제도 연구", 한국조세재정연구원, 2019. 12.,

김을순·노직수, "비영리법인의 과세제도 개선방안에 관한 연구", 「경영교육저널」 제11권, 2002

김일석, "세법상 공익법인 규제제도의 쟁점과 현황", 「월간 조세」 통권 제372호, 2019. 5.

김종근·전병욱, "공익법인에 대한 주식 출연 관련 증여세 과세문제", 「세무학연구」 제29권 제3호, 2012

김진수, "공익법인의 주식 취득·보유 제한에 대한 타당성 검토", 「재정포럼」 제14권 제8호, 한국조세연구원, 2009

김학수·송은주·이형민·조승수, "주요국의 비영리법인 과세체계 비교연구", 한국조세재정연구원 세법연구센터, 2017. 12.

박정우·육윤복·윤주영, "비영리법인의 과세제도에 관한 연구", 「세무학연구」 제2권 제1호, 2004

법제처, "상속세 및 증여세법에 대한 제·개정 이유", 2010. 12. 27.

신상철·이성봉, "장수기업 육성을 위한 정책적 지원방안", 중소기업연구원, 2014

윤현경·박훈, "공익법인 주식출연시 증여세 과세가액 불산입 인정 요건에 대한 소고",「조세와 법」제10권 제2호, 2017.12.

윤현석, "비영리법인과 상속세 및 증여세법",「조세법연구」제14-2집, 2008

이동식, "공익재단에 대한 주식 출연 한도 높여야", 한국경제, 2016. 5. 6., https://www.hankyung.com/news/article/2016050597931

이상신, "공익법인에 대한 주식 출연의 제한 및 그 개선방안에 관한 연구",「조세법연구」제21-2집, 한국세법학회, 2015

이수정, "대기업집단 소속 공익법인의 주식 보유현황 분석(2015년)", 경제개혁리포트 2016-11호, 경제개혁연구소, 2016. 10.

이승희, "재벌 소속 공익법인의 계열사 주식 보유현황 및 지배구조(2010)". 경제개혁리포트 2010-8호, 경제개혁연구소, 2010. 6.

이총희, "대기업집단 소속 공익법인의 현황과 개선과제", 경제개혁리포트 2018-09호, 경제개혁연구소, 2018. 8.

임동원,「공익법인에 대한 주식기부 제한 완화해야」,『KERI 칼럼』, 2019

http://www.ftc.go.kr/www/selectReportUserView.do?key=10&rpttype=1&report_data _no=8287.

http://www.ftc.go.kr/www/selectReportUserView.do?key=10&rpttype=1&report_data _no=8705

https://ftc.go.kr/www/FtcNewsView.do?key=5&news_lg_div_gb=1&newstype=1&ne ws_no=4383

http://www.ftc.go.kr/www/selectReportUserView.do?key=10&rpttype=1&report_data _no=8862

동일인 명의로 반복된 명의신탁의 증여세 과세에 관한 연구*

유 철 형 변호사

Ⅰ. 문제의 제기

A명의로 취득한 주식을 매각한 후 그 대금으로 주식을 취득하면서 다시 A명의로 취득하는 경우와 이번에는 A가 아닌 B명의로 취득하는 경우에 명의신탁 증여의제 증여세 과세 여부가 달라질 수 있는지가 실무상 문제되고 있다. 최초 주식을 취득한 이후 그 주식을 기초로 하여 신주를 취득하는 계기로는 반복된 주식 매매 외에도 합병, 증자, 주식의 포괄적 교환 등이 있다.

위와 같이 기존 명의신탁 주식을 기초로 하여 취득하는 주식을 다시 동일한 명의수탁자 명의로 반복하여 취득한 경우 명의신탁 증여의제 규정에 따른 증여세를 과세할 수 있는지에 대해 최근 다수의 대법원 판결이 선고되었다. 아들 명의로 차명계좌를 개설하여 상장주식을 반복하여 거래한 사안에 대한 대법원 2017. 2. 21. 선고 2011두10232 판결, 주식의 포괄적 교환으로 취득한 신주에 관한 대법원 2018. 3. 29. 선고 2012두27787 판결, 그리고 합병신주에 관한 대법원

---

* 이 글은 한국세법학회의 조세법연구 25-2집(2019. 8.)에 게재되었던 논문을 다시 수록한 것이다.

2019. 1. 31. 선고 2016두30644 판결(이하 합병신주에 관한 대법원 판결을 "대상 판결"이라 함)1)은 모두 명의신탁 증여의제에 의한 증여세 과세를 부정하였다. 대상 판결을 비롯하여 위 쟁점에 대해 판단한 최근 일련의 대법원 판결들은 명의신탁 증여의제 규정의 적용을 최대한 억제할 필요가 있다는 배경에서 나온 것으로 보인다.

증여세 과세를 부정했다는 결론만 놓고 보면 대상 판결 등이 납세의무자를 보호한다는 점에서는 긍정적이라고 할 수 있으나, 명의신탁 증여의제에 관한 현행 상속세 및 증여세법(2018. 12. 31. 법률 제16102호로 개정된 것, 이하 "상증세법"이라 함) 제45조의2의 과세요건의 해석, 대상 판결 등이 제시한 근거의 타당성, 동일 쟁점에 관한 종전 판결과의 모순 등 대상 판결 등은 세법의 적용과 해석측면에서 여러 가지 문제가 있다.

상증세법 제45조의2에 규정한 명의신탁 증여의제는 담세력에 따른 과세가 아니라 오로지 행정적인 제재라는 점에서 본질적으로 조세의 개념에 부합하지 아니하고, 과세액도 명의신탁으로 회피된 조세가 아니라 명의신탁 주식의 가액을 과세표준으로 하여 과세함으로써 납세의무자에게 과도한 부담을 주고 있다는 점 등에서 속히 폐지되어야 한다. 다만, 입법론상 명의신탁 증여의제규정을 폐지하는 것이 바람직하다고 하더라도, 명의신탁 증여의제 규정이 유효하게 시행되고 있는 현행법하에서 그 과세대상이 되는지 여부는 법원도

---

1) 동일인 명의로 반복된 명의신탁 주식이 증여의제 과세대상이 되는지 여부에 대해서는 Ⅲ.항에서 보는 바와 같이 최근 다수의 대법원 판결이 선고되었다. 그 중 대법원 2019. 1. 31. 선고 2016두30644 판결은 합병전 취득한 명의신탁 주식에 조세회피목적이 인정되어 증여의제 과세대상이 되었는데, 바로 그 명의신탁 주식에 기초하여 합병에 따라 동일한 명의수탁자 명의로 취득한 신주에 대해서는 증여의제 과세요건인 조세회피목적이 있는지 여부에 대한 판단도 하지 아니한 채 증여의제 과세대상이 되지 않는다는 모순된 판단을 한 대표적인 사례로 생각되어 대상 판결로 선정하였다.

관련 법률에 따라 판단하여야 하는 것이지, 법률의 규정을 벗어나서 판결로 새로운 입법을 하는 것은 문제가 있다.

이하에서는 동일인 명의로 반복된 명의신탁에 대한 증여세 과세 여부를 어떻게 판단하는 것이 현행 상증세법의 해석에 부합하는 것인지를 모색해 보기 위하여 (1) 먼저 명의신탁 증여의제의 입법취지와 과세 여부 판단에 있어서 중요한 과세요건을 검토한 후, (2) 이러한 과세요건과 관련하여 동일인 명의로 반복되는 명의신탁이 발생하는 유형별 사례와 그에 대한 대법원 판결의 문제점을 검토하고, (3) 대상 판결에 대한 검토와 입법론을 제시한 다음, (4) 결론을 맺는 순서로 정리한다.

II. 명의신탁 증여의제 규정의 입법취지와 주요 요건

1. 명의신탁 증여의제 규정의 입법취지

대법원은 이 사건 법률조항의 입법취지를 일관되게 '실질과세원칙의 예외로서 재산의 실제소유자가 조세회피목적으로 그 명의만 다른 사람 앞으로 해두는 명의신탁행위를 효과적으로 방지하여 조세정의를 실현하는 데에 있다'고 하고 있다.[2]

헌법재판소 역시 그 입법취지를 일관되게 '명의신탁을 내세워 조세를 회피하려는 것을 방지하여 조세정의와 조세형평 등을 관철하기 위한 것'이라고 하여 대법원과 동일하게 보고 있다.[3]

---

2) 대법원 2004. 12. 23. 2003두13649 판결, 대법원 2005. 1. 27. 2003두4300 판결, 대법원 2006. 5. 12. 선고 2004두7733 판결, 대법원 2006. 9. 22. 선고 2004두11220 판결, 대법원 2009. 4. 9. 선고 2007두19331 판결, 대법원 2017. 2. 21. 선고 2011두10232 판결 등.

2. 명의신탁 증여의제 증여세 과세의 주요 요건

(1) 명의신탁 증여의제의 주요 과세요건

권리의 이전이나 그 행사에 등기 등이 필요한 재산(토지와 건물은 제외한다)의 실제소유자와 명의자가 다른 경우에는 원칙적으로 상증세법 제45조의2에 따른 명의신탁 증여의제의 과세대상이 되고, 다만, 그와 같이 명의와 실질을 다르게 한 데에 조세회피목적이 없는 경우에는 증여의제 과세대상에서 제외된다.4) 과세관청은 실제소유자와 명의자가 다르다는 점에 대한 입증책임이 있고,5) 납세의무자는 조세회피목적이 없다는 점에 대한 입증책임이 있다.6) 공부상

---

3) 헌재 2004. 11. 25.자 2002헌바66 결정, 헌재 2005. 6. 30.자 2004헌바40 결정, 헌재 2012. 5. 31.자 2009헌바170 결정, 헌재 2012. 8. 23.자 2012헌바173 결정, 헌재 2013. 9. 26.자 2012헌바259 결정, 헌재 2015. 7. 30.자 2014헌바474 결정, 헌재 2017. 12. 28.자 2017헌바130 결정 등.

4) 상증세법 제45조의2 ① 권리의 이전이나 그 행사에 등기 등이 필요한 재산(토지와 건물은 제외한다. 이하 이 조에서 같다)의 실제소유자와 명의자가 다른 경우에는 「국세기본법」 제14조에도 불구하고 그 명의자로 등기 등을 한 날(그 재산이 명의개서를 하여야 하는 재산인 경우에는 소유권취득일이 속하는 해의 다음 해 말일의 다음 날을 말한다)에 그 재산의 가액(그 재산이 명의개서를 하여야 하는 재산인 경우에는 소유권취득일을 기준으로 평가한 가액을 말한다)을 실제소유자가 명의자에게 증여한 것으로 본다. 다만, 다음 각 호의 어느 하나에 해당하는 경우에는 그러하지 아니하다.
   1. 조세 회피의 목적 없이 타인의 명의로 재산의 등기 등을 하거나 소유권을 취득한 실제소유자 명의로 명의개서를 하지 아니한 경우
   2. 삭제<2015. 12. 15.>
   3. 「자본시장과 금융투자업에 관한 법률」에 따른 신탁재산인 사실의 등기 등을 한 경우
   4. 비거주자가 법정대리인 또는 재산관리인의 명의로 등기 등을 한 경우
5) 대법원 2009. 9. 24. 선고 2009두5404 판결 등.
6) 대법원 2006. 5. 12. 선고 2004두7733 판결, 대법원 2017. 2. 21. 선고 2011두

실제소유자와 명의자가 다르다는 점7)과 조세회피목적이 명의신탁 증여의제의 과세에서 주요한 요건이라고 할 수 있으므로, 이하에서는 위 두 요건과 관련된 실무상 쟁점에 한정하여 검토한다.

(2) 실제소유자와 명의자가 다르게 등기 등이 될 것(명의신탁의 합의)

이와 같이 실제소유자와 명의자가 다르게 등기 등이 되는 대표적인 사례로는 주주명부에 실제소유자와 명의자가 다르게 기재되는 것, 즉, 명의개서가 있다. 명의개서란 권리자가 변경된 경우에 주주명부8)나 사원명부,9) 사채원부10) 등에 권리자의 명의를 변경하여 기재하는 것을 의미한다. 위 서류들은 모두 본점에 비치하도록 되어 있다.11) 주권과 사채권이 명의개서의 대상이 된다.

명의신탁은 당사자들인 명의신탁자와 명의수탁자 사이에 명의사용에 대한 합의가 있어야 한다. 즉, 명의신탁은 실제소유자와 명의자간의 계약에 의하여 성립한다. 따라서 당사자간에 명의신탁에 관한 합의가 없는 경우에는 명의신탁이 성립하지 않으므로 상증세법 제45조의2를 적용할 수 없다. 타인의 명의를 명의자의 동의 없이 임의로 사용하는 명의도용이 명의신탁에 대한 합의가 없는 대표적인 예이다.12) 대법원도 '명의신탁 증여의제 규정은 권리의 이전이나 행

10232 판결 등.
7) 명의신탁자와 명의수탁자 사이에 명의신탁에 관한 합의가 있음을 전제로 함.
8) 상법 제352조.
9) 상법 제557조.
10) 상법 제488조.
11) 상법 제396조, 제566조.
12) 이러한 명의도용 행위는 형사상 사문서위조(형법 제231조) 및 행사죄(형법 제234조)에 해당된다.

사에 등기 등을 요하는 재산에 있어서 실질소유자와 명의자가 합의 또는 의사소통 하에 명의자 앞으로 등기 등을 한 경우에 적용되는 것이므로 명의자의 의사와는 관계없이 일방적으로 명의자 명의를 사용하여 등기한 경우에는 적용될 수 없다'고 판시하고 있다.[13] 소송 이전의 과세관청이나 전심단계에서는 명의도용 여부에 대한 판단이 쉽지 아니하므로 명의도용행위에 대한 명의수탁자의 고소로 명의신탁자가 사문서위조 및 위조사문서행사죄 등으로 형사처벌을 받은 경우에 한하여 상증세법 제45조의2의 적용을 배제하는 것이 일반적이고, 그 외의 경우에는 대부분 명의신탁 증여의제 규정을 적용하여 증여세를 과세하고 있다. 명의신탁 증여의제 규정의 적용에 있어서 과세관청은 주식의 실제소유자가 명의자와 다르다는 사실만 입증하면 족하고, 명의자에로의 등기 등이 명의자의 의사와는 관계없이 실제소유자의 일방적인 행위로 이루어졌다는 사실은 이를 주장하는 명의자가 증명하여야 한다.[14] 그런데 일반적으로 과세실무상 문제되는 명의신탁은 부모와 자녀 사이, 또는 대주주와 임직원 사이에 이루어진다는 사실을 감안할 때 명의자인 자녀나 임직원이 실제소유자인 부모나 대주주를 형사고발할 것을 기대하기는 어렵다. 이런 이유로 실제 명의도용의 경우에도 실무상 명의수탁자가 명의도용을 주장하여 증여세 과세를 면하는 것은 기대하기 어렵다.

　명의신탁의 합의와 관련하여 거주자가 1인 주주로서 외국에 명목상 회사(paper company)를 설립하고 그 회사를 통하여 국내 주식을 취득하는 경우 거주자가 명목상 회사에 주식을 명의신탁한 것으로

---

13) 대법원 1985. 3. 26. 선고 84누748 판결, 대법원 1987. 11. 24. 선고 87누512 판결, 대법원 1996. 5. 31. 선고 95누13531 판결, 대법원 2008. 2. 14. 선고 2007두15780 판결 등.

14) 대법원 1990. 2. 27. 선고 89누3465 판결, 대법원 1990. 10. 10. 선고 90누5023 판결, 대법원 2008. 2. 14. 선고 2007두15780 판결 등.

볼 수 있는지, 즉, 거주자와 명목회사 사이에 명의신탁의 합의가 있는 것으로 볼 수 있는지 여부가 실무상 종종 논란이 되어 왔다. 위 쟁점이 문제된 사안에서 대법원 2018. 10. 25. 선고 2013두13655 판결은, '명목상 회사와 그 상위 지주회사는 적법하게 설립된 법인으로 법인격을 가지므로, 원고가 지주회사 지배구조의 최종 1인 주주로서 명목회사를 지배·관리하고 있다는 사정만으로는, 명목상 회사의 법인격이나 이를 전제로 한 사법상 효과 및 법률관계를 부인하여 명목상 회사가 아니라 그 최종 지배주주인 원고가 명목회사 명의로 취득한 주식을 취득하였다고 볼 수 없다. 따라서 명목상 회사는 대외적으로는 물론이고 지주회사의 1인 주주인 원고와의 관계에서도 주식의 소유권을 취득하였다고 볼 수 있고, 이와 달리 원고가 명목상 회사와의 관계에서 주식의 소유권을 유보하고 있었다고 보기 어렵다. 원고가 세무조사 과정에서, '명목상 회사를 설립하여 위 회사를 통해 주식을 취득하는 방법으로 투자하였는데, 그 취득자금을 자신이 조달하였다'는 취지의 진술을 하였다는 사정만으로 원고와 명목상 회사 사이에 명의신탁 약정이 있었다고 단정하기 어렵고, 그 외에 원고와 명목상 회사 사이에 명의신탁에 관한 합의가 있었다고 볼 만한 증거가 없다.'고 판시하였다. 즉, 위 2013두13655 판결은 명목상 회사라도 적법하게 설립된 이상 출자자와 별개로 법인격을 갖는 것이고, 거주자가 1인 주주로서 명목상 회사를 지배·관리하고 있다고 하더라도 이를 이유로 명목상 회사의 법인격이나 사법상 효과 및 법률관계를 부인할 수 없으므로 명목상 회사가 취득한 국내 주식의 주주는 명목상 회사의 1인 주주가 아니라 명목상 회사라고 함으로써 1인 주주와 명목상 회사 사이의 명의신탁 관계를 부정하여 위 쟁점에 관한 실무상 논란을 정리하였다.

(3) 조세회피목적[15]

1) 상증세법 제45조의2 제1항 제1호는 명의신탁에 조세회피목적이 없는 경우를 증여의제 과세대상에서 제외하고 있고, 제3항은 "타인의 명의로 재산의 등기 등을 한 경우 및 실제소유자 명의로 명의개서를 하지 아니한 경우에는 조세회피목적이 있는 것으로 추정한다."고 규정하고 있는데, 여기에서 조세회피목적이 없다는 점에 대한 입증책임은 이를 주장하는 명의자에게 있다.[16]

2) 1990년대 이후 현재까지 30여 년간 명의신탁 증여의제 규정의 적용에 있어서 조세회피목적에 관하여 판례는 아래와 같은 경향을 보여 주고 있다.

(가) 대법원은, '명의신탁을 한 목적이 조세를 회피하기 위한 유일한 또는 가장 주된 목적일 것을 요구하는 것이 아니고, 다른 목적과 아울러 조세회피의 의도도 있었다고 인정된다면 조세회피목적이 있다.'는 취지로 판시하였고,[17] 이러한 입장에서, '조세회피의 목적이 있었는지 여부는 주식을 명의신탁할 당시를 기준으로 판단할 것이지 그 후 실제로 위와 같은 조세를 포탈하였는지 여부로 판단할 것은 아닌 이상, 그 후 소외 회사가 영업부진으로 계속 결손이 나서 실제로 주주에게 배당을 실시하지 아니하였다고 하여 명의신탁 당

---

15) 명의신탁 증여의제에서 회피되는 조세로 주로 논의되는 사항은 증여세, 상속세, 과점주주의 제2차 납세의무, 과점주주의 간주취득세, 양도소득세, 배당소득에 따른 종합소득세 누진세율 회피 여부 등이다.

16) 대법원 2006. 5. 12. 선고 2004두7733 판결 , 대법원 2017. 2. 21. 선고 2011두10232 판결 등.

17) 대법원 1998. 6. 26. 선고 97누1532 판결, 대법원 1998. 7. 14. 선고 97누348 판결, 대법원 2004. 12. 23. 선고 2003두13649 판결, 대법원 2005. 1. 27. 선고 2003두4300 판결 등.

시 조세회피의 목적이 없었다고 할 수도 없으므로 증여세부과처분은 적법하다.'고 판시[18]함으로써 명의신탁으로 인하여 실제 회피된 조세가 없다고 하더라도 회피가능성이 있었다면 조세회피목적이 있는 것으로 보았다.

이와 같이 대법원은 조세회피목적이 없었다는 점에 대해 엄격한 증명을 요구하여 실제로 회피된 조세가 없음에도 불구하고 장래 조세회피가능성이 있었다는 이유만으로 조세회피목적을 인정하여 조세회피목적이 인정되는 범위를 아주 넓게 보아 왔다. 이에 따라 2000년대 중반까지 대법원에서 명의신탁 증여의제로 증여세가 과세된 사안에서 조세회피목적이 없다고 인정된 판례는 찾기 어렵다.[19]

(나) 그런데 2006년도에 와서 대법원은 조세회피목적이 없다는 점에 대해 종전의 태도를 완화하는 변화를 보여주었다. 즉, 대법원 2006. 5. 12. 선고 2004두7733 판결은 '명의신탁이 조세회피 목적이 아닌 다른 이유에서 이루어졌음이 인정되고 그 명의신탁에 부수하여 사소한 조세경감이 생기는 것에 불과하다면 그와 같은 명의신탁에 조세회피목적이 있었다고 볼 수 없다.'고 전제한 다음, '소외 회사의 설립 당시 원고의 이름으로 주식을 인수한 것은 상법상 요구되는 발기인 수를 채우기 위한 것이었고, 이후 소외 회사가 영위하는 토목공사업의 면허기준을 맞추기 위하여 증자를 실시하면서 종전 소유주식 수에 따라 신주인수권이 부여됨에 따라 원고 이름으로 이 사건 주식을 인수하게 된 것일 뿐, 당시 소외인에게 증여세를 회피할 목적은 없었다고 인정되고, 또한 소외 회사가 설립 이후 30년이 지난 현재에 이르기까지 조세를 체납하거나 배당을 실시한 적이 없

---

18) 대법원 2005. 1. 27. 선고 2003두4300 판결.
19) 강석훈, "명의신탁 주식의 증여의제에 관한 판례의 태도 및 그 해석론", 「특별법연구」 제8권(2006), 557면.

어 소외인이 과점주주로서의 제2차 납세의무나 배당소득에 대한 누진세율에 따른 종합소득세 부담을 회피한 사실이 없고, 나아가 명의신탁 이후 10년이 넘도록 원고의 연간 소득액이 소득세법상 최고세율이 적용되는 금액을 초과하고 있으므로 설령 소외 회사가 배당을 실시하였다고 하여도 이 사건 주식에 대한 배당과 관련하여 과세관청이 납부받게 되는 소득세액은 명의신탁 전·후로 별다른 차이가 없어 사실상 회피되는 종합소득세액이 거의 없는 점, 소외인이 자신 명의로 이 사건 주식을 취득하였다고 하더라도 이 사건 주식의 명의신탁으로 인하여 회피하게 되는 간주취득세는 발생할 여지가 없다는 점 등을 근거로 단지 장래 조세경감의 결과가 발생할 수 있는 가능성이 존재할 수 있다는 막연한 사정만으로 명의신탁 당시 소외인에게 조세회피의 목적이 있었다고 볼 수 없다.'고 판시하였다.

위 2004두7733 판결 이후 비슷한 시기에 동일한 취지의 판결이 몇 개 나왔다. 즉, 대법원 2006. 5. 25. 선고 2004두13936 판결은 '명의신탁이 회사업무처리 절차상의 번거로움을 피하기 위한 것이었고, 명의신탁 주식을 합하여도 과점주주가 되지 아니하며, 한 번도 이익배당을 실시한 적이 없어 명의신탁으로 인하여 회피된 종합소득세가 없을 뿐 아니라 설령 이익배당을 실시하였다고 하더라도 사실상 경감될 수 있는 종합소득세가 적은 액수에 불과한 점 등에 비추어 볼 때, 명의신탁 당시 원고에게 배당소득의 종합소득합산과세에 따른 누진세율 적용을 회피할 목적이 있었다고 보기는 어렵다.'고 판시하였다.

또한 대법원 2006. 6. 9. 선고 2005두14714 판결은, '소외 3이 원고 명의로 이 사건 주식을 인수하게 된 것은 소외 회사의 주식인수를 위한 자격요건인 15년 이상 방송국 경력자가 필요했기 때문으로 보이고, 나아가 소외 3이 자신 명의로 이 사건 주식을 취득한다고 하더라도 국세기본법 및 지방세법상의 제2차 납세의무 또는 간주취득세의 부담을 지게 되는 과점주주에는 해당하지 않으므로 명의신탁 당시 소외 3에게 과점주주로서의 제2차 납세의무나 간주취득세를 회피할 목적이 있었다고 볼 수도 없으며, 소외 회사가 한 번도 이익배당을 실시한 적이 없어 이 사건 주식의 명의신탁으로 인하여 회피된 종합소득세도 없다는 점 등에 비추어 볼 때, 소외 3에게 이 사건 주식과 관련된 배당소득의 종합소득합산과세에 따른 누진세율 적용을 회피할 목적이 있었다고 보기도 어렵다.'고 판시하였다.[20]

(다) 이와 같이 2006년 전반기에 조세회피목적에 대한 증명을 다소 완화하는 대법원 판결이 몇 건 있었으나, 그 이후 다시 아래에서 보는 바와 같이 명의수탁자에게 조세회피목적이 없었다는 점에 대해 엄격한 증명을 요하는 판결이 이어졌다.

대법원 2006. 9. 22. 선고 2004두11220 판결은 원고가 강제집행을 피하기 위하여 명의신탁을 하였다고 주장한 사안에서, '조세회피의 목적이 없었다는 점에 대하여는 조세회피의 목적이 아닌 다른 목적이 있었음을 증명하는 등의 방법으로 증명할 수 있다 할 것이나, 증명책임을 부담하는 명의자로서는 명의신탁에 있어 조세회피의 목적이 없었다고 인정될 정도로 조세회피와 상관없는 뚜렷한 목적이 있었고, 명의신탁 당시에나 장래에 있어 회피될 조세가 없었다는 점을 객관적이고 납득할 만한 증거자료에 의하여 통상인이라면 의심을 가지지 않을 정도의 증명을 하여야 할 것'이라고 판시하여 다시 엄격한 증명을 요하는 태도를 보여 주었다.

또한 대법원 2009. 4. 9. 선고 2007두19331 판결은 주식투자를 하는 소외인이 원고들을 포함한 명의수탁자 15명에 대한 주식 명의신탁으로 종합소득세 101,336,098원을 회피한 사안에서, '명의신탁이 조세회피 목적이 아닌 다른 이유에서 이루어졌음이 인정되고 그 명

---

20) 대법원 2006. 6. 29. 선고 2006두2909 판결도 같은 취지.

의신탁에 부수하여 사소한 조세경감이 생기는 것에 불과하다면 그와 같은 명의신탁에 조세회피목적이 있었다고 단정할 수는 없다. 그러나 입법 취지에 비추어 볼 때 명의신탁의 목적에 조세회피 목적이 포함되어 있지 않은 경우에만 위 조항 단서를 적용하여 증여의제로 의율할 수 없는 것이므로 다른 주된 목적과 아울러 조세회피의 의도도 있었다고 인정되면 조세회피 목적이 없다고 할 수 없다.'고 하여 소외인이 원고들에게 주식을 명의신탁함에 있어 1인당 대출한도를 피하여 추가로 대출을 받기 위한 주된 목적 이외에도 주식의 배당소득에 대한 종합소득세의 부담을 경감시키려는 의도도 있었다고 보아야 한다는 이유로 부과처분이 적법하다고 판시하였다.

그 후 대법원 2013. 10. 17. 선고 2013두9779 판결은 상법상 경업금지의무를 피하기 위하여 동종 업체의 주식을 타인 명의로 취득함으로써 과점주주의 제2차 납세의무로 부과된 부가가치세 5,400만원을 회피한 사안에서, 조세회피목적이 있다고 판시하였다. 최근에 선고된 대법원 2017. 2. 21. 선고 2011두10232 판결도 위 2007두19331 판결과 동일한 취지로 판시함으로써 엄격한 증명을 요하는 태도를 취하였다.

(라) 한편, 2006년 이후 대법원은 위 (다)항에서 본 바와 같이 조세회피목적의 부존재에 대한 엄격한 증명을 요구하는 판결을 선고하면서도 다른 한편으로는 이를 완화하는 판결도 다수 선고하였다.

즉, 대법원 2008. 11. 27. 선고 2007두24302 판결은, '구 상호저축은행법상 주식취득 신고제도로 인하여 소외 회사로부터 매수한 주식을 모두 자신의 명의로 취득하기 곤란한 사정으로 주식취득 신고의무를 회피할 목적에서 부득이 일부를 원고 등에게 명의신탁한 것으로서 명의신탁 당시 소외인에게 조세회피의 목적이 없었다고 봄이 상당하고, 단지 장래 조세경감의 결과가 발생할 수 있는 막연한 가능성이 존재한다거나 명의신탁에 부수하여 사소한 조세경감이 생기는 사정만으로 달리 볼 것은 아니다.'라고 판시하였다. 대법원 2014. 5. 16. 선고 2014두786 판결은 관련 규정상 주식처분 제한 때문에 타인 명의로 주식을 취득하였으나 취득 후 1년 뒤에 취득가액에 미치지 못하는 금액으로 처분하였고, 타인 명의로 보유하는 기간 동안 발행법인이 결손이어서 배당이 없었던 사안에서, '양도차익에 대해 양도소득세가 부과된다고 하더라도 명의신탁으로 인하여 경감되는 세액이 25만원 정도에 불과하고 달리 제2차 납세의무나 간주취득세 등 다른 조세를 회피할 가능성이 없다.'고 판시하였다.

대법원 2017. 6. 19 선고 2016두51689 판결은 '원고가 주식을 명의신탁하게 된 이유는 건설공제조합에 대한 연대보증인을 B에서 D로 교체하는 등 소외 회사의 경영상 어려움을 타개하기 위한 조치로 보이고, 명의수탁자들은 모두 명의신탁자와 친족관계에 있으므로 과점주주로서의 제2차 납세의무를 회피할 목적이 있었다고 보기 어렵다. 또한 소외 회사는 이익배당을 실시한 적이 없어 주식의 명의신탁으로 인하여 회피된 종합소득세가 없으며, 설령 소외 회사가 이익배당을 실시하였다고 하더라도 명의신탁자와 명의수탁자들에게 동일한 세율이 적용되어 그 세액에 있어 거의 차이가 없을 것으로 보이므로 명의신탁 당시 배당소득의 종합소득합산과세에 따른 누진세율 적용을 회피할 목적이 있었다고 하기 어렵다.'고 판시하였다.

또한 대법원 2017. 12. 13. 선고 2017두39419 판결은 개인사업체를 운영하다가 국세를 체납한 상태에서 개인사업체를 폐업하고 주식회사를 설립하면서 총 발행주식 중 일부를 배우자 명의로 취득하고, 약 7년 후 다른 주주들로부터 나머지 주식을 다시 배우자 명의로 양수하였으며, 다시 3년 후 유상증자 과정에서 배우자 명의로 주식을 취득한 것에 대해 과세관청이 명의신탁 증여세 부과처분을 한 사안에서, '위 주식 양수는 이미 체납상태에 빠져있던 갑이 조세채권의 확보를 곤란하게 하고 그 납부를 회피할 의도 등에서 배우자에게 명의신탁을 한 것으로 보이나, 유상증자 과정에서의 주식 취득은 절차상의 번거로움을 피할 목적에서 종래 주식보유현황에 기초하여 배우자 명의로 인수한 것으로서 체납된 조세채무의 회피와는 무관하게 이루어진 것이라고 볼 수 있는데도 유상증자 과정에서의 명의신탁에 대한 처분이 적법하다고 본 원심판단에는 법리오해 등의 잘못이 있다.'고 판시하였다.

3) 최근 대법원 판결과 관련한 실무상 문제

2006년 이후 최근까지 조세회피목적의 존재 여부와 관련하여 선고된 명의신탁 증여의제 관련 대법원 판결들을 보면, 대법원은 조세회피목적이 없었다는 점에 대해 대체로 엄격한 증명을 요하는 입장으로 보인다. 그런데 명의신탁의 주된 목적이 조세회피목적이 아닌 다른 데에 있고, 그 명의신탁으로 인하여 회피된 세액이 크지 않은 경우에는 조세회피목적이 없다는 입장을 취하고 있다. 위 2)항에서 본 바와 같이 최근 대법원 판결들은 아래와 같은 두 가지 유형이 혼재되어 있는 상태이다.21)

첫째 유형은 명의신탁이 조세회피목적이 아닌 다른 이유에서 이루어졌고 그에 부수하여 사소한 조세경감이 생긴 경우에는 그와 같은 명의신탁에 조세회피목적이 없다는 입장이다.22) 둘째 유형은 명의신탁을 하는 목적에 조세회피목적이 포함되어 있지 않은 경우에만 증여의제로 의율할 수 없다는 전제에서 명의신탁에 다른 주된 목적과 함께 조세회피의도도 있었다고 인정되는 경우에는 조세회피목

---

21) 김석범, "명의신탁 증여의제에 의한 증여세 부과의 한계", 「대법원판례해설」제111호, 법원도서관(2017), 570-572면.

22) 대법원 2008. 11. 27. 선고 2007두24302 판결, 대법원 2014. 5. 16. 선고 2014두786 판결, 대법원 2017. 6. 19 선고 2016두51689 판결, 대법원 2017. 12. 13. 선고 2017두39419 판결 등.

적을 인정하는 입장이다.23)

　여기에서 문제는 명의신탁으로 인하여 조세회피의 결과가 발생한 사안에서 그 명의신탁을 위 두 유형 중 어느 유형으로 판단할 것인지에 대한 기준이 없어서 실무상 혼란이 발생한다는 점이다. 대법원은 '명의신탁에 부수하여 사소한 조세경감이 생기는 것'과 '다른 주된 목적과 아울러 조세회피의 의도도 있었다고 인정되는 것'이 구체적으로 어떻게 구별될 수 있는지 그 판단기준을 전혀 밝히지 않은 채 사안에 따라 위 두 유형 중 어느 하나에 해당되는 것으로 판단하고 있다. 이로 인하여 특정 사안에서 명의신탁의 주된 목적이 조세회피목적이 아닌 다른 이유였는데, 명의신탁으로 인하여 조세경감의 결과가 발생한 경우 조세회피목적이 인정되어 증여의제 과세대상이 될 것인지 여부는 전적으로 그 사건을 담당하는 재판부의 임의적인 판단에 맡겨져 있는 것이다. 동일한 사안에 대해 재판부에 따라서 명의신탁에 부수하여 사소한 조세경감이 생기는 것에 불과하다는 이유로 조세회피목적을 부정할 수도 있고, 반대로 다른 주된 목적과 아울러 조세회피의 의도도 있었다는 이유로 조세회피목적을 인정할 수도 있다. 어느 유형으로 판단할 것인지는 구체적인 사안에 따라 판단하면 족하다는 견해가 있을 수 있으나, 이는 납세의무자의 예측가능성과 법적 안정성을 현저하게 침해한다. 대법원은 명의신탁의 주된 목적이 조세회피목적이 아니지만 조세경감의 결과가 발생하는 경우에 조세회피목적의 인정 여부에 관하여 회피된 세액을 기준으로 제시하는 것과 같이 구체적인 판단기준을 제시할 필요가 있다.24)25)

---

23) 대법원 2009. 4. 9. 선고 2007두19331 판결, 대법원 2017. 2. 21. 선고 2011두 10232 판결 등.

24) 예를 들면, 회피된 제액이 1,000만원 이하이면 조세회피목적이 없는 것으로 본다든지, 부과되는 증여세액 대비 회피된 세액이 일정 비율 이하이면

Ⅲ. 동일인 명의로 반복된 명의신탁의 유형별 사례 검토

이하에서는 동일인 명의로 반복된 명의신탁의 유형별로 증여의 제 과세대상이 되는지 여부에 관해 검토한다.

1. 증자에 따라 명의수탁자 명의로 이루어진 신주 인수

(1) 유상증자

주식발행법인이 유상증자를 할 때 명의수탁자에게 배정된 신주의 증자대금을 명의신탁자가 부담하여 명의수탁자 명의로 신주를 취득하는 경우가 이에 해당된다.

대법원 2006. 9. 22. 선고 2004두11220 판결은, '명의신탁재산의 실질적인 소유자는 증여추정규정에도 불구하고 여전히 명의신탁자이고, 따라서 이 사건 최초 명의신탁 주식이 증여로 추정되는 경우 이 사건 유상증자분 주식에 대한 신주인수권은 최초 명의신탁된 주식의 실질적 소유자인 소외인에게 귀속되는 것이며, 소외인이 위 신

조세회피목적이 없다고 본다든지 하는 등의 기준을 생각해 볼 수 있다.
25) 명의신탁 증여의제에서 조세회피목적과 관련하여 핵심적인 사항은 ① 명의신탁의 주된 목적이 조세회피목적이 아닌 다른 목적이고, 그에 부수하여 사소한 조세경감이 생기는 것에 불과한 경우인지 여부와 ② 사소한 조세경감은 어느 정도를 의미하는지에 대한 입증방법과 입증의 정도 문제이다. 이는 사안에 따라 명의신탁이 조세회피가 아닌 다른 목적으로 이루어졌다는 점, 실제로 회피된 조세가 없었다거나 명의신탁으로 인하여 발생한 조세의 경감이 아주 사소한 금액이라는 점, 주식발행법인이 체납을 한 사실이 없고 결손법인이어서 배당을 할 여건도 되지 못하였다거나 이익이 발생한 법인이라고 하더라도 한 번도 배당을 한 적이 없다는 점 등 정황사실을 통한 간접적인 방법으로 입증하고 있다. 강석규, 『조세법 쟁론』, 삼일인포마인, 2017, 1203-1209면.

주인수권을 행사하여 원고들 명의로 신주인수대금을 납입하여 이 사건 유상증자분 주식을 원고들에게 명의신탁한 것이다. 유상증자에서 신주의 명의신탁이 조세회피목적이 아닌 다른 이유에 의하여 이루어졌음이 인정되지 않는 이상 증여세 부과처분은 적법하다.'고 판시하여 명의신탁 증여의제 과세대상인지 여부를 판단함에 있어서 주요 요건인 명의신탁의 합의와 조세회피목적의 존재 여부를 심리·판단하였다.

대법원 2013. 9. 26. 선고 2011두181 판결은 A법인과 B법인의 합병과정에서 명의수탁자인 원고들이 B법인 발행의 이 사건 제1주식을 A법인에 양도함과 동시에 그 매매대금을 신주인수대금으로 하여 A법인의 유상증자에 참여, 이 사건 제2주식을 그들 명의로 인수하였고, 그 이후 A법인이 B법인을 흡수합병한 사안에서, '이 사건 제2주식은 이 사건 제1주식과는 그 취득원인 등을 달리하는 별도의 새로운 재산으로서 이 사건 제1주식의 단순한 변형물이라고 볼 수는 없고, 나아가 원고들이 이 사건 제2주식을 그들 명의로 인수하는 것에 대하여 원고들과 명의신탁자 사이에 별도의 의사합치도 있었다고 보아야 할 것이므로, 이 사건 제2주식의 명의신탁은 이 사건 제1주식의 명의신탁과는 별도의 명의신탁으로 볼 수밖에 없다. 그리고 이 사건 제2주식은 이 사건 제1주식과는 달리 대주주의 주식 양도에 대하여 양도소득세가 과세되는 주권상장법인 발행주식으로서, 그와 관련된 조세회피는 명의신탁이 이루어짐으로써 비로소 현실화되는 점 등을 고려하면, 이 사건 제2주식의 명의신탁에는 조세회피의 목적도 있었다고 봄이 타당하다.'고 판시하여 위 2004두11220 판결과 마찬가지로 명의신탁 증여의제의 주요 요건에 대해 판단하였다.

한편, 대법원 2017. 12. 13. 선고 2017두39419 판결은 명의수탁자의 명의로 유상증자에 참여하여 취득한 주식과 관련하여, '경영상 필요에 의하여 유상증자를 하면서 절차상의 번거로움을 피할 목적에서 원고 명의로 인수한 것이고, 당시 이미 명의자인 원고가 국세기본법이나 지방세법상의 제2차 납세의무 또는 간주취득세의 부담을 지게 되는 상황이었으므로, 소외 1에게 과점주주로서의 제2차 납세의무나 간주취득세를 회피할 목적이 있었다고 볼 수 없으며, 이 사건 회사는 설립 당시부터 현재에 이르기까지 이익배당을 실시한 사실이 없으므로 2009년 주식 취득으로 인하여 회피된 종합소득세도 없고, 설령 배당가능한 이익잉여금이 있었다고 하더라도, 원고가 주식 전부의 명의자로서 이 사건 회사로부터 급여를 받고 있어 원고 명의로 배당소득 전부에 대한 과세가 가능하였던 상황이었으므로, 2009년 주식 취득 당시 그 주식과 관련된 배당소득의 종합소득합산 과세에 따른 누진세율 적용을 회피할 목적이 있었다고 보기도 어렵다.'고 하여 역시 위 2개의 판결들과 마찬가지로 명의신탁 증여의제의 주요 요건에 대해 판단하였다.

(2) 자본잉여금의 자본전입에 따른 무상증자

주식발행법인이 자본잉여금을 자본전입함에 따라 명의수탁자에게 무상으로 신주를 배정하는 경우이다.

대법원 2009. 3. 12. 선고 2006두20600 판결은, '주식발행초과금 등 상법상의 자본준비금과 자산재평가법상의 재평가적립금 등의 자본전입에 따라 무상주가 발행되는 경우에는, 기존 주식의 재산적 가치에 반영되고 있던 주식발행초과금 또는 자산재평가적립금 등이 전입되면서 자본금이 증가됨에 따라 그 증자액에 해당하는 만큼의 신주가 발행되어 기존의 주주에게 그가 가진 주식의 수에 따라 무상으로 배정되는 것이어서, 회사의 자본금은 증가되지만 순자산에는 아무런 변동이 없고 주주의 입장에서도 원칙적으로 그가 가진 주식의 수만 늘어날 뿐 그가 보유하는 총 주식의 자본금에 대한 비율이나 실질적인 재산적 가치에는 아무런 차이가 없다고 할 것이다. 원고 명의의 이 사건 제2, 3 주식은 기존의 명의수탁 주식인 이 사건 제1 주식이 실질적으로 분할된 것에 불과하여 원고가 소외 2로부터 기존의 명의수탁 주식과 별도로 명의신탁받은 것으로 볼 수는 없다.'고 판시함으로써 명의신탁의 합의와 조세회피목적에 대한 판단 없이 명의신탁 증여의제의 과세대상이 아니라고 하였다.

(3) 이익잉여금의 자본전입에 따른 무상증자

주식발행법인의 이익잉여금이 자본전입됨에 따라 명의수탁자에게 무상주를 배정하는 경우이다.

대법원 2011. 7. 14. 선고 2009두21352 판결은, '구 상증세법 제45조의2 제1항의 본문은 국세기본법 제14조 소정의 실질과세원칙에 대한 예외의 하나로서 명의신탁이 조세회피의 수단으로 악용되는 것을 방지하여 조세정의를 실현하고자 하는 한도 내에서 제한적으로 적용되는 규정인 점(대법원 2006. 9. 22. 선고 2004두11220 판결 등 참조), 주식의 실제소유자와 명의자가 다른 상태에서 당해 주식의 발행법인이 이익잉여금을 자본에 전입함에 따라 그 명의인에게 무상주가 배정되더라도 그 발행법인의 순자산이나 이익 및 실제주주의 그에 대한 지분비율에는 변화가 없으므로 실제주주가 그 무상주에 대하여 자신의 명의로 명의개서를 하지 아니하였다고 해서 기존주식의 명의신탁에 의한 조세회피의 목적 외에 추가적인 조세회피의 목적이 있다고 할 수 없는 점 등을 고려하면, 특별한 사정이 없는 한 기존의 명의신탁 주식 외에 이익잉여금의 자본전입에 따라 기존의 명의수탁자에게 그 보유주식에 비례하여 배정된 무상주는 구 상증세법 제45조의2 제1항 본문에 의한 증여의제 규정의 적용대상이 아니라고 할 것이다.'라고 판시함으로써 기존주식의 명의신탁에 조세회피목적이 있다고 하더라도 증자로 인하여 추가적인 조세회피 목적이 없으면 증자로 취득한 신주의 명의신탁은 증여의제 과세대상이 아니라는 입장을 취하였다.

기존주식의 명의신탁에 따른 조세회피가 해소되었는지 여부를 판단하지 아니한 채 새로 취득하는 신주에 대한 추가적인 조세회피 여부만을 기준으로 명의신탁 증여의제규정의 적용 여부를 판단하는 것은 상증세법 제45조의2의 문언에 반한다. 예를 들면, 기존주식의 명의신탁으로 인하여 주식을 분산 보유함으로써 배당소득의 합산에 따른 누진세율적용을 회피하고, 그 결과 종합소득세를 회피하고 있는 사안에서 무상증자에 따른 주식을 추가로 취득하는 경우에는 추가 취득한 명의신탁 주식에 대해서도 종합소득세가 계속 회피된다. 위 2009두21352 판결은 이런 점을 간과하고 있다.

(4) 유상증자와 무상증자를 달리 취급할 이유가 있는지

위와 같이 대법원은 유상증자와 무상증자를 구분하여 당초 명의신탁된 주식 외에 증자로 취득한 주식에 대해 유상증자의 경우에는 대체로 증여의제의 주요 요건인 명의신탁의 합의와 조세회피목적의 존재 여부를 판단하였다. 그런데, 무상증자의 경우에는 자본잉여금의 자본전입에 의한 것이든 이익잉여금의 자본전입에 의한 것이든 모두 발행법인의 순자산에 아무런 변동이 없어 실질적인 재산 가치에 차이가 없고 실제주주의 지분비율에도 변화가 없다는 이유로 명의신탁의 합의와 조세회피목적의 존부에 대한 판단 없이 증여의제 과세대상이 되지 않는 것으로 보고 있다. 이와 같이 동일하게 증자를 원인으로 하여 취득한 명의신탁 주식에 대해 그 취득원인이 유상이냐 무상이냐에 따라 과세대상 여부를 달리하는 것은 문제이다.26)27) 무상증자의 경우에도 유상증자와 마찬가지로 증여의제의 주요 요건인 명의신탁의 합의와 조세회피목적의 존부를 판단하여 과세대상인지 여부를 가리는 것이 상증세법 제45조의2의 문언에 부합한다.

2. 동일인 명의로 반복하여 이루어진 명의신탁 주식의 매매

최초로 증여의제 과세대상이 되어 과세되었거나 과세될 수 있는 명의신탁 주식의 매도대금을 사용하여 다시 동일인 명의로 주식을 취득한 경우 재취득한 주식이 명의신탁 증여의제 과세대상이 되는지가 문제된다. 대법원은 아래에서 보는 바와 같이 일정한 요건 하에 재취득한 주식을 과세대상에서 제외하는 것으로 해석하고 있다.

대법원 2017. 2. 21. 선고 2011두10232 판결은 아들 명의로 차명증권계좌를 개설하여 상장주식의 매수·매도를 수십 차례 반복하는 주식투자를 한 사안에서, '이 사건 법률조항은 권리의 이전이나 그 행사에 등기 등을 요하는 재산에 관하여 실제소유자와 명의자가 다른 경우에는 국세기본법 제14조의 규정에 불구하고 그 명의자로 등기 등을 한 날에 그 재산의 가액을 명의자가 실제소유자로부터 증여받은 것으로 본다는 것이다. 그런데, ① 이는 조세회피목적의 명의신탁

---

26) 이상우, "이익잉여금의 자본 전입 따라 무상주 배정에 따른 신주 인수 명의신탁 증여의제 과세대상에 해당되는지 여부", 법률신문 제3959호 (2011.8.)에서는 유상증자와 무상증자에서 신주의 명의신탁이 증여의제 과세대상인지 여부는 동일한 기준으로 판단할 필요가 있는데, 신주의 취득을 새로운 명의신탁으로 보기 어렵고 조세회피목적도 인정되기 어려우므로 결론적으로는 양자 모두 과세대상이 아니라고 함이 타당하다고 하고 있다.

27) 이중교, "무상주의 과세상 논점", 「특별법연구」제9권(2011), 사법발전재단, 692-694면에서는 무상주에 대한 명의신탁 증여의제 과세를 부정하는 판례의 결론이 타당하지만, 그 논거는 무상주에 대한 명의신탁의 합의가 없다고 하는 것이 타당하다고 하고 있다.

행위를 방지하기 위하여 실질과세원칙의 예외로서 실제소유자로부터 명의자에게 해당 재산이 증여된 것으로 의제하여 증여세를 과세하도록 허용하는 규정이므로, 조세회피행위를 방지하기 위하여 필요하고도 적절한 범위 내에서만 적용되어야 하는 점, ② 이 사건과 같은 주식의 경우에 관하여 보면, 증여의제 대상이 되어 과세되었거나 과세될 수 있는 최초의 명의신탁 주식이 매도된 후 그 매도대금으로 다른 주식을 취득하여 다시 동일인 명의로 명의개서를 한 경우에 그와 같이 다시 명의개서된 다른 주식에 대하여 제한 없이 이 사건 법률조항을 적용하여 별도로 증여세를 부과하는 것은 증여세의 부과와 관련하여 최초의 명의신탁 주식에 대한 증여의제의 효과를 부정하는 모순을 초래할 수 있어 부당한 점, ③ 최초의 명의신탁 주식이 매도된 후 그 매도대금으로 취득하여 다시 동일인 명의로 명의개서 되는 이후의 다른 주식에 대하여 각각 별도의 증여의제 규정을 적용하게 되면 애초에 주식이나 그 매입자금이 수탁자에게 증여된 경우에 비하여 지나치게 많은 증여세액이 부과될 수 있어서 형평에 어긋나는 점 등을 고려할 때, 최초로 증여의제 대상이 되어 과세되었거나 과세될 수 있는 명의신탁 주식의 매도대금으로 취득하여 다시 동일인 명의로 명의개서된 주식은 그것이 최초의 명의신탁 주식과 시기상 또는 성질상 단절되어 별개의 새로운 명의신탁 주식으로 인정되는 등의 특별한 사정이 없는 한 다시 이 사건 법률조항이 적용되어 증여세가 과세될 수는 없다고 봄이 타당하다.'고 판시하였다.

즉, 명의신탁 주식의 매도대금을 사용하여 다시 동일인 명의로 취득한 주식은 원칙적으로 상증세법 제45조의2를 적용할 수 없고, 예외적으로 주식의 재취득이 최초의 명의신탁 주식과 시기상 또는 성질상 단절되어 별개의 새로운 명의신탁 주식으로 인정되는 등의 특별한 사정이 있는 경우에 한하여 상증세법 제45조의2를 적용할 수 있다는 것이다. 그런데, 예외적으로 명의신탁 증여의제로 볼 수 있는 '주식의 재취득이 최초의 명의신탁 주식과 시기상 또는 성질상 단절되어 별개의 새로운 명의신탁 주식으로 인정되는' 경우는 어떤 경우가 있을지 상정하기 어렵다. 상증세법 제45조의2에 따르면, 각각의 재취득에 명의신탁 합의가 있고, 조세회피목적이 인정되면 모두 증여의제 과세대상이 될 것이고, 이러한 요건 중 어느 하나라도 인정되지 않으면 증여의제 과세대상이 되지 않을 것이다. 이는 결국 구체적인 사안에 따라 판단할 문제이지 위 2011두10232 판결과 같이 일반론으로 판단할 문제는 아니다.

3. 주식의 포괄적 교환에 의한 신주 인수

(1) 주식의 포괄적 교환의 의의

주식의 포괄적 교환이란 주식회사 사이에서 상법 제360조의2부터 같은 법 제360조의14까지 규정된 절차를 거쳐 완전모자회사관계를 설정하는 행위를 말한다. 주식의 포괄적 교환에 의하여 완전자회사가 되는 회사의 주주가 가지는 자회사의 주식은 주식을 교환하는 날에 주식교환에 의하여 완전모회사가 되는 회사에 이전하고, 완전자회사가 되는 회사의 주주는 완전모회사가 되는 회사가 주식교환을 위하여 발행하는 신주의 배정을 받거나 그 회사의 자기주식을 이전받음으로써 완전모회사의 주주가 된다.[28]

위와 같은 주식의 포괄적 교환에서 완전자회사의 주식이 명의신탁 주식인 경우 명의수탁자의 명의로 받게 되는 완전모회사의 주식을 명의신탁 증여의제로 보아 과세할 수 있는지가 문제된다. 대법원은 이에 대해 아래에서 보는 바와 같이 서로 상반되는 판결을 선고하였다.

---

28) 상법 제360조의2 제2항.

(2) 과세를 긍정한 판결

대법원 2013. 8. 23. 선고 2013두5791 판결은, '주식의 포괄적 교환은 소득세법(2005. 12. 31. 법률 제7837호로 개정되기 전의 것, 이하 '소득세법'이라 한다) 제88조 제1항이 규정하는 자산의 유상양도에 해당하므로 완전자회사가 되는 회사의 주주가 받는 완전모회사의 신주는 양도한 주식의 처분대가로 받는 새로운 자산이고 그가 종전에 보유하던 주식의 대체물이나 변형물이라고 할 수 없는 점, 상법 제360조의3 제1항과 제2항이 주식의 포괄적 교환을 주주총회 특별 결의사항으로 규정하고 상법 제360조의5가 반대주주의 주식매수청구권을 규정하고 있으므로 완전자회사가 되는 회사의 주주는 주식 교환계약의 당사자가 아니라고 하더라도 주식매수청구권을 행사하지 않은 이상 그의 의사에 기하여 주식교환계약이 이루어진 것으로 볼 수 있는 점(대법원 2011. 2. 10. 선고 2009두19465 판결 참조), 명의신탁자와 명의수탁자는 주식의 포괄적 교환으로 인하여 명의수탁자가 새로이 배정받는 신주에 관하여도 명의신탁관계를 유지하려는 의사를 가졌다고 봄이 합리적인 점, 소득세법 제94조 제1항 제3호는 주식의 상장 여부나 소유주식의 비율·시가총액 등에 따라 양도소득세 과세대상 여부를 달리 규정하고 있으므로 주식의 포괄적 교환으로 인하여 새로이 조세회피의 가능성이 발생할 수 있는 점 등을 종합하여 보면, 주식의 명의신탁을 받은 자가 주식의 포괄적 교환으로 인하여 그의 명의로 완전모회사의 신주를 교부받아 명의개서를 마친 경우 그 신주에 관하여는 명의신탁자와 명의수탁자 사이에 종전의 명의신탁관계와는 다른 새로운 명의신탁관계가 형성되므로, 그에 관하여 새로운 조세회피의 목적이 없다는 등의 특별한 사정이 없는 한 이는 상증세법 제45조의2 제1항이 규정하고 있는 명의신탁재산 증여의제의 적용대상이 된다.'고 판시하였다.

위 2013두5791 판결은 상증세법 제45조의2에 따라 명의신탁 증여의제의 주요 요건인 명의신탁의 합의와 조세회피목적의 존재 여부에 따라 증여의제 과세대상인지 여부를 판단하였다.

(3) 과세를 부정한 판결

대법원 2018. 3. 29. 선고 2012두27787 판결은, '주식의 명의신탁을 받은 자가 상법상 주식의 포괄적 교환에 의하여 완전자회사가 되는 회사의 주주로서 그 주식을 완전모회사가 되는 회사에 이전하는 대가로 그의 명의로 완전모회사의 신주를 교부받아 명의개서를 마친 경우 그 신주에 관하여는 명의신탁자와 명의수탁자 사이에 종전의 명의신탁관계와는 다른 새로운 명의신탁관계가 형성되므로, 그 자체로는 구 상증세법 제45조의2 제1항에서 규정하고 있는 명의신탁 증여의제의 적용대상이 될 수 있다(대법원 2013. 8. 23. 선고 2013두5791 판결 참조).

그런데 ① 구 상증세법 제45조의2 제1항은 조세회피목적의 명의신탁행위를 방지하기 위하여 실질과세원칙의 예외로서 실제소유자로부터 명의자에게 해당 재산이 증여된 것으로 의제하여 증여세를 과세하도록 허용하는 규정이므로, 조세회피행위를 방지하기 위하여 필요하고도 적절한 범위 내에서만 적용되어야 하는 점, ② 주식의 경우에 관하여 보면, 증여의제 대상이 되어 과세되었거나 과세될 수 있는 최초의 명의신탁 주식이 매도된 후 그 매도대금으로 다른 주식을 취득하여 다시 동일인 명의로 명의개서를 한 경우에 그와 같이 다시 명의개서된 다른 주식에 대하여 제한 없이 구 상증세법 제45조의2 제1항을 적용하여 별도로 증여세를 과세하는 것은 증여세의 부과와 관련하여 최초의 명의신탁 주식에 대한 증여의제의 효과를 부정하는 모순을 초래할 수 있어 부당한 점, ③ 최초의 명의신탁 주식이 매도된 후 그 매도대금으로 취득하여 다시 동일인 명의로 명의개서 되는 이후의 다른 주식에 대하여 각각 별도의 증여의제 규정을 적용하게 되면 애초에 주식이나 그 매입자금이 수탁자에게 증여된 경우에 비하여 지나치게 많은 증여세액이 부과될 수 있어서 형평에 어긋나는 점 등을 고려할 때, 최초로 증여의제 대상이 되어 과세되었거나 과세될 수 있는 명의신탁 주식의 매도대금으로 취득하여 다시 동일인 명의로 명의개서 된 주식은 특별한 사정이 없는 한 다시 구 상증세법 제45조의2 제1항이 적용되어 증여세가 과세될 수는 없다(대법원 2017. 2. 21. 선고 2011두10232 판결 등 참조). 상법상 주식의 포괄적 교환의 경우에도 최초의 명의신탁 주식과 명의수탁자가 완전모회사가 되는 회사로부터 배정받은 신주에 대하여 각각 별도의 증여의제 규정을 적용하게 되면, 위와 같이 증여세의 부과와 관련하여 최초의 명의신탁 주식에 대한 증여의제의 효과를 부정하는 모순을 초래하고 형평에 어긋나는 부당한 결과가 발생하는 것은 마찬가지이므로, 원칙적으로 위 법리가 그대로 적용된다고 할 것이다.' 라고 판시하여 동일한 명의수탁자 명의로 명의개서를 한 완전모회사 주식에 대해서는 명의신탁 증여의제의 주요 요건의 하나인 조세회피목적에 대한 판단 없이 명의신탁 증여의제에 따른 증여세를 과세할 수 없다고 하였다.

(4) 위 2012두27787 판결의 문제점

위 2012두27787 판결은 상법상 주식의 포괄적 교환으로 취득하는 신주를 동일인 명의로 명의개서하는 경우에는 신주에 대한 명의신탁은 성립하지만, 조세회피목적의 존부를 따질 것도 없이 명의신탁 증여의제 규정을 적용할 수 없다고 하였다. 그러나 위 2012두27787 판결은 아래와 같은 점에서 문제가 있다.

첫째, 위 2012두27787 판결은 관련 규정에 반한다. 구 상증세법 제45조의2 제1항은 실제소유자와 명의자가 다르게 명의개서한 사실과 함께 조세회피목적을 과세요건으로 규정하고 있다. 따라서 증여의제 과세대상이 되는지 여부를 판단함에 있어서는 조세회피목적이 있는지 여부에 대한 판단이 있어야 하는 것이고, 이에 대한 판단이 없이 위 2012두27787 판결과 같이 특정 유형의 명의신탁이 당연히 증여의제 과세대상에서 제외된다고 해석할 수는 없다.

둘째, 위 2012두27787 판결은 관련 판례에도 반한다. 위 2012두27787 판결이 인용한 대법원 2017. 2. 21. 선고 2011두10232 판결은 '최초로 증여의제 대상이 되어 과세되었거나 과세될 수 있는 명의신탁 주식의 매도대금으로 취득하여 다시 동일인 명의로 명의개서된 주식은 그것이 최초의 명의신탁 주식과 시기상 또는 성질상 단절되어 별개의 새로운 명의신탁 주식으로 인정되는 등의 특별한 사정이 없는 한 다시 구 상증세법 제45조의2 제1항이 적용되어 증여세가 과세될 수는 없다.'고 하여 동일인 명의의 명의신탁 주식인 경우에도 무조건 증여의제 과세대상에서 제외되는 것이 아니라, 조세회피목적이 인정되는 새로운 명의신탁인 경우에는 증여의제 과세대상이 된다는 취지이다. 또한 대법원 2017. 1. 12. 선고 2014두43653 판결도 '입법 취지에 비추어 볼 때 명의신탁의 목적에 조세회피목적이 포함되어 있지 않은 경우에만 증여로 의제할 수 없다고 보아야 한다.'고 판시하여 동일한 입장을 취하고 있다.

셋째, 위 2012두27787 판결은 위 2013두5791 판결과 동일한 쟁점에 대해 판례변경 없이 반대 입장을 취하였다. 위 2013두5791 판결은 새로운 조세회피목적이 없다는 등의 특별한 사정이 없는 한 명의수탁자가 주식의 포괄적 교환으로 다시 그의 명의로 완전모회사의 신주를 교부받아 명의개서를 한 주식은 증여의제 과세대상이 된다고 판시하였다. 그런데, 위 2012두27787 판결은 주식의 포괄적 교환

과정에서 최초 증여의제 대상이 되는 주식의 이전대가로 받은 동일인 명의의 주식은 조세회피목적에 대한 판단 없이 증여의제 과세대상이 되지 않는다고 판시한 것이다. 이와 같이 동일한 쟁점에 대해 종전 판결과 반대 입장을 취하려면 마땅히 판례를 변경하였어야 한다.[29)]

구 상증세법 제45조의2 제1항을 제한적으로 적용해야 한다는 위 2012두27787 판결의 취지에는 동의한다. 그러나 위에서 본 바와 같이 위 2012두27787 판결은 구 상증세법 제45조의2 제1항의 문언에 부합하지 않을 뿐만 아니라, 동일한 쟁점에 대해 위 2013두5791 판결과 상반되는 입장이므로 판례를 변경했어야 함에도 그렇게 하지 않아 동일한 쟁점에 대해 서로 반대되는 대법원 판결이 병존하는 상태를 만들었다. 납세의무자의 예측가능성과 법적 안정성을 보호하기 위해 속히 판례를 통일시킬 필요가 있다.

(5) 주식의 포괄적 교환에서 동일인 명의로 명의개서한 경우 증여의제 과세대상이 되는지 여부에 대해서는 위 2012두27787 판결의 원심과 위 2013두5791 판결이 관련 규정과 판례에 부합한다. 주식의 포괄적 교환으로 동일한 명의수탁자 명의로 명의개서가 되는 경우에도 이는 구 상증세법 제45조의2 제1항의 명의신탁에 해당되고, 조세회피목적이 없는 경우에 한하여 증여의제 과세대상에서 제외된다고 해석하는 것이 관련 규정에 부합한다.

---

29) 성수현, "2018년 상속세 및 증여세법과 지방세법 판례회고", 한국세법학회 제131차 정기학술대회 자료집(2019), 261면.

IV. 대상 판결의 검토 및 입법론

1. 사실관계

(1) OO 주식회사는 2007. 12. 20. △△ 주식회사를 흡수합병하였다. 소외인으로부터 피합병회사의 주식을 명의신탁 받았던 원고들은 위 합병에 따라 합병구주에 상응하는 합병신주를 배정받아 주주명부에 원고들 명의로 등재를 마쳤다.

(2) 원고 1, 원고 2, 원고 3은 2008. 12. 29. 합병신주 합계 30,000주에 관하여 명의신탁을 해지하고 소외인 명의로 실명전환을 하면서, 명의신탁 받았던 합병구주 합계 75,000주에 대하여 명의신탁에 따른 증여세를 신고·납부하였다.

(3) 서울지방국세청장의 법인제세 통합조사결과에 따라, 피고 역삼세무서장 등은 2010. 4.경 원고 4, 원고 5, 원고 6, 원고 7, 원고 8이 합병구주 합계 182,143주를 소외인으로부터 명의신탁 받았다고 보아 증여세를 부과하였고, 위 원고들은 그에 따른 증여세를 납부하면서 2010. 12. 31. 합병신주 합계 72,857주를 소외인 명의로 실명전환하였다.

(4) 서울지방국세청장의 증여세 조사결과에 따라, 피고들은 2013. 11.경 합병구주의 대가로 교부받은 합병신주 역시 소외인으로부터 명의신탁 받았다고 보아, 구 상속세 및 증여세법(2007. 12. 31. 법률 제8828호로 개정되기 전의 것, 이하 '구 상증세법'이라고 함) 제45조의2 제1항(이하 '이 사건 법률조항'이라고 함)을 적용하여 원고들에게 증여세를 부과하는 이 사건 처분을 하였다.

2. 이 사건의 쟁점

이 사건의 쟁점은 기존 명의수탁자 명의로 다시 교부받은 합병신주가 명의신탁 증여의제에 의한 증여세 과세대상이 되는지 여부이다.

3. 대상 판결의 요지

(1) 이 사건 법률조항은 "권리의 이전이나 그 행사에 등기 등을 요하는 재산에 있어서 실제소유자와 명의자가 다른 경우에는 국세기본법 제14조의 규정에도 불구하고 그 명의자로 등기 등을 한 날에 그 재산의 가액을 명의자가 실제소유자로부터 증여받은 것으로 본다. 다만, 다음 각 호의 1에 해당하는 경우에는 그러하지 아니하다." 라고 규정하면서, 제1호에서 '조세회피의 목적 없이 타인의 명의로 재산의 등기 등을 하거나 소유권을 취득한 실제소유자 명의로 명의개서를 하지 아니한 경우'를 들고 있다.

흡수합병이 이루어짐에 따라 소멸회사의 합병구주를 명의신탁 받았던 사람이 존속회사가 발행하는 합병신주를 배정·교부받아 그 앞으로 명의개서를 마친 경우, 합병구주와는 별도의 새로운 재산인 합병신주에 대하여 명의신탁자와 명의수탁자 사이에 합병구주에 대한 종전의 명의신탁관계와는 다른 새로운 명의신탁관계가 형성되기는 한다.

그런데 ① 이 사건 법률조항은 조세회피목적의 명의신탁행위를 방지하기 위하여 실질과세원칙의 예외로서 실제소유자로부터 명의자에게 해당 재산이 증여된 것으로 의제하여 증여세를 과세하도록 허용하는 규정이므로, 조세회피행위를 방지하기 위하여 필요하고도 적절한 범위 내에서만 적용되어야 한다. ② 증여의제 대상이 되어 과세되었거나 과세될 수 있는 최초의 명의신탁 주식인 합병구주에 상응하여 명의수탁자에게 합병신주가 배정되어 명의개서가 이루어진 경우에 그와 같은 합병신주에 대하여 제한 없이 이 사건 법률조항을 적용하여 별도로 증여세를 과세하는 것은 증여세의 부과와 관련하여 최초의 명의신탁 주식에 대한 증여의제의 효과를 부정하는 모순을 초래할 수 있어 부당하다. ③ 더구나 흡수합병에 따라 존속회사는 소멸회사의 권리의무를 승계하게 되고, 이때 소멸회사의 주주는 통상 합병구주의 가치에 상응하는 합병신주를 배정·교부받게 되므로, 합병 전·후로 보유한 주식의 경제적 가치에 실질적인 변동이 있다고 보기 어려운 사정도 감안하여야 한다. ④ 또한 최초로 명의신탁된 합병구주와 이후 합병으로 인해 취득한 합병신주에 대하여 각각 이 사건 법률조항을 적용하게 되면 애초에 주식이나 그 인수자금이 수탁자에게 증여된 경우에 비하여 지나치게 많은 증여세액이 부과될 수 있어서 형평에도 어긋난다.

이와 같은 사정들을 고려할 때, 최초로 증여의제 대상이 되어 과세되었거나 과세될 수 있는 합병구주의 명의수탁자에게 흡수합병에 따라 배정된 합병신주에 대해서는 특별한 사정이 없는 한 다시 이 사건 법률조항을 적용하여 증여세를 과세할 수 없다.

(2) 위 사실관계를 앞서 본 법리 등에 비추어 보면, 원고들 명의로 인수한 합병구주는 소외인이 원고들 앞으로 최초로 명의신탁한 주식이므로 이 사건 법률조항을 적용하여 증여로 의제하여 과세할 수 있다. 그러나 원고들은 흡수합병에 따라 최초 증여의제 대상이 되는 합병구주에 상응하는 합병신주를 배정받아 그들 앞으로 명의개서를 마친 것에 불과하므로, 이에 대하여 이 사건 법률조항을 다시 적용하여 과세할 수 없다. 그런데도 원심은 이와 달리 원고들의 합병신주에 대하여 이 사건 법률조항을 다시 적용하여 과세할 수 있다는 잘못된 전제에서 이 사건 처분이 적법하다고 판단하였다. 이러

한 원심판단에는 이 사건 법률조항의 적용범위에 관한 법리를 오해하여 판결에 영향을 미친 잘못이 있다.

4. 대상 판결의 검토

(1) 상증세법 제45조의2의 과세요건과 관련

대상 판결이 상증세법 제45조의2의 명의신탁 증여의제의 주요 과세요건인 명의신탁의 합의와 조세회피목적의 존부에 대하여 판단한 내용은 아래와 같다.

대상 판결은 합병신주에 대한 명의신탁 합의에 대해서는 명확하게 판단하였다. 즉, 대상 판결은 합병구주의 명의수탁자가 명의신탁을 해지하지 않고 다시 본인의 명의로 합병신주를 교부받아 명의개서를 마친 경우 합병신주에 대하여 명의신탁자와 명의수탁자 사이에 합병구주에 대한 명의신탁과는 별개의 새로운 명의신탁이 성립된다는 점을 인정함으로써 명의신탁 증여의제의 주요 과세요건의 하나인 명의신탁의 합의에 대하여 판단하였다.

그런데, 대상 판결은 명의신탁 증여의제의 주요 과세요건의 하나인 조세회피목적에 대하여는 아무런 판단을 하지 않았다. 대상 판결은 위 3.항에서 본 바와 같이 4가지 이유를 들면서 최초로 증여의제 대상이 되어 과세되었거나 과세될 수 있는 합병구주의 명의수탁자에게 흡수합병에 따라 배정된 합병신주에 대해서는 특별한 사정이 없는 한 다시 명의신탁 증여의제에 의한 증여세를 과세할 수 없다고 판단하였다. 대상 판결에 따르면 동일한 명의수탁자의 명의로 합병신주를 받는 경우에는 합병구주에 대한 명의신탁만 증여의제 과세대상이 될 수 있는 것이고, 그 이후 합병으로 발행한 합병신주를 동일한 명의수탁자의 명의로 교부받아 명의개서를 하더라도 합병신주에 대해서는 조세회피목적의 존부 자체를 따질 필요 없이 증여의제 과세대상이 되지 않는다는 결론이 된다. 그러나 위와 같이 합병신주에 대해 명의신탁이 성립된다는 점을 인정한다면, 상증세법 제45조의2의 적용 여부를 판단함에 있어서는 마땅히 그 새로운 명의신탁에 조세회피목적이 있는지 여부를 판단해야 하는 것이다. 명의신탁 증여의제 과세대상이 되는지 여부를 판단함에 있어서 주요 요건의 하나인 조세회피목적의 존부를 판단하지 아니한 대상 판결은 이 점에서 문제가 있다.

(2) 대상 판결의 근거에 대한 검토

대상 판결은 위 3.항에서 보는 바와 같이 4가지 이유를 제시하면서 합병구주의 명의수탁자에게 흡수합병에 따라 배정된 합병신주는 특별한 사정이 없는 한 증여의제 과세대상이 되지 않는다고 판단하였다. 그러나 아래에서 보는 바와 같이 대상 판결이 제시한 근거들은 조세회피목적과는 관계없고, 그 내용 자체도 상증세법 제45조의2에 법적 근거가 없을 뿐만 아니라 타당하지 아니하다.

명의신탁 증여의제 규정은 조세회피행위를 방지하기 위하여 필요하고도 적절한 범위 내에서만 적용되어야 한다는 근거 ①은 상증세법 제45조의2가 실질은 증여가 아닌 행위를 제재목적으로 증여로 의제하여 증여세를 과세하는 규정이라는 점에서 타당하다고 할 수 있다. 그렇지만, 명의신탁 증여의제 규정의 적용범위를 제한하자는 근거 ①은 조세회피목적의 존부와는 관계가 없다.

합병신주에 대하여 증여의제로 증여세를 과세하는 것은 최초의 명의신탁 주식에 대한 증여의제의 효과를 부정하는 모순을 초래할 수 있다는 근거 ②에 대해서 보면, 증여의제 효과는 상증세법상으로만 인정되는 것이지 사법상 효과는 전혀 없다는 점을 도외시하였다

는 점에서 문제가 있다. 즉, 상증세법 제45조의2의 명의신탁 증여의
제는 사법상 실제로 명의수탁자에게 해당 명의신탁 주식이 증여되
는 법적 효력이 발생하는 것이 아니라 조세회피행위를 방지하기 위
하여 상증세법상으로만 증여로 의제하여 증여세를 과세한다는 것에
불과하다. 따라서 최초의 명의신탁 주식이 증여의제로 증여세 과세
대상이 되었다고 하더라도 그 명의신탁 주식은 사법상 여전히 명의
신탁자의 소유로 남아 있는 것이지,[30][31] 증여세가 과세되었다고 하
여 명의수탁자의 소유로 소유권이 변경되는 것이 아니다. 그 결과
합병신주가 발행될 때 다시 동일한 명의수탁자의 명의로 되었다면
이러한 합병신주는 다시 주식의 명의자와 실제소유자가 다르게 된
것이고, 이는 다시 상증세법 제45조의2의 과세대상이 되는 것이므로
증여의제의 효과를 부정하는 모순이 발생하는 것이 아니다.

　또한 합병 전·후로 보유한 주식의 경제적 가치에 실질적인 변동
이 있다고 보기 어려운 사정도 감안하여야 한다는 근거 ③에 대하여
보면, 명의신탁 증여의제규정은 조세회피목적으로 명의자와 실제소
유자를 다르게 하는 경우를 규율대상으로 하는 것이지, 주식 가치가
상승한 것을 과세대상으로 하는 규정이 아니라는 점에서 타당하지
아니하다. 명의신탁 증여의제에 따른 증여세는 담세력에 따라 부과
하는 조세가 아니라 정책적인 이유에서 행정적 제재로 단지 조세라
는 형식을 빌려 부과하는 명목상의 조세[32]이므로 애초에 명의신탁

---

30) 김석범, 앞의 논문, 570면.

31) 대법원 2006. 9. 22. 선고 2004두11220 판결.

32) 김완석, "주식 명의신탁에 따른 증여의제제도의 개선방안", 「조세와 법」
　　제9권 제1호, 서울시립대학교 법학연구소(2016), 14-15면 ; 박훈, "명의신탁
　　증여의제규정의 개선방안", 「헌법실무연구」제7권, 헌법실무연구회(2006),
　　174면 ; 배정범, "명의신탁 증여의제 규정의 문제점과 입법론적 제안",
　　「입법과 정책」제10권 제2호(2018), 263면 ; 윤지현, "상속세 및 증여세의
　　간주·추정규정의 한계", 「조세법연구」 제16-1집, 한국세법학회, 세경사

주식의 경제적 가치의 변동 여부를 고려할 이유가 전혀 없다는 점에
서 근거 ③은 부당하다. 즉, 명의신탁 증여의제에 따른 증여세는 주
식 가치의 상승이익에 대해 과세하는 조세가 아니라 명의신탁을 하
였다는 행위 자체에 대한 행정적 제재이다.[33]

마지막으로, 최초로 명의신탁된 합병구주와 그 이후 합병구주를
기초로 하여 취득하는 합병신주에 대하여 각각 증여의제로 과세하
게 되면 애초에 주식이나 그 인수자금이 수탁자에게 증여된 경우에
비하여 지나치게 많은 증여세액이 부과될 수 있어서 형평에도 어긋
난다는 근거 ④는 명의신탁 증여의제규정의 입법취지를 정면으로
부정하는 것이라는 점에서 부당하다. 명의신탁 증여의제규정은 명
의수탁자에게 증여를 하고 적법하게 증여세를 납부하면 전혀 문제
될 것이 없음에도 불구하고, 이러한 방법을 택하지 아니하고 조세회
피목적으로 타인의 명의를 사용하는 편법행위를 제재하기 위한 규
정이다. 즉, 명의신탁자가 애초에 명의신탁 주식의 인수자금을 명의
수탁자에게 실제로 증여하고 증여세를 납부하였으면 그 증여와 관
련하여 당사자들에게 더 이상 증여세나 다른 조세문제가 발생할 일
이 없다. 그런데, 당사자들이 실제로 증여를 하지 않고 명의를 빌려
주식을 취득하는 방법을 통하여 증여세, 양도소득세, 종합소득세 등
을 회피하는 행위를 한 것에 대한 제재로서 증여세를 과세한다는 것
이 명의신탁 증여의제규정의 취지이다.[34] 이런 점에서 증여의제규
정에 의한 증여세를 부과함에 있어서는 해당 재산을 실제 증여한 경

(2010), 182-183면 ; 정주백, "2004년도 조세관련 헌법재판소 결정례 회고",
「조세법연구」 제11-1집, 한국세법학회, 세경사(2005), 338-343면.

33) 대법원 2018. 2. 8. 선고 2017두48451 판결 ; 김두형, "명의신탁재산의 증여
의제에 있어서 조세회피 목적의 유무", 「세무학연구」 제25권 제3호, 한국
세무학회(2008), 157면.

34) 대법원 2018. 2. 8. 선고 2017두48451 판결.

우의 증여세액과의 다과를 비교할 필요성이나 법적 근거가 없다.

대법원은 A명의로 명의신탁하였던 주식의 명의를 B명의로 변경하는 경우와 같이 동일한 주식의 명의수탁자만을 변경하는 경우에 그러한 명의신탁에 조세회피와 관계없는 다른 뚜렷한 목적이 없으면 실제 회피된 조세가 없는 경우임에도 불구하고 조세회피목적이 있다고 하여 증여의제 과세대상으로 판단하고 있다.[35] 대상 판결의 논리대로라면 이와 같은 일반적인 명의신탁에 있어서도 동일한 주식에 대해서는 최초의 명의신탁만 증여의제 과세대상이 되고, 그 이후의 명의개서는 모두 증여의제 과세대상에서 제외된다는 결론이 된다. 대상 판결과 같이 일반적인 명의신탁과 달리 합병신주 등에 대해서만 위와 같은 근거로 증여의제 과세대상에서 제외되는 것으로 판단한다면, 이는 일반적인 명의신탁 증여의제 과세대상의 판단과 다른 기준을 적용하는 것이 되어 형평에 맞지 않는다는 점에서도 문제가 있다.

특히 대상 판결 사안의 경우 원고들은 합병구주가 조세회피목적의 명의신탁이라는 이유로 증여의제에 따른 증여세를 자진하여 신고·납부하였다. 그렇다면, 그에 기초하여 취득한 합병신주의 명의신탁에 있어서는 그러한 조세회피가 해소되었는지,[36] 또는 합병신주로 인하여 새로운 조세회피가 발생하게 되는지 여부를 판단한 다음, 기존의 조세회피가 해소되었거나 새로운 조세회피가 발생하지 않는 경우에 한하여 증여의제 과세대상에서 제외하는 것이 타당하다. 그럼에도 불구하고 대상 판결은 조세회피목적에 대해서는 전혀 판단을 하지 아니한 채 조세회피목적과는 관계없는 이유를 들어 증여의

---

35) 대법원 2014. 5. 29. 선고 2012두14521 판결 등.

36) 예를 들어, 합병구주의 명의신탁으로 인하여 배당소득에 대한 종합소득세 누진세율 회피가 발생하고 있었다면, 합병신주의 명의신탁으로 인하여 이러한 조세회피는 계속 발생하게 된다.

제 과세대상이 아니라는 결론을 내렸다는 점에서 문제가 있다.

5. 입법론

명의신탁 증여의제에 대해서는 그동안 지속적으로 위헌론이 제기되어 오고 있고,[37] 대상 판결이 지적하는 불합리한 점들도 실무계와 학계에서 지난 수십년간 명의신탁 증여의제제도의 문제점으로 제기해 온 것들로서 명의신탁 증여의제는 그 실질이 조세가 아니라 행정상 제재이므로 입법론으로는 이를 폐지하고 행정상 제재로 변경하는 것이 타당하며,[38] 법원의 해석으로 이를 해결하기에는 한계

---

37) 이러한 학계와 실무계의 계속된 문제제기에도 불구하고 헌법재판소는 2010년 이후 최근까지 명의신탁 증여의제 규정의 위헌 여부에 대해 선고한 헌법재판소 2012. 5. 31.자 2009헌바170 결정, 헌법재판소 2012. 8. 23.자 2012헌바173 결정, 헌법재판소 2013. 9. 26.자 2012헌바259 결정, 헌법재판소 2017. 12. 28.자 2017헌바130 결정 등을 통하여 명의신탁 증여의제 규정이 헌법에 위반되지 않는다는 입장을 유지하고 있다.

38) 강석훈, 앞의 논문, 569면 ; 김관중, "명의신탁재산의 증여의제 –조세회피목적의 합헌적 해석·적용-", 「재판자료」 제108집, 법원도서관(2005), 459면 ; 김두형, 앞의 논문, 157면 ; 김영심, "주식명의신탁 과세연구", 「비교사법」 제15권 제4호(통권 제43호)(2008), 329-338면 ; 김완석, 앞의 논문, 14-40면 ; 김정기, "주식 명의신탁 증여의제의 위헌성과 개선방안", 「법학논총」 제29권 제3호, 국민대학교 법학연구소(2017), 134-145면 ; 박훈, "명의신탁 증여의제규정의 개선방안", 「헌법실무연구」제7권, 헌법실무연구회(2006), 173-175면 ; 배정범, 앞의 논문, 263-271면 ; 윤지현, 앞의 논문, 182-188면 ; 윤지현, "주식의 명의신탁에 대한 증여세 과세에 있어서의 몇 가지 문제점에 관한 소고", 「조세법연구」 제9-2집, 한국세법연구회, 세경사(2003), 137-152면 ; 이전오, "명의신탁재산의 증여의제 규정상 조세회피목적의 범위", 「계간 세무사」 통권 제109호, 한국세무사회(2006), 140-149면 ; 이재교, "명의신탁 증여의제의 조세회피목적에 대한 해석", 「법학연구」 제10권 제1호(2007), 26-29면 ; 전영준, "차명주식에 관한 명의신탁 증여의제 규정의 운용현황 및 개선방안에 대한 소고", 「조세연구」 제8-1집,

가 있다.[39] 특히 위 Ⅲ.항에서 본 바와 같이 대법원은 상증세법 제45
조의2의 명문규정에 반하여 주요 과세요건에 대해 판단도 하지 아
니한 채 명의신탁 주식을 증여의제 과세대상에서 제외하고 있는데,
이는 조세법률주의 뿐만 아니라 삼권분립의 원칙에도 어긋나는 문제
가 있고, 이런 태도로 인하여 사안에 따라 결론이 달라지고 있어서
납세자의 예측가능성과 법적 안정성의 측면에서도 문제가 있다.[40]

   2018. 12. 31. 법률 제16102호로 개정된 현행 상증세법 제45조의2
는 명의신탁 증여의제에 따른 증여세의 납세의무자를 명의수탁자에

한국조세연구포럼(2008), 301-322면 ; 정주백, 앞의 논문, 338-343면 ; 정지
   선·김선중, "명의신탁의 법률관계와 증여세 과세의 타당성 여부", 「조세
   연구」 제6집, 한국조세연구포럼(2006), 429-448면 ; 조일영, "주식 명의신
   탁에 대한 증여의제에 있어 조세회피목적", 「대법원판례해설」 제61호, 법
   원도서관(2006), 657-666면 ; 주해진, "명의신탁 증여의제제도의 문제점 및
   개선방안", 「조세법연구」 제19-1집, 한국세법학회(2013), 342-364면.

39) 윤지현, 앞의 논문, 186-187면.

40) 대법원 2019. 6. 20. 선고 2013다218156 전원합의체 판결의 다수의견에 대
   한 대법관 김재형의 보충의견에서는 입법(立法)과 사법(司法)의 영역 구
   분과 관련하여, '입법자가 어떤 문제상황을 인식하고 명시적으로 규율한
   경우에는 법관이 법형성을 통해 흠결을 보충할 수 있는 법률의 공백을 상
   정할 수 없고, 이런 경우 합헌적 법률해석으로 위헌성이 제거되지 않는다
   면 법관은 위헌법률심판을 제청하여야 하는 것이지, 법률해석이나 법형
   성이라는 명목으로 입법자의 결단을 왜곡·변형하거나 대체해서는 안 된
   다. 법률의 문언이 명확하고 입법과정에서 나타난 입법자의 의사가 법률
   문언과 일치하는 경우에는 사법부로서는 법률에 나타난 입법자의 의사를
   존중하여야 한다. 사법에 의해 입법적 한계를 극복하는 것은 헌법과 법률
   의 틀 안에서 이루어질 수밖에 없고, 그 한도에서 법률을 해석하고 적용
   함으로써 법의 발전에 기여하는 것이 사법부의 바람직한 모습이다. 우리
   사회의 모든 문제를 법원이 해결해야 하는 것은 아니며, 입법으로 해결해
   야 할 문제를 사법이 나서서 해결하려고 한다면 입법과 사법의 기능이 뒤
   섞이게 되어 종국적으로는 법에 대한 불신을 초래할 수 있다.'라고 하여
   법관의 법형성의 한계와 위험성을 지적하고 있다.

서 명의신탁자로 변경하였다. 이에 따라 아무런 이익을 얻지 않은 명의수탁자에게 과도한 증여세 부담을 지운다는 비판은 더 이상 제기되지 않게 되었다. 그러나 명의신탁 증여의제에 따른 증여세의 납세의무자를 명의신탁자로 변경한 경우에도 명의신탁에 의한 증여세가 과도한 부담이 된다는 점은 여전히 문제이다.

이러한 문제점을 개선하는 방안으로 다음과 같은 입법을 생각해 볼 수 있다. 즉, 반복된 명의신탁 증여의제에 따른 증여세를 과세하는 경우 증여세의 과세한도를 설정하는 것이다. 그 한도는 실제 회피된 세액으로 하거나, 증여의제가 행정적 제재라는 점을 고려하여 실제 회피된 세액의 몇 배수의 세액으로 제한하는 입법을 생각해 볼 수 있다.[41] 또한 대상 판결과 같이 동일인 명의로 반복된 명의신탁에 대한 방안으로는 위 방안 외에 반복된 명의신탁 증여의제에 의한 총 증여세액의 한도를 해당 명의신탁 주식의 가액으로 제한하는 방안을 고려해 볼 수 있다.

V. 결론

대법원은 A명의로 명의신탁하였던 주식의 명의를 B명의로 변경하는 경우와 같이 동일한 명의신탁 주식의 명의수탁자를 변경하는 경우 그러한 명의신탁에 조세회피와 관계없는 다른 뚜렷한 목적이 없으면 실제 회피된 조세가 없는 경우임에도 불구하고 조세회피목적이 있다고 하여 증여의제 과세대상으로 판단하고 있다.[42] 그런데, 대상 판결과 같이 합병신주 등을 취득함에 있어서 동일인 명의로 반

---

41) 배정범, 앞의 논문, 268-269면.
42) 대법원 2014. 5. 29. 선고 2012두14521 판결 등.

복한 명의신탁 주식에 대해서는 조세회피목적에 대한 판단 없이 증여의제 과세대상에서 제외되는 것으로 판단한다면, 이는 명의신탁 증여의제 과세대상 여부를 판단함에 있어서 명의수탁자를 종전과 동일인으로 하는지 여부에 따라 다른 기준을 적용하는 것이 되어 형평에 맞지 않는다는 점에서도 문제가 있다. 그럼에도 불구하고 명의신탁 주식을 매각하고 그 대금으로 다시 주식을 취득하면서 동일인 명의로 명의개서를 하는 행위를 계속 반복한 경우, 합병이나 주식의 포괄적 교환으로 취득하는 신주를 종전의 명의수탁자 명의로 다시 취득하는 경우, 증자로 발행된 신주를 동일한 명의수탁자 명의로 취득하는 행위를 한 경우 각각의 재취득을 최초의 명의신탁과 별도로 증여의제 과세대상으로 삼을 수 있는지 여부에 대해 최근 대법원은 대상 판결을 포함하여 대체로 증여의제 과세대상이 되지 아니한다는 취지의 판결을 선고해 오고 있다.

이러한 대법원 판결은 납세의무자를 보호한다는 입장에서는 환영할 만한 판결이지만, 조세법률주의를 기본으로 하는 조세법의 해석에 있어서는 대법원이 간과하고 있는 점이 있다. 이에 대상 판결을 중심으로 이와 같은 일련의 대법원 판결들이 상증세법 제45조의2의 문언에 부합하는 해석인지에 대하여 검토해 보았다.

이 글에서는 먼저 상증세법 제45조의2가 규정한 명의신탁 증여의제의 주요 요건을 검토하였는데, 명의신탁 증여의제의 적용에 있어서 주요 요건으로는 명의신탁의 합의와 조세회피목적의 존부가 있다. 따라서 증여의제 과세대상이 되는지 여부는 위 두 가지 요건을 갖추었는지를 심리·판단하여 결정하여야 한다.

이러한 주요 요건과 관련하여 동일인 명의로 반복되는 명의신탁의 사례로 동일한 명의수탁자 명의로 반복된 주식 매매사례, 유상증자와 무상증자 사례, 주식의 포괄적 교환 사례, 대상 판결이 판단한 합병사례에 관한 대법원 판결의 내용과 문제점을 검토하였다. 검토

결과 유상 증자의 경우를 제외하고는 대법원이 대부분의 사례에서 명의신탁 증여의제의 주요 요건인 명의신탁의 합의 여부와 조세회피목적의 존부에 대해 전혀 판단을 하지 아니한 채 위 Ⅳ. 3.의 (1)항에서 본 이유를 들어 증여의제 과세대상이 되지 아니한다는 결론을 내리고 있다는 점을 확인하였다. 특히 주식의 포괄적 교환으로 발행한 신주를 동일한 명의수탁자 명의로 취득한 것이 증여의제 과세대상이 되는지 여부에 관한 대법원 2018. 3. 29. 선고 2012두27787 판결은 동일한 쟁점에 대해 먼저 판단한 대법원 2013. 8. 23. 선고 2013두5791 판결과 반대되는 결론을 내리면서 판례변경을 하지 아니하였다는 점에서도 문제가 있다.

대상 판결은 동일한 명의수탁자 명의로 취득한 합병신주가 새로운 명의신탁이라는 점은 인정하였으나, 조세회피목적과는 관계없는 4가지 이유를 근거로 증여의제 과세대상이 되지 아니한다는 결론을 내렸다. 대상 판결이 제시한 이유들이 부당하다는 점은 앞에서 본 바와 같다. 대상 판결의 쟁점은 동일한 명의수탁자의 명의로 취득한 합병신주가 명의신탁 증여의제의 과세대상인지 여부이므로 그러한 합병신주의 취득에 대해 명의신탁의 합의와 조세회피목적의 존부를 판단하여 과세대상인지 여부를 가렸어야 한다. 그러나 대상 판결은 명의신탁의 합의 여부만 판단하고 조세회피목적에 대해서는 판단을 하지 아니한 채 조세회피목적과는 관계없는 이유들만을 제시하여 증여의제 과세대상이 아니라는 판단을 하였다는 점에서 문제가 있다. 대상 판결은 합병신주의 명의신탁으로 인하여 종전 명의신탁에 의한 조세회피가 계속되고 있는지, 새로운 조세회피가 추가되었는지를 판단하여 합병신주의 명의신탁이 증여의제 과세대상이 되는지 여부를 판단하였어야 한다.

세법의 해석과 적용은 납세의무자의 보호든 과세관청의 정당한 과세권의 행사든 헌법이 정한 조세법률주의의 틀 안에서 이루어져

야 한다. 과세관청이 조세법을 유추·확장해석하여 과세권을 남용하
는 것이 제한되어야 하는 것과 마찬가지로, 법원이 조세법의 명백한
문언을 도외시한 채 법률에 근거가 없는 이유를 들어 과세를 부정하
는 것은 법원의 해석범위를 넘어 입법의 영역에 속하는 것으로서 역
시 제한되어야 한다. 법률에 근거 하지 않은 법원의 판결은 경우에
따라 당해 사건의 납세의무자에게는 이익이 될지 몰라도 법률에 근
거하지 않은 판결을 한다는 것은 결국 재판부에 따라 얼마든지 다른
판단을 할 수 있다는 것이므로 납세의무자의 지위를 매우 불안정하
게 만들게 되고, 이는 납세의무자의 예측가능성과 법적 안정성을 보
호한다는 측면에서 바람직하지 않다.

상증세법 제45조의2의 명의신탁 증여의제는 조세의 본질에 부합
하지 아니하는 제도이므로 속히 폐지하는 것이 타당하지만, 위 제도
를 유지하는 동안이라도 문제점을 개선하는 입법이 필요하다. 그러
한 개선방안의 하나로 반복된 명의신탁 증여의제에 따른 증여세를
과세하는 경우 증여세의 과세한도를 실제 회피된 세액으로 하거나
증여의제가 행정적 제재라는 점을 고려하여 실제 회피된 세액의 몇
배수 이내의 세액으로 하는 입법, 반복된 명의신탁 증여의제에 의한
총 증여세액의 한도를 해당 명의신탁 주식의 가액으로 제한하는 방
안을 고려해 볼 수 있다.

참고문헌

강석규, 「조세법 쟁론」, 삼일인포마인, 2017.

강석훈, "명의신탁 주식의 증여의제에 관한 판례의 태도 및 그 해석론", 「특별법연구」 제8권, 2006.

김관중, "명의신탁재산의 증여의제 -조세회피목적의 합헌적 해석·적용-", 「재판자료」 제108집, 법원도서관, 2005.

김두형, "명의신탁재산의 증여의제에 있어서 조세회피 목적의 유무", 「세무학연구」 제25권 제3호, 한국세무학회, 2008.

김석범, "명의신탁 증여의제에 의한 증여세 부과의 한계", 「대법원판례해설」 제111호, 법원도서관, 2017.

김영심, "주식명의신탁 과세연구", 「비교사법」 제15권 제4호(통권 제43호), 2008.

김완석, "주식 명의신탁에 따른 증여의제제도의 개선방안", 「조세와 법」 제9권 제1호, 서울시립대학교 법학연구소, 2016.

김정기, "주식 명의신탁 증여의제의 위헌성과 개선방안", 「법학논총」 제29권 제3호, 국민대학교 법학연구소, 2017.

박훈, "명의신탁 증여의제규정의 개선방안", 「헌법실무연구」 제7권, 헌법실무연구회, 2006.

배정범, "명의신탁 증여의제 규정의 문제점과 입법론적 제안", 「입법과 정책」 제10권 제2호, 2018.

성수현, "2018년 상속세 및 증여세법과 지방세법 판례회고", 한국세법학회 제131차 정기학술대회 자료집, 2019.

윤지현, "상속세 및 증여세의 간주·추정규정의 한계", 「조세법연구」 제16-1집, 한국세법학회, 세경사, 2010.

──, "주식의 명의신탁에 대한 증여세 과세에 있어서의 몇 가지 문제점에 관한 소고", 「조세법연구」 제9-2집, 한국세법연구회, 세경사, 2003.

이상우, "이익잉여금의 자본 전입 따라 무상주 배정에 따른 신주 인수 명의신
    탁 증여의제 과세대상에 해당되는지 여부", 법률신문 제3959호(2011. 8.)

이전오, "명의신탁재산의 증여의제 규정상 조세회피목적의 범위", 「계간 세
    무사」 통권 제109호, 한국세무사회, 2006.

이재교, "명의신탁 증여의제의 조세회피목적에 대한 해석", 「법학연구」 제10
    권 제1호, 2007.

이중교, "무상주의 과세상 논점", 「특별법연구」 제9권, 사법발전재단, 2011.

전영준, "차명주식에 관한 명의신탁 증여의제 규정의 운용현황 및 개선방안
    에 대한 소고", 「조세연구」 제8-1집, 한국조세연구포럼, 2008.

정주백, "2004년도 조세관련 헌법재판소 결정례 회고", 「조세법연구」 제11-1
    집, 한국세법학회, 세경사, 2005.

정지선·김선중, "명의신탁의 법률관계와 증여세 과세의 타당성 여부", 「조세
    연구」 제6집, 한국조세연구포럼, 2006.

조일영, "주식 명의신탁에 대한 증여의제에 있어 조세회피목적", 「대법원판
    례해설」 제61호, 법원도서관, 2006.

주해진, "명의신탁 증여의제제도의 문제점 및 개선방안", 「조세법연구」 제
    19-1집, 한국세법학회, 2013.

인수인 아닌 자로부터 취득한 신주인수권증권의 양도와 증여세 완전포괄주의 과세

- 서울고등법원 2021. 3. 26. 선고 2020누50289 판결에 관하여 -

이 도 훈 변호사

Ⅰ. 들어가며

상속세 및 증여세법(이하 "상증세법") 제40조는 전환사채, 신주인수권부사채, 교환사채 등(이하 "전환사채 등")이 변칙적인 증여의 수단으로 이용되는 것을 방지하고 실질적인 부의 무상이전에 대하여 과세할 수 있도록, 전환사채 등의 발행으로부터 각 거래단계별로 증여이익을 포착하여 증여세를 과세할 수 있는 근거를 마련하고 있다.

종래 상증세법은 위 제40조와 같은 개별 가액산정규정을 통한 제한적 열거주의 방식으로 증여세 과세대상을 규정하여 오다가, 변칙적인 증여에 대한 과세를 확대하기 위하여 2000. 12. 29. 상증세법 제42조를 개정하여 이른바 유형적 포괄주의를 도입하였다. 그러나 이것만으로는 갈수록 지능화되어 가는 변칙증여에 신속히 대처하기가 어려워지자 2003. 12. 30. 상증세법 제2조 제3항(현행 제6호)을 신설하여 증여세 과세대상에 관한 완전포괄주의를 도입하게 되었다. 그러나 다른 개별 가액산정규정들과의 관계에 있어 위 규정이 독자적인 과세근거규정이 될 수 있는지, 그 적용범위와 한계에 관하여 그동안 많은 논란이 있었다.

대법원 2015. 10. 15. 선고 2013두13266 판결은 이러한 논란에 대하여 2년여의 숙고 끝에 최종심으로서 상증세법 제2조 제3항의 적용범위와 한계에 관하여 정책적 결단에 입각한 법리를 선언하였고, 같은 날 같은 취지의 판결이 12건이나 선고되었다. 이로써 그동안의 논란이 상당 정도 해소되었다고 볼 수 있겠으나, 그 논란의 여진은 현재까지도 이어지고 있다.[1)]

이하에서는 서울고등법원 2021. 3. 26. 선고 2020누50289 판결(이하 "이 사건 판결")[2)]의 내용을 위주로, 상증세법 제40조 제1항이 규정하고 있는 과세범위 및 한계, 그리고 증여세 완전포괄주의 과세제도와의 관계에 대하여 살펴보고자 한다.

Ⅱ. 사안의 개요

원고는 코스닥상장법인인 주식회사 A(이하 "이 사건 회사")의 공동대표이사로서 2010. 8. 20. 기준으로 위 회사의 주식 355,355주(지분 2.48%)를 소유한 대주주이다.

이 사건 회사는 2010. 8. 20. 권면총액 40억 원의 분리형 신주인수권부사채(10억 원권 총 4매, 이하 "이 사건 신주인수권부사채")를 발행하여 같은 날 B캐피탈 주식회사(이하 "B캐피탈")가 전부 취득하였다. 같은 날 원고는 B캐피탈로부터 위 40억 원 중 32억 원 상당의 신주인수권증권을 사채권과 분리하여 취득하였고, 원고의 지분율을 초과하여 신주인수권증권을 인수함에 따라 얻은 이익에 대하여 구 상속세 및 증여세법(2015. 12. 15. 법률 제13557호로 개정되기 전의

---

1) 강석규, 조세법쟁론, 2020, 1252-1253면.
2) 이 사건 판결은 피고가 상고하지 아니하여 확정되었다.

것, 이하 "구 상증세법") 제40조 제1항 제1호 나목의 규정을 적용하여 산출한 증여세를 신고·납부하였다.

이후 원고는 2011. 12. 9., 2012. 7. 9., 2013. 3. 25., 2013. 12. 3.까지 4차례에 걸쳐 이 사건 회사로부터 신주인수권을 행사하여 권면총액 28억 5,000만 원에 상당하는 신주를 인수하였고, 주식전환 등에 따른 이익에 대하여 증여세를 신고·납부하였다.

원고는 2013. 1. 17. C금융투자 주식회사(이하 "C금융")에 나머지 권면총액 3억 5,000만 원(=32억 - 28억 5,000만 원) 상당의 신주인수권증권(이하 "이 사건 신주인수권증권")을 1,306,695,711원[1주당 7,773원(=2013. 1. 16. 종가 10,950원에서 10% 할인한 9,855원 - 행사가액 2,082원) × 168,107주(=3억 5,000만원/2,082원)]에 양도하였고(이하 "이 사건 거래"), 그 양도차익에 대하여 양도소득세 122,013,012원을 신고·납부하였다.

피고는 원고의 이 사건 신주인수권증권 양도에 따른 이익 중 원고의 지분율 초과인수로 인한 이익 1,222,630,127원이 구 상증세법 제40조 제1항 제2호 나목에 따른 증여세 과세대상에 해당한다고 보아 원고가 신고한 양도소득세를 직권으로 취소하고, 2018. 9. 1. 원고에게 2013. 1. 17. 증여분 증여세 642,886,240원(= 총결정세액 764,899,252원 - 신고·납부한 양도소득세 122,013,012원, 가산세 295,696,592원 포함) 및 1년 이내 재차 증여합산가액 재계산분 2013. 3. 25. 증여분 증여세 182,295,226원(= 총결정세액 842,243,994원 - 자진납부세액 659,948,768원, 납부불성실가산세 65,648,677원 포함)의 각 부과처분에 불복하여 2018. 11. 30. 조세심판원에 심판청구를 제기하였고, 이후 이 사건 소송을 제기하였다.

서울행정법원은 피고가 원고에 대하여 한 2013. 1. 17. 증여분 증여세부과처분이 위법하다는 이유로 이를 취소하였고, 2013. 3. 25. 증여분 증여세부과처분에 대하여는 전심절차를 거치지 않았다고 오인

하여 제소기간을 준수하지 아니하였다는 이유로 원고의 청구를 각
하하였다(서울행정법원 2020. 7. 9. 선고 2019구합81742 판결).3) 이에
원·피고가 모두 항소하였다.

　항소심에서, 피고는 ① 1심에서와 마찬가지로 B캐피탈이 구 상증
세법 제40조 제1항의'인수인'에 해당한다고 주장하였다. ② 나아가
피고는 설령 B캐피탈이 '인수인'에 해당하지 않는다고 하더라도 아
래와 같은 이유로 증여세가 과세되어야 한다고 주장하였다. (ⅰ) 이
사건 회사의 공동대표이사이자 대주주[2010. 8. 20. 기준 이 사건 회
사 주식 355,355주(2.48%) 보유]로서 이 사건 회사와 특수관계에 있
는 원고는, B캐피탈로부터 자신의 소유주식 수에 비례하여 균등한
조건으로 배정받을 수 있는 수를 초과하여 신주인수권을 취득하였
고, 이후 이 사건 거래를 통하여 신주인수권 행사가액과의 차액 상
당의 이익을 얻었다. 이는 원고가 특수관계에 있는 이 사건 회사로
부터 신주인수권을 직접 취득하지 않고, B캐피탈을 거쳐 우회적으
로 신주인수권을 취득하였다는 점을 제외하면, '구 상증세법 제40조
제1항 제2호 나목과 그 방법 및 이익이 유사한 경우'에 해당한다. 따
라서 원고가 이 사건 거래를 통해 얻은 이익은 구 상증세법 제40조
제1항 제3호에 따른 증여세 과세대상에 해당한다. (ⅱ) 구 상증세법
제42조는 증여세 완전포괄주의 과세제도의 일환으로, 세법에 규정
된 과세대상 뿐 아니라 이와 경제적 실질이 동일한 거래 또는 행위
에 대하여도 증여세를 과세할 수 있도록 하기 위하여 도입된 조항인
바, 원고가 B캐피탈로부터 취득한 신주인수권증권 일부를 C금융에
게 양도한 이 사건 거래를 통해 얻은 이익에 대하여 구 상증세법 제

---

3) 이 부분은 1심 판결의 오인으로 인한 것임이 명백하여 항소심은 "2013. 3.
　 25. 증여분 증여세부과처분의 취소를 구하는 부분도 제소기간을 준수한
　 것으로서 적법하다."고 판단한 뒤 이 사건 각 처분의 적법여부를 판단하
　 였는바, 이하에서 쟁점으로 다루지 않는다.

2조 제3항 및 제42조 제1항 제3호의 규정을 적용하여 증여세를 부과
할 수 있다.

아래에서는 항소심에서 문제가 된 세 쟁점, ① B캐피탈이 구 상
증세법 제40조 제1항의 인수인에 해당하는지 여부, ② B캐피탈이 인
수인에 해당하지 않는 경우 원고가 이 사건 거래를 통해 얻은 이익
이 구 상증세법 제40조 제1항 제3호에 따른 증여세 과세대상에 해당
하는지 여부, ③ B캐피탈이 인수인에 해당하지 않는 경우 이 사건
거래를 통해 얻은 이익에 대하여 구 상증세법 제2조 제3항 및 제42
조 제1항 제3호의 규정을 적용하여 증여세를 부과할 수 있는지 여부
에 대하여 각 살펴본다.

Ⅲ. B캐피탈이 구 상증세법 제40조 제1항의 인수인인지 여부(쟁점 1)

1. 관련 법리

가. 구 상증세법 제40조 제1항 제1호 제2호 나목의 과세요건과 인수인

구 상증세법 제40조 제1항은, "전환사채, 신주인수권부사채(신주
인수권증권이 분리된 경우에는 신주인수권증권을 말한다) 또는 그
밖의 주식으로 전환·교환하거나, 주식을 인수할 수 있는 권리가 부
여된 사채(이하 '전환사채 등'이라 한다)를 인수·취득·양도하거나,
전환사채 등에 의하여 주식으로의 전환·교환 또는 주식의 인수를
함으로써 다음 각호의 어느 하나에 해당하는 이익을 얻은 경우에는
그 이익에 상당하는 금액을 그 이익을 얻은 자의 증여재산가액으로
한다."라고 정하면서, 제1호 나목과 제2호 나목에서 "전환사채 등을

발행한 법인의 최대주주나 그와 특수관계에 있는 자로서 주주인 자가 그 법인으로부터 전환사채 등을 그 소유주식 수에 비례하여 균등한 조건으로 배정받을 수 있는 수를 초과하여 인수·취득(<u>자본시장과 금융투자업에 관한 법률 제9조 제12항에 따른 인수인으로부터 인수·취득한 경우를 포함한다. 이하 '인수 등'이라 한다</u>)한 경우"로서, "전환사채 등을 시가보다 낮은 가액으로 인수 등을 함으로써 얻은 이익(제1호 나목)"과 "전환사채 등에 의하여 주식으로의 전환·교환 또는 주식의 인수를 함으로써 교부받았거나 교부받을 주식의 가액이 전환·교환 또는 인수 가액을 초과함으로써 얻은 이익(제2호 나목)"을 들고 있다.

또한 구 자본시장과 금융투자업에 관한 법률(2013. 5. 28. 법률 제11845호로 개정되기 전의 것) 제9조는 제7항에서 모집을 '50인 이상의 투자자에게 새로 발행되는 증권의 취득의 청약을 권유하는 것', 제8항에서 사모를 '새로 발행되는 증권의 취득의 청약을 권유하는 것으로서 모집에 해당하지 아니하는 것', 제9항에서 매출을 '50인 이상의 투자자에게 이미 발행된 증권의 매도의 청약을 하거나 매수의 청약을 권유하는 것'이라고 각 정하고 있다. 그리고 같은 조 제11항은 인수를 '증권을 모집·사모·매출하는 경우 다음 각호의 어느 하나에 해당하는 행위를 하는 것'이라고 정하면서, 제1호에서 '제3자에게 그 증권을 취득시킬 목적으로 그 증권의 전부 또는 일부를 취득하는 것'을 들고 있고, 같은 조 제12항은 인수인을 '증권을 모집·사모·매출하는 경우 제11항 각호의 어느 하나에 해당하는 행위를 하는 자'라고 정하고 있다.

나. 구 상증세법 제40조 제1항의 '인수인'에 관한 대법원 판례

최근 대법원은 회사가 자금 조달을 위하여 신주인수권부사채를 발행하고, 금융회사가 같은 날 위 신주인수권부사채를 취득한 다음 최대주주 등에게 위 사채에서 분리된 신주인수권증권을 매각한 사안에서, 위 금융회사는 구 상증세법 제40조 제1항의 '인수인'에 해당하지 아니하므로, 구 상증세법 제40조 제1항 제2호 나목을 근거로 증여세를 과세할 수 없다고 판단하였다(대법원 2019. 4. 11. 선고 2017두57899 판결, 대법원 2019. 4. 11. 선고 2017두55268 판결, 대법원 2019. 4. 25. 선고 2017두47847 판결, 대법원 2019. 5. 30. 선고 2017두49560 판결, 대법원 2019. 7. 25. 선고 2018두33449 판결 등). 특히 대법원 2019. 5. 30. 선고 2017두49560 판결은 "구 상증세법 제40조 제1항에서 정하고 있는 인수인은 전환사채 등의 발행 법인을 위하여 제3자에게 취득의 청약을 권유하여 전환사채 등을 취득시킬 목적으로 이를 취득하는 자를 의미할 뿐이고, 이러한 목적 없이 단순한 투자 목적으로 취득하는 자는 특별한 사정이 없는 한 인수인에 해당하지 않는다고 봄이 옳다"고 판시하였다.

그렇다면 어떠한 경우에 신주인수권부사채를 취득한 다음 최대주주 등에게 위 사채에서 분리된 신주인수권증권을 매각한 금융회사가 단순한 투자 목적으로 전환사채 등을 취득한 자라고 판단할 것인가? 이에 대한 위 대법원 판결들을 상세히 살펴본다.

1) 대법원 2019. 4. 11. 선고 2017두57899 판결

A 회사는 태블릿PC 사업으로의 진출을 위한 투자자금 조달 목적에서 2011. 6. 28. 사모 형태로 신주인수권부사채를 발행하고, 같은 날 B캐피탈 주식회사(이하 회사 명칭에서 '주식회사'는 생략)가 권면총액 50억 원의 신주인수권부사채를 취득하고, 신한캐피탈이 권면총액 30억 원의 신주인수권부사채를 취득하였다. A 회사의 대표이사이자 최대주주인 B는 같은 날 B캐피탈로부터 권면액 40억 원에 해당하는 신주인수권증권을, 신한캐피탈로부터 권면액 10억 원에

해당하는 신주인수권증권을 취득하였고, 2012. 9. 5. 위 신주인수권증권을 행사하여 주식으로 전환하였다.

이에 관하여 대법원은 ① 구 자본시장법 제9조 제12항에 따른 인수인에 해당하기 위해서는 제3자에게 취득시킬 목적으로 증권을 취득하여야 하는데, 당시 B캐피탈과 신한캐피탈은 이러한 목적이 있었다고 보기 부족하고 달리 이를 인정할 증거가 없는 점, ② 오히려 이 사건 신주인수권부사채 인수계약서의 전문에는 '본 계약상 인수라 함은 본 계약에 의해 발행된 사채에 관한 권리를 취득함을 의미하며, 구 자본시장법 제9조 제11항의 인수를 의미하지 않는다.'고 밝힘으로써 B캐피탈과 신한캐피탈이 구 자본시장법 제9조 제12항에 따른 인수인이 아님을 명시하고 있는 점, ③ 위 인수계약서에는 B캐피탈과 신한캐피탈이 신주인수권부사채의 발행 등으로 인한 위험을 부담한다는 내용이 없을 뿐 아니라, B캐피탈과 신한캐피탈이 사채 인수의 대가에 해당하는 수수료를 지급받은 바도 없는 점, ④ <u>B캐피탈과 신한캐피탈은 신주인수권부사채에 대한 투자위험을 최소화하고 투자이익을 조기에 실현하기 위하여 사채가 발행된 당일에 신주인수권을 분리시켜 최대주주인 원고 등에게 매도하는 것을 투자조건으로 삼았고, 원고는 이를 수락하여 위 사채의 발행 당일에 이 사건 신주인수권을 취득하였을 뿐인 점</u> 등을 들어 B캐피탈과 신한캐피탈은 구 자본시장법 제9조 제12항에 따른 인수인이 아니라, 단지 이자수익 및 매도차익을 얻기 위한 투자자의 지위에서 신주인수권부사채를 취득하였다고 봄이 타당하다고 판시한 원심이 정당하다고 판단하였다.

2) 대법원 2019. 4. 11. 선고 2017두55268 판결

A 회사는 단기차입금을 상환하기 위한 목적에서 자금을 조달하기로 하고, 2010. 7. 14. 사모의 형태로 권면총액 100억 원의 분리형

신주인수권부사채를 발행하였고, 신안상호저축은행은 같은 날 A 회
사로부터 신주인수권부사채를 취득하여 위 사채에서 분리된 권면액
25억 원의 신주인수권증권을 A 회사의 최대주주의 배우자이자 A 회
사의 2대 주주인 B에게 곧바로 매도하였다. B는 2012. 2. 14. 위 신주
인수권증권을 행사하였다.

대법원은 ① 신주인수권부사채 인수계약서에는 신안상호저축은
행이 신주인수권부사채 발행 등으로 인한 위험을 부담한다는 내용
이 없고, 신안상호저축은행은 위험부담의 대가로 수수료를 지급받
은 적도 없는 점, ② A 회사는 신주인수권부사채의 발행 당시 유동
성 위기에 처하였으므로, 신안상호저축은행으로서는 신주인수권을
그대로 보유하여 주가 하락으로 인한 위험을 감수하기보다는, 조기
매도를 통해 수익을 확보하고자 하였던 것으로 보이는 점, ③ 이처
럼 신안상호저축은행은 신주인수권부사채에 대한 투자에 따르는 위
험을 최소화하기 위하여 위 사채의 발행 당일에 곧바로 최대주주(B
의 배우자) 및 2대 주주(B)에게 신주인수권을 매도하는 것을 투자
조건으로 삼았고, B는 이를 받아들여 신주인수권을 취득한 것으로
보이는 점, ④ 결국 신안상호저축은행은 이자수익 및 매도차익을 얻
고자 하는 투자자의 지위에서 신주인수권부사채를 취득하였을 뿐,
B에게 신주인수권을 취득시키고자 하는 목적에서 그리하였다고 단
정하기 어려운 점 등을 들어, 신한상호저축은행은 구 자본시장법 제
9조 제12항에 따른 인수인으로 볼 수 없으므로, 구 상증세법 제40조
제1항 제2호 나목을 증여세 과세의 근거로 삼을 수 없다고 본 원심
의 판단이 정당하다고 판시하였다.

3) 대법원 2019. 4. 25. 선고 2017두47847 판결

A 회사는 회사 운영자금 등 조달을 위하여 2008. 9. 18. 사모 형태
로 권면총액 100억 원의 신주인수권부사채를 발행하여 하나은행이

이를 전부 취득하였고, 하나은행은 권면액 100억 원의 신주인수권증권을 분리하여 메리츠증권에 매도하였으며, 메리츠증권은 같은 날 권면액 80억 원의 신주인수권증권을 A 회사의 최대주주이자 대표이사인 B에게 매도하였으며, 나머지 신주인수권증권(권면액 20억 원)은 제3자에게 매각하였다. B는 2009. 11. 13. 및 2010. 11. 15. 위와 같이 취득한 신주인수권증권을 모두 행사하였다.

대법원은 "① 구 상증세법 제40조 제1항 제2호 나목이 적용되기 위해서는 원고에게 신주인수권증권을 매도한 메리츠증권이 위 매도 당시에 적용되던 구 증권거래법(2007. 8. 3. 법률 제8635호로 공포되어 2009. 2. 4. 시행된 자본시장과 금융투자업에 관한 법률에 의하여 폐지되기 전의 것, 이하 같다) 제2조 제7항에 따른 인수인에 해당하여야 한다. ② 구 증권거래법 제2조 제7항에 따른 인수인에 해당하기 위해서는 같은 조 제6항 제1호 내지 제3호 중 어느 하나에 속하는 행위를 하여야 하고, 그중에서 특히 구 증권거래법 제2조 제6항 제1호는 '유가증권을 발행함에 있어서 이를 매출할 목적으로 그 유가증권의 발행인으로부터 그 전부 또는 일부를 취득하는 것'을 이러한 행위 중 하나로 열거하고 있다. 나아가 위 법문에서의 '매출'에 해당하기 위해서는 구 증권거래법 제2조 제4항 및 구 증권거래법 시행령(2008. 7. 29. 대통령령 제20947호 자본시장과 금융투자업에 관한 법률 시행령 부칙 제2조로 폐지되기 전의 것) 제2조의4 제2항에 따라, <u>이미 발행된 유가증권의 매도의 청약을 받거나 매수의 청약을 권유받는 자의 수가 50인 이상이어야 한다</u>, ③ 그런데 메리츠증권은 5억 원권 총 20매로 발행된 신주인수권증권을 취득하여 그 중 16매의 신주인수권증권을 B에게 곧바로 매도하였을 뿐이고, <u>그 당시 50인 이상의 투자자를 상대로 매도의 청약을 하거나 매수의 청약을 권유하려는 '매출' 목적을 가졌다고 보기 어렵다.</u> ④ 이와 같이 메리츠증권은 구 증권거래법 제2조 제6항 제1호에 해당하는 행위를 한 것으로 볼 수 없을 뿐 아니라, 나아가 같은 항 제2호 및 제3호에 해당하는 행위를 하였다고도 볼 수 없으므로, 메리츠증권은 신주인수권증권을 매도할 당시 구 증권거래법 제2조 제7항에 따른 인수인의 지위에 있었다고 볼 수 없다.”는 이유로 구 상증세법 제40조 제1항 제2호 나목을 B에 대한 증여세 과세의 근거로 삼을 수 없다고 판단하였다.

4) 대법원 2019. 5. 30. 선고 2017두49560 판결

A 회사는 2009. 10. 23. 솔로몬투자증권과 권면총액 40억 원의 신주인수권부사채를 발행하는 계약을 체결하였고, 솔로몬투자증권은 위 계약에 따라 위 신주인수권부사채를 모두 취득하였다. 솔로몬투자증권은 2009. 11. 23. 위 신주인수권부사채에서 분리한 권면액 10억 원의 신주인수권을 A 회사의 최대주주인 B에게 양도하였고, B는 2011. 9. 16. 위 신주인수권을 행사하였다.

대법원은 “구 자본시장법 제9조는 제7항에서 모집을 ‘50인 이상의 투자자에게 새로 발행되는 증권의 취득의 청약을 권유하는 것’, 제8항에서 사모를 ‘새로 발행되는 증권의 취득의 청약을 권유하는 것으로서 모집에 해당하지 아니하는 것’, 제9항에서 매출을 ‘50인 이상의 투자자에게 이미 발행된 증권의 매도의 청약을 하거나 매수의 청약을 권유하는 것’이라고 각 정하고 있다. 그리고 같은 조 제11항은 인수를 ‘증권을 모집·사모·매출하는 경우 다음 각 호의 어느 하나에 해당하는 행위를 하는 것’이라고 정하면서, 제1호에서 ‘제삼자에게 그 증권을 취득시킬 목적으로 그 증권의 전부 또는 일부를 취득하는 것’을 들고 있고, 같은 조 제12항은 인수인을 ‘증권을 모집·사모·매출하는 경우 제11항 각 호의 어느 하나에 해당하는 행위를 하는 자’라고 정하고 있다. 위와 같은 관련 법령의 내용에 비추어 볼 때, 구 상증세법 제40조 제1항에서 정하고 있는 **인수인은 전환사채**

등의 발행 법인을 위하여 제3자에게 취득의 청약을 권유하여 전환사채 등을 취득시킬 목적으로 이를 취득하는 자를 의미할 뿐이고, 이러한 목적 없이 단순한 투자 목적으로 취득하는 자는 특별한 사정이 없는 한 인수인에 해당하지 않는다고 봄이 옳다."는 법리를 판시한 뒤, 아래와 같은 점을 들어 솔로몬투자증권이 구 상증세법 제40조 제1항에서 정하고 있는 인수인에 해당함을 전제로 B에게 증여세를 부과할 수 없다고 판시하였다.

① A 회사는 신주인수권부사채를 발행한 2009. 10. 23. 당시 영업손실의 누적, 전 대표이사의 횡령·배임 혐의와 경영권 분쟁 등으로 인하여 부도위기에 놓여 있었던 점,

② A 회사는 운영자금을 조달하기 위하여 솔로몬투자증권과 신주인수권부사채 발행 계약을 체결하였는데, 위 계약에는 A 회사가 솔로몬투자증권에게 신주인수권부사채 또는 신주인수권의 모집·사모·매출을 위탁하거나 그 청약을 권유하는 데 필요한 사업설명서와 증권발행신고서를 제공하는 내용이 없었던 점,

③ 당초 솔로몬투자증권은 신주인수권부사채의 50%에 해당하는 20억 원의 신주인수권을 즉시 원고 또는 원고가 주선하는 제3자에게 매각하고, 나머지 신주인수권은 투자 목적으로 보유하다가 처분하려고 하였던 점 즉, A 회사가 당시에 이미 어려운 경영 상황에 놓여 있어 그 신주인수권에 대한 수요가 제한적일 것으로 예상되었으므로, 솔로몬투자증권으로서는 B 측으로 하여금 신주인수권을 의무적으로 매입하게 할 필요가 있었을 뿐만 아니라 신주인수권부사채와 분리된 신주인수권을 곧바로 매각함으로써 수익을 조기에 실현하고자 하였던 점,

④ 솔로몬투자증권은 위와 같은 투자조건을 B에게 제시하였고, B의 소개를 받은 소외인이 2009. 10. 23. 20억 원의 신주인수권을

매수하기로 하면서 신주인수권부사채가 발행될 수 있었던 점,

⑤ 솔로몬투자증권은 신주인수권부사채를 국내외 증권의 인수·
모집·사모·매출 업무를 담당하는 부서가 아니라 투자수익을
목적으로 자기자본투자 업무를 수행하는 자산운용본부 내 담
당 부서에서 자기자본으로 신주인수권부사채를 취득하였으
며, A 회사가 신주인수권부사채 계약에 따라 솔로몬투자증권
에게 부담하는 사채 원리금 등을 포함한 모든 채무를 담보하
기 위하여 A 회사 소유의 예금과 주식, B 및 B의 배우자 소유
의 주식에 대하여 근질권을, B 소유의 부동산에 대하여 근저
당권을 각 설정한 점,

⑥ 그런데 A 회사가 2009. 11. 23. 상장폐지 실질심사 대상이 되어
A 회사 주식의 매매거래가 정지되면서 솔로몬투자증권은 B에
게 솔로몬투자증권이 보유한 나머지 신주인수권을 즉시 매입
할 것을 요구하였고, B와 다른 제3자는 같은 날 위 요구에 따
라 나머지 신주인수권을 취득하였는데, 이는 A 회사 주식이 상
장폐지되어 신주인수권의 가치가 크게 떨어지기 전에 솔로몬
투자증권의 나머지 신주인수권을 처분하기 위한 것이었던 점,

⑦ 신주인수권부채권 발행계약에 따르면 A 회사 주식이 한국거
래소가 개설한 증권시장에서 거래가 중단되거나 거래에 중대
한 제한을 받을 경우 솔로몬투자증권이 위 계약을 해제하고
위 계약에 관하여 발생한 모든 비용을 A 회사에 청구할 수 있
었으므로, B 측은 솔로몬의 요구를 받아들이지 않을 수 없었
던 점,

⑧ 신주인수권부사채 발행계약에서 솔로몬투자증권이 A 회사의
동의 없이 신주인수권부사채를 자유로이 양도할 수 있고 신주
인수권만을 분리하여 제3자에게 양도할 수 있다고 정한 것은
솔로몬투자증권이 투자자의 지위에서 신주인수권부사채와 신

주인수권의 매각차익을 얻기 위한 것이고, A 회사가 위 계약
에 따라 솔로몬투자증권에게 수수료 1억 6,000만 원을 지급한
것도 솔로몬투자증권이 확정적인 투자수익을 얻기 위한 것으
로 보이는 점,
⑨ 위와 같은 사정들을 종합하여 보면, 솔로몬투자증권은 A 회사
를 위하여 제3자에게 취득의 청약을 권유하여 신주인수권부사
채 또는 신주인수권을 취득시킬 목적으로 신주인수권부사채
를 취득하였다고 보기 어렵고, 오히려 투자자의 지위에서 이
자 수익과 매도차익 등 투자수익을 얻을 목적으로 취득하였다
고 봄이 타당한 점.

5) 대법원 2019. 7. 25. 선고 2018두33449 판결

A 회사는 2010. 12. 3. 소외 회사의 주식 매매자금을 조달하기 위
하여 B 사모투자전문회사와 권면금액 100억 원의 신주인수권부사채
를 발행하는 계약을 체결한 다음, 2010. 12. 7. B 사모투자전문회사
에 신주인수권부사채를 발행하였다. B 사모투자전문회사는 2010.
12. 3. A 회사의 대표이사이자 최대주주인 C와 위 신주인수권부사채
로부터 분리된 신주인수권증권 중 권면금액 50억 원 상당을 양도하
는 내용의 매매계약을 체결하였다. C는 2012. 1. 11. B 사모투자전문
회사로부터 위 권면금액 50억 원의 신주인수권증권을 매수한 다음,
2012. 11. 30. 이를 행사하였다.

대법원은 ① B 사모투자전문회사는 A 회사로부터 신주인수권부
사채를 양도받는 대가로 인수수수료를 지급받지 않았고, 신주인수
권부사채 발행계약에는 B 사모투자전문회사가 신주인수권부사채
발행에 관한 위험을 부담하는 내용이 없는 점, ② 오히려 B 사모투
자전문회사는 A 회사의 소외 회사 경영권 인수에 참여하여 투자수
익을 얻을 목적으로 신주인수권부사채를 취득하였고, 위 신주인수

권부사채 발행계약에서 신주인수권부사채의 납입금액을 소외 회사
의 주식 매매대금 지급 용도로만 사용하여야 할 뿐 아니라 B 사모
투자전문회사가 지명한 자 1인을 A 회사의 이사로 선임하도록 정하
였던 점, ③ 또한 B 사모투자전문회사는 신주인수권부사채의 상환을
담보하기 위하여 소외 회사 주식에 질권을 설정하였고, 신주인수권
부사채의 투자에 따르는 위험을 최소화하기 위하여 C로 하여금 신
주인수권증권을 매수할 것을 A 회사와 C에게 요청하였으며, 그 밖
에 신주인수권증권을 구 자본시장법 제9조에 따라 모집·사모·매출
하였다고 볼 수 있는 증거가 없는 점 등에 비추어 보면, B사모투자
전문회사는 구 자본시장법상 인수인이 아니라 투자수익을 얻으려는
투자자 지위에서 이 사건 신주인수권부사채를 취득하였다고 봄이
타당하다고 판시하였다.

2. 이 사건 판결

이 사건 판결은 대법원 2019. 5. 30. 선고 2017두49560 판결의 판
시를 들어, "구 상증세법 제40조 제1항에서 정하고 있는 인수인은
전환사채 등의 발행 법인을 위하여 제3자에게 취득의 청약을 권유
하여 전환사채 등을 취득시킬 목적으로 이를 취득하는 자를 의미할
뿐이고, 이러한 목적 없이 단순한 투자 목적으로 취득하는 자는 특
별한 사정이 없는 한 인수인에 해당하지 않는다고 봄이 옳다"고 설
시한 뒤, "아래와 같은 사정을 앞서 본 법리에 비추어 보면 B캐피탈
은 구 상증세법 제40조 제1항, 구 자본시장법 제9조 제2항에서 정하
고 있는 인수인에 해당한다고 볼 수 없는바, 결국 구 상증세법 제40
조 제1항 제2호 나목을 이 사건 처분의 근거로 삼을 수 없다"고 판
단하였다.

가) 구 자본시장법 제9조 제12항에 따른 인수인에 해당하기 위해

서는 증권을 모집·사모·매출하는 경우 같은 조 제11항 각 호의 어느 하나에 해당하는 행위를 하여야 하고, 그 중에서 특히 제11항 제1호는 '제3자에게 그 증권을 취득시킬 목적으로 그 증권의 전부 또는 일부를 취득하는 것'을 이러한 행위 중 하나로 열거하고 있다. 나아가 위 법문에서의 '매출'에 해당하기 위해서는 구 자본시장법 제9조 제9항에 따라 이미 발행된 유가증권의 매도의 청약을 받거나 매수의 청약을 권유받는 자의 수가 50인 이상이어야 한다.

나) 그런데 B캐피탈은 2010. 8. 20. 이 사건 회사로부터 10억원권 총 4매로 발행된 무보증 사모 분리형 이 사건 신주인수권부사채를 취득하여 같은 날 그 중 32억원 상당의 신주인수권증권을 분리하여 원고에게 매도하였을 뿐이다. 그 당시 B캐피탈이 제3자인 원고에게 취득시킬 목적으로 이 사건 신주인수권부사채를 취득하였다거나 신주인수권증권을 구 자본시장법 제9조에 따라 모집·사모·매출하였다고 볼 만한 사정은 없다. 이 사건 신주인수권부사채의 발행 공시에 관한 첨부서류인 이사회 의사록에는 "본 사채는 모집 이외의 방법으로 발행되므로 한국거래소에 상장되지 아니하며, 1년 이내에 50인 이상의 자에게 전매될 수 없다"는 명시적인 규정이 있어 B캐피탈이 제3자에게 이 사건 신주인수권부사채 취득의 청약을 권유하여 전환사채 등을 취득시킬 목적에서 이를 인수하였다고 보기 어렵다.

다) B캐피탈은 신주인수권부사채에 대한 투자위험을 최소화하고 투자이익을 조기에 실현하기 위하여 이 사건 신주인수권부사채가 발행된 당일에 신주인수권증권을 분리시켜 이 사건 회사의 공동대표이사 겸 대주주인 원고에게 매도하는 것, 그리고 신주인수권증권을 취득하는 원고의 지분 매각을 제한하는 것 등을 투자조건으로 삼았다. 또한 이 사건 신주인수권부사채(권면총액 40억 원)의 만기일

(2014. 8. 20.) 전인 2011. 12. 20. 위 사채권의 조기상환청구권을 행사하여 158,033,537원의 이자를 취득하는 등 B캐피탈이 투자목적으로 이 사건 신주인수권부사채를 취득한 것이라고 볼 여지가 충분하다.

라) B캐피탈이 이 사건 회사로부터 이 사건 신주인수권부사채를 인수하면서 신주인수권부사채의 발행 등으로 인한 위험을 부담한다는 약정을 맺었다거나 혹은 이 사건 회사가 B캐피탈에 대하여 이 사건 신주인수권부사채 또는 신주인수권증권의 모집·사모·매출을 위탁하거나 그 청약을 권유하는 데 필요한 사업설명서와 증권발행신고서를 제공하였다고 볼 만한 자료가 없고, B캐피탈이 사채 인수의 대가에 해당하는 수수료를 지급받은 바도 없다.

마) 원고가 B캐피탈로부터 신주인수권증권을 취득함에 따라 얻은 이익에 대하여 구 상증세법 제40조 제1항 제1호 나목의 규정을 적용하여 증여세를 자진 신고·납부한 사정이 인정되기는 한다. 그러나 그와 같은 사정만으로는 원고 스스로 B캐피탈이 구 자본시장법 제9조 제12항에 따른 인수인에 해당함을 자인한 것에 해당한다거나 이 사건 신주인수권증권 양도에 따른 B캐피탈의 법적 지위가 위 조항의 인수인으로 확장된 것이라고 해석할 수는 없다. 그리고 피고는 '사모의 경우에는 공모의 경우와 비교하여 인수인의 법적 의미를 다소 완화하여 해석하여야 한다'는 취지로 주장하나, 구 자본시장법상 인수인의 개념과 관련한 증권 취득에 있어 공모와 사모의 방식을 구별하여 취급할 합리적인 이유가 없고, 사모 발행에 있어서도 투자목적으로 신주인수권부사채를 취득한 경우라면 인수인에 해당하지 않는다고 해석함이 타당하므로, 피고의 이 부분 주장은 이유 없다.

3. 평가

구 상중세법 제40조는 전환사채등이 변칙적인 증여의 수단으로 이용되는 것을 방지하고 실질적인 부의 무상이전에 대하여 과세할 수 있도록, 전환사채 등의 발행으로부터 각 거래단계별로 증여이익을 포착하여 증여세를 과세할 수 있는 근거를 마련하고 있다. 이러한 사채들은 법률상으로는 사채이지만 그 실질은 잠재적인 주식의 성격을 가지고 있는 특수한 사채이므로, 기업의 내부정보에 접근하기 용이한 자 혹은 그와 특수관계인이 시가보다 전환사채 등을 저가로 취득한 후 주가가 상승할 때 이익을 얻는 것이 가능하다. 상속세 및 증여세법은 이러한 전환사채 등이 변칙적인 증여의 수단으로 이용되는 것을 방지하고 실질적인 부의 무상이전에 대하여 과세하고자 전환사채 등의 발행으로부터 각 거래단계별로 증여이익을 포착하여 증여세를 과세하고 있는 것이다.[4)]

특정 법인이 전환사채 등을 발행하고 금융회사가 위 전환사채 등을 취득한 다음 법인의 최대주주 등에게 위 전환사채 등을 매각한 경우, 구 상중세법 제40조는 위 금융회사가 자본시장법 제9조 제12항의 '인수인'이라면 전환사채등을 발행한 법인의 최대주주 등이 그 법인으로부터 전환사채 등을 직접 취득한 경우와 동일하게 실질적인 부의 무상이전으로 평가하고 있다. 이는 구 상중세법 제40조의 입법적 결단으로, 이 때의 인수인은 전환사채 등의 발행 법인을 위하여 제3자에게 취득의 청약을 권유하여 전환사채 등을 취득시킬 목적으로 이를 취득하는 자를 의미할 뿐이고, 이러한 목적 없이 단순한 투자 목적으로 취득하는 자는 특별한 사정이 없는 한 인수인에 해당하지 않는다고 봄이 타당하다.

---

4) 온주 상속세및증여세법 제40조(2017. 9. 27.)

이 사건에서 B캐피탈은 신주인수권부사채에 대한 투자위험을 최소화하고 투자이익을 조기에 실현하기 위하여 신주인수권부사채가 발행된 당일에 신주인수권증권을 분리하여 원고에게 매도하는 것을 투자조건으로 삼았고, B캐피탈은 투자자의 지위에서 신주인수권부사채에 대한 투자위험을 최소화하기 위하여 대주주의 지분 매각을 제한하는 조건으로 이 사건 신주인수권부사채를 취득하였으며, 이 사건 신주인수권부사채 발행 조건에 "1년 이내에 50인 이상의 자에게 전매될 수 없다"는 점을 명시적으로 규정하고 있었고, 실제로 B캐피탈은 이 사건 신주인수권부사채에 관하여 제3자에게 취득의 청약을 권유하거나 이를 제3자에게 취득시키지 않았으며, B캐피탈이 사채 인수의 대가에 해당하는 수수료를 지급받은 바도 없었다. 이 사건 판결은 위와 같은 사정을 반영하여 B캐피탈은 인수인이 아니고, 따라서 원고의 이 사건 거래에 따른 이익을 구 상증세법 제40조 제1항 제2호 나목을 근거로 증여세 과세할 수는 없다고 판단하였는바, 이는 타당한 판결이라 하겠다.

특히 이 사건에서 피고는 '사모의 경우에는 공모의 경우와 비교하여 인수인의 법적 의미를 다소 완화하여 해석하여야 한다'고 주장하였으나, 원심판시와 같이 구 자본시장법상 인수인의 개념과 관련한 증권 취득에 있어 공모와 사모의 방식을 구별하여 취급할 합리적인 이유가 없고, 사모 발행에 있어서도 투자목적으로 신주인수권부사채를 취득한 경우라면 인수인에 해당하지 않는다고 해석함이 타당하다. 위에서 살피 대법원 판결들 모두 피고가 주장한"사모" 신주인수권부사채의 발행에 관련된 사안들이고, 대법원 역시 이러한 사모 발행에 있어서 투자 목적으로 신주인수권부사채를 취득한 경우 '인수인'에 해당하지 않는다는 확립된 입장을 유지하고 있다.

원고는 위 대법원 판결들을 충실하게 제시함으로써 위 '인수인' 쟁점에 대한 법원의 올바른 판단을 이끌어 낼 수 있었다.

IV. 이 사건 신주인수권증권을 양도함으로써 얻은 이익에 대하여 구 상증세법 제40조 제1항 제3호 따라 과세할 수 있는지 여부(쟁점 2)

1. 관련 법리

가. 구 상증세법 제40조 제1항 제3호의 요건

구 상증세법 제40조 제1항 제3호는 "제1호 또는 제2호에서 규정하는 것과 방법 및 이익이 유사한 경우로서 전환사채 등의 거래를 하거나 전환사채등에 의하여 주식으로의 전환 등을 함으로써 특수관계인으로부터 직접 또는 간접적으로 얻은 이익"을 증여세 과세대상으로 규정하고 있다. 즉, 위 제3호의 과세대상이 되려면, ① "제1호 또는 제2호에서 규정하는 것과 <u>방법 및 이익이 유사한 경우</u>"라는 요건(이하 '**제1요건**'이라고 한다)과 ② "전환사채 등의 거래를 하거나 전환사채 등에 의하여 주식으로의 전환 등을 함으로써 <u>특수관계인으로부터 직접 또는 간접적으로 얻은 이익</u>"이라는 요건(이하 '**제2요건**'이라고 한다)이 모두 충족되어야 한다.

나. 제1요건의 해석 관련 법리

구 상증세법 제40조 제1항 제3호의 "제1호 또는 제2호에서 규정하는 것과 방법 및 이익이 유사한 경우"는 같은 항 제1호 또는 제2호와 거래방법 및 이익이 유사하여야 한다는 것이다.

그런데 구 상증세법 제40조 제1항 제1호와 제2호는 모두 특수관계인과의 거래만을 그 과세대상으로 규정하고 있다. 그렇다면, 피고가 새로운 처분 근거로 주장하는 구 상증세법 제40조 제1항 제3호의 "제1호 또는 제2호에서 규정하는 것과 방법 및 이익이 유사한 경우"

란 위 제1호 및 제2호와 마찬가지로 특수관계인과의 거래를 전제로
하는 것이라고 봄이 타당한데, 그 근거는 아래와 같다.

　최근 대법원 2020. 11. 12. 선고 2018두65538 판결은, "구 상증세
법 제42조 제1항 제3호는 특수관계인으로부터 취득한 전환사채 등
을 주식으로 전환함으로써 얻은 이익 등을 증여세 과세대상으로 정
한 구 상증세법 제40조 제1항 이외에 전환사채 등에 의한 주식의 전
환 등으로 대통령령으로 정한 이익 이상을 얻은 경우 그 이익을 포
괄적인 증여세 과세대상으로 보아 증여재산가액을 산정하도록 규정
하였는데, 이는 변칙적인 증여행위에 대처하고 과세의 공평을 도모
하려는 데 입법 취지가 있다. 이러한 구 상증세법의 규정 내용과 문
언, 입법 취지 등을 고려하면, 구 상증세법 제42조 제1항 제3호는 구
상증세법 제40조 제1항과 마찬가지로 구 상증세법 제2조 제3항에서
증여세 과세대상으로 포괄적으로 정의한 증여에 관한 가액산정규정
중 하나이고, 구 상증세법 제40조 제1항의 과세요건을 충족하지 않
더라도 구 상증세법 제42조 제1항 제3호의 과세요건을 충족하면 구
상증세법 제42조 제1항 제3호에 의하여 증여재산가액을 산정하여
증여세를 과세할 수 있다고 봄이 타당하다"고 판시하였다.

　구 상증세법 제42조 제1항 제3호는 "3. 출자·감자, 합병(분할합병
을 포함한다. 이하 이 조에서 같다)·분할, 제40조 제1항에 따른 전환
사채 등에 의한 주식의 전환·인수·교환(이하 이 조에서 "주식전환
등"이라 한다) 등 법인의 자본(출자액을 포함한다)을 증가시키거나
감소시키는 거래로 얻은 이익 또는 사업 양수·양도, 사업 교환 및
법인의 조직 변경 등에 의하여 소유지분이나 그 가액이 변동됨에 따
라 얻은 이익"을 증여세 과세대상으로 규정하고 있다. 즉, 구 상증세
법 제42조 제1항 제3호는 같은 법 제40조 제1항과 관련한 증여세 과
세대상을 "제40조 제1항에 따른 전환사채 등에 의한 주식의 전환·인
수·교환(이하 이 조에서 "주식전환 등"이라 한다) 등 법인의 자본(출

자액을 포함한다)을 증가시키거나 감소시키는 거래로 얻은 이익"으로 한정적으로 규정하고 있다.

위 대법원 2018두65538 판결에 따르면, 구 상증세법 제40조 제1항은 특수관계인과의 전환사채 등 거래에 대해 적용되는 것이고, 같은 법 제42조 제1항 제3호는 '… 구 상증세법 제40조 제1항 이외에 전환사채 등에 의한 주식의 전환 등으로 대통령령으로 정한 이익 이상을 얻은 경우 그 이익'을 과세대상으로 한다는 것인바, 구 상증세법 제42조 제1항 제3호는 같은 법 제40조 제1항에 해당되는 거래를 제외한 거래, 즉, 특수관계가 없는 자간의 전환사채 등의 거래를 과세대상으로 한다는 것이다.

이와 같이 구 상증세법 제40조 제1항 제3호는 특수관계인과의 전환사채 등의 거래를 그 과세대상으로 하는 것이고, 특수관계 없는 자 사이의 전환사채 등의 거래로 인한 이익에 대해서는 구 상증세법 제40조 제1항 제3호의 요건을 충족한 경우에 한하여 증여세 과세대상이 될 뿐이라고 보아야 한다.

다. 제2요건의 해석 관련 법리

구 상증세법 제40조 제1항 제3호의 제2요건은 "전환사채 등의 거래를 하거나 전환사채 등에 의하여 주식으로의 전환 등을 함으로써 특수관계인으로부터 직접 또는 간접적으로 얻은 이익"이라고 규정하고 있다. 전환사채 등을 거래하여 특수관계인으로부터 직접 또는 간접적으로 얻은 이익이 있어야 위 제3호에 따라 증여세를 과세할 수 있다.

대법원은 이 사건과 유사한 시기에 금융회사들이 신주인수권부사채 발행법인으로부터 신주인수권부사채를 취득하여 곧바로 신주인수권증권 일부를 분리하여 발행법인의 대표이사 A에게 양도하고,

발행법인의 대표이사 A가 이를 행사하여 얻은 이익에 증여세가 과
세된 사안에서, "이 사건 신주인수권부사채의 발행부터 이 사건 신
주인수권증권의 행사와 신주 취득까지 일련의 행위들은 별다른 사
업상 목적 없이 증여세를 부당하게 회피하거나 감소시키기 위하여
비정상적으로 이루어졌다고 볼 수 없으므로 구 상증세법(2013. 1. 1.
법률 제11609호로 개정되기 전의 것) 제2조 제4항 및 제40조 제1항
제1호 가목, 같은 항 제2호 가목이나 제40조 제1항 제3호를 적용하
여 증여세를 과세할 수 없고, 나아가 합리적인 경제인의 관점에서
거래의 관행상 정당한 사유가 없다고도 볼 수 없으므로 구 상증세법
제35조 제2항 및 제42조 제1항 제3호에 기해서도 과세할 수 없다"고
판시한 원심의 판단을 그대로 받아들여 이를 확정하였다(대법원
2019. 4. 11. 선고 2017두57899 판결).

위 대법원 2018두57899 판결의 원심판결인 서울고등법원 2017. 7.
14. 선고 2016누40933 판결은 "구 상속세및증여세법 제40조 제1항
제3호는 전환사채 등을 인수·취득·양도하거나, 전환사채 등에 의
하여 주식으로의 전환·교환 또는 주식의 인수를 함으로써 '제1호
또는 제2호에서 규정하는 것과 방법 및 이익이 유사한 경우로서 전
환사채 등의 거래를 하거나 전환사채 등에 의하여 주식으로의 전환
등을 함으로써 특수관계에 있는 자로부터(또는 특수관계인으로부
터) 직접 또는 간접적으로 얻은 이익'을 얻은 경우에는 그 이익에
상당하는 금액을 그 이익을 얻은 자의 증여재산가액으로 한다고 규
정하고 있다. … (중략) … 앞서 본 바와 같이, 이 사건 캐피탈회사들
은 스스로 투자자의 지위에서 이 사건 회사와 이 사건 신주인수권부
사채 인수계약을 체결하고, 그 중 FF캐피탈, EE캐피탈이 자신의 거
래행위로서 원고에게 이 사건 신주인수권증권을 매도하였다고 평가
할 수 있을 뿐, 원고가 처음부터 이 사건 신주인수권부사채 발행과
이 사건 신주인수권의 취득 및 행사라는 일련의 행위를 통하여 이

사건 회사의 신주를 취득하여 차익을 얻을 것을 예정하였다고 보기 어려운바, 결국 위와 같은 일련의 행위가 처음부터 이 사건 회사의 주가 상승을 예정하고 이 사건 회사의 최대주주인 원고에게 주가 상승으로 인한 이익을 과다하게 분여하기 위한 목적을 가지고 그 수단으로 이용된 행위라고 단정할 수는 없다. 그러므로 피고가 제출한 증거들 및 피고가 주장하는 사정들만으로는 원고가 구 상속세및증여세법 제40조 제1항 제3호에 규정한 바와 같이 '특수관계에 있는 자로부터(또는 특수관계인으로부터) 직접 또는 간접적으로 이익'을 얻었다고 보기에 부족하다."라고 판시하였다.

즉 대법원 2017두57899 판결 및 그 원심판결인 2016누40933 판결은 중간에 낀 이 사건 캐피탈회사들이 처음부터 조세회피의 목적을 이루기 위한 수단으로 이용된 경우에 한하여 불과한 경우에 한하여, 발행법인의 대표이사 A가 '특수관계인인 발행법인으로부터 직접 또는 간접적으로 이익'을 얻었다고 본 것이다.

위 대법원 2017두57899 판결 및 그 원심판결인 2016누40933 판결은 구 상증세법 제40조 제1항 제3호의 '특수관계에 있는 자로부터 직접 또는 간접적으로 이익을 얻었는지 여부'를 판단하는 구체적인 기준을 제시하였는데, ① 이 사건 회사가 이 사건 신주인수권부사채를 발행한 것은 사업상 목적이 있는 거래에 해당한다는 점, ② B캐피탈 등의 입장에서도 이 사건 신주인수권을 취득하고 원고에게 처분한 것은 사업상 목적이 있는 거래에 해당한다는 점, ③ 원고의 이 사건 신주인수권 취득가격 및 행사가격은 당시 거래되던 기준에 부합하며 객관적으로 결정되었다는 점, ④ 원고가 이 사건 신주인수권의 취득과 행사를 통해 이익을 얻었더라도, 이는 주가 하락의 가능성을 상당기간 감수한 데에 따른 것이고, 그 밖에 이 사건 회사의 자금조달과 신규사업 진출 등 여러 가지 복합적인 요인이 작용한 결과이며, 원고가 이 사건 신주인수권을 취득할 당시 이 사건 회사의 주가 상승이 이미 예상되었다고 인정할 만한 증거도 없다는 점, ⑤ 결국 원고가 처음부터 신주인수권부사채의 발행, 이 사건 신주인수권의 취득과 행사라는 일련의 행위를 통하여 차익을 얻을 것을 예정하였다고 보기 어렵다는 점 등을 들어, 신주인수권부사채의 발행부터 신주인수권증권의 행사와 신주 취득까지 일련의 행위들은 별다른 사업상 목적 없이 증여세를 부당하게 회피하거나 감소시키기 위하여 비정상적으로 이루어졌다고 볼 수 없으므로, 구 상증세법 제40조 제1항 제3호를 적용하여 증여세를 과세할 수 없다고 판시하였다.

2. 이 사건 판결의 판단

이 사건 판결은, "구 상증세법 제40조 제1항 제3호는, '같은 항 제1호 또는 제2호에서 규정하는 것과 방법 및 이익이 유사한 경우로서 전환사채등의 거래를 하거나 전환사채등에 의하여 주식으로의 전환 등을 함으로써 특수관계인으로부터 직접 또는 간접적으로 얻은 이익'에 상당하는 금액을 그 이익을 얻은 자의 증여재산가액으로 한다고 규정하고 있다. 위 규정은 일정 법인과 특수관계에 있는 자가 증자 등의 자본거래를 이용하여 구 상증세법 제40조 제1항 제1호, 제2호에서 열거하고 있는 이익과 유사한 이익을 얻은 경우에 대하여 포괄적으로 증여세를 부과할 수 있도록 함으로써 새로운 금융기법을 이용한 변칙증여에 사전적으로 대처하고 과세의 공평을 도모하기 위하여 제정된 것으로 보인다."고 설시하였다.

이어 이 사건 판결은 아래와 같은 사정을 들고 있다.

- 이 사건 회사는 '재무구조 개선 및 운영자금 조달'을 위하여 이 사건 신주인수권부사채를 발행한바, 특별한 사정이 없는 한 이 사건 회사가 이 사건 신주인수권부사채를 발행한 것은 사업상

목적이 있는 거래에 해당한다고 할 수 있다.

- 이 사건 회사는 이 사건 신주인수권부사채의 발행과 관련하여,
'이 사건 회사의 최대주주가 보유한 지분을 B캐피탈의 서면 동
의 없이 매각한 경우'와, '원고가 이 사건 신주인수권 또는 이
사건 신주인수권증권을 행사하여 취득한 주식을 B캐피탈의 사
전 동의 없이 제3자에게 처분하는 경우'를 기한의 이익 상실 사
유로 삼았고, B캐피탈이 원고와 이 사건 신주인수권증권 매매
계약을 체결하면서도, 원고가 이 사건 신주인수권증권 또는 이
사건 신주인수권증권을 행사하여 취득한 주식의 처분을 제한하
였다.

이러한 점을 고려할 때, B캐피탈은 '투자자'의 지위에서, 투자이
익을 조기에 실현함과 동시에 이 사건 회사의 경영권 이전이나 주가
변동에 따른 투자위험을 회피하기 위한 목적으로, 이 사건 신주인수
권부사채가 발행된 당일 이 사건 신주인수권증권을 분리하여 이 사
건 회사의 공동대표이사인 원고에게 매도한 것으로 보인다. 즉, B캐
피탈이 이 사건 신주인수권부사채를 인수한 것도 사업상 목적이 있
는 거래에 해당한다.

- 이 사건 신주인수권부사채 발행 당시 신주인수권 행사가액은
2,145원으로 정해졌는데, 이는 '증권의 발행 및 공시 등에 관한
규정'에 따라 객관적으로 정해진 것일 뿐만 아니라, 이 사건 신
주인수권부사채 발행일(2010. 8. 20.) 기준 이 사건 회사 주식의
코스닥시장 종가(1,970원)3)보다도 높다. 더욱이 이 사건 신주인
수권부사채 발행 이전 2개월 간(2010년 6월 21일부터 2010년 8
월 20일까지) 이 사건 회사 주식의 코스닥시장 종가는 최소

1,970원에서 최대 2,415원 정도였던 점까지 고려해보면, 결과적
으로 이 사건 거래일인 2013. 1. 17. 당시 이 사건 회사 주식의
코스닥시장 종가가 10,450원으로 이 사건 신주인수권의 행사가
액(당시에는 2,082원)보다 상당히 큰 폭으로 상승했다는 사정만
으로, 원고가 이 사건 신주인수권증권을 양도할 시점에 '향후
이 사건 회사의 주가 상승'이 충분히 예상되었다고 단정하기는
어렵다.

뒤 이어 이 사건 판결은, "위와 같은 사정들에 비추어보면 B캐피
탈은 스스로 투자자의 지위에서 이 사건 회사와 이 사건 신주인수권
부사채 인수계약을 체결하였고, B캐피탈이 자신의 거래행위로서 원
고에게 이 사건 신주인수권증권을 양도하였으며, 원고 역시 자신의
거래행위로서 C금융에게 이 사건 신주인수권증권을 양도한 것이라
고 평가함이 타당하고, '이 사건 신주인수권부사채의 발행, 원고의
이 사건 신주인수권증권의 취득 및 양도'라는 일련의 행위가, '처음
부터 이 사건 회사의 주가 상승을 예정하고, 이 사건 회사가 원고에
게 주가 상승으로 인한 이익을 과다하게 분여하기 위한 목적'에서
이루어진 것이라고 단정할 수는 없다"면서,
　　"그렇다면, 원고가 B캐피탈로부터 이 사건 신주인수권증권을 양
수하였고 이를 다시 C금융에게 양도하였으며(위에서 보는 바와 같
은 이유에서, 위와 같은 원고의 거래행위를 '사실상 원고가 이 사건
회사와 거래한 것'과 동일하거나 유사한 것으로 볼 수는 없다), 그
일련의 과정이 이 사건 회사가 원고에게 주가 상승으로 인한 이익을
과다하게 분여하기 위한 목적에서 이루어진 것이라고 볼 수 없는 이
사건에서, 원고의 이 사건 거래가 구 상증세법 제40조 제1항 제3호
에서 규정하고 있는 '구 상증세법 제40조 제1항 제2호 나목에서 규
정하는 것과 방법 및 이익이 유사한 경우'에 해당한다거나, 그로 인

하여 원고가 얻은 이익이 '특수관계인(이 사건 회사)으로부터 직접 또는 간접적으로 얻은 이익'에 해당한다고 볼 수는 없다"고 판단하였다.

3. 평가

이 사건 판결은 위 관련 법리 내지 대법원 판결 등을 구체적으로 언급하지는 않았지만, 그 판단 과정을 살펴보면 정확하게 앞서 살핀 법리를 그대로 따르고 있음을 확인할 수 있다. 그 결론에서 원고의 이 사건 거래가 구 상증세법 제40조 제1항 제3호에서 규정하고 있는 '구 상증세법 제40조 제1항 제2호 나목에서 규정하는 것과 방법 및 이익이 유사한 경우'에 해당한다거나, 그로 인하여 원고가 얻은 이익이 '특수관계인(이 사건 회사)으로부터 직접 또는 간접적으로 얻은 이익'에 해당한다고 볼 수는 없다"고 판시하였음은 물론, 이 사건 판결이 들고 있는 사정들 역시 대법원 2017두57899 판결 및 그 원심 판결인 2016누40933 판결이 제시한 구 상증세법 제40조 제1항 제3호의 '특수관계에 있는 자로부터 직접 또는 간접적으로 이익을 얻었는지 여부'를 판단하는 구체적인 기준과 정확하게 일치한다. 원고가 관련 법리를 충실하게 제시함으로써, 위 쟁점과 관련하여 이 사건 판결이 타당한 결론에 도달할 수 있었다.

V. 이 사건 신주인수권증권을 양도함으로써 얻은 이익에 대하여 구 상증세법 제2조 제3항 및 제42조 제1항 제3호에 따라 과세할 수 있는지 여부(쟁점 3)

1. 관련 법리

가. 구 상증세법 제40조 제1항과 구 상증세법 제2조 제3항에 따른 과세 검토

1) 대법원 2015. 10. 15. 선고 2013두13266판결, 대법원 2015. 10. 15. 선고 2013두14283 판결 등은 아래와 같이 판시하고 있다.

구 상증세법 제2조는 증여세 완전포괄주의 과세를 명문화한 것으로서, 제1항에서 타인의 증여로 인한 증여재산에 대하여 이 법에서 정하는 바에 따라 증여세를 부과한다고 규정하면서, 제3항에서 "증여라 함은 그 행위 또는 거래의 명칭·형식·목적 등에 불구하고 경제적 가치를 계산할 수 있는 유형·무형의 재산을 타인에게 직접 또는 간접적인 방법에 의하여 무상으로 이전(현저히 저렴한 대가로 이전하는 경우를 포함한다)하는 것 또는 기여에 의하여 타인의 재산가치를 증가시키는 것을 말한다"고 규정하고 있다.

구 상속세 및 증여세법(2003.12.30.법률 제7010호로 개정되기 전의 것)은 '증여'의 개념에 관한 고유의 정의규정을 두지 않고 민법상 증여의 개념을 차용하여 '당사자 일방이 무상으로 재산을 상대방에게 수여하는 의사를 표시하고 상대방이 이를 승낙함으로써 재산수여에 대한 의사가 합치된 경우'를 원칙적인 증여세 과세대상으로 하되, 당사자 간의 계약에 의하지 아니한 부의 무상이전에 대하여는 증여로 의제하는 규정(제32조 내지 제42조)을 별도로 마련하여 과세하였다. 그 결과 증여의제규정에 열거되지 아니한 새로운 금융기법이나 자본거래 등의 방법으로 부를 무상이전하는 경우에는 적시에 증여세를 부과할 수 없어 적정한 세 부담 없는 부의 이전을 차단하는 데에 한계가 있었다.

이에 과세권자가 증여세의 과세대상을 일일이 세법에 규정하는 대신 본래 의도한 과세대상뿐만 아니라 이와 경제적 실질이 동일 또는 유사한 거래·행위에 대하여도 증여세를 과세할 수 있도록 함으로써 공평과세를 구현하기 위하여 2003.12.30.법률 제7010호로 개정된 상속세 및 증여세법은, 민법상 증여뿐만 아니라 '재산의 직접·간접적인 무상이전'과 '타인의 기여에 의한 재산가치의 증가'를 증여의 개념에 포함하여 증여세 과세대상을 포괄적으로 정의하고 종전의 열거방식의 증여의제규정을 증여시기와 증여재산가액의 계산에 관한 규정(이하 '가액산정규정'이라 한다)으로 전환함으로써, 이른바 증여세 완전포괄주의 과세제도를 도입하였다.

이와 같이 변칙적인 상속·증여에 사전적으로 대처하기 위하여 세법 고유의 포괄적인 증여 개념을 도입하고, 종전의 증여의제규정을 일률적으로 가액산정규정으로 전환한 점 등에 비추어 보면, 원칙적으로 어떤 거래·행위가 법 제2조 제3항에서 규정한 증여의 개념에 해당하는 경우에는 같은 조 제1항에 의하여 증여세의 과세가 가능하다고 보아야 한다.

그러나 한편 증여의제규정의 가액산정규정으로의 전환은 증여의제에 관한 제3장 제2절의 제목을 '증여의제 등'에서 '증여재산가액의 계산'으로 바꾸고, 개별 증여의제규정의 제목을 '증여의제'에서 '증여'로,각 규정 말미의 '증여받은 것으로 본다'를 '증여재산가액으로 한다'로 각 개정하는 형식에 의하였고, 그로 말미암아 종전의 증여의제규정에서 규율하던 과세대상과 과세범위 등 과세요건과 관련된 내용은 그대로 남게 되었다. 즉 개별 가액산정규정은 일정한 유형의 거래·행위를 대상으로 하여 거래 당사자 간에 특수관계가 존

재할 것을 요구하거나, 시가 등과 거래가액 등의 차액이 시가의 30%
이상일 것 또는 증여재산가액이 일정 금액 이상일 것 등을 요구하고
있고, 이러한 과세대상이나 과세범위에 관한 사항은 수시로 개정되
어 오고 있다. 이는 납세자의 예측가능성과 조세법률관계의 안정성
을 도모하고 완전포괄주의 과세제도의 도입으로 인한 과세상의 혼
란을 방지하기 위하여 종전의 증여의제규정에 의하여 규율되어 오
던 증여세 과세대상과 과세범위에 관한 사항을 그대로 유지하려는
입법자의 의사가 반영된 것으로 보아야 한다.

따라서 납세자의 예측가능성 등을 보장하기 위하여 개별 가액산
정규정이 특정한 유형의 거래·행위를 규율하면서 그 중 일정한 거
래·행위만을 증여세 과세대상으로 한정하고 그 과세범위도 제한적
으로 규정함으로써 증여세 과세의 범위와 한계를 설정한 것으로 볼
수 있는 경우에는, 개별 가액산정규정에서 규율하고 있는 거래·행위
중 증여세 과세대상이나 과세범위에서 제외된 거래·행위가 법 제2
조 제3항의 증여의 개념에 들어맞더라도 그에 대한 증여세를 과세
할 수 없다(이상 대법원 2015. 10. 15. 선고 2013두13266판결, 대법원
2015. 10. 15. 선고 2013두14283 판결 등).

2) 그런데 **구 상증세법 제40조 제1항**은 "전환사채 등을 인수·취
득·양도하거나, 전환사채 등에 의하여 주식으로의 전환·교환 또는
주식의 인수를 함으로써 다음 각 호의 어느 하나에 해당하는 이익을
얻은 경우에는 그 이익에 상당하는 금액을 그 이익을 얻은 자의 증
여재산가액으로 한다."라고 규정하면서, 제2호에서 "전환사채 등에
의하여 주식으로의 전환·교환 또는 주식의 인수를 하거나 전환사채
등을 양도함으로써 얻은 다음 각 목의 어느 하나에 해당하는 이익"
을 규정하고, 나목에서 "**전환사채 등을 발행한 법인의 최대주주나
그와 특수관계에 있는 자로서 주주인 자**가 그 법인으로부터 전환사

채 등을 그 소유주식 수에 비례하여 균등한 조건으로 배정받을 수
있는 수를 초과하여 인수·취득(자본시장과 금융투자업에 관한 법률
제9조 제12항에 따른 **인수인으로부터 인수·취득한 경우를 포함**)한
경우로서, 전환사채 등에 의하여 교부받았거나 교부받을 주식의 가
액이 전환가액 등을 초과함으로써 얻은 이익"을 규정하고 있는 개
별 가액산정 규정이다.

즉 **구 상중세법 제40조 제1항 제2호 나목**은 전환사채 등을 취득
하여 이를 양도하는 거래·행위를 규율하고 있고, 그 중 전환사채 등
을 발행한 법인의 최대주주나 그와 특수관계에 있는 자로서 주주인
자가 그 법인으로부터 전환사채 등을 그 소유주식 수에 비례하여 균
등한 조건으로 배정받을 수 있는 수를 초과하여 인수·취득(자본시장
과 금융투자업에 관한 법률 제9조 제12항에 따른 인수인으로부터
인수·취득한 경우를 포함)하여 이를 양도함으로써 얻은 이익을 증여
세 과세대상으로 규정하고 있다. 위 규정은 전환사채 등을 양도함으
로써 얻은 이익 중, 전환사채 등을 발행한 법인의 최대주주나 그와
특수관계에 있는 자로서 주주인 자가 "그 법인으로부터 전환사채
등을 그 소유주식 수에 비례하여 균등한 조건으로 배정받을 수 있는
수를 초과하여 인수·취득(자본시장법 제9조 제12항에 따른 인수인
으로부터 인수·취득한 경우를 포함)한 경우"로 그 **적용대상인 유형
을 한정**하고 있다.

3) 위 대법원 판시에 비추어 살피건대, 이는 전환사채 등을 양도
함으로써 얻은 이익 중, 전환사채 등을 발행한 법인의 최대주주나
그와 특수관계에 있는 자로서 주주인 자가 그 법인으로부터 전환사
채 등을 그 소유주식 수에 비례하여 균등한 조건으로 배정받을 수
있는 수를 초과하여 인수·취득(자본시장법 제9조 제12항에 따른 인
수인으로부터 인수·취득한 경우를 포함)한 것이 아닌 경우의 이익을

증여세 과세대상에서 제외하고자 하는 입법의도에 기한 것으로, 전환사채 등을 양도함으로써 얻은 이익 중 전환사채 등을 발행한 법인의 최대주주나 그와 특수관계에 있는 자로서 주주인 자가 '그 법인으로부터 전환사채 등을 그 소유주식 수에 비례하여 균등한 조건으로 배정받을 수 있는 수를 초과하여 인수·취득(자본시장법 제9조 제12항에 따른 인수인으로부터 인수·취득한 경우를 포함)한 것이 아닌 경우'에 대하여는 증여세를 과세하지 않도록 하는 한계를 설정한 것이다. 따라서 이와 같은 이익에 대하여는 <u>구 상증세법 제2조 제3항의 개념에 들어맞더라도 그에 대한 증여세를 과세할 수 없다</u>.

나. 구 상증세법 제42조 제1항과 구 상증세법 제2조 제3항에 따른 과세 검토

1) 한편 구 상증세법 제42조 제1항은 "제33조부터 제39조까지, 제39조의2, 제39조의3, 제40조, 제41조, 제41조의3부터 제41조의5까지, 제44조 및 제45조에 따른 증여 외에 다음 각 호의 어느 하나에 해당하는 이익으로서 대통령령으로 정하는 기준 이상의 이익을 얻은 경우에는 그 이익을 그 이익을 얻은 자의 증여재산가액으로 한다"고 규정하면서, 제3호에서 "출자·감자, 합병(분할합병을 포함한다)·분할, 제40조 제1항에 따른 전환사채등에 의한 주식의 전환·인수·교환(이하 "주식전환등"이라 한다) 등 법인의 자본(출자액을 포함한다)을 증가시키거나 감소시키는 거래로 얻은 이익 또는 사업 양수·양도, 사업 교환 및 법인의 조직 변경 등에 의하여 소유지분이나 그 가액이 변동됨에 따라 얻은 이익"으로서 대통령령으로 정하는 기준 이상의 이익을 얻은 경우에는 그 이익을 그 이익을 얻은 자의 증여재산가액으로 한다고 규정하고 있다.

2) 앞서 살핀 법리에 비추어 보건대, 구 상증세법 제42조 제1항

제3호는 구 상증세법 제40조 제1항과 마찬가지로 일정한 거래·행위만을 증여세 과세대상으로 한정하고, 그 과세범위도 제한적으로 규정함으로써 증여세 과세의 범위와 한계를 설정한 것으로 볼 수 있으므로, 위 규정에서 정하고 있는 거래·행위 중 증여세 과세대상이나 과세범위에서 제외된 거래·행위에 대하여는 증여세를 과세할 수 없다.

3) 그런데 구 상증세법 제42조 제1항 제3호는 '법인의 자본을 증가시키거나 감소시키는 거래'를 증여세 과세대상 거래로 예정하고 있음이 문언상 명백하고, 전환사채 등을 양도함으로써 얻은 이익은 '법인의 회사의 자본을 증가시키거나 감소시키는 자본거래'에 해당하지 않으므로, 이와 같은 이익에 대하여는 **구 상증세법 제2조 제3항의 개념에 들어맞더라도 그에 대한 증여세를 과세할 수 없다.**

2. 이 사건 판결

이 사건 판결은 "구 상증세법 제42조 제1항 제3호는 일정한 거래·행위만을 증여세 과세대상으로 한정하고, 그 과세범위도 제한적으로 규정함으로써 증여세 과세의 범위와 한계를 설정한 것으로 볼 수 있으므로, 위 규정에서 정하고 있는 거래·행위 중 증여세 과세대상이나 과세범위에서 제외된 거래·행위에 대하여는 증여세를 과세할 수 없다(대법원 2015. 10. 15. 선고 2013두14283 판결 등의 취지 참조)"는 법리를 먼저 설시한 후,

"구 상증세법 제42조 제1항 제3호는, '법인의 자본을 증가시키거나 감소시키는 거래'를 증여세 과세대상 거래로 예정하고 있음이 문언상 명백한데, 원고는 이 사건 거래를 통하여 C금융에 이 사건 신주인수권증권을 1,306,695,711원에 양도한 것으로서, 이러한 거래행

위는 '이 사건 회사의 자본을 증가시키거나 감소시키는 자본거래'에
해당하지 않는다. 따라서 원고가 이 사건 거래를 통하여 얻은 이익
에 대하여, 구 상증세법 제42조 제1항 제3호를 증여세 과세근거로
삼을 수 없으므로, 이와 다른 전제에 선 피고의 주장은 더 나아가 살
펴볼 필요 없이 이유 없다."고 판단하였다.

3. 평가

이 사건에서 피고는 원고가 이 사건 신주인수권증권을 양도함으
로써 얻은 이익에 대하여 구 상증세법 제40조 제1항으로 과세할 수
없다면 구 상증세법 제2조 제3항, 구 상증세법 제42조 제1항 제3호
에 따른 과세가 가능하다고 주장하였다. 그런데 이 사건 판결은 대
법원 2013두14283 판결의 법리를 간단히 설시한 후, 원고가 이 사건
신주인수권증권을 양도함으로써 얻은 이익은 구 상증세법 제2조 제
3항을 동원하더라도 구 상증세법 제42조 제1항 제3호에서 규정하는
'회사의 자본을 증가시키거나 감소시키는 자본거래'로 얻은 이익이
아니므로 이에 근거하여 과세할 수 없다고만 판시하였다.

이 사건 판결의 결론은 타당하지만, 구 상증세법 제2조 제3항을
구 상증세법 제40조 제1항과 연계지어 살펴보더라도 원고가 이 사
건 신주인수권증권을 양도함으로써 얻은 이익이 구 상증세법 제40
조 제1항이 개별 가액산정규정으로써 한정하고 있는 과세대상 이익
의 범위를 넘어서기 때문에 과세할 수 없다는 점 또한 분명하게 짚
고 넘어갔더라면 하는 아쉬움이 있다. 즉, ① 구 상증세법 제40조 제
1항 역시 개별 가액산정규정으로, 구 상증세법 제40조 제1항 제1호,
제2호에서 규정하는 것 및 이와 방법 및 이익이 유사한 경우로서 '특
수관계인으로부터 직접 또는 간접적으로 얻은 이익'으로 과세범위
를 제한적으로 규정함으로써 증여세 과세의 범위와 한계를 설정한

것이고, ② 이러한 한계를 벗어난 거래·행위에 대하여는 증여세를 과세할 수 없다는 점, ③ 그런데‘인수인 아닌 자로부터 취득한 이 사건 신주인수권증권을 양도함으로써 얻은 이익’은 구 상증세법 제40조 제1항이 규율하는 거래·행위에는 해당하나‘특수관계인으로부터 직접 또는 간접 이익을 얻은 경우’가 아니므로, 구 상증세법 제2조 제3항을 동원하더라도 구 상증세법 제40조 제1항이 규정하는 과세 범위의 한계를 벗어난 것이어서 과세할 수 없다는 점을 분명히 하여 주었더라면 하는 아쉬움이 있다.

이 사건 판결은 이 부분과 유사한 판단을 ‘구 상증세법 제40조 제1항 제3호에 따른 과세가 가능한지’ 여부로 살피고 있기는 하다. 그러나 해당 판단은 어디까지나 구 상증세법 제40조 제1항 제3호에 따른 과세 가능 여부이지, 여기에 구 상증세법 제2조 제3항을 동원하더라도 같은 결론에 이른다는 판시는 이루어지지 않았다. 즉, 이 사건 판결은 원고가 이 사건 신주인수권증권을 양도함으로써 얻은 이익이 구 상증세법 제40조 제1항 제3호가 규정하고 있는 “구 상증세법 제40조 제1항 제2호 나목에서 규정하는 것과 방법 및 이익이 유사한 경우로서 전환사채 등의 거래를 하거나 전환사채등에 의하여 주식으로의 전환 등을 함으로써 특수관계에 있는 자로부터 직접 또는 간접적으로 얻은 이익”에 해당하지 않는다는 점만 판단하였을 뿐, ① 구 상증세법 제40조 제1항이 납세자의 예측가능성 등을 보장하기 위하여 “구 상증세법 제40조 제1항 제1호, 제2호에서 규정하는 것, 그리고 이와 방법 및 이익이 유사한 경우로서 전환사채 등의 거래를 하거나 전환사채등에 의하여 주식으로의 전환 등을 함으로써 특수관계에 있는 자로부터 직접 또는 간접적으로 얻은 이익”만을 증여세 과세대상으로 한정하고 그 과세범위도 제한적으로 규정함으로써 증여세 과세의 범위와 한계를 설정한 것이라는 점, ② 대법원 2013두14283 판결의 법리에 따라 이러한 한계를 벗어난 경우에는 구

상증세법 제2조 제3항의 개념에 들어맞더라도 그에 대한 증여세를
과세할 수 없다는 점, ③ 인수인 아닌 자로부터 취득한 신주인수권
증권을 양도함으로써 얻은 이익의 경우에는 위와 같이 구 상증세법
제40조 제1항이 규율하고 있는 거래·행위 중 증여세 과세대상이나
과세범위에서 제외된 거래·행위에 해당하기 때문에 법 제2조 제3항
의 증여의 개념에 들어맞더라도 그에 대한 증여세를 과세할 수 없다
는 점을 판시하지는 아니한 것이다.

VI. 마치며

이상 살핀 바와 같이 대법원은 개별 가액산정규정이 특정한 유형
의 거래·행위를 규율하면서 그 중 일정한 거래·행위만을 증여세 과
세대상으로 한정하고 그 과세범위도 제한적으로 규정함으로써 증여
세 과세의 범위와 한계를 설정한 것으로 볼 수 있는 경우에는, 개별
가액산정규정에서 규율하고 있는 거래·행위 중 증여세 과세대상이
나 과세범위에서 제외된 거래·행위가 법 제2조 제3항의 증여의 개념
에 들어맞더라도 그에 대한 증여세를 과세할 수 없다는 결론을 내렸
다(대법원 2015. 10. 15. 선고 2013두13266판결 등).

여기서 주목할 부분은, 개별 가액산정규정들이 규율하고 있는 거
래·행위의 범위를 어떻게 정할 것인가이다. 개별 가액산정규정들이
규율하고 있는 거래·행위의 범위를 벗어나는 거래·행위의 경우에는
당연히 개별 가액산정규정이 정하는 요건을 충족하지는 못할 것이
나, 그렇다고 해서 개별 가액산정규정들의 취지가 그러한 거래까지
증여세 과세대상에서 제외하겠다는 것은 아니므로, 따라서 이러한
경우들에 대해서는 구 상증세법 제2조 제3항(현행 제6호)의 독자적
적용에 의하여 증여세가 과세될 수 있는 것이다. 그래서 개별 가액

산정규정들이 규율하고 있는 거래·행위의 범위를 정하는 것이 중요하다.

이 사건 판결에서는, (구 상증세법 제40조 제1항에 대하여는 앞서 언급하였듯이 다소 미흡하기는 하나) 원고가 인수인 아닌 자로부터 취득한 이 사건 신주인수권증권을 양도함으로써 얻은 이익에 대하여, 이는 구 상증세법 제40조 제1항, 구 상증세법 제42조 제1항이 규율하고 있는 거래·행위의 범위에는 해당하지만, 구 상증세법 제40조 제1항, 구 상증세법 제42조 제1항이 한정하고 있는 그 중 일정한 거래·행위에는 해당하지 아니한다는 판단이 이루어졌다고 볼 수 있다.

한편 요즘 일부 과세관청들은, 상증세법 제4조 제1항 제6호가 2015. 12. 15. 신설되어 제4호 각 규정(개별 가액산정규정들을 열거하고 있음)의 경우와 경제적 실질이 유사한 경우 등 제4호의 각 규정을 준용하여 증여재산의 가액을 계산할 수 있는 경우의 그 재산 또는 이익을 증여세 과세대상으로 규정하고 있음을 근거로 들어, 개별 가액산정규정들과 경제적 실질이 유사하면 그 규정들이 과세대상으로 규정하고 있지 않은 경우에 대하여도 증여세를 과세할 수 있다는 입장을 취하고 있다. 그래서 위 대법원 판결이 말하는 개별 가액산정규정들의 규율범위 내에 있으면서도 그 규정들이 과세대상으로 규정·한정하지 않은 사안에 대하여도 증여세를 과세하는 움직임을 보이고 있다.

그러나 이러한 입장은 신설된 구 상증세법 제4조 제1항 제6호의 의미를 지나치게 확대하는 것이라고 할 수 있다. 종전의 완전포괄주의에 관한 규정은 말 그대로 더 이상 범위를 넓힐 수 없는 완전포괄주의 규정이기 때문에, 위 제6호가 다시 그 범위를 더 넓힐 수는 없다. 그래서 제6호가 신설되었다고 해서 대법원 판례가 선언한 법리를 뛰어넘어 개별 가액산정규정들의 규율범위 내에 있으면서 그 규

정들이 과세대상에 포함시키지 않은 재산 또는 이익에 대하여 증여
세를 과세할 수 있다고 보기는 어렵다고 할 것이다.[5]

---

5) 서울행정법원 2020. 1. 9. 선고 2019구합60813 판결이 이러한 취지에 입각
해 있다. 강석규, 조세법쟁론, 2020, 1270면.

가업법인에 대한 가업상속공제를 적용함에 있어
주식 보유요건에 대한 해석

박 영 성 세무사

Ⅰ. 서론

상속세 및 증여세법(이하 '상증세법'이라 한다)상 '가업상속공제'
는 중소기업 등의 원활한 가업승계를 지원하기 위하여 거주자인 피
상속인이 생전에 10년 이상 영위한 중소기업 등을 상속인에게 정상
적으로 승계한 경우에 최대 500억원까지 상속공제하여 가업승계에
따른 상속세 부담을 경감시켜 주는 제도이다.[1]

가업상속공제는 2007년 이전에는 5년 이상 경영한 중소기업에 대
하여 1억원을 한도로 가업상속재산가액을 공제해 주었는데, 여러차
례 개정을 거쳐 2014년부터 10년 이상 경영한 중소기업 및 중견기업
에 대하여 가업영위기간 별로 최대 500억원을 한도로 공제하는 것
으로 확대되었다.[2]

---

1) 국세청 발간 2021년 중소·중견기업 경영자를 위한 가업승계지원제도 안내
21면
2) 2018년부터 피상속인이 10년 이상 20년 미만 계속하여 경영한 경우 200억
원, 20년 이상 30년 미만 계속하여 경영한 경우 300억원, 30년 이상 계속하
여 경영한 경우 500억원을 한도로 공제

이러한 가업상속공제 취지와 그에 따른 혜택에도 불구하고 2019년 기준 가업상속공제 적용건수는 88건이고 전체 적용금액은 약 2,363억원에 불과한데3), 이는 가업상속공제 적용의 까다로운 사전요건4)과 사후관리요건5)의 준수가 어렵기 때문인 것으로 보인다.

아래에서는 가업상속공제 사전요건 중 상증세법 시행령 제15조 제3항 제1호 가목의 '가업법인에 대한 가업상속공제를 적용함에 있어 피상속인의 주식 보유요건'에 대한 해석에 관하여 논의하고자 한다.

II. 가업법인에 대한 가업상속공제를 적용함에 있어 피상속인 주식 보유요건에 관한 규정

2017. 2. 7. 대통령령 제27835호로 개정되기 전 상증세법 시행령 제15조 제3항 제1호 가목은 가업법인에 대한 가업상속공제를 적용함에 있어 피상속인의 주식 보유요건으로 피상속인이 "제1항에 따른 중소기업 또는 규모의 확대 등으로 중소기업에 해당하지 아니하게 된 기업(상속이 개시되는 사업연도의 직전 사업연도의 매출액이 3천억원 이상인 기업 및 상호출자제한기업집단 내 기업은 제외한다)의 최대주주등인 경우로서 피상속인과 그의 특수관계인의 주식등을

---

3) 국세통계포털 2019년 가업상속공제 결정 현황, 과세미달 포함

4) 가업 요건(10년 이상 계속 경영기업 등), 피상속인 요건(최대주주로서 지분 50% 이상을 10년 이상 계속 보유 등), 상속인 요건(상속개시일 전 2년 이상 가업 종사 등)

5) 7년간 ① 가업용 자산 20%(10%) 이상 처분금지, ② 상속인의 가업 미종사, ③ 상속 지분 감소, ④ 각 사업연도 정규직 근로자 수 및 총급여액이 기준고용인원 및 기준총급여액의 80% 이상 유지, ⑤ 7년간 정규직근로자 수 전체 평균 및 총급여액의 전체 평균이 기준고용인원 및 기준총급여액 이상

합하여 해당 기업의 발행주식총수등의 100분의 50(자본시장과 금융투자업에 관한 법률 제8조의2 제2항에 따른 거래소에 상장되어 있는 법인이면 100분의 30) 이상을 계속하여 보유할 것"을 규정하고 있었는데, 2017. 2. 7. 대통령령 제27835호로 "중소기업 또는 중견기업의 최대주주등인 경우로서 피상속인과 그의 특수관계인의 주식등을 합하여 해당 기업의 발행주식총수등의 100분의 50(자본시장과 금융투자업에 관한 법률 제8조의2 제2항에 다른 거래소에 상장되어 있는 법인이면 100분의 30) 이상을 10년 이상 계속 보유할 것"으로 개정하여, 계속 보유 기간을 "10년 이상"으로 명시하였다.

입법 자료에 따르면, 구 상증세법 시행령 제15조 제3항 제1호 가목의 개정 이유는 "피상속인이 최대주주로서 주식을 보유하여야 하는 기간을 10년 이상으로 명시적으로 규정함으로써 가업상속공제를 받기 위하여 가업을 10년 이상 경영하여야 하는 가업의 요건과 기간 측면에서 일치함을 명확히 하기 위함"이라고 설명하고 있다[6].

III. '10년 이상 계속하여 보유할 것'에 대한 해석

1. 기획재정부 및 국세청의 해석

기획재정부는 2002년부터 회사를 경영한 父가 회사의 지분을 11%를 보유하고 있고 母가 지분 7%를 보유하고 있다가 2011. 1. 5. 母가 지분 전부를 父에게 증여하였는데, 2012년에 父가 사망하여 상속이 개시되거나 父의 주식을 子에게 증여하는 경우 母로부터 증여

---

6) 법제처 국가법령정보센터 2017. 2. 7. 대통령령 제27835호 상증세법 시행령 개정이유

받은 주식의 보유기간에 관계없이 가업상속공제 또는 가업승계에 대한 증여세 과세특례7)를 적용받을 수 있는지 여부에 대한 질의에 대해 "상증세법 제18조 제2항 제1호의 가업을 경영하는 자가 가업을 경영하지 아니한 배우자로부터 증여 받아 10년이 경과하지 아니한 주식에 대하여는 상증세법 제18조 제2항에 따른 가업상속공제 및 조세특례제한법 제30조의6에 따른 가업의 승계에 대한 증여세 과세특례가 적용되지 않는 것(재산세제과-385, 2014. 5. 14.)"이라고 해석하였다.

국세청도 위 기획재정부 해석에 따라 상증세법에 따른 가업상속공제 및 조세특례제한법에 따른 가업승계에 대한 증여세 과세특례를 적용받기 위해서는 피상속인이 해당 주식을 10년 이상 보유하여야 한다고 계속적으로 해석하고 있다(상속증여세과-220, 2019. 3. 11., 상속증여세과-731, 2018. 8. 7., 상속증여세과-164, 2014. 5. 29. 등).

이와 같이 기획재정부 및 국세청은 상증세법 시행령 제15조 제3항 제1호 가목의 '10년 이상 계속하여 보유할 것'을 가업상속공제 대상 가업법인 주식의 피상속인 보유기간으로 해석하고 있다.

2. 조세심판원 결정례

조세심판원은 피상속인이 특수관계인인 형으로부터 10년 이상 보유하던 주식을 취득하여 약 8년간 보유하다 상속이 개시되어 그 상속인이 피상속인이 보유하던 주식 전체를 상속받고 해당 주식에

---

7) 조세특례제한법 제30조의6에 따른 가업승계에 대한 증여세 과세특례 적용여부가 문제된 사안으로, 해당 과세특례는 상증세법 제18조 제2항 제1호에 따른 '가업'의 승계를 대상으로 하고 있고 이 경우 피상속인은 부모로 본다고 규정하고 있어, 상증세법 시행령 제15조 제3항 제1호 가목의 피상속인의 주식 보유 요건은 해당 과세특례의 증여자 요건에 그대로 적용됨

대해 가업상속공제를 적용하여 상속세 신고하였으나 처분청이 피상속인이 10년 미만 보유한 주식에 대해 가업상속공제를 부인한 사안에서, "가업상속공제를 통한 세제지원을 하는 이유는 그 주식의 상속에 의하여 부모가 10년 이상 계속하여 경영하던 가업이 자녀에게 승계되기 때문인데 만약 청구인들의 주장처럼 피상속인인 부모가 해당 주식을 보유한 기간과는 무관하게 언제든지 상속세 과세특례가 적용된다고 해석한다면 부모가 10년 이상 계속하여 가업을 경영하는 과정에서 그 가업의 경영 또는 소유에 아무런 기여도 하지 아니한 주식의 상속에 대해서까지 과도한 세제상 특례를 주는 결과를 초래할 뿐만 아니라, 나아가 극단적으로 상속일 직전 피상속인인 부모가 현금을 상속하는 대신 그 가액 상당의 주식을 취득하여 자녀에게 상속하는 등의 방법으로 조세를 회피할 가능성 또한 고려하지 않는 수 없는 점 등에 비추어 피상속인 10년 미만 보유한 주식에 대해서도 가업상속공제를 적용하여야 한다는 청구인들의 주장은 받아들이기 어렵다"고 결정하였다(조심2020서0398, 2020. 12. 28.).

또한, 조세심판원은 비상장법인의 대표이사로 재직한 증여자로부터 해당 법인의 주식을 증여받고 조세특례제한법에 따른 가업승계 증여세 과세특례를 적용하여 증여세를 신고하였으나 처분청이 증여자가 유상증자시 취득한 주식으로서 수증자에게 증여할 당시 해당 주식의 보유기간이 10년 미만인 주식에 대해 가업승계 증여세 과세특례를 부인한 사안에서, 위 가업상속공제 적용 사건과 같이 "만약 증여인인 부모가 해당 주식을 보유한 기간과 무관하게 쟁점과세특례가 적용된다면 그 가업의 경영 또는 소유에 아무런 기여도 하지 아니한 주식의 증여까지 과도한 세제상 특례를 주는 결과를 초래하는 점 등에 비추어 가업을 경영하는 자가 증여 당시 10년 미만 보유한 주식에 대해서는 가업의 승계에 대한 증여공제가 적용되지 않는다고 보는 것이 타당하다"고 결정하였다(조심2020중2109, 2021. 2. 17.).

이와 같이 조세심판원도 기획재정부 및 국세청과 같이 상증세법 시행령 제15조 제3항 제1호 가목의 '10년 이상 계속하여 보유할 것'을 가업상속공제 대상 가업법인 주식의 피상속인 보유기간으로 해석하고 있다.

위 조심2020서0398(2020. 12. 28.) 및 조심2020중2109(2021. 2. 17.) 심판결정례는 후술하는 증여세 과세특례에 대한 고등법원 판결(2019. 5. 31.)과 대법원의 판결(2020. 5. 28.) 이후 결정인데, 조세심판원은 법원의 판단에도 불구하고 해당 규정에 대한 해석을 바꾸지 않고 있다.

3. 증여세 과세특례에 대한 법원의 판단

가업상속공제를 적용함에 있어 상증세법 시행령 제15조 제3항 제1호 가목의 '10년 이상 계속하여 보유할 것'이 해당 주식을 10년 이상 보유하여야 하는 것인지에 대한 대법원의 명시적인 판단은 아직 없으나, 가업승계에 대한 증여세 과세특례 관련 대구고등법원 및 대법원의 판단은 조세심판원, 기획재정부 및 국세청의 해석과는 다르다.

대구고등법원은 증여자가 최대주주 등으로서 10년 이상 계속하여 발행주식 총수의 50% 이상을 보유하였으나 자신의 법률상 배우자로부터 증여 받은 일부 주식은 10년 미만으로 보유하여 해당 일부 주식에 대해 가업승계에 대한 증여세 과세특례 적용 여부가 문제된 사안에서, "가업의 승계에 관하여 증여세나 상속세의 과세특례를 규정한 취지는 중소기업의 영속성을 유지하고 경제 활력을 도모할 수 있도록 일정한 가업의 증여와 상속에 대하여 세제지원을 하고자 함에 있는데, 구 조세특례제한법 제30조의6 제1항, 구 상증세법 제18조 제2항 제1호, 구 상증세법 시행령 제15조 제3항에 따르면, 증여세 과세특례의 대상인 '가업'에 해당하려면, '증여자인 부모가 최대주주 또는 최대출자자로서 10년 이상 계속하여 그의 특수관계인의 주식 또는 출자지분을 합하여 일정비율, 즉 발행주식총수 또는 출자총액의 100분의 50 이상을 보유할 것'을 충족하면 되고, '증여자가 증여하는 해당 주식을 10년 이상 계속하여 보유할 것"까지 충족할 필요는 없다."고 판시하였다(2019. 5. 31. 선고 2018누5278 판결).

이후 대법원 2020. 5. 28. 선고 2019두44095 판결은 위 원심의 사실관계 및 법리를 면밀히 검토한 후 "원심의 위와 같은 판단은 정당하고, 거기에 상고이유 주장과 같이 구 조세특례제한법 제30조의6 제1항 본문 및 구 상증세법법 제18조 제2항 제1호에서 정한 가업의 승계에 대한 증여세 과세특례의 적용 요건에 관한 법리를 오해한 잘못이 없다"고 명확히 판시하였다.

이와 같이 법원은 가업승계에 대한 증여세 과세특례를 적용함에 있어서는 '10년 이상 계속하여 보유할 것'은, 최대주주와 그 특수관계자가 최소한의 지분비율 이상을 10년 이상 계속하여 보유하여야 하는 것에 관한 규정이지 해당 주식을 10년 이상 보유하여야 하는지에 관한 규정이 아니라고 판단하였다.

4. 기획재정부 해석 및 조세심판원 결정의 문제점

가. 조세법률주의 원칙 위배

헌법 제38조는 "모든 국민은 법률이 정하는 바에 의하여 납세의무를 진다."고 규정하고, 제59조는 "조세의 종목과 세율은 법률로 정한다."라고 규정하고 있는데, 이러한 헌법 규정에 근거를 둔 조세법률주의는 조세평등주의(헌법 제11조 제1항)와 함께 조세법의 기본원칙으로서 법률의 근거 없이는 국가는 조세를 부과·징수할 수 없고 국민은 조세의 납부를 요구당하지 않는다는 원칙이다(헌법재판소

1992. 12. 24. 선고 90헌바21. 참조).

위 조세법률주의 원칙상 과세요건이나 비과세요건 또는 조세감면요건을 막론하고 조세법규의 해석은 특별한 사정이 없는 한 법문대로 해석할 것이고 합리적 이유 없이 확장해석하거나 유추해석하는 것은 허용되지 않는다(대법원 2009. 8. 20. 선고 2008두11372 판결 등 참조).

상증세법 제18조 제2항 제1호는 '가업'을 '대통령령으로 정하는 중소기업 또는 대통령령으로 정하는 중견기업(이하 "중소기업 등"이라 한다)으로서 피상속인이 10년 이상 계속하여 경영한 기업'으로 규정하면서, 가업상속에 해당하는 경우 가업상속 재산가액에 상당하는 금액을 상속세 과세가액에서 공제한다고 규정하고, 같은 조 제5항은 제2항을 적용할 때 피상속인 및 상속인의 요건, 주식 등을 상속하는 경우의 적용방법 등을 대통령령에 위임하는 것으로 규정하고 있다.

위 상증세법 제18조 제5항의 위임에 따라 상증세법 시행령 제15조 제3항 제1호 본문은 "피상속인이 다음 각 목의 요건을 모두 갖춘 경우"라고 규정하고 있고, 가목은 피상속인 요건 두가지 중 하나로 '중소기업 등의 최대주주 또는 최대출자자(이하 "최대주주 등"이라 한다)인 경우로서 피상속인과 그의 특수관계인의 주식등을 합하여 해당 기업의 발행주식총수 등의 100분의 50(거래소에 상장되어 있는 법인이면 100분의 30) 이상을 10년 이상 계속하여 보유할 것'을 규정하고 있다.

위와 같은 상증세법령의 문언 및 체계에 의하면, 상증세법 시행령 제15조 제3항 제1호 본문은 해당 규정이 가업상속공제를 적용받기 위한 피상속인의 인적요건에 관한 것임을 표방한 것이고, 가목은 피상속인이 중소기업 등의 최대주주 등으로서 그의 특수관계인의 주식 등과 합하여 해당 기업 발행주식총수 등의 최소지분율(100분의 50 또는 100분의 30) 이상을 10년 이상 계속하여 보유한 자여야 한다는 것이어서, 이는 피상속인에 관한 인적요건일 뿐, 해당 주식 등이 그 피상속인이 10년 이상 계속하여 보유한 주식이어야 한다는 물적요건으로는 볼 수 없음이 명백하다.

또한 앞서 Ⅱ.에서 살펴본 바와 같이, 상증세법 시행령 제15조 제3항 제1호 가목은 2017. 2. 7. 대통령령 제27835호에 따른 개정으로 "10년 이상"이라는 문구가 추가되었는데, 해당 상증세법 시행령 개정이유에서도 "피상속인이 최대주주로서 주식을 보유하여야 하는 기간을 10년 이상으로 명시적으로 규정"한 것이라고 하였는바, 이를 보아도 상증세법 시행령 제15조 제3항 제1호 가목은 피상속인이 그 특수관계인과 합하여 해당 기업 발행주식 총수 등의 최소지분율 이상을 10년 이상 계속하여 보유한 자여야 한다는 인적요건임이 분명하다.

위와 같이 상증세법 시행령 제15조 제3항 제1호 가목을 해석함에 있어 그 법문과 달리 해당 주식등이 그 피상속인이 10년 이상 계속하여 보유한 주식이어야 한다고 해석하는 것은 행정편의적인 확장해석 또는 유추해석으로서 조세법률주의에 위배된다.

나. 가업상속공제 취지 저해

상증세법이 가업의 승계에 관하여 과세특례를 규정한 취지는 중소기업의 영속성을 유지하고 경제 활력을 도모할 수 있도록 일정한 가업의 상속에 대하여 세제지원을 하고자 함에 있다(대법원 2014. 3. 13. 선고 2013두17206 판결).

따라서, 피상속인이 일정 비율이상을 보유하면서 경영해 온 가업법인의 주식을 상속개시일로부터 소급하여 10년 이내에 취득하였다고 하더라도 해당 주식 취득은 오히려 해당 기업의 영속성을 유지하는데 도움이 된다고 볼 수 있을 것이므로 해당 주식은 가업상속공제가 적용되어야 가업상속공제의 입법취지에 부합한다고 할 것이다.

한편, 서울행정법원 2020. 7. 7. 선고 2019구합83052 판결에서 피고는 '상속대상 주식의 보유기간을 요건으로 삼지 않는다면 가업상속 공제에 관한 입법 취지가 몰각되고 조세회피의 수단으로 악용될 우려가 있다'고도 주장하였으나, 위 판결은 "구 상증세법 시행령 제15조 제3항 단서에 의하면, '가업상속이 이루어진 후에 가업상속 당시 최대주주 등에 해당하는 자(가업상속을 받은 상속인은 제외한다)의 사망으로 상속이 개시되는 경우'에는 구 상증세법 제18조 제2항 제1호에 따른 가업상속공제를 적용하지 않는데, 이는 최대주주 등이 여러 명인 경우에 그 중 최초로 가업상속을 위한 주식 등의 상속이 이루어지는 1인의 피상속인에 대하여만 가업상속공제를 적용하고자 하는 것이다. 그러나 같은 항 제1호 (가)목은 피상속인이 기업을 지배할 수 있을 정도의 주식 등 지분 보유비율에 대해 피상속인과 그 특수관계인의 주식 등을 합하여 산정하도록 정하고 있는 점, 구 상증세법이 가업의 상속에 관하여 상속세의 과세특례를 규정한 취지는 중소기업 등의 영속성을 유지하고 경제 활력을 도모할 수 있도록 일정한 가업의 상속에 대하여 세제지원을 하고자 함에 있는데, 특수관계인의 보유 주식이 피상속인에게 이전된 후 가업상속을 위해 상속되는 경우에는 소유 승계를 통해 중소기업 등의 영속성 유지에 기여하므로 피상속인이 10년 이상 계속 보유한 주식의 상속과 달리 취급할 이유가 없는 점 등에 비추어 보면, 중소기업 등의 최대주주 등인 피상속인과 그의 특수관계인이 10년 이상 계속하여 보유한 주식에 대해 가업상속공제를 적용하더라도 가업상속에 관한 과세특례 규정의 입법 취지가 몰각된다거나 조세회피의 수단으로 악용될 우려가 있다고 보기 어렵다."고 판시하였다.

또한, 상증세법은 가업용 자산 유지, 상속인의 가업 계속 종사, 상속 지분 유지, 가업 근로자 고용 유지 등 상속개시 후 7년간 까다로운 가업상속공제 사후관리 규정을 두고 있고(상증세법 제18조 제6항), 사후관리 요건을 충족한 경우에도 가업상속공제를 적용받은 주식을 상속인이 양도하는 경우 양도소득세를 계산함에 있어 취득가액은 피상속인의 취득가액을 적용하게 되므로(소득세법 제97조의2 제4항), 다른 요건을 모두 충족한 피상속인이 상속개시일부터 소급하여 10년 이내에 취득한 가업법인 주식에 대해 가업상속공제를 적용한다고 하여 가업상속공제 취지가 몰각된다거나 조세회피가 발생한다고 보기도 어렵다.

만약, 법인 가업 주식의 50% 이상을 보유하던 피상속인이 상속개시일로부터 소급하여 10년 이내에 꾸준히 나머지 50% 이하 주식을 추가로 매입한 경우, 추가 취득한 50% 이하 주식에 대해 가업상속공제를 적용하지 않는다면 이는 기업을 영속성을 유지한다는 가업상속공제에 취지에 정면으로 반하여 허용되기 어렵다고 할 것이다.

다. 개인 가업 및 법인 전환 가업 상속과의 형평성 문제

상증세법 시행령 제15조 제5항 제1호는 소득세법을 적용받는 가업의 경우 가업상속공제 대상 재산가액은 "가업에 직접 사용되는 토지, 건축물 기계장치 등 사업용 자산의 가액에서 해당 자산에 담보된 채무액을 뺀 가액"으로 규정하고 있을 뿐, 해당 사업용 자산을 10년 이상 보유할 것을 요건으로 하고 있지 않다.

따라서, 소득세법을 적용받는 가업과 달리 법인세법을 적용받은 가업에 대해서만 피상속인이 해당 가업 법인의 주식을 10년 이상 계속 보유할 것으로 요건으로 하는 것은 불합리한 차별이라고 할 것이다.

또한, 상증세법 기본통칙 18-5…1 제3항은 "법 18조 제2항 제1호를 적용할 때 개인사업자로서 영위하던 가업을 동일업종의 법인으로 전환하여 피상속인이 법인설립일 이후 계속하여 그 법인의 최대주주 등에 해당하는 경우에는 개인사업자로서 가업을 영위한 기간을 포함하여 계산한다'고 규정하고 있는데, 위 기본통칙은 상속개시일로부터 소급하여 10년 이내에 법인전환한 경우 의미가 있는 것으로서 그 전환시에는 피상속인이 해당 주식을 10년 미만 보유한 경우에도 가업상속공제를 적용받을 수 있다는 것이어서, 법인가업의 경우 해당 법인 주식을 10년 이상 보유하여야 한다는 해석은 위 기본통칙에 정면으로 배치된다.

라. 최근 고등법원의 판단

서울고등법원은 2021. 3. 26. 선고 2020누52889 판결[8])에서, 비상장법인의 대표이사로서 회사를 20년 이상 경영한 피상속인이 모친으로부터 해당 법인의 주식을 증여받고 해당 증여 이후 10년이 경과하기 전에 사망하여 그 상속인이 주식 전부를 상속받아 피상속인이 10년 이상 보유한 기존 주식에 대하여만 가업상속공제를 적용하였다가 피상속인이 증여받은 주식도 가업상속공제 대상임을 주장하며 상속세 경정청구 하였으나 처분청이 이를 거부한 사안에 대하여, "구 상증세법이 가업의 승계에 관하여 상속세 과세특례를 규정한 취지는 중소기업의 영속성을 유지하고 경제 활력을 도모할 수 있도록 일정한 가업의 상속에 대하여 세제지원을 하고자 함에 있는 점, 가업의 승계는 경영승계와 함께 소유승계가 수반될 필요가 있으므로 상속인이 가업에 계속 종사하여야 할 뿐만 아니라 주식 등의 지분도 일정한 정도로 유지되어야 하는 점, 이에 구 상증세법 제18조 제5항 제1호는 주식 등의 지분이 감소된 경우 상속인이 본래 부담하

---

8) 서울행정법원 2020. 7. 7. 선고 2019구합83052 판결의 상고심

였어야 할 상속세를 부과하도록 명시적으로 규정하고 있는 점, 구
상증세법 시행령 제15조는 제3항 제1호에서 피상속인 요건을, 제3항
제2호에서 가업상속의 상속인 요건을 규정하고 있으며, 제5항에서
가업상속 재산가액에 대하여 규정하고 있는 점 등을 유기적·체계적
으로 종합하여 보면, 구 상증세법 제18조 제4항의 위임에 따라 구
상증세법 시행령 제15조 제3항 제1호 가목에서 정해질 내용은 '기업
을 지배할 수 있을 정도의 주식 등의 지분 보유비율 등과 같은 사항'
이라고 할 것이어서 구 상증세법 시행령 제15조 제3항 제1호 가목은
가업에 해당하기 위하여 최대주주 등과 그 특수관계자가 최소한 보
유하여야 할 주식 등의 지분 보유비율을 구체적으로 규정할 것일 뿐
(대법원 2014. 3. 13. 선고 2013두17206 판결 참조), 그 문언을 넘어서
'가업상속 재산가액'의 범위에 관한 규정으로 해석할 수는 없다."고
판시하였다.

이와 같이 아직 대법원의 명시적인 판결은 없으나, 최근 행정법
원 및 고등법원은 가업승계에 대한 증여세 과세특례 뿐만 아니라 가
업상속공제도 '10년 이상 계속하여 보유할 것'은 최대주주와 그 특
수관계자가 최소한의 지분비율 이상을 10년 이상 계속하여 보유하
여야 하는 것에 관한 규정이라고 판시하고 있다.

IV. 결론

이상 가업법인에 대한 가업상속공제를 적용함에 있어 상증세법
시행령 제15조 제3항 제1호 가목의 피상속인 주식보유 요건 중 '10
년 이상 계속하여 보유할 것'이 해당 주식 자체를 10년 이상 보유하
여야 하는지에 관하여 살펴보았는데, 해당 규정은 최대주주와 그 특
수관계자가 보유하여야 할 최소한의 지분비율을 구체적으로 규정할

것일 뿐 해당 가업상속재산 자체에 관한 규정으로 볼 수는 없다고 판단된다. 향후 대법원의 명시적인 판단과 조세심판원 및 기획재정부의 해당 규정에 대한 해석 변경을 기대해 본다. 나아가, 가업의 원활한 상속을 위해 가업상속공제 적용 사전요건 및 사후관리 요건도 대폭 완화할 필요가 있다고 생각된다.

부부간 주식증여 후 소각거래에 대하여
증여자의 의제배당으로 재구성 할 수 있는지 여부

한 의 진 세무사

I. 서론

1. 최근 주식증여 후 소각거래를 활용한
   절세 컨설팅

우리나라 중소기업자들 가운데 상당 수는 사업 수행과정에서 발생한 세무상 가지급금[1]을 해소하거나, 가지급금이 아니더라도 법인에 유보된 이익을 개인주주에게 환원하고자 하는 경우 환원과정에서 발생하는 소득세 등 부담을 줄이기 위한 자문수요가 있는데, 이러한 이유로 조세전문가들 사이에서는 이른바 절세컨설팅을 소재로 주주들이 보유한 주식을 거래하도록 함으로써 보유기간 동안 발생한 자본이득에 대해 세부담의 최소화를 도모하고, 자금의 융통수단으로 활용하도록 조언하는 사례가 많은 것으로 보인다.

이처럼 법인자금을 환원시키기 위한 대표적인 절세방안으로서

---

1) 가지급금이란 명칭 여하에 불구하고 특수관계인에 대한 자금의 대여액을 말하는데(법인세법 시행령 제53조 제1항), 법인세법상 부당행위 계산부인 (인정이자), 지급이자 손금불산입, 대손충당금 불인정의 세무상 불이익이 발생한다.

법인이 자기주식을 취득(상법 제341조)하고 이를 곧바로 이익소각
(상법 제343조)함으로써 주주에게 잉여금을 환원하는 방안을 꼽을
수 있다. 일련의 주식거래는 비록 자기주식 취득과정에서 매매형식
을 취하였더라도 세무상 자본거래로 취급된다.2) 따라서 주식매매에
따른 양도소득세 및 증권거래세 문제는 없지만, 주식을 양도한 개인
주주의 의제배당(소각대가 - 취득가액)3) 과세문제가 발생하는데, 이
때 개인주주의 의제배당 절세를 위해 소각대가를 세무상 시가대로
하지 않고 인위적으로 낮추게 되면 불균등 자본거래에 따른 주주간
증여세 문제가 발생할 수 있다(상속세및증여세법 제39조의2 제1항).
결국 일정 규모이상 잉여금이 축적되어 기업가치가 상승한 중소기
업이라고 한다면 주식소각에 따른 지급대가와 당초 중소기업 설립
시 취득가액인 액면가액의 차이만큼 의제배당이 발생하는데, 이 경
우 개인주주는 소각대금 수령시 15.4%(지방소득세 포함, 이하 동일

---

2) 자기주식 거래와 관련하여 먼저 주주들의 주식 양도소득으로 볼 것인가
또는 의제배당소득으로 볼 것인가 여부가 문제될 수 있는데, 양도소득과
의제배당소득은 적용되는 세율(양도소득세 10%~30%, 종합소득세 6%~4
5%, 지방소득세 별도)이 달라 어떤 소득으로 보느냐에 따라 실제 세금부
담이 달라지게 된다. 한편, 대법원은 주식 매도가 자산거래인 주식 양도에
해당하는지 아니면 자본거래인 주식 소각 내지 자본 환급에 해당하는지는
단순히 당해 계약서의 내용이나 형식에만 의존할 것이 아니라, 당사자의
의사와 계약체결의 경위, 대금의 결정방법, 거래의 경과 등 거래의 전체
과정을 실질적으로 파악하여 판단하여야 한다고 판시하고 있다(대법원
2013. 5. 24. 선고 2013두1843 판결 등). 이러한 이유로, 최근 세무컨설팅 업
계에서는 자기주식 거래의 세무상의 불확실성을 최소화하는 차원에서 자기
주식 취득단계에서부터 소각거래임을 전제로 세무처리하는 경우가 있다.
3) 주식의 소각이나 자본의 감소로 인하여 주주가 취득하는 금전, 그 밖의 재
산의 가액(價額) 또는 퇴사·탈퇴나 출자의 감소로 인하여 사원이나 출자
자가 취득하는 금전, 그 밖의 재산의 가액이 주주·사원이나 출자자가 그
주식 또는 출자를 취득하기 위하여 사용한 금액을 초과하는 금액(소득세
법 제17조 제1항 제3호, 제2항 제1호)

함)의 배당소득세 원천징수를 당하고 다음 해 5월 종합소득세 신고 시 최대 49.5%에 이르는 누진세율을 적용받게 된다[4].

그러나 주식소각으로 의제배당을 발생시키기 직전에 증여를 통해 과거의 취득가액(액면가액)을 현재의 세무상 시가로 끌어올리는 작업을 선행한다면 완전히 이야기가 달라진다. 즉, 상속세및증여세법(이하 "상증세법")은 배우자로부터 증여를 받은 경우 10년 간 6억원을 증여세 과세가액에서 공제받을 수 있도록 규정하고 있고(제53조 제1호), 이와 같은 공제의 시기나 방식을 제한하고 있지 않아 중소기업 경영자들이 10년 이내에 그 배우자에게 증여를 실행한 사실이 없었던 경우 별다른 어려움 없이 증여공제 한도인 6억원 내외로 주식을 증여함으로써 증여세 부담없이 취득가액을 올릴 수 있는 것이다.

그리고 위와 같은 일련의 주식증여와 소각거래는 처분이 자유롭지 못한 비상장주식 보유지분을 활용하여 유동성을 확보라는 경제적 목적을 달성할 수 있고, 그 과정에서 별다른 세금지출이 발생하지 않아 그 간 세무업계에서는 소규모 중소기업자들의 세금고민을 덜어 줄 수 있는 합법적인 절세수단으로 별다른 고민없이 인식되어 온 측면이 있다.

2. 검토의 대상

그러나 위와 같은 법인의 잉여금 환원 목적으로 세무대리인 또는

---

4) 물론, 거주자가 이익잉여금을 재원으로 받은 의제배당은 소득세법 제56조 제1항의 배당세액공제 적용되므로 최종 실효세율은 명목 누진세율에 비해 10% 가량 줄어들겠지만, 일정 기준 초과 금융소득의 6.86%(2021년 기준, 장기요양보험료 별도)에 상당하는 국민건강보험료(월소득액 보험료)까지 고려하면 적지 않은 부담이다.

보험중개인의 자문을 받아 가족 간 증여를 거친 주식소각 사례가 증가하면서 이에 대한 과세당국의 제동이 본격화 되고 있는 것으로 보인다.

관련하여, 최근 조세심판원은 법인의 대표자(청구인)가 사전에 자문을 받아 배우자에게 주식을 증여한 후 증여세 및 양도소득세의 부담 없이 쟁점주식을 소각하고 그 대가를 청구인이 금전대차형식을 빌어 반환받아 쟁점법인에 대한 가수금(가지급금)을 상환한 사안에서, 납세자가 선택한 법적 형식을 가장행위[5]로 보아 부인하고 이를 당초 증여자가 직접 주식을 소각한 것으로 사실관계를 재구성한 과세당국의 손을 들어주었다.

> 조심-2020-부-1593, 2020. 9. 15.
> 쟁점주식 소각행위를 증여 및 양도거래의 단계를 거침으로써 주식소각에 따른 의제배당에 대한 소득세 부담을 회피할 목적으로 가장거래를 한 것으로 볼 수 있는 점…(중략)…이러한 일련의 거래는 청구인이 가지급금을 상환하여 쟁점법인의 부채비율을 낮추기 위한 목적으로 사전에 자문을 받아 진행된 것으로 나타나는 점…(중략)…청구인은 이체받은 자금 중 ○○○대출금 상환에 사용하고 나머지는 개인적 용도로 사용한 것으로 나타나는 등 쟁점주식 소각에 따른 이익을 모두 청구인이 사용·수익한 점 등에 비추어 실질적으로 청구인은 본인 소유의 쟁점주식을 쟁점법인에게 양도하고 그 대가를 지급받은 것이고, 배우자에 대한 쟁점주식의 증여, 쟁점법인의 쟁점주식 양수 및 소각 등 쟁점주식과 관련하여 청구인이 선택한 법적 형식은 조세 회피의 목적에서 비롯되었다고 봄이 타당하다 할 것이다.

실질과세원칙의 적용범위를 어떻게 볼 것인지 여부에 관하여 종전부터 이른바 법적 실질설과 경제적 실질설 대립이 있었고 현재까지도 학설이 완전히 일치하고 있지 않지만[6], 적어도 가장행위에 해

---

5) 민법상 거래 당사자들의 진정한 효과의사에 기초하지 않은 통정허위표시를 말함

당하는 조세회피행위라고 한다면 그 거래형식을 부인할 수 있다는
데 아무도 이견이 없는 것으로 보인다.

따라서, 위 조세심판원 사안의 경우 부부간 금전소비대차 거래를
부인한 근거가 명확하지는 않지만[7] 일견 수증자인 배우자가 신고한
소득(자본이득)이 곧바로 증여자에게 반환되었고 실제로도 증여자
의 개인적 용도(가지급금 상환 등)에 사용되었다는 정황에 비추어
보면, 일련의 거래를 기획한 거래 당사자들의 내심에 과연 중간 개
입거래인 증여의 진실한 의사가 있었는지 충분히 의문시 되는 상황
이고, 그러한 전제에서 세법상 가장행위[8]로 판단한 조세심판원의
결정도 이해하지 못할 바는 아니다.

문제는, 최근 들어 과세당국이 수증자가 증여받은 주식의 소각대
금(자본이득)을 개인 용도로 사용함으로써 세무상 수증자의 귀속이
분명한 사안(이하 **"쟁점 거래"**)에 대하여도 당초 증여자가 직접 주
식을 소각한 것으로 보아 의제배당 과세범위를 확대하려는 움직임

---

6) 황남석, "실질과세원칙의 적용과 관련된 최근 판례의 동향 및 쟁점", 조세
   법연구 제23집 제1호(한국세법학회, 2017), 63면

7) 그 간 과세당국은 부부간 자금거래가 금전소비대차 또는 증여에 해당되는
   지 여부는 당사자간 계약, 이자지급사실, 차입 및 상환내역 등 당해 자금
   거래의 구체적인 사실을 종합하여 판단해야 한다고 해석하였다(기획재정
   부 재산세제과-1165, 2007. 9. 28.).

8) 관련하여, 대법원 1991. 12. 13. 선고 91누7170 판결이후 납세자가'개인→법
   인'양도거래 가운데 개인을 끼워넣어'개인→개인→법인'방식을 취한 사안
   에서 중간개입 거래를 민법상 통정허위표시로 볼 수 없음에도'가장행위'
   로 판단하였고, 최근에는 세법상 무시되는 가장거래에 해당하는지 여부는
   해당 행위 또는 거래가 사법상 유효인지 여부와 무관하게 해당 행위 또는
   거래 등이 납세자가 의도하는 조세상의 최종결과를 얻기 위하여 작위적으
   로 만든 도구 또는 장치에 불과한 것인지 여부를 기준으로 결정하는 것이
   타당하다고 하여 민사법상 가장행위와 구분하는 견해가 보편화되었다(이
   준봉, 조세법총론 2021, 제7판, 삼일인포마인, 147면 / 임승순, 조세법(2021),
   박영사, 74면).

을 보이는데 있다. 그 표면적인 과세논리는 위 조세심판원 사안과 비교하여 볼 때 비록 가장행위에 이르지는 않더라도 쟁점 거래 역시 처음부터 증여자가 주식의 자본소득(의제배당)을 회피하고자 한 고의성은 크게 다를 것이 없어 충분히 국세기본법상 실질과세원칙이 적용된다는 있다는 취지이다.

그러나 보다 근본적으로 생각해 보면, 법인의 영업활동에서 발생한 이익잉여금을 배당금이라는 통상적인 방식으로 수령함으로써 축적된 자본소득에 대하여 성실하게 세금을 납부했던 개인주주들 입장에서 쟁점 거래 행위는 다소 형평에 맞지 않는다는 거부감이 발생할 수 있고, 여기에 사업상의 목적이 아닌 세금을 줄이기 위한 목적으로 주식증여와 같은 중간거래가 동원되고, 더욱이 그와 같은 일련의 거래가 세무전문가들의 영리활동을 통해 사전에 계획되고 유사한 형태의 사업자들에게 무분별하게 확산되는 상황에 대하여 공평과세 이념을 중시해 온 과세당국으로서는 이를 마냥 두고 볼 수 없다는 고민도 있었을 것이라고 생각된다.

하지만 납세의무자가 동일한 경제적 목적을 달성하기 위하여 선택 가능한 적법한 거래 중 세금을 가장 적게 납부하는 방식의 거래를 선택할 수 있는 것이고, 반드시 세금을 가장 많이 납부해야 하는 거래를 해야 할 의무까지는 있는 것은 아니다. 이에, 대법원은 납세의무자는 경제활동을 할 때 특정 경제적 목적을 달성하기 위하여 어떤 법적 형식을 취할 것인지 임의로 선택할 수 있고 과세관청으로서도 특별한 사정이 없는 한 당사자들이 선택한 법적 형식에 따른 법률관계를 존중하여야 한다고 여러 차례 강조하여 왔다(대법원 2017. 1. 25. 선고 2015두3270 판결 등).

이하에서는 쟁점 거래에서 중간 개입거래인 부부간 증여를 부인하고 당초 증여자에게 소득세를 부과하는 것이 적법한지에 대하여, 그 간 실질과세원칙 적용범위에 관한 논의, 개인 간 거래의 재구성

을 다룬 판례 검토, 구체적인 의제조항이 존재하는 양도거래와의 비
교, 부부간 증여의 세법상 의미에 대해 살펴보고 이를 토대로 나름
의 결론을 도출하고자 한다.

II. 국세기본법상 실질과세원칙 적용범위

1. 국세기본법 제14조의 규정체계와 법적 성격

국세기본법 제14조 실질과세원칙 조항은 1974년 12월에 국세기
본법이 제정시부터 규정되어 있었던 것으로서, 제1항은 "과세의 대
상이 되는 소득, 수익, 재산, 행위 또는 거래의 귀속이 명의(名義)일
뿐이고 사실상 귀속되는 자가 따로 있을 때에는 사실상 귀속되는 자
를 납세의무자로 하여 세법을 적용한다."라고 규정하고(거래의 귀속
에 관한 실질주의), 제2항에서 "세법 중 과세표준의 계산에 관한 규
정은 소득, 수익, 재산, 행위 또는 거래의 명칭이나 형식과 관계없이
그 실질 내용에 따라 적용한다."라고 규정하고 있다(거래내용에 관
한 실질주의). 또한 2007년 12월 국세기본법 개정으로 제14조 제3항
에서 "제3자를 통한 간접적인 방법이나 둘 이상의 행위 또는 거래를
거치는 방법으로 이 법 또는 세법의 혜택을 부당하게 받기 위한 것
으로 인정되는 경우에는 그 경제적 실질 내용에 따라 당사자가 직접
거래를 한 것으로 보거나 연속된 하나의 행위 또는 거래를 한 것으
로 보아 이 법 또는 세법을 적용한다."라는 규정이 신설되었다.

제3항이 뒤늦게 등장하게 된 것은 그 동안 대법원 판결등 중 법
적 실질설9)을 취한 것들이 납세자가 선택한 다단계의 거래행위를

---

9) 과세대상의 법적인 형식·외관과 법적 실질이 괴리가 있을 대 법적 실질에

부인하기 위해서는 개별적이고 구체적인 근거규정이 있어야 한다고 판시함으로써 과세관청의 방만한 태도에 제동을 걸자, 이에 대한 반대로서 제1항이나 제2항보다 그 적용요건을 좀 더 구체화한 규정을 내세울 필요가 있었기 때문으로 보인다[10].

이후에도 국세기본법 제14조가 실질과세의 원칙을 적용하기 위한 독자적인 근거가 될 수 있는지에 관해서 입장의 대립이 있었으나 대법원 2012. 1. 19. 선고 2008두8499 전원합의체 판결에서 이를 긍정하는 입장을 취함으로서 이러한 대립은 일단락되었다.

대법원 2012. 1. 19. 선고 2008두8499 전원합의체 판결
실질과세의 원칙은 헌법상의 기본이념인 평등의 원칙을 조세법률관계에 구현하기 위한 실천적 원리로서, 조세의 부담을 회피할 목적으로 과세요건 사실에 관하여 실질과 괴리되는 비합리적인 형식이나 외관을 취하는 경우에 그 형식이나 외관에 불구하고 실질에 따라 담세력이 있는 곳에 과세함으로써 부당한 조세회피행위를 규제하고 과세의 형평을 제고하여 조세정의를 실현하고자 하는 데 주된 목적이 있다. 이는 조세법의 기본원리인 조세법률주의와 대립관계에 있는 것이 아니라 조세법규를 다양하게 변화하는 경제생활관계에 적용함에 있어 예측가능성과 법적 안정성이 훼손되지 않는 범위 내에서 합목적적이고 탄력적으로 해석함으로써 조세법률주의의 형해화를 막고 그 실효성을 확보한다는 점에서 조세법률주의와 상호보완적이고 불가분적인 관계에 있다고 할 것이다

즉, 전원합의체 판결은 개별적이고 구체적인 부인규정에 해당하지 않더라도 국세기본법 제14조의 규정에 의하여 실질과세의 원칙

따라 세법을 해석, 적용해야 한다는 것으로서 납세의무자의 거래행위를 그 형식에도 불구하고 조세회피행위라고 하여 그 효력을 부인할 수 있으려면 법률에 개별적이고 구체적인 부인규정이 있어야 한다는 입장이다 (대법원2011. 5. 13. 선고 2010두5004 판결 등).

10) 강석규, 2019 조세법쟁론, 삼일인포마인, 90면

을 적용할 수 있다는 입장이고, 이러한 실질과세원칙의 적용은 조세
법률주의와 충돌되는 것이 아니라 오히려 그와 상호보완적인 것이
라고 선언하고 있다. 일반적으로 경제적 실질설 또는 절충설[11]을 취
한 것으로 받아들여지고 있다.

2. 거래의 재구성 요건 – 국세기본법 제14조 제3항

그러나 위 전원합의체 판결은 종전의 법적 실질설과의 반대방향
에서 실질과세원칙을 바라보면서도 법적 실질성의 입장에서 강조하
고 있는 실질과세원칙의 남용가능성에 대하여 이를 경청하는 태도
를 보이고 있는데, 실질과세원칙 적용요건으로 (ⅰ) 과세요건 사실
에 관한 실질과 외관의 괴리, (ⅱ) 조세회피목적이 존재할 것을 들고
있다[12].

또한 대법원은 국세기본법 제14조 제3항과 실질적으로 동일한
내용을 규정하고 있었던 구 상증세법(2013. 1. 1. 법률 제11609호로
개정되기 전의 것) 제2조 제4항과 관련하여, "구 상증세법 제2조 제4
항, 제3항에 의하여, 당사자가 거친 여러 단계의 거래 등 법적 형식
이나 법률관계를 재구성하여 직접적인 하나의 거래에 의한 증여로
보고 증여세 과세대상에 해당한다고 하려면, 납세의무자가 선택한
거래의 법적 형식이나 과정이 처음부터 조세회피의 목적을 이루기

---

11) 경제적 실질설은 법적인 거래 내용 및 귀속과 그 경제적 내용 및 귀속에
차이가 있는 경우 후자의 관점에서 세법을 해석 적용하여야 한다는 입장
으로, 경제적 실질설 중에는 이를 제한없이 적용할 수 있다는 입장과 예
외적으로 조세회피의 목적이 인정되는 경우에만 적용할 수 있다는 입장
(절충설)로 나뉜다(이태로·한만수, 조세법강의 신정14판(2020년), 박영사,
37면)
12) 강석규, 2019 조세법쟁론, 삼일인포마인, 97면

위한 수단에 불과하여 그 재산이전의 실질이 직접적인 증여를 한 것
과 동일하게 평가될 수 있어야 하고, 이는 당사자가 그와 같은 거래
형식을 취한 목적, 제3자를 개입시키거나 단계별 거래 과정을 거친
경위, 그와 같은 거래방식을 취한 데에 조세부담의 경감 외에 사업
상의 필요 등 다른 합리적 이유가 있는지 여부, 각각의 거래 또는 행
위 사이의 시간적 간격, 그러한 거래형식을 취한 데 따른 손실 및 위
험부담의 가능성 등 관련 사정을 종합하여 판단하여야 한다."고 판
시하여 우회거래·다단계 거래를 하나의 거래로 재구성하기 위한 구
체적인 적용요건을 제시하였고(대법원 2017. 2. 15. 선고 2015두
46963 판결), 이후 선고된 대법원 판결13)들도 국세기본법 제14조 제
3항의 적용요건에 관하여 동일한 기준을 설시하고 있다. 따라서 위
2015두46963 판결 등이 밝힌 우회거래·다단계거래를 하나의 거래로
재구성할 수 있는 요건은 구 상증세법에만 적용되는 것이 아니라,
그 규정과 동일한 내용으로 규정되어 있는 국세기본법 제14조 제3
항이 문제되는 사안에는 모두 적용된다고 할 것이다.

3. 경제적 관점에서 "실질"의 정의

현재 국세기본법 제14조에 있어서의 실질이 경제적 실질을 의미
하고 이에 따라 거래의 재구성도 가능하다는 것이 통설이긴 하나,
그렇다면 과연 경제적 실질은 어떻게 정의할 수 있는지 여전히 논란
이 남는다.

비록 관념적인 문제이기는 하지만 나름대로 경제적 실질의 정의
를 제시하는 견해들이 있는데, 경제적 실질을 "경제적 성과를 가지

---

13) 대법원 2017. 12. 22. 선고 2017두 57516 판결, 대법원 2018. 2. 28. 선고
2017두60741 판결, 대법원 2018. 7. 24. 선고 2015두46239 판결 등

고 있는 사실"로 정의하거나[14], "세법의 목적에 의할 때 가장 공평한 조세분배의 기준이 되는 객관적 사실"로 정의하기도 한다.[15] 또한 경제적 실질의 판단기준을 "정상적 경제인의 객관적 관점에서 자연스럽고 합리적인 행위"라고 해석하는 견해도 있다[16]. 그리고 이상의 각 정의에 따르면 경제적 실질이라는 용어의 추상성을 완전히 해소하지는 못하지만 적어도 실질과세의 원칙의 적용 대상이 되는 사실관계에서 납세자의 의도 자체를 의미하는 것은 아니라는 공통점은 도출할 수 있다.[17]

한편, 미국의 경우에도 실질과세 원칙에서 실질을 판단함에 있어서 납세자에 대한 주관적인 요건과 객관적인 요건 모두를 종합적으로 판단하도록 경제적 실질 판단 원칙에 관한 I.R.C. §7701(o)를 제정하였는데, 주관적인 요건(납세자에게 조세혜택을 얻는 것과는 무관한 진정한 사업목적이 있는지 여부)과 객관적인 요건(해당 거래가 조세혜택을 누리기 위한 목적 이외에 어 경제적 효과를 갖는지 여부) 모두를 판단하는 방식(the conjunctive test)를 채택하고 있다.

위 미국의 실질과세 판단기준의 영향을 받아 국내에서도 국세기본법 제14조 제3항을 적용하기 위해서는 (i) 중간의 거래를 거치는 것에 조세회피목적 이외에 다른 사업목적이 없을 것이라는 주관적 요건과, (ii) 중간의 거래는 거래의 최종목적을 위한 수단으로서만 이용되었을 것, (iii) 중간의 거래와 관련하여 거래 당사자가 아무런 경제적 위험부담이나 지위변동의 가능성이 없을 것이라는 주관적 요건을 모두 충족해야 한다는 견해가 제시되고 있다.[18]

---

14) 최명근, 세법학총론, 세경사, 2002년, 117-118면
15) 이동식, 일반조세법, 준커뮤니케이션즈, 2011년, 162면
16) 이태로·한만수, 조세법강의 신정14판(2020년), 박영사, 43면
17) 이준봉, 조세법총론 2021, 제7판, 삼일인포마인, 149면,
18) 임승순, 조세법(2021), 박영사, 74면

그런데 위와 같은 경제적 실질에 관한 해석의 시도는 결국 앞서 살펴본 실질과세의 적용요건을 설시한 대법원 판례의 입장과 마찬가지로 여러 가지 제반 사정을 종합적으로 고려하여야 한다는 것과 별로 다를 것이 없어 구체적이고 개별적인 사안에 따라 달리 판단될 수 밖에 없을 듯 하다.

따라서 쟁점 거래와 관련한 "경제적 실질"을 구체적으로 파악하기 위해서는, 유사 성격의 거래와 쟁점을 다툰 선례를 찾아 보고 구체적인 사안에서 대법원이 경제적으로 관점에서 중요하다고 판단한 주관적 및 객관적 판단요소가 무엇인지, 만약 이들 사이에 충돌이 발생한 경우 어떤 기준을 우선순위에 두었는지 살펴볼 필요가 있을 것이다.

II. 개인간 거래의 재구성 관련 판례 검토

1. 대법원 2017. 2. 15. 선고 2015두46963 판결

(1) 사실관계 및 처분내용

① 갑 주식회사의 주주들이며 남매 사이인 을과 병 및 병의 배우자는 2010년경 각자 소유 중인 갑 주식을, 을은 병 부부의 직계비속들에게 병 부부는 을의 직계비속들에게 상호 교차 증여하기로 약정
② 위 약정에 따라 을과 병 및 병의 배우자는 2010. 12. 30. 각 16,000주의 갑 주식을 상호교차 증여하고, 2011. 3. 30. 원고인 수증자들은 각 증여받은 갑 주식에 대한 증여세를 신고납부
③ 과세관청은 이 사건 교차증여의 경제적 실질은 을과 병 부부가 자신의 직계비속들에게 직접 증여한 것이라고 보아, 다시 산정한 증여세를 원고들에게 증여세를 부과

(2) 판단 : 구 상증세법 제2조 제4항 적용가능 여부

을이 원고 신○○과 원고 신××에게 갑 주식 합계 16,000주를 증여한 것과 병의 배우자, 병이 원고 이○○ 외 6인에게 갑 주식 합계 16,000주를 증여한 것은 **증여자들 사이에 상대방의 직계후손에게 동일한 수의 동일 회사 주식을 교차증여하기로 한 약정에 따른 것**으로서, 약정 상대방이 자신의 직계후손에게 주식을 증여하지 않는다면 자신도 증여를 하지 않았을 것이다. 이 사건 교차증여로써 증여자들은 자신의 직계후손에게 갑 주식을 직접 증여하는 것과 동일한 효과를 얻으면서도 합산과세로 인한 증여세 누진세율 등의 적용을 회피하고자 하였고, 이러한 목적이 아니라면 굳이 교차증여 약정을 체결하고 직계후손이 아닌 조카 등에게 주식을 증여할 이유가 없었다. 결국 을과 병의 배우자, 병은 각자의 직계비속인 원고들에게 갑 주식을 증여하면서도 증여세 부담을 줄이려는 목적 아래 그 자체로는 합당한 이유를 찾을 수 없는 이 사건 교차증여를 의도적으로 그 수단으로 이용한 것으로 볼 수 있다. 이러한 점들을 종합하여 보면, 이 사건 교차증여는 구 상증세법 제2조 제4항에 따라 **그 실질에 맞게 재구성하여 병의 배우자, 병의 원고 이○○ 외 6인에 대한 각 증여분은 을이 위 원고들에게 직접 추가로 증여한 것으로**, 을의 원고 신○○, 신××에 대한 각 증여분은 병의 배우자, 병이 위 원고들에게 직접 추가로 증여한 것으로 보아 증여세를 과세할 수 있다고 할 것이다.

원심이 제1심판결 이유를 인용하여 한 이 부분 이유설시 중 이 사건 교차증여를 가장행위로 보아 거래를 재구성할 수 있다고 한 부분은 부적절하지만, 이 사건 교차증여에 대하여 구 상증세법 제2조 제4항을 적용하여 을, 병의 배우자, 병의 직계후손에 대한 직접 증여로 보고 증여세를 과세한 이 사건 처분이 적법하다고 판단한 결론은 정당하다. 거기에 상고이유 주장과 같이 구 상증세법 제2조 제4항의 해석 등에 관한 법리를 오해하여 판결에 영향을 미친 잘못이 없다.

(3) 시사점

앞서 논의한 바와 같이, 대법원 2017. 1. 25. 선고 2015두3270 판결 이후 대법원은 경제적 실질설에 기반하여 납세자가 형성한 외관이 가장행위가 아닌 경우에도 (ⅰ) 과세요건 사실에 관한 실질과 외관의 괴리, (ⅱ) 조세회피목적을 주요 판단근거로 하여 실질과세원칙의 적용을 인정하고 있는데, 대법원 2015두46963 판결은 특히 개인 간 증여거래에 대하여 거래의 재구성 요건을 제시하였다는 점에서 의의가 있다.

위 대법원 2015두46963 판결 사안의 경우, 을이 병 부부의 직계비속들에게 갑 주식회사의 주식을 증여하거나 병 부부가 을의 직계비속들에게 갑 주식회사의 주식을 증여한 거래는 오로지 합산과세로 인한 증여세 누진세율 등의 적용을 회피하면서 자신의 직계후손에게 갑 회사 주식을 직접 증여하는 것과 동일한 효과를 얻고자 하는 수단으로서만 이용된 것이었고, 게다가 을과 병 부부가 각자의 직계비속들에게 직접 증여한 것으로 재구성하더라도 증여자들 각자의 순자산 감소 크기와 증여세 과세요건이라고 볼 만한 요소들(납세의무자=증여재산의 귀속자, 증여시기, 증여재산의 종류)이 모두 일치한다는 점에서 과세관청은 경제적 실질에 부합하도록 거래를 재구성하였다고 평가할 수 있다.

한편, 위 대법원 2015두46963 판결은 최초로 우회거래·다단계 거래를 하나의 거래로 재구성하기 위한 여러가지 적용요건들을 제시하면서 "거래방식을 취한 데에 조세부담의 경감 외에 사업상의 필요 등 다른 합리적 이유가 있는지 여부"도 언급하기도 하였으나, 정작 해당 사안에서 을과 병 부부의 교차증여 행위에 어떠한 사업상의 목적이 수반되었는지 여부는 전혀 판단대상으로 고려하지 않았다. 민사법 또는 세법을 불문하고 증여는 본질적으로 부의 무상이전이라는 지극히 사적인 영역에서 태생한 의도를 실현하기 위한 거래유형이므로 애당초 사업과의 관련성 또는 경제적 이익의 극대화와 같은 사업상의 합리성을 잣대로 증여거래를 판단하는 것은 부적절하다고 생각된다.

그러나 증여거래에 있어서도 증여세 회피 목적 외에 다른 합리적인 목적이 있는지 따져 볼 수 있다[19]. 실제로 대상 판결에서도 원고들은 증여에 있어서 사업목적을 따질 수 없다고 주장하였으나 납세자들이 선택한 교차방식의 증여행위는 분리된 각각의 증여거래만으로는 증여거래로서 순수성이나 다른 합당한 이유를 찾을 수 없는 것이었다. 최근 창원지방법원 2021. 1. 14. 선고 2020구합 52335 판결에서도 부부가 서로 주식을 교차증여 하고 이를 소각하여 의제배당을 회피한 사안에서 국세기본법 제14조 제3항에 따라 교차증여의 효력을 부인하였는데, 법원은 그러한 판단의 근거로 "이 사건 증여와 관련하여 원고와 C는 주권번호만 다를 뿐 같은 수량의 동일한 주식을 서로 주고받았고, 그와 같은 거래에서는 조세회피 목적 외에 다른 어떤 경제적 실질이나 목적도 찾아볼 수 없다. **경제적 실질에 있어 이 사건 증여가 타인에게 재산 또는 이익을 이전하거나 타인의 재산가치를 증가시킨 경우에 해당한다고 보기도 어렵다**(상증세법 제2조 제6호 참조)"라고 설시한바 있다.

---

19) 이정원, "실질과세원칙에 따른 거래의 재구성", 대법원판례해설 제111호 (2017년 상), 법원도서관, 440면

2. 서울고등법원 2013. 8. 23. 선고 2012누27260 판결(이후 대법원 2017. 2. 15. 선고 2015두46963 심리불속행 판결로 확정)

(1) 사실관계 및 처분내용

① 갑 주식회사(원고)는 2006사업연도 내지 2009사업연도에 실제로는 지출하지 아니한 비용을 지출한 것처럼 가공매입원가를 기장하는 방식으로 가공매입원가 상당의 현금을 부외자산으로 보유
② 위 가공매입원가의 계상은 갑의 대표이사 김DD의 의사결정 및 지시에 따라 갑의 철스크랩 사업본부 임직원들이 실행하였고, 조성된 부외현금은 갑의 경영관리부 자금담당자를 통해 김DD의 딸 김EE의 계좌에 입금
③ 과세관청은 가공매입원가가 김EE 계좌에 현금으로 입금되었다 하더라도 이는 갑의 경영권을 지배하고 있는 대표이사 김DD이 위 금원을 사용 · 관리하다가 그 일부를 자신의 딸인 김EE에게 현금으로 증여한 것으로 일련의 거래를 재구성하여 대표이사 김DD에 대한 상여로 소득처분하고 그의 딸 김EE에게도 증여세를 부과

(2) 판단 : 횡령소득의 세법상 귀속자

소득이 귀속되었다고 함은 경제적 측면에서 보아 현실로 이득을 지배 · 관리하면서 이를 향수하는 것이다. 따라서 원고가 위와 같이 이 사건 가공매입원가를 계상한 것과 관련하여, 원고가 이 사건 가공매입원가 상당의 금원을 원고의 대표이사 김DD으로부터의 가수금으로 하여 김DD에게 반제해야 금원으로 계상하였다거나, 김DD이 이 사건 가공매입원가 상당의 금원을 자신의 개인 계좌에 입금하여 지배 · 관리하였다는 등 별도의 사정이 없는 한, 이 사건 가공매입원가 상당의 금원이 사외에 유출되어 김DD에게 귀속되었다고 할 수 없다.

한편으로 횡령은 보관자 스스로가 영득함을 요하지 아니하고 제3자를 위한 영득의 경우도 포함하는 것으로서, 제3자를 위한 영득의

경우에는 특별한 사정이 없는 한 횡령으로 인한 이익이 제3자에게 귀속된다고 할 것이다. 그렇다면 이 사건 가공매입원가 OOOO원 중 OOOO원이 **김EE 계좌에 입금된 것이 김DD의 의사결정 및 지시에 의한 것이고, 이러한 김DD의 행위가 횡령이라고 할지라도** 위와 같은 입금이 이른바 삼각관계에서의 급부로서 김DD이 그 입금으로 인하여 자신의 채무를 변제하거나 이를 면제받는 등의 경제적 이득이 있다고 인정되지 않는 한, 위 OOOO원의 **귀속자는 앞서 본 바와 같이 김EE라고 할 것이고, 김DD이 그 귀속자라고 할 수는 없다고** 할 것이다.

(3) 시사점

위 서울고등법원 2013. 8. 23. 선고 2012누27260 판결은, 대표이사가 회사자금을 횡령하여 이를 자신의 딸 계좌에 입금한 것에 대해 과세관청이 위 대표이사에게는 소득세(상여로 소득처분)를 과세하고, 딸은 대표이사인 아버지로부터 동 자금을 '증여'받은 것으로 보아 딸에게 증여세를 과세한 사안에서, 비록 대표이사가 회사의 경영권을 지배하고 있고, 대표이사의 지시에 따라 딸의 계좌에 자금을 입금하였다고 하더라도, 동 자금은 대표이사에게 귀속되었다가 딸에게 증여된 것이 아니라 직접 딸에게 귀속되었다고 보아야 하므로, 대표이사에 대한 소득세 부과처분은 취소되어야 한다는 취지로 판시하였다. 대상 판례는 실질과세의 적용한계를 논의함에 있어서 2가지 큰 시사점을 주고 있다.

첫째, 경제적 실질 관점에서 볼 때 소득을 발생시킨 행위주체를 소득귀속자인 납세의무자와 동일시 할 수 없다는 점이다.

당초 서울고등법원 2012누27260 판결의 원심(인천지방법원 2012.

8. 23. 선고 2011구합6633 판결)은 대표이사 김DD의 지시 외에 원고가 김EE에게 돈을 지급할 아무런 법률상 원인을 찾을 수 없다는 납세자의 의도와 행위에 기초하여 대표이사의 귀속소득을 전제한 과세관청의 처분이 적법하다고 판단하였으나, 이와 달리 항소심에서 서울고등법원은 "**소득이 귀속되었다고 함은 경제적 측면에서 보아 현실로 이득을 지배·관리하면서 이를 향수하는 것**" 이라는 구체적 설시를 통해 경제적 실질 관점에 부합하는 소득세 납세의무자 판정 기준을 제시하였고, 그러한 전제에서 ① 비록 경영권을 지배하고 있는 대표이사가 자신의 의도 하에 자금을 횡령하더라도 동 자금이 자신의 계좌에 입금된 적이 없다면, 동 자금은 대표이사에게 '귀속'되는 것이 아니라는 점(대표이사가 동 자금의 소유자가 아니라는 점)과 ② 개념상 증여자가 소유하지도 않은 재산을 증여할 수는 없으므로 대표이사가 딸에게 '증여'한 것으로 볼 수 없다는 결론을 도출하였다.

둘째, 납세자가 선택한 단일한 거래를 복수의 과세거래로 재구성하는 것은 허용되지 않는다는 점이다.

국세기본법 제14조 제3항에서 "제3자를 통한 간접적인 방법이나 둘 이상의 행위 또는 거래를 거치는 방법으로 이 법 또는 세법의 혜택을 부당하게 받기 위한 것으로 인정되는 경우에는 그 경제적 실질 내용에 따라 당사자가 직접 거래를 한 것으로 보거나 연속된 하나의 행위 또는 거래를 한 것으로 보아 이 법 또는 세법을 적용한다."라는 규정에서 보는 바와 같이, 일반적으로 조세회피행위 부인은 납세자가 취한 복합적 거래를 단일한 거래로 파악할 수 있는지 여부를 문제삼는데, 이와 달리 납세자가 선택한 단일한 거래를 조세회피부인을 이유로 수 개의 과세요건에 해당하는 복수의 거래로 재구성할 수 있는지 여부가 문제될 수 있다. 그리고 이와 같은 재구성 방식은 과세요건을 새로 창출하는 것으로서 세법규정의 정당한 해석 내지 적용의 범위를 넘어선다는 비판이 있다.[20]

대상판결 사안에서도 과세당국은 단일한(원고 법인 → 대표이사의 딸) 거래를 '법인의 대표이사에 대한 상여급부'와 '대표이사의 딸에 대한 증여급부'의 2단계로 재구성하였는데, 이에 대하여 법원은 국세기본법 제14조 제3항의 재구성 방식에 대한 구체적인 설시를 하지는 않았지만 과세당국의 재구성 방식이 '경제적 실질'에 부합하지 않는다고 판단함으로써 단일한 거래를 복수의 과세거래로 재구성하는 것은 바람직하지 않다는 입장을 확인하였다.

3. 수원고등법원 2021. 4. 7. 선고 2020누11981 판결
(대법원 2021. 9. 9. 선고 2021두38925 판결로 확정)

(1) 사실관계 및 처분내용

① 원고와 원고의 자(子)는 2015년경 원고 소유의 A 법인 주식 90,000주(이하 '본건 주식')와 원고의 자(子) 소유의 B 법인 주식 234,545주를 교환
② A 법인은 임시주주총회를 열어 주식 소각을 목적으로 자사주를 취득하기로 결의하고, 원고의 자(子)가 보유한 A 법인 주식(자사주)을 이익소각, 원고의 자(子)는 위 대금을 자신의 채무변제 등에 사용
③ 원고는 A 법인 주식 교환에 따른 양도소득세(10%) 등을 신고·납부
④ 과세관청은 위 거래의 실질을 원고가 A 법인의 자본을 환원(감자)받아 B 법인 주식을 취득한 것으로 보아 2018년경 원고에게 본건 주식의 의제배당으로 인한 2016년 귀속 종합소득세 약 8억 5,000만 원을 부과

---

20) 임승순, 조세법(2021), 박영사, 77면

(2) 판단

① 원고와 A 법인 간 본건 주식 매매거래로 재구성할 수 있는지 여부

본건 주식교환계약(원고와 자녀), 주식매매계약(원고의 자녀와 A 법인)에서 원고의 자(子)의 개입, 즉, 원고와 원고의 자(子) 사이의 거래, 원고의 자(子)와 A 법인 사이의 거래를 부인할 경우 원고와 A 법인 사이에 주식 양도와 미처분이익잉여금 환원이라는 경제적 실질이 존재한다고 보기 어렵다. 원고는 단지 B 법인 주식을 취득하였을 뿐 A 법인의 미처분 이익잉여금을 취득하지 않았고, B 법인 주식을 취득함으로써 A 법인과의 관계에서 기업 지배구조나 경제적인 이해관계에 어떤 이익을 얻었다고 보기도 어려우며, B 법인 주식을 본건 주식매매대금의 변형물로 파악하거나 현금과 등가관계에 있다고 볼 수 없고, 원고의 자(子)가 아무런 경제적인 이익이나 목적이 없음에도 일련의 쟁점 거래에 개입하였다고 볼 수도 없기 때문이다. 따라서 본건 주식교환계약, 주식매매계약을 부인하고 그 **경제적 실질에 따라 세법상 거래를 재구성한다고 하더라도 그 재구성된 세법상 거래는 단순히 원고와 A 법인 사이의 본건 주식에 대한 매매거래라고 볼 수는 없다.**

② 원고와 자(子) 간 B 법인 주식 매매거래로 재구성할 수 있는지 여부

본건 주식교환계약, 주식매매계약의 이행이 완료된 결과, 즉, 원고가 B 법인 주식을 취득하고 원고의 자(子)가 현금 8,093,610,000원을 취득한 것과 동일한 결과를 얻을 수 있는 거래방식으로, 원고가 A 법인에 본건 주식(원고 보유의 A 법인 주식)을 양도하고 그 매매대금을 수령하여 이를 원고의 자(子)에게 지급하고 원고의 자(子)로

부터 B 법인 주식 234,545주를 매수하는 것을 생각할 수 있는바, 이
와 같이 세법상 재구성 가능한 거래는 당사자가 선택 가능하였던 대
안 중 하나일 따름이다. 이러한 거래의 재구성은 원고와 원고의 자
(子), A 법인 사이에 이루어진 거래의 순서와 방식(교환을 매매로)만
을 달리하는 것으로 원고의 자(子)를 재구성된 거래에서 배제시키는
것이 아니므로 **원고의 자(子)가 이른바 도관에 불과하다고 볼 수는
없는 점**, 이러한 대안적 거래관계를 선택할 경우 원고로서는 소득세
법 제17조 제1항 제3호, 제2항 제1호에 따라 누진세율이 적용되는
고율의 배당소득을 종합소득세로 납부하여야 하는바, 그 중 조세부
담이 적은 거래관계를 선택하여 동일한 경제적 효과를 거두고자 하
는 것은 납세의무자의 통상적인 행태에 부합하는 점등에 비추어 볼
때 원고와 원고의 자(子)가 이 사건 주식교환계약 및 주식매매계약
의 방식을 채택한 것이 탈법적인 조세회피에 해당한다거나 세법의
혜택을 부당하게 받기 위한 것이라고 볼 수 없다.

(3) 시사점

위 수원고등법원 2020누11981 판결 사안은 아버지와 아들 간에
주식교환계약을 통하여 주식을 교환한 후 아들이 교환으로 취득한
주식을 발행법인에 양도하고 주식을 소각한 경우 이를 조세회피를
위한 우회거래 내지 다단계 거래로 보아 실질과세 원칙을 적용, 아
버지가 교환 전의 주식을 발행법인에 양도하여 주식을 소각한 것으
로 거래를 재구성하여 아버지에게 의제배당소득에 대한 과세를 할
수 있는지가 쟁점으로 다루어졌는데, 이와 관련하여 국세기본법 제
14조의 실질과세 원칙은 소득이 실질적으로 귀속된 자를 납세의무
자로 하고(제1항) 실질적인 과세표준을 산정하여(제2항) 세법을 적
용하라는 것이다. 우회거래나 다단계 거래인 경우에도 마찬가지이

다(제3항). 만약 원고와 아들 사이의 주식교환계약이 법률상 무효인 가장거래이거나 원고가 아들에게 A법인 주식을 명의신탁한 것이라면, B법인 주식 양도대금의 실질 귀속자가 원고가 되므로, 실질과세 원칙에 따라 원고를 납세의무자로 하여 의제배당소득에 대한 과세를 할 수 있다.

그러나 대상 판결은 (i) 본건 주식교환계약, 주식매매계약을 부인하고 경제적 실질에 따라 세법상 거래를 재구성한다고 하더라도 이 사건 주식매매대금(주식 소각으로 인하여 환원된 미처분이익잉여금)이 원고에게 귀속된 사실이 없고, (ii) 아들을 도관으로 볼 수도 없다는 점 등에 비추어, 그 재구성된 세법상 거래는 원고와 B법인 사이의 A법인 주식에 대한 매매거래라고 볼 수 없다고 하여 과세처분이 위법하다고 판단한 원심을 심리불속행 상고기각 판결로 확정하였다. 대상 판결은 명시적이지는 않지만, 국세기본법 제14조 제3항의 우회거래 내지 다단계 거래에 대한 실질과세 원칙을 적용하여 (의제배당)소득이 귀속되지 않은 자(원고)를 납세의무자로 할 수 없다는 원심판결을 확정함으로써 이 사건의 쟁점에 대한 일응의 판단기준을 제시하였다는 점에서 의미가 크다. 다만, 대법원이 이와 같이 중요한 법률상 쟁점에 대해 명확한 판단을 하지 않고 심리불속행 상고기각 판결을 하였다는 점은 아쉽다[21].

Ⅲ. 부부간 증여에 대한 개별 조세회피 방지규정

쟁점 거래의 경우, 부부간 주식증여와 수증자의 주식 소각거래의

---

21) 유철형,"[판세]실질과세 원칙 적용해 소득 귀속되지 않은 자를 납세의무자로 할 수 있나", 2021. 10. 25.자 세정일보, https://www.sejungilbo.com/news/articleView.html?idxno=34700

2단계 거래로 구성되는데, 만약 납세자가 선택한 거래형식에 대하여 실질과세원칙을 적용하여 증여자가 직접 주식을 소각한 것으로 재구성하기 위해서는 반드시 중간 거래인 부부간 증여거래의 세무상 효력을 부인하거나 선후관계를 바꾸어야 한다. 그런데, 우리 세법은 이미 부부간 무상거래를 통한 소득세 회피를 방지하기 위한 소득세법 제101조 제2항(부당행위계산부인) 및 같은 법 제97조 제4항(이월과세)과 같은 개별 조항들을 마련해 두고 있으므로, 조세법률주의 대원칙 하에서 입법된 이들 세법규정의 취지와 연혁, 그 적용범위에 대하여 살펴보고 이를 토대로 개별 조세회피 방지조항의 과세요건을 충족하지 못하는 쟁점 거래에 대하여 실질과세원칙까지 적용하여 부부간 증여거래의 효력을 부인하는 것이 과연 적절한지를 생각해 볼 필요가 있다.

1. 부부간 증여거래 규제의 배경

쟁점 거래에서 문제가 되는 것처럼 부부간 증여에서 증여자가 취할 수 있는 두 가지 경우를 상정할 수 있는데, 하나는 증여자 스스로 현물자산을 처분하여 먼저 현금을 확보한 다음 그 현금을 증여하는 방식이고, 다른 하나는 증여자가 현물자산을 곧바로 증여하는 방식이다. 물론, 후자의 경우 수증자는 필요한 경우 스스로 현금화 할 수도 있을 것인데, 만약 수증자가 현물재산을 증여받아 비교적 이른 시기에 현금화한다면, '담세력(擔稅力)'이라는 측면에서 볼 때 크게 다르지 않지만 현행 세법상 양자의 취급은 상당히 다르다. 즉, 증여자산의 종류와 시기에 관계없이 증여세를 부담(증여재산 공제범위 이내에서는 면제)하는 점은 동일하지만 '선처분 후 현금증여'의 경우 증여자는 현물자산의 처분 시점에서 그 동안 축적된 '자본이득'에 관하여 양도소득세를 부담하여야 하는 반면, '현물증여 후 처분'

의 경우 증여자나 수증자 모두 양도소득세 부담이 생략되므로[22], 결국 종합적인 세부담에서는 양자 간에 상당한 차이가 발생하게 된다.

이러한 증여재산의 종류나 시기를 선택함에 따라 발생하는 세부담의 차이는 근본적으로 우리 세제가 자본이득 과세와 관련하여 자산의 무상양도와 유상양도를 다르게 취급하기 때문에 생기는 현상이다. 즉, 우리 세제는 앞에서도 보았듯이 자산을 유상으로 양도하는 경우 그 때까지 축적된 자본이득을 양도인에게 과세하지만, 자산을 무상으로 양도하는 경우에는 자본이득 과세를 양수인에 대한 수증익(修增嗌) 과세로 대체하고 있는 것인데, 이러한 입법태도는 증여의 경우 수증자에 대하여 수증익을 과세하면서 다시 증여자에게 자본이득에 대한 세금까지 물리는 것을 일반 국민들이 납득하기 어렵다는 정치적 이유에서 비롯되었다는 견해가 있다.[23]

어쨌거나, 우리 세제는 원칙적으로 자산의 증여라는 합법적인 수단을 통해 자본이득 과세를 피할 수 있는 선택지를 열어놓고 있고, 다만 앞서 '선처분 후 현금증여'와의 과세형평을 고려하여 '현물증여 후 단기간 내 처분' 사례로서 규제의 필요성이 인정되는 거래유형에 대하여는 당초 현물증여 시점에서 면제된 소득세를 일정 과세요건에 따라 환수하도록 하는 특례규정을 두고 있다.

---

22) 소득세법은 거주자가 상속 또는 증여받은 자산을 양도하는 경우 상속개시일 또는 증여일 현재의 상증세법 규정에 따라 평가한 가액을 필요경비로 공제하여 양도소득세를 계산하도록 하고 있다(소득세법 제97조 제1항 제1호 가목, 동법 시행령 제163조 제9항)

23) 윤지현, "소득세법 제101조 제2항의 해석에 관하여", 조세법연구 제14집 제3호(한국세법학회), 2008, 15면

2. 소득세법 제101조 제2항 – 양도소득세 부당행위계산부인

소득세법 제101조 제2항("양도소득세 부당행위계산부인")[24]은 납세자가 특수관계인에게 자산을 증여하고 수증자가 이를 5년 내에 제3자에게 양도하는 경우 이를 부당행위로 보아 당초 증여자에게 양도소득세를 부과한다는 일종의 의제규정인데, 부부간 증여의 경우 1996. 12. 30. 구 소득세법 제97조 제4항("양도소득세 이월과세")이 신설되면서 이후 배우자 이월과세 적용대상으로 대체되었다.

위 양도소득세 부당행위계산부인 규정의 취지에 관하여, 헌법재판소 2000헌바28(2003. 7. 24.) 결정은 "납세자가…자본이익을 소멸시키기 위한 방편으로 합리적인 거래형식을 취하지 않고 중간에 증여행위를 끼워 넣는 우회거래 내지 다단계 행위 등 이상한 거래형식을 취함으로써…양도소득세 부담을 회피 내지 감소시키려는 부당한 조세회피행위를 규제"하기 위한 것임을 밝히고 있는데, 구체적인 해석에 관하여는 '가장(假將)증여가 있었던 경우에 한하여 적용된다고 보는 견해'와 '진정한 증여가 있었던 경우에도 적용된다고 보는 견해' 2가지 견해의 대립이 있었다[25].

---

24) 소득세법 제101조(양도소득의 부당행위계산)
　② 거주자가 제1항에서 규정하는 특수관계인(제97조의2제1항을 적용받는 배우자 및 직계존비속의 경우는 제외한다)에게 자산을 증여한 후 그 자산을 증여받은 자가 그 증여일부터 5년 이내에 다시 타인에게 양도한 경우로서 제1호에 따른 세액이 제2호에 따른 세액보다 적은 경우에는 증여자가 그 자산을 직접 양도한 것으로 본다. 다만, 양도소득이 해당 수증자에게 실질적으로 귀속된 경우에는 그러하지 아니하다.
　1. 증여받은 자의 증여세(「상속세 및 증여세법」에 따른 산출세액에서 공제·감면세액을 뺀 세액을 말한다)와 양도소득세(이 법에 따른 산출세액에서 공제·감면세액을 뺀 결정세액을 말한다. 이하 제2호에서 같다)를 합한 세액
　2. 증여자가 직접 양도하는 경우로 보아 계산한 양도소득세

그런데, 대법원 1989. 5. 9. 선고 88누5228 판결은 위 규정의 취지에 대하여 **"증여의 형식을 거쳐 양도한 경우 이를 부인하고 실질소득의 귀속자인 증여자에게 양도소득세를 부과하려 하는데 그 목적이 있다."**고 설시하였으며, 이후 대법원 2004. 2. 27. 선고 2001두8452 판결에서도 "원심이 위 규정에 해당하는 유형의 거래에 대하여 그 양도소득의 실질귀속 여부와 관계없이 부당행위가 성립한다고 전제한 잘못은 있으나"라고 설시함으로써 가장증여가 있었던 경우에 한하여 부당행위계산부인 규정이 적용된다는 전자의 입장을 취하였고, 결국 2009. 12. 31. 소득세법 제101조 제2항 단서규정으로 '양도소득이 해당 수증자에게 실질적으로 귀속된 경우'에는 부당행위계산부인 규정을 적용하지 않도록 명문화하기에 이르렀다.

3. 소득세법 제97조의 2 제1항, 제87조의13 제1항
– 양도소득세 이월과세

1996년 구 소득세법 제97조 제4항(현행 소득세법 제97조의2 제1항26) 이 신설된 이후로는 특수관계인 중에서 배우자 등에 대한 증여 후 단기양도 거래에 대하여는 더 이상 소득세법 제101조 제2항이

---

25) 윤지현, 앞의 논문, 17 ~ 18면
26) 소득세법 제97조의2(양도소득의 필요경비 계산 특례)
 ① 거주자가 양도일부터 소급하여 5년 이내에 그 배우자(양도 당시 혼인관계가 소멸된 경우를 포함하되, 사망으로 혼인관계가 소멸된 경우는 제외한다. 이하 이 항에서 같다) 또는 직계존비속으로부터 증여받은 제94조제1항제1호에 따른 자산이나 그 밖에 대통령령으로 정하는 자산의 양도차익을 계산할 때 양도가액에서 공제할 필요경비는 제97조제2항에 따르되, 취득가액은 그 배우자 또는 직계존비속의 취득 당시 제97조제1항제1호에 따른 금액으로 한다. 이 경우 거주자가 증여받은 자산에 대하여 납부하였거나 납부할 증여세 상당액이 있는 경우에는 제97조제2항에도 불구하고 필요경비에 산입한다.

적용되지 않고 동 조항이 적용되는데, 양도소득세 이월과세 조항은 증여자에게 양도소득세를 과세하는 소득세법 제101조 제2항과는 달리 수증자의 부동산 양도소득세를 계산함에 있어서 증여 당시의 시가가 아니라 증여자의 당초 취득가액을 필요경비에 산입함으로써 증여 당시까지 축적된 자본이득에 세금을 수증자에게 부담시키는 차이가 있다. 또한 양도소득세 이월과세 조항은 수증자에게 소득세와 증여세가 중복하여 과세되는 이중과세 문제를 전제하고 이를 해소하기 위해 수증자의 증여세 상당액을 필요경비에 산입하도록 하고 있다는 점에서 입법당시부터 진정한 증여에 한하여 적용할 것을 예정하고 볼 수 있다.

위 양도소득세 이월과세 조항은 1996년 최초 입법당시에는 거주자가 양도일부터 소급하여 5년 이내에 그 배우자 또는 직계존비속으로부터 증여받은 '토지·건물(제94조 제1항 제1호)' 특정 시설물이용권(구 소득세법 시행령 제158조 제1항 제4호)'로 적용대상 재산의 종류를 제한하였으나, 이후 소득세법 개정을 통해 2019. 2. 12. 이후 양도분부터 '부동산을 취득할 수 있는 권리(제94조 제1항 제2호 가목)'도 적용대상에 포함되었고, 최근에는 주식에 대해서도 이월과세 규정이 정비되었는데, 소득세법(2020. 12. 29. 법률 제17758호로 개정된 것) 제87조의13 제1항은 2023. 1. 1. 이후 양도분부터 거주자가 1년 이내에 그 배우자로부터 증여받은 주식 등을 양도하는 경우, 양도소득금액 계산 시 필요경비로 공제하는 주식 등의 취득가액은 증여자 당초의 취득가액으로 의제하도록 하였다.

한편, 양도소득세 이월과세 조항을 직접 다룬 것은 아니지만 대법원 2016. 9. 8. 선고 2016두39290 판결은 **"증여자가 주식을 보유한 기간 동안의 가치증가액에 상응하는 자본이득을 수증법인에게 귀속되는 양도소득으로 보아 과세할지의 여부는 입법정책의 문제"**라고 판시하였는데, 이러한 대법원의 입장에 비추어 보면 최근 소득세법

제97조의2 내지 제87조의13에서 규제의 필요성이 인정되는 조세회피 유형을 양도소득세 이월과세 적용대상에 추가하는 방식의 입법조치는 (거래선택에 관한 자유를 제한하여 납세자의 권익을 과다하게 침해하는지는 별론으로 하더라도) 적어도 자본이득 과세의 외연을 확대시키기 위한 방법론 측면에서는 문제가 없다고 생각된다.

IV. 쟁점 거래를 증여자의 소각거래로 재구성할 경우 문제점

쟁점 거래의 경우 부부간 주식증여와 수증자의 주식 소각거래의 2단계 거래로 구성되는데, 이러한 납세자가 선택한 거래형식에 대하여 실질과세원칙을 적용하여 증여자가 직접 주식을 소각한 것으로 재구성하기 위해서는 반드시 중간 거래인 증여거래를 무시하거나 선후관계를 바꾸어야 하는 데, 앞에서 살펴본 실질과세원칙 적용에 관한 대법원의 입장과 자본이득 과세에 대한 우리 세법 체계 전반에 비추어 볼 때 다음과 같은 문제점을 지적할 수 있다.

첫째, 의제배당소득이 귀속되지 않은 증여자를 납세의무자로 본다면 이는 오히려 실질과세원칙에 반한다.

소득세법 제1조는 "이 법은 개인의 소득에 대하여 소득의 성격과 납세자의 부담능력 등에 따라 적정하게 과세"하는 것이라고 규정하고 있고, 국세기본법 제14조 제1항도 "과세의 대상이 되는 소득, 수익, 재산, 행위 또는 거래의 귀속이 명의(名義)일 뿐이고 사실상 귀속되는 자가 따로 있을 때에는 사실상 귀속되는 자를 납세의무자로 하여 세법을 적용한다"라고 소득 귀속에 대한 실질과세원칙을 규정하고 있는데, 이들 규정에 의하면 소득세는 개개의 인격체별로 그 실질적인 소득의 귀속을 명확히 밝혀, 그 소득에 따른 적정한 과세를 구현하는 것을 목표로 삼는다고 할 수 있다.

이 때, "소득이 귀속되었다"고 보기 위해서는 서울고등법원 2012누27260판결(대법원 2015두46963)에서 설시한 바와 같이 "경제적 측면에서 보아 현실로 이득을 지배·관리하면서 이를 향수하는" 정도에 이르러야 할 것인데, 쟁점 거래의 경우 주식을 증여받은 수증자가 이후 수령한 주식 소각대금을 다시 증여자에게 반환하지 않고 수증자에게 귀속된 사실이 분명하다면 증여자는 의제배당이나 그 변형으로 볼만한 경제적 이득을 지배·관리하면서 이를 향수하였다고 볼 근거가 없고, 이처럼 증여자에게 주식소각에 따른 의제배당소득이 전혀 귀속되지 아니한 이상, 설령 쟁점 거래가 당초 증여자가 보유하던 주식의 자본이득에 대한 조세부담을 회피하기 위한 의도에서 출발하였다고 하더라도 위와 같은 소득 귀속의 결과를 무시하고 증여자를 소득세 납세의무자로 재구성하는 과세시도는 실질과세원칙과 조세법률주의를 모두 위반하는 결과를 초래하여 정당화되기 어렵다.

특히 최근 대법원 2021두38925 판결(수원고등법원 2020누11981 판결) 국세기본법 제14조 제3항의 우회거래 내지 다단계 거래에서 실질과세 원칙을 적용하여 (의제배당)소득이 귀속되지 않은 자(원고)를 납세의무자로 할 수는 없다는 명확한 기준을 밝히고 있다. 학계에서도 '경제적 실질'의 정의와 '거래의 재구성 요건'에 관하여 아직 통일된 학설이 정립된 것은 아니지만 단지 납세자의 조세회피 목적이나 의도와 같은 주관적 요건만으로는 납세자가 형성한 거래를 부인하기는 어렵다는 것이 통설이다.

둘째, 현물자산의 증여를 활용한 양도소득세 회피는 자본이득 과세를 양수인에 대한 수증익(受贈益) 과세로 대체하는 우리 세제의 특성에 따른 것이므로 가장증여가 아닌 이상 탈세행위로 보기 어려운 측면이 있다.

앞서 대법원 2016두39290 판결이 "증여자가 주식을 보유한 기간 동안의 가치증가액에 상응하는 자본이득을 수증법인에게 귀속되는 양도소득으로 보아 과세할지의 여부는 입법정책의 문제"라고 설시한 것처럼 우리 세제는 오래 전부터 자산의 증여라는 합법적인 수단을 통해 자본이득 과세를 피할 수 있는 선택지를 열어놓고 있고, 예외적으로 규제의 필요성이 인정되는 거래유형에 대하여는 '양도소득세 부당행위 계산부인'이나 '양도소득세 이월과세'와 같은 명문의 의제조항을 두어 현물증여 시점에서 면제된 소득세를 일정 과세요건에 따라 환수하는 과세체계를 운영하고 있다.

따라서 위와 같은 명문의 규정이 없이는 조세회피목적이 있다는 이유만으로 실질과세 원칙을 적용하여 소득이 귀속되지 않은 자를 납세의무자로 할 수 없다. 예를 들면, 최근 2021. 6. 1.부터 시행된 다주택자에 대한 종합부동산세 및 양도소득세 등의 세율 인상 등으로 인한 조세부담을 줄이기 위하여 그 이전에 자녀들에 대한 아파트 증여 건수가 역대 최대치를 기록하였는데,[27] 이는 다주택자가 곧바로 유상거래를 택하는 경우 고액의 양도소득세를 납부해야 하므로 먼저 무상거래를 택하여 아파트를 자녀들에게 증여함으로써 양도소득세 납세의무를 면하고, 대신 자녀들이 증여세 및 보유 기간 동안의 자본이득에 대해서 납세의무를 부담하도록 한 것인데, 그 가족 구성원 전체적으로 보아 조세절감의 효과가 있다고 하더라도 당초의 증여거래가 진실하다면 그와 같은 거래형식을 부인하고 재구성할 수는 없을 것이다.

---

27) 매일경제 2021. 5. 30.자 기사, "다주택자 세금 중과 직전 막판 주택 증여 쇄도…서울 올해 최다"

더욱이, 대법원은 2008년 이전 '양도소득세 부당행위 계산부인' 조항처럼 당초 증여자에게 자본이득을 과세하도록 하는 명시적인 의제규정이 있는 경우에서조차 **"양도소득의 실질귀속 여부와 관계 없이 부당행위가 성립한다고 전제한 잘못"**이라고 함으로써 수증자에게 귀속된 사실 자체로 '부당행위'가 아니라고 판단하였고(대법원 2001두8452 판결 등), 일반적으로 '부당행위계산부인' 의 취지가 '실질과세원칙'을 구현하기 위해 마련된 것임을 함께 고려할 때, 추후 대법원이 쟁점 거래와 같은 유형에서 일반적 조세회피 방지규정에 불과한 국세기본법 제14조 제3항을 이유로 종전의 입장을 번복하고 증여자의 소득 귀속으로 인정할 가능성은 높지 않아 보인다.

셋째, 부부별산제를 취하는 가족제도 및 소득세가 개인 과세라는 점, 수증자인 배우자가 증여재산 공제한도를 소진하였다는 점에서 부부를 하나의 경제주체로 취급할 근거는 없다.

우리 민법은 혼인 전의 고유재산과 혼인 중 자기 명의로 취득한 재산을 특유재산이라고 하고 이러한 특유재산은 각자 관리, 사용, 수익한다고 하여 이른바 부부별산제 입법을 취하고 있다(민법 제830조, 제831조). 세법 역시 부부관계에 있다고 하더라도 각자의 소득에 대해서 각자 소득세를 납부하여야 하고(소득세법 제1조 참조), 부부간 재산의 이전은 과세요건이 되어 그 대가의 유·무 또는 고·저가에 따라 증여세 과세대상이 되고, 단지 일정한 범위에서 각각 공제한도를 부여받을 뿐이다(상증세법 제53조 참조).

특히, 우리 헌법은 혼인한 부부에 대하여 사실혼관계 또는 독신자에 비하여 세법상 불리한 취급을 허용하지 않는다. 헌법재판소 2004헌가6(2005. 5. 26.) 결정은 구 소득세법(1994. 12. 22. 법률 제4803호로 개정되기 전의 것) 제80조 제1항 제2호에서 규정하던 '부부자산소득 합산과세' 제도에 대하여 '그 입법목적의 정당성'을 인정하면서도, "자산소득이 있는 모든 납세의무자에 가운데 혼인한 부부에 대하여만 사실혼관계의 부부나 독신자에 비하여 더 많은 조세부담을 가하여 소득을 재분배하도록 강요하는 것은 위와 같은 입법목적 달성을 위한 적절한 방법이라 볼 수 없다."는 취지로 위헌 결정한바 있다.

위와 같은 헌법재판소 결정취지에 의하면, 쟁점 거래에서 혼인 중인 부부가 주식증여를 통해 그 증여내역을 과세관청에게 적법하게 신고하면서 세법에서 정해진 증여세 공제한도를 소진하였음에도 이를 부당한 거래유형으로 볼 경우 동일한 유형의 현물증여를 실행한 사실혼 부부나 독신자들과 비교하여 세법상 불리한 취급을 하는 것이어서 헌법적 가치에 반하는 측면이 있고, 국세기본법상 실질과세원칙의 입법목적인 공평과세를 달성하기 위한 적절한 방법이 될 수도 없다.

V. 결론

최근 과세당국은 쟁점 거래와 같이 사전에 조세절감을 목적으로 기획하고 거래유형에 대하여 국세기본법 제14조 제3항의 실질과세원칙을 근거조항으로 삼아 거래의 재구성을 시도하는 경우가 많다. 그 간 실질과세원칙의 적용에 관한 연구는 학계에서 상당히 활발하게 진행되어 왔고, 누적된 판례도 적지 않지만 여전히 거래의 재구성 요건이 되는 '부당성'이나 '경제적 실질'은 그 의미가 추상적이고 판례의 입장도 일관되지만은 않아 이를 과세쟁점으로 한 사안에서는 납세자의 법적안정성과 예측가능성이 심각하게 침해되고 있는 실정이다. 더욱이, 앞에서 살펴본 바와 같이, 소득의 실질귀속자가 분명하게 있음에도 불구하고 그 자를 납세의무자로 하지 않고 소득이 귀속되지 않은 제3자를 납세의무자로 재구성할 경우 그 자체로 소득의 실질귀속에 반하는 모순이 있고 기존 세법 체계에도 부합하지 않아 납세자의 혼란만 가중될 수 있다.

그러한 점에서, 만약 부부간 증여에 관하여 중간개입 거래로서 새무상 규제가 필요하다면 '양도소득세 이월과세 규정'과 같은 명시적인 의제규정을 신설하는 입법조치가 반드시 필요하다고 생각되고, 향후 조세심판원과 법원도 국세기본법 제14조 제3항에 따른 실질과세원칙 적용한계에 관한 분명한 입장을 제시하여 주기를 기대한다.

참고문헌

유철형, "[판세]실질과세 원칙 적용해 소득 귀속되지 않은 자를 납세의무자
    로 할 수 있나", 2021. 10. 25.자 세정일보, https://www.sejungilbo.com/news
    /articleView.html?idxno=34700

윤지현, "소득세법 제101조 제2항의 해석에 관하여", 조세법연구 제14집 제3
    호(한국세법학회)

이정원, "실질과세원칙에 따른 거래의 재구성", 대법원판례해설 제111호
    (2017년 상), 법원도서관

황남석, "실질과세원칙의 적용과 관련된 최근 판례의 동향 및 쟁점", 조세법
    연구 제23집 제1호(한국세법학회, 2017)

강석규, 2019 조세법쟁론, 삼일인포마인

이준봉, 조세법총론 2021, 제7판, 삼일인포마인

임승순, 조세법(2021), 박영사

벤처기업에 대한 조세특례 쟁점 정리

김 경 식 회계사

I. 서론

벤처기업이란 혁신적인 기술과 아이디어를 바탕으로, 위험성은 크지만 성공할 경우 높은 기대수익이 예상되는 새로운 사업을 영위하기 위해 설립된 중소기업이다. 국가는 국가경제의 신성장동력이자 일자리 창출에 기여하는 벤처기업 육성을 위해 자금지원, 수출지원, 인력양성 등 다양한 지원정책을 수립하고 있다.

국가는 벤처기업에 대한 조세측면에서의 재정적 지원을 위해 조세특례제한법(이하 "조특법")에서 벤처기업에 대한 직접적인 세액감면, 벤처기업 출자 및 출자자에 대한 조세특례, 벤처기업 임직원을 위한 주식매수선택권 행사에 대한 조세특례, 벤처기업 구조조정을 위한 조세특례 등 다양한 혜택을 규정하고 있다.

이하에서는 조특법상 특례규정을 소개하고 이와 관련된 몇 가지 쟁점에 대해 검토하고자 한다.

II. 조세특례제한법상 조세특례규정 소개

1. 벤처기업에 대한 세액감면(제6조)

벤처기업육성에 관한 특별조치법(이하 "벤처육성법") 제2조 제1항에 따른 벤처기업 중 벤처육성법 제2조의 2의 요건을 갖춘 중소기업이나(같은 조 제1항 제2호 나목에 해당하는 중소기업을 제외한다), 연구개발비가 당해 과세연도 수입금액의 100분의 5 이상인 중소기업이 창업 후 3년 이내에 벤처기업으로 확인받은 경우 최초로 소득이 발생한 과세연도와 그 다음 과세연도의 개시일부터 4년 이내에 끝나는 과세연도까지 해당 사업에서 발생한 소득에 대한 소득세 또는 법인세의 100분의 50에 상당하는 세액을 감면한다.

2. 벤처기업 출자 및 출자자에 대한 조세특례

가. 법인의 벤처기업 주식양도차익 비과세 및 출자에 대한 과세특례(제13조, 제13조의 2)

중소기업창업투자회사 등[1]이 직접 또는 창투조합 등[2]을 통하여 벤처기업 등[3]의 주식 또는 출자지분을 취득할 경우, 중소기업창업투자회사 등이 수령하는 배당소득에 대한 법인세 및 해당 주식 또는 출자지분을 양도함으로써 발생하는 양도차익에 대한 법인세는 면제될 수 있다.

---

1) 중소기업창업투자회사, 창업기획자, 벤처기업출자유한회사, 신기술사업금융업자, 기금운용법인
2) 벤처투자 촉진에 관한 법률에 따른 개인투자조합, 벤처투자조합, 신기술사업투자조합, 전문투자조합, 농식품투자조합
3) 벤처기업, 창업자, 신기술창업전문회사, 신기술사업자, 코넥스상장기업

또한 중소기업창업투자회사 등이 아닌 내국법인도 직접 또는 창업·벤처전문 경영참여형 사모집합투자기구나 창투조합 등을 통하여 벤처기업 등에 출자할 경우, 취득가액의 100분의 5에 상당하는 금액을 해당 사업연도의 법인세에서 공제받을 수 있다.

나. 개인의 벤처기업 출자에 대한 소득공제 및 주식양도소득세 비과세(제16조, 제14조)

거주자가 벤처기업 등4)에 출자 또는 투자를 하는 경우, 출자 또는 투자한 금액의 100분의 10(벤처기업 및 이에 준하는 중소기업에 출자 또는 투자하는 경우 출자 또는 투자한 금액 중 3천만원 이하분은 100분의 100, 3천만원 초과분부터 5천만원 이하분까지는 100분의 70, 5천만원 초과분은 100분의 30)에 상당하는 금액을 그 출자일 또는 투자일이 속하는 과세연도의 종합소득금액에서 공제받을 수 있다. 이 때 타인의 출자지분이나 투자지분 또는 수익증권을 양수하는 방법으로 출자하거나 투자하는 경우에는 제외하며, 소득공제액은 거주자의 해당 과세연도의 종합소득금액의 100분의 50과 연 2,500만원을 한도로 한다.

또한, 거주자가 벤처기업 등5)에 출자함으로써 취득한 주식 또는 출자지분이나, 벤처투자조합 등6)이 벤처기업, 창업자, 신기술사업자, 신기술창업전문회사 등에 출자함으로써 취득한 주식 또는 출자지분의 양도에 대해서는 양도소득세가 면제될 수 있다.

---

4) 벤처기업 및 이에 준하는 중소기업, 벤처투자조합, 신기술사업투자조합, 전문투자조합, 벤처기업투자신탁의 수익증권, 창업·벤처전문 경영참여형 사모집합투자기구 등

5) 벤처기업(개인투자조합을 통하여 취득하는 경우 포함), 중소기업창업투자회사, 신기술사업금융전문회사, 창업기획자, 기술우수중소기업

6) 벤처투자조합, 농식품투자조합, 신기술사업투자조합, 전문투자조합

다. 증권거래세의 면제(제117조)

중소기업창업투자회사, 창업기획자, 벤처투자조합이 창업자 또는 벤처기업에 직접 출자함으로써 취득한 주권 또는 지분을 양도하는 경우, 농식품투자조합이 창업자 또는 벤처기업에 직접 출자함으로 써 취득한 주권 또는 지분을 양도하는 경우, 창업·벤처전문 경영참 여형 사모집합투자기구가 창업자, 벤처기업 또는 코넥스상장기업 (상장 후 2년 이내의 중소기업에 한정한다)에 직접 또는 투자목적회 사를 통하여 출자함으로써 취득한 주권 또는 지분을 양도하는 경우 증권거래세가 면제된다.

라. 벤처기업 출자자의 제2차 납세의무 면제(제15조)

원칙적으로 무한책임사원으로서 합명회사의 사원이나 합자회사 의 무한책임사원, 과점주주인 합자회사의 유한책임사원, 유한책임회 사의 사원, 유한회사의 사원(이하 "출자자")은 법인의 국세에 대한 제2차 납세의무를 진다. 다만, 연구·인력개발비가 수입금액의 100 분의 5이상이며 소기업에 해당하는 벤처기업의 출자자는 1명당 2 억원을 한도로 벤처기업의 법인세등에 대하여 제2차 납세의무가 면제된다.

3. 주식매수선택권 행사에 대한 조세특례

가. 벤처기업 주식매수선택권 행사이익 비과세 특례(제16조의 2)

벤처기업의 임직원이 해당 벤처기업으로부터 부여받은 주식매수 선택권을 행사함으로써 얻은 이익(주식매수선택권 행사 당시의 시 가와 실제 매수가액과의 차액) 중 연간 3천만원 이내의 금액에 대해 서는 소득세가 면제된다.

나. 벤처기업 주식매수선택권 행사이익 납부특례(제16조의 3)

벤처기업의 임직원이 해당 벤처기업으로부터 부여받은 주식매수선택권을 행사함으로써 얻은 이익(주식매수선택권 행사이익 비과세 특례에 따라 비과세되는 금액은 제외)에 대해 원천징수의무자는 소득세를 원천징수하지 않으며, 벤처기업의 임직원은 해당 소득세를 5년간 분할하여 납부할 수 있다(주식매수선택권의 행사가격과 시가와의 차액을 현금으로 교부받는 경우는 제외).

다. 벤처기업 주식매수선택권 행사이익에 대한 과세특례 (제16조의 4)

벤처기업의 임직원[7]이 해당 벤처기업으로부터 부여받은 적격주식매수선택권[8]을 행사함으로써 얻은 이익에 대해서 주식매수선택권 행사시점이 아닌 양도시점에 양도소득세로 과세받을 수 있다. 이때, 주식매수선택권의 행사에 따라 발생하는 비용으로서 약정된 주식매수시기에· 약정된 주식의 매수가액과 시가의 차액은 해당 벤처기업의 각 사업연도의 소득금액을 계산할 때 손금에 산입하지 아니한다.

---

7) 부여받은 주식매수선택권을 모두 행사하는 경우 해당 법인의 발행주식 총수의 100분의 10을 초과하여 보유하게 되는 자, 해당 법인의 주주로서 지배주주등에 해당하는 자, 해당 법인의 발행주식 총수의 100분의 10을 초과하여 보유하는 주주 및 그의 친족 관계 또는 경영지배관계에 있는 자는 제외함

8) 벤처육성법 제16조의 3에 따른 주식매수선택권으로서 대통령령으로 정하는 요건을 갖추고, 해당 벤처기업으로부터 부여받은 주식매수선택권의 행사일부터 역산하여 2년이 되는 날이 속하는 과세기간부터 해당 행사일이 속하는 과세기간까지 전체 행사가액의 합계가 5억원 이하인 주식매수선택권

4. 벤처기업 구조조정을 위한 조세특례

가. 전략적 제휴를 위한 벤처기업 주식교환 과세특례(제46조의 7)

벤처기업(코넥스상장법인 또는 비상장법인)의 주주(발행주식 총수의 100분의 10이상을 보유한 주주)가 소유하고 있는 벤처기업의 주식을 법 소정 요건9)을 갖추어 주식회사인 법인(이하 "제휴법인")이 보유한 자기주식 또는 제휴법인의 주주(발행주식 총수의 100분의 10이상을 보유한 주주)의 주식과 교환하거나 제휴법인에 현물출자하고 그 제휴법인으로부터 출자가액에 상당하는 주식을 새로 받음으로써 발생하는 양도차익에 대해서는 제휴법인의 주식을 처분할 때까지 양도소득세의 과세를 이연받을 수 있다.

나. 주식 매각 후 벤처기업 재투자에 대한 과세특례(제46조의 8)

벤처기업 또는 벤처기업이었던 기업이 벤처기업에 해당하지 아니하게 된 이후 7년 이내 기업(이하 "매각대상기업")의 창업주 또는 발기인 주주가 보유한 매각대상기업의 주식 중 100분의 30 이상을 특수관계인 외의 자에게 양도하고 그 양도대금 중 100분의 50 이상을 벤처기업 등10)에 재투자 하는 경우, 매각대상기업의 주식의 매각으로 발생하는 양도차익에 대해서는 재투자로 취득한 주식 또는 출

---

9) 벤처기업등과 제휴법인 간의 전략적 제휴계획을 추진하고 그 계획에 따라 주식교환등이 이루어지고, 벤처기업등의 주주 1인과 그 특수관계인이 제휴법인의 최대주주와 특수관계에 있지 않으며, 벤처기업등의 주주가 주식교환등으로 인하여 취득한 주식과 제휴법인 또는 제휴법인의 주주가 주식교환등으로 취득한 주식을 각각 1년 이상 보유하도록 하는 계약을 벤처기업등과 제휴법인 간에 체결함
10) 벤처기업 및 이에 준하는 중소기업, 벤처투자조합, 신기술사업투자조합, 전문투자조합, 벤처기업투자신탁의 수익증권

자지분을 처분할 때까지 양도소득세의 과세를 이연받을 수 있다.

Ⅲ. 조세특례제한법상 조세특례규정 관련 쟁점

1. 벤처기업의 모회사가 자회사의 임직원에게 지급하는 주식매수선택권에 대해 행사이익 특례 적용이 가능한지 여부

가. 문제의 소재

벤처육성법 제16조의3 제1항은 주식회사인 벤처기업은 상법 제340조의 2부터 제340조의 5까지의 규정에도 불구하고 정관으로 정하는 바에 따라 주주총회의 결의가 있으면 해당 기업의 설립 또는 기술·경영의 혁신 등에 기여하였거나 기여할 능력을 갖춘 자에게 특별히 유리한 가격으로 신주를 매수할 수 있는 권리나 그 밖에 대통령령으로 정하는 바에 따라 해당 기업의 주식을 매수할 수 있는 권리를 부여할 수 있다고 규정하면서, 주식매수선택권의 부여 대상으로 벤처기업의 임직원 뿐 아니라 벤처기업이 인수한 기업(발행주식 총수의 100분의 30 이상을 인수한 경우만 해당한다)의 임직원도 포함하고 있다.

이와 같이 벤처기업이 해당 기업의 임직원 뿐 아니라 벤처기업이 인수한 기업의 임직원에게도 주식매수선택권 부여를 인정해 준 상황에서 벤처기업의 임직원에 대해서만 특례를 적용하고 벤처기업이 인수한 기업의 임직원에 대해서는 특례규정을 적용하지 않는 것은 벤처기업 주식매수선택권에 대해 과세특례를 부여함으로써 벤처기업에 유능한 인재를 유치하도록 하려는 조특법의 입법취지상 적절하지 않다는 주장이 있다.

나. 검토

주식매수권 행사이익에 대한 특례 규정은 자금 여력이 부족한 벤처기업이 능력 있는 임직원을 고용하기 위해 주식매수선택권을 추가로 지급할 때 국가차원에서 이를 지원하기 위해 입법되었다. 상황에 따라서는 해당 임직원이 근로를 제공하는 벤처기업의 주식에 대한 주식매수선택권 보다는 규모가 더 크고 안정적인 모회사 주식에 대한 주식매수선택권을 지급할 필요가 있는데, 모회사가 여전히 벤처기업에 해당하는데도 모회사가 지급하는 주식매수선택권에 대해 자회사의 주식선택권과 달리 해석하는 것은 적절하지 않은 측면이 있다.

다만, 국세청은 벤처기업의 자회사 임직원이 모회사의 주식매수선택권을 부여받은 경우 주식매수선택권 행사이익에 대한 과세특례를 적용받을 수 있는지 질의한 사안에 대해 "자회사의 임직원이 벤처기업인 모회사로부터 부여받은 주식매수선택권에 대하여는 조특법 제16조의 4의 주식매수선택권 행사이익에 대한 과세특례가 적용되지 아니하는 것"이라고 명확히 해석한바 있는데(사전-2020-법령해석소득-0364, 2020. 6. 12.), 유권해석이나 판례 등으로 달리 판단해 볼 수 있는 특별한 사정이 없는 한, 납세자에게 유리하다고 하여 비과세요건이나 조세감면요건을 합리적 이유 없이 확장해석하거나 유추해석하는 것은 허용되지 않으므로(대법원 2007. 7. 12. 선고 2005두15021 판결), 현행 규정상 임직원 본인이 근무하는 벤처기업이 아니라 모회사인 벤처기업으로부터 받는 주식매수선택권은 특례적용을 받기 어려울 것으로 판단된다.

다만, 2021. 7. 26. 기획재정부의 2021년 세법개정안에 따르면, 2022. 1. 1. 이후 행사하는 분부터는 벤처기업특별법에 따라 인수된 벤처기업의 자회사에게 지급한 주식매수선택권도 벤처기업 주식매수선택권 행사이익에 대한 조세특례가 적용될 수 있을 것으로 보인다 (현재는 개정안이나 연말 국회를 통과하여 입법화 될 것으로 예상됨).

2. 벤처기업 출자에 대한 비과세 특례 적용 시 특수관계 존재 여부 판단 시점

가. 쟁점

조특법 제14조 제1항 제4호 및 조특법 시행령 제13조 제1항은 벤처기업에 출자함으로써 취득한 주식의 양도에 대하여 양도소득세를 비과세하는 과세특례를 규정하면서, 개인이 출자한 경우 그 비과세 요건으로 ① 창업 후 5년 이내인 벤처기업 또는 벤처기업으로 전환한지 3년 이내인 벤처기업에 대한 출자일 것(조특법 시행령 제13조 제1항 제1호), ② 개인이 그와 소득세법 시행령 제98조 제1항 또는 법인세법 시행령 제2조 제5항의 규정에 의한 특수관계가 없는 벤처기업에 대하여 행한 출자일 것(조특법 시행령 제13조 제1항 제2호), ③ 주식을 그 출자일부터 3년이 경과한 후에 양도하였을 것(조특법 시행령 제13조 제1항 본문) 등을 들고 있는데, ② 요건에 대하여 살펴보면 법문상 소득세법 및 법인세법에 의한 특수관계 여부만을 규정하고 있을 뿐 출자의 원인행위와 출자의 이행 사이에 시간적 간격이 있는 상황 등에서 특수관계 존재 여부를 판단하는 기준시점을 출자의 원인행위시로 보아야 할 것인지 출자의 이행행위시 또는 효력발생시로 보아야 할 것인지 분명하지 않다.

나. 법원의 판단(서울고등법원 2020. 11. 26. 선고 2020누42776 판결)

벤처기업 출자에 대한 비과세 특례에서 특수관계가 있는 벤처기업에 대하여 행한 출자를 비과세 혜택에서 제외하는 것은 특수관계가 있어 그 벤처기업의 경영에 사실상 영향력을 행사하는 자에 대하여는 비과세혜택까지 부여하면서 벤처기업에 대한 출자를 유인할 현실적인 필요성이 크지 않다는 정책적 판단에서 비롯된 것으로 이해할 수 있다. 이처럼 이 사건 과세특례가 특수관계가 없는 벤처기업에 대한 출자를 촉진하기 위한 유인책이라는 점에 비추어 볼 때, 당초 아무런 특수관계가 없는 벤처기업에 대하여 출자계약 등을 통하여 확정적인 출자의 의사표시를 함으로써 출자의무가 발생하였고, 그 출자계약 등에 정하여진 조건에 따라 출자의무의 이행으로서 출자가 이루어졌다면, 설령 출자계약 등 출자의 원인행위 당시에는 특수관계가 없었지만 그 이후 벤처기업과의 사이에 특수관계가 성립하게 되었다 하더라도, 이는 당초 특수관계가 없는 벤처기업에 대한 모험적 투자의 의사결정에 따른 출자이므로 다른 특별한 사정이 없는 한 위 원인행위 당시를 특수관계 판단의 기준 시점으로 삼아 이 사건 과세특례의 적용에서 배제되지 않는다고 보는 것이 앞서 본 이 사건 과세특례의 취지에 부합한다.

이와 달리 출자의 원인행위와 그 이행 또는 효력 발생 사이에 시간적 간격이 있는 경우 이행 또는 효력 발생시를 특수관계 판단의 기준 시점으로 삼게 된다면, 원인행위 이후 실제로 출자가 이루어지기 전에 벤처기업과 특수관계가 성립하는 경우에는 비과세혜택을 받을 수 없게 되고, 반대로 출자의 원인행위 당시 벤처기업의 경영에 영향을 줄 수 있는 특수관계가 있었던 자가 출자가 이루어지기 전에 특수관계인의 지위를 상실하면 비과세혜택을 받게 된다. 이러한 결과는 사회적으로 유용한 모험적 투자가 이루어지지 않게 하거나 별도로 세제 혜택을 통하여 투자의 유인을 제공할 필요가 없는 비모험적 투자에 대하여 비과세혜택을 부여하는 비효율을 초래할 뿐 아니라 이 사건 특례규정의 취지에 역행하는 것이다.

이와 같은 과세특례 및 관계 법령의 내용, 체계 및 취지 등을 종합해보면, 출자의 원인행위와 그 이행 또는 효력 발생시 사이에 시간적 간격이 있는 경우에는 출자의 원인행위시를 기준으로 특수관계가 존재하는지 여부를 판단해야 한다고 보는 것이 타당할 것으로 판단된다.

Ⅳ. 결론

이상에서 벤처기업에 대한 다양한 조특법상 조세혜택과 해당 규정에 대한 과세관청 및 법원의 해석례 등에 대해 살펴보았다. 앞서 살펴본 규정들은 벤처기업, 벤처기업의 출자자 및 임직원 등에 대한 조세혜택에 대한 내용과 그 기준을 정하고 있으므로, 법인세법이나 소득세법 등 과세를 목적으로 입법된 다른 법률들에 비해 논쟁의 여지가 될 사안은 비교적 적은 것은 것으로 생각되며, 법문상 불확실한 부분은 대부분 국세청 유권해석이나 세법 개정 등을 통해 해소되고 있는 것으로 보인다.

납세자는 예외적인 상황에서 법문이나 유권해석 등을 통해서도 불확실한 부분이 존재하더라도, 특별한 사정이 없는 한 조세법규를 법문대로, 해석하고 합리적 이유 없이 확장해석하거나 유추해석하지 않는다면 본 규정을 해석, 적용하는데 특별한 문제는 없을 것으로 생각된다.

조세그룹 주요구성원 및 저자 소개

한위수 변호사 T.3404-0541 E.weesoo.han@bkl.co.kr

사법시험 21회(1979), 사법연수원 12기(1982)
서울대학교 법과대학 졸업(1980), 서울대학교 대학원 졸업(법학석사)(1983),
미국 University of Pennsylvania Law School 졸업(LL.M., 1990)
서울행정법원 부장판사(2001-2002), 헌법재판소 연구부장(2002-2004)
대구고등법원 부장판사(2004-2005), 서울고등법원 부장판사(2005-2008)
관세청 고문변호사(2011-현재), 국세청 조세법률고문(2012-2014)

조일영 변호사 T.3404-0545 E.ilyoung.cho.@bkl.co.kr

사법시험 31회(1989), 사법연수원 21기(1992)
고려대학교 법과대학 졸업(1987), 미국 Fordham Law School 연수(Visiting Scholar)(2010)
서울고등법원 판사(2003-2005)
대법원 재판연구관(조세전담부)(2005-2007)
대법원 재판연구관(조세전담부 조장, 부장판사)(2007-2009)
인천지방법원 부장판사(2009-2011), 서울행정법원 부장판사(조세전담부)(2011-2013)
중앙행정심판위원회 비상임위원(2014. 5.-현재)
서울특별시 지적재조사위원회 위원(2015. 3.-현재)
서울지방국세청 공적심사위원회 위원(2015. 9.-현재)
서울특별시행정심판위원회 비상임위원(2016. 8.-현재)
법제처 법령해석심의위원회 위원(2017. 5.-현재)

유철형 변호사 T.3404-0154 E.cheolhyung.yu@bkl.co.kr

사법시험 33회(1991), 사법연수원 23기(1994)
서울대학교 법과대학 졸업(1989), 서울대학교 법과대학원 졸업(석사, 세법전공)(1992)
미국 California Western School of Law M.C.L.(2003)
서울지방변호사회 조세연수원 교수(2008-2017)
국세청 국세공무원교육원 외부교수(2013-현재)
기획재정부 고문변호사(2014-현재)
기획재정부 세제실 국세예규심사위원회 위원(2013-2016)
국세청 고문변호사(2015-2019)

기획재정부 세제실 세제발전심의위원회 위원(2019-2021)
행정안전부 고문변호사(2016-2021)
행정안전부 지방세예규심사위원회 위원(2017-2021)
서울지방변호사회 부회장(2017-2019)
(사)한국조세연구포럼 학회장(2019-2020)
대한변호사협회 부협회장(2019-2021)
한국세법학회 감사(2017-현재),
한국세무학회 부회장(2015-현재),
한국국제조세협회 부이사장(2021-현재),
한국지방세학회 부회장(2016-현재),
한국조세법학회 부회장(2021-현재)

강석규 변호사 T.3404-0653 E.seogkyoo.kang@bkl.co.kr

사법시험 35회(1993), 사법연수원 25기(1996)
제19회 공인회계사 시험 합격(1987)
서울대학교 국제경제학과 졸업(1985), 서울대학교 대학원 경영학과 졸업(경영학 석
  사)(1988)
삼일회계법인 (1985-1990)
부산고등법원 판사(2006-2008)
대법원 재판연구관(조세팀장) (2009-2013)
부산지방법원 부장판사 (2013-2014), 인천지방법원 부장판사 (2014-2016)
한국공인회계사회 국세연구위원회 위원 (2015-현재)
서울행정법원 제5부(조세) 부장판사 (2016-2018)
한국공인회계사회 회계법연구위원회 위원 (2017-현재)

김승호 변호사 T.3404-0659 E.seoungho.kim@bkl.co.kr

사법시험 38회(1996), 사법연수원 28기(1999)
서울대학교 법과대학 졸업(1994), 미국 Indiana University Law School (M.C.L.)(2008)
역삼세무서 납세자보호위원회 위원(2010-2011)
대한변호사협회 세제위원회 위원(2010-현재), 중부지방국세청 고문변호사(2011-2014)
(사)한국세법학회 이사(2015-현재), 한국조세연구포럼 연구이사 2015-현재)

심규찬 변호사 T.3404-0679 E.gyuchan.shim@bkl.co.kr

사법시험 40회(1998), 사법연수원 30기(2001)
서울대학교 법과대학 졸업(1996)
미국 William and Mary Law School Visitiong Scholar(2009)
서울시립대학교 세무전문대학원 석사 졸업(2014)
해군법무관(2001-2004)

대구지방법원 판사(2004-2007), 수원지방법원 판사(2007-2011)
서울중앙지방법원 판사(2011-2013), 서울동부지방법원 판사(2013-2014)
대법원 재판연구관(형사팀)(2014-2015), 대법원 재판연구관(조세팀)(2015-2016)
대법원 재판연구관(조세팀장)(2016-2018)
대구지방법원 김천지원 부장판사(2018-2019)

주성준 변호사 T.3404-6517 E.seongjun.joo@bkl.co.kr

사법시험 44회(2002), 사법연수원 34기(2005)
고려대학교 법과대학 졸업(2001), 세무사 등록(2016. 8.)
서대문세무서 국세심사위원(2010-2012)
인천세관 고문변호사(2011-2015. 7.)
수원세관 관세심사위원(2012-2014), 인천세관 원산지심사위원(2013-2017. 7.)
한국관광공사 자문변호사(2017-현재)

조무연 변호사 T.3404-0459 E.mooyoun.cho.@bkl.co.kr

사법시험 46회(2004), 사법연수원 36기(2007)
서울대학교 경제학부 졸업(2001)
미국 University of Southern California Law School (LL.M., 2016)
서초세무서 국세심사위원회 위원(2009-2011. 6.)

장성두 변호사 T. 3404-6585 E.sungdoo.jang@bkl.co.kr

사법시험 46회(2004), 사법연수원 36기(2007)
서울대학교 법과대학 졸업(2002)
미국 University of Southern California, Gould School of Law 수료(LL.M., 2016)
해군 법무관(2007. 4.-2010. 3.)
미국 New York주 변호사(2019)

박재영 변호사 T.3404-7548 E.jaeyoung.park@bkl.co.kr

사법시험 47회(2005), 사법연수원 37기(2008)
서울대학교 법과대학 졸업(2006)
미국 University of Southern California Law School (LL.M.) (2018)
미국 New York주 변호사 시험 합격(2018)
공군 법무관(2008-2011)

서승원 변호사 T.3404-0964 E.seungwon.suh@bkl.co.kr

사법시험 52회(2010), 사법연수원 42기(2013)
서울대학교 경영학과(2005)
제39회 공인회계사 시험 합격 (2004)
삼일회계법인(2005-2006)
미국 New York University School of Law (LL.M.) (2020)

이도훈 변호사 T.3404-1954 E.dohun.lee@bkl.co.kr

제6회 변호사시험 합격(2017)
서울대 경제학부(2013)
서울대학교 법학전문대학원(2017)
육군법무관(2017-2020)

장승연 외국변호사 T.3404-7589 E.maria.chang@bkl.co.kr

캐나다 University of Toronto (Bachelor of Science)(1998-2002)
미국 Cleveland Marshall College of Law, Ohio (J.D.)(2003-2006)
International Tax Foreign Counsel, Samil Pricewaterhousecoopers, Seoul Korea
(2006. 12.-2009. 9.)

김동현 회계사 T.3404-0572 E.donghyun.kim@bkl.co.kr

제25회 공인회계사 시험 합격(1990)
연세대학교 경영학과 졸업(1989), 서울대학교 대학원 경영학과 졸업(1991)
미국 The George Washington University School of Business (MA과정)(2004-2005)
이스트스프링 자산운용㈜ 사외이사(2007-2017. 3.),
한국발명진흥회 특허기술평가 전문위원(2008-2010)
한국건설생활환경시험연구원 사외이사(2010-2013)
기획재정부 세제발전심의위원회 위원(2016. 4.-현재)
사단법인 한국납세자연합회 자문위원(2016. 9.-현재)

김태균 회계사 T.3404-0574 E.taekyoon.kim@bkl.co.kr

제29회 공인회계사시험 합격(1994)
서울대학교 경영학과 졸업(1990), 서울대학교 대학원 경영학과 졸업(1995),
미국 San Diego State University 연수(2005-2006)
안진회계법인(1994~1999)
중부지방국세청 과세전적부심사위원회 및 이의신청심의위원회 위원(2007~2009)
국세청 국제조세법규정비개선위원회 위원(2008~2010)
서울지방국세청 국세심사위원회 위원(2009. 8.-2011)

채승완 회계사 T.3404-0577 E.seungwan.chae@bkl.co.kr

제35회 공인회계사 시험 합격(2000), 미국 California주 공인회계사 시험 합격(2010)
연세대학교 응용통계학과 졸업(2000)
미국 University of Illinois at Urbana-Champaign (Master of Science in Taxation, 2010)
삼일회계법인 국제조세본부(2000-2005. 2.)
쥴릭파마코리아㈜ 비상임감사(2004-2009), 한국금융조세 정기세미나 위원(2010-2014)
과학기술인공제회 자금운용위원회 외부위원(PEF부문)(2014. 3.-현재)
퍼시픽자산운용 사외이사(2016-현재), 이스트스프링자산운용 사외이사(2017-현재)

양성현 회계사 T.3404-0586 E.sunghyun.yang@bkl.co.kr

제33회 공인회계사시험 합격(1998)
서울대학교 경영학과 졸업(1999)
미국 University of California, San Diego 연수(2014-2015)
국방부 조달본부 해군 경리장교(1999-2002)
삼일회계법인(2003. 5.-2009. 10.)

조학래 회계사 T.3404-0580 E.hakrae.cho@bkl.co.kr

제39회 공인회계사시험 합격(2004)
고려대학교 경영학과 졸업(2005)
미국 University of California, San Diego 연수(2012-2013)
Deloitte 안진회계법인(2004. 10.-2006. 7.)
한국발명진흥회 특허기술평가 전문위원(2008-현재)

곽시명 회계사 T. 3404-0581 E.seemyung.kwack@bkl.co.kr

제40회 공인회계사 시험 합격(2005)
고려대학교 경영학과(2006)
삼일회계법인(2005-2006, 2009-2011)
더존다스(2007-2009)

이은홍 회계사 T. 3404-0575 E.eunhong.lee@bkl.co.kr

제42회 공인회계사 시험 합격(2007)
한양대학교 경영학부 졸업(2007)
삼일회계법인 Assurance 2본부(2007.10.-2011.5.)
삼일회계법인 Tax 3본부(2011.6.-2014.1.)

김영훈 회계사 T. 3404-0588 E.younghoun.kim@bkl.co.kr

제45회 공인회계사 시험 합격(2010)
서울대학교 수학교육과(2012)
삼일회계법인 Assurance 2본부(2011-2012)
삼일회계법인 Tax 3본부(2012-2017)

김경식 회계사 T. 3404-0591 E.kyungsik.kim@bkl.co.kr

제47회 공인회계사 시험 합격(2012)
고려대학교 보건정책학과(2013)
삼일회계법인 Global본부(2012-2015)
삼일회계법인 Tax1본부(2015-2019)

최찬오 세무사 T.3404-7578 E.chano.choi@bkl.co.kr

제37회 행정고시 재경직 합격(1993), 세무사 자격취득(2010)
서울대 산업공학과 졸업(1993), 서울대 행정대학원 석사졸업(1995), KDI 국제정책대학
　원 석사졸업(MPP)(2008), 미국 Michigan State University(MSU) 석사졸업(2008)
국세청 개인납세국 부가가치세과 부가5계(2001)
국세청 기획관리관실 기획예산담당관실 기획2계(2003)
대구지방국세청 영덕세무서장(2006), 서울지방국세청 조사1국 조사3과장(2009)
국세청 기획조정관실 기획재정담당관(2009)

곽영국 세무사 T.3404-7595 E.youngkug.kwag@bkl.co.kr

제 47회 세무사 시험 합격 (2010)
국립세무대학 내국세학과 졸업(1988), 한국방송통신대학교 경영학과 졸업 (1994)
중부세무서 총무과 (1993-1995), 서대문세무서 부가가치세과 (1998)
종로세무서 조사1과 (1998-2000), 서울지방국세청 조사4국 1과 (2000-2010)
국세청 조사국 (2010-2011)

김혁주 세무사 T.3404-0578 E.hyeokju.kim@bkl.co.kr

제 42회 세무사 시험 합격 (2005)
국립세무대학 내국세학과 졸업 (1990)
북광주세무서,안양세무서,동안양세무서,동작세무서 (1990-1997)
서울지방국세청 조사1국,조사2국,조사3국 (1997-2002)
강남세무서 재산세과 (2002-2003)
서울지방국세청 조사2국, 국제거래조사국 (2003-2006)
남대문세무서,의정부세무서,도봉세무서 (2006-2009)
서울지방국세청 국제거래조사국 (2009-2010)

김용수 세무사 T.3404-7573 E.yongsoo.kim@bkl.co.kr

제38회 세무사 시험 합격 (2001)
국립세무대학 내국세학과 졸업 (1999), 한국방송대학교 법학과 졸업 (2001),
서울시립대학교 세무대학원 졸업(2003)
University of California, San Diego (Business & Accounting) 연수 (2013-2014)
국세청(서울지방국세청 국제거래조사국 등) 근무(1999-2008)
서울지방국세청 이전가격검토위원(2003-2004)
대검찰청 중앙수사부 파견 근무(2006), 국제회의협상전문가 과정 수료(2007)

박영성 세무사 T.3404-0584 E.youngsung.park@bkl.co.kr

제50회 세무사 시험 합격 (2013)
국립세무대학 내국세학과 졸업 (1996), 한국방송대학교 경영학과 졸업 (2002)
동대문세무서 총무과, 세원관리3과(1999-2000)
서울지방국세청 세원관리국(2000-2002)
서울지방국세청 조사1국(2002-2005), 강남세무서 조사1과(2005-2007)
국세청 재산세국 재산세과, 부동산거래관리과(2007-2011)
서초세무서 재산세2과(2011-2013), 국세청 고객만족센터 인터넷상담3팀(2013)

한의진 세무사 T.3404-0590 E.euijin.han@bkl.co.kr

제43회 세무사 시험 합격 (2006)
국립세무대학 내국세학과(2001), 한국방송통신대학교 경영학과(2009)
국세청 국제조사전문요원(2007)
서울지방국세청 국제거래조사국 조사팀(2007-2008)
서대문세무서 법인세과(2008-2010)
국세청 국세상담센터 전화상담 2팀, 인터넷 3팀(2010-2013)

김규석 전문위원 T.3404-0579 E.kyuseog.kim@bkl.co.kr

국립세무대학 관세과 졸업(1983)
관세청 평가환급과(1996), 재무부 금융정보분석원(2000)
서울세관 심사총괄과(2002), 관세청 인사관리담당관실(2007)
서울세관 외환조사과장(2010)
관세사 자격취득(2012)

임대승 전문위원 T.3404-7572 E.daeseung.im@bkl.co.kr

국립세무대학 6회 졸업(1988)
서울세관 수입과/조사과(1989-1992)
관세청 자료관리관실 파견(1992-1996)
인천공항세관 수입과(1999-2003), 인천세관 외환조사과(2004-2005)
관세청 정보협력국 정보관리과(2005-2008)
인천세관 심사국 심사관실(2008-2010)
관세사 자격취득(2011)

오정의 전문위원 T.3404-7353 E.jeongui.oh@bkl.co.kr

연세대학교 법무대학원 조세법 석사(2018)
영암군청 재무과(1995-2005)
행정자치부 지방세제과, 지방세운영과(現 부동산세제과)(2005-2016)
대법원 조세조사관실(2016-2017)
행정안전부 지방세정책과, 지방세특례제도과(2018-2021)

최광백 전문위원/세무사 T.3404-7567 E.kwangback.choi@bkl.co.kr

세무사 자격 취득 (2015)
고려대학교 정책대학원 세정학과 졸업 (2015)
강서세무서 법인계, 국세청 법인세과 (2001-2005)
국세심판원 행정실 (2005-2010), 조세심판원 상임심판관실 (2010-2013)
기획재정부 세제실 조세분석과,부가가치세제과,재산세제과 (2013-2014)
조세심판원 상임심판관실 (2014-2016)

이종현 전문위원 T.3404-7568 E.jonghyeun.lee@bkl.co.kr

한국외국어대학교 폴란드어과(2004)
서울세관 통관지원과, 환급심사과, 납세심사과(2006-2010)
청주세관 통관지원과(2010-2011)
서울세관 FTA1과(2011-2012)
서울세관 심사총괄과(2012-2015)

손병조 고문 T.3404-7514 E.byungjo.sohn@bkl.co.kr

제23회 행정고시 합격(1979)
영남대학교 경제학과 졸업(1980), 미국 U.S Customs Academy 수료(1986),
고려대학교 경제학 석사과정 졸업(2004), 한남대학교 경영학 박사학위 취득(2007)
대통령비서실 행정관(1992-1994)
서울본부세관 감시국장(1996), 부산본부세관 조사국장(2001) ,

관세청 통관지원국장(2003-2004), 관세청 정책홍보관리관(2005-2007)
관세청 차장(2008-2010)
고려대학교 대학원 법학과 겸임교수(2012-2013)

조홍희 고문   T.3404-0313 E.honghee.cho@bkl.co.kr

제24회 행정고등고시 합격(1980)
성균관대학교 무역학과 졸업(1981)
영국 University of Bath 사회과학대학원 석사과정 졸업(1988)
영국 University of Bath 사회과학대학원 박사과정 1년 수료(1989)
국세청 법인세과장(2003), 국세청 혁신기획관(2004)
주미뉴욕총영사관 파견국장(세무관)(2005)
서울지방국세청 조사4국장(2008), 국세청 징세법무국장(2009),
서울지방국세청장(2010)

이전환 고문   T.3404-7518 E.jeonhwan.lee@bkl.co.kr

제27회 행정고시 합격 (1983)
서울대학교 경제학과 졸업 (1984)
미국 University of Washington 대학원 졸업(경영학 석사) (1993)
국세청 국제조세국 사무관 (1993-1994), 재정경제부 세제실 사무관, 서기관 (1994-1999)
국세청 법인납세국 국장 (2009-2010), 국세청 징세법무국 국장 (2010-2011)
국세청 개인납세국장 (2012-2013), 부산지방국세청 청장 (2011-2012)
국세청 차장 (2013-2014)

조세법의 쟁점 Ⅱ

조세법의 쟁점 Ⅲ

조세법의 쟁점 IV

조세법의 쟁점 Ⅴ

초판 인쇄 ㅣ 2022년 6월 10일
초판 발행 ㅣ 2022년 6월 17일

지 은 이 법무법인(유한) 태평양 조세그룹

발 행 인 한정희
발 행 처 경인문화사
편   집 김지선 유지혜 한주연 이다빈 김윤진
마 케 팅 전병관 하재일 유인순
출판번호 406-1973-000003호
주   소 파주시 회동길 445-1 경인빌딩 B동 4층
전   화 031-955-9300 팩 스 031-955-9310
홈페이지 www.kyunginp.co.kr
이 메 일 kyungin@kyunginp.co.kr

ISBN 978-89-499-6649-6 93360
값 44,000원